D1829622

HEYNE
BÜCHER

Von Craig Thomas sind
als Heyne-Taschenbücher erschienen:

Firefox · Band 01/6132
Jade Tiger · Band 01/6210
Wolfsjagd · Band 01/6312
Schneefalke · Band 01/6408
See-Leopard · Band 01/6496
Firefox down · Band 01/6570
Der Fuchs · Band 01/6932

CRAIG THOMAS

DER MAULWURF, DER LÖWE UND DER BÄR

Roman

WILHELM HEYNE VERLAG
MÜNCHEN

HEYNE ALLGEMEINE REIHE
Nr. 01/6954

Titel der englischen Originalausgabe
THE BEAR'S TEARS
Deutsche Übersetzung von Wulf Bergner

Genehmigte, ungekürzte Taschenbuchausgabe
Copyright © 1986 Benziger Verlag Zürich, Köln
Printed in Germany 1987
Umschlagfoto: Photodesign Mall, Stuttgart
Umschlaggestaltung: Atelier Ingrid Schütz, München
Gesamtherstellung: Presse-Druck, Augsburg

ISBN 3-453-00705-0

Das zehnte, wie das erste,
für
JILL
mit all meiner Liebe

Die Zeit trägt einen Ranzen auf dem Rücken,
Worin sie Brocken wirft für das Vergessen,
Dies große Scheusal von Undankbarkeit.
Die Krumen sind vergangene Großtat, aufgezehrt
So schleunig, als vollbracht, so bald vergessen,
Als ausgeführt.

Shakespeare: Troilus und Cressida, III,3

Dank

Außer dem Dank an meine Frau für ihre Redaktion dieses, meines bisher längsten Romans, möchte ich ganz besonders Peter Matthews danken für seine unschätzbare Hilfe bei der Beschaffung von Material aus dem KGB-Zentralcomputer, der in Teil Drei dieses Buchs eine Rolle spielt. Allfällige Fehler, Abweichungen und Freiheiten methodischer oder terminologischer Art gehen zu meinen Lasten.

Inhalt

Präludien 9

Teil eins: Ein Fall wie Luzifers 35

1 Nach dem Fall 36
2 Fleischmarkt 64
3 Fürs Protokoll 99
4 Ins Exil 131
5 Ein bewegter Abend 155

Teil zwei: Die längste Reise 183

6 Die Goldene Straße 184
7 Die Besatzungszone 206
8 Die Gefangennahme 231
9 Die Gefangenen 266
10 Der Marsch zur Grenze 293
11 Ankunft 312
12 Ein alter Mann sagt die Wahrheit 348
13 Den Rubikon überschreiten 368

Teil drei: Gespenster in der Leitung 393

14 Kein Land für alte Männer 394
15 Aufnahmeritual 422
16 Im Labyrinth 465
17 Eine Sendung für Moskau 505
18 Der Richtplatz 536

Präludien

Ich tat Venedig manchen Dienst, man weiß es:
Nichts mehr davon.

Shakespeare: Othello V,2

Schnell, schnell!
Denk daran, was sie dir gesagt haben: als erstes den Aktendeckel. Ein angemessener Sinn fürs Zweckmäßige, eine Unterbreitung deines Angebots.
Unschärfe. Denk daran. Du mußt in Eile und nervös sein ... Alles muß leicht unscharf sein, besonders am Anfang.
Der Elektronenblitz erhellte das Papier, das er durchs Objektiv sah: eine kleine aufflammende Sonne, deren Licht jedoch viel weißer als Sonnenlicht war. *Träne* stand in kyrillischer Schrift auf dem Aktendeckel. Die übrigen Worte und Zahlenkombinationen kennzeichneten die Bedeutung dieser Akte und bestimmten sie zur sofortigen Verbrennung, sobald ihr Inhalt auf Magnetband übertragen und im Hauptcomputer der Moskauer Zentrale gespeichert worden war.
Träne. Die Geschichte eines Mannes. Eine ganz besondere Geschichte.
Er schlug den Aktendeckel auf, so daß die erste Seite sichtbar wurde. Eine Inhaltsangabe. Die müssen Sie aufnehmen, hatten sie gesagt. Selbst in größter Angst oder Eile hätten Sie sich wenigstens diesen Beweis für Ihre ehrlichen Absichten gesichert. Der früheste Eintrag stammte aus dem Jahre 1946; der letzte war erst einen Monat alt. Und die Akte war noch keineswegs abgeschlossen.
Unschärfe! erinnerte er sich. Er arbeitete bereits zu mechanisch, zu profihaft und lässig. Die Seiten eins bis fünf ohne Unterbrechung, ohne das geringste Zittern. Vielleicht machte Übung doch nicht den Meister. Wie oft hatte er das alles schon getan ...?
Sorg dafür, daß auf einigen Photos am oberen Rand die grauen Stahlregale zu sehen sind. Authentizität. Einzelne Seiten überspringen ...
Er blätterte in den scheinbar alten Unterlagen – den aus Notizbüchern herausgerissenen Seiten, den Briefen, den Durchschlägen von eingegangenen Funksprüchen – und fächerte sie vor

dem Hintergrund des beigen Aktendeckels und des staubigen Fußbodens im kalten Aktenkeller wie Spielkarten auf. Er brauchte die Aufnahmen nicht mehr absichtlich zu verwackeln, als habe er Angst; er zitterte jetzt vor Kälte.

Du mußt diese Augenblicke durchleben – sie werden dich wieder und wieder danach fragen ... sie werden dich ausquetschen, um deine Angaben zu verifizieren ...

Schritte? Er versuchte, sich das beängstigende Heranstapfen schwerer Stiefel auf dem Betonboden des neonbeleuchteten Korridors vor der Tür vorzustellen. Hastig umblättern. Blitz, Blitz, Blitz. Auf einem der Photos würde unscharf sein Knie zu sehen sein: Er gratulierte sich zu diesem einfachen, schlichten, authentischen Effekt. Teile der Vernehmungen aus dem Jahre 1946. Dann blätterte er hastig weiter; die Seiten lagen jetzt kreuz und quer durcheinander auf dem Betonboden zwischen den grauen Stahlregalen.

Nun nicht mehr 1946, sondern die beiden letzten Jahre ...

Merk dir, was du in diesen Augenblicken empfindest, welche Gefühle und Erlebnisse sich für dich mit einigen dieser Seiten verbinden.

Was war das? Ein Treffen in Helsinki im vergangenen Jahr. Schritte auf dem Beton vor der Tür ...? Es gelang ihm, sich im Halbdunkel, in dem seine Augen noch vom letzten Blitz geblendet waren, selbst Angst zu machen.

Wieder abdrücken, Blitz, Blitz ...

Die letzten Seiten. *Nein, nicht die letzte oder vorletzte, nicht einmal die vorvorletzte Seite ...*

Dann war er fertig. Er zitterte in der Kälte und dem zurückkehrenden Halbdunkel. Seine Beine waren bis zu den abgebogenen Knien schmerzhaft verkrampft. Er konnte sein eigenes Atmen hören. Schließlich hätte alles genau so passiert sein können – mit allen Emotionen.

Er seufzte laut.

«Gut gemacht!» sagte eine Stimme aus dem Halbdunkel. Du hast deine Rolle also überzeugend gespielt, sagte er sich, nachdem er wegen der unerwarteten Stimme zusammengezuckt war. «Jetzt möchten Sie vermutlich einen Schnaps?»

Die letzten weißen Blätter der Akte *Träne* schienen im Halbdunkel zu leuchten, als seine Augen sich von dem grellen Blitz-

licht erholten. Ja, jetzt bist du festgelegt, sagte er sich. Dein Schicksal hängt von diesen Papieren ab, wie seines auch.
Wie das des anderen. Der Hauptperson der Akte *Träne.*
«Ja», antwortete er und räusperte sich in dem dumpf hallenden Kellerraum. «Ich möchte einen Schnaps.»

Patrick Hyde beobachtete Kenneth Aubrey, als er im Kielwasser der zu den Eingängen des Zoos strebenden Touristen mit dem Russen die Fähre verließ. Hyde mißfiel es, daß Aubrey keinen Minisender bei sich trug, womit er auf die ungewohnte Nervosität des Russen einging. Er fühlte sich von seinem Vorsitzenden abgeschnitten und in seiner Aufgabe, Aubrey zu beschützen, entscheidend behindert.
Er wartete, bis die letzten Fahrgäste von Bord der Fähre gegangen waren. Es schien keine Diskrepanz zwischen der Versicherung des Stellvertretenden KGB-Vorsitzenden Kapustin, er sei allein, und Hydes eigenen Beobachtungen zu geben. Falls er KGB-Leibwächter mitgebracht hatte, verhielten sie sich außergewöhnlich unauffällig. Hyde schlenderte die Gangway hinunter und den Kai entlang auf die Kiefern zu, hinter denen sich der Eingang zum Zoo auf der Insel Korkeasaari befand. Hinter ihm lag Helsinki jenseits der glitzernden Wasserfläche weiß und rosa und unschuldig in der Sonne dieses Sommernachmittags.
Hyde war noch immer durch die Tatsache irritiert, daß Aubrey ihm verboten hatte, Kapustin nach Waffen oder einem Mikrophon abzusuchen. Auf Aubreys Gesicht hatte selbstbewußtes Vertrauen gestanden, während er die um seine Taille geführte Zuleitung abgewickelt und das Mikrophon von seinem Hemd gelöst hatte. Hyde, der weniger sensibel war, brachte es nicht über sich, Kapustin zu trauen, obwohl diese Treffen nun schon seit fast zwei Jahren stattfanden.
Eine lange, fruchtlose Werbung. Kapustin behauptete, in den Westen überlaufen zu wollen, ohne diese Behauptung bisher durch Taten untermauert zu haben. Ein leibhaftiger Stellvertretender KGB-Vorsitzender und Generalinspekteur der Ersten Hauptverwaltung. Die glitzernde Trophäe, die Aubrey faszinierte.

Fünfzig Meter vor ihm schlenderten Aubrey und Kapustin vor einem Hintergrund aus Sommerhemden und bunten Kleidern auf die Drehkreuze am Zooeingang zu. Irgendwo in der Ferne brüllte ein Löwe. Kindern stockte der Atem, oder sie quietschten vor Vorfreude. Unter den dichtbenadelten duftenden Kiefern bewegte sich nichts Gefährliches, aber Hydes Nervosität wollte sich trotzdem nicht legen. Er sah keine Gefahr, aber er wurde das Gefühl nicht los, hier sei irgend etwas faul. Bei diesem – dem zehnten oder gar schon fünfzehnten? – Treffen zwischen Aubrey und Kapustin. Kapustin, die widerspenstige Braut. Kapustin, der unschlüssig blieb, sich nicht festlegen wollte und sich Sorgen wegen des Geldes, seiner neuen Identität und seines zukünftigen Wohnorts machte. Kapustin, der Aubrey an der Nase herumführte.

Hyde stellte sich hinter Kapustin und Aubrey an und hielt dann zwanzig Meter Abstand, als die beiden den schmalen Weg zwischen den Ziegengehegen einschlugen. Er hatte diese Aufträge satt. Er hatte keine Lust mehr, auf sich regelmäßig wiederholenden Reisen in europäische Hauptstädte als Aubreys Leibwächter zu fungieren. Die Treffen wurden so gelegt, daß sie mit Kapustins Inspektionen sowjetischer Botschaften in Westeuropa zusammenfielen – in Ostberlin, Wien, Bonn, Stockholm, Madrid, London und Helsinki. Kapustin lieferte jedesmal Tratsch aus der Führungsschicht, Erkenntnisse des Politbüros, Anzeichen für Machtverschiebungen und Gesinnungswandel – und Ausreden für seine noch immer nicht erfolgte Flucht. Er forderte doppelt soviel Geld oder doppelt soviel Sicherheit, vielleicht sogar doppelt soviel Schmeichelei.

Kapustin und Aubrey waren vor einem Affenkäfig stehengeblieben. Kleine, behaarte, schnurrbärtige Gesichter beobachteten sie; kleine Hände griffen durch die Gitterstäbe nach ihnen. Schrille Stimmen forderten und schimpften. Aubrey wirkte ernst; Kapustin, der größer und schwerer war, schien sich über ihn zu beugen: ein Lehrer, der einen Schüler dazu drängt, doch endlich die richtige Antwort zu geben. Aubreys Gesichtsausdruck war das Spiegelbild des mißmutigen, verkniffenen Gesichts des Kapuzineräffchens, das die beiden Männer durchs Gitter hindurch beobachtete. Hyde beobachtete die Besucher in ihrer Nähe, beobachtete die Kameras und die Augen. Nichts.

Auf Aubreys Gesicht unter dem Panamahut war deutliche Verbitterung zu erkennen. Kapustin gestikulierte lebhaft und zuckte dann wieder nichtssagend mit den Schultern. Hyde trat näher an das Geländer vor dem Käfig heran. Ein graues Äffchen flüchtete erschrocken auf einen ins Leere ragenden Ast, als verkörpere er eine greifbare Bedrohung.

«Doppelagent? Das verlangen wir nicht von Ihnen, Dmitri», stellte Aubrey mit ruhiger, drängender Stimme fest. «Warum beharren Sie auf dieser Idee? Unser Kontakt ist auf ihren Wunsch zustande gekommen – *Sie* haben mit *mir* Verbindung aufgenommen, Dmitri. Direkt. Persönlich.»

«Als ob ich einen Schläfer geweckt hätte?» murmelte Kapustin.

«Ganz recht.» Aubrey weigerte sich, über seine Bemerkung zu lächeln. «Seither haben Sie uns, haben Sie mich hingehalten.»

«Dafür entschuldige ich mich.» Kapustin beobachtete Hyde sekundenlang, als der Australier ihnen näherrückte, während er scheinbar interessiert die Affen beobachtete. In der Ferne brüllte wieder der Löwe. Kapustin konzentrierte seine Aufmerksamkeit wieder auf Aubrey. «Sie sind sehr hilfsbereit gewesen, Sie haben getan, was Sie . . .», murmelte er.

«Nur meine Pflicht, nicht mehr», wehrte Aubrey steif ab. «Was Sie angeboten haben, durfte ich nicht ignorieren. Aber warum zögern Sie jetzt – schon wieder und für so lange Zeit?»

«Ich kann mich nicht zwischen Ihnen und den Amerikanern entscheiden.»

«Geld? Geht's darum?»

«Würde es bei Ihnen um Geld gehen?»

«Nein. Diese Lage würde nicht entstehen.»

«Natürlich nicht, wenn Cunnigham jetzt in den Ruhestand tritt.»

«Das wissen Sie natürlich auch.»

«Allgemein wird erwartet, daß Sie sein Nachfolger als Generaldirektor sein werden. Das werden Sie doch?»

Aubrey machte eine abwehrende Handbewegung. «Das ist irrelevant.»

«Dann können Sie erst richtig zu arbeiten beginnen.»

«Vielleicht. Hören Sie, Dmitri, die Zeit des Werbens um Sie ist vorbei. Sie müssen sich jetzt entscheiden. Sie müssen handeln . . .»

Hyde schlenderte weiter, um Abstand von den beiden Alten zu gewinnen. Ihre Stimmen gingen in Affengekreisch und Kinderlärm unter. Stets dasselbe Gespräch, das Endlosband aus Überredungsversuchen und hinhaltenden Antworten. Kapustin spielte mit Aubrey und vergeudete jedermanns Zeit. Umständliche Wortspielereien, fortgesetzte Belustigungen . . .
Träne. Kapustins Deckname, den der Russe bei ihrem ersten Zusammentreffen in Paris selbst vorgeschlagen hatte. Hyde sah sich um. Die beiden alten Männer waren von einer lebhaften Schulklasse umgeben, deren Lehrerin mit schneidender Stimme einen Vortrag hielt. Aubrey und Kapustin wirkten harmlos, fast lächerlich. Das Unternehmen *Träne* würde im Sand verlaufen. Hyde rechnete nicht damit, daß der Stellvertretende KGB-Vorsitzende überlaufen würde – weder jetzt noch nächstes oder übernächstes Jahr. Aubrey wußte noch nicht einmal bestimmt, weshalb der Mann überlaufen wollen sollte. Eine vage Desillusionierung schien als Motiv nicht auszureichen. *Träne.* Nach den vorliegenden SIS-Informationen steckte dahinter keine persönliche Tragödie. Nur irgendein Deckname.
Hyde beobachtete automatisch die Kameras und die Augen, danach die Wege und die Bäume. Nichts. Hyde gähnte gelangweilt und wünschte sich, irgend etwas würde passieren.
Kapustin und Aubrey kamen auf dem Rückweg, in ein dringendes Gespräch vertieft, an ihm vorbei. Unbedeutend. Nichts. Mit *Träne* vergeudeten alle Beteiligten nur ihre Zeit.
Er machte sich langsam und nicht sonderlich aufmerksam daran, den beiden alten Männern zu folgen.

«Ist das der Schauspieler von gestern?» fragte Kapustin aus der Dunkelheit im Hintergrund des Raums. Der Filmprojektor surrte. Zigarettenrauch trieb in Schwaden durch den grellweißen, auf die Leinwand gerichteten Lichtkegel.
«Ja, Genosse Stellvertretender Vorsitzender.»
«Die Wolkenschatten sehen nicht richtig aus, finde ich. Die Tageszeit und das helle Sonnenlicht stimmen. Aber heute ist der Wind etwas stärker gewesen. Und die Schatten müssen kräftiger sein.»
Kapustin beobachtete, wie er sich in Begleitung eines Mannes,

der Kenneth Aubrey zu sein schien, von der Kamera entfernte. Der Schauspieler sah dem Engländer eigentlich kaum ähnlich, aber aus diesem besonderen Blickwinkel war er mit ihm identisch. Sein Gang war gut, sogar sehr gut – ebenso wie die Haltung der Schultern und der leicht zur Seite geneigte Kopf, der an einen zuhörenden Vogel erinnerte. Der Panamahut gehörte im Sommer zu Aubreys Standardausrüstung, und sie konnten von Glück sagen, daß er ihn an diesem Nachmittag getragen hatte.

«Wir nehmen einen Computervergleich vor, Genosse Stellvertretender Vorsitzender», bot ihm der Leiter der Technikergruppe an. «Die Schatten lassen sich bestimmt verstärken – selbst wenn sie morgen, wenn wir die Einschübe wirklich drehen, fehlen sollten.»

«Hmmm.» Kapustin betrachtete den Film noch einige Augenblicke, bevor er verlangte: «Zeigen Sie mir den Film von heute nachmittag.»

Der Projektor hörte zu surren auf. Ein daneben aufgebautes zweites Gerät warf Bilder auf die Leinwand: Aubrey und er entfernten sich von der Kamera – genau wie bei den Probeaufnahmen am Nachmittag zuvor. Kapustin fiel sofort auf, was sie mit dem Schauspieler noch einüben mußten. Aubrey hatte etwas Gereiztes an sich, das nur selten an die Oberfläche kam, aber in diesem Filmausschnitt deutlich zu erkennen war und seine Körperhaltung, sein Benehmen beeinflußte. Der Australier schlenderte in einiger Entfernung hinter ihnen her, hatte die Hände in den Hosentaschen und langweilte sich sichtlich.

«In Ordnung?» fragte der Gruppenleiter neben ihm. Kapustin nickte.

«Nicht übel.»

«Das Problem läßt sich lösen. Nach dem Computervergleich wirkt die Filmqualität identisch.» Der Mann war weniger beflissen als stolz – wahrscheinlich auf seine Fähigkeiten, seine Ausrüstung, seinen Ruf. «Wir können alles Gewünschte einschieben, wenn der Schauspieler gut ist.»

«Das ist er!»

«Natürlich, Genosse.»

Kapustin und Aubrey standen, offensichtlich in ein dringendes Gespräch vertieft, vor dem Affenkäfig. Die wegen Hydes

Anwesenheit erforderlich gewesene große Kameraentfernung trug mit dazu bei, die Täuschung vollkommen zu machen. Niemand konnte diese Filmaufnahmen soweit vergrößern, daß Aubrey die Worte von den Lippen abzulesen waren. Das war gut. Auf den Tonbändern konnten sie Aubrey sagen lassen, was sie wollten . . .
«Sieht gut aus», murmelte Kapustin und klopfte mit dem Daumennagel gegen seine Schneidezähne. Er konnte sich den verfälschten, redigierten, zusammengestückelten Dialog vorstellen, der diese Aufnahmen begleiten würde. Als Aubrey bereit gewesen war, sein Mikrophon abzulegen, um den angeblich nervösen Kapustin nicht noch nervöser zu machen, hatte der Stellvertretende KGB-Vorsitzende sich beherrschen müssen, um angesichts der vertrauensvollen Naivität des Briten nicht triumphierend auf *sein* winziges Mikrophon zu klopfen. Kapustin lachte in sich hinein, während er an diese Szene dachte. «Weiter mit den Probeaufnahmen», verlangte er.
Der Projektor hörte zu surren auf. Dann lief der andere an und zeigte erneut Kapustin mit dem Schauspieler. Die beiden waren stehengeblieben. Der Schauspieler drückte Kapustin ein kleines Päckchen in die Hand. Seine ganze Haltung drückte Schuldbewußtsein aus, während Kapustin auf der Leinwand erst dankbar, unmittelbar darauf zufrieden und schließlich befehlend wirkte. Diese kurze Szene dauerte nur sechs, sieben Sekunden. Aber sie brandmarkte Aubrey unverkennbar als Doppelagenten, als Verräter.
«Danke, das genügt vorläufig. Ich schlage vor, daß wir uns die Tonaufnahmen vornehmen.»
Licht flammte auf. Die Bilder auf der Leinwand verblaßten wie hinter einem Licht- oder Schneevorhang; dann wurde der Projektor ausgeschaltet. Kapustin betrachtete die jungen, eifrigen, begabten Gesichter, die ihm zugekehrt waren wie Pflanzen der Sonne. Er war ihre Sonne. Seine eigene Technikergruppe. Seine eigens für das Unternehmen *Träne* zusammengestellte Gruppe.
«Was möchten Sie hören, Genosse?»
«Mich interessiert die Fähre. Was haben Sie dort aufgenommen – und was haben Sie daraus gemacht?»
«Es wird Ihnen gefallen.» Der junge Mann grinste. Die anderen schwiegen erwartungsvoll, als er den teuren japanischen Recor-

der einschaltete. Auf dem Mischpult daneben türmten sich ganze Stapel von Rockkassetten: Seine jungen Männer hatten in Helsinki eingekauft.

«Hoffentlich!» sagte Kapustin väterlich wohlwollend.

Möwengeschrei, dann Stimmen. Der Gruppenleiter reichte Kapustin ein Typoskript. Kursiv hervorgehoben waren alle schon früher aufgezeichneten Fragen und Bemerkungen, die in sein Gespräch mit Aubrey eingearbeitet worden waren. Kapustin hörte aufmerksam zu.

«Meine Lage wird immer schwieriger», sagte Aubreys Stimme aus den Lautsprechern. Möwen, Wasser, Wind, das Brummen der Schiffsdiesel. In Wirklichkeit hatte der Brite Kapustin erklärt, seine Wankelmütigkeit irritiere London. Aubrey fiel es zunehmend schwerer, seine Kollegen davon zu überzeugen, daß Kapustin tatsächlich überlaufen wollte. Mit einer vorangestellten Frage nach Regierungsakten und den Protokollen des Auswärtigen Ausschusses schien daraus hervorzugehen, daß Aubrey seinem KGB-Führungsoffizier streng geheime Informationen lieferte.

Aubrey war ein Verräter. Kapustin lächelte, klopfte gegen seine Schneidezähne und hörte weiter zu.

«Ja, ich weiß», sagte seine Lautsprecherstimme, «aber diese Informationen sind sehr wichtig.» Unterlegt waren seine Worte mit seinem eigenen Herzschlag. «Sie müssen's versuchen . . .», drängte er.

«Ich tue doch alles, was Sie verlangen!» protestierte Aubrey irritiert und ängstlich zugleich. Jedenfalls konnte der Unterton seiner Stimme als Angst gedeutet werden. Woher stammte dieser Gesprächsfetzen – aus Paris, Wien oder Berlin? Aus diesem oder dem vergangenen Jahr?

«Nein!» sagte Kapustin laut. «Abstellen!» Der Gruppenleiter wirkte stoisch gelassen; jüngere Gesichter in dem stickigen Raum trugen einen niedergeschlagenen oder sichtlich irritierten Ausdruck. «Bedaure, Jungs, aber in den Einschüben stimmt mein Herzschlag nicht. Und die Perspektive von Aubreys Stimme muß geändert werden – er muß mir etwas näher sein.»

«Was ist mit den Hintergrundgeräuschen?» fragte jemand.

«Die sind in Ordnung. Die Übereinstimmung ist gut. Tut mir leid, aber der finnische Nachrichtendienst bekommt diese Aufnahmen, sobald die Zeit dafür reif ist, und tippt natürlich sofort auf eine Fälschung. Er versucht dann festzustellen, was ergänzt oder weggelassen worden ist. Ich *höre,* daß das nicht ausreicht. Gut, machen wir im Zoo weiter . . .»

Die Kassette lief weiter, dann drückte der junge Techniker erneut auf den Abspielknopf. Der Löwe brüllte wie auf ein Stichwort hin. Die Affen schnatterten die Kinder und die Kinder die Affen an. Kapustin hörte aufmerksam zu.

«Dann können Sie erst richtig zu arbeiten beginnen», hörte er sich selbst sagen.

«Nur meine Pflicht, nicht mehr», wehrte Aubrey steif ab. Er fuhr fort: «Ich habe geduldig gewartet – sehr lange, Dmitri –, aber jetzt haben wir's fast geschafft . . .»

«Nochmal!» verlangte Kapustin mit mühsam unterdrückter Aufregung.

Gesprächsfetzen aus Berlin, aus Wien, aus Rom. Die Hintergrundgeräusche gelöscht, neue Geräusche eingeblendet. Der Zoo! Kapustin hätte niemals geglaubt, daß sie das schaffen würden. Sie hatten damit tarnen wollen, daß sie Verkehrs-, Wind- und Regengeräusche herausgeschnitten hatten. Aber das hatte er ihnen bisher nicht zugetraut . . .

«Wunderbar!» sagte Kapustin halblaut. Ein kollektiver Seufzer der Erleichterung schien den Raum zu füllen. Löwe, Affen, Kinder. Ein nahtloser, fließender Hintergrund: natürlich, lebensecht, unverfälscht.

Nun war es soweit. Dies war die beste Wiedergabe auf sämtlichen von ihnen verfälschten Tonbändern. Die beste Aufnahme der letzten zwei Jahre. Der entscheidendste Augenblick: die Sekunde des Verrats, das Zuschnappen der Falle.

Aubrey war *Träne* – das stand außer Zweifel. Aubrey hatte seine Organisation und sein Land verraten. Das war durch diese Aufnahme bewiesen. *Träne* war entlarvt.

«Nochmal», flüsterte er und genoß das Vorgefühl ihres vollständigen, sicheren Erfolgs. «Nochmal!»

In die Rückwand des Ladens war im Erdgeschoß ein großer Videoschirm eingelassen, auf dem in etwas verschwommenen Farben eine als Eichhörnchen Nutkin kostümierte Tänzerin zu nicht dazupassender Discomusik über eine Lichtung hüpfte. Er mußte unwillkürlich lächeln, bevor er dem Bildschirm den Rücken zukehrte und die Treppe zu den Kassetten hinaufstieg. Er kam etwas zu früh zu diesem Treff, zu seinem abschließenden Kontakt im HMV-Shop in der Oxford Street.

Er war an diesem heißen Septembernachmittag aus der U-Bahn-Station Bond Street gekommen. Erdgeschoß, hatte es geheißen. Punkt 16 Uhr. Um vier Uhr laufen Sie zu uns über. Schade, daß Sie's nicht geschafft haben, sich nach New York oder Washington versetzen zu lassen – aber von der Oxford Street aus können wir Sie rasch in unsere Botschaft am Grosvenor Square bringen. Kommen Sie frühzeitig, sehen Sie sich im Laden um. Wir brauchen Zeit, um festzustellen, ob Sie beschattet werden. Seien Sie vorsichtig!

Er war sich darüber im klaren, daß er keine wirkliche Nervosität hätte empfinden dürfen. Er hätte nur von den Gefühlen beherrscht sein dürfen, die er eingeübt und für diesen Augenblick beherrschen gelernt hatte. *Denken Sie daran: Die anderen erwarten Angst, Spannung, Nervosität. Sie müssen sich Ihrer Emotionen ebenso sicher wie der mitgebrachten Unterlagen sein. Alles muß stimmen – das erwartet man von einem Überläufer, der sich zum Abspringen entschlossen hat.*

Ein jung-alter Jüngling mit rosa Haar, Wimperntusche und einem Ohrring lümmelte sich hinter der Registrierkasse. Grigorj Metkin bewegte sich langsam die Kassettenregale entlang, schien keinen bestimmten Titel zu suchen und verfolgte mit dem Zeigefinger das Alphabet von Popsängern und Rockbands, deren Namen ihm fast ausnahmslos unbekannt waren. Sein Blick suchte und fand seinen Beobachter aus der sowjetischen Botschaft, der sich angelegentlich für die heruntergesetzten Kassetten interessierte. Der andere hatte zwei grüne Tragtüten von Marks & Spencer in der Hand. Er wirkte keineswegs russisch, sondern war dunkel und schmerbäuchig genug, um als Araber durchzugehen. Metkin sah auf seine Armbanduhr. 15.58 Uhr.

Ein Mann in einem hellen Anzug ging dicht an ihm vorbei und starrte ihm wissend ins Gesicht. Metkin deutete sein flüchtiges Lächeln als Aufforderung, ihm zu folgen, und stieg die Treppe hinab. Auf dem Videoschirm flüchtete Raquel Welch in einem

Leopardenbikini vor einem Dinosaurier, während aus den Lautsprechern Bach auf der Elektrogitarre dröhnte. Als Metkin sich auf der Treppe kurz umdrehte, sah er seinen Bewacher mit den grünen Tragtaschen ohne sonderliches Interesse hinter sich herstapfen. Bruchteile von Sekunden lang begriff er genau, was er zurückließ und welche Gefahren ihm in seiner neuen Rolle drohten. Seine Magennerven verkrampften sich bei dem Gedanken daran.

Der Mann in dem hellen Anzug wartete auf ihn. Hinter ihm tauchten zwei weitere Männer auf. Alle in gutsitzenden Anzügen, als wollten sie dem Neuangeworbenen gegenüber Reklame für amerikanische Maßkonfektion machen. Die durch drei oder vier Schlagerplatten erzeugte Kakophonie schien lauter zu werden, als Metkin auf der untersten Stufe zögerte.

Sie müssen glaubhaft wirken! fiel ihm ein. Wo war sein Ausbilder jetzt, von welchem auf die Oxford Street hinausführenden Fenster aus würde er diese Szene beobachten? Dann sah Metkin, daß einer der Amerikaner seinen Bewacher erkannt hatte. Der Mann in dem hellen Anzug trat auf ihn zu, und eine kräftige braune Hand packte ihn am Arm. Mit der anderen schien er in die Innentasche seiner Jacke greifen zu wollen. Ein weiterer Amerikaner war rasch an die Ladentür getreten.

«Los, kommen Sie!» drängte der Amerikaner. Männer in buntgemusterten Hemden bewegten sich auf Metkin und den CIA-Offizier zu. Der notwendige Gegenangriff, der die Gefahr demonstrierte, daß ihnen die Beute doch noch streitig gemacht werden könnte. Der Amerikaner, der weiterhin nach seiner Geldbörse zu greifen schien, schleppte den Russen mit zum Ausgang. «Los, los, kommen Sie endlich!»

Grelles, staubiges Sonnenlicht blendete Metkin, als er aus dem Laden trat. Er prallte mit einer Araberin zusammen, stieß ihr Kind um. Hinter ihnen ertönte ein Schrei. Drei Männer in Anzügen: einer neben ihm, zwei als Wachen neben der schwarzen Limousine. Die hintere Tür stand offen. Metkin wurde wie ein Wäschebündel auf den Rücksitz geschoben. Der Amerikaner in dem hellen Anzug, der ihn in den Wagen gestoßen hatte, nahm neben ihm Platz.

Drehen Sie sich um, spielen Sie den Ängstlichen! Metkin sah schwitzende, verärgerte Gesichter, die sich auf dem Gehsteig zusammenrotteten. Die Araberin stellte ihr Kind auf die Beine und klopfte es ab. Die buntgemusterten Hemden blieben zurück und verschwanden, als der Wagen von der Oxford Street abbog. Die Amerikaner stritten sich.

«Keiner von euch beiden hat diese Kerle erkannt – keiner!»

«Entschuldige, aber . . .»

Danken Sie ihnen, erinnerte er sich. *Danken Sie ihnen überschwenglich.*

«Danke! Vielen Dank!» rief er atemlos aus, während ihm das Hemd schweißnaß am Körper klebte. «Oh, ich danke Ihnen, ich danke Ihnen . . .»

Der Amerikaner neben ihm nickte ihm lächelnd zu. «Jetzt kann Ihnen nichts mehr passieren, Kumpel. Jetzt sind Sie in Sicherheit.»

Vor dem Wagen erschien plötzlich die verwitterte weiße Betonfassade der US-Botschaft mit ihrem Adler mit den ausgebreiteten Schwingen. Metkin erschien sie bedrohlich wie ein Gefängnis, gefährlich wie ein Minenfeld. In Sicherheit? Für ihn begannen die Gefahren erst . . .

Ihre Hände griffen in den hellen Lichtfleck auf dem Schreibtisch, wühlten in den Vergrößerungen und zogen einzelne aus dem Stapel heraus. Die Decke des halbdunklen Raums wurde von einem blassen Lichtschein erhellt, der größtenteils der Widerschein des Mondlichts auf den tiefverschneiten Fluren Virginias war. Ihre Schatten tanzten über die Decke, wuchsen ins Riesenhafte und schrumpften in der nächsten Sekunde wieder zusammen.

«Wieviel davon können Sie verifizieren?» Aus der Stimme des stellvertretenden CIA-Direktors sprachen Zweifel, aber auch ein gewisses Widerstreben gegen eine skeptische Einstellung zu diesen Enthüllungen.

«Viel, sogar sehr viel.»

«Durch unseren übergelaufenen Freund Metkin?»

«Nein. Von dieser Sache weiß er nichts. Er hat sie sich nur als Tauschobjekt gesichert. Für ihn ist sie zu geheim gewesen. Aber sehen Sie sich das hier an . . .» Hände sortierten die glänzenden, häufig überbelichteten Vergrößerungen und zogen eine davon heraus. «Wir wissen, daß der KGB diese Art der Klassifizierung und diese Geheimhaltungsstufe nie benützt hat. Beides stammt noch aus der NKWD-Zeit vor dreißig, vierzig Jahren. Und das hier ...» Die Hände suchten eine andere Vergrößerung heraus. «Dies ist eindeutig seine Handschrift. Wir haben sie mehrfach geprüft. Ein halbes Dutzend Fachleute sind darauf angesetzt worden. Auch wenn die Schrift fast vierzig Jahre alt ist, bleibt sie unverwechselbar seine.»

«Aha.» Der stellvertretende Direktor blickte zu der von reflektiertem Mondschein erhellten Decke seines geräumigen Büros auf. Sein Schatten und der seines Gesprächspartners wirkten bedrohlich verzerrt, während sie sich über die Photos auf seinem Rosenholzschreibtisch beugten. «Aha», wiederholte er, weil er nicht recht wußte, was er sagen sollte.

«Auch zeitlich stimmt alles. Soviel wir überprüfen konnten, lassen sich alle diese Daten aus dem Jahre 1946 bestätigen.»

«Wie steht's mit neueren Terminen aus den letzten zwei Jahren?»

«Volle Übereinstimmung. Zumindest nach unseren Erkenntnissen, ohne daß wir London direkt gefragt haben.»

«Dann ist die Sache mit dem angeblich zum Überlaufen bereiten Stellvertretenden KGB-Vorsitzenden also ein großer Schwindel gewesen?»

«Richtig, davon gehen wir aus.»

«Zu welchem Ergebnis sind Sie gekommen?»

«Aubrey ist über dreieinhalb Jahrzehnte lang ein Schläfer gewesen. Als er vor zwei Jahren dicht davor war, in die Spitzenposition aufzurücken, haben sie ihn reaktiviert.»

«Sie haben noch nicht mit London gesprochen?»

«Nein, Sir. Wir müssen mit Babbington – und MI5 – reden, das steht fest, aber darüber muß der Direktor entscheiden.»

«Okay.» Der stellvertretende Direktor tippte auf die Vergrößerung der Inhaltsangabe. «Sie glauben diesem Überläufer – und *dem* hier?»

«Wir haben ihn nach allen Regeln der Kunst ausgequetscht. Sogar mit Drogen und unter Hypnose. Seine Story bleibt immer gleich. Als Entschlüßler hat er gerüchteweise gehört, daß unter größter Geheimhaltung wichtige Akten verbrannt werden sollten. Er hat gewußt, daß wir ihn mit dieser Mitgift mit offenen Armen empfangen würden, deshalb hat er sich mit seiner japanischen Kamera an die Arbeit gemacht – und *Träne* entdeckt.»

«Aubrey ist jetzt schon alt . . .»

«Und er ist vor kurzem Generaldirektor der britischen Nachrichtendienste geworden.»

«Verdammt noch mal, Bill, das weiß ich selbst!» Der stellvertretende Direktor zuckte unschlüssig mit den Schultern. «Ich weiß nur nicht, was wir tun sollen . . .»

«Sir, ich würde die Hand dafür ins Feuer legen, daß *Träne* eine echte Geheimakte der höchsten Stufe aus der Moskauer Zentrale ist. Darüber hinaus zeigen diese Kennziffern auf dem Umschlag, daß sie in den dortigen Sicherheitscomputer eingegeben worden ist. Außerdem ist sie nur dem KGB-Vorsitzenden und seinen sechs Stellvertretern zugänglich. Kein anderer – mit Ausnahme von Nikitin persönlich – bekommt sie zu sehen. Diese Aufnahmen sind echt, soweit wir feststellen können. Die Geschichte, die sie erzählen, hält jeder Überprüfung stand . . .» Die Photos wurden erneut wie Spielkarten auseinandergefächert, so daß sie die Schreibtischplatte bedeckten. «Alles deutet darauf hin, daß Kenneth Aubrey ein sowjetischer Agent ist – *der* Sowjetagent aller Zeiten!»

«Und er ist vor kurzem Chef der britischen Nachrichtendienste geworden.» Der stellvertretende Direktor seufzte. «Okay, wir legen die Sache gleich morgen früh dem Direktor vor.»

«Ausgezeichnet, Kapustin, jetzt kann's im Ernst beginnen: die Vernichtung Kenneth Aubreys – und mit ihm des britischen Nachrichtendiensts . . . Ich zitiere damit den Genossen Präsidenten Nikitin. Finden Sie, daß er übertreibt, Kapustin?»

«Keineswegs, Genosse Vorsitzender.»

«Sie garantieren dafür, daß diese Behauptungen sich letzten Endes als nicht übertrieben erweisen werden?»

«Das tue ich, Genosse Vorsitzender. Präsident Nikitin und Sie haben recht gehabt, als Sie mir die Verantwortung für *Träne* übertragen haben. Unser Vorhaben klappt, darauf gebe ich Ihnen beiden mein Wort.»

«Darauf wollen wir trinken, hmmm?»

«Mit Vergnügen, Genosse Vorsitzender!»
«Wir wollen Sir Kenneth Aubrey, KCVO, ein glückliches, ein *sehr* glückliches neues Jahr wünschen!»

In der tiefstehenden Nachmittagssonne leuchteten die Fensterreihen des Wiener Schlosses Belvedere nacheinander orangerot auf, als gingen unsichtbare Bedienstete von Saal zu Saal und zündeten riesige Kronleuchter an. Kenneth Aubrey und der Russe befanden sich schon fast im Dunkeln, während sie auf der Terrasse des Oberen Belvedere unter den hohen Fenstern auf und ab gingen: zwei schemenhafte, fast körperlose einzelne Gestalten. Patrick Hyde hockte auf einer Säulenmauer unter der geheimnisvollen liegenden Statue einer Sphinx. Er blickte zu ihr auf, während Kapustin weiter auf Aubrey einredete. Ihr Lächeln war ebenso verlockend wie rätselhaft; sogar lüstern, während es in der kalten Winterdämmerung verschwand. Es paßte zu dem Gespräch, das er durch den Ohrlautsprecher des Recorders in der Tasche seines dunklen Mantels blechern mithören konnte. Diesmal war Aubrey mit Mikrophon und Minisender ausgerüstet, ohne daß Kapustin sich deswegen Sorgen zu machen schien.
In einer Pause seiner zögernd, beinahe verlegen vorgebrachten Erklärung explodierte Aubrey vor Zorn. Hyde hatte ihn noch nie so aufgebracht, so undiplomatisch und so rückhaltlos offen gehört.
«Sie können mir doch nicht einfach erzählen, daß Sie nicht mehr überlaufen wollen!» sagte Aubrey ungläubig und sarkastisch zugleich. «Das kann nach über zwei Jahren nicht Ihr voller Ernst sein!»
Summende Stille. Der Stellvertretende KGB-Vorsitzende, *Träne*, machte einen Rückzieher. Das wußte Hyde seit über einer halben Stunde, seitdem die beiden sich getroffen hatten. Schon als Kapustin Aubrey begrüßt und Hyde sich in diskrete Überwachungsentfernung zurückgezogen hatte, war eine neue, noch widerstrebendere Haltung zu spüren gewesen.
Und dahinter steckte eine Frau. Ein Grund für Kapustins Verbleiben in der Sowjetunion, den Aubrey niemals begreifen oder gar akzeptieren würde.

«Doch, das ist mein Ernst, mein Freund», erklärte Kapustin ihm. «Ich . . . tut mir leid, aber ich kann's nicht anders sagen. Ich kann nicht mit Ihnen kommen.»
«Alles ist vorbereitet!» fauchte Aubrey. «Sie sind bei unserem letzten Treffen mit allem einverstanden gewesen. Die Sache sollte *nächste Woche* steigen, verdammt noch mal!»
Hyde beobachtete, wie die beiden fast nicht mehr zu unterscheidenden Gestalten das Ende der Terrasse erreichten und umkehrten. Er sah den blassen Fleck von Wilkes' Trenchcoat wie eine Nebelschwade hinter den beiden. Wilkes und das restliche Personal der Außenstelle Wien waren für die Sicherheitsmaßnahmen verantwortlich. Hyde fühlte sich als Aubreys Reisebegleiter und Kindermädchen wieder einmal ziemlich unschmeichelhaft überflüssig. Er rieb sich die unbehandschuhten Hände. Sein Atem dampfte im letzten Licht des Tages. Die Parkterrassen glitzerten in dem am Vortag gefallenen Schnee.
«Aber diese Frau . . .», wiederholte Aubrey eben. «Sie sagen, daß Sie sie erst seit einigen Monaten kennen . . .»
«Ja, das stimmt.»
«Das . . . das . . . das *verstehe* ich nicht!»
«Sie haben solche Leidenschaft nie kennengelernt, mein armer Freund?»
«Bringen Sie sie mit!» stieß Aubrey hervor. Hyde schüttelte bei diesen Worten den Kopf.
«Ausgeschlossen! Sie muß an ihre Angehörigen denken. Ich brauche Ihnen wohl nicht zu erzählen, was meine ehemaligen Kollegen mit ihnen anstellen würden, wenn wir zwei in den Westen fliehen würden. Nein, mein Freund, das kann nicht sein . . .»
«Verdammt noch mal, Sie sind schon einundsechzig!»
Hyde grinste unwillkürlich. Aubrey, der Mann ohne Leidenschaften, konnte das nicht begreifen. Kapustin würde weder jetzt noch später überlaufen. Hyde war das ziemlich gleichgültig: Die Kälte setzte ihm mehr zu. Er bedauerte nur, daß Aubreys Coup fehlgeschlagen war. Aber selbst das war nicht weiter wichtig, denn Aubrey hatte bereits alles – den persönlichen Adel, den Posten des Generaldirektors, Ruhm und Ehre bis an sein Lebensende . . .

Vielleicht würde er Hyde nach diesem Fehlschlag in den Außendienst zurückkehren lassen, wo er hingehörte.
«Und müßte vernünftiger sein?» fragte Kapustin spöttisch. «Das bin ich offenbar nicht.»
«Sie könnten auffliegen . . .»
«Das halte ich für unwahrscheinlich. Und Sie, mein Freund, würden mich nicht verraten, nur weil ich Sie enttäuscht habe. Ich bedaure diese Wendung der Dinge aufrichtig. Der Westen hat nach wie vor vieles zu bieten, das mich lockt, und zu Hause gibt es vieles, was mich anwidert. Aber ich bin verliebt . . .»
Hyde hörte Aubreys verächtliches Schnauben und sah Kapustin freundlich resigniert die Arme ausbreiten. Die beiden waren inzwischen wieder nähergekommen, und Aubreys kleine Gestalt wirkte schwach und alt und nachdenklich.
«Gut, wie Sie wollen. Ich werde Ihren Entschluß melden . . .»
«Ah, natürlich! Und Sie werden meine plötzliche . . . Schwäche kritisch beleuchten?» Kapustin lachte. Hyde verglich den Stellvertretenden KGB-Vorsitzenden mit einem Laiendarsteller, der seine Rolle übertrieb.
«Ich . . . das verstehe ich einfach nicht», gab Aubrey zu.
Hyde sprang von der Säulenmauer. Unterdessen war es schon fast dunkel: die gefährlichste Tageszeit, in der alles schemenhaft, verwirrend und verdachterregend war. Er erkannte Wilkes mit seinem geisterhaften Trenchcoat und zwei der anderen. Die Gegenseite ließ sich diesmal nicht blicken. *Träne* konnte sich in westlichen Großstädten fast frei bewegen. Diese hervorgehobene Stellung hatte ihn zu einem so wertvollen Fang gemacht – zum Fisch der Saison.
Und Aubrey war es nicht gelungen, ihn an Land zu ziehen . . .
Die beiden Männer schüttelten sich kurz und förmlich die Hand; dann stieg Kapustin die Treppe herab und marschierte an Hyde vorbei, ohne auf ihn zu achten. Aubrey folgte ihm weit langsamer, als sei er sehr erschöpft. Selbst im frostigen Dunkel des Winterabends ließ sein elender Gesichtsausdruck erkennen, daß er gekränkt und sich seines Mißerfolgs bewußt war.
«Schade, Sir, daß . . .», begann Hyde.
«Großer Gott, was ist nur in den Mann gefahren?» rief Aubrey aus.

«Sex, nichts als Sex», antwortete Hyde mit gespielter Verachtung.
«Die ganze Sache ist mir . . . so unglaubwürdig vorgekommen», beschwerte Aubrey sich. «Und machen Sie sich gefälligst nicht über mich lustig, Patrick.»
«Entschuldigung, Sir.»
«Aber daß er uns durch die Lappen gegangen ist!» brach es aus Aubrey hervor, als Wilkes sich ihnen näherte. Der Einsatzleiter der Außenstelle Wien wich vor diesem Ausbruch unwillkürlich zurück. «Zwei Jahre seit der ersten Kontaktaufnahme – zwei Jahre mit Treffs, Verhandlungen, Vereinbarungen, Zusicherungen . . . Nach zweijährigem *Werben*, verdammt nochmal!»
«Er hätte nicht erfolgreicher sein können, wenn er's darauf angelegt hätte, mich in Verlegenheit zu bringen», stellte Aubrey fest. «Meine Feinde auf beiden Seiten des Atlantiks werden behaupten, ich sei nun doch schon zu alt für diese Arbeit. In Langley werden sie über unseren hiesigen Erfolg *entzückt* sein!» Aubreys blasses Gesicht verzog sich zu einem ironischen Lächeln. «Sir Kenneth Aubrey, der SIS-Generaldirektor, ist auf die Schnauze gefallen. Wie viele Leute das *begeistern* wird! Premierministeramt und MI5 werden ihren großen Tag haben . . .» Er schüttelte seufzend den Kopf und bedeutete Wilkes mit einer Handbewegung, er sei entlassen. «Zurück ins Hotel, Patrick», murmelte er müde.
«Okay, Sir.»
Ihre Schritte knirschten auf dem Kiesweg, als sie hügelabwärts auf die hohen Hecken zugingen, die den strenger gestalteten Teil des Parks umschlossen. Hyde merkte, daß Aubreys Mikrophon und Minisender noch immer eingeschaltet waren: Er konnte seine Atemzüge und seinen Herzschlag schwach hören. Er nahm den Ohrhörer heraus und steckte ihn mitsamt der Litze in die Manteltasche. Kapustin, der sonst so darauf geachtet hatte, daß seine Gespräche mit Aubrey nicht aufgezeichnet wurden, war diesmal sorgloser gewesen. Aus Fairneß würde Aubrey ihn zweifellos anweisen, die heutige Aufnahme zu löschen. Für Aubrey war Kapustin erledigt; für ihn existierte der Russe in Zukunft nicht mehr.
Sie erreichten eine kürzere Freitreppe und hatten dann die hohen Hecken, gestutzten Bäume und Statuen der unteren

Parkterrassen vor sich. Hyde legte seine Hand unter Aubreys Ellbogen, um den Alten auf den glatten Stufen zu stützen. Aubrey lehnte seine Hilfe nicht ab. Sein Arm fühlte sich dünn und zerbrechlich an. Wilkes befand sich zwanzig Meter von ihnen entfernt auf einem Parallelweg; seine drei Leute hielten mehr Abstand, um Aubrey abzuschirmen. Das Atmen des Alten erinnerte Hyde beinahe an das Knacken atmosphärischer Störungen ganz in seiner Nähe . . .

Der Recorder klirrte im Kies, als Hyde ihn fallenließ.

Atmosphärische Störungen?

«Entschuldigung, Sir – das verdammte Gerät ist mir aus der Hand gefallen!» sagte Hyde unnötig laut. Aubrey schnalzte mißbilligend mit der Zunge. Halt den Mund! dachte Hyde. Still . . .

Wilkes' Schuhe auf Kies. Hyde tastete mit einer Hand den Weg ab, als suche er den Recorder, den er bereits aufgehoben und wieder eingesteckt hatte. Er spürte die Kieselsteine kalt und spitz durch seine Cordsamthose. Sein halb über den Mund gezogener Wollschal fühlte sich feucht an, als Hyde den Atem anhielt.

«Kommen Sie, Patrick . . .», seufzte Aubrey ungeduldig.

Halt den Mund!

Atmosphärische Störungen, näher als ihre eigenen Leute . . . Sprechfunkgerät?

Aubrey trat einen Schritt auf ihn zu. Schritte, als Wilkes näherkam. Weitere Schritte, eine kleine Gruppe. Wilkes hastete in Aubreys Nähe.

Wohin, zum Teufel, war Kapustin verschwunden? Hyde hatte nicht einmal beobachtet, wie er die Parkterrassen von Schloß Belvedere verlassen hatte. Verdammt noch mal . . .

Hyde griff in die Innentasche seines Mantels.

«Sir Kenneth? Ich bin's – Andrew Babbington!» rief einer der aus vier . . . nein, fünf Männern bestehenden kleinen Gruppe Aubrey zu.

«Babbington?» wiederholte Aubrey verwirrt, während er auf das Quintett zuging. «Babbington – Andrew, was tun Sie hier?»

Hyde blieb auf einem Knie und umklammerte den Griff der Heckler & Koch, die ihm nachmittags in der Botschaft ausgehändigt worden war. Der Plastikgriff war körperwarm. Hyde

konnte die atmosphärischen Störungen nicht einfach ignorieren.
Dann fragte Aubrey: «Was gibt's, Andrew?»
Ein Knistern und Knacken ... Beine unter einem Baum. Er sah sie durch die an dieser Stelle dünne Hecke. Wilkes und die anderen hatten unterdessen zu Aubrey aufgeschlossen, der von Männern in dunklen Mänteln und hellen Trenchcoats umringt war. Anscheinend ein Notfall ... Der Mann, dessen Beine Hyde durch die Hecke sah, trug einen dunklen Überzieher. Sein Gesicht war nicht zu erkennen. Bei Aubrey standen der Generaldirektor von MI5 und der Chef der Außenstelle Wien. Der Fall mußte wirklich sehr dringend sein.
Die Beine standen unbeweglich. Ein weiteres Beinpaar gesellte sich zu ihnen. *Zwei* Beobachter. Hyde stand auf und verließ langsam und leise den Kiesweg. Er schob den Recorder, den er noch immer in der Hand hielt, in seine Manteltasche und steckte sich den Ohrhörer ins Ohr.
«... wirklich sehr peinlich, Sir Kenneth», murmelte jemand fast unterwürfig. Parrish, der Chef der Außenstelle Wien.
«Ich begreife einfach nicht, was Sie hierher geführt hat, Andrew», knurrte Aubrey, während Hyde wieder unter der Hecke hindurchsah. Die beiden Beobachter hatten sich nicht bewegt. Ihre Aufmerksamkeit galt offenbar der Gruppe auf dem Weg. Sie ahnten nichts von seiner Nähe.
«Mr. Babbington ... Entschuldigung, Sir Andrew hat mir genaue Anweisungen erteilt, Sir Kenneth. Ich bedaure, aber ...» Warum sprach Babbington nicht selbst? Was, zum Teufel, hatte er überhaupt in Wien zu suchen? MI5 war kein Auslandsnachrichtendienst, sondern für innere Sicherheit zuständig. Babbington wilderte in Aubreys Revier. «Ich muß Sie bitten, uns zu begleiten, Sir Kenneth.»
«Warum, wenn ich fragen darf?» erkundigte Aubrey sich aufgebracht. «Und warum machen Sie nicht selbst den Mund auf, Andrew? Was gibt's? Was ist passiert?»
Hyde schob sich die Hecke entlang weiter, fand eine dünne Stelle hinter einer Statue, schlüpfte hindurch und erreichte das tiefere Dunkel unter den Bäumen.
«... sehr peinlich für mich, Sir Kenneth», protestierte Parrish eben. «Sehr peinlich für uns alle ...»

«Wo ist Ihr Leibwächter Hyde?» fragte Babbington plötzlich. Sein drängender Kommandoton jagte Hyde einen kalten Schauer über den Rücken. Hyde erkannte darin eine Bedrohung, die ihn entnervte, weil er sie nicht glauben wollte. Vor sich sah er die beiden Beobachter unter den Bäumen – ungefähr dreißig Meter von der Gruppe entfernt. Wer waren sie?
«Ich ... ich weiß nicht, wo Hyde steckt», behauptete Aubrey geistesgegenwärtig. «Er ist eben noch dagewesen ... Was wollen Sie von mir, Andrew?»
«Sie fliegen mit uns nach London zurück, Kenneth, und stehen dort unter Hausarrest, bis ...»
«Was?»
Hyde war vor Schock wie gelähmt und achtete fast nicht auf die Beobachter, obwohl sie auf ihn zukamen.
«Was soll das, Mann?» fragte Aubrey scharf. «Wovon reden Sie überhaupt?»
«Verrat, Sir Kenneth», antwortete Babbington kalt. «Ich muß Sie warnen, daß stärkste Verdachtsgründe gegen Sie sprechen – daß es Dinge gibt, die untersucht werden *müssen* ...»
Schritte links von Hyde; unter den Bäumen näherkommende Schritte.
Kapustin ... Kapustin ...
Er erkannte den Mann. Kapustin war der erste Beobachter gewesen, den er unter den Bäumen gesehen hatte. Er hatte den Park nicht verlassen – *er hatte gewußt, was passieren würde.*
Hydes Atemwolke verriet ihn. Kapustin legte sofort den Kopf zur Seite und flüsterte aufgeregt ins Mikrophon seines Minisenders. Kapustin hatte gewußt, daß Aubrey ... festgenommen werden würde!
Aubreys Gruppe entfernte sich rasch, als lasse sie Hyde absichtlich im Stich.
«Unsinn!» protestierte Aubrey mit leiser werdender Stimme. «Sie wissen genau, warum ich hier bin!»
Hyde war allein. Auf dem Kies kamen rennende Schritte näher. Kapustin beobachtete ihn erwartungsvoll und zuversichtlich. In Hydes Ohr protestierte Aubrey weiterhin, aber seine Äußerungen waren jetzt unwichtig geworden. Kapustin schien etwas sagen zu wollen. Hyde fühlte sich wie gelähmt.
Ein Mann, der auf einer eisigen Stelle unter dem Schnee ausge-

rutscht war, prallte mit ihm zusammen. Dieser Stoß löste Hydes Erstarrung. Er zog seine Pistole, holte aus und traf den Mann an der Schläfe. Der KGB-Agent stolperte rückwärts und hielt sich eine blutende Platzwunde. Hyde stieß ihn zur Seite und rannte los.

Er brach unter den Bäumen hervor, rutschte auf dem gefrorenen Kies aus, fand sein Gleichgewicht wieder und flüchtete in Richtung Oberes Belvedere, obwohl er sich dadurch von Aubrey und den Männern, die ihn verhaftet hatten, entfernte.

Ein Mann tauchte zwischen den Hecken auf und preschte über den mondbeschienenen weißen Rasen. Hyde duckte sich, ließ den Rennenden auflaufen, rammte ihm die Schulter unter die Brust und brachte ihn zu Fall. Der andere blieb mit dem Gesicht nach unten als dunkle Masse im Schnee liegen. Hyde stolperte, kam wieder hoch, spürte, daß der Recorder aus seiner Manteltasche fiel, und hörte ihn im Kies landen.

Dann hörte er eine Stimme, die dem vor ihm Liegenden zu gehören schien, und war sekundenlang wie erstarrt.

«Stoppt ihn – legt ihn um, wenn's sein muß!» Englisch ohne den geringsten Akzent. Das war keine russische Stimme, obwohl sie aus dem Minifunkgerät am Mantelkragen des Bewußtlosen kam. Die Stimme klang etwas gedämpft, aber sie war in der frostigen Luft gut zu verstehen. Englisch, von einem Briten gesprochen. *Zusammenspiel!* dachte Hyde blitzartig. MI5 und der KGB. Zusammenspiel.

Seine Augen suchten den Kies ab, aber er konnte den Recorder nirgends entdecken. In der Ferne rannten Gestalten in seine Richtung. Der Recorder . . .

Keine Zeit!

Sein Körper begann wieder zu laufen, obwohl Hyde wußte, daß er hätte weitersuchen sollen. Panik und Überlebenstrieb beherrschten ihn. Er hetzte die letzten Stufen zur Belvedereterrasse hinauf. Die gespenstischen Züge der Sphinx schienen wieder überlegen zu lächeln. Seine Hand klatschte auf ihr steinernes Haar, als er das Gleichgewicht wiederfand und sich umsah. Zwei Männer unter ihm, zwei weitere von den Seiten herankommend.

Legt ihn um, wenn's sein muß . . .

Das Zusammenwirken zwischen MI5 und dem KGB verblüffte

ihn noch immer, aber die gegenwärtige Bedrohung war wichtiger. Sie wollten seinen Tod! Er hatte zuviel gesehen und gehört. Er mußte beseitigt werden. Nicht nur isoliert, alleingelassen, sondern ausgeschaltet. Hyde rannte, von seiner Angst gejagt und getrieben, zu den Toren an der Prinz-Eugen-Straße, in Richtung Innenstadt davon.

Teil Eins

Ein Fall wie Luzifers

O wie gefallen, wie verwandelt!
Von dem, der in dem sel'gen Lichtgebiet
Im Strahlenglanz Myriaden, noch so leuchtend
Weit übertraf!

Milton: Das verlorene Paradies I, 84

1

Nach dem Fall

Paul Massinger stellte seinen Whisky auf dem Tischchen ab und ließ sich mit ausgestrecktem linken Bein in den weichen Sessel sinken. Sein Gesicht war einen Augenblick schmerzhaft irritiert verzogen, bis er eine bequemere Stellung für seine arthritische Hüfte gefunden hatte. Lächerlich! Innerhalb seines alternden Körpers hatte er sich seit seiner Hochzeit mit Margaret soviel jünger gefühlt. Er hatte seine 59 Jahre Lügen gestraft; er hatte sie besiegt. Jetzt bestand sein Körper darauf, ihn an sein physisches Alter zu erinnern; das war eine Tatsache, die trotzdem unzutreffend war, wie die Eleganz dieser Wohnung ihn gelegentlich fälschlicherweise daran erinnerte, wie leicht er als bloßer Amerikaner in den Verdacht geraten konnte, nur um des Geldes willen geheiratet zu haben. Massinger wußte, daß viele Leute ihn anfangs für nicht viel besser als einen Seeräuber aus den Kolonien, als einen Mitgiftjäger gehalten hatten. Zumindest behaupteten das andere Mitgiftjäger. Aber das alles ließ ihn kalt. Margaret hatte sein langes Witwertum energisch und zielbewußt beendet und ihm die Tür zu einem neuen Leben aufgestoßen.

Der *Standard* lag noch zusammengefaltet auf der Sessellehne. Massinger verdrängte den Gedanken an eine Operation seiner Hüfte, deren Zustand sich stetig verschlechterte – noch nicht, noch nicht –, und drückte auf einen Knopf der Fernbedienung. Der Fernseher erwachte mit Ton und Bild zum Leben. Margaret war noch nicht zu Hause. Aus dem Lautsprecher drang die Erkennungsmelodie der Frühausgabe der Abendnachrichten, dann erschienen Alistair Burnets vertraute Züge auf dem Bildschirm. Massinger hörte, daß die Wohnungstür aufgesperrt wurde, und gab sich der kleinen Freude über Margarets Rück-

kehr hin. Er drehte sich im Sessel zur Seite, um sie sehen zu können, sobald sie ins Wohnzimmer kam.
Der lange Fuchsmantel mit der dazu passenden Pelzmütze; ihre von der kalten Abendluft geröteten Wangen ließen sie jünger wirken, als sie mit ihren 43 Jahren war. Ihr selbstbewußter, unbefangener Schritt ... Massingers Lächeln erstarb auf seinen Lippen. Alistair Burnets Stimme wirkte in dieser Szene als Störenfried. Margaret war abrupt stehengeblieben und kreidebleich geworden. Eine behandschuhte Hand lag auf ihrem Mund. Ihre Augen waren wie vor Entsetzen geweitet. Massinger drehte sich nach dem Fernseher um – und holte erschrocken tief Luft.
Ein körniges Schwarzweißbild eines Mannes von etwa 40 Jahren mit vom Wind zerzausten blonden Haaren; Halbprofil, Lippen zu einem Lächeln verzogen, Augen hell und durchdringend. Gutaussehend. Massinger hörte nicht, welche Erklärung Alistair Burnet zu diesem Photo gab. Er brauchte auch nicht Margarets entsetzten, mit erstickter Stimme hervorgestoßenen Ausruf zu hören:
«Vater ...!»
Er hatte ihn bereits erkannt: Robert Castleford, der nun schon fast vier Jahrzehnte tot war.
Margaret riß sich die Pelzmütze vom Kopf und brachte dabei ihr blondes Haar durcheinander. Ihre Lippen standen leicht offen, als wolle sie noch mehr sagen – und habe ihren Text vergessen.
«Margaret, was hat das alles zu bedeuten?» fragte Massinger verständnislos.
Sie trat an seinen Sessel, berührte ihn jedoch nicht, sondern streifte nur seine Hand, als sie hastig nach der Fernbedienung auf der Sessellehne griff. Im nächsten Augenblick dröhnte Burnets Stimme durchs Wohnzimmer.
«... die Anschuldigungen, die der CIA gegenüber von einem jetzt in den Vereinigten Staaten lebenden sowjetischen Überläufer erhoben worden sind, betreffen seinen nach wie vor unaufgeklärten Tod im Jahre 1946 in Berlin ...»
«Warum?» Mehr fiel Massinger dazu nicht ein. Er sah zu seiner Frau auf, aber sie starrte den Bildschirm an und hatte dabei die Schultern leicht hochgezogen, als sei sie ein Kind, das geschlagen zu werden fürchtete.

«... das Außenministerium hat jeglichen Kommentar zu diesem Fall verweigert und will weder bestätigen noch dementieren, daß gegen den Geheimdienstchef ermittelt wird, wie der *Standard* in seiner Abendausgabe behauptet ...»
Margaret schnappte sich die Zeitung von der Sessellehne. Papier raschelte, als sie den *Standard* aufschlug; dann folgte ein tiefes Luftholen, das zu einem Schluchzen zu werden drohte. Massinger konnte es plötzlich nicht mehr ertragen, sie zu beobachten.
Nachrichtensperre? fragte sein Verstand – und beantwortete diese irrelevante Frage sofort selbst: *Die Briten sind damit an die Öffentlichkeit gegangen. Aus irgendeinem Grund sollte der Fall bekannt werden ... Aubrey hat also Feinde ...* Er haßte seine unbeteiligte Nüchternheit und hätte am liebsten Margarets Hand in seiner gehalten. Alistair Burnet ging zur nächsten Meldung über. Bombenanschläge in Beirut.
«Was ... was steht in der Zeitung?» fragte er heiser. Sie gab keine Antwort. *Aubrey*, dachte er. *Aubrey hat Castleford 1946 in Berlin gekannt. Aber Castleford ist in Berlin verschwunden ... Seine sterblichen Überreste sind 1951 unter den Trümmern eines Hauses entdeckt worden. Er war ermordet worden, aber der Täter ist nie gefaßt worden ...*
Aubrey?
«Liebling», fragte er nachdrücklich sanft, «was schreibt die Zeitung?»
Margaret ließ den *Standard* in seinen Schoß fallen und ging quer durch den Raum an die Hausbar. Er hörte, wie sie sich einen Drink einschenkte und dabei schwer atmete. Castleford war neben der Schlagzeile WO IST «C»? abgebildet. Darunter stand etwas kleiner *Geheimdienstskandal: Wer hat wen ermordet?* Massinger konnte sich vorstellen, wie schmerzlich jedes Wort für sie gewesen sein mußte, aber er konnte sich nicht von dem Artikel losreißen.
Exklusivbericht. Verhaftung des Geheimdienstchefs «C» wird jeden Augenblick erwartet ... CIA-Quellen in London ... Castlefords Hintergrund, hoher Beamter, begabter Wissenschaftler, Veteran des Spanischen Bürgerkriegs, bisher das vermeintliche Opfer eines obskuren Racheakts ...
Massinger merkte, daß er einige Zeilen übersprungen hatte,

und las oben weiter. Das Thema hatte gewechselt. Aubrey wurde nicht nur verdächtigt, Castleford ermordet zu haben. Russischer Agent, las er, russischer Agent ... nach uns vorliegenden Informationen ... sowjetischer Überläufer in den USA ... CIA-Unterlagen an MI5 ...
Er las weiter, bis er zu den Schauermärchen aus der Vergangenheit kam, in denen die alten Dämonen Philby, Burgess, Maclean und Blunt ihre vertrauten Plätze einnahmen. Dann ließ er die Zeitung achtlos auf den hochflorigen blaßblauen Teppichboden fallen, hob den Kopf und sah zu seiner Frau hinüber.
«Na?» fragte sie mit mühsam beherrschter Stimme. Er hörte die Feindseligkeit in ihrem Tonfall. «Die Rede ist von *Aubrey*, stimmt's? Von deinem *Freund* Aubrey?» Er konnte lediglich zustimmend nicken. «Wenn ich mir vorstelle, wie oft er *hier* gewesen ist! Daß er hier bei uns, bei dir gesessen hat ...!» Offenbar glaubte sie jedes Wort des Zeitungsartikels.
«Liebling ...», begann Massinger und stemmte sich mit Hilfe seines Stocks aus dem Sessel hoch. Als er aufblickte, trug ihr Gesicht einen entsetzten Ausdruck, als seien seine Bewegungen eine weitere Art von Verrat. «Ich kann ihn nicht verteidigen», sagte er unsicher und trat auf sie zu. Margaret schien kaum merklich vor ihm zurückzuweichen. «Ich kann dir nichts sagen, ich weiß nichts darüber ...»
«Du kennst ihn seit Jahren!»
«Aber nicht seit damals ...»
«Er ist dein *Freund!*»
«Ja ...»
«Er hat meinen Vater ermordet!» Ihr Gesicht war jung, kindlich hilflos, verzweifelt.
«Er soll deinen Vater an den NKWD verraten haben ... Ich weiß nicht, was ich dazu sagen soll – schließlich ist das nur ein *Gerücht.*»
Er breitete die Arme aus. Sie kam zögernd zu ihm, als ergebe sie sich nur widerstrebend. Ein Schluchzen schüttelte ihren Körper. Er spürte ihre Tränen auf seiner Wange. Mit dreieinhalb Jahrzehnten Verspätung reagierte sie wie ein kleines Mädchen. Ihre Welt, ihre Gewißheiten hatten sich verändert, waren unter einen schweren Schatten geraten.

Massingers Blick wanderte durch den großen Raum. Ihm fiel wieder einmal auf, wie viele gerahmte Aufnahmen ihres Vaters an den Wänden hingen oder auf der Anrichte und den Beistelltischchen standen. Als ob ihr Wohnzimmer eine merkwürdige kleine Kapelle zum Andenken an einen wenig bekannten Heiligen sei. Von einer Wand starrte ein Porträt des jungen Castleford auf ihn herab. Castleford war sakrosankt. Natürlich war vor allem Margarets Mutter für die Verehrung verantwortlich, die ihre Tochter noch heute empfand: die ungeschmälerte, unwandelbare Bewunderung eines Kindes, von der sie sogar jetzt nicht abließ. *Vor allem* jetzt nicht . . .

Margaret war wie durch eine Zeitmaschine in den Augenblick zurückversetzt worden, in dem Castleford verschwunden war, in dem er den Tod gefunden hatte.

«Na, na . . .», flüsterte er und streichelte ihr Haar vom Wirbel bis zum Nacken. «Mein Liebling, mein Liebling . . .»

«Nach so langer Zeit», murmelte sie schnüffelnd. Er spürte, daß sie schwer schluckte; dann klang ihre Stimme fester. «Darauf bin ich nicht vorbereitet gewesen, weißt du – sein Gesicht auf dem Bildschirm und plötzlich das Wissen, daß er verraten worden war – nicht nur ermordet, sondern bewußt verraten . . .»

Er streichelte weiter sanft ihr Haar. «Ich weiß, ich weiß . . .»

Sein Blick fiel in den Wandspiegel. Er sah ein Gesicht, das rasch, vielleicht für immer gealtert war. Tiefe Falten, gehetzter Ausdruck. Sein eigenes Gesicht. Seine Hüfte schmerzte schon jetzt, als ahne sie Anstrengungen voraus. Darauf war er nicht vorbereitet, das war unfair!

Massinger wußte, daß die Vorwürfe unhaltbar waren. Ausnahmslos. Aubrey war kein sowjetischer Agent. Niemals.

Und Margaret . . .?

Er durfte nicht auf den Lockruf dieser Priorität eingehen, obwohl Herz und Körper ihn dazu drängten. Margaret klammerte sich an ihn und wollte getröstet werden, aber ein eiskalter, klarer Teil seines Verstandes achtete auf Abstand. Er mußte Aubrey helfen. Koste es, was es wolle, er mußte zunächst Aubrey helfen.

Er mußte ihm zumindest seine Hilfe anbieten . . .

Hyde schluckte den letzten Bissen Wiener Schnitzel herunter und trank ein halbes Glas blassen österreichischen Roten hinterher. In dem Café herrschte jetzt mehr Betrieb: Die Stammgäste, die nur Wein, Bier oder Kaffee bestellten, waren zahlreicher geworden. Er hatte fast als letzter ein Essen bestellt. Nun war sein Magen voll, und sein Verstand arbeitete halb amüsiert, halb zynisch mit herabgesetzter Geschwindigkeit. Hyde konnte nicht mehr ernstlich an ein Zusammenwirken zwischen Kapustin und MI5 glauben. Das war offenkundig lächerlich – selbst nach nur einem Viertel Wein. Allerdings hatte ihn jemand umlegen wollen . . .

Aber das ließ sich damit erklären, daß das Ganze ein Hinterhalt gewesen war. Kapustins Aktionsplan setzte voraus, daß Hyde ausgeschaltet wurde, damit Aubrey hilflos und allein zurückblieb. Keine Zeugenaussage, keine Bestätigung für Aubrey von dem einen Mann, der ihn zu den meisten Treffs mit *Träne* begleitet hatte. Sehr wirkungsvoll!

Er wischte sich die Lippen mit der weichen Papierserviette ab, betrachtete den Rest Pommes frites und ließ ihn doch lieber liegen. Er war satt, ruhig und unbesorgt. Ein Blick auf seine Armbanduhr: 22.13 Uhr. Schon fast Zeit, bei der Botschaft anzurufen und sich abholen zu lassen.

Aubrey wurde Geheimnisverrat vorgeworfen. Kapustin sollte zweifellos sein Führungsoffizier gewesen sein. Eine clevere KGB-Inszenierung, in der Aubrey zwei Jahre lang mitgespielt hatte. Babbington und MI5 hatten die Story geschluckt. Clever; betrügerisch, aber clever. Aubrey hatte genügend Feinde im MI5, dem Geheimdienstausschuß und dem Premierministeramt, die nur allzu bereitwillig gegen ihn vorgingen, sobald der Schatten eines Verdachts auf ihn fiel.

Hyde mußte den Recorder mit der Aufzeichnung des heutigen Gesprächs zwischen Aubrey und Kapustin wiederfinden. Die Aufnahme würde beweisen, daß der Russe sich geweigert hatte, wie vereinbart in den Westen überzulaufen, und daß Aubrey versucht hatte, Kapustin zum Überlaufen zu bewegen. Er mußte ihn wiederfinden; die Außenstelle Wien *mußte* ihn finden . . .

Er stand auf, ging durchs Café und betrat die Telefonkabine neben der Theke. Jetzt beherrschte ihn brennende Neugier, endlich herauszubekommen, wie clever der KGB gewesen war, und er wollte mit Aubrey und sogar Babbington sprechen. Darüber hinaus war ein Teil seines Ichs neugierig darauf, wie Aubrey sich aus dieser peinlichen Lage herauswinden würde.

Hyde wählte die Nummer der Außenstelle Wien und gab die gegenwärtig gültige Kennung an, als die Vermittlung sich meldete. Nur wenige Sekunden später hörte er bereits Wilkes' atemlose, drängende Stimme am anderen Ende der Leitung.

«Patrick? Wo hast du gesteckt, Mann?» rief Wilkes aus. Sein Drängen machte Hyde augenblicklich mißtrauisch – bis seine nächsten Worte eine plausible Erklärung lieferten. «Der Alte hat schon fast nach dir geweint! Wohin bist du verschwunden, verdammt noch mal?»

«Ich ... äh ... hab leichte Schwierigkeiten gehabt», antwortete Hyde, während er den mit Filzschreibern beschmierten Spiegel in der Telefonkabine anstarrte. Spontisprüche, das unvermeidbare Hakenkreuz, Telefonnummern von Strichern. Er zog die Tür fester zu, als draußen schallend gelacht wurde. In dem Café mit den nur die Tische beleuchtenden Lampen suggerierte angeheiterte Fröhlichkeit Normalität. Er war dumm gewesen. Selbst in Lebensgefahr war er dumm gewesen.

«Wie geht's ihm?» fragte er weiter.

«Sauwütend – du kennst ihn ja», antwortete Wilkes vertraulich. In seiner Stimme schwang unterdrücktes Lachen mit. So *normal*...

«Was ist überhaupt los?»

«Keine Ahnung! Babbington und seine Schergen denken nicht daran, mich ins Vertrauen zu ziehen. Sie hocken jetzt mit Aubrey zusammen. Die Luft ist zum Schneiden dick von Vorwürfen und Gegenvorwürfen.»

«Der KGB hat versucht, mich umzulegen ...»

«Was?» fragte Wilkes ungläubig.

«Die Russen haben Aubrey eine Falle gestellt. *Träne* hat die Ereignisse aus den Kulissen beobachtet.» Als Wilkes schwieg, fügte Hyde hinzu: «Das ist Kapustins Spiel gewesen – das läßt sich mit dem Tonband beweisen.»

«Mit welchem Tonband, Patrick?» fragte Wilkes eifrig.

«Aubrey hat gesendet ...»

«Ja, das haben wir gesehen. Wo ist die Aufnahme?»

«Mir ist der verdammte Recorder auf den Parkterrassen aus dem Mantel gefallen.»
«Gut, darum kümmern wir uns!» Das klang erleichtert – auch der Seufzer, der diesen Worten folgte. Hyde war verwirrt, bis Wilkes drängend hinzufügte: «Am besten kommst du so schnell wie möglich her, Patrick. Genau das braucht der Alte! Wir finden den Recorder – und *du* redest mit Babbington.»
«Haben sie den Alten festgenommen?»
«Das weiß der Teufel! Vorläufig herrscht dort drinnen allgemeine Verlegenheit. Aber alle sind ernst, todernst.» Wilkes machte eine Pause. «Wo steckst du eigentlich?»
Hyde studierte sekundenlang die Nummer des Apparats, von dem aus er sprach, und die Ortsangabe. Erneutes Gelächter ließ die Scheibe in der Tür erzittern. Er sah sich um. Normal. Aubrey brauchte seine Aussage.
«Okay», sagte er. «In einem kleinen Café in der Goldschmiedgasse beim Stephansdom. Ich warte drinnen.»
«Einverstanden. Wir schicken dir in zehn Minuten einen Wagen. Verdächtige in deiner Nähe?»
«Nein. Ich bin nicht mehr beschattet worden, nachdem ich sie abgeschüttelt hatte.»
«Gut! Ein Glück, daß du noch heil bist. Alle haben sich Sorgen um dich gemacht . . .»
«Okay, beeilt euch lieber!»
«In spätestens zehn Minuten.»
Hyde hängte den Hörer ein, stieß die Tür auf und trat ins Café hinaus. Eigenartigerweise klang das Lachen eher spöttisch als beruhigend. Ihm lief ein kalter Schauer über den Rücken, als er an seinen Tisch zurückging. Nachdem er gezahlt hatte, nahm er seinen Mantel vom Garderobenhaken hinter seinem Platz. Hyde zögerte, als er in einen Ärmel geschlüpft war, denn er wußte, daß er nichts anderes zu tun brauchte, als in dem behaglich warmen Café zu warten. Nur ein paar Minuten lang. Draußen hatte ein frischer Wind nassen Schnee vor sich hergetrieben, als er von der Straße hereingekommen war. Aber dann zog er den Mantel doch an, weil sein Instinkt ihn wachrüttelte. Er mußte die Umgebung des Stephansplatzes kontrollieren. Irgend jemand hatte es noch immer auf ihn abgesehen. Irgend jemand, der akzentfreies Englisch sprach. Diese unliebsame Erkenntnis

war realer als die Lichter und das Lachen und der beschwichtigende Unterton von Wilkes' Stimme.
Er schloß die Tür hinter sich. Schneeregen peitschte durch die schmale Goldschmiedgasse und bildete einen weißen Hof um eine Straßenlampe auf dem Stephansplatz. Der Wind hatte aufgefrischt und drang allmählich selbst durch seinen Wintermantel. Hyde schüttelte sich, schlug den Mantelkragen hoch und machte sich mit hochgezogenen Schultern und in den Taschen vergrabenen Händen auf den Weg zum Stephansplatz. Das Westportal des Stephansdoms war ein dunkler Trichter in der grauen Fassade des gotischen Doms. Rechts von Hyde lag ein strahlend hell beleuchteter U-Bahn-Zugang. Hyde trat in einen Ladeneingang und suchte den Platz mit den Augen ab. Nach seiner Uhr waren vier Minuten verstrichen, seitdem er den Hörer aufgelegt hatte. Er brauchte nur zu warten.
Eine alte Frau humpelte die Treppe zum U-Bahnhof hinunter. Das aus dem Schacht quellende Licht erinnerte Hyde jetzt an eine offene Ofentür, während er weiter auskühlte. Sollte er nicht lieber dort drüben warten?
Hyde trat aus dem Ladeneingang. Schneeregen peitschte ihm ins Gesicht. Er hastete mit gesenktem Kopf über den Stephansplatz und verschwand im Dunkel unter dem Riesentor des Doms. Mit dem Holzportal im Rücken suchte er den weiten Platz erneut ab.
Und er sah den ersten von ihnen. Wie erwartet – und doch unerwartet. Hyde hatte auf Überwachung geachtet, die ihn daran hätte hindern können, den Wagen zu erreichen. Irgend jemand, der zufällig auf ihn stieß. Statt dessen entdeckte er zielbewußtes Vorgehen. Ein Wagen, der langsam durch die Goldschmiedgasse herangerollt war, bog plötzlich mit ausgeschalteten Scheinwerfern in eine Parkbucht ab. Und der Mann, den Hyde zu Fuß aus der Rotenturmstraße hatte kommen sehen, hatte dem Fahrer ein Zeichen gegeben. Ihm lief ein kalter Schauer über den Rücken, und er preßte die Arme gegen den Oberkörper, um sein Zittern zu unterdrücken. Mantel, Sportsakko, Flanellhemd, Unterhemd, Haut. Er war sich seiner Verwundbarkeit peinlichst bewußt.
Der zweite Mann, ein dritter Mann . . .
Einer war mit schwarzem Hut und dunklem Mantel aus dem

Ausgang des U-Bahnhofs gekommen. Der andere tauchte auf der Südseite des Doms auf und marschierte zielbewußt auf die noch beleuchteten Schaufenster eines Herrenausstatters zu. Schwarzer Hut, dunkler Mantel. Dem Wetter entsprechend gekleidet, aber trotz des Schneeregens ohne Schirm. Treffpunkt: die Goldschmiedgasse. Der erste Mann, den er erkannt hatte, blieb in dem Ladeneingang stehen, in dem Hyde ursprünglich Schutz vor dem Wetter gesucht hatte.

Acht Minuten. Diese Männer hatten es auf ihn abgesehen. Jemand hatte sie auf ihn angesetzt! Hyde konnte sich noch immer nicht dazu überwinden, diese Tatsache zu akzeptieren, obwohl die akzentfreie Stimme in seinem Kopf kreischte: *Legt ihn um, legt ihn um* . . . Achteinhalb Minuten.

Los! befahl er sich selbst. Sieh zu, daß du verschwindest! Ein vierter Mann. Hyde suchte den Stephansplatz ab. Eine dunkle Gestalt unter einer Straßenlampe; dann eine weitere, die an den Lichtern eines Kaffeehauses vorbeiging. Treffpunkt: die Goldschmiedgasse.

Dann tauchte eine kleine Gruppe laufender Männer am Ausgang der Gasse auf. Die Gestalten, die Hyde bereits identifiziert hatte, strebten auseinander, um ein weitmaschiges Netz zu bilden. In diesem Augenblick war es bereits zu spät. Eine Sekunde zuvor waren sie in dem Wind, der Unbeteiligte wie welkes Herbstlaub über den Platz trieb, noch durch ihre Unbeweglichkeit aufgefallen; jetzt bewegten sie sich selbst – aber zielbewußt wie Projektile. Hyde war im Trichtertor des Doms gefangen, weil das Portal hinter ihm verschlossen war.

Ein dunkler Mantel lief zur Nordseite des Stephansdoms; ein weiterer dunkler Mantel übernahm die Südseite, indem er den Platz überquerte. Die Eingänge wurden kontrolliert. Zwei Männer kamen über den Stephansplatz aufs Riesentor und seinen tarnenden Schatten zu; zwei weitere stiegen zur U-Bahn hinunter. Weitere Gestalten, auf die Hyde nicht weiter achtete, trieben oder hasteten über den Platz: so unwichtig wie der Schneeregen im Licht der Straßenlampen. Zwei Männer, die auf ihn zukamen – der Mann auf der Nordseite näher als sein Kollege auf der Südseite. Insgesamt acht Mann; nichts dem Zufall überlassen. *Zusammenarbeit:* Wilkes' Stimme, das akzentfreie Englisch im Sprechfunk, Kapustin als Augenzeuge,

Aubrey von Babbington als Verräter festgenommen, die Vorbereitungen für seine eigene Gefangennahme und Ermordung ...
Jetzt!
Der Südseitenmann war noch etwa dreißig Meter von ihm entfernt, die beiden Männer überquerten den Platz, einer war größer und breitschultriger als der andere, er schritt rascher aus, noch fünfzehn Meter, zwölf, zehn ...
Hyde rannte los.
Seine Stiefel rutschten auf der dünnen Naßschneeschicht auf den unteren Stufen aus, dann wandte er sich nach links und spurtete mit eingezogenem Kopf davon. Ein Schrei, weitere Schreie wie Jagdhörner. Der Südseitenmann nahm die Verfolgung fast augenblicklich auf; seine Schrecksekunde war sehr kurz gewesen. Hyde bog um die Ecke der Westfassade und erreichte tiefere Schatten. Die Schritte hinter ihm waren lauter als sein bis zum Hals schlagendes Herz. Er war sich darüber im klaren, daß gleichzeitig weitere Männer die Nordseite des Stephansdoms unter dem unfertigen Nordturm vorbei entlangliefen, um ihn abzufangen. Dies war ein Wettrennen, in dem es kein Hakenschlagen, keine Täuschungsmanöver gab. Treffpunkt: Patrick Hyde. Er mußte einfach schneller sein.
Schaufenster, Ladeneingang, Liebespaar, dunkle Seitenstraße ...
Hyde drehte sich um, sah drei Verfolger hinter sich und hetzte die vom Dom wegführende Gasse entlang. Die Schritte der anderen hallten von den schmucklosen grauen Wänden hoher Häuser wider. Nach links in einen Durchgang mit einem Licht am anderen Ende, dann nach rechts über die Straße, ein anfahrendes Auto, im nächsten Augenblick ein Gänsehaut erzeugender Katzenschrei, eine weitere schmale Gasse und zuletzt eine nur schwach beleuchtete Straße hinter einer dunkel aufragenden Kirche.
Er blieb stehen, um zu horchen. Der Motorenlärm war wieder verklungen. Das dumpf brausende Hintergrundgeräusch der Großstadt überdeckte alle sonstigen Laute. Hyde wechselte auf die andere Straßenseite über und ging mit den Händen in den Manteltaschen rasch weiter. Vor ihm trat ein Mann aus einer Einfahrt. Er war allein und im schwachen Licht der Straßenbe-

leuchtung nur schemenhaft wahrnehmbar. Hyde blieb kurz stehen, um ihm etwas Vorsprung zu lassen.
Im unbeleuchteten Schaufenster einer Fleischhauerei hingen Räucherwürste: fett, vollgestopft, daliesk. Die Scheibe reflektierte sein dunkles, schmales Gesicht. Er sah verlassen, hilflos aus. Er besaß keine Tarnung, kein Gepäck, kein Hotel und keine Freunde, die ihn unterstützen konnten. Wilkes hatte ihm den KGB auf den Hals gehetzt.

«Soll dies der Anfang oder das Ende dieser *Verrücktheit* sein?»
Sir Andrew Babbington, der MI5-Generaldirektor, ließ sich betont lässig in den Sessel gegenüber Aubrey sinken und starrte dann ins Gesicht des Älteren, als begutachte er die sichtbaren Spuren einer Krankheit.
«Kenneth . . .»
«Babbington, ich habe Sie etwas gefragt! Wollen Sie nicht so freundlich sein, meine Frage zu beantworten?»
«Das hier ist Colonel Eldon», sagte Babbington, indem er auf seinen Begleiter deutete, «von unserer Abteilung Spionageabwehr.» Sein Lächeln zeigte, daß er Aubreys Frage damit für beantwortet hielt. Der Colonel nickte.
Aubrey spürte dicht unter der Oberfläche dieses hochrangigen Vernehmungsoffiziers unnachgiebige Hartnäckigkeit. Sein Herz schlug unwillkürlich rascher. Er umklammerte die Sessellehnen, um sich nicht anmerken zu lassen, daß seine Hände zitterten. Das Spiel hatte im Ernst begonnen.
«Ich stehe seit zwei Tagen unter Hausarrest. Mein Telefon wird abgehört, und vor meiner Tür sind Wachposten aufgezogen. Will meine Haushälterin zum Einkaufen gehen, muß sie sich einer demütigenden Leibesvisitation unterziehen. Bei der Rückkehr wird sie erneut scharf kontrolliert. Ach, setzen Sie sich doch, Eldon!» Er deutete auf das freie Sofa. Eldon ließ sich in die weichen Polster sinken. Durch diese Unterbrechung war Aubreys wütender Protest wirkungslos verpufft.
«Sie möchten den gegen Sie erhobenen Vorwurf erläutert haben?» erkundigte Babbington sich. Hinter seiner weltmännischen Art steckte eine Schärfe, die Aubrey Sorgen machte.
«Welchen Vorwurf?»

«Den Vorwurf des Landesverrats!» knurrte Babbington.
«Mit dem haben Sie mich schon im Belvedere, in unserer Botschaft, im Flugzeug und auf der Fahrt von Heathrow hierher konfrontiert. Sie müssen sich deutlicher ausdrücken», fügte Aubrey mit gespielt ruhiger Ironie hinzu.
Babbington grinste. Offenbar war ein Augenblick gekommen, auf den er gewartet hatte. Auch Eldon schien damit zufrieden zu sein, daß ein kritischer Punkt erreicht war. Aubrey merkte, daß dieser Mann gefährlich intelligent war und seine Sache gefährlich gut verstand.
«Ganz wie Sie wollen, Kenneth», antwortete Babbington.
«Da müssen Sie sich verdammt anstrengen, Babbington – auch wenn ich schuldig wäre!» fauchte Aubrey, den sein Zornausbruch selbst überraschte.
«Oh, wir sind uns darüber im klaren, daß das eine langwierige Geschichte wird, Sir Kenneth», murmelte Eldon.
«Warum ist mir jegliche Kontaktaufnahme mit dem Minister, dem Vorsitzenden der Geheimdienstausschüsse – den ich übrigens an Ihrer Stelle hier erwartet hätte – und sogar dem Premierministeramt verwehrt worden?»
«Weil die Befugnisse aller drei vorerst – und bis endgültig Klarheit geschaffen ist – bei mir liegen.»
«Aha!» sagte Aubrey. Er beherrschte seine Gesichtsmuskeln, die Besorgnis oder sogar Erschrecken ausdrücken wollten. «Wieder ein kleiner Umsturz in unserer eigenartigen Hierarchie, nehme ich an», murmelte er verächtlich.
Babbington lächelte nur. Aubrey war nach der Pensionierung Sir Richard Cunninghams zum «C» ernannt worden. Seine Ernennung war mit den Veränderungen im Geheimdienstausschuß zusammengefallen, die der Franks-Bericht über den Falklandkrieg ausgelöst hatte. Das Außenministerium hatte den Ausschußvorsitz eingebüßt, und der MI5 hatte unter Babbingtons Führung die Chance wahrgenommen, sich einen Platz an der Sonne zu sichern. MI5 hatte die Skandale um Blunt, Hollis und Long überlebt und befand sich unter jüngerer, tatkräftigerer Führung im Aufstieg; SIS galt als Reservat für alte Männer, von denen Aubrey der älteste war. Alle warteten nur noch auf seinen Rücktritt aus Altersgründen.
Darüber war sich auch Aubrey im klaren. Sir William Guest,

der als Vorsitzender des Geheimdienstausschusses das Ohr des Premierministers hatte, wollte einen kombinierten Nachrichten- und Sicherheitsdienst schaffen. Und Aubrey wußte, daß er Babbington an seine Spitze stellen wollte. Alle – wirklich *alle* – warteten auf sein Ausscheiden. Er konnte die Ungeduld in Babbingtons Augen beinahe sehen, sie fast mit Händen greifen. Und jetzt war ihnen dieses ... dieses *Ding* aus einem seiner Alpträume in die Hände gefallen.

Jetzt hatten sie ihn. Ein weiterer sowjetischer Agent. Babbington war wütend, sogar rachsüchtig. Letzteres deshalb, weil er ein alter Freund der Castlefords war.

Sein Gesichtsausdruck hatte offenbar seine Gedanken verraten, denn Babbington lächelte und sagte leise drohend: «Was in diesem Fall wahr oder unwahr ist, muß sich erst herausstellen, Kenneth – aber wenn Sie Robert Castleford 1946 an den NKWD verraten haben, kostet Sie das den Kopf. Das verspreche ich Ihnen!» Sein Zorn war kalt, überlegt, mit Bedacht geäußert. Dieses Gefühl war zu einem Motiv, zu einer Triebfeder des Handelns geworden. Aubrey vermied es, in Eldons glitzernde Augen zu blicken.

«Sir Kenneth ...», begann der Colonel. «Möchten Sie diese Gespräche vielleicht lieber in einem unserer Landhäuser führen?» Seine Handbewegung deutete an, daß sie lange, unbestimmbar lange dauern konnten.

Aubrey schüttelte den Kopf. «Sie sind sich wohl darüber im klaren, daß ich mich an meine vertraute Umgebung klammern möchte?» erkundigte er sich mit sarkastischem Lächeln. «Sie würden auch lieber hierbleiben, vermute ich – Behaglichkeit und Vertrautheit können große Verräter sein.» Eldon nickte zustimmend. «Nein, wir bleiben hier, schlage ich vor. Kaffee?» fügte er munter hinzu.

«Bitte.»

Aubrey griff nach der kleinen Silberglocke, die er auf Mrs. Greys Wunsch gekauft hatte. Sie klingelte hell in dem behaglichen Raum, dessen Nordfenster auf den Regent's Park hinausführten. Die Zentralheizung pochte dumpf. Auf dem Tischchen neben Aubreys Sessel lagen die Morgenzeitungen mit ihren knalligen Schlagzeilen.

Nachdem Aubrey Kaffee bestellt hatte, fragte er: «Warum ist

keine Nachrichtensperre verhängt worden, Babbington? Ich sehe darin keinen Vorteil für Sie . . .»
«Dahinter stecken nicht wir. Das sind die Amerikaner gewesen, nehmen wir an. Sie wollen endlich Beweise sehen.»
«Ah! Ihre Freunde jenseits des Atlantiks möchten dazu beitragen, daß Ihr Dienst endlich die Oberhand gewinnt.» Er sah zu Babbington hinüber, dessen Gesicht so unbeweglich war, als habe er einen Schlaganfall erlitten. Aubrey lachte: ein kurzes, verächtliches Bellen. «Mein Gott, Babbington, Sie hätten wirklich viel zu gewinnen, wenn ich schuldig wäre!»
«Und sind Sie schuldig, Sir Kenneth?» warf Eldon ein.
Aubrey warf ihm den Fehdehandschuh hin. «Ich habe schon raffiniertere Vernehmungsmethoden benützt, als Sie noch die Schulbank gedrückt haben, Eldon.»
«Ich kenne Ihren Ruf sehr gut, Sir Kenneth.»
«Ah, der Kaffee! Danke, Mrs. Grey.»
Mrs. Grey stellte das Silbertablett auf die Anrichte, warf Aubreys Besuchern, von denen sie nichts Gutes erwartete, einen bösen Blick zu und verließ den Raum. Aubrey schenkte den Kaffee ein und wirkte dabei wie die Karikatur eines betulichen alten Junggesellen. Dann kehrte er auf seinen Platz zurück.
«Nun, Gentlemen?» fragte er munter.
«Sir Kenneth», begann Eldon sofort, «haben Sie gewußt, daß Ihr Führungsoffizier bei Ihrem letzten Treffen in Helsinki Tonaufnahmen gemacht hat, obwohl Sie Ihr Gerät abgelegt hatten – auf seinen Wunsch, wenn ich mich recht an Ihren Bericht erinnere?»
Aubrey antwortete nicht gleich. Diese Mitteilung hatte ihm den Atem verschlagen. Ein vager Verdacht blitzte in ihm auf. «Tonaufnahmen gemacht? *Führungsoffizier!*» Er sprach das Wort verächtlich aus.
«Ihr KGB-Kontaktmann, wenn Ihnen das lieber ist», korrigierte Eldon sich. «Ja, er hat das Gespräch aufgezeichnet. Wir haben das Tonband.»
«Dann . . .»
«Es scheint sehr beweiskräftig zu sein.»
«Dann ist die Aufnahme gefälscht! Wo haben Sie sie her?»
«Von den Finnen. Sie haben ihre Leute im sowjetischen Apparat in Helsinki. Einer von ihnen hat das Tonband rausgeschmug-

gelt, und die Finnen haben es uns sofort übergeben – Sir William und dem Premierministeramt . . .»
«Idioten, *gefährliche* Idioten!» knurrte Aubrey.
«Wir sind dabei, es mit modernsten Methoden zu prüfen, Sir Kenneth», fuhr Eldon ungerührt fort. «Ich kann Ihnen mitteilen, daß es bisher alle Tests überstanden hat. Es scheint echt zu sein. Das Treffen hat im Zoo stattgefunden – den Hintergrundgeräuschen nach in der Nähe des Affenhauses.»
«Kenneth», warf Babbington mit ehrlich klingender Besorgnis ein. «Leugnen hat keinen Zweck. Dieses Tonband ist offenbar ebenso echt wie die Akte, die dem CIA in die Hände gefallen ist. Die Amerikaner halten sie für echt – und wir auch.»
«Mein Gott!» flüsterte Aubrey.
«Die Akte beweist, daß Sie Robert Castleford verraten haben müssen», behauptete Babbington. Dieser Name rief Aubrey Castlefords Gesicht ins Gedächtnis zurück; nicht das Pressephoto, sondern ein hageres, elendes, verschlagenes Gesicht – als er Castleford zum letztenmal lebend gesehen hatte. Ein älterer, überraschter, entsetzter und schließlich gefährlicher Castleford . . .
«Tut mir leid, aber genau das scheint aus der Akte *Träne* hervorzugehen, Sir Kenneth», bestätigte Eldon.
«Wie haben Sie sie genannt?» erkundigte Aubrey sich verwirrt.
«*Träne.*» Eldon gestattete sich ein Lächeln und glättete katzengleich seinen Schnurrbart. Seine Augen glitzerten. «Offenbar Ihr Deckname.»
«*Mein* Deckname?» Aubrey setzte sich ruckartig auf. «Dabei wissen Sie genau, daß das *sein* Deckname gewesen ist, verdammt nochmal!»
«Wirklich? Die in Washington liegende Akte ist mit *Träne* beschriftet. Sie ist 1946 angelegt worden, Sir Kenneth.»
«Aber Sie wissen, daß Kapustin *Träne* gewesen ist!» Aubreys Unterkiefer sank herab. «Die Unterlagen sind nicht eindeutig», gab er heiser flüsternd zu. «Ich hätte mich ebensogut mit meinem . . . meinem Moskauer Führungsoffizier treffen können . . .»
«Genau, Sir Kenneth.»
«Und Sie . . . haben diesen Schluß gezogen.»
«Sagen wir lieber: Wir ermitteln in dieser Richtung weiter,

Kenneth», warf Babbington ein. «Sie müssen den Gegenbeweis antreten, wenn Sie können.»
«Ich darf hinzufügen, Sir Kenneth, daß die Aufnahme aus Helsinki durch einen Film ergänzt wird. Wir untersuchen ihn gegenwärtig auf Fälschungen hin. Aber wir halten ihn ebenfalls für echt.»
Aubrey schüttelte müde den Kopf und blickte von einem zum anderen. Er war dem Versuch, sie zu bitten, ihm doch zu glauben, so nahe, wie er sich von ihrem Mitgefühl und Verständnis fern fühlte.
«Wo ist Hyde?» fragte er überraschend. «Warum ist er abgehauen?»
Babbington schien diese Frage peinlich zu sein. «Wir ... wir suchen jetzt nach ihm.»
«Er hat sich nicht gemeldet?»
«Nein.»
«Warum nicht? Auf welcher Fährte ist er, Babbington?»
«Hyde kann ebensogut auf einer Sauftour sein, Sir Kenneth», meinte Eldon wegwerfend.
«Mein Gott, Mann – das interessiert Sie nicht mal!» Sein Ausbruch galt Babbington. «Ich bin raffiniert reingelegt worden, und Sie machen aus persönlichem Ehrgeiz mit!»
Babbington stand ruckartig auf. Er funkelte Aubrey an.
«Versuchen Sie's mit Rache statt Ehrgeiz, wenn Sie ein persönliches Motiv wollen, Kenneth», sagte er scharf. «Sie haben Robert Castleford verraten; Sie haben seit vierzig Jahren alles und jeden verraten!» Babbington kniff die Lippen zusammen und fügte ruhiger hinzu: «Wir lassen Sie jetzt ein paar Stunden allein, Kenneth. Paßt Ihnen vierzehn Uhr dreißig? Wir nehmen Ihr Verhör natürlich auf Band auf.»
Aubrey hörte, wie Mrs. Grey die beiden Besucher eisig höflich verabschiedete, und unterdrückte sein plötzliches Bedürfnis nach Alkohol. Ein doppelter Cognac wäre feige, nicht medizinisch notwendig gewesen. Im Licht der wegen des grauen Himmels eingeschalteten Wandlampen glitzerten die Kristallkaraffen neben der silbernen Kaffeekanne.
Zwei Tage lang hatten sie ihn in Ruhe und unbesucht gelassen. Und uninformiert. Allein mit seinem wachsenden Verdacht und seiner Phantasie. Jetzt hatte eine Serie von Detonationen seine

Fundamente erschüttert, vielleicht sogar zerstört. Tonaufnahmen, Filme, Akten und *Träne.* Vor allem dieser raffinierte Deckname ...

Zwei Fälle von Verrat: unabhängig voneinander, aber trotzdem zusammenhängend. Im Dezember 1946 hatte er Robert Castleford verraten, einen für die Alliierte Kontrollkommission im Nachkriegsberlin tätigen hohen britischen Beamten, und seither war er ein Doppelagent gewesen – erst für den NKWD, später für das MWD und schließlich für den KGB. Über dreieinhalb Jahrzehnte lang hatte er ein geheimes Leben geführt. Er war Philby, er war Blunt, er war Burgess – er war schlimmer als jeder von ihnen.

Mrs. Grey steckte den Kopf durch die Tür und zog ihn hastig zurück, als sie Aubreys bösen Blick sah.

Und er hatte nichts davon getan.

Und er konnte seine Unschuld niemals beweisen.

Er durfte niemals die Wahrheit sagen. Es hatte ein Verbrechen gegeben, aber er durfte es niemals enthüllen. Niemand würde ihm glauben. Niemand würde ihm seine Unschuld glauben. Er konnte seine Schuld nur vergrößern, wenn er die Wahrheit sagte, denn er hatte Robert Castleford tatsächlich erschossen.

In einer grauen Stahlkassette, in sicherer Obhut bei einem der wenigen Menschen, die sein ganzes Vertrauen besaßen, lagen seine in Leder gebundenen Motive in einem beigen Umschlag. Aubrey hatte seinen Bericht unmittelbar nach Castlefords Tod geschrieben und in einem Bankschließfach aufbewahrt. Als er 1949 in Wien, wo er in der Alliierten Kontrollkommission gearbeitet hatte, Clara Elsenreith wiedergetroffen hatte, hatte er ihr das Tagebuch – sein Geständnis? – zur Aufbewahrung übergeben. Sie besaß es noch immer. Es enthielt alle Gründe; er hatte sie sämtlich aufgezählt – aber sie konnten das Verbrechen nicht entschuldigen. Die Wahrheit würde ihm ebenso sicher das Genick brechen wie die Lügen des KGB. Er hatte Robert Castleford erschossen.

Er empfand stechende Kopfschmerzen, und das durch die hohen Fenster ins Zimmer fallende kalte graue Licht tat seinen Augen weh. Die perfekte Falle! *Träne* – Kapustin, der Stellvertretende KGB-Vorsitzende – hatte ihn hineingelockt, hatte ihn, den völlig Ahnungslosen, zwei Jahre lang an der Nase herum-

geführt, während sein Sturz vorbereitet worden war. Sein Herz pochte, sein Schädel brummte von hilfloser Wut und Vorwürfen, versagt zu haben und zu leichtgläubig gewesen zu sein. Er war reingelegt worden – *er* war reingelegt worden . . .
Aubrey schlug mit geballten Fäusten gegen seine Oberschenkel, während er im Wohnzimmer auf und ab ging. Der krönende Abschluß war es gewesen, den Eindruck zu erwecken, als sei er als Sowjetagent reaktiviert worden; damit war die Schuld besiegelt, die ihm aus dem Jahre 1946 angelastet werden sollte.
Er sah merklich erschrocken auf, als Paul Massinger unangemeldet an der Wohnzimmertür erschien. Aubrey kniff nachdenklich und überrascht die Augen zusammen: Er glaubte Castlefords Gesicht vor sich zu haben, während sie miteinander rangen. Er registrierte den Schock auf Massingers Gesicht und erinnerte sich daran, daß seine Frau Castlefords Tochter war. Dann stand Aubrey mit einem Ruck auf.
«Paul, mein Lieber! Wie nett von dir, daß du gekommen bist . . .»
«Fehlt dir auch nichts, Kenneth? Du siehst so . . .»
«Ja, ja», unterbrach Aubrey ihn gereizt. «Ein bißchen müde. Komm, setz dich, nimm Platz!»
Massinger entschied sich für Eldons Platz auf dem Sofa, um Aubrey gegenüberzusitzen. Aubrey sah seinen Stock und den offenbar schmerzhaften Augenblick, als Massinger sich in die Polster sinken ließ. Der Amerikaner atmete laut seufzend aus.
«Ich . . .», begann Massinger.
«Wie wär's mit einem Drink?» schlug Aubrey vor, indem er beinahe unbewußt versuchte, die Situation unter seine Kontrolle zu bekommen.
«Danke. Scotch mit Soda, bitte.» Nachdem Aubrey die Drinks eingeschenkt und wieder Platz genommen hatte, stieß Massinger hervor: «Ich . . . ich bin gekommen, um dir meine Hilfe anzubieten. Ich weiß nicht, wie ich dir helfen können soll – die Idee kommt mir jetzt selbst verrückt vor –, aber ich wollte dir sagen, daß ich . . .»
Aubrey beugte sich vor und legte Massinger eine Hand aufs Knie. «Ich weiß, alter Freund. Und ich danke dir.» Dann stiegen die Erinnerungen an die Demütigungen der vergangenen zwei Tage unkontrollierbar in ihm auf, und er fügte hinzu:

«Alle anderen haben mich im Stich gelassen, Paul. Das Premierministeramt, der Geheimdienstausschuß – alle haben mich im Stich gelassen.»
«Der Undank von Fürsten?» Massingers Bostoner Akzent hatte sich in den zwanzig Jahren, die er nun schon in London lebte, fast völlig abgeschliffen.
«Vielleicht. Sie wollen mich natürlich loswerden – Babbington soll die Zügel in die Hand nehmen.»
«Ja, ich verstehe . . .» Aubrey erkannte auf Massingers Zügen unverhüllte Neugier, in die sich eine gewisse Aufregung mischte. Gut. Obwohl Massinger vor über zwei Jahrzehnten aus dem CIA ausgeschieden war, fühlte er sich in die Welt der Geheimdienste zurückgelockt. Der Alkoholiker, der nach jahrelanger Abstinenz das erste Glas trinkt. Massinger war wieder versessen auf Insider-Informationen aus der Welt der Geheimdienste, auf ihre Umtriebe und vielleicht sogar ihre Macht. Er sah sich natürlich auch als Helfer. Massinger wollte ihm helfen, soweit das in seiner Macht stand. Zu seinen Charakterzügen gehörte eine aufrechte, zuverlässige Loyalität Freunden gegenüber und ein fast pedantisches Bewußtsein für Recht und Unrecht. In seiner Verzweiflung war Aubrey bereit, Massingers Hilfe anzunehmen und so gut wie möglich für seine Zwecke zu nutzen. Er machte sich auf ein weiteres Verhör gefaßt. Massinger fragte mit finsterem, aufgebrachtem Gesichtsausdruck: «An diesem Unsinn ist kein wahres Wort, nicht wahr?» Als Aubrey nachdrücklich den Kopf zu schütteln begann, fügte er hinzu: «Du weißt natürlich, warum ich das frage?»
«Ja. Ich gebe dir mein Wort darauf. Ich habe Robert Castleford nicht an den NKWD verraten. Das ist reine Erfindung.» Aubrey sorgte dafür, daß sein Gesicht Ehrlichkeit und vertraulichen Ernst ausdrückte, der seiner Aussage und seiner Freundschaft mit dem amerikanischen Gelehrten angemessen war. Massinger starrte ihn prüfend an und nickte dann befriedigt.
«Gott sei Dank!» Er atmete erleichtert auf. «Aber was ist mit dem Rest?»
Aubrey sah auf Massingers Gesicht Erinnerungen an die Vergangenheit: Erinnerungen an eine Schuld. Der Amerikaner war sich darüber im klaren, daß Aubrey einmal seine Karriere gerettet hatte, nachdem ein Unternehmen gründlich fehlgeschlagen

war. Massinger war vorgeworfen worden, für die Enttarnung und Verhaftung eines von ihm geleiteten Spionagerings verantwortlich gewesen zu sein. Aubrey hatte nachgewiesen, daß daran nicht Massingers Unfähigkeit, sondern der Verrat eines anderen schuld gewesen war. Massinger hatte seine Dankesschuld niemals abtragen können. Aber vielleicht hatte er jetzt Gelegenheit dazu. Aubrey unterdrückte seinen Eifer, stand auf, trat an die Anrichte und brachte die Whiskykaraffe mit. Er begann eindringlich zu sprechen, während er einschenkte. Aubrey war sich darüber im klaren, daß Massingers Frau mit diesem Besuch keineswegs einverstanden sein würde; der Amerikaner war trotz ihrer Mißbilligung – vielleicht sogar ihres Hasses, wenn sie den Medien glaubte – zu ihm gekommen. Er konnte sich als standhafter Verbündeter erweisen.
«. . . und *Träne* ist ursprünglich der stellvertretende KGB-Vorsitzende gewesen. *Er* hat mir diese Sache . . . das alles eingebrockt», schloß Aubrey einige Minuten später. Massinger hatte sich seine Schilderung angehört, ohne Zwischenfragen zu stellen. «Der Geheimdienstausschuß und das Premierministeramt haben beschlossen, diese Lügengeschichte bis hin zum letzten erfundenen Detail zu glauben. Sie haben es nicht einmal für nötig gehalten, den Medien einen Maulkorb umzuhängen. Ich soll mich nicht aus dieser Sache herauswinden können, Paul – das soll unbedingt verhindert werden!»
«Weshalb sollte der KGB dich abschießen wollen?»
«Um Verwirrung zu stiften? Ich weiß es wirklich nicht, Paul. Vielleicht auch nur, um böses Blut zu machen. Da die Hexenjagden der vergangenen Jahre tatsächlich dazu geführt haben, beide Dienste von offenen und geheimen Sympathisanten zu säubern, kann es durchaus im Sinne Moskaus sein, das Gespenst der kommunistischen Unterwanderung wiederaufleben zu lassen.» Er zuckte mit den Schultern. «Aber das sind alles nur Vermutungen, Paul.»
Massinger machte eine nachdenkliche Pause, bevor er sagte: «Wenn Charlie Buckholz noch am Leben wäre, hätte euer Geheimdienstausschuß diese Akte nie zu sehen gekriegt. Zumindest hätte er dich rechtzeitig davor gewarnt.» Er seufzte, während er an das Begräbnis des stellvertretenden CIA-Direktors dachte, mit dem sie beide gut befreundet gewesen waren.

«Was kannst du von hier aus unternehmen? Welchen Zugang hast du?»
«Keinen. Mein Telefon wird abgehört. Ich werde Tag und Nacht bewacht. Zum Glück ist Babbington wenigstens so freundlich, mir die Medien vom Leib zu halten. Aber das ist der einzige Vorteil meiner Isolierung.»
«Was können wir also unternehmen? Ich habe nur . . . ganz inoffizielle Verbindungen. Damit ist nicht viel anzufangen.»
«Wenn nur Hyde hier wäre!» rief Aubrey aus.
«Hyde? Wer ist Hyde?»
«Ein guter Außendienstler.»
«Würde er dir helfen?»
«Bestimmt! Aber ich kann ihn nicht erreichen – und du auch nicht.»
«Wo steckt er?»
«Hyde ist mit mir in Wien gewesen, als ich verhaftet worden bin. Er ist . . . abgehauen.»
«Warum?»
«Keine Ahnung. Er muß gute Gründe dafür gehabt haben. Wer weiß, was er mitbekommen hat oder vermutet? Wenn er sich nur melden würde . . .»
«Wer noch?»
«Peter Shelley. Er leitet jetzt die Osteuropaabteilung. Ich habe ihn befördert. Er könnte unser Mann sein.»
«Glaubst du nicht, daß er aufgefordert worden ist, dich zu meiden, Kenneth?»
«Ja, ich bin davon überzeugt, daß alle vor mir gewarnt worden sind. Meine Situation ist extrem: Niemand glaubt mir. Ich bin schuldig . . . , aber ich vertraue darauf, daß Shelley zu mir hält. Er *muß* zu mir halten, wenn ich aus diesem Netz entkommen soll.»
«Gut, ich rede mit ihm», stimmte Massinger zu.
«Lad ihn zum Mittagessen ein – gleich heute!» forderte Aubrey ihn eindringlich auf.
«Okay», antwortete Massinger resigniert. Er fühlte sich wie ferngesteuert. Aubrey war aufs äußerste bedroht und deshalb äußerst raffiniert. «Was willst du von Shelley?»
«Die beiden letzten Jahre meines Lebens», antwortete Aubrey grimmig. «Er hat Zugang zu sämtlichen Unterlagen. Ich brau-

che sie alle. Und er muß Patrick Hyde aufspüren. Ich brauche Hydes Aussage – und ich muß wissen, warum er weggelaufen ist.»

«Kannst du deine Unschuld zweifelsfrei beweisen?»

«Ich *muß* sie beweisen. Ich bin nicht *Träne.* Das muß ich beweisen, sonst . . .» Aubreys Handbewegung umfaßte seine gesamte Umgebung, schien sie sogar zu umarmen. «Sonst ist dies alles verloren. Sonst bin *ich* verloren.»

Massinger begriff, daß Aubrey seine gesamte Laufbahn, seine gesamte Vergangenheit gefährdet sah. Über viereinhalb Jahrzehnte geheimer Arbeit, geheimer Treue und geheimen Stolzes. Dies alles stand jetzt auf dem Spiel.

«Und 1946?» fragte er.

«Das muß bis später warten.» Aubrey machte eine kurze Pause. Dann gab er sich einen Ruck und sprach mit neuer Entschlossenheit weiter. «Das hat Zeit bis später. Retten kann mich nur die jüngste Vergangenheit. Ich muß beweisen, daß ich *Träne* geführt habe – daß er nicht mein Führungsoffizier gewesen ist.»

Massinger machte ein finsteres Gesicht. Er wirkte verunsichert und schien sogar zu bedauern, daß er gekommen war und Aubrey seine Hilfe angeboten hatte.

«Verdammt noch mal, Paul!»

«Okay, Kenneth, ich helfe dir – wenn ich kann.» Der Amerikaner seufzte unwillkürlich und schüttelte sogar den Kopf. Dann sah er zu Aubrey auf, grinste schmerzlich und nickte zuletzt. Seine Zweifel schienen zu schwinden; sein Gesicht drückte aus, daß er eine schwerwiegende Entscheidung getroffen hatte. «Das bin ich dir schuldig, Kenneth», fügte er hinzu.

Aubrey winkte ab. «Doch nicht wegen dieser alten Geschichte . . .»

«Doch!» widersprach Massinger. «Ich verdanke dir meine Karriere – zumindest bis zu dem Zeitpunkt, an dem ich Collegeprofessor geworden bin. Ich weiß nicht, ob ich dir helfen kann. Ich weiß nur, daß ich's versuchen muß. Außer mir tut's keiner, nicht wahr?» Aubrey nickte resigniert. «Ich weiß allerdings nicht recht, was ein emeritierter Professor für europäische Geschichte in dieser Sache unternehmen können soll.» Massinger lächelte bedauernd, als er hinzufügte: «Obwohl ich damals vor der Sintflut ein guter Agentenführer gewesen bin!»

«Noch einen Drink, Paul?»
«Hmmm? Nein, danke.» Er sah auf seine Uhr. «Ich gehe jetzt lieber, wenn ich heute noch mit Peter Shelley reden soll.»
Aubrey stand ebenfalls auf, als der andere sich schwerfällig erhob. Massinger, der sich auf seinen Stock stützte, blickte mit leicht spöttischem Lächeln auf den Älteren herab. «Okay, Kenneth, ich tue, was ich kann ...» Irgend etwas schien ihm noch zuzusetzen, denn er sagte scheu: «Ich ... ich komme mir selbst wie ein Verräter vor.» Aubrey zuckte bei diesem Wort zusammen. «Margaret würde mir das nie verzeihen, obwohl du's nicht getan hast ...» Das klang eher wie eine Frage.
«Paul, ich schwöre dir, daß ich Robert Castleford nicht an den NKWD verraten habe», versicherte Aubrey ihm mit genau berechneter Feierlichkeit.
Massinger war sichtlich erleichtert. «Ja, ich weiß.»
«Shelley soll unbedingt Patrick Hyde aufspüren», wies Aubrey ihn drängend an. «Und ich brauche eine Fotokopie der Akte, die der Überläufer des CIA mitgebracht hat! Ich *muß* sie sehen, Paul.»
«Ja, ich weiß. Du hörst morgen wieder von mir.» Der Amerikaner sah erneut auf seine Uhr. Eine teure goldene Uhr an einer dicken Goldkette, wie Aubrey sah. Unauffälliger Reichtum. Das Geld der Castlefords.
Aubrey schüttelte ihm die Hand. «Danke, Paul – ich danke dir!» sagte er dabei.

Der obere Raum bei Antoine's in der Charlotte Street war fast leer. Peter Shelley beobachtete Massinger über sein Glas hinweg, während er an dem Armagnac roch. Er trank einen kleinen Schluck, genoß das Aroma und spürte seine milde Schärfe. Dann schüttelte er nachdrücklich den Kopf. Massingers Hand, die nach seiner Mokkatasse griff, zitterte so heftig, daß die kleine Tasse auf ihrer Untertasse klirrte.
«Tut mir leid, Professor Massinger, aber ich kann nichts für ihn tun. Ich würde dem Alten gern helfen, wenn's möglich wäre. Aber ich werde überwacht, verdammt noch mal!»
«Von wem?»
«Von Babbingtons Spitzeln. Ich stehe auf der Liste der Leute,

die der Alte einzuspannen versuchen könnte, beinahe ganz oben. Ich kann kaum furzen, ohne daß die anderen davon erfahren.»
Massinger spielte geistesabwesend mit seinem Armagnacglas. Daß ihre Unterredung so enden würde, war ihm bereits klar gewesen, als der Hummer serviert worden war. Auch nach Aubreys Sturz war Shelley der Leiter der Osteuropaabteilung geblieben, aber seine Position war keineswegs gesichert. Er galt allgemein als Aubreys Mann. Vielleicht würde er noch gehen müssen. Shelley würde in Deckung bleiben, bis der letzte Schuß verhallt war.
«Babbington will letzten Endes beide Dienste unter seine Kontrolle bringen?»
Shelley nickte. «Allerdings! Er ist ehrgeizig und hat einflußreiche Gönner. Die beiden Posten sind früher öfters in einer Person vereinigt gewesen. Babbington scheint der kommende Mann zu sein.»
«Sie verdanken Aubrey sicher sehr viel», vermutete Massinger.
«Ganz recht», antwortete Shelley frostig. Er ließ sich offenbar nicht gern an seine Dankesschuld erinnern – nicht von einem Mann außerhalb seiner Organisation und schon gar nicht von einem Amerikaner. «Ich bin mir darüber im klaren und ihm dankbar dafür. Aber ich kann *nichts* für ihn tun.» Er senkte vertraulich die Stimme. «Vor allem hat der Geheimdienstausschuß alles Material, alle Unterlagen und Tonbänder beschlagnahmen lassen. Sir William hat ein paar Leute geschickt, die das Zeug lastwagenweise abtransportiert haben. Und ich kann Ihnen unmöglich eine Abschrift der Akte *Träne* besorgen. Sie ist viel zu heiß und wird viel zu eifersüchtig bewacht. Jedes der wenigen Exemplare würde sofort vermißt werden. Der Alte steht auf der Abschußliste, Professor. Daran läßt sich leider nichts ändern.»
Massinger seufzte ungeduldig, weil er sich eingestehen mußte, daß Shelley recht hatte. Er war nicht feige, er hatte nur recht.
«Was ist mit Hyde?»
«Hmm . . . Nach Auskunft der Außenstelle Wien ist er spurlos verschwunden. Er hat sich nicht wieder gemeldet.»
«Das glauben Sie nicht, stimmt's?»
«Patrick Hyde ist ein komischer Kauz – aber er würde den

Alten nicht ohne einen sehr guten Grund in der Scheiße stekkenlassen.»
«Was weiß oder vermutet er also? Was hat er an diesem Abend gesehen oder gehört?»
«Keine Ahnung», gab Shelley zu. «Ich kann ihn nicht erreichen, ohne die Außenstelle Wien einzuschalten. Und das ließe sich auf keinen Fall geheimhalten. Hyde ist völlig abgeschnitten. Vielleicht ist er sogar schon tot.»
«Weshalb sollte er tot sein?»
«Wo wohnt er hier?»
«Ich . . .» Shelley machte eine Pause. «Gut, ich schreibe Ihnen die Adresse auf.» Er kritzelte sie auf einen alten Briefumschlag, den Massinger unbesehen einsteckte. «Dort ist er garantiert nicht!»
«Ist dort sonst jemand anzutreffen?»
Shelley machte ein nachdenkliches Gesicht. «Im ersten Stock wohnt eine Frau, der das Haus gehört. Seine Vermieterin. Ich habe keine Ahnung, wie die beiden *wirklich* zueinander stehen. Höchst eigenartig . . .» Er zuckte mit den Schultern.
«Glauben Sie, daß er Vertrauen zu ihr hat? Daß er sich im Notfall hilfesuchend an sie wenden würde?»
«Keine Ahnung. Vielleicht . . .»
Massinger beugte sich über den Tisch. «Hören Sie», sagte er, «Sie glauben doch nichts von dem, was Aubrey vorgeworfen wird, nicht wahr?»
Shelley schüttelte den Kopf. Er sah jung, gerissen, ehrgeizig und verlegen aus. «Nein, nein, natürlich nicht!»
«Und . . .?»
«Ich kann ihm nicht helfen!» protestierte Shelley. «Ihm ist nicht mehr zu helfen, Professor. Das weiß ich selbst am besten – schließlich bin ich tagtäglich im Dienst.» Er schüttelte nachdrücklich den Kopf. «Nein, da ist nichts zu machen. Der Alte ist rettungslos verloren.»

In der Halle des Hotels Inter-Continental kam Hyde an einer Reihe Wandspiegel vorbei, die ihm einen Mann zeigten, den er möglicherweise nicht erkannt hätte, wenn er ihn nicht selbst erschaffen hätte. Das Schaufenster des Andenkenladens warf

sein Spiegelbild schwächer zurück als das der Trachtenpuppen und der bäuerlichen Pfeifen mit Holzstiel und Porzellankopf. Aber das Gesicht, das ihm von der Titelseite einer Abendzeitung entgegenstarrte, enthüllte plötzlich die Wahrheit, die nur durch den Schnurrbart, die Brille mit Fensterglas und den Nadelstreifenanzug mit Weste kaschiert wurde. Sein eigenes Gesicht – die vertrauten Züge, die er morgens im Rasierspiegel sah – starrte ihm aus dem Zeitschriftenstand entgegen. Hyde griff widerstrebend nach einer der Zeitungen. Die Meldung stand unter dem Photo. Das Bild entsprach genau seinem Paßfoto. Es *war* sein Paßfoto. Die Außenstelle Wien mußte es zur Verfügung gestellt haben.
Drogenschmuggel. Wegen Drogenschmuggels gesucht.
KGB – SIS – Wiener Polizei.
Hyde hatte das Gefühl, bereits eine schwere Hand auf seiner Schulter zu fühlen.
Oben in der Suite, die er mit dem Reisepaß, den er in der U-Bahn gestohlen hatte, gebucht hatte, warteten seine übrigen neuen Kleidungsstücke, der allzu große Koffer, der Bestandteil seiner Tarnung war, und seine neuen Toilettenartikel wie Requisiten, die er nicht mehr benutzen konnte, weil das Stück abgesetzt worden war. Hyde hatte sich für eines der teuersten Wiener Hotels entschieden, weil die anderen zuerst die kleinen Hotels und Pensionen abklappern würden.
Drogenschmuggel! Nun fahndete die Polizei nach ihm.
Was ...? Wer ...?
Er hatte nicht gewagt, sich einen Leihwagen zu nehmen oder sein Glück auf dem Flughafen oder einem der Bahnhöfe zu versuchen. Möglicherweise würde er das jetzt versuchen müssen. Jetzt mußte er aus Wien verschwinden, bevor sein Gesicht ihn alptraumhaft von Laternenpfählen, aus Zeitungen, in U-Bahnen und aus O-Busfenstern anzugrinsen begann. Dies war lediglich der Auftakt. Der Druck würde zunehmen: Seine angeblichen Straftaten würden ständig schlimmer dargestellt werden, bis seine Verhaftung immer dringender wurde.
Die Lifttüren öffneten sich seufzend. Hyde hastete den Korridor entlang und kam dabei an der offenen Tür einer Suite vorbei, in der zwei Araberinnen und zwei Kinder um ein Tablett mit Obst und Gebäck saßen. Sie waren Gefangene des Hotels

wie er auch. Hyde zitterte seinen Schlüssel ins Schloß, öffnete die Tür und sperrte sie sofort hinter sich ab.
Bahn, Auto, Bus, Flugzeug ...
Alles beobachtet. Alles überwacht.
Das Telefon stand auf dem Schreibtisch. Er konnte anrufen, sich mit Parrish oder Wilkes in der Botschaft verbinden lassen, den Ahnungslosen spielen und sich erkundigen, was sie von ihm wollten. Oder er konnte einfach hingehen. Sie konnten ihn nicht eiskalt ermorden. Je nachdem, was sie von ihm verlangten oder nicht, konnte er sich ihre Vorschläge anhören, auf ihre Forderungen eingehen und einfach vergessen, was geschehen war.
Das war ebenso einfach, wie ihnen von dem Tonband zu erzählen, das er verloren hatte und das sie bestimmt längst gefunden hatten. Hyde verfluchte seine Dummheit, seine Gutgläubigkeit erneut. Einfach ...
Für die anderen war's ebenso einfach, ihn umzulegen.
«Verdammt noch mal!» rief er aus und schlug sich mit der flachen Hand an die Stirn. «*Verdammt* ...»
Hyde griff nach dem Telefonhörer, schlug das auf dem Schreibtisch liegende Verzeichnis der internationalen Vorwahlnummern auf und fuhr mit dem Zeigefinger die Zahlenreihen hinunter. Dann begann er zu wählen: zuerst die Kennziffer für Großbritannien, danach die Nummer in London. Er glaubte, das Telefon am anderen Ende vor sich zu sehen; vielleicht saß seine Katze daneben oder hob faul den Kopf, weil es geklingelt hatte. Sie war ohne Zweifel in Ros' Wohnung über seiner eigenen etabliert.
«Komm schon, komm schon ...», flüsterte er.
Gib doch auf! riet ihm eine Stimme in seinem Inneren.
«Noch längst nicht!» murmelte Hyde, bevor er wieder beschwörend flüsterte: «Komm schon, Ros, komm endlich, Mädchen ...»
Sie wußte, wo die Reisepässe, das Geld und die auf andere Namen ausgestellten Kreditkarten lagen. Würde sie sie ihm bringen? Zumindest konnte sie ihm die Sachen schicken.
«Komm schon, Liebling!» drängte er, während das Telefon in ihrer Wohnung in Earl's Court weiterklingelte.

2

Fleischmarkt

Das Taxi setzte Paul Massinger an der Ecke Philbreach Gardens und Warwick Road ab, und er ging rasch, weil sein Hinken durch die Bewegung besser wurde, den halbmondförmigen Park entlang. Durch Lücken zwischen den Häusern konnte er ab und zu einen Blick auf das hinter ihnen liegende Earl's Court Exhibition Building werfen. Im Vergleich zu diesem Riesenbau wirkte die prächtig neugotische St. Cuthbert's Church zwergenhaft und verschrumpelt, als er an ihr vorbeikam.

Massinger hatte ein flaues Angstgefühl im Magen, während der Nachmittag in den Abend überzugehen begann. Die ohnehin schon dunklen Wolken wurden zusehends blauschwarz. Der Amerikaner glaubte Blicke zu spüren, die sich in seinen Rücken bohrten. Was er im Taxi vermutet hatte, bestätigte sich jetzt. Er war mit der Wirklichkeit kollidiert, und dieser Zusammenprall hatte ihn außer Atem und wie vor den Kopf geschlagen zurückgelassen. Aber er wußte bestimmt, daß er beschattet wurde.

Der blaue Cortina hatte bei der Kirche geparkt. Er hatte sich in der Charlotte Street hinter das Taxi gehängt, und Massinger hatte ihn auf der Fahrt nach Earl's Court noch mehrmals gesehen. Vor dieser Gewißheit konnte er nicht länger die Augen verschließen. Ob der Cortina schon in der Nähe gewesen war, als er Aubreys Wohnung verlassen hatte und zu Antoine's gefahren war, konnte Massinger nicht beschwören. Aber der blaue Wagen war dort gewesen, als Shelley und er aus dem Restaurant gekommen waren – und er beschattete ihn noch immer.

Er stieg drei Stufen zu einer Haustür hinauf und studierte die ausgebleichten Karten unter den Klingelknöpfen. *P. Hyde* stand auf einer davon. Im zweiten Stock, so war in zierlicher Schreibschrift zu lesen, lebte *R. D. Woode.* Massinger drückte auf den Klingelknopf. Nach kurzer Pause drang aus dem Lautsprecher über den Klingeln eine blecherne Stimme mit eindeutig australischem Akzent.

«Mein Name ist Massinger – ein Freund Kenneth Aubreys»,

beantwortete er laut und deutlich die ihm gestellte Frage. «Spreche ich mit Patrick Hydes Hauswirtin?»
«Richtig, Sportsfreund. Er ist auf Geschäftsreise.» Obwohl die Stimme durch den kleinen Lautsprecher entstellt wurde, klang sie gepreßt und nervös angespannt.
«Ja, ich weiß. Ist Ihnen der Name Aubrey vielleicht ein Begriff?» Shelley hatte nicht sagen können, welcher Art die Beziehungen zwischen Hyde und dieser Frau waren. Aber er hatte den Eindruck gehabt, Hyde habe Vertrauen zu ihr. Ob er ihr von seiner Arbeit erzählt hatte?
«Den kenne ich», bestätigte sie.
«Er hat Schwierigkeiten. Er interessiert sich dringend für Mr. Hydes gegenwärtigen Aufenthaltsort.» Massinger fühlte die Kälte dieses Spätnachmittags durch seine Kleidung dringen und fröstelte zugleich, wenn er an die Beobachter in dem blauen Cortina dachte. Er widerstand der Versuchung, sich nach ihnen umzudrehen, und blieb in leicht gebückter Haltung vor dem Lautsprechergitter.
«Das weiß ich auch», gab die Stimme zu. Dann erkundigte sie sich herausfordernd: «He, was wollen Sie überhaupt, Mister?»
«Ich möchte mit Ihnen reden. Ich kann Ihnen versichern, daß Kenneth Aubrey, Patrick Hydes ... äh ... Arbeitgeber, mich zu Ihnen geschickt hat.»
Nun entstand eine längere Pause. Massinger hörte in einem der kahlen Bäume eine Krähe mißtönend krächzen. Dann sagte die Frau mürrisch: «Okay, wir treffen uns vor seiner Wohnung. Erster Stock.» Der elektrische Türöffner summte.
Hydes Wohnungstür war in einem scheußlichen Karmesinrot gestrichen. Davor stand eine Frau, deren Gewicht Massinger auf 85 bis 90 Kilo schätzte, in einem wallenden Kaftan. Sie begutachtete ihn mit wachen braunen Augen. Ihr schwarzes Haar war aus der breiten Stirn zurückgekämmt und zu einem Pferdeschwanz zusammengefaßt. In der linken Hand hielt sie einen Schlüsselbund.
«Massinger?» fragte sie.
«Ja.» Er streckte ihr die Hand hin.
«Ros Woode», bestätigte sie und drückte ihm kräftig die Hand. Er studierte ihren Gesichtsausdruck, der so nichtssagend war, daß er nicht echt sein konnte, sondern eine Maske sein mußte.

«Freut mich, Sie kennenzulernen.»
«Kommen Sie lieber rein.»
Sie schloß Hydes Wohnungstür auf. Die rechts und links von der winzigen Diele abgehenden Türen waren geschlossen, aber die vor ihnen stand offen. Eine Schildpattkatze erschien in der offenen Tür, streckte sich und rieb ihren Kopf am Bein der Hauswirtin, die an ihr vorbei ins Wohnzimmer ging. Die Katze folgte ihr und sprang wieder aufs Sofa. Vor dem leeren Kamin stand ein Bügelbrett mit einem halb gebügelten Hemd und einem eingesteckten Bügeleisen. Mrs. Woode ließ Massinger ins Wohnzimmer treten, bevor sie sich an ihn wandte.
«Okay, Sportsfreund, wer sind Sie also?» fauchte sie.
«Wie ich bereits gesagt habe», begann Massinger, der sich auf seinen Stock stützte, «bin ich ein Freund Kenneth Aubreys, Mr. Hydes . . .»
«Ich weiß, was Hyde ist.»
«Hat er soviel Vertrauen zu Ihnen?»
«Offenbar. Dies hier ist seine Wohnung, und Sie können sich mit eigenen Augen davon überzeugen, daß er nicht da ist.»
«Lesen Sie Zeitung?»
Die Frau verzog das Gesicht, und in ihren Augen schien geheimes Wissen zu glitzern.
«Ja, warum?»
«Hyde ist nicht mit Kenneth Aubrey verhaftet worden – aber das wissen Sie natürlich längst, nicht wahr?»
«Verdammt noch mal, ich . . .», begann Mrs. Woode heftig. Im nächsten Augenblick kniff sie die Lippen zusammen, schüttelte den Kopf und sagte: «Tut mir leid, Sportsfreund, ich weiß nicht, wovon Sie reden.»
«Aha.» Massinger betrachtete sie forschend. Wie Shelley hatte er keine Ahnung, welches Verhältnis sie mit Hyde verband. Er wollte sie nicht für zu dick und unattraktiv halten, um sexuell anziehend zu sein, aber dieses Urteil drängte sich ihm auf. Was empfand sie für Hyde – und er für sie? Schließlich gab Massinger das Rätselraten auf. «Dürfte ich Sie bitten, mir einen Gefallen zu tun?»
«Kommt darauf an.»
«Gut, hören Sie zu», wies er sie an. «Falls Mr. Hyde sich bei Ihnen meldet . . .» Massinger hob eine Hand, um ihren Protest

zu unterdrücken. «*Falls* er sich bei Ihnen meldet, erzählen Sie ihm bitte von meinem Besuch und daß ich Aubrey zu helfen versuche. Sagen Sie ihm . . . hmm, sagen Sie ihm, daß ich festzustellen versuche, weshalb der KGB diese Aktion gegen Aubrey gestartet hat, mit der er in Mißkredit gebracht werden soll.» Massinger wußte nicht recht weiter. Er brauchte irgendeinen Beweis seines guten Willens, irgendeine glaubhafte Aussage, die Hyde überzeugen würde. Aber er wußte praktisch nichts über ihn. «Wissen Sie, ob Hyde schon lange für Aubrey gearbeitet hat?»
«Ja, das hat er – warum?» Die Frau wirkte jetzt zugänglicher. Sie schien den Wunsch zu haben, ihm zu glauben. Massinger ahnte, daß Hyde sich bei ihr gemeldet und sie vor Besuchern gewarnt hatte.
«Ich versuche etwas zu finden, das ihn davon überzeugt, daß ich ein wahrer Freund bin und ihn keineswegs in eine Falle locken will. Aber mir fällt nichts ein. Ich kann Ihnen nur sagen, daß ich der Ehemann der Tochter des Mannes bin, den Aubrey an die Russen verraten haben soll.»
«Großer Gott!» flüsterte Mrs. Woode.
«Folglich bin ich Aubreys erbitterter Feind oder sein einziger wahrer Freund. Hyde muß selbst wissen, wofür er mich halten will. Erzählen Sie ihm bitte alles, was ich Ihnen gesagt habe, sobald er sich wieder bei Ihnen meldet – und daß ich mit ihm reden muß. Ich kann ihn aus einer Telefonzelle anrufen, damit wir nicht abgehört werden. Bestellen Sie ihm das alles?»
Die Dicke zögerte lange, bevor sie zuletzt widerstrebend nickte. «Okay, ich sag's ihm – *falls* ich von ihm höre», bestätigte sie.
«Besten Dank, dann gehe ich wieder.» Massinger nickte ihr zu und wandte sich ab, um den Raum zu verlassen. Die Frau versuchte nicht, ihn zurückzuhalten, und er hatte nicht das Gefühl, sie völlig überzeugt zu haben. Sie konnte Hyde ebensogut vor ihm warnen.
Massinger schloß die Wohnungstür hinter sich, stieg mühsam die Treppe hinunter und öffnete die Haustür.
In der Abenddämmerung hob der blaue Cortina sich deutlich von den schwarzen Gitterstäben der Parkeinfriedung ab. Zwei Männer: Fahrer und Beifahrer. Massinger merkte sich das

Kennzeichen, bevor er die drei Stufen vor der Haustür hinabging.
Er hatte sich erst drei oder vier Schritte von dem geparkten Wagen entfernt, als er den Motor anspringen hörte. Dieses Geräusch erschreckte ihn so heftig, als habe er von einem Sturz geträumt und sei dabei aufgewacht. Der Wagen fuhr an ihm vorbei. Massinger zwang sich dazu, den Kopf zur Seite zu drehen, und spürte, daß ihm ein kalter Schauer über den Rücken lief. Er kannte diesen Typ: ein Profi. Der Blick des Fahrers enthielt eine unverhüllte Drohung.
Der Cortina bog an der nächsten Ecke ab und verschwand. Massinger hinkte in der kalten Abenddämmerung weiter. Sein Herz weigerte sich noch lange, wieder ruhig und regelmäßig zu schlagen.

Margaret saß auf der Lehne eines Sessels gegenüber der Wohnzimmertür und hielt die Hände im Schoß gefaltet. Babbington war für Massinger im Halbprofil sichtbar, bis er den Kopf zur Begrüßung nach ihm umdrehte. Aber vielleicht nahm er lediglich seine Anwesenheit zur Kenntnis. Massinger kam sich fast wie ein Störenfried, wie ein unerwünschter Eindringling vor.
Margaret stand ruckartig auf. Ihre Haltung war die einer wenig mutigen Verschwörerin im Augenblick der Flucht. «Ich ... ich lasse euch zwei jetzt allein, damit ihr ungestört miteinander reden könnt», verkündete sie. Massinger gestattete sich einen schmerzlich erstaunten Gesichtsausdruck. Babbington und sie hatten offenbar schon miteinander gesprochen. Margaret wußte alles oder doch sehr viel darüber, wie er diesen Tag verbracht hatte. Er brachte es nicht fertig, ein schlechtes Gewissen zu haben, bevor andere Gedanken die Oberhand gewannen. *Blauer Cortina.* Babbingtons Leute? Warum? Er fühlte sich außer Atem.
«Vergiß nicht, daß du noch Zeit zum Umziehen brauchst», fügte Margaret hinzu, während sie zur Tür ging.
Blumen. Massinger sah neue Blumenarrangements, die nachmittags geliefert worden sein mußten. Auf der Anrichte standen zwei Dutzend Flaschen und zahlreiche Gläser aufgereiht.
«Warum?» fragte er verständnislos.

«Covent Garden», antwortete Margaret in knappem Tonfall, der ihre Mißbilligung zum Ausdruck brachte. Dann schloß sie die zweiflüglige Tür zum Speisezimmer hinter sich. Im nächsten Augenblick hörte er, wie sie Butler und Haushälterin Anweisungen gab.

«Nehmen Sie doch Platz, mein Lieber», forderte Babbington ihn auf und deutete auf einen Sessel, als befinde er sich in seinem eigenen Wohnzimmer. Massinger ließ sich so energisch wie möglich in den Sessel sinken, nachdem er seinen Stock und den ausgezogenen Mantel aufs Sofa geworfen hatte. Der andere beobachtete ihn mit einem Gesichtsausdruck, in dem sich Schadenfreude und Neugier mischten. «Geht's Ihnen nicht gut?»

«Doch, recht gut, Andrew – und Ihnen?»

«Gesundheitlich sehr zufrieden, Gott sei Dank.»

Massinger zitterte innerlich vor ihm. Daran war nicht sein Wissen über Babbingtons Position, Autorität und Ruf schuld, sondern die Aura, die den anderen umgab. Babbingtons ganzes Auftreten bewies, wie sehr er sich seiner Macht bewußt war.

«Warum so ernst, Andrew?» erkundigte er sich so leichthin wie möglich.

«Aus gutem Grund, Paul . . . aus gutem Grund. Diese Sache mit Ihrem Freund Aubrey. Äußerst deprimierend.» Babbington schüttelte dabei den Kopf. Der Duft der Winterrosen, die in der Nähe der Zentralheizung ihre Knospen öffneten, stieg Massinger in die Nase. Er hatte diesen Duft nicht wahrgenommen, als er von der naßkalten Straße hereingekommen war.

«Richtig. Mein Freund, wie Sie ganz richtig sagen.» Das klang wie das Eingeständnis einer Schwäche oder einer Schuld.

«Ich bedaure Sie, Paul. Es muß sehr frustrierend sein, wie Sie zwischen den Stühlen zu sitzen.»

«Ganz recht.»

«Vor allem, wenn man impotent, hilflos ist.» Diese Ausdrücke waren sorgfältig überlegt. «Wenn man nicht helfen kann, obwohl man möchte – auch wenn man noch so sehr möchte.» Babbington breitete vielsagend die Hände aus.

«Sie glauben also, daß ihm nicht zu helfen ist?»

«Das weiß ich ganz bestimmt!» antwortete Babbington scharf.

Seine Augen hielten Massinger fest. «Davon bin ich überzeugt», fügte er etwas sanfter hinzu.
«Sie halten ihn für schuldig?»
«Vielleicht. Die Sache sieht nicht gut aus. Sie sieht sogar sehr schlecht aus – aus welchem Blickwinkel man sie auch betrachtet. Verdammt schlecht.»
«Aber Sie *wissen* doch, daß er kein Verräter ist . . .»
«Ich weiß nichts dergleichen, und Sie wissen's auch nicht. Sie glauben lediglich, daß er keiner ist. Aber Ihr Glauben ist noch längst kein Beweis.»
«Unsinn!»
«Mein Gott, stellen Sie sich doch vor, was passieren würde, wenn er SIS-Generaldirektor bleiben dürfte, Paul – denken Sie an den dadurch entstehenden irreparablen Schaden!»
«Ich glaube kein Wort von dieser ganzen Sache. Kein einziges! Und Sie sollten auch nichts davon glauben.»
«Aubreys Zeit ist vorüber, Paul, unabhängig davon, wie diese Sache ausgeht. Ich kann Ihnen versichern, daß seine Sonne untergegangen ist.» In Babbingtons Blick glitzerte unverhüllter Ehrgeiz.
«Unabhängig davon, was sich als wahr herausstellt?»
«Tut mir leid», murmelte Babbington unaufrichtig. «Ich weiß natürlich, daß Sie sehr gut mit ihm befreundet sind . . .»
«Und wenn die ganze Sache ein vom KGB inszeniertes Störmanöver ist, wie Aubrey glaubt?» fragte Massinger, der spürte, wie er allmählich rot anlief. Er kam sich unbeholfen, erregt, aufgebracht und nicht als Herr der Lage vor. Und er fühlte sich durch die Drohungen, die in allen Äußerungen Babbingtons angeklungen waren, beleidigt und entnervt. «Haben Sie sich nicht schon gefragt, weshalb dem KGB daran liegen könnte, Ihnen zu helfen, Ihr Ziel zu erreichen – *warum* die andere Seite es darauf anlegen konnte, Aubrey auf diese Weise auszuschalten?»
Babbington antwortete nicht gleich, als denke er wirklich über Massingers Theorie nach. Er betrachtete die Stuckarbeiten an der Zimmerdecke: Schäfer und Schäferinnen auf blaßblauem Untergrund – wie aus Wedgwoodporzellan. Dann sah er wieder zu Massinger hinüber.
«Sie machen doch hoffentlich nicht weiter?»

«Womit?»
«Mit diesem zwecklosen Versuch, jemand zu helfen, dem nicht zu helfen ist.»
«Und die Wahrheit ist wohl unwichtig?»
«Das fragen Sie mich jetzt schon zum zweiten Mal. Aber die Frage klingt ebenso naiv wie zuvor.»
«Hören Sie, ich . . .»
«Aubrey ist schuldig, verdammt noch mal!» knurrte Babbington. Seine kräftigen Hände lagen zu Fäusten geballt auf seinen Knien, als er sich jetzt nach vorn beugte. «Sobald wir der Sache auf den Grund gehen, wird sich zeigen, daß Aubrey schuldig ist. Er ist ein sowjetischer Agent, verdammt noch mal – und das schon seit fast vierzig Jahren. Seit er Ihren Schwiegervater verraten hat, um ihn anschließend durch den NKWD beseitigen zu lassen.»
«Warum hätte er das tun sollen?» widersprach Massinger aufgebracht. Er war vor Zorn und aus Ärger über Babbingtons unverhüllten Ehrgeiz rot angelaufen.
«Als Beweis für seine Loyalität. Oder weil er durch den Verrat an Robert Castleford seine eigene Haut retten konnte. Den Ihrer Meinung nach triftigeren Grund können Sie sich selbst aussuchen.»
«Das ist doch verrückt!» protestierte Massinger mit hörbarem Zittern in der Stimme.
Babbington lehnte sich zurück, als habe er diese fruchtlose Diskussion satt. Im Gegensatz zu seinen Gesichtszügen war sein Blick keineswegs zornig. Seine Augen studierten Massinger kalt, fast unbeteiligt.
«Gut, wie Sie meinen», sagte er schließlich. «Aber er hat Ihren Schwiegervater auf dem Gewissen. Einen Mann, dem Aubrey in keiner Beziehung das Wasser reichen konnte.»
«Ist das ein Erpressungsversuch?» fragte der Amerikaner leise. Seine Stimme klang atemlos nervös.
«Denken Sie doch einmal an Ihr Glück – und das Margarets. Bitte . . .» Seine spöttische Miene verriet, wie wenig ernst dieser Appell gemeint war.
«Also doch Erpressung!»
«Nein, Paul, nur ein vernünftiger Ratschlag. Wenn Sie in Ihrer durch Harvard, den CIA und das King's College geprägten

Besserwisserei eine richtige Erpressung erleben möchten, rate ich Ihnen, sich folgendes zu überlegen: Sie können damit rechnen, in einige Vorstände und Aufsichtsräte großer Firmen in der City gewählt zu werden. Dazu kommt es jedoch nicht, wenn Sie so weitermachen. Das garantiere ich Ihnen! Belgravia, alles andere, was sozusagen dazugehört ...» Seine Handbewegung umfaßte den ganzen Raum. Eine fast obszöne Geste. Massinger schluckte seinen Ärger hinunter. «Dies alles sind Sie dann los. Das verspreche ich Ihnen!»

«Großer Gott!» flüsterte Massinger.

«Aber vor allem würden Sie die Liebe Ihrer Frau verlieren. Davon bin ich überzeugt. Sie bestimmt auch.» Babbington erhob sich rasch. «Danke, Sie brauchen mich nicht hinauszubegleiten. Sagen Sie Margaret einen schönen Gruß von mir. Elizabeth ruft sie in den nächsten Tagen an – vielleicht gehen wir mal miteinander essen? Guten Abend, Paul.»

Er war verschwunden, bevor Massinger, dem vor Angst beinahe übel war, die Sprache wiedergefunden hatte. Der Amerikaner beobachtete, wie die Tür sich hinter Babbington schloß, als fürchte er, der andere gehe vielleicht doch noch nicht.

Die Tür zum Speisezimmer wurde geöffnet, und Margaret erschien auf der Schwelle, wobei das Licht und die Geschäftigkeit hinter ihr eine bühnenwirksame Kulisse abgaben. Massinger war entsetzt, als zeige sie sich ihm ein letztes Mal, bevor sie abgeführt wurde oder ihn aus freien Stücken verließ. Der Butler und die Haushälterin waren hinter ihr beschäftigt und wirkten so an diesem *Tableau vivant* mit. Kristall, Damast, Silber. Kerzenhalter und Kronleuchter. Kaviar, Räucherlachs, Kanapees, Spargel. Champagner, Burgunder, Bordeaux, Rheinwein.

Sie ließ die Griffe der zweiflügeligen Tür los und trat aus ihrer Kulisse auf ihn zu. Ihr Gesichtsausdruck begann seinen widerzuspiegeln, als sie sich in Bewegung setzte. Margaret war mit einigen raschen Schritten bei ihm, kniete neben seinem Sessel nieder und griff sofort nach seiner zitternden Hand.

«Oh, mein Liebster, mein Liebster ...», murmelte sie immer wieder, während ihre Wange an seinem Handrücken lag. Massinger hörte das Mitgefühl in ihrer Stimme, klammerte sich daran und fürchtete, es zu verlieren. Und er hörte zugleich – wie atmosphärische Störungen, die ein Rundfunkkonzert überlagern – etwas anderes, das er fast nur als Nötigung begreifen konnte. Margaret wußte, was gesagt worden war; sie wußte, daß es für ihr Glück notwendig gewesen war. Sie hatte Babbington gestattet, ihm zu drohen, ihn zu erpressen und ihm Angst einzujagen. Ihr Vater existierte in irgendeinem sakrosankten Teil ihres Gedächtnisses weiter, in dem er tiefer verwurzelt war als Paul Massinger.

Er bewegte sich in seinem Sessel. «Schon gut, Liebling ... schon gut», sagte er fast abwehrend. Sie blickte zu ihm auf. Ihre strahlende Zufriedenheit machte allmählich echter Zuneigung Platz.

«Ich weiß, Liebster.» Margaret stand auf. «Ziehst du dich dann gleich um?»

«Ja, natürlich», versicherte er ihr mit gespielter Unbekümmertheit. Seine Hüfte schmerzte wie von Wirklichkeit gewordenen Gewissensbissen, als er aufstand, und sein Hinken war stärker als sonst. Ohne Margaret anzusehen, versicherte er ihr von der Tür aus: «Es gibt bestimmt keine Schwierigkeiten, Schatz. Garantiert keine.» Er hörte sie befriedigt seufzen.

Massinger ging über den Flur in sein Ankleidezimmer, mied den langen Spiegel in dem Goldrahmen aus dem 18. Jahrhundert an der Wand über dem Telefon und warf absichtlich keinen Blick in den Drehspiegel in einer Ecke des Raums. Aber der hohe Kristallglasspiegel in der Tür des Einbaukleiderschranks zeigte ihm dann überraschend seinen unschlüssigen, niedergeschlagenen, beschämten Gesichtsausdruck. Massinger kehrte seinem Spiegelbild den Rücken zu, knallte die Schranktür zu und begann seine Jacke auszuziehen.

Dann klingelte das Telefon und schreckte ihn aus seinen Selbstvorwürfen auf. Er starrte den Wandapparat sekundenlang an, bevor er hastig nach dem Hörer griff.

«Professor Massinger?»

Peter Shelleys Stimme ...?

«Ja. Wer sind Sie?»

«Shelley, Professor.»

Massinger drehte den Kopf zur Seite, um schuldbewußt die Tür beobachten zu können, und sank auf den Diwan unter dem Telefon.

«Was ... was wollen Sie?»

Er horchte angestrengt auf ein Klicken, das einen Lauscher verraten würde. Seine Hand zitterte.
«Ich möchte Ihnen helfen!» stieß Shelley hervor. «Ich ... ich glaube, daß ich Ihnen die Akte für ein paar Stunden beschaffen kann, damit Sie sie fotokopieren und mir zurückgeben können ...» Sein Plan sprudelte nur so aus ihm hervor. Shelley hatte offenbar immer wieder darüber nachgedacht und zuletzt sein Widerstreben, seinen Ehrgeiz und seine Angst überwunden. «Sie enthält natürlich nur die Texte, nicht etwa Abzüge der Washingtoner Originalfotos ... Mehr kann ich nicht tun; darüber hinaus kann ich Ihnen nicht weiterhelfen.»
Massinger horchte. An keiner der übrigen Nebenstellen schien mitgehört zu werden.
«Ich ...»
«Sie haben gesagt, daß Sie sie wollen, Professor. Wollen Sie sie noch?»
«Ich ...»
Klick? Ein abgenommener Hörer? *Margaret?* Massinger war wütend, und sein Zorn richtete sich gegen Shelley. Shelley war Bestandteil der Verschwörung, die ihn von Margaret zu trennen versuchte ...
«Ich brauche sie jetzt nicht mehr», sagte er so nüchtern wie möglich. «Tut mir leid, aber damit möchte ich nichts mehr zu tun haben. Besten Dank für Ihren Anruf.»
Shelley legte sofort auf. Massinger horchte. Durch das Summen in der Leitung hörte er ein leises Klicken, als der Hörer eines Apparats im andern Zimmer aufgelegt wurde. Er knallte seinen eigenen Hörer so schnell auf die Gabel, als habe er sich daran die Hand verbrannt. Dann wartete er darauf, daß Margaret mit einem mitfühlenden und ihm zugleich gratulierenden Lächeln die Tür öffnen würde. Trauer stieg wie eine Woge in ihm auf, die ihn zu ertränken drohte.

Margaret strahlte. Das stand außer Zweifel. Glücklich, selbstbewußt, wieder mit festem Boden unter den Füßen. Sie nahm die Beileidskundgebungen ihrer Gäste, die sich mit dem Verrat an ihrem Vater und seiner Ermordung befaßten, mit erstaunlichem Gleichmut entgegen. In ihrem Universum herrschte wieder

Ordnung. Massinger beobachtete, wie sie mit den Gästen ihrer Party nach der Oper Konversation machte, und hatte das Gefühl, seine Liebe zu ihr sei erneut entflammt. Und er kam sich in diesem glänzenden gesellschaftlichen Rahmen wie immer als Außenstehender vor.

Eugen Onegin mit einer russischen Sopranistin und unter der Stabführung ihres berühmteren Ehemanns hatte ihn nicht aus seiner deprimierten Stimmung erlösen können. Nur die anerkennenden, befriedigten Blicke, die Margaret ihm in ihrer Loge immer wieder zugeworfen hatte, hatten Massingers noch immer virulente Selbstkritik allmählich zum Schweigen gebracht. Nach einem Whisky, gutem Burgunder und einer Kleinigkeit zu essen fühlte er sich wohler und konnte damit beginnen, die von ihm getroffene Wahl zu akzeptieren und mit ihr zu leben. Seine Prioritäten hatten sich wieder durchgesetzt. Massinger hatte sein moralisches und emotionales Objektiv mit einer kurzen Drehbewegung schärfergestellt und sah Margaret nun wieder deutlich und klar im Sucher.

Er stand in der Nähe eines der Fenster, wo der Rosenduft weniger durch Zigarren- und Zigarettenrauch überdeckt wurde. Zwei Gäste hatten ihn bereits darauf angesprochen, ob er für Aufsichtsratsposten zur Verfügung stehe; ein weiterer hatte Massingers Bereitschaft ausgelotet, in einer Regierungskommission mitzuwirken, und der vorerst letzte Vorschlag hatte sich auf eine lukrative Beratertätigkeit bezogen. Margaret war damit sehr zufrieden gewesen, und er selbst hatte wieder einmal das Bedürfnis verspürt, sich noch fester in Großbritannien zu verwurzeln und sich entsprechendes *Gewicht* als Margarets Ehemann zu verschaffen. Damit konnte er jetzt beginnen. Nun war plötzlich alles möglich. Wäre er jünger und britischer Staatsbürger gewesen, hätte er sich um einen sicheren Sitz im Unterhaus bemühen und ihn auch erhalten können. Er wurde geradezu hofiert. Alle wußten, was geschehen war, und waren mit ihm zufrieden. Massinger lächelte bitter in sein Glas hinein.

Der Rosenduft erregte bei ihm fast Übelkeit, und der Raum war viel zu heiß. Dann stand plötzlich Sir William Guest neben ihm: Geheimer Staatsrat, ehemals Chef des Diplomatischen Diensts und jetzt Nachrichtendienstkoordinator im Premierministeramt und Vorsitzender des Geheimdienstausschusses. Er hatte Kaviar im Mundwinkel, bis er die schwarzen Punkte mit der Zungenspitze entfernte. In seinem hohen Glas funkelte Moselwein. Er lächelte Massinger sichtlich zufrieden zu. Natürlich wußte Sir William besser als jeder andere, daß Massinger das Handtuch geworfen und Aubrey aufgegeben hatte. Sir William sah zu Margaret hinüber, die ihm und Massinger über die Köpfe einiger Gäste hinweg zuwinkte. Margaret, die ihrem Paten und ihrem Mann zuwinkte.

«Du kannst dich glücklich schätzen, mein Junge», stellte Sir William fest.

«Ja, ich weiß.»

«Auf euer fortbestehendes ... euer *ununterbrochenes* Glück!» Sir William hob das Glas und trank darauf. «Mein Patenkind sieht heute so gut, so ... *glücklich* aus.» Er seufzte wie ein Bernhardiner vor dem Kaminfeuer.

«Ja, William.»

«Du bist eben ein Glückspilz, Paul!» Sir William lachte in sich hinein. Dann warf er Massinger einen prüfenden Blick zu. «Ich weiß bloß nicht, wie du's geschafft hast. Wahrscheinlich steckt das in euch Yankees drin.» Er lachte erneut. Sein Lachen klang eher feindselig. «Eine Affenschande, daß diese Sache mit ihrem Vater überhaupt an die Öffentlichkeit gedrungen ist», fuhr er fort. «Sehr beunruhigend für Margaret.»

«Sie kommt ganz gut damit zurecht, glaube ich», antwortete Massinger und starrte in sein Glas.

«Als ihr Patenonkel mache ich mir natürlich Sorgen um sie. Ihr Vater ist mein bester Freund gewesen und wäre ein großer Mann geworden. Der zukünftige Chef des Diplomatischen Diensts – er hätte mir meinen Posten wegschnappen können!» Er lachte erneut bellend. «Wirklich eine Schande ...»

«Falls die Sache wahr ist.»

«Natürlich ist sie wahr!» Sir Williams buschige Augenbrauen trafen sich fast über der Nase, als er Massinger stirnrunzelnd betrachtete. Seine Miene sollte abschreckend wirken. «Trotzdem ist alles sehr beunruhigend. Und was die Tatsache betrifft, daß einer unserer eigenen Leute ... Nun, darüber können wir uns bei anderer Gelegenheit unterhalten. Die Zeit heilt alle Wunden, nicht wahr?»

«Und Babbington?»
Sir Williams Augenbrauen berührten einander fast wieder. Sein Blick war hart, als er jetzt den Kopf schüttelte. «Lassen wir das», schlug er vor. «Darauf haben wir keinen Einfluß mehr, stimmt's?» Er beobachtete Massinger über den Rand seines Glases hinweg.
«Wir müssen bald einmal miteinander essen», verkündete Sir William. «Meine Bank braucht einige neue Vorstandsmitglieder – frisches Blut und so weiter. Ich möchte Leute, denen ich vertrauen kann.» Er lächelte und klopfte Massinger dabei auf die Schulter. «Und wie ich gehört habe, trittst du in die neuzubildende Regierungskommission ein», fuhr Sir William fort. «Genau die richtige Beschäftigung, auf die du dich im Augenblick konzentrieren solltest, Paul.» Sein lautes Lachen bewegte sich mit ihm durch den überfüllten Raum fort.
Massinger fiel auf, daß die Leute in seiner näheren Umgebung ihre Unterhaltung erst jetzt wieder aufnahmen, als hätten sie gelauscht, um alle Einzelheiten von Sir Williams Bestechungsversuch mitzubekommen.
Dann stand plötzlich der KGB-Resident in der sowjetischen Botschaft vor ihm, lächelte und hob grüßend sein Cognacglas.
«Pawel!» rief Massinger überrascht, fast freudig erstaunt aus. Pawel, nach außen hin der sowjetische Kulturattaché, war auf Gesellschaften meistens betrunken und fast immer amüsant. Massinger hatte beobachtet, daß er sich von Anfang an zu Margarets Freunden und ihren kulturellen Aktivitäten hingezogen gefühlt hatte. Jedermann schien seine wahre Position zu kennen. Massinger glaubte, daß Pawel auf Margarets Parties und Gesellschaften keineswegs Informationen sammelte, sondern nur Entspannung suchte, wobei er seinen Vorgesetzten bestimmt erklärte, was für wichtige Persönlichkeiten, die es sich zu kennen lohne, Mrs. Massingers Salon bevölkerten.
«Paul, mein Herzensfreund!» antwortete Pawel mit etwas undeutlicher Stimme. Er war offenbar wieder betrunken, ohne deshalb aggressiv oder deprimiert zu sein. Nur lauter, weil der Russe unter dem *Apparatschik* zum Vorschein kam.
«Sie amüsieren sich, wie ich sehe, Pawel?» erkundigte Massinger sich etwas von oben herab mit einem Blick auf den Cognacschwenker in der Hand des anderen.

«Natürlich! Natürlich! Ihre Parties sind immer herrlich – einfach wundervoll! Ein ideales Feld für Spione!» Er lachte wieder. Sein Englisch war gut, kosmopolitisch und selbstsicher wie seine schlanke Gestalt und seine teuren Maßanzüge. Pawel war weltmännisch, amüsant und gebildet. Aber seine äußere Erscheinung täuschte: Massinger vermutete unter Seidenhemd und braungebrannter Haut den ehrgeizigen Parteifunktionär. Pawel trank aus und hielt sein Glas dem jungen Mann hin, der großzügig nachschenkte.
Pawel trank Massinger erneut schweigend zu, roch dann demonstrativ an seinem Glas und seufzte befriedigt.
«Hat Ihnen die Oper gefallen?» erkundigte der Amerikaner sich.
«Gefallen? Was heißt *gefallen?* Das ist ... so blaß, so typisch westlich, mein Freund. Ich habe sie durchlebt, ich habe *mitgelebt!*»
«Das freut mich für Sie.»
«Aber kraftvolle Opern interessieren mich mehr. Zum Beispiel Wagner-Opern.» Massinger hatte vergessen, daß Pawel außer Englisch und Französisch auch Deutsch sprach. «Ich verlasse mich allerdings darauf, daß Sie mich nicht als Neonazi beim Zentralkomitee anschwärzen!» Er lachte schallend und brachte damit auch die in ihrer Nähe stehenden Gäste zum Lachen.
«Kraftvoll ... ja», murmelte der Amerikaner. Dann sah er Margaret aus dem Musikzimmer kommen. Sie beschrieb mit nach unten deutendem Zeigefinger mehrere Kreise, und er quittierte ihren Hinweis lächelnd. Er vernachlässigte seine Pflichten als Gastgeber. Prinzgemahl, dachte Massinger, wäre vielleicht der bessere Ausdruck gewesen. Trotzdem ...
«Die Welt der Mächtigen – und der Sturz der Mächtigen», fügte Pawel hinzu, als Massinger sich eben entschuldigen wollte. «Wie der Ihres armen Freundes Aubrey.»
Er beobachtete die Augen des Russen. Starrer Blick, die Pupillen vergrößert. Pawels schlanke Gestalt war unsicher auf den Beinen und schien leicht zu schwanken.
«Ja.»
«Tränen, eitle Tränen», zitierte Pawel.
«Ganz recht.» Massinger fröstelte innerlich. «Vielleicht sollten wir selbst um einen Feind Tränen vergießen?»

Pawel schüttelte den Kopf und machte eine abwehrende Handbewegung. Cognac schwappte aus seinem Glas auf die Manschette des weißen Seidenhemds. Sein Gesicht war rot angelaufen. Dann lachte er.
«Keine einzige!» sagte er nachdrücklich. «Nicht um ihn. Diese Leute hier weinen nicht. Warum sollte ich, sollten wir weinen?» Er lachte erneut. «Er ist von allen im Stich gelassen worden, nicht wahr?»
«Das stimmt leider, fürchte ich, Pawel.» Dann fügte Massinger rasch und beinahe scherzhaft hinzu: «Aber Sie müßten ihn doch wohl als einen Ihrer Leute betrauern?»
Pawels Augen waren plötzlich nicht mehr glasig; seine Pupillen waren glänzende schwarze Punkte. Dann lachte er erneut – diesmal ehrlich belustigt. «Ich habe mir die Verhaftung genau schildern lassen, wissen Sie», sagte er. «Von meinem . . . Kollegen in Wien. Mein dortiges Gegenüber erzählte eine höchst amüsante Geschichte – geradezu anekdotisch.» Massinger machte sich auf eine Enthüllung gefaßt. Pawel war dabei, eine Indiskretion zu begehen, weil er Aubreys Schicksal für besiegelt hielt.
«Ja», bestätigte Massinger nach langem Schweigen. Warum tue ich das? fragte er sich. Ich habe ihn ebenfalls im Stich gelassen.
Pawel hob erneut sein Glas und murmelte irgend etwas Unverständliches vor sich hin. Er weiß genau Bescheid! dachte Massinger. Er weiß alles. Sein . . . der Wiener KGB-Resident ist *dabeigewesen!*
Wenn ich ihn nur zum Reden, zum Auspacken zwingen könnte! dachte Massinger. Er weiß, daß alles ein Schwindel gewesen, daß Aubrey eine Falle gestellt worden ist . . . Der Wiener KGB- Resident hat alles *gesehen*.
Er merkte, daß er die Party mit seinem Glas in der Hand verlassen hatte und im Ankleideraum ihres Schlafzimmers stand. Er sah auf seine Uhr und seufzte. Ein masochistischer Trieb veranlaßte ihn dazu, den Fernseher auf dem Tischchen gegenüber dem Bettende einzuschalten. Massinger setzte sich auf die Bettkante und hörte Satin unter sich knistern. Indirektes Licht zeigte ihm silberne Toilettengegenstände, Kristallschalen für Margarets Schmuck, naturfarbene Seidenvorhänge und den

hochflorigen Teppichboden. Auf dem Bildschirm erschienen die Mitternachtsnachrichten.
Massinger wollte seinen Augen nicht trauen. Er sah Aubrey vor einem Affenkäfig. Ein großer, stämmig gebauter Mann neben ihm. Sommer, blauer Himmel. Eine Geheimkamera mit Teleobjektiv.
«. . . ein an die französische Fernsehgesellschaft RTF verkaufter Film, der angeblich den britischen SIS-Generaldirektor bei einem seiner Treffs mit seinem sowjetischen Führungsoffizier zeigt. Das französische Fernsehen hat sich bisher geweigert, den Verkäufer des Films zu benennen . . .» Massinger war sprachlos erstaunt. Er sah sein ausdrucksloses Gesicht mit offenem Mund in einem der Spiegel. Der blöde Gesichtsausdruck eines Idioten. «. . . das Außenministerium abgelehnt, die Echtheit dieses Films zu bestätigen oder ihn als Fälschung zu bezeichnen. Bisher ist es uns nicht gelungen, die beiden Männer zu identifizieren . . .»
Das war Aubrey. Körper, Kopf, Körperbau, Profil, von vorn – Aubrey. Und der andere war zweifellos Kapustin . . . *Träne* persönlich. Massinger stand auf, trat rasch an den Fernseher und stellte ihn ab. Vor seinem inneren Auge stand Pawels zufriedenes selbstbewußtes Gesicht, das dann mit den Gesichtern Sir Williams, Babbingtons und anderer zu verschmelzen schien, um zuletzt in Aubreys faltiges, elendes, altes Gesicht überzugehen. Den Abschluß bildete die Profimaske des Fahrers des blauen Cortinas.
Jetzt hatten sie ihn. Aubrey. Tonband, Film, Bloßstellung in der Öffentlichkeit, Vorverurteilung durch Fernsehen und Presse. Aubrey war erledigt! Massinger spürte Zorn wie Übelkeit in sich aufsteigen.
Er trat ins Ankleidezimmer hinaus, in dem sich jetzt Mäntel, Schirme, Regenmäntel, Pelze und Umhänge stapelten. Massinger griff rasch nach dem Telefonhörer und wählte Peter Shelleys Nummer. Der Apparat am anderen Ende klingelte endlos lange. Massinger schwitzte vor Ungeduld und Schuldbewußtsein. Sir Williams Gesicht stand erneut vor seinem inneren Auge, aber dann sah er Margaret – ihren Gesichtsausdruck an diesem Nachmittag, als sie ihn mit Babbington alleingelassen hatte, und ihr *strahlendes* Gesicht an diesem Abend.

«Ja?» meldete Shelley sich. Er schien einiges getrunken zu haben.

«Haben Sie die Spätnachrichten gesehen?» fragte Massinger sofort.

«Ja.» Shelleys Stimme klang jung, verbittert und beinahe eingeschnappt. «Was wollen Sie?»

Massinger wußte, daß er am Rande eines Abgrunds stand. Seine einzigen Motive waren sein Zorn über ein gefälschtes Stück Film und die überheblichen, verletzenden, absichtlichen Indiskretionen eines KGB-Residenten – und Drohungen und Bestechungsversuche. Das alles zusammen schien diesen ... diesen *Einsatz* nicht zu rechtfertigen. Sein Schamgefühl war reaktiviert worden, aber noch während er Shelleys Nummer gewählt hatte, hatten Bestechung und Liebe ihn daran hindern wollen. Jetzt holte er tief Luft und wagte den Sprung über den Abgrund.

Seine alte Dankesschuld Aubrey gegenüber verlieh ihm einen Teil der Kraft, die er für diesen Sprung brauchte. Aber zuletzt wurde er von Zorn, von heißer Wut getrieben. Sie hatten ihn *bedroht*, hatten seine Zukunft mit Margaret, sein Glück mit ihr bedroht ... Babbington und Guest. Drohung und Bestechung. Stock und Karotte ... und er war bereit gewesen, mitzumachen und zu vergessen zu beginnen ... *dabei war alles gelogen!* Das wußte Pawel genau! Massinger spürte, daß sein verschüttet geglaubter professioneller Instinkt und eine weiterreichende Loyalität als die, die er Aubrey persönlich schuldete, an die Oberfläche kamen. Er dachte an Margaret, zögerte, schluckte trocken und ballte die freie Hand zur Faust. Dann sagte er: «Ich brauche die Akte morgen.»

«Weshalb der plötzliche Sinneswandel?» fragte Shelley von oben herab.

«Darüber brauchen wir jetzt nicht zu diskutieren. Morgen um elf. Wir treffen uns vor ... dem Imperial War Museum, einverstanden?»

«Gut, aber ich muß die Akte bis dreizehn Uhr wieder zurückbringen.»

«Das können Sie! Kommen Sie pünktlich, Peter. Die Sache ist sehr wichtig.»

«Haben Sie was von Hyde gehört?»

«Nein. Und Sie?»
«Nein.»
«Ich rede morgen noch einmal mit der Frau. Auf Wiedersehen bis morgen.»
Als Massinger den Hörer auflegte, wurde die Tür geöffnet. Seine Hand zuckte vom Telefon weg, als sei es elektrisch geladen. Er rückte automatisch seine Smokingschleife vor dem Drehspiegel zurecht, bevor er sich umdrehte. Margaret stand mit Pawel auf der Schwelle.
«Pawel wollte sich verabschieden», erklärte sie ihrem Mann. Durch die offene Tür hinter den beiden drang Partylärm herein. Margarets Hand lag auf dem Arm des Russen, als sei Pawel ein Mitverschwörer. Dabei war Massinger der wahre Verschwörer, der eigentliche Verräter.
«Gute Nacht, Pawel.»
«Gute Nacht, mein Freund – und vielen Dank.»
Der Russe wandte sich ab, als sein Gastgeber herankam, und erwartete offenbar, zum Ausgang begleitet zu werden. Dann fragte Massinger impulsiv: «Nicht eine Träne, Pawel?»
Der KGB-Resident nahm die Schultern zurück. Aber sein Lächeln war freundlich und nichtssagend, als er sich nach Massinger umdrehte.
«Vielleicht eine einzige», antwortete er. Seine Augen glitzerten amüsiert. Dann lachte er. «Nein, ich muß wirklich gehen.» Er hielt Massinger die Hand hin. «Überanstrengen Sie sich nicht, mein Freund.» Die Warnung war deutlich. «Muten Sie sich nicht zuviel zu. Gute Nacht, Margaret.»

«Hyde?»
Der Name schien irgendwo zwischen London und Wien in der Luft zu hängen. Atmosphärische Störungen und die Entfernung wirkten wie unbefugte Lauscher. Paul Massinger hockte über dem Telefon in der Wohnung der Frau, als versuche er, seine Stimme und seine Bewegungen vor neugierigen Augen und Ohren zu verbergen.
Ros Woode hatte angerufen, während er sich rasiert hatte. Das Telefon im Ankleidezimmer war am nächsten gewesen: das Verrätertelefon. Massinger hatte den Hörer unsicher mit einer

nassen Hand abgenommen und die Sprechmuschel sofort mit weißem Rasierschaum benetzt. Dabei hatte er ängstlich ins Schlafzimmer hinübergehorcht, in dem Margaret noch schlief. Das Klingeln hatte sie nicht geweckt.
Die Frau hatte Hyde dazu überredet, mit Massinger zu sprechen, sobald er kommen konnte. Vielleicht gegen zehn Uhr? Hyde hatte sehr nervös gewirkt und wollte ihn dringend sprechen. Massinger hatte alle Ängste und Bedenken hinuntergeschluckt und sich bereit erklärt, kurz vor zehn in Earl's Court zu sein, wo er jetzt am Telefon saß.
Er hatte keinen blauen Cortina gesehen; er war auch sonst nicht beschattet worden. Die anderen hatten seine Kapitulation angenommen und ahnten nichts von dieser erneuten Rebellion. Er kam sich wie ein Verräter vor . .
Dann war der Anruf gekommen. Ros hatte sich gemeldet, eine knappe Antwort gegeben und den Hörer an Massinger weitergereicht. Er hatte ihn entgegengenommen, als sei der Hörer infiziert oder könnte in seiner Hand explodieren. Am anderen Ende der Leitung wartete Hyde wie ein übelwollender Schicksalsgott. Davon war Massinger ebenso überzeugt, wie er sich sicher war, daß dieses Gespräch schlimme Folgen haben würde. Dann stürzte er sich hinein.
«Hyde», wiederholte er.
«Massinger? Wird Ihr Apparat abgehört?»
Er sah unwillkürlich zu Ros auf und wiederholte Hydes Frage. Ros stand wie eine Aufpasserin neben dem Telefon und hatte die Arme vor ihrem gewaltigen Busen verschränkt. «Ich bin nur seine Hauswirtin», stellte sie schulterzuckend fest. «Das wissen die anderen so gut wie er selbst.»
Massinger nickte. «Vermutlich nicht», sagte er ins Telefon. «Wir halten es für eher unwahrscheinlich.»
«Wer ist ‹wir›?» fragte Hyde beunruhigend nervös, um dann sofort hinzuzufügen: «Oh, Ros und Sie . . . Okay, ich habe schon von Ihnen gehört, Massinger. Sie sind lange beim CIA gewesen und nun schon lange als Professor tätig. Was interessiert Sie an dieser Sache?»
Der Amerikaner merkte, daß Hyde von ähnlichen Emotionen wie er selbst beherrscht wurde. Auch er rechnete mit Enttarnung, Gefangennahme, vielleicht sogar Tod. In diesem Fall mit

seinem eigenen Tod. Warum? Weshalb hatte Hyde so offenkundig Angst um sein Leben? Massinger verfluchte seinen professionellen Instinkt, der seine Antwort bestimmte, die er nicht abmildern oder unterdrücken konnte.
«Ich versuche Aubrey zu helfen. Warum haben Sie Angst um Ihr Leben, Hyde? Wer hat's auf Sie abgesehen?»
Ros' große, pummelige Hand bedeckte ihren Mund – jedoch zu spät, um den lauten Seufzer zu unterdrücken, mit dem sie auf Massingers Frage reagierte. Ein Schüttelfrost schien ihre üppige Gestalt unter dem Kaftan erfaßt zu haben.
«Das wissen Sie also nicht, was?» lautete Hydes Gegenfrage. Massinger spürte, daß auch der andere zu einem Entschluß gelangt war, den er jedoch aus Verzweiflung gefaßt hatte.
«Nein, das weiß ich nicht.»
«Wie geht's dem Alten?»
«Aubrey? Er hat Angst ... und allmählich keine Hoffnung mehr, glaube ich», antwortete der Amerikaner mit Vorbedacht.
«So geht's uns doch allen, Sportsfreund!»
«Hyde, warum können Sie nicht zurückkommen? Die Betonung liegt auf *können*, stimmt's?»
Hyde antwortete nicht gleich. Die Morgensonne zeichnete blasse Streifen auf den dunkelgrünen Teppichboden in Ros' Wohnzimmer und wärmte den Rücken der schlafenden Schildpattkatze. Massinger erriet instinktiv, daß die Frau Hydes Katze zu sich geholt hatte, um sie in Sicherheit zu bringen – obwohl sie bestimmt nicht hätte sagen können, wovor.
Dann stieß Hyde hervor: «Ich bin auf der Flucht vor den eigenen Leuten! Verrückt, was?»
«Wie meinen Sie das?»
«Ich meine ... ich rede von einer Zusammenarbeit zwischen KGB und SIS. Hören Sie, Massinger, ich bin praktisch bereits *tot!*» Bei diesem Wort brach Hydes Stimme, und Massinger fühlte die völlige Erschöpfung des Australiers, der in einer Sackgasse aus Hoffnungs- und Willenlosigkeit steckte. Hyde war mit seinem Latein am Ende.
«Ich verstehe nicht, was Sie ...»
«Klar verstehen Sie nichts!» rief Hyde aufgebracht ins Telefon. Seine Stimme schien nähergekommen und bei ihnen im Zimmer zu sein – gemeinsam mit dem Geruch seiner Angst und der

Verzweiflung, die auf seinem Gesicht stehen mußte. «Was Sie nicht kapieren, ist mir *scheißegal!* Die Außenstelle Wien hat versucht, mich zu beseitigen – mich zu erledigen, mich kaltzumachen, mich zu *ermorden* . . .!» Massinger hörte Hyde trocken schlucken, bevor der andere fortfuhr: «Ich hab versucht, mich dort zu melden, weil ich wußte, daß der Alte Hilfe braucht . . . Ich hab die Außenstelle angerufen und das richtige Kennwort genannt . . .» Hyde konnte jetzt nicht mehr zu reden aufhören. Sein Boot war leckgeschlagen, und das Wasser stand ihm bis zum Hals. Seitdem ihm wieder ein winziger Hoffnungsstrahl leuchtete, hatte er die Kontrolle über seine Lage und sich selbst verloren. «Zehn Minuten später ist der KGB aufgekreuzt und wollte mich umlegen. Wahrscheinlich soll ich zum Schweigen gebracht werden, damit niemand erfährt, daß Kapustin bei der Verhaftung Aubreys zugesehen hat, ohne . . .»

Irgendein Dramatikerinstinkt warnte Hyde, daß er fürs erste genügend Köder ausgelegt hatte, und er brachte diesen Satz nicht mehr zu Ende. Massinger hörte ihn keuchend atmen. Hydes Informationen wirbelten wie radschlagende Feuerwerksraketen durch seinen Kopf.

Zusammenarbeit . . . Kapustin . . . Außenstelle Wien . . . gemeinsame Sache . . .

«Ich . . . das kann ich nicht glauben, Hyde!» brachte er zuletzt hervor.

«Dann versuchen Sie's wenigstens!» knurrte Hyde.

«Sie müssen . . . Sie müssen . . .»

«Was? Am Leben bleiben? Das will ich doch! Wie können Sie mir helfen, dieses Ziel zu erreichen?»

«Ihre Papiere?» Sie befanden sich in Ros' plumper, beringter Hand, die sie an ihren Busen preßte. Jetzt schien die Frau sie Massinger anzubieten.

«Hier wird überall kontrolliert. Ich brauche andere Papiere, um hier rauszukommen. Geben Sie mir Ros, damit ich ihr sagen kann, wohin sie das Zeug schicken soll.»

Zusammenarbeit . . . Kapustin . . . Außenstelle Wien . . . KGB . . . SIS . . . gemeinsame Sache . . .

«Ich bringe sie Ihnen!» bot Massinger ihm plötzlich an, womit er seinen rationalen Verstand überraschte und sein objektives Ich entnervte. «Ich muß mit Ihnen reden.»

«Sie kommen her?» fragte Hyde mißtrauisch und erleichtert zugleich.
«Ich komme zu Ihnen. Ich bringe sie Ihnen. Wir müssen miteinander reden.»
«Wann?»
«Morgen oder übermorgen. Ich . . . muß vorsichtig sein.»
«Sie werden beschattet!» sagte Hyde anklagend.
«Nein. Ich bin nur davor gewarnt worden, mich für Aubrey einzusetzen – das hat nichts mit Ihnen zu tun. Zwischen Ihnen und mir stellt niemand eine Verbindung her.» Massinger sah den in Philbeach Gardens geparkten blauen Cortina ganz deutlich vor sich. «Ich . . . Geben Sie mir etwas Zeit, damit ich meine Spuren verwischen kann. Ich muß ohnehin erst mit Shelley sprechen . . .»
«Nein!»
«Keine Angst, Ihr Name wird dabei gar nicht erwähnt. Es geht um Aubrey – um die Falle, in die er getappt ist.»
«Wie haben sie das nur geschafft? *Wer* hat's geschafft?»
«Der KGB, Hyde. Mehr weiß ich vorerst noch nicht. Shelley hat . . . einige Informationen für mich.»
«Ich hab' auch welche. Nehmen Sie sich um meinetwillen in acht. Das mit der Zusammenarbeit ist mein Ernst gewesen.» Hyde hatte sich einigermaßen erholt: ein Kranker, der nach einem Aderlaß geschwächt, aber wieder bei klarem Verstand ist. Jetzt würde er vielleicht sogar aushalten, bis Massinger zu ihm nach Wien kam. «Nehmen Sie sich in acht! Irgend jemand will mich umlegen und Aubrey kaltstellen. Wer das ist, weiß ich nicht. Ich weiß nur, daß er Mordbefehle erteilen kann, die auch befolgt werden, und es geschafft hat, SIS und KGB in Wien zusammenarbeiten zu lassen. Haben Sie verstanden?»
«Ich verstehe die möglichen Auswirkungen», murmelte der Amerikaner. Blauer Cortina, Aubrey reingelegt, blauer Cortina, Zusammenarbeit, Zusammenspiel, Zusammenwirken . . . Diese Worte brannten wie Peitschenhiebe. «Ich verstehe», wiederholte er.
«Sie sind meine einzige Hoffnung», stellte Hyde ausdruckslos fest.
«Ja, ich weiß. Lassen Sie mir noch etwas Zeit. Rufen Sie morgen um diese Zeit Ihre Hauswirtin an . . .» Massinger warf ihr

einen fragenden Blick zu. Ros nickte wortlos. «Morgen um diese Zeit», wiederholte er. «Sie hat dann weitere Informationen für Sie. Versuchen Sie, bis dahin keine Dummheiten zu machen.»
«Worauf Sie sich verlassen können, Sportsfreund!» Hyde machte eine Pause. Die Verbindung wirkte erneut fern, irreal und angespannt. «Okay, ich vertraue Ihnen», sagte er schließlich. «Es hat zwar allgemein geheißen, Sie seien etwas zu *nett* für unsere Arbeit gewesen, aber Sie sind Aubreys bester Freund. Gut, ich vertraue Ihnen.» Ein häßliches, humorloses Lachen. «Schließlich kann ich Sie immer noch umbringen, wenn Sie erst mal hier sind, stimmt's?»
«Das können Sie – wenn ich nicht der bin, den Sie brauchen oder erwarten.»
Im nächsten Augenblick riß die Verbindung ab. Das Telefon summte nur noch. Hyde war verstummt, als sei dieses Gespräch niemals geführt worden . . . fast so sicher, als sei er dahingerafft worden.

«Was tun Sie jetzt?» fragte Massinger.
«Ich verstecke den Wagen und passe gut auf.» Peter Shelleys Atemwolken umgaben ihn wie graue Notsignale.
«Sie haben Ihre Verfolger also abgeschüttelt?»
«Ich habe einen Wagen abgehängt, indem ich auf den Hof eines Kohlenhändlers abgebogen bin», antwortete Shelley nüchtern. «Aber ich habe nur diesen einen Verfolger erkannt. Ich bin nicht Hyde – ich bin kein Außendienstler. Ich traue meinem Urteilsvermögen nicht hundertprozentig. Und Sie sollten's auch nicht tun.»
«Gut, wie Sie meinen.» Massinger deutete auf den prall gefüllten großen Umschlag, den der andere ihm gegeben hatte. «Um das alles zu fotokopieren, brauche ich mindestens eine halbe Stunde.»
Shelley schob nervös den Ärmel seines dunklen Mantels zurück, um auf seine Uhr sehen zu können. Als er wieder den Kopf hob, hatte Massinger den Eindruck, sein Gesicht sei noch blasser und schmaler als zuvor.
«Ich muß die Akte bis dreizehn Uhr ins Century House zurück-

bringen», sagte er bittend. «Die Besprechung findet gleich nach dem Mittagessen statt – die Exemplare werden dabei eingesammelt . . .» Er schien sich beherrschen zu müssen, um nicht weitere Entschuldigungen vorzubringen.
«Gut, ich beeile mich schon», antwortete Massinger steif. Er öffnete die Autotür und stemmte sich so rasch wie möglich aus dem Schalensitz hoch. Dann knallte er die Tür des BMWs zu, ohne Shelley noch eines Blicks zu würdigen.
Shelley sah dem Amerikaner nach, der mühsam die Stufen zum Eingang des Imperial War Museum hinaufstieg, dessen riesige Kuppel unter dem jetzt wolkenverhangenen grauen Himmel auf ihn herabstürzen zu drohen schien. Massinger betrat das Museum, um das Fotokopiergerät im Lesesaal zu benützen. Im Augenblick seines Verschwindens glich er dem Prototyp des Historikers, der er in Wirklichkeit war. Er paßte dorthin; er würde anonym und unbeachtet bleiben. Aber er war alt, er hinkte . . . er war kein Agent, kein *Profi*.
Peter Shelley ließ verärgert den Motor an. Er trat das Gaspedal einige Sekunden lang weit durch, als wolle er auf diese Weise die Kraft des Motors in sich überströmen lassen. Er mußte sich dazu zwingen, den ersten Gang einzulegen, anzufahren und in Richtung Brook Drive weiterzufahren. Und er mußte sich dazu überwinden, seinen BMW deutlich sichtbar auf der Straße zu parken, so daß die beiden Männer in dem roten Vauxhall, die ihn beschattet hatten, seine Spur wiederaufnehmen konnten. Er mußte sich dazu zwingen, seine Verfolger sehen zu wollen.
Shelley parkte sein Auto, ließ es stehen und betrat erneut den Geraldine Mary Harmsworth Park, als wolle er zum Museum zurückgehen. Er breitete sein Exemplar der *Times* auf einer feuchtkalten Parkbank aus und setzte sich auf die Zeitung. Die Kälte drang durch seinen Mantel und die Hose seines grauen Anzugs. Shelley lehnte sich so weit zurück, daß er den BMW durch die Gitterstäbe der Parkeinfriedung sehen konnte, und dachte über Paul Massinger nach.
Hatte der Amerikaner Angst wie er selbst? War er furchtsam, alt und schwach wie Aubrey? Massinger konnte die Gunst einflußreicher Förderer, die Freundschaft wichtiger Männer und sogar seine eigene Identität verlieren. Er konnte seine Frau verlieren, weil Aubrey ihren Vater verraten haben sollte. Auch

Shelley drohten ähnliche Verluste mit Ausnahme seiner weniger gefährdeten Ehe – wenn er sich weiter für Aubrey einsetzte.
Er wäre am liebsten aufgestanden und weggelaufen. Im nächsten Augenblick sah er den roten Vauxhall, den er also doch nicht wirklich abgeschüttelt hatte. Shelley fürchtete, daß Massingers gegenwärtige Entschlossenheit nicht vorhalten würde, so daß der Schwarze Peter am Ende ihm bleiben würde. Der rote Vauxhall fuhr weiter – also doch nicht der Wagen, der ihn verfolgt hatte. Shelleys Atem bildete eine Dampfwolke, als er erleichtert seufzend ausatmete. Denkbar war auch, daß Massinger lediglich auf Zeit spielte und einen scheinbaren Rettungsversuch inszenierte, um als alter Freund Aubreys kein schlechtes Gewissen haben zu müssen ... Wie Shelley selbst? Unverfängliche Bemühungen, die nach außen hin gut wirkten, um Aubrey dann wie eine glühende Kohle fallenzulassen, sobald ernste Widerstände auftraten?
Shelley versetzte einem vor ihm liegenden Stein angewidert einen Tritt. Er verfehlte nur knapp eine Taube, die aufflatterte und sich einige Meter weiter erneut niederließ, um den Kiesweg zu inspizieren.
Der rote Vauxhall kam langsam zurück. Er hielt vor dem Parktor. Shelley zog seine langen Beine ein und kauerte sich im Schutze des neben der Parkbank wachsenden Gebüschs zusammen. Der rote Wagen war ihm erstmals auf der Waterloo Bridge aufgefallen, und er hatte versucht, den Vauxhall in den engen, terrassenförmigen, häßlichen Straßen von Lambeth und Southwark abzuhängen. Shelley hatte sich eingebildet, dies sei ihm gelungen, als er zwischen schwarz angestaubten Lastwagen auf einen Kohlelagerplatz abgebogen war. Jetzt vermutete er, daß die Beschatter mit zwei Fahrzeugen, die sich über Funk verständigt hatten, operiert hatten.
Er beobachtete den roten Vauxhall. Ein Mann mit Hut und Mantel – *wer?* – stieg aus und überquerte die Straße, um den BMW zu begutachten. Er drehte sich sofort wieder um und nickte seinem Fahrer zu. Dann ging der Beifahrer zu dem Vauxhall zurück und stieg ein. Shelley beugte sich vor, als das Auto weiterfuhr, und stellte fest, daß es nach kaum fünfzig Metern erneut parkte. Sie würden dort warten – *wer würde dort warten*? Ihm lief ein kalter Schauer über den Rücken.

Er mußte die Akte ins Century House zurückbringen – das war im Augenblick wichtiger als alles andere –, weil die ursprünglich für den nächsten Tag anberaumte Sitzung des Geheimdienstausschusses unter Vorsitz von Sir William schon an diesem Nachmittag stattfinden sollte. Shelley war von dieser Vorverlegung überrascht worden.

Ein blauer Cortina ...

Massingers blauer Cortina, *sein* Verfolger?

Der blaue Wagen hielt in der zweiten Reihe neben dem BMW, fuhr dann wieder an und verschwand. Shelley, dem ein kalter Schauer über den Rücken lief, stand auf und rieb sich energisch die Arme. Er blickte fast sehnsüchtig zur Fassade des Imperial War Museum hinüber.

Massinger trat aus dem Gebäude, als Shelley die oberste Stufe erreichte. Shelley drehte sich um und blickte über den Park zurück. Er konnte den roten Vauxhall ausmachen, aber der blaue Cortina war nirgends zu sehen.

«Fertig?» fragte er gehetzt.

«Großer Gott ... ja, ich bin fertig.» Shelley riß ihm den großen Umschlag mit der Akte *Träne*, deren einzelne Seiten durch klaren Plastikfilm geschützt waren, förmlich aus der Hand. «Ich bin vorsichtig gewesen, Peter. Sie können sich darauf verlassen, daß kein Mensch merkt, daß die Unterlagen fotokopiert worden sind.» Massinger lächelte, aber irgendein anderes Gefühl wischte dieses Lächeln sofort wieder von seinen Lippen. «Ich habe ... ich habe nur flüchtig darin geblättert, wissen Sie. Unglaublich! Trotz meines Gesprächs mit Aubrey bin ich darauf nicht gefaßt gewesen. Eine vollständige Dokumentation über fast vierzig Jahre Verrat. Aubreys Anwerbung im Jahre 1946, seine Reaktivierung vor zwei Jahren, die von ihm gelieferten Informationen, seine Beförderung und seine zukünftigen Absichten, als SIS-Generaldirektor dafür zu sorgen, daß ... mein Gott, das klingt alles so überzeugend!»

«Vor allem die Informationen über die beiden letzten Jahre», bestätigte Shelley.

«Aber Hyde ist dabeigewesen – er ist meistens in Aubreys Nähe gewesen.»

«Nein, Aubrey ist oft allein unterwegs gewesen. Oder er hat die Gespräche nicht aufgezeichnet oder nicht ausführlich über

seine Kontakte berichtet. Wer sollte ihn gegen solche Vorwürfe verteidigen können?» Shelleys Gesicht war zu einer ausdruckslosen Maske erstarrt. Auf Massinger wirkte er jung, ängstlich, verletzbar . . . und unzuverlässig.
«Irgendwelche Aktivitäten?» fragte er und deutete mit einer Hand, in der er seine Handschuhe hielt, in Richtung Brook Drive.
«Der Vauxhall ist wieder da», murmelte Shelley. Dann brach es aus ihm hervor: «Mein Gott, ich hab wirklich fast die Hosen voll vor Angst!»
«Was tun wir jetzt?»
«Wir gehen zu Fuß weg. Ich . . . ich kann meinen Wagen später abholen. Lambeth ist die nächste U-Bahn-Station in Gegenrichtung. Okay?»
«Einverstanden. Wer sind die anderen?»
«Das weiß ich nicht.»
«Wen haben Sie in Verdacht?»
«Babbingtons Leute.»
«Verdammt noch mal – bestimmt nicht der KGB?»
«Das läßt sich nicht bestimmt sagen. Aber MI5 kommt mir wahrscheinlicher vor.» Shelley sprach so leise, daß seine Worte fast im Geräusch ihrer Schritte im Kies untergingen.
«Ich habe seit gestern abend viel über diese Sache nachgedacht», fuhr Massinger halblaut fort, als sie den Park verließen und zur Kensington Road weitergingen.
«Und?» fragte Shelley widerstrebend. Er hörte das angestrengte Atmen des Älteren und das Tappen seiner Stockzwinge auf den Gehsteigplatten. Beide Geräusche waren entmutigend.
«Ich habe gestern abend mit Pawel Koslow, dem KGB-Residenten, gesprochen.»
«Wo?»
«Er ist bei uns gewesen. Meine Frau hat zu einer Party nach der Oper eingeladen.»
«Und?»
«Er hat unfreiwillig etwas ausgeplaudert – natürlich wieder betrunken. Er hat genau gewußt, was passiert war. Daß das Ganze ein Schwindel ist! Er hat sogar gewußt, was sich in Wien abgespielt hat, und sich darüber amüsiert. Sein Wiener Kollege

hat ihm haarklein geschildert, wie Aubrey verhaftet worden ist.»
«Was können wir dagegen tun?» Shelley war über seine Frage selbst verwundert.
Massinger blieb stehen, um den jüngeren Mann prüfend anzustarren. Shelley wußte, daß er gewogen wurde, und war beleidigt und zugleich krank vor Ungewißheit. Warum hatte er das gesagt? Weshalb war er nicht imstande gewesen, einfach davonzugehen? Er mußte die Akte zurückbringen, *das* war das einzige, was wirklich zählte.
«Ist das Ihr Ernst?» wollte Massinger schließlich wissen. Ein Sikh mit Turban lächelte entschuldigend, als er sie im Vorbeigehen leicht streifte, weil sie den Gehsteig versperrten. Ein Einkaufswagen, den eine unförmig dicke Frau hinter sich herzog, knallte schmerzhaft gegen Shelleys Knöchel. Hinter Massinger platzte der Ausstellungsraum eines Autohändlers wie ein Mutant aus dem Erdgeschoß eines einst eleganten Hauses und ließ die oberen Stockwerke in der Vergangenheit gestrandet. Aus einem Fenster leuchtete ein Plakat der Labour Party wie als Beweis dafür, daß der Wandel das gesamte Haus erfaßt hatte.
«Ja», antwortete Shelley widerstrebend, ohne diese Antwort unterdrücken zu können – und innerlich bereits wieder von ihr abrückend, noch während er sie gab.
«So ist's recht!»
«Aber was können wir *tun?*» protestierte Shelley, während sie weitergingen.
Massinger rutschte auf einer vereisten Stelle aus, und der Jüngere stützte ihn. Schlimme Vorahnungen drohten ihn zu überwältigen.
«Ist Ihnen klar, daß uns praktisch keine Zeit mehr bleibt?» fragte Massinger. «Wir werden bereits beide überwacht. Falls wir von MI5 beschattet werden, bleibt uns kaum noch Zeit, und falls Pawel seine Leute auf uns angesetzt hat, ist unsere Lage noch kritischer. Pawel würde keinen Augenblick zögern, uns . . .»
«Ja, ich weiß!» knurrte Shelley. «Sie brauchen mir die Schrift an der Wand nicht noch zu zeigen. Und? Welche Hoffnung haben wir also?»
Sie hatten den Zugang zur U-Bahn-Station erreicht. Massinger

blieb so stehen, daß er die Westminster Bridge Road vor sich hatte. Auf der anderen Straßenseite rauchte ein Cowboy auf einem Großplakat seine Lieblingszigarette, deren Packung das eindrucksvolle Monument Valley verdeckte. Massinger fühlte sich sekundenlang in ein überfülltes, mit lärmenden Kindern besetztes Kino zurückversetzt, auf dessen Leinwand John Wayne flach auf dem Dach einer dahinrasenden Postkutsche lag. Seine Jugend.

«Ich bin mir darüber im klaren, daß Pawel zu gut bewacht wird – und sich in acht nimmt», sagte er. Shelley mußte sich zu ihm hinunterbeugen, um zu verstehen, was er sagte. «Wenn ihm etwas zustieße, würd's einen Riesenstunk geben. Aber wir haben keine *Zeit!* Wir sind zu dritt, und einer von uns sitzt hoffnungslos in Wien fest. Der Agent – *unser* Außendienstmann – kann nicht zu uns kommen. Ich muß zu ihm.»

«Was dann?»

«Dazu kommen wir gleich, Peter. Wir brauchen Hyde – und das bedeutet, daß ich zu ihm nach Wien muß. Ich brauche alles, was die Registratur über den KGB-Residenten in Wien gespeichert hat. Sämtliche Informationen über den Residenten und seine wichtigsten Mitarbeiter.»

«Wozu?»

«Beschaffen Sie mir das Material?» fragte der Amerikaner mit einem leichtsinnigen Glitzern in den Augen.

«Wozu?» wiederholte Shelley.

«Wenn wir ihn zum Reden bringen könnten ... wenn wir *Beweise* hätten ...»

«Der KGB-Resident in Wien?» Shelleys Zorn wurde durch Angst genährt. «Verrückt, völlig *verrückt!*»

«Und vor allem gänzlich unerwartet. Beschaffen Sie mir alle Informationen über den gegenwärtigen Residenten. Es muß irgendeinen Augenblick geben, in dem er unbewacht ist, so daß wir ... mit ihm reden können.» Massingers Lächeln paßte zu seinem Blick. Shelley bekam davon eine Gänsehaut. Was der andere vorhatte, war eine Verzweiflungstat, eine verrückte Lösung, wie sie einem um vier Uhr morgens einfallen konnte. Sie hätte sich bei Tageslicht verflüchtigen müssen.

«Das können Sie nicht!» fühlte er sich zu sagen verpflichtet.

«Wir können's wenigstens versuchen, Mann!»

«Und dieser leitende KGB-Mann ist dann gern bereit, Ihre Fragen höflich zu beantworten?»
«Nein. Deshalb brauchen wir Pentathol und einen Mann, der das Zeug spritzen kann.»
«*Was* . . .?»
«Sie leiten die Osteuropaabteilung, Peter. Sie müssen irgendwo in Europa einen Mann kennen, dem Sie noch vertrauen können und der mit einer Spritze umgehen kann! Wie steht's damit – kennen Sie einen?»
Shelley fühlte sich verspottet. Nicht nur das, sondern er fühlte sich akut gefährdet. Massinger war dabei, ihn mit sich in den Abgrund zu reißen.
«Ausgeschlossen!» widersprach er halblaut. «Zu riskant, unmöglich geheimzuhalten . . .»
«Mein Gott, Mann, ist Ihnen denn nicht klar, daß Ihr kostbarer Job vielleicht bald nicht mehr existiert, wenn diese Sache so weitergeht?» knurrte der Amerikaner. «Teile Ihrer Organisation arbeiten mit dem KGB zusammen. Was wir bisher wissen und was Hyde zugestoßen ist, beweist diese Tatsache. Sie *müssen* sich dafür interessieren, wer dahintersteckt; Sie müssen versuchen, dieser Sache ein Ende zu machen. Wir *müssen* die Wahrheit rauskriegen, Peter. Wir müssen feststellen, was diese schreckliche Zusammenarbeit bedeutet, wie weit sie geht und wer hinter ihr steckt. Das ist Ihre *Pflicht*, verdammt noch mal!»
Massinger sah auf seine Uhr. «Sie müssen jetzt die Akte zurückbringen, Peter», wies er ihn freundlich an. «Und können Sie mir die Informationen noch heute beschaffen?»
«Heute?»
«Hyde schwebt in ständiger Gefahr. *Ihre* Leute in der Außenstelle Wien haben ihn den Wölfen zum Fraß vorgeworfen. Er befindet sich auf der Flucht und hat Angst. Vielleicht bleibt ihm noch weniger Zeit als uns.»
Shelley nickte zu Massingers ernsten Worten. «Ich will's versuchen», sagte er dann. «Ich versuche, an die Informationen heranzukommen, und rufe Sie heute abend an.»
«Gut, tun Sie das. Ich . . . wir müssen weitermachen, Peter.»
«Ja. Aber jetzt muß ich gehen.»
Shelley wandte sich abrupt ab, verschwand die Treppe zur

U-Bahn hinunter und ließ Massinger Auge in Auge mit dem Cowboy auf der Zigarettenreklame zurück.

«Sie wissen bestimmt, daß der andere Massinger gewesen ist?»
«Nein, Sir – nicht bestimmt.»
«Aber Shelley?»
«Ja, Sir.»
«Und Sie haben die beiden aus den Augen verloren?»
«Sie haben uns abgeschüttelt, Sir. Sind nicht mit dem Wagen gefahren.»
«Wo sind sie jetzt?»
«Massinger ist zu Hause. Shelley ist im Century House. Er ist seit kurz nach dreizehn Uhr dort.»
«Wozu haben die beiden sich getroffen? Was hat das Museum damit zu tun gehabt?»
«Tut mir leid, Sir, das weiß ich auch nicht.»
«Schon gut! Viel kann's nicht gewesen sein. Alte Loyalitäten, die noch einmal an die Oberfläche kommen. Hmm. Shelley müssen wir besser im Auge behalten, glaube ich. Massinger hat bestimmt nicht die Nerven für diese Sache – ihm geht vermutlich bald der Dampf aus.»
«Verstehe, Sir.»
«Überwachen Sie beide weiter, bis wir wissen, was sie vorhaben – falls überhaupt.»
«Jawohl, Sir.»

Böiger Wind peitschte den Regen schräg über die Straße. Autoscheinwerfer strahlten grell in die Windschutzscheibe des VW-Busses; Bremslichter spiegelten sich blutrot auf dem nassen Asphalt. Hyde hatte den VW-Bus in einer Hinterhofwerkstatt gemietet und sich dort auch den ölverschmierten grauen Overall geliehen, den er jetzt trug. Kurz vor 18 Uhr. Er wartete darauf, daß Wilkes das SIS-Büro am Opernring verließ. Der Bus parkte unter Bäumen neben den Straßenbahngleisen in unmittelbarer Nähe des Eingangs des Bürogebäudes. Hyde empfand eine im Grunde genommen angenehme Ungeduld, die ihrerseits

ein Beweis für zweckgerichtete Aktivität war. Seine Finger trommelten gegen das abgegriffene Lenkrad.
Wilkes würde ihm die Wahrheit sagen. Wilkes, der Mann, der den KGB auf dem Stephansplatz auf Hyde angesetzt hatte. Die zielbewußten Männer in den schweren Mänteln. Wilkes . . .
Der Erwartete trat aus der Tür, schlug seinen Mantelkragen hoch, sah nach links und rechts und überquerte den Gehsteig, um zu seinem geparkten Wagen zu gelangen. Hyde schluckte trocken, bevor er den Motor des VW-Busses anließ. Jetzt geht's los! dachte er unwillkürlich.
Wilkes' Audi ordnete sich in den Verkehrsstrom ein, und Hyde blieb an dritter Stelle hinter ihm. Fuhr Wilkes nach Hause in seine Wohnung? Würde er irgendwo einkehren, sich mit jemandem treffen? Für Hyde spielte das keine Rolle. Irgendwann würde der andere allein sein – und dann . . .
Hyde unterdrückte den plötzlich in ihm aufsteigenden Zorn. Bis zu dem Augenblick, in dem er hinter dem ahnungslosen Wilkes angefahren war, hatte er selbst nicht gewußt, wie stark sein Bedürfnis war, ihn in die Mangel zu nehmen und zum Sprechen zu bringen. Er war zu lange isoliert und in Gefahr gewesen. Wilkes sollte ihm für diese angsterfüllte, gehetzte, vergeudete Zeit büßen.
Wilkes bog vom Opernring in die Mariahilferstraße ab und folgte einer Straßenbahn, deren Stromabnehmer blaue Funken aus dem Fahrdraht zog. Rechts von Hyde ragte für einige Augenblicke die Hofburg auf, dann fuhren sie an der wuchtigen Eleganz des Kunsthistorischen Museums vorbei. Audi, Mercedes, Citroën, dann der VW-Bus. Hyde überlegte, ob er dichter zu Wilkes aufschließen sollte, um nicht an irgendeiner Ampel abgehängt zu werden. Aber er verzichtete dann doch darauf. Die Ampeln folgten so dicht aufeinander, daß er Wilkes auch dann im Auge behalten konnte, wenn er einmal bei Rot halten mußte. Hyde fand es beruhigend, selbst wieder aktiv sein zu können. Er würde hinter Wilkes bleiben! Der andere war dort vorn jenseits der Scheibenwischer und des vom Wind gepeitschten Regens.
Die Innenstadt Wiens veränderte sich. Die helle Schaufensterbeleuchtung moderner Läden warf Schlagschatten auf die Fassaden der alten Gebäude, deren Erdgeschosse sie besetzt hiel-

ten. Die Seitenstraßen wurden schmaler, die Verkehrsampeln seltener. Wilkes hatte bisher nicht versucht, schneller zu fahren oder abzubiegen. Er ahnte offenbar nicht, daß er beschattet wurde.

Der Citroën bog ab, und Hyde rückte weiter auf. Dann bog auch der Mercedes ab, so daß Hyde wieder auf Abstand achten mußte. Ein Renault überholte ihn und füllte die Lücke zwischen VW-Bus und Audi aus. Dann lag das schwarzglänzende Dach des Westbahnhofs vor Hyde, der hinter dem Audi in eine breite gepflasterte Straße abbog.

Zu seiner Überraschung wurde der Audi plötzlich langsamer. Hyde fuhr an ihm vorbei und hinderte seinen rechten Fuß bewußt daran, vom Gaspedal aufs Bremspedal überzuwechseln. Er sah angestrengt geradeaus, während er an Wilkes vorbeifuhr, und beobachtete im Rückspiegel, wie der Audi am Randstein hielt. Seine Scheinwerfer erloschen, so daß der Wagen nur noch als dunkler Umriß auszumachen war. Hyde hielt 60 oder 70 Meter weiter vor einem Zeitungs- und Tabakwarenkiosk im Erdgeschoß eines Wohngebäudes. Er kurbelte sein Fenster herunter, steckte den Kopf hinaus und beobachtete, wie Wilkes die Straße überquerte und auf ein hohes Eisentor zuging. Einer der Torflügel öffnete sich, und Wilkes verschwand.

Hyde kletterte aus dem VW-Bus und hastete zwischen Gegenverkehr über die Straße. Ein kindisches, dem Ernst des Augenblicks keineswegs angemessenes Gefühl, betrogen worden zu sein, beherrschte seine Überlegungen. Irgendwie waren die Rollen vertauscht worden: Wilkes war mit geheimnisvollen Absichten unterwegs und weigerte sich, seinen Part als gehetztes Opfer zu spielen. Ein Windstoß peitschte Hyde Regen ins Gesicht. Seine Hand griff kurz nach der Heckler & Koch unter seinem linken Arm, als verleihe ihm diese Berührung neue Kraft, neues Selbstbewußtsein.

Eine in das hohe Tor eingelassene Schriftrolle aus Schmiedeeisen verkündete: *Alter Fleischmarkt.* Durch die Gitterstäbe sah Hyde eine weite gepflasterte Fläche mit baufällig wirkenden Schuppen und Lagergebäuden, die sich in Regen und Dunkelheit verloren.

Er umfaßte das kalte, nasse Eisen des Tors mit einer Hand, während er mit der anderen die Pistole in eine Tasche seines

Overalls steckte. Dann horchte er angestrengt, ohne jedoch Schritte zu hören. Das Tor war nicht abgesperrt. Einer seiner Flügel ging knarrend auf, als Hyde sich dagegenlehnte. Er ließ ihn offen.
Der alte Fleischmarkt. Warum? Was hatte Wilkes um diese Zeit hier zu suchen?
Das Pflaster war von Pfützen und Rinnen durchzogen, so daß Hyde aufpassen mußte, wohin er trat. Er blieb stehen und wartete auf Licht, auf irgendeine Bewegung.
Nichts.
Seine Hand berührte erneut die Waffe in seiner Tasche. Dann setzte er sich wieder in Bewegung – vorwärts über das im Regen glänzende Pflaster. Fleischmarkt. Leer. Wilkes war in irgendeinem der Lagerhäuser verschwunden. Warum?
Auf der Pflasterstraße hinter Hyde rumpelte ein Lastwagen vorbei. Einer der Torflügel bewegte sich kreischend, als er von einem Windstoß getroffen wurde. Das waren die einzigen Geräusche.
Hyde bewegte sich nach links. Das Aufblitzen einer Taschenlampe . . .?
Vor sich erkannte er ein offenes, schief in den Angeln hängendes Tor. Seine Schuhe platschten durch eine Pfütze. Seine Hand berührte das feuchte Holz des Tors. Seine Ohren horchten voraus, ohne einen Laut zu hören. Folglich mußte er sich die Sache mit der Taschenlampe auch eingebildet haben.
Hyde schlüpfte lautlos durch das offene Tor ins modrige Innere des Lagerhauses. Er horchte erneut. Nichts. Er bewegte sich langsam und vorsichtig und streifte mit den Beinen Blecheimer oder große Büchsen. Eine vor ihm davonhuschende Ratte erschreckte ihn. Als sein Herzklopfen sich so weit gelegt hatte, daß er wieder gut hören konnte, war kein weiteres Geräusch wahrzunehmen. Hyde zog seine Taschenlampe so verstohlen wie eine Waffe aus seinem Overall. Im selben Augenblick lag seine bisher fast ignorierte Pistole in seiner rechten Hand.
Wo steckte Wilkes?
Er horchte nach draußen und rechnete beinahe damit, den Audi anspringen zu hören, weil Wilkes ihn abgeschüttelt hatte. Die weißgestrichenen Wände des Lagerhauses verschwammen im Dunkel.

Leer...?
Hyde schaltete die Taschenlampe ein und hielt sie dabei geradeaus nach vorn. In fünf Meter Entfernung starrte ihn ein riesiges Lenin-Porträt an. Dieser Anblick verblüffte ihn.
Lenin?
«Hallo, Patrick», hörte er Wilkes aus der Dunkelheit links neben sich sagen.
Hyde stand wie angewurzelt da.

3

Fürs Protokoll

«Hallo, Patrick», wiederholte Wilkes. Dann bewegte sich das Tor hinter Hyde. Es fiel krachend zu. Im nächsten Augenblick bildete Hyde sich ein, in der Dunkelheit Atemzüge zu hören. Seine Phantasie suggerierte ihm zwei, drei, vier Lungenpaare in seiner Nähe. Er *wußte*, daß sie dort waren. Er konnte nicht beurteilen, wie viele es waren, aber er spürte, daß er es mit einer Mehrzahl zu tun hatte. Sie bildeten eine Falle, die nun zugeschnappt war. «Okay, Patrick», fuhr Wilkes selbstbewußt, beinahe amüsiert fort, «laß die Pistole fallen. Keine Dummheiten, verstanden?»
Jetzt...!
Hydes Entschluß folgte eine scheinbar endlos lange Zehntelsekunde, in der sein Körper außerstande zu sein schien, sich aus seiner Erstarrung zu lösen. Dann erlosch die Taschenlampe, und er setzte sich mit einem Sprung in Bewegung, rollte sich ab und krachte gegen etwas, das auf ihn fiel und ihn nach Luft schnappend zurückließ. Taschenlampen flammten auf, Lichtfinger griffen nach ihm, und irgend jemand fluchte laut. Nicht Wilkes' Stimme. Hyde umklammerte einen eigenartig ausladenden länglichen Gegenstand. Eine Taschenlampe beleuchtete ihn, als er ihn wegstieß: ein Modell eines der Kremltürme.

Kreml . . .?
Er rollte sich zur Seite. Keine Schüsse, nur die Lichtfinger von Taschenlampen, die über den staubigen Fußboden des Lagerhauses glitten und nach ihm griffen. Hyde kroch auf Händen und Knien weiter. Jetzt bewegten sich auch die anderen – auf die Stelle zu, wo seine Taschenlampe geleuchtet hatte, wo er mit dem Modell zusammengeprallt war. Hyde wälzte sich unter einen niedrigen Ecktisch, preßte sich gegen die Wand und versuchte, möglichst lautlos zu arbeiten.
Schritte wie das Flüchten und Laufen von Ratten. Aufblitzende Taschenlampen, Befehle . . .
«Patrick?» fragte Wilkes in die nun folgende Stille hinein. Obwohl er nur flüsterte, war seine Stimme in der hohlen Akustik des Lagerhauses deutlich zu verstehen. «Ich finde, du solltest diese Sache als aussichtslos aufgeben, Patrick.» Eine kurze Pause. «Oh, zu deiner Information: Clint Eastwood hat hier einen Film gedreht. Du hast einen Teil der Kulissen, der Requisiten gesehen. Ein Spionagefilm. Sehr aufregend, soviel ich gehört habe.»
«Wo ist der verdammte Hauptschalter?» rief jemand.
«Im Büro!» knurrte Wilkes.
Irgend jemand stieß mit Eimern oder Büchsen zusammen, die über den gepflasterten Boden davonrollten. Während Hyde sich im Schutz dieses Lärms bewegte, hörte er den Mann halblaut fluchen.
Dann sprach Wilkes ihn erneut an. Seine Stimme verriet die heimliche Schadenfreude darüber, von Anfang an gewußt zu haben, daß Hyde den VW-Bus gefahren hatte, der ihn so hartnäckig verfolgt hatte. Wilkes hatte ihn wie einen Drachen hinter seinem Audi hergezogen.
«Sei doch vernünftig, Patrick – für dich gibt's keinen Ausweg mehr. In einer Minute brennt überall Licht. Dann sehen wir alle, mit wem wir's zu tun haben. Keine Dummheiten, verstanden?»
Hyde konnte sich nicht länger beherrschen.
«Was, zum Teufel, willst du von mir, Wilkes?» rief er, während er sich zugleich fast auf allen vieren weiter in die Tiefe des Lagerhauses bewegte. Mit dem Regen schien schwaches Mond-

licht durch eingeworfene Oberlichter im Dach über ihm zu tropfen. Irgendwas . . .?
Nichts.
Wilkes' Stimme verfolgte ihn, und Hyde hörte eine Bewegung vor sich. Er kauerte lautlos an der Wand.
«Wir haben unsere Anweisungen, Patrick», verkündete Wilkes leidenschaftslos. «Wir sollen dich notfalls außer Gefecht setzen.»
Hyde zitterte vor Anstrengung, Feuchtigkeit, Kälte und Entsetzen.
«Warum?» kreischte er beinahe. «*Warum?*»
«Das weißt du doch, Patrick! London sagt, daß du unter Verdacht stehst.» Wilkes' Stimme troff von Unaufrichtigkeit. «Tut mir leid, aber du bist unartig gewesen.» Dann rief er, als sei er sich doch noch nicht ganz sicher, wie die Sache ausgehen werde: «Wo bleibt das verdammte Licht?»
Hydes Hand umfaßte einen Stahlträger, den seine Augen widerstrebend nach oben verfolgten. Der Pfeiler wuchs wie ein Baum die weißgekalkte Wand hinauf. Bestandteil einer das Dach abfangenden Stützkonstruktion, irgendeine Verstärkung des ursprünglichen Holzbaus.
«Ich hab den Schaltkasten!» rief eine entfernte Stimme. «Sie brauchen nur zu sagen, wann ich Licht machen soll!»
Hydes zweite Hand, die zuvor die Pistole ins Schulterhalfter zurückgesteckt hatte, glitt fast gegen seinen Willen den Stützpfeiler hinauf. Dann folgte seine linke Hand, so daß er aufgerichtet und an die Wand gepreßt dastand. Rechte Hand an einem Griff, linker Fuß auf einem Tritt, linke Hand, rechter Fuß, rechte Hand . . .
Er kletterte an den unteren Querträgern vorbei zum Dach hinauf und machte dabei nicht viel mehr Geräusch als laufende Ratten. Vielleicht würden die Männer unter ihm deshalb nicht auf ihn achten. Der erste Querträger befand sich jetzt unter ihm, und schwaches Mondlicht ließ Hyde erkennen, was noch über ihm lag: der schwarze Balken des oberen Stahlträgers. Von dort aus waren es noch fast zwei Meter bis zu dem zersplitterten Oberlicht; auf diesem Weg kam er hier niemals raus . . .
«Alle in Deckung?» hörte er Wilkes fragen.

Die anderen antworteten, aber Hyde, dessen Gehörsinn durch sein angestrengt schlagendes Herz und seinen keuchenden Atem beeinträchtigt war, konnte keine Richtung feststellen. Die anderen schienen überall zu sein. Licht ...
Grellweißes, blendendes Licht. Hyde kroch über den Stahlträger, blieb einen Augenblick darauf liegen und richtete sich dann kauernd auf, während seine vor Anstrengung weißen Hände den kalten, nassen Stahl umklammerten. Er hockte wie ein lauerndes Tier da – aber aus seiner Haltung sprach Resignation und zugleich Unbeweglichkeit.
Hyde brauchte einige Sekunden, um zu erkennen, was passiert war. Die anderen konnten ihn nicht sehen, weil die an langen Drähten hängenden Lampen einen Lichtschleier zwischen ihm und dem Hallenboden erzeugten. *Er befand sich oberhalb der starken Lampen* ...
Regen sickerte durch das Oberlicht in seinen Nacken. Seine Arme und Schultern schmerzten bereits von der Anstrengung, die es ihn kostete, auf dem schmalen Stahlträger unbeweglich stillzuhalten. Wilkes war fast genau unter ihm. Ein Tier hätte sich in diesem Augenblick auf ihn gestürzt – ein Tier hätte eine vier- bis fünffache Unterlegenheit ignoriert.
«Patrick? Komm schon, Patrick ...» Wilkes bereute seine Tollkühnheit, bereute, daß er sich aus seiner Deckung ins grelle Lampenlicht gewagt hatte.
Hyde blickte nach oben. Einsfünfzig, einsachtzig, zwei Meter? Gezackte Glasränder, aber an einigen Stellen der glatte Holzrahmen – verfaultes, morsches Holz? Nur ein Sprung, ein Klimmzug. Oder noch warten ...?
Die anderen würden höchstens noch eine Minute lang verwirrt, überrascht, verunsichert und unschlüssig sein. Danach würden die rattenähnlichen Geräusche Gestalt, Identität und Zweck annehmen, und sobald sie den Hallenboden und die möglichen Verstecke zu ebener Erde abgesucht hatten, würden sie auch nach oben blicken und ihn entdecken.
Sieh nach oben!
Zwei Meter; ein dunkler nasser Fensterrahmen mit abblätternder Farbe; gezackte Glasränder; nirgends ein Halt für die Füße. Hyde konnte sich vorstellen, wie er sich am Rahmen hängend hochzog, wie er versuchte, ein Knie über den Rand zu bekom-

men, wie das Holz knarrte und Glassplitter auf den Hallenboden klirrten und wie die Pistolen der überrascht nach oben Blickenden auf seine strampelnden Beine zielten ...
Ein Schauder lief durch seine schmerzenden Arme und Schultern. Er veränderte seine Körperhaltung leicht und sah dann wieder nach unten. Aus den Schatten entlang der Wände tauchten drei Männer auf, denen Wilkes mit der Pistole in der Hand durch Zeichen Befehle gab. Einer von ihnen ging auf einen Stapel nasser Kartons zu, ein zweiter Mann verschwand im Hintergrund des langgestreckten Lagerhauses, und der dritte hatte offenbar den Auftrag, das ehemalige Büro zu durchsuchen.
Nun waren sie für einen Augenblick voneinander getrennt, um sich danach um so fester zusammenzuschließen ...
Jetzt ...
Kein Geräusch ...
Aufstehen.
Hände, die zögernd den Stahlträger losließen. Schenkel und Waden, deren Muskeln nur widerstrebend gehorchten. Hände frei, Finger gefühllos, schwer beweglich. Vor Anstrengung schmerzende Arme. Während des Aufrichtens zitternde Beine, das Dachflächenfenster nicht nahe genug. Weit in die Höhe gereckte Arme, Finger haltsuchend gekrümmt. Berührung – nicht genug. Strecken, berühren, festhalten. Stahlträger feucht; Fuß rutscht etwas aus. Holz – festes Holz. Zupacken!
Jetzt.
Hydes Armmuskeln zogen seinen scheinbar bleischweren Körper zu dem Dachfenster hinauf, durch das ihm Regen entgegenschlug. Seine verkrampften Arme schmerzten bei diesem Klimmzug so sehr, daß er beinahe laut aufgeschrien hätte. Dann schob sein Kopf sich langsam durchs Oberlicht in die windige Nacht hinaus, in der dunkle Wolkenfetzen in geringer Höhe über die Stadt hinwegjagten. Das Holz des Fensterrahmens knarrte laut, als Hyde sich hochstemmte und mit strampelnden Beinen ein Knie über den Rand brachte. Dann war er hindurch und hinterließ einen leeren Fensterrahmen – ein Loch, durch das ihn Wilkes' überraschter Schrei verfolgte.
Vor ihm fiel das Dach schräg ab. In seinen Fingern und Handflächen steckten schmerzende Holzsplitter. Unter Hyde wurden jetzt weitere Schreie laut; dann durchschlugen zwei

Schüsse das Wellblechdach in seiner Nähe, so daß er die Erschütterung in Händen und Knien spürte.
Schnell, schnell! drängte sein Verstand, der damit nur Wilkes' laute Befehle im Innern des Lagerhauses wiederholte. Hyde glitt das nasse, eiskalte Wellblechdach zur Dachrinne hinunter. Er streckte die Beine aus und bremste mit den Absätzen. Die Dachrinne ächzte vernehmlich und gab etwas nach, aber sie hielt ihn auf. Hyde legte sich einen Augenblick zurück, um zu horchen. Durcheinandergerenne, gebrüllte Befehle, Horchpausen – die Jagd. Er setzte sich auf und beugte sich über den schmalen Durchgang zwischen dem Lagerhaus, in dem er in die Falle geraten war, und dem benachbarten Gebäude. Menschenleer. Vier Meter ...?
Hyde rutschte auf dem Bauch liegend über die Dachrinne, klammerte sich daran und zuckte bei jedem Knarren und Quietschen, das sie von sich gab, zusammen. Er baumelte einen Augenblick an den Händen hängend: dann ließ er sich fallen.
«Hier!» brüllte jemand nur wenige Schritte von ihm entfernt. «Los, hierher!»
Unerfahren, teilte ihm sein Unterbewußtsein nüchtern mit. Der Mann ist langsam, unentschlossen, ängstlich. *Umlegen* ...
Hyde kauerte noch, hatte den Aufprall abgefedert und kämpfte nach der vorangegangenen Anstrengung und dem Trauma dieses Schocks, überraschend entdeckt worden zu sein, gegen eine vorübergehende Schwäche an. Trotzdem hatte er die Pistole mit nur geringfügiger Verzögerung in der Hand ... Umlegen ... Gefahr ... Falle schnappt zu. *Umlegen!*
Er drückte zweimal ab. Der Körper, zu dem die Stimme gehört hatte, der Körper, der Stimmbänder dazu veranlaßt hatte, um Hilfe zu rufen, wurde rückwärts gegen die Außenwand des Lagerhauses geworfen, rutschte in die Schatten an ihrem Fuß und büßte Form, Identität und Willen ein. Dann richtete Hyde sich auf und hetzte los.
Eingedrückte Sprossen eines glaslosen Fensters. Hyde zog sich zur Fensterbank hoch und trat gegen die morschen Holzleisten. Die Fenstersprossen brachen sofort und lösten sich in nasse Holzsplitter auf. Er zögerte einen Augenblick, auf der Fensterbank hockend, starrte in das dunkle, modrige Lagerhaus hinunter und sprang dann. In der nächsten Sekunde prallte er gegen

durchweichte Pappe, die unter seinem Gewicht nachgab, und rollte und purzelte durch einen Stapel Lattenkisten und Kartons.

Zurück kannst du nicht mehr, informierte ihn ein anderer Teil seines Gehirns. Die eiskalte Nüchternheit hatte vorübergehend fieberhafter, an Panik grenzender Nervosität Platz gemacht. Er hatte einen der eigenen Leute erschossen. Jetzt gehörte er nicht mehr zu ihnen, hatte keinerlei Rücksicht mehr zu erwarten . . . Kein Ausweg mehr. Alles vorbei. Du bist erledigt. So gut wie tot. In der feuchten Moderluft roch er seine vor kurzem abgefeuerte Pistole. Er steckte die Waffe mit dem noch warmen Lauf ein.

Hyde rappelte sich aus dem Kisten- und Kartonstapel auf und stolperte mit ausgestreckten Armen durch das Lagerhaus. Er hörte Schritte, dann Stille, dann einen Fluch. Damit war der Befehl, ihn auf der Stelle zu erschießen, präzise definiert und bestätigt. Nun bestand keine Aussicht mehr, daß sie ihn nicht umlegen würden, falls sie Gelegenheit dazu erhielten.

Tor . . .

In ein, zwei Minuten würden sie das auf die Straße hinausführende Tor bewachen, um ihn an der Flucht zu hindern. Der einzige Fluchtweg, von dem Hyde wußte, daß er nicht in eine Sackgasse führte, setzte die Benützung des Tors voraus, durch das er Wilkes gefolgt war. Vielleicht blieb ihm nur weniger als eine Minute Zeit.

Seine zu Krallen gekrümmten Finger stießen an die gegenüberliegende Mauer. Jetzt konnte er die schwache Reflexion der weißen Wand beinahe sehen. Richtung . . .? Vom Fenster her, in dessen Nähe die anderen über den Toten gebeugt sein mußten, drang kein Laut herein. Also zum Hallentor . . .?

Dieses Lagerhaus stand näher an der Straße als das andere; Hyde würde also nicht die Schußlinie seiner Verfolger kreuzen müssen und von Anfang an einen gewissen Vorsprung haben.

Er bewegte sich langsam und vorsichtig auf das Tor zu. Da seine Augen sich inzwischen an die Dunkelheit gewöhnt hatten, schienen die weißen Mauern schwach zu leuchten. Die Lagerhalle war bis auf den Stapel Verpackungsmaterial leer. Hyde erreichte das zweiflüglige Hallentor und tastete es in fliegender Eile wie ein Blinder ab. Etwa in Kopfhöhe war ein großer verrosteter Riegel vorgeschoben; darunter klaffte das schlecht schließende Tor eine Handbreit auseinander. Nur ein Riegel...

Hyde blieb horchend stehen. Sein Vorteil schmolz rasch zusammen. Er berührte den Riegel und versuchte ihn zurückzuziehen. Eisen quietschte und kratzte auf Eisen. Hyde ließ ihn los, als sei er elektrisch geladen, hielt die Luft an und riß dann kräftig daran. Der Riegel glitt geräuschvoll zurück, und Hyde stemmte den schief in den Angeln hängenden Torflügel auf.

Stimmen...?

Verkehrslärm, dann seine eigenen Schritte, die übers Pflaster und durch die Pfützen platschten. Weitere Schritte, dann der erste Schuß. Er begann Haken zu schlagen, rutschte einmal aus und blieb nur mühsam auf den Beinen. Die Gitterstäbe des Straßentors verschwammen vor ihm, aber im Licht der Straßenbeleuchtung war außerhalb der Einzäunung niemand zu erkennen. Hyde konnte nicht rechtzeitig bremsen, prallte gegen den geschlossenen Torflügel und quetschte sich durch die Lücke, die er beim Hereinkommen gelassen hatte. Ein Schuß traf eines der Tорornamente und surrte als Querschläger davon. Dann war er auf der breiten gepflasterten Straße, auf der eine Straßenbahn mit blauen Lichtblitzen, die ihm Hilfe zu versprechen schienen, heranklingelte. Hyde wich einem Auto aus und lief über die Straße auf die haltende Straßenbahn zu.

Eine uralte Frau stieg, von einer jüngeren Frau unterstützt, vor ihm ein. Hyde, dessen Atem stoßweise kam, beobachtete die beiden mit fieberhafter Ungeduld: linker Fuß, Stock, Hüftschwung, rechter Fuß, Schwanken, der Arm der Jüngeren als Stütze für die Greisin. Hyde erkannte eine Gestalt am Tor, dann wurde ein zweiter Schatten sichtbar. *Los, los, schneller*...

Die Alte verlagerte ihren Schwerpunkt wieder nach vorn, nahm erneut ihre gewohnte arthritisch gebeugte Körperhaltung ein und machte unsicher einen Schritt nach vorn. Die jüngere Frau stellte ihren linken Fuß auf die Plattform. Ein Mann – eine hochgewachsene Gestalt, nicht Wilkes – zeigte auf die Straßenbahn. *Los, beeilt euch!*

Hyde mußte die Zähne zusammenbeißen, um die Frauen nicht anzuschreien. Der große Mann kam über die Straße gerannt. Die jüngere Frau stand jetzt mit beiden Füßen auf der Platt-

form. Durch das beleuchtete Glas im rückwärtigen Teil des Wagens gesehen, schienen die beiden Gestalten sich wie Fische in einem Aquarium zu bewegen: schemenhafte schwarze Raubfische.
Drei Stufen, und die alte Frau hatte eben erst die unterste bewältigt.
Eine Falle, *eine Falle!*
Hyde sah sich verzweifelt um, erkannte, wie dumm er gewesen war, und verfluchte sein unüberlegtes Eingehen auf die erste Rettungsmöglichkeit, die sich ihm geboten hatte. In der Straßenbahn saß er in der Falle. Aber ihm blieb nichts anderes übrig, als sich in sie zu flüchten . . .
Er zwängte sich so behutsam wie möglich an den beiden Frauen vorbei, ignorierte die bösartige Verwunderung der Greisin und ging im Wagen nach hinten. Jetzt war er der Fisch in dem beleuchteten Aquarium. Er konnte bis zur Endstation fahren – seine Verfolger würden trotzdem zur Stelle sein, wenn der Wagen sich leerte. Sie hatten Zeit; sie konnten warten.
Er hätte niemals in die verdammte Straßenbahn einsteigen dürfen . . .!
Hyde stand vor der Mitteltür des Straßenbahnwagens und beobachtete die Fahrertür, durch die er eingestiegen war. Beide Türen waren offen. Wilkes' Gesicht, das einen triumphierenden und zugleich rachsüchtigen Ausdruck trug, tauchte hinter den beiden Frauen auf, die noch immer nicht saßen. Wo war der andere? Wilkes' Gesichtsausdruck versprach Hyde blutige Vergeltung: Er war bösartig, haßerfüllt und voll geheimer Vorfreude. Wo war . . .?
Wilkes' Lächeln wurde zu einem Grinsen. Der große Mann stand auf dem Gehsteig vor der Mitteltür. Hyde ließ die Schultern hängen. Der große Mann setzte einen Fuß auf die unterste Stufe, als wolle er einsteigen.
Der Straßenbahnfahrer wartete. Der große Mann trat wieder zurück. Er würde mit dem Auto hinterherfahren, nachdem er Hydes Flucht verhindert hatte. Der Fahrer gab sein Klingelzeichen, und die Tür begann sich zu schließen. Hyde war mit einem Satz hindurch, und der Lauf der Heckler & Koch traf die Stirn des großen Manns. Der andere torkelte durch den Schmerz und das plötzlich fließende Blut geblendet zurück.

In der beleuchteten Goldfischschale der Straßenbahn öffnete Wilkes den Mund wie ein Fisch. Hyde setzte mit einem Sprung über den zusammengebrochenen großen Mann hinweg, begann zu rennen und verschwand in einer schmalen, schlecht beleuchteten Seitenstraße, die vermutlich zum Westbahnhof, zu Lichtern und zu Menschenmassen führte.
Er rannte keuchend weiter. Das Geräusch der anfahrenden und gleich wieder bremsenden Straßenbahn verhallte hinter ihm. Er hörte keinen anspringenden Automotor oder die Schritte eines Verfolgers. Sein Vorsprung genügte.
Er rannte.

Peter Shelley konnte sich an viele Abende erinnern, an denen er aus den großen Fenstern seines Büros im Century House auf das lichterglänzende nächtliche London hinabgeblickt hatte. Die Themse schlängelte sich als dunkles Band zwischen einem zweigeteilten Lichtermeer dahin und schien Querstreifen zu tragen, wo sie von beleuchteten Brücken überspannt wurde. In letzter Zeit hatten seine letzten, widerstrebend angestellten und halb verschämten Überlegungen des Tages immer häufiger Kenneth Aubrey gegolten. Shelley blieb nichts anderes übrig, als sich als eine Art Verräter zu sehen. Er verdankte Aubrey alles – auch seine letzte und bedeutsamste Beförderung zum Leiter der Europaabteilung. Dieser Posten war als Station auf der bis zur SIS-Spitze führenden Karriereleiter anerkannt. Shelley fühlte sich moralisch verpflichtet, seine Dankesschuld Aubrey gegenüber abzutragen. Aber sobald er daran dachte, sah er vor seinem inneren Auge einen sonnigen Garten in Surrey, in dem seine Frau die Schaukel in Bewegung hielt, auf der seine kleine Tochter vor Vergnügen quietschte. Er war stets nur Beobachter dieser Szene: Er schien unter den Apfelbäumen wie ein Eindringling zu lauern, der diesen beiden ahnungslosen und geliebten Menschen etwas antun wollte.
Paul Massinger hatte finstere Andeutungen über eine Zusammenarbeit zwischen SIS und KGB gemacht, die Hyde behauptet hatte. Shelley hatte Vertrauen zu den beiden Männern und konnte ihre Aussagen nicht ignorieren. Aber Babbington stand jetzt mit Sir Williams Einverständnis an der Spitze von MI5 *und*

SIS, und Shelley befand sich in Gefahr – seine Familie war ebenso gefährdet wie seine Hypothek, seine Beförderung, seine Karriere und sein Ehrgeiz –, wenn er mehr als gar nichts tat. Er durfte nichts, überhaupt nichts tun.
Shelley wandte sich von der nächtlichen Aussicht auf die Stadt ab. Sein Blick fiel sofort auf das Telefon auf seinem Schreibtisch. Er hätte fast die rechte Hand aus der Hosentasche genommen, um nach dem Hörer zu greifen, zögerte dann jedoch, gab sich einen Ruck und nahm den Hörer ab. Shelley wählte eine auswärtige Nummer. Er hörte das Klingeln am anderen Ende und behielt die Tür im Auge, als fürchte er, bei einer strafbaren Handlung ertappt zu werden. Er *mußte* es ohne Rücksicht auf Verluste tun. Die Berechnung, der Egoismus, auf den er gehofft hatte, hatte sich nicht eingestellt. Er wußte, daß er Aubrey verpflichtet war. Er *mußte* ihm helfen . . .
Dann meldete seine Frau sich.
«Liebling . . .», begann er.
«Peter – wo bist du?» Dann klang ihre Stimme schärfer, als denke sie an ein verschobenes oder verdorbenes Abendessen. «Du bist doch nicht etwa noch im Büro?»
«Ja, leider. Mir ist was dazwischengekommen. Kannst du das Essen warmhalten?» fügte er hoffnungsvoll hinzu.
«Nein!» fauchte sie und fügte dann etwas ruhiger hinzu: «Oh, irgendwie wird's schon gehen. Ehrlich, Peter, du hast mir versprochen, heute ein bißchen früher zu kommen!»
«Ja, ich weiß», antwortete Shelley beruhigend. Er schluckte schuldbewußt. «Tut mir wirklich leid, Schatz. Aber ich brauche nicht mehr lange. Ich komme bis spätestens . . .» Er sah auf seine Armbanduhr – ein Geburtstagsgeschenk seiner Frau.
« . . . spätestens um acht. Okay?»
Sie seufzte. «Gut, aber möglichst nicht später.» Ihre Stimme klang wieder scharf, als fühle sie sich getäuscht, weil sie sich hatte beschwichtigen lassen. «*Bitte* nicht später», fügte sie sehr ironisch hinzu.
«Ich verspreche dir, daß ich . . .»
Aber seine Frau hatte bereits aufgelegt. Shelley legte widerstrebend den Hörer auf. Er war sich darüber im klaren, daß ihre Gereiztheit völlig gerechtfertigt war; sie erschien ihm bedauerlicher, als wenn sie liebevoller miteinander gesprochen hätten.

Er hatte sie bewußt getäuscht, was um so schlimmer war, weil sie keine ehrgeizige Frau war, die ihn antrieb, Karriere zu machen. Möglicherweise hätte sie ihn sogar in seinem Vorhaben bestärkt, Aubrey beizustehen und seine Dankesschuld zu begleichen. Dieses Wissen war fast unerträglich.
Er verließ rasch sein Büro, schloß hinter sich ab und ging zum Aufzug. Der Korridor war leer bis auf eine Putzfrau mit einem lärmenden Staubsauger. Sie sah nicht auf, als Shelley an ihr vorbeikam, als spiegele ihr Verhalten sein Schuldbewußtsein wider. Der Aufzug kam beinahe sofort, was ihn überraschte, und hielt dann erst wieder im Kellergeschoß mit der Zentralregistratur.
Shelley betrat einen hallenden Stahlbetonkorridor. Er zeigte dem wachhabenden Sicherheitsbeamten, der seinen Platz dem Aufzug gegenüber hatte, nur kurz seinen Ausweis. Der Mann nickte, lächelte sogar. Shelley war bekannt. Shelley gehörte zur Führungsspitze ...
Bekannt! sagte eine Stimme in seinem Inneren. Es war eine Kleinigkeit, auf Massingers Wunsch in der Zentralregistratur Informationen einzuholen. Und für andere war es ebenso einfach, sich daran zu erinnern, daß er hier unten gewesen war und welche Unterlagen er eingesehen hatte.
Eine zweite Kontrolle, dann öffnete sich eine automatische Tür, um ihn einzulassen.
Vor Shelley lag jetzt der langgestreckte Raum der Zentralregistratur, dessen Länge durch die Lichtbänder an der Decke nur noch betont wurde. Trotz der wirksamen Klimaanlage schien ihm feuchtkühler Modergeruch entgegenzuschlagen, der den Eindruck, am hinteren Ende eines Kirchenschiffs zu stehen, noch verstärkte. Die Beichtstühlen ähnlichen Kabinen standen an der linken Wand aufgereiht: jede mit einem Mikrofilmlesegerät und einer Benutzerstation für direkten Informationsaustausch mit dem Hauptcomputer. Normalerweise kam Shelley nur sehr selten hierher: Er schickte Mitarbeiter los, wenn er Akten, Lebensläufe oder sonstige Informationen brauchte. Vor Nervosität lief ihm jetzt ein kalter Schauer über den Rücken.
Die Zentralregistratur setzte sich in langen deckenhohen Metallregalen fort, in denen Hunderttausende von weniger wichtigen Akten standen, die noch aussortiert werden mußten,

um in den Computer eingegeben oder in den Reißwolf gesteckt zu werden. Um diese Zeit war das Kellergeschoß fast menschenleer. Shelley zeigte erneut seinen Ausweis vor, und der Aufsichtsbeamte deutete auf eine freie Kabine. Shelley hastete darauf zu wie ein Mann, der in einen Regenschauer geraten ist. Der Bildschirm in der Kabine war leer und mit einer dünnen Staubschicht bedeckt. Shelleys Finger berührten ihn widerstrebend. Er nahm davor Platz und schaltete das Gerät ein. Auf dem Bildschirm erschien sofort die Aufforderung, seine Benutzerkennung und Sicherheitsklassifikation einzugeben. Shelley zögerte mit den Händen über der Tastatur. Sobald er sein Benutzerkennzeichen eingegeben hatte, war seine Anfrage im Computer gespeichert. Wer sich dafür interessierte, bekam seinen Namen, das Datum und die von ihm angeforderten Unterlagen ausgedruckt. Shelley hatte sich eine Methode zurechtgelegt, mit der er seine Anfrage tarnen und auf Umwegen zu dem Wiener KGB-Residenten gelangen wollte. Er identifizierte sich rasch, und der Computer erteilte ihm Sekunden später die Genehmigung, mit seiner Anfrage fortzufahren.

Shelley hatte noch immer die Möglichkeit, sich nicht oder erst später mit einer bestimmten Akte, einem bestimmten Bereich zu identifizieren. Er räusperte sich: ein schwacher, trockener kleiner Laut.

Gartenschaukel, Tochter im Sonnenschein, blondes Haar im Gegenlicht ... Aubrey aufs Rad geflochten ... Hyde in Lebensgefahr ... *Zusammenarbeit, Komplizenschaft* ...

Wozu das alles? Wozu war er überhaupt hier? Der Pendlerzug steht bereit – steig ein, fahr nach Surrey heim! Hatte Massinger wirklich die Nerven, diese Sache durchzustehen? War nicht viel eher zu befürchten, daß er der Dumme sein würde, der mit heruntergelassener Hose erwischt wurde, wenn das Licht anging? Was hatte er überhaupt hier verloren?

Shelley war sich darüber im klaren, daß Massinger sich ins Geheimdienstleben zurückgezogen fühlte. Hinter seinen Bemühungen steckte nicht nur Freundschaft gegenüber Aubrey oder das Streben, der Wahrheit zum Sieg zu verhelfen. Ein weiterer Fixer, der nicht vom Geheimdienstleben loskommt – so hatte Hyde ihn einst Aubrey gegenüber bezeichnet, der bei dieser saloppen Ausdrucksweise mißbilligend die Stirn gerunzelt hatte.

Massinger, Hyde, vor allem Aubrey ... und er selbst. Fixer. Geheimnisse direkt in die Armvene; konzentriert, unverdünnt, wie Hyde gesagt hatte ...

Shelleys Finger flogen über die Tastatur, um seine Anfrage einzugeben. Als erstes die allgemeine Codebezeichnung: *Gäste*. Dann die genauere Identifizierung: *KGB*. Danach *London* und *Schlagmal*, um die sowjetische Botschaft zu bezeichnen. Zuletzt noch *Teammanager* zur Identifizierung des KGB-Residenten Pawel Koslow. Nun tippte Shelley die Anforderung nach einer zusammengefaßten Darstellung sämtlicher verfügbaren Informationen ein.

Der Bildschirm war einen Augenblick leer, bevor er damit begann, seine Informationen in einem grünen Wasserfall auszuspucken. Geburtsort und -datum, Eltern, Schulbildung, Studium, Ausbildung ... Shelley sah gleichmütig zu, wie Koslows Vergangenheit vor ihm aufgerollt wurde. Der Bildschirm füllte und leerte sich, füllte und leerte sich erneut und füllte sich zum drittenmal wie eine Glasschale mit grünem, leuchtendem Wasser.

Die Jahre flogen vorbei: Dienststellungen, Erfolge und Kontakte. Paris, Kairo, Bagdad, Washington ... Hinter jedem Ortsnamen war eine Codeziffer angegeben, mit der ausführliche Informationen über Koslows dortige Tätigkeit angefordert werden konnten.

Wien ...

Shelley sah auf seine Uhr, nachdem er den weiterlaufenden Text gestoppt hatte. Dann forderte er die komplette Akte Wien an. Das war eine kindische Vorsichtsmaßnahme; wer sich dafür interessierte, welche Informationen Shelley angefordert hatte, würde sich jedoch vielleicht mit der Frage nach dem Londoner KGB-Residenten zufriedengeben und nicht weiter nachforschen. Jetzt war er mit einem Sprung zur Seite bei den Unterlagen der Außenstelle Wien.

Wien während Pawel Koslows Dienstzeit als Stellvertretender KGB-Resident. Shelley wußte, daß Karel Bajew, der jetzige KGB-Resident in Wien, damals der Vorgesetzte Koslows und sein Freund gewesen war. Er gab dem Computer die Anforderung nach Koslows Biographie und Tätigkeitsbericht in Wien ein. Danach forderte er Informationen über Koslows Verhältnis

zu seinem Vorgesetzten an, um als nächstes Informationen über diesen Vorgesetzten zu verlangen.
Zuletzt forderte Shelley die neuesten Informationen über den Wiener KGB-Residenten unter dem Gesichtspunkt von Kontakten mit Koslow in den letzten Jahren an. Wienreisen des einen, Londonreisen des anderen, Begegnungen in verschiedenen Städten Osteuropas ...
Die Informationen füllten den Bildschirm, erloschen und erschienen erneut Zeile nach Zeile; keine dieser Angaben verriet jedoch, worauf Shelley gehofft hatte. Er ging zu den SIS-Überwachungsberichten über, die Koslow und den KGB-Residenten in Wien betrafen – bis hin zu dem langen Wochenende, das Koslow erst im vergangenen Herbst in Wien verbracht hatte.
Frauen – Profis? Hinweis auf frühere Berichte über dieselbe Frau? Ja! Regelmäßige Besuche durch den Wiener KGB-Residenten, eine langfristige, ausschließlich professionelle Verbindung. Die entsprechende Kennziffer war angegeben.
Shelley atmete aus und holte tief Luft. Wer ihm bis hierher folgte, konnte erraten, wonach er suchte. Wer seinen nächsten Schritt nachvollzog, mußte es *wissen* ...
Vielleicht war Shelley dann an Hydes und Massingers Tod schuld, denn er hatte gefunden, was sie brauchten, und wußte, was die beiden auf der Grundlage seiner Informationen in die Tat umsetzen würden: Massingers verrückten Plan.
Shelley forderte den Abschnitt Gesellschaftliche/sexuelle Kontakte aus der Akte des Wiener KGB-Residenten an und sah erneut auf seine Uhr. Seine nervöse Spannung führte eine Art Kurzschluß herbei, so daß er seine Frau, die darauf wartete, das Abendessen servieren zu können, und die 20.30 Uhr anzeigende Armbanduhr überlagert sah. Das war nicht weiter wichtig, aber es drückte seinen Wunsch aus, die Zentralregistratur verlassen, nach Hause fahren und seine Informationsbeschaffung einstellen zu können.
Dann erschienen die gewünschten Angaben auf dem Bildschirm. Name, Anschrift und Sicherheitsüberprüfung der Frau sowie die Begründung dafür, daß nicht versucht werden sollte, sie für eigene Zwecke anzuwerben. Der Wiener KGB-Resident suchte dieses «Modell» einmal in der Woche auf. Keine sonsti-

gen Bindungen, keine Möglichkeit, irgendwo einzuhaken. Honorar für jeden Besuch: 200 Dollar. Die Frau stellte ihm lediglich ihren Körper und ihre gespielte Leidenschaft zur Verfügung. Sogar ihr Sex war unkompliziert. Keine besonderen Vorlieben; keine Perversitäten. Sex ohne Besonderheiten, ohne die Gefahr, sich zu kompromittieren.

Shelley merkte sich die Adresse und weitere Einzelheiten, bevor er die Löschtaste drückte. Er mußte sich dazu zwingen, das Interesse des Computers wieder auf Pawel Koslow zu lenken. Seine Finger zitterten. Wahrscheinlich blieb dieser Bluff wirkungslos, aber vielleicht genügte er doch, um einen gelangweilten Beamten zu täuschen, der den Auftrag hatte, Shelley zu überwachen. Auf dem Bildschirm erschienen weitere Informationen über Koslows Verhältnis zu Bajew, bis dieser Abschnitt abgeschloßen war.

Shelley meldete sich ab und schaltete das Gerät aus. Er hatte zuletzt keine Zeile mehr gelesen, sondern einfach nur dagesessen, bis das Programm abgelaufen war: ein Mann, der aufs Ende eines Films wartete, den er bereits kannte und nicht sonderlich schätzte.

Als er dann aufstand, fühlte er sich verkrampft und ausgefroren. Er mußte sich dazu zwingen, am Schreibtisch des Aufsichtsbeamten vorbeizuschlendern, dem Mann einen Gruß zuzunicken und die beiden Kontrollen im Flur mit neutraler Miene und nonchalant in den Hosentaschen vergrabenen Händen zu passieren. Shelley fröstelte und unterdrückte einen beinahe fieberhaften Schauder, bis die Lifttüren sich hinter ihm geschlossen hatten.

Donnerstag. Übermorgen. Donnerstags besuchte der Wiener KGB-Resident sein Callgirl – ohne von einem Sicherheitsbeamten begleitet zu sein.

Donnerstag.

Shelley merkte, daß er sich beeilen mußte, wenn er seinen Zug noch erreichen wollte.

Eldon hatte die Geduld mit ihm verloren, aber Aubrey konnte trotzdem noch nicht einmal versuchen, die Situation unter Kontrolle zu bringen. Statt dessen mußte er seine Hände im

Schoß falten, um ihr Zittern zu verbergen. Er war schrecklich müde und hatte sich in einem Labyrinth aus Einsprüchen, ausweichenden Antworten und Verneinungen verirrt. Dabei wurde er ständig nervöser und unsicherer. Dies war der dritte Tag seiner Vernehmung durch Eldon – seiner «Einsatzbesprechung», wie die anderen das Verhör mit offenkundiger Ironie nannten –, und sie hatten nicht die Absicht, das Tempo zu verringern oder mehr Zeit anzusetzen. Er sollte möglichst schnell weichgemacht und dazu gebracht werden, alles zu gestehen, allem zuzustimmen, was man ihm vorlegte ...
Sie wollen ein Geständnis von dir, das ihre Anklagepunkte bestätigt! erinnerte Aubrey sich, während er Eldons finsteres, gutgeschnittenes Gesicht beobachtete. Ja, der Mann hatte die Geduld verloren; aber sein Zorn wirkte beherrscht und frisch, nicht hemdsärmelig und erschöpft. Das konnte nur gespielt sein, aber Aubrey hielt seine Reaktion für echt. Eldon war von seiner Schuld überzeugt und ärgerte sich nun darüber, daß der ihm gegenübersitzende alte Mann sich wand und log und Tatsachen leugnete. In den vergangenen Tagen hatte Aubrey Eldons gerechte Empörung leuchten gesehen. Der Colonel war in seiner Loyalität und Ehrlichkeit geradezu leidenschaftlich. Er haßte Verräter und war davon überzeugt, daß Aubrey zu dieser verächtlichen Spezies Mensch gehörte. Seine Leidenschaftlichkeit machte ihn zu dem gefährlichsten Gegner, auf den Aubrey hatte stoßen können, und bewies zugleich, wie geschickt Babbington seine Wahl getroffen hatte. Eldon war Aubrey selbst – aber jünger und stärker.
«Sir Kenneth», stellte er in knappem, gleichmäßigem Tonfall fest, der trotzdem beherrscht, zurückhaltend klang, «Sie haben zwei Tage lang gelogen und Ausflüchte gebraucht. Sie ignorieren Beweismaterial, das für Ihre Komplizenschaft spricht – Sie leugnen alles und beantworten nur die Ihnen genehmen Fragen.» Eldons Augen glitzerten, als Aubrey diese Feststellung mit einem ironischen Nicken bestätigte. «Tatsächlich», fuhr der Vernehmungsoffizier fort, «haben Sie keine Freunde oder Verbündeten – keinen einzigen ...» Aubrey merkte, daß Eldon seinen Zorn, der anfangs jäh aufgeflammt war, jetzt unter Kontrolle hatte und bewußt einsetzte. «Wir haben Ihre gestrigen

Telefongespräche natürlich abgehört.» Eldon gebrauchte ein Lächeln.
Diese Mitteilung überraschte Aubrey keineswegs, aber die Erinnerung daran lag wie ein schwerer Stein auf seiner Brust. Zunehmend verzweifelte Anrufe – alle am Nachmittag des Vortags. Der Griff nach Strohhalmen, nach Rettungsleinen, die dann doch nicht vorhanden gewesen waren. Außenministerium, Premierministeramt, das Vorzimmer des Premierministers. Überall war er abgewimmelt oder abgewiesen worden. Alle Chefs hatten sich verleugnen lassen. Nur Sir William Guest hatte seinen Anruf persönlich entgegengenommen. Allein diese Tatsache hätte Aubrey bereits mißtrauisch machen sollen. Aus dem Hörer waren Verachtung, Ablehnung und Widerwillen gedrungen: Sir William hatte sich ebenso von ihm losgesagt wie alle anderen.
Und das wußte dieser Mann, dieser gefährliche, clevere Mann, der ihm gegenübersaß. Eldon wußte davon, billigte die Reaktion der anderen und hielt es für seine Pflicht, Aubrey die Eingeständnisse abzuringen, die das gegen ihn vorliegende Beweismaterial bestätigen würden.
Er konnte Eldons Blick nicht länger erwidern und senkte den Kopf. Seine Füße scharrten unentschlossen auf dem Teppich: ein Signal, das Eldon natürlich nicht übersah. Aubrey fand seine Isolation erschreckend und sogar beängstigend. Die Gerissenheit, Cleverness und Vollständigkeit der Falle, in die der KGB – *Kapustin!* – ihn gelockt hatte, raubte ihm den Nerv.
«Diesmal ist's nicht ganz wie 1974, stimmt's, Sir Kenneth?» erkundigte Eldon sich scheinbar freundlich.
«Ich . . . das verstehe ich nicht!» stieß Aubrey überrascht hervor.
«Damals hätten wir Sie schnappen müssen», sagte Eldon und ballte seine auf dem Knie liegende Hand langsam zur Faust. «Wir müssen dicht davor gewesen sein, Sie zu enttarnen.»
«Wieso denn?»
«Ich rede von Bonn, verdammt noch mal!» knurrte Eldon, dessen ungeduldige Verachtung erneut durchbrach. «Im April 1974 – nach der Verhaftung Günther Guilleaumes. Erinnern Sie sich noch an die unangenehmen Begleitumstände?»
«Das sind haltlose Gerüchte gewesen!» protestierte Aubrey.
«Beweise haben gefehlt, aber genügend Leute haben daran

geglaubt. Irgend jemand aus Ihrer Organisation hat Guilleaume unmittelbar vor seiner Verhaftung durch die Deutschen zu warnen versucht. Davon habe ich mich damals durch eigene Ermittlungen überzeugt.»

«Sie haben keinem einzigen in Bonn stationierten SIS-Mitarbeiter etwas nachweisen können», antwortete Aubrey, der zugleich spürte, wie sein Selbstvertrauen weiter stark abbröckelte. Ein weiteres Schreckgespenst aus der Vergangenheit, mit dem er konfrontiert werden sollte. Tatsächlich hatte es damals Gerüchte gegeben, daß ein britischer Geheimdienstler den Kanzleramtsspion Guilleaume, der vom ostdeutschen Staatssicherheitsdienst in Willy Brandts Nähe eingeschleust worden war, vor seiner drohenden Verhaftung zu warnen versucht habe. Guilleaume war Bundeskanzler Brandts engster Mitarbeiter gewesen –, und seine Enttarnung hatte Brandts Sturz bewirkt. Eldon hatte damals zu dem MI5-Team gehört, das Ende April 1974 nach Bonn entsandt worden war, um den Gerüchten nachzugehen, daß ein britischer Doppelagent mit Guilleaume zusammengearbeitet habe. Allerdings hatte sich dabei nur gezeigt, daß Aubreys Leuten in Bonn nicht das geringste nachzuweisen war.

«Wir haben offenbar die Falschen unter die Lupe genommen, Sir Kenneth. Gegen Sie selbst ist damals nicht ermittelt worden.»

«Ja, das stimmt.»

«Offensichtlich ein entscheidender Fehler.»

«Das Ganze ist nie mehr als ein dummes Gerücht gewesen.»

«Wirklich?»

«Ich bin damals auf Wunsch von Bundesnachrichtendienst und Bundesamt für Verfassungsschutz in Bonn gewesen – aber das wissen Sie ja selbst. Die deutschen Sicherheitsbehörden befürchteten, die Fußballweltmeisterschaften mit dem Endspiel in München könnten mit einer ähnlichen Tragödie wie die Olympischen Spiele 1972 enden. Sie wollten eine Wiederholung solcher Vorfälle um jeden Preis verhindern. Deshalb sind in diesem Jahr Vertreter fast aller westlichen Nachrichtendienste als Berater in der Bundesrepublik gewesen.»

«Und das ist alles gewesen?» erkundigte Eldon sich nachdrücklich ironisch.

Aubrey nickte müde. «Mehr haben Ihre Ermittlungen damals auch nicht ergeben.» Er machte eine abwehrende Handbewegung. «Guilleaume ist längst wieder im Osten – wozu also die nachträglichen Vorwürfe? Lassen Sie das, Eldon. Ich versichre Ihnen, daß es in meiner Organisation keinen Doppelagenten gegeben hat, der Guilleaume vor seiner drohenden Verhaftung gewarnt hat.»

«Das ist eine Sache, die wir uns noch gründlich vornehmen werden – sehr gründlich!» warnte Eldon ihn.

«Wirklich?» meinte Aubrey verächtlich.

«Aber für heute wär's vielleicht besser, zu den Ereignissen des Jahres 1946 zurückzukehren ...»

Aubrey merkte, daß die Ereignisse des Jahres 1974 nur angeschnitten worden waren, um seine ohnehin bereits schwindende Widerstandskraft und Energie weiter aufzuzehren. Jetzt war der Vernehmungsoffizier bei seinem eigentlichen Thema angelangt: Berlin im Jahre 1946.

«Gut, wie Sie wollen, Eldon», antwortete er schließlich. Schräg ins Zimmer fallendes Sonnenlicht erfaßte in der Luft schwebende Staubpartikel und verwandelte sie in goldene Pünktchen. «Bitte weiter.»

Eldon nickte ironisch dankend. «Sie sind als der Alliierten Kontrollkommission unterstellter SIS-Mitarbeiter nach Berlin gekommen ... im April 1946, nicht wahr?» Der Colonel hatte eine kurze Pause gemacht, um in seinen Unterlagen zu blättern. Sein Aktenkoffer lag wie Aubreys Büchse der Pandora aufgeklappt auf dem Sofa neben ihm.

«Ganz recht.»

«Robert Castleford war damals vom Außenministerium in die Kommission abgeordnet und hatte keinerlei SIS-Kontakte?»

«Richtig. Er hat weder zu uns gehört, noch ist er von unserer Seite eingesetzt worden.» Aubrey schürzte nach den letzten Worten die Lippen, was Eldon sofort registrierte.

«Sie scheinen noch heute leicht geringschätzig von ihm zu sprechen, Sir Kenneth? Aber natürlich hat es damals von Anfang an Spannungen zwischen Ihnen und Robert Castleford gegeben, nicht wahr?» Er fuhr fort, ohne auf eine Antwort zu warten: «Sie wollten keinem ... Zivilisten unterstellt sein, stimmt's? Sie haben sich gegen jegliche Einmischung in Ihre Arbeit zur Wehr

gesetzt. Wegen Ihrer ziemlich hemdsärmeligen Methoden hat es mehr als einmal Krach mit Castleford gegeben. Für Ihre Auseinandersetzungen mit ihm gibt es genügend Zeugen.»
«Ja, ich habe ihm gelegentlich widersprochen ... Angesichts meiner jetzigen Lage läßt mein damaliges Mißtrauen ihm gegenüber eigentlich auf bemerkenswerten Weitblick schließen.»
Eldon verzog keine Miene. Aubreys Versuch, nonchalant zu wirken, irritierte ihn.
«Sie haben Robert Castleford von Anfang an nicht leiden können?»
«Nein, ich ...»
«Sir Kenneth», unterbrach der andere ihn boshaft ironisch, «auch dafür gibt's mehr als genug Zeugen. Später hat es weitere Komplikationen gegeben, aber Ihre Antipathie Castleford gegenüber ist sämtlichen Kollegen vom ersten Augenblick an aufgefallen. Sie haben sich immer wieder über die Art und Weise beschwert, wie zivile Dienststellen sich anmaßten, Ihre in Ihren Augen wichtigere Geheimdiensttätigkeit zu behindern und zu reglementieren. Ihre Arbeit ist Ihnen damals offenbar wichtiger erschienen als die riesige Aufgabe, Deutschland wieder auf die Beine zu helfen. Sie haben es wohl für wichtiger gehalten, ehemalige Nazis aufzuspüren und die Pläne der Russen zu durchkreuzen, als Deutschland wiederaufzubauen?»
«Wenn Sie meinen ...»
Aubrey faltete seine Hände noch fester und wich Eldons Blick aus. Vor seinem inneren Auge hatte er den toten Castleford soeben in einer schrecklichen Nahaufnahme gesehen: seine blauen Augen, die starr und glasig wurden, und der Kopf, der zurückzusinken begann. Der Schußknall hallte in Aubreys Ohren wider. Als sein Blick auf den Teppich vor seinen Füßen fiel, sah er den Toten dort ausgestreckt liegen – so deutlich, daß er fürchtete, Eldon werde ihn ebenfalls sehen: Castleford mit durchschossener Schläfe, aus der Blut auf seine weiße Hemdbrust getropft war. Aubrey schüttelte den Kopf und brachte das Bild dadurch zum Verschwinden.
«Irgendwas nicht in Ordnung, Sir Kenneth?» fragte Eldon.
«Müdigkeit», stieß Aubrey hervor.
«In Berlin wollten Sie von Anfang an Ihre ehrgeizigen eigenen

Ziele verwirklichen», fuhr der andere fort. «Sie waren dabei, Karriere zu machen, und wollten sich von keinem Außenstehenden in Ihre Arbeit dreinreden lassen. Aus Ihrem Ehrgeiz heraus waren Sie nicht einmal bereit, ein hochrangiges Kommissionsmitglied wie Castleford zu tolerieren, wenn es sich in Ihre Arbeit einmischte.» Das alles waren Feststellungen, keine Fragen. Eldon war offensichtlich davon überzeugt, lediglich Fakten aufzuzählen.

«Wenn Sie meinen . . .», antwortete Aubrey müde.

«Sie haben innerhalb weniger Wochen nach Ihrer Ankunft in Berlin mit dem Aufbau eines eigenen Spionagerings begonnen, nicht wahr?»

«Ja.»

«Um damit Ihre Überlegenheit über Ihre SIS-Kollegen zu beweisen? Oder haben Sie die dortigen SIS-Aktivitäten verantwortlich geleitet?»

«Selbstverständlich nicht!» knurrte Aubrey.

«Warum haben Sie sich dann so anmaßend verhalten?» wollte Eldon wissen. «Gegenüber dienstälteren und erfahreneren Kollegen», fügte er finster hinzu.

«Weil ihre Spionageringe längst in völlige Erstarrung verfallen waren! Die meisten von ihnen stammten noch aus der ersten Besatzungszeit. Wir bekamen immer weniger Informationen, schnappten immer weniger Nazis, hatten kaum Zugang zum russischen Sektor und . . .»

«Soll das heißen, daß Sie die Patentlösungen zu bieten hatten – *nur* Sie, sonst niemand?»

«Nein, so war's nicht! Lediglich eine neue Betrachtungsweise und neue Verbindungen.» Aubrey sah zu Eldon hinüber. Auf dem Teppich lag jetzt nur Sonnenlicht. «Sie wissen doch bestimmt selbst, wie Organisationen zur Nachrichtenbeschaffung allmählich erstarren können?»

«Vielleicht. Aber Sie haben auf keine Gefühle, keinen Stolz anderer Rücksicht genommen, während Sie Ihren neuen Anlauf genommen haben. Damals haben Sie sich in Geheimdienstkreisen herzlich unbeliebt gemacht.»

Aubrey zuckte mit den Schultern. «Wir hatten den ganzen Sommer lang Angst, die Russen könnten eine Art Blockade Berlins versuchen – wir mußten mit allen nur möglichen

Methoden herauszubekommen versuchen, was sie vorhatten. Tatsächlich haben sie ihr Vorhaben dann um zwei Jahre verschoben und erst 1948 verwirklicht.»
«Und Ihre neuen Spionageringe sind erfolgreich gewesen?»
«Nicht sofort. Aber die Erfolge haben sich allmählich eingestellt.»
«Castleford hat in zahlreichen Fällen gegen Ihre hemdsärmeligen, manchmal sogar illegalen Methoden im Umgang mit Deutschen protestiert, nicht wahr?»
«Ja, das hat er getan», seufzte Aubrey. «In einigen Fällen hat er mich sogar . . .»
«Er hat Sie wegen Ihres *Übereifers* verwarnt, stimmt's? Zum Beispiel, weil Sie Deutsche ohne Haftbefehl verhaftet und festgehalten hatten – oder weil Sie Deutsche erpreßt hatten, um sie zur Zusammenarbeit mit Ihnen zu zwingen? Bestechung, Lieferung von Schwarzmarktwaren für Gefälligkeiten und Informationen. Castleford hat gegen die meisten Ihrer Methoden nachdrücklich protestiert, nicht wahr?»
«Ja, das hat er getan.»
«Und er hat damit die Antipathie zwischen Ihnen noch verstärkt?»
«Natürlich! Er . . . er hat mir bei jeder sich bietenden Gelegenheit Knüppel zwischen die Beine geworfen. Ich habe nach Nazis und Sowjetagenten gefahndet, die als Flüchtlinge, Staatenlose und sogar deutsche Soldaten getarnt in die Westsektoren der Stadt gekommen und in die Tri-Zone weitergereist sind. Für freundliche Rücksichtnahme auf die Empfindungen einzelner war dabei keine Zeit.»
Eldon schob verächtlich die Unterlippe vor. «Vielleicht hat Castleford geglaubt, im Sommer 1946 sei der Krieg allmählich vorbei?» erkundigte er sich ironisch.
«Vielleicht. Wir haben uns einfach nicht über die Prioritäten einigen können.»
«Sie sind im Dezember 1946 im russischen Sektor von Berlin vom NKWD geschnappt worden?»
«Ja.»
«Weshalb sind Sie drüben gewesen?»
Aubrey zögerte sekundenlang. Bleib bei deiner ursprünglichen Darstellung! ermahnte er sich. Eldon kennt deine damalige

Aussage. Erzähl ihm, was er zu hören erwartet. «Ich bin einem Mann auf der Fährte gewesen – einem möglichen Doppelagenten in einem der neuen Spionageringe», antwortete er. «Kein spektakuläres Unternehmen. Der Doppelagent hat offenbar gewußt, daß ich kommen würde, und seine wahre Loyalität dadurch bewiesen, daß er mich an den NKWD verraten hat.»
Aubrey lehnte sich in seinen Sessel zurück. Der Sonnenschein auf dem Teppich hatte die runden Kappen seiner altmodischen schwarzen Schuhe erreicht und umspülte sie jetzt wie Wasser. Eine scheußliche Vision, in der er sich selbst als alten Mann sah, der am Strand im Liegestuhl eingeschlafen ist, ohne die hereinkommende Flut zu bemerken, drängte sich ihm auf. Aubrey schüttelte sie mühsam ab.
«Sie sind natürlich verhört worden?»
«Ja – drei oder vier Tage lang.»
«Und entlassen worden?»
«Mir ist die Flucht gelungen.»
«Während Ihres Verhörs – das bestimmt nicht gerade sanft gewesen ist –, haben Sie den NKWD Informationen geliefert.»
«Nein, das habe ich nicht getan.» Aubrey war plötzlich zu erschöpft und niedergeschlagen, um energisch protestieren zu können.
«Doch, das haben Sie getan!»
Aubrey, der den erwartungsvollen Unterton in Eldons Stimme hörte, der auf eine Überraschung hinwies, kniff die Augen zusammen und machte sich auf einen Nackenschlag gefaßt. Was ...?
«Wie meinen Sie das?»
«Castleford ist an genau dem Tag verschwunden, an dem Sie in den britischen Sektor *flüchten* konnten», stellte Eldon fest. «Danach hat ihn kein Mensch mehr gesehen. Er ist spurlos verschwunden gewesen, als habe er sich in Luft aufgelöst. Seine sterblichen Überreste sind erst 1951 beim Ausschachten der Fundamente eines neuen Bürogebäudes aufgefunden und schließlich durch einen Ring, sein Zahnschema und die Spuren einer Schienbeinfraktur identifiziert worden. Erinnern Sie sich noch daran, Sir Kenneth?»
Aubrey gelang es nicht, ein Erschaudern zu unterdrücken. «Sein Schädel wies ein Einschußloch auf. Die sterblichen Über-

reste wurden in die Heimat überführt und dort mit allen Ehren beigesetzt. Und damit war die Geschichte zu Ende – sie *war* zu Ende . . .»

«War?» Der Totenschädel grinste Aubrey vom Teppich herauf an; er lag dort, wo zuvor das Gesicht des Toten zu sehen gewesen war. Aubreys Hände zitterten.

«Wir wissen jetzt, was damals passiert ist.»

«Tatsächlich?»

«Darf ich Sie bitten, das hier zu lesen, Sir Kenneth?»

Eldon nahm mehrere Vergrößerungen aus seinem Aktenkoffer und gab sie Aubrey, der mit dunklen Vorahnungen nur widerstrebend nach ihnen griff.

«Wollen Sie mir als erstes bestätigen, daß das Ihre Unterschrift ist, Sir Kenneth?» forderte Eldon ihn auf.

Aubrey warf einen Blick auf die letzte Vergrößerung. Welches Schriftstück war hier abfotografiert worden? Jedenfalls ein alter russischer Text . . . ja, das war seine Handschrift, seine Unterschrift. Er blätterte rasch zurück, überflog den verblaßten russischen Text mit den zum Teil schiefstehenden Buchstaben und zahlreichen Rechtschreibfehlern. Frage, Antwort, Frage, Antwort, Frage, Antwort . . .

Das Protokoll seines Verhörs durch den NKWD, das er angeblich aus freien Stücken unterzeichnet hatte, damit es vor Gericht gegen ihn verwendet werden konnte.

Fälschung, *Fälschung!*

«Das ist Ihre Unterschrift, nicht wahr?» stieß Eldon nach.

«Was Sie hier sehen, ist ein Teil der Akte *Träne*, die wir unseren Freunden in Washington verdanken. Daß Ihre Unterschrift echt ist, haben unsere Graphologen bestätigt. Falls Ihr Russisch noch so gut ist wie früher, werden Sie sehen, daß aus dem Protokoll hervorgeht, daß Sie dem Vernehmungsoffizier Castlefords Namen und damalige Adresse angegeben haben.»

Aubrey hob den Kopf. «Eine eindeutige Fälschung», brachte er mühsam heraus.

«Aha! Sie werden außerdem feststellen, daß Sie angegeben haben, Castleford sei der eigentliche Leiter Ihrer Spionageringe, während Sie nur ein kleiner SIS-Mitarbeiter seien. Sie haben dem NKWD freiwillig den Tip gegeben, es sei für sie äußerst wichtig, Castleford auszuschalten. Sie haben ihn als

Ihren Vorgesetzten hingestellt und so überzeugend gelogen, daß der NKWD Robert Castleford als britischen Geheimagenten hat ermorden lassen!» Eldon räusperte sich und fügte dann ruhiger hinzu: «Nachdem Sie Castleford verraten hatten, haben Sie sich auch dazu entschlossen, zum NKWD überzuwechseln und ein sowjetischer Agent zu werden!»
Aubrey war wie gelähmt. Er brachte keinen Ton heraus.
Jetzt hatten sie ihn.

Das Telefon klingelte, und Massinger griff hastig nach dem Hörer. Ros' mollige Hand hatte ebenfalls danach greifen wollen, aber dann trat die Vermieterin einen Schritt zur Seite, als wolle sie nichts mit dem bevorstehenden Gespräch zu tun haben. Sie drückte die Schildpattkatze an ihren üppigen Busen.
«Ja?»
«Massinger?»
«Ja.» Das war Hyde. Er spürte, wie Erleichterung ihn durchflutete. Auf der Fahrt zu Philbeach Gardens war er seiner Meinung nach nicht beschattet worden, aber er fragte sich, wie kompetent er auf diesem Gebiet noch war. Er hatte diese alten Fähigkeiten schon so lange nicht mehr gebraucht, daß er keineswegs mehr dafür garantieren konnte, daß er sie noch besaß.
Hyde sprach offenbar von einer Telefonzelle aus, aber im Hintergrund war Musik zu hören, die Massinger zu identifizieren versuchte. Ein Streichquartett – Mozart? «Wo sind Sie?» erkundigte er sich. «In Sicherheit?»
«Mit knapper Not. Die anderen schließen auf. Ich bin in einer Kammermusikmatinee. Dort vermutet kein Mensch einen ungebildeten Australier wie mich.»
«Meiden Sie die Straßen?»
«Ja – und alle Bahnhöfe und Busbahnhöfe. Gestern abend ist's verdammt knapp gewesen.»
«Wie knapp?»
«*Sehr* knapp. Um Haaresbreite.»
«Aber Ihnen fehlt nichts?»
«Ich bin nach wie vor einsatzfähig, falls Sie das meinen. Aber

das kann nicht mehr lange gutgehen. Die Außenstelle Wien hat gestern abend wieder versucht, mich umzulegen.»
«Mein Gott, wissen Sie das bestimmt? Entschuldigung, natürlich wissen Sie das. Ich ... ich muß nach Wien kommen. Ich treffe mich anschließend mit Shelley. Er hat hoffentlich ein paar nützliche Informationen für mich. Morgen. Ich komme morgen an.»
«Gut, nehmen Sie sich ein Zimmer im Inter-Continental.»
«Sonst noch irgend etwas, das ich wissen müßte?»
«Nein ...», antwortete Hyde zögernd.
«*Irgendwas?*» fragte Massinger scharf.
«Hören Sie, letzte Nacht hab ich einen von ihnen erschießen müssen. Einen von *unseren* Leuten.»
«Verdammt noch mal!»
«Ich hab' keine andere Wahl gehabt.»
«Ja, ich verstehe.» Massinger machte eine Pause. «Ich habe eine Fotokopie der Akte über Aubrey – sieht wirklich schlecht für ihn aus.»
«Für mich sieht's noch viel schlechter aus, Sportsfreund!»
«Ja, ich weiß. Ich habe einen Plan, mit dem wir vielleicht das Blatt wenden können. In Wien ...»
«Großer Gott, Mann, ich will hier schnellstens raus!»
«Ich bringe Ihnen die nötigen Papiere mit, Hyde. Aber vielleicht können Sie Wien nicht sofort verlassen.»
«Scheiße! Ich ...»
«Hören Sie, diese Sache ist so *groß*, Hyde, daß wir möglicherweise größere Risiken als je zuvor eingehen müssen, wenn wir Aubrey helfen wollen. Haben Sie das verstanden?»
Die Leitung blieb stumm.
«Hyde? Sind Sie noch da, Mann?»
«Klar. Sie brauchen nicht gleich nervös zu werden. Beeilen Sie sich lieber!»
«Okay, dann bis morgen.»
Aubreys Unterschrift unter einem rückhaltlosen Geständnis, durch das er Castleford ans Messer geliefert hatte. Sekundenlang stand dieses Schriftstück, das Massinger in seinem Club gelesen hatte – damit Margaret nicht wußte, womit er beschäftigt war –, ihm deutlich vor Augen. Aubreys Geständnis hatte ihm den Atem verschlagen und mindestens zehn Minuten lang

die Fähigkeit genommen, an eine Fälschung zu glauben. «Bis morgen», wiederholte er. «Im Hotel Inter-Continental.»
Hyde atmete hörbar erleichtert auf.
«Gut, bis morgen.»
Die Verbindung wurde unterbrochen, und das Telefon summte. Massinger legte langsam den Hörer auf, ohne zu merken, daß er nicht allein im Zimmer war – daß er überhaupt in einem fremden Zimmer war.
«Alles in Ordnung?» fragte Ros.
«Hmmm ... was?» Massinger sah zu ihr auf. «Ja, natürlich – zumindest vorläufig.»
«Können Sie ihm helfen?»
«Ich nehme es an.»
Ros beherrschte sich noch einige Sekunden lang; danach ließ ihr Gesichtsausdruck nackte Angst erkennen. «Dann tun Sie's doch um Gottes willen!» heulte sie los.

Massinger kehrte der scharfen, grausamen – und jetzt so personalisierten – Satire von Hogarths *Mariage à la mode* den Rücken zu. Sein Blick begegnete den zeitlosen Blicken von *Mr. and Mrs. Robert Andrews*, deren ruhige Selbstsicherheit er sekundenlang beneidete, bevor er sich auf Constables *Salisbury Cathedral* in Weiß, Grün und Blau – Farben einer Unschuld, die er nicht für sich in Anspruch nehmen konnte – konzentrierte. Raum XVI der National Gallery war still bis auf das Gemurmel einer Klasse von Schulkindern, die eine Lehrerin durch Teile ihres ungeliebten Kulturerbes führte.
Shelley und er standen nebeneinander: wegen ihrer identischen dunklen Mäntel fast wie Karikaturen wirkend.
«Als erstes Hydes neue Papiere», sagte Shelley. «Sie sind sorgfältig überprüft und müßten ein paar Tage lang zu brauchen sein – vielleicht sogar länger.» Er gab Massinger ein kleines flaches Päckchen, das der Amerikaner hastig in die Innentasche seines Mantels steckte. Er kam sich vor, als sei er damit endgültig in irgendeine subversive Organisation eingetreten. Shelley war blaß, sorgenvoll und übermüdet. «Noch etwas», fuhr er fort, «zwischen Hydes Papieren liegt eine neuere Aufnahme des Wiener KGB-Residenten, der übrigens Karel Bajew heißt.»

«Danke, Peter. Ich habe mit Hyde gesprochen.»
«Wie geht's ihm?»
«Er hat in Wien einen Ihrer Leute erschossen.»
«Um Himmels willen!»
«Er hatte keine andere Wahl.»
«Oh. Sind sie ihm so dicht auf den Fersen?»
«Er kann nicht mehr lange durchhalten.»
«Wir brauchen Hydes Aussage.»
«Richtig! Aber sie allein genügt nicht. Wir brauchen *alles.*»
«Ja, ich weiß», bestätigte Shelley trübselig.
«Was haben Sie also für mich? Gehen wir lieber weiter?»
Sie begannen einen langsamen Rundgang durch den Raum. Von Gainsborough und Reynolds gemalte Porträts: zufriedene, aristokratische Gesichter aus dem 18. Jahrhundert. Ihre Selbstsicherheit irritierte Massinger, wenn sein Blick auf sie fiel, während Shelley ihm über seine Nachforschungen im Zentralregister berichtete. Massinger nickte gelegentlich und prägte sich alle Einzelheiten ein. Die Schulkinder verließen den Raum; Shelley paßte seine ohnehin nur halblaute Stimme der nun herrschenden Stille an. Das Parkett knarrte unter den Schuhen eines der Aufseher.
Dann war Shelley mit seinen Ausführungen am Ende.
« . . . *falls* Sie's damit riskieren wollen, ist Cass ein guter Mann mit Pentathol. Er kann morgen nachmittag in Wien sein. Denken Sie bitte daran, daß Sie leicht Fehler machen können, wenn Sie das Verfahren nicht hundertprozentig beherrschen. Unter Umständen schließt sich die Auster dadurch um so fester. Die ganze Sache ist sehr riskant, Professor.»
«Ja, ich weiß.»
«Und Sie trauen sie sich trotzdem zu? Warum holen Sie nicht einfach nur Hyde raus?»
Massinger schüttelte nachdrücklich den Kopf. «Nein, Peter, das muß durchgestanden werden. In verzweifelter Lage helfen nur verzweifelte Mittel. Wir müssen wissen, was hinter dem Ganzen steckt. Die Außenstelle Wien arbeitet für Leute außerhalb Ihrer Organisation. Hyde hat recht, wenn er von Zusammenarbeit mit dem KGB spricht. Wir können Freund und Feind nicht voneinander unterscheiden. Wir wissen nicht einmal, ob wir überhaupt Freunde haben.»

Shelley zuckte mit den Schultern. «Gut, dann müssen Sie das Vertrauen dieses Mannes gewinnen. Pawel Koslow ist sein bester Freund. Sie sprechen Russisch, Professor – Sie kennen Koslow. Wenn Sie mit dem Wiener KGB-Residenten sprechen, nachdem er eine Pentatholspritze bekommen hat, müssen Sie Koslow *sein.*» Das verkündete Shelley, als wolle er seinen Begleiter damit auf die Probe stellen.
Massinger nickte langsam. «Ja, ich verstehe. Wenn's also sein muß . . .»
«Aber können Sie das auch?» erkundigte Shelley sich aufgebracht.
«Ich muß wohl, nicht wahr?» Massinger lächelte humorlos. «Hören Sie auf, sich Sorgen zu machen, Peter. Dies ist unsere einzige Chance, stimmt's?»
«Glauben Sie, daß der KGB tatsächlich versucht, einen seiner ‹Kartenhaus›-Pläne zu verwirklichen?»
«Die Wirkung wäre jedenfalls die gleiche, wenn die Russen damit Erfolg hätten», antwortete Massinger. «Sie könnten Ihre Organisation in völlige Verwirrung stürzen und auf allen Ebenen Auseinandersetzungen provozieren – das wäre möglich, vermute ich. Aber dahinter kann auch ein Rachefeldzug gegen Aubrey stecken.»
«Aber unsere Leute helfen den Russen dabei!»
«Um so schlimmer! Deshalb muß ich mit Erfolg Pawel Koslow spielen. Deshalb muß ich den KGB-Residenten zum Sprechen bringen.»
«Könnten wir unsere Beweise nicht dem Geheimdienstausschuß vorlegen? Vielleicht gemeinsam mit Hyde?»
«Davor bin ich bereits gewarnt worden.»
«Wie steht's mit Sir William?»
«Sir William hat mich davor gewarnt. Kein Mensch würde uns glauben, Peter. Nur Aubreys alte Freunde und Kollegen. Natürlich befangen. Nein, wir müssen vollendete Tatsachen schaffen, sonst haben wir keine Chance.» Massinger starrte Turners *Sun Rising in a Mist* an, vor dem sie stehengeblieben waren. «Gehen wir lieber weiter, Peter. Dieses Bild ist mir ein bißchen unheimlich.»
«Sie haben sich einen verrückten Plan zurechtgelegt, Professor, der . . .»

«Ich weiß, daß er verrückt ist. Aber falls es uns gelingt, wenigstens einen Teil der Wahrheit auf Band aufzunehmen, können wir zu Sir William oder sogar dem Premierminister gehen und ihnen zeigen, was für brave kleine Jungs wir zu ihrem Besten gewesen sind.» Sein Lächeln war ironisch und grimmig zugleich. «Das ist die einzige Möglichkeit, Peter. Wir müssen *Beweise* vorlegen können.»

Massinger kam sich zwischen den riesigen Renaissancegemälden, zwischen denen sie sich zur Haupttreppe bewegten, beinahe zwergenhaft vor.

«Was kann ich tun, während Sie in Wien sind?» fragte Shelley, als brauche er eine Art Selbstbestätigung zwischen den riesigen Gemälden.

«Überprüfen Sie die Außenstelle Wien. Wir müssen wissen, was dort alles faul ist – und ob es anderswo ähnlich aussieht.»

Peter Shelley nickte. Er schien erleichtert zu sein, seitdem er jetzt eine Aufgabe hatte; er wirkte auch erleichtert, weil er einen Befehl ausführen konnte. Massinger war für ihn eine Art Ersatz für Aubrey. Die Last dieser Erkenntnis lag schwer auf Massingers Schultern, und er fühlte sich alt, ziemlich müde und sehr widerwillig. Vor ihm lagen Gefahr, Ungewißheit und vielleicht ein unbefriedigendes Ergebnis. Mehr als diese professionellen Risiken bedrückte ihn jedoch der Gedanke an seine Frau. Während er sie sich vorzustellen versuchte, wirkte sie körperlos und schien soeben verschwinden zu wollen wie seine eigene verlockende, betrogene Eurydike. Sie würde ihm niemals verzeihen, wenn sie auch nur andeutungsweise erfuhr, was er vorhatte. Sie würde nicht bei ihm bleiben; sie würde ihn verlassen und niemals zurückkehren. Davon war er so fest überzeugt, daß ihm diese Gewißheit stechende Brustschmerzen bereitete.

Er würde ihr erzählen, der Master eines Cambridger Colleges – ein ehemaliger akademischer Rivale, der längst sein Freund geworden war – habe ihn für ein paar Tage zu sich eingeladen. Das würde Margaret akzeptieren. Sie hatte in dieser Woche viel für die Wohltätigkeitsorganisationen zu tun, für die sie sich engagierte; sie würde erleichtert sein, daß er ebenfalls beschäftigt und in Gesellschaft war.

Die Lügerei hatte begonnen. Er hatte den Weg eingeschlagen,

den er aus tiefstem Herzensgrund vermeiden zu können gewünscht hatte.
Shelley und er verabschiedeten sich auf der Treppe vor dem Eingang. Auf dem Trafalgar Square flatterte ein Taubenschwarm in kaltem Sonnenschein wie eine graue Wolke auf.

Es war schon fast dunkel, als Massinger das Haus erreichte. Er schloß die Eingangstür auf und begann die Treppe hinaufzusteigen. Er hatte im Club Hydes neue Papiere durchgeblättert und dann an einem Schreibtisch aus dem 18. Jahrhundert gesessen, um sich alles zu notieren, was Shelley ihm mitgeteilt hatte, und alles niederzuschreiben, was er über Pawel Koslow wußte. Und er hatte einen Platz in der Morgenmaschine der British Airways nach Wien sowie ein Zimmer im Hotel Inter-Continental gebucht.
Der Anstieg schien steiler zu werden, je mehr Stufen hinter ihm lagen, als lasteten Schuldbewußtsein und Widerstreben wie Bleigewichte auf seinen Schultern. Margaret war zu Hause und wartete auf ihn. Sie hatte bestimmt schon mit den Vorbereitungen fürs Abendessen begonnen: Sie überließ das Kochen ihrer Haushälterin, aber sie bereitete die Saucen und den Nachtisch stets selbst zu. Massinger spürte einen Klumpen im Hals, der sich nicht herunterschlucken ließ.
Er fummelte seinen Wohnungsschlüssel ins Schloß und stieß die Tür auf. Er horchte, aber aus der Küche waren weder Töpfeklappern noch Stimmen zu hören. Er öffnete die Tür zum Wohnzimmer.
Margaret und Babbington saßen beide so da, daß sie die Tür im Auge behalten konnten: voneinander getrennt, aber auf subtile Art und Weise trotzdem vereint. Babbingtons Gesichtsausdruck war ernst, fast bedrohlich. Der Mann war mit der Elektrizität und Gefahr mißachteter Autorität geladen. Er trug noch seinen Mantel. Massinger hatte Hut und Handschuhe im Vorbeigehen in der Diele abgelegt.
Margaret war sichtlich aufgebracht. Gekränkt, erregt. Ihr Blick war durchdringend, anklagend.
Sie wußte es – sie wußte es irgendwie . . .
Babbington hatte es ihr erzählt.

Wieviel erzählt?
Massinger war sich wie ein beim Klauen ertappter Schuljunge peinlich bewußt, daß das Belastungsmaterial in Form von Hydes neuen Papieren in der Innentasche seines Mantels steckte.

4

Ins Exil

Nach dem ersten Schock fiel Massinger vor allem die gespannte, ungewohnte Stille auf. In diesem Raum erklang sonst so häufig Musik: Schallplatten, die Margaret auflegte, Margaret, die am Flügel saß oder auch nur sang . . .
Dieser Gedanke an Musik erinnerte ihn wieder an das Mozartquartett, das er am Telefon gehört hatte, und weckte schuldbewußte Erinnerungen an Hyde und den greifbaren Beweis in Form des schmalen Päckchens in seiner Manteltasche.
Dann stieß Margaret hervor: «Paul, wo hast du gesteckt?» Das klang bevormundend, aber zugleich irgendwie verzweifelt. Babbington mußte ihr Schreckensgeschichten erzählt haben. «Was ist eigentlich los, Paul?» fuhr sie fort. «Andrew hat mir alle möglichen . . .» Sie senkte den Kopf und brachte den Satz nicht zu Ende. Offenbar empfand sie sich als Beteiligte an einer Verschwörung gegen ihn. Massinger stellte fest, daß Babbington sie gespannt beobachtete – der Verdacht, zwischen den beiden könnte früher mehr als nur eine Freundschaft existiert haben, stieg in diesem unpassenden Augenblick schmerzhaft in ihm auf –, bevor der Mann ihn fixierte. Er schien befriedigt zu sein.
«Was ist denn los, Liebling?» fragte er so beruhigend wie möglich.
Margarets Gesichtsausdruck hatte sich wieder verhärtet, als sie aufblickte. «Du weißt genau, was los ist!» warf sie ihm vor. «Andrew hat's mir nicht erzählen wollen – ich habe ihn dazu

gezwungen ...» Sie schien sich darüber zu schämen. «Du versuchst noch immer, diesem Mann zu helfen!»
«Liebling», sagte er und trat auf sie zu. Ihre Fingerknöchel waren weiß, so krampfhaft umklammerte sie die mit Samt bezogenen Sessellehnen. Margaret trug lediglich ihren schmalen goldenen Ehering. Babbingtons Gesichtsausdruck schien anzudeuten, Massinger sei ausreichend gewarnt worden und habe die Konsequenzen jetzt selbst zu tragen. «Wie kann ich ihm geholfen haben? Im Club, bei meinem Börsenmakler?» Er log durchaus geläufig. Dann wandte er sich an Babbington. «Andrew – würden Sie mir das bitte erklären? Womit haben Sie Margaret aufgeregt?»
«Ich bin nicht *aufgeregt!* Ich *hasse* diesen Mann!»
«Um Himmels willen, Margaret!» Massinger ließ Babbington keine Sekunde aus den Augen. Die Vorstandssitze, die Aufsichtsratsposten, die Kreise, in die er vielleicht aufgenommen worden wäre, die geachtete Position – sie alle verblaßten. Dies war Babbingtons wahre Macht – *dies* ... eine in Tränen aufgelöste Frau, die vor Angst, Zorn und Haß beinahe hysterisch war. Babbington konnte, wie er nachdrücklich demonstrierte, Margarets Denkweise unheilbar vergiften.
Castleford ...
Massinger wurde erneut darauf aufmerksam gemacht, wie viele Bilder, die ihren Vater zeigten, dieser Raum und andere Zimmer ihrer Wohnung enthielten. Das Porträt beobachtete ihn von der Wand aus. Castleford war hier, war in diesem Raum anwesend und unterstützte Babbington. Massinger fühlte Übelkeit und Schuldbewußtsein in sich aufsteigen.
Dann erinnerte er sich an Aubrey. Die Bilder starrten ihn an, das Porträt beobachtete ihn. Im Hintergrund seines Bewußtseins erhob Aubrey seine Stimme und bat um Hilfe.
Aubrey ...
«Meine Liebe», murmelte Babbington und tätschelte Margarets Hand, wobei seine breiten Finger ihren Ehering berührten. Massinger ballte unwillkürlich die Fäuste. «Meine Liebe, am besten gehst du einen Augenblick hinaus und beruhigst dich ein bißchen. Vielleicht hätte ich ... nun, laß mich mit Paul darüber reden ... hmmm?»
Margaret sah Babbington an, nickte, schnüffelte und stand

gehorsam auf. Sie reagierte wie hypnotisiert – ein weiterer Beweis für Babbingtons Macht über sie. Nachdem sie den Raum verlassen hatte, zog Massinger seinen Mantel aus und achtete auf das Päckchen in der Innentasche, während er ihn über einen Sessel warf. Die Wandlampen schienen heute nur düster zu brennen; das Zimmer wirkte groß und kahl.
«Na?» fragte er Babbington vorwurfsvoll. «Was soll das, verdammt noch mal, Andrew?»
Er baute sich vor dem Geheimdienstchef auf, der nicht aufzustehen versuchte.
«Was, zum Teufel, haben Sie vor, Paul? Das kann *ich* mit vollem Recht fragen, glaube ich – nicht etwa Sie. Was fällt Ihnen ein, Mann?» Bei diesen Worten zeigte er auf die Tür, durch die Margaret verschwunden war. Eine Bewegung, als habe er sie geschlagen. «Was haben Sie in Earl's Court in Hydes Wohnung zu suchen gehabt? Mit wem haben Sie dort gesprochen – mit seiner Hauswirtin? Wozu, Mann? Was haben Sie im Imperial War Museum mit Shelley zu besprechen gehabt? Warum hat Shelley seine Überwacher abschütteln müssen, um sich mit Ihnen treffen zu können?» Seine Augen glitzerten, aber Massinger vermutete, daß er keine Antworten auf diese Fragen wußte, sondern sie lediglich als Anklagen vorbrachte.
Unzulänglich.
«Ich . . .» Vorsichtig, vorsichtig! ermahnte er sich und versuchte, nicht mehr an seine Frau zu denken, seinen Zorn zu unterdrücken und ein Klima um Entschuldigung bittender Erklärungen zu schaffen. Nicht zu schwach, zu übereifrig, aber von Anfang an spürbar nachgiebig. «Ich verstehe nicht, was Sie das angeht, Andrew. Ich halte es wirklich für unnötig, daß Sie zu uns kommen und meine Frau gegen mich aufhetzen . . .»
Massinger hatte sich von Babbington entfernt, während er sprach, und drehte sich erst jetzt wieder nach ihm um. Dabei hielt er absichtlich die von der Anrichte genommene Whiskykaraffe in der Hand. «Halten Sie das etwa für richtig?»
«Aufhetzen?» Babbington lächelte überlegen. «Sie haben schon immer gern ein bißchen übertrieben, Paul, nicht wahr? Ich hetze Margaret keineswegs gegen Sie auf. Ich versuche lediglich festzustellen, worauf Sie sich Ihrer Meinung nach eingelassen haben.» Das war eine Aufforderung, sich dazu zu äußern.

Nicht zu schnell! sagte Massinger sich. Er schenkte sich einen doppelten Whisky ein, ohne Babbington einen anzubieten. Margaret stand immer wieder vor seinem inneren Auge. Der Gedanke an sie schnürte ihm den Atem ab. Es fiel ihm schwer, sich darauf zu konzentrieren, Babbington abzuwehren.
«Bin ich Ihnen irgendeine Erklärung schuldig, Andrew?»
«Das glaube ich allerdings! Sie kennen diesen Hyde nicht einmal. Warum interessieren Sie sich für ihn?»
«Ich . . .» Massinger machte ein nachdenkliches, leicht schuldbewußtes und trotzdem entschlossenes Gesicht. «Aubrey hat mich gebeten, nach ihm zu fragen . . .», gestand er langsam ein.
«Was?»
«Aubrey hat mich gebeten, nach ihm zu fragen», wiederholte der Amerikaner laut. «So einfach ist das! Er wollte wissen, ob Hyde sich inzwischen wieder gemeldet hatte. Na, genügt Ihnen das?»
«Aubrey hat Sie darum gebeten», wiederholte er nachdrücklich sarkastisch. «Und was haben Sie rausgekriegt, wenn man fragen darf?»
«Seine Hauswirtin hat noch nichts von ihm gehört.»
«Und Ihr Treff mit Shelley – Ihre kleine Verabredung mit dem Leiter der Osteuropaabteilung?»
Babbington erweckte den Eindruck, als könne Shelley nicht mehr lange damit rechnen, auf diesem Posten zu bleiben.
«Ziemlich ergebnislos», knurrte Massinger, der sich über dieses Verhör ärgerte. «Hören Sie, ein alter Freund, ein sehr alter Freund hat mich *gebeten*, ihm zu helfen. Begreifen Sie das nicht? Aubrey ist verzweifelt, isoliert und verängstigt gewesen. Ich mußte tun, was er verlangt hat. Ich konnte ihn nicht im Stich lassen!»
So ist's richtig! dachte er und behielt Babbington im Auge, während er einen Schluck Whisky trank. Loyalität, Freundschaft . . . Babbington ließ sich anmerken, wie wenig Wert er solchen Dingen beimaß. Er hatte Massinger jetzt endgültig *eingeordnet* und glaubte zu wissen, daß er ihn als sentimentalen Schwärmer abtun konnte. Das bestätigte, was er bisher von Margaret und Paul Massinger gehalten hatte, und ließ erkennen, welche Wirkung die Bedrohung seines privaten Glücks auf

Massinger haben würde. Der Amerikaner blieb unbeweglich, obwohl eine Woge der Erleichterung über ihn hereinbrach. Er hatte's geschafft ...
Zumindest vorläufig.
«Aha», sagte Babbington schließlich. «Aber mit welchem Ergebnis?»
«Engagement ist heutzutage nicht gefragt», antwortete Massinger verbittert. «Jedenfalls nicht für eine aussichtslose Sache.»
«Ah! Und Sie ... halten Sie Aubreys Sache für aussichtslos?»
«Ich halte ihn nicht für schuldig.»
«Danach habe ich nicht gefragt.»
Massinger zuckte mit den Schultern. «Ich kann praktisch nichts mehr für ihn tun», gab er widerstrebend zu.
«Richtig!» Babbington stand auf. «Ich danke Ihnen für Ihre Offenheit», sagte er, kam auf Massinger zu und streckte ihm die Hand hin. Der Amerikaner behielt zunächst trotzig sein Whiskyglas in der rechten Hand, bis Babbington hinzufügte: «Ich gehe noch rasch hinüber und rede mit Margaret. Machen Sie sich keine Sorgen: Ich erkläre ihr alles. Ihr Vater ist wirklich ein ungewöhnlicher Mann gewesen, wissen Sie», fügte er hinzu.
Er verschwand durch die Tür zum Speisezimmer und schloß sie hinter sich. Massinger kippte seinen Drink. *Ja* ... die Verachtung der Macht für Empfindungen, für Gefühle ... *ja.* Der doppelte Whisky und die tiefempfundene Freude über seine eigene Geschicklichkeit und Intuition wärmten Massinger. Er ärgerte sich darüber, daß Babbington ihm Margaret wie ein unverdientes Geschenk zurückgeben wollte, aber er wartete darauf, daß sie lächelnd hereinkommen würde.
«Paul!» rief sie aus. Und sie lächelte dabei. «Paul, Andrew hat mir alles erklärt! Ich verstehe jetzt, was du zu tun versucht hast.» Aus ihrer verständnisvollen Art sprach eine gewisse Überlegenheit – eine fast mütterliche, beruhigende Gönnerhaftigkeit. Massinger ignorierte das alles, drückte sie an sich und spürte ihren Atem an seinem Hals. Er hatte Babbington hereingelegt.
Und Babbington hatte ihm seine Macht über Margaret gezeigt und erneut die Macht des toten Robert Castleford demonstriert. Babbington würde keine Sekunde davor zurückschrek-

ken, Castleford gegen ihn einzusetzen, wie er ihn gegen Aubrey einsetzte, um seine eigenen Ziele zu erreichen.
Massinger durchlitt Seelenqualen. Er löste sich langsam aus ihrer Umarmung und hielt Margaret auf Armeslänge von sich entfernt. Ihre Augen glänzten noch immer tränenfeucht. Ihr Gesicht strahlte. Er hatte Herzschmerzen, wenn er an seine Liebe für sie dachte – und an seine Angst, sie zu verlieren. Er *konnte* sich nicht von ihr trennen; er *würde* es nicht tun . . .
Er mußte es tun.
«Liebling», murmelte er.
Ihre Hand, an der sie den Ring trug, den er ihr geschenkt hatte – das schmale Goldband glänzte im gedämpften Lampenlicht –, fuhr über seine Schläfe und streichelte dann seine Wange. Massinger sah darin unwillkürlich eine Art Segenszeichen zum Abschied. Er hielt sanft ihre Hand fest. Margaret machte einen Schmollmund. Er war sich blitzartig ihrer sexuellen Attraktivität bewußt. Er ahnte, daß sie sich vorstellte, wie es sein würde, wenn sie sich jetzt liebten. Er hatte ihr gelöstes, mit geschlossenen Augen lächelndes Gesicht auf dem Höhepunkt vor sich und fühlte sich erregt.
Massinger umklammerte ihre Hand, hinderte Margaret aber zugleich daran, sich wieder an ihn zu drängen.
«Margaret», begann er schuldbewußt. «Margaret, hör mir bitte zu.»
«Was gibt's denn?»
Er führte sie zum Sofa und bat sie, Platz zu nehmen. Margaret war halb verwirrt, halb amüsiert. Er setzte sich neben sie und hielt ihre Hände in seinen.
«Die Geschichte ist noch nicht zu Ende – auch wenn Babbington diesen Eindruck gehabt hat, ist sie noch nicht zu Ende», erklärte er ihr. Margaret wirkte betroffen, sogar verletzt. «Nein, hör mir bitte zu, bevor du etwas sagst . . .» Er hob eine Hand, um sie zum Schweigen zu bringen. «Laß mich bitte erst ausreden, bevor du über mich urteilst.»
Margaret nickte schließlich steif, kaum merklich. Ihr blondes Haar fiel über ihre Stirn, ihre Wange. «Einverstanden», murmelte sie.
«Was ich dir erzählen will, betrifft nicht Aubrey», begann Massinger. «Zumindest betrifft es nicht nur ihn. Nein, mach

kein so angewidertes Gesicht – so sehr kannst du ihn nicht hassen ...» Er sah, daß er damit nicht weiterkam, und fuhr hastig fort: «Ich habe Beweise dafür – von Aubreys Mann in Wien, und Peter Shelley ist der gleichen Überzeugung –, daß der KGB hinter dieser Sache steckt. Unabhängig vom Wahrheitsgehalt dieser Geschichte, den ich nicht beurteilen kann, schlachten die Russen sie für ihre Zwecke aus. Darüber hinaus besteht die Gefahr, daß Aubreys Mann von seinen eigenen Leuten ermordet wird.» Er machte eine Pause. Margaret reagierte zunächst nur verwirrt, weil sie mit solchen Dingen nicht vertraut war; dann schien sie seine Behauptungen als unsinnig abzutun, als erhelle ihr gesunder Menschenverstand dieses Dunkel und lasse es lächerlich, unverständlich und unglaublich erscheinen. «Außer uns glaubt kein Mensch daran. Außer uns interessiert sich kein Mensch dafür. Babbington ist durch seinen persönlichen Ehrgeiz geblendet, und Sir William ist damit einverstanden, Aubrey über die Klinge springen zu lassen, weil er den Geheimdienstausschuß davon überzeugt hat, daß MI5 und SIS zusammengelegt werden sollen und müssen.» Ihr Blick zeigte, daß sie seine Behauptungen als unsinnig abtat, sobald sie gefallen waren. Er zuckte mit den Schultern, um seine Hilflosigkeit anzudeuten. «Du siehst doch ein», fragte er bittend, «warum ich nicht aufgeben kann?»
Margaret schwieg lange, bevor sie einfach sagte: «Nein, das sehe ich nicht ein.»
«Aber du mußt ...!»
«Ich *kann* nicht! Ich sehe nur, daß du noch immer bereit bist, dem Mann zu helfen, der meinen Vater verraten hat – der seinen *Tod* verschuldet hat!»
«Du weißt überhaupt nicht, ob das stimmt!»
«Und dir ist's völlig gleichgültig! Du würdest ihm auf jeden Fall helfen!»
«Mein Liebling, ich *verspreche* dir, daß ich mich wie alle anderen von Aubrey lossage, falls sich dieser Verdacht bestätigen sollte. Falls Aubrey deinen Vater auf dem Gewissen hat, soll ihn der Teufel holen. Dann mache ich keinen Finger krumm, um ihm zu helfen.»
«Das ertrage ich nicht ...», flüsterte sie.
«Mir bleibt nichts anderes übrig.»

«Kannst du nicht mit William darüber sprechen – bitte?»
«Nein, denn er ist davon überzeugt, daß Aubrey ein Verräter ist. Dieser Auffassung sind alle. Niemand will sich eingehender damit befassen.»
«Nur du!» warf Margaret ihm vor.
«Ich muß.»
«Aha! Nur Paul Massinger kann recht haben, Paul Massingers Interessen gehen allen anderen vor.»
«Du weißt genau, daß das nicht stimmt!»
«*Woher* soll ich das wissen? Großer Gott, dies ist nicht mal deine *Heimat!*»
Massinger stand ruckartig auf. Er konnte ihren brennenden Blick, ihre vorwurfsvolle Miene nicht länger ertragen. Nach einigen hinkenden Schritten drehte er sich nach Margaret um.
«Ich vertraue dir mein Leben an», sagte er ruhig. «Ich habe dir das alles erzählt, weil ich mußte. Ich habe Babbington versprochen, nicht weiterzumachen. Nur du weißt, daß ich trotzdem weitermache. Ich ... ich muß für ein paar Tage nach Wien, um mit Aubreys Mann zu sprechen.» Sie wandte sich ab. Er stand wie ein Bittsteller mit demütig gesenktem Kopf vor ihr. «Ich bitte dich, das nicht weiterzuerzählen. Sollte jemand nach mir fragen, bin ich für ein paar Tage nach Cambridge gefahren. Wo ich nichts anstellen kann», fügte er zynisch hinzu. «Sobald ich zurückkomme, erzähle ich dir alles. Dann kannst *du* entscheiden, was ...»
Sie sah zu ihm auf: mit gerötetem Gesicht und zu Fäusten geballten Händen. Sie warf mit einer energischen Bewegung ihr Haar zurück.
«Du brauchst nicht mehr zurückzukommen!» erklärte Margaret ihm. «Bleib einfach weg, verstanden?» Sie stand ebenfalls auf. Ihr Körper war steif vor Entschlossenheit. «Wenn du diese Wohnung verläßt, um diesem Mann zu helfen ...» Massinger stöhnte innerlich. Sie hatte keines seiner Argumente akzeptiert. «Wenn du das tust, brauchst du nicht mehr zurückzukommen. Mir ist's gleich, ob ich unvernünftig, dumm oder sogar bösartig bin – ich kann's nicht *ertragen!* Wenn du diesem Mann weiterhin hilfst, sind wir geschiedene Leute. Darauf kannst du Gift nehmen!»

Unmittelbar darauf verließ sie den Raum und schloß die Doppeltür zum Eßzimmer mit nachdrücklicher, ruhiger Endgültigkeit hinter sich. Massinger sah sofort zu Castlefords Porträt hinüber. Es beobachtete ihn geradezu boshaft, anklagend. Castlefords Augen waren *ihre* Augen. Sie hatten stets die gleichen Augen gehabt; jetzt hatten sie den gleichen Blick. Massinger rieb sich die Stirn und ächzte laut.
Erledigt ...

Das Fahrwerk setzte polternd auf. Beton und Schneewälle rasten am Fenster vorbei: eine von Schneeschleudern geschaffene Mondlandschaft. Dann rollte die Maschine aus, bog nach rechts und wieder links ab und rollte zu den eigenartig provinziellen kleinen Flughafengebäuden zurück. Schwechat sah wie irgendein osteuropäischer Flughafen aus – ein für Kinder gebautes kleines, kahles, flaches Modell eines richtigen Flughafens für Erwachsene. Margaret und er waren schon oft in Schwechat gelandet, um in Wien in Konzerte, Opernvorstellungen und Galerien zu gehen ...
Paßkontrolle, Gepäck, Zoll; eine größtenteils leere Halle, modern, widerhallend, aseptisch. Massinger versuchte, sich die bevorstehenden Ereignisse – den kommenden Abend und die Nacht – vorzustellen, empfand nur unheilvolle Schwäche und gab diesen Versuch wieder auf. Er war sich darüber im klaren, daß er begonnen hatte, das Interesse zu verlieren. *Träne*, der alte Aubrey, Hyde, der KGB – sie alle wurden zu Phantasiegestalten eines melodramatischen Traums, als die Margaret sie gesehen hatte. Ihn interessierte nur noch eine Frage, ein Bruchstück der Wahrheit, auf das er sich konzentrieren mußte: Hatte Aubrey Robert Castleford verraten, war er vor fast 40 Jahren in Berlin an seinem Tod schuld gewesen?
Das belebte ihn; von *dieser* Frage war er besessen. *Ihr* würde er nachspüren, selbst wenn ...
Die automatische Tür öffnete sich, und Massinger trat in eisige Winterluft hinaus. In diesem Augenblick kam ein grauer Mercedes mit einem Taxischild aus einer Parkbucht, überholte die Reihe der auf Fahrgäste wartenden Taxis und hielt unmittelbar

vor ihm. Massinger war so verblüfft, daß er seinen Koffergriff fester umklammerte.
«Massinger», sagte Hyde. Das war eine Feststellung, keine Frage. «Okay, ich bin Hyde. Fällt Ihnen der Akzent auf?» Er lächelte grimmig über Massingers Erleichterung.
«Wie haben Sie . . .»
«Mit Geld, wie denn sonst? Ich hab mir den Wagen geliehen. Los, steigen Sie schon ein!» Er öffnete ihm die hintere Tür. Massinger schob seinen Koffer vor sich her auf den Rücksitz. Hyde, der bereits wieder am Steuer saß, fuhr an, sobald sein Fahrgast die Tür geschlossen hatte. Der Mercedes rollte die Rampe zur Schnellstraße hinunter. «Ich habe mir überlegt, daß ein Taxi nützlich sein könnte . . . Oh, wenn schon, dann richtig und mit eingeschalteter Uhr.» Er sah sich nach dem Amerikaner um. «Geben Sie gute Trinkgelder, Massinger?»
«Was? Oh . . .»
«Was ist denn los?» fragte Hyde drängend.
«Alles», begann Massinger. Als er Hydes besorgten Gesichtsausdruck sah, fügte er hastig hinzu: «Aber nichts, was Sie betrifft. Sie brauchen sich keine Sorgen zu machen. Ich bin auf dem Flug hierher nicht beschattet worden.»
«Ja, ich weiß. Ich habe seit zwei Stunden auf Sie gewartet, ohne ein bekanntes Gesicht zu sehen – oder auch nur eines, das ich vielleicht hätte kennen müssen.» Im Rückspiegel sah Massinger, daß Hyde plötzlich grinste. «Für einen alten Mann halten Sie sich recht ordentlich.»
«Und Sie – wie kommen Sie zurecht?»
«Ich habe meinen knappen Vorsprung gehalten. Sorgen brauchen wir uns nur wegen der wahren Profis zu machen. Haben Sie meine Papiere mitgebracht?»
«Ja.»
Auf der breiten, wenig befahrenen Schnellstraße, die etwas erhöht weite verschneite Felder durchschnitt, kamen sie an einem grauen zusammengedrängten Fabrikkomplex vorbei. Aus einem rot-weißen Kamin quollen dunkle Rauchschwaden.
«Gut. Okay, wie geht's weiter?» Hyde genoß es offenbar, mit jemand sprechen zu können, dem gegenüber er weder Angst noch Mißtrauen zu empfinden brauchte. Er wirkte geradezu ausgelassen.

«Wir ... wir entführen den hiesigen KGB-Residenten. Eine ganz einfache Sache ...»
«*Was* tun wir?»
Massinger war nonchalant, weil ihm alles gleichgültig war. Er fühlte sich außerstande, sich wirklich mit diesem Vorhaben zu identifizieren. In seinen Augen war es lediglich eine Aufgabe, die durchgeführt werden mußte, bevor er nach London zurückkehren konnte, um der Wahrheit in bezug auf Aubrey und Castleford auf den Grund zu gehen. Vielleicht konfrontierte er sogar Aubrey mit seinen Erkenntnissen, sobald er mehr in Erfahrung gebracht hatte ...
Hyde verblüffte seine nonchalante Art. «Habe ich richtig gehört, Massinger? Haben Sie gesagt, daß wir den KGB-Residenten entführen? Hände hoch in der sowjetischen Botschaft, okay, du kommst mit, Freundchen? Ausgeschlossen!»
«Es gibt keine andere Möglichkeit. Der Resident *muß* wissen, was hier vorgeht. Ich bin davon überzeugt, daß er die Hintergründe des Falls *Träne* kennt.»
«Natürlich kennt er die! Aber wie sollen wir an ihn rankommen? Wie stellen Sie sich das vor, Massinger?»
«Ich weiß, wo er sich heute abend aufhält – und daß er dort allein ist. Ohne Leibwächter, meine ich.» Massinger amüsierte sich auf seltsam unbeteiligte Weise über seine damit angedeutete Kompetenz und Überlegenheit. «Soll ich weitersprechen?»
«Oh, ich bitte darum!» antwortete Hyde mit dick aufgetragenem Sarkasmus.
«Gut, hören Sie zu ...»
Kleine Häuser und Bauernhöfe mit abblätternden Fassaden, eine Mühle, dann neuere Bungalows mit Rauh- oder Glattputz – viele von ihnen rosa oder hellgrün. Danach begann die Stadt mit zwei- und dreistöckigen Gebäuden, die näher an die Straße heranrückten. Links von ihnen strömte träge und dunkel der Fluß dahin. Die Räder des Mercedes polterten über Straßenbahngleise. Schäbige kleine Läden mit verwitterten Firmen- und Reklameschildern, neue Autos, große Neubauten. Dann die prächtigen Monumentalbauten am Ring.
Sie waren in der Johannesgasse in der Nähe des Hotels Inter-Continental, bevor Massinger seinen Plan erläutert hatte.
«Na, was halten Sie davon?» fragte er schließlich, während

Hyde am Hoteleingang vorbeifuhr und den Mercedes in die nächste Parklücke steuerte. Der Australier stellte den Motor ab, drehte sich um und legte seinen Arm auf die Fahrersitzlehne. Er betrachtete Massinger über den Ärmel seiner abgeschabten Lederjacke hinweg forschend.
«Wir sind also zu dritt: Shelley, Sie und ich», sagte er fast in den Ärmel hinein. «Das ist die ganze Armee, stimmt's?»
«Ja.» Massinger hatte einen trockenen Hals, weil er so lange ohne Unterbrechung gesprochen hatte; er war müde, weil er von seinem eigenen Plan keineswegs überzeugt war.
«Und Ihnen ist's egal, was aus der Sache wird. Wie steht's mit Shelley?»
«Wie meinen Sie das?»
«Ihr Plan ist idiotisch, aber das scheint Sie nicht zu erschrecken. Ihnen ist alles gleichgültig. Ich glaube, daß wir nicht die geringste Chance haben, solange Sie nicht aufwachen.»
«Aha!» Massinger lag eine Erklärung auf der Zunge, aber statt dessen sagte er geradeheraus: «Wenn Sie mir nicht helfen, haben Sie nicht mehr lange zu leben.»
«Klar, das weiß ich selbst am besten! Aber ich soll mich darauf verlassen, daß *Sie* mir den Rücken freihalten? Kommt nicht in Frage, Sportsfreund. Trotzdem besten Dank für Ihr freundliches Angebot.»
«Sie wissen auch, daß Aubrey 1946 meinen Schwiegervater an den NKWD verraten haben soll. Jedenfalls glaubt das meine Frau. Ist Ihre Frage damit beantwortet? Ich mache vielleicht keinen sonderlich interessierten Eindruck – aber wenn ich selbst wieder Frieden finden will, muß dies mein erster Schritt sein. Also – tun wir ihn oder tun wir ihn nicht?»
Hyde betrachtete Massingers erschöpftes Gesicht einige Sekunden lang, bevor er fragte: «Dieser Cass ... er ist schon herbestellt, stimmt's?»
Massinger nickte. «Er kommt heute nachmittag an. Er weiß, wo ich zu erreichen bin.»
«Trauen Sie sich tatsächlich zu, den alten Freund des Residenten zu spielen – nur weil Sie seinen Londoner Kollegen von einigen Parties und der gemeinsamen Loge in der Oper kennen?»
«Ich muß es eben versuchen, nicht wahr?»

«Richtig, das müssen Sie.» Hyde zuckte mit den Schultern. «Okay, mir bleibt sowieso keine andere Wahl. Der Tote hinter dem Lagerhaus hat mir alles verbaut.» Er hielt dem Amerikaner die Hand hin. «Okay, Massinger – zünden Sie die Lunte an und treten Sie weit genug zurück!»

«Sie verstehen doch, Professor? Peter Shelley hat Sie hoffentlich vor den Gefahren eines Pentatholverhörs gewarnt, bei dem man Türen öffnen, aber auch schließen kann?» Massinger nickte wortlos. In dem dunklen Wagen war Cass' Gesicht nur ein formloser weißer Fleck. Hyde hatte sie erneut alleingelassen, um die nähere Umgebung abzusuchen. «Gut. Sie müssen dieser Pawel Koslow *sein* und dürfen keine Sekunde lang aus der Rolle fallen. Das wäre jedenfalls wenig ratsam.»

Cass war ein Mann in Shelleys Alter: ein Studienfreund des Leiters der Osteuropaabteilung, clever, mehrsprachig, ein guter Außendienstler und offenbar weit weniger ehrgeizig als Peter Shelley. Für Cass war die Außenstelle Madrid lediglich ein weiterer erfreulicher Dienstort auf einer geheimen Weltreise. Massinger mußte zugeben, daß Shelley recht gehabt hatte, als er ihm Cass als umgänglichen, kompetenten Fachmann geschildert hatte.

«Glauben Sie, daß das klappt?»

«Es *könnte* klappen. Ich bin nicht mehr dabei, um die Dosis zu erhöhen oder Ihnen Anweisungen zu geben. Shelley hat mich angewiesen, schnellstens zu verschwinden, sobald ich ihm die Spritze verpaßt habe.»

«Ja, Sie müssen sofort weg.»

«Gut, daß wir uns darüber einig sind. Ich spritze ihm als erstes eine Dosis Natriumpentathol, die ihn umkippen läßt. Zwanzig Minuten später injiziere ich ihm soviel Benzedrin, daß er wieder aufwacht. Dann gehört er ganz Ihnen. Ich höre mir nur noch die ersten Fragen an, um zu kontrollieren, ob er mehr Benzedrin braucht. Er ist dann betäubt und hellwach zugleich. Okay?»

«Verstanden.»

«Am besten fangen Sie damit an, daß Sie langsam und nachdrücklich auf ihn einreden – wie ein altmodischer Hypnotiseur.

Hmmm?» Massinger nickte. «Danach treten Sie so überzeugend wie möglich als Koslow auf. Schaffen Sie eine bestimmte Atmosphäre, verwickeln Sie ihn in ein Gespräch. Sollte er zwischendurch einnicken, dürfen Sie ihn auf keinen Fall handgreiflich wachrütteln. Dabei könnte er richtig aufwachen. Ich lasse Ihnen eine Spritze da. Zehn Milligramm Benzedrin, falls er einschläft. Okay?»
«Wie lange ist er ansprechbar?»
«Ungefähr eine Stunde, vielleicht auch eineinhalb. Sobald er mit zehn Milligramm nicht wieder aufwacht, lassen Sie ihn am besten in Ruhe – es sei denn, es wäre Ihnen gleichgültig, was aus ihm wird.»
«Ich will nicht, daß er ... Schäden davonträgt», antwortete Massinger.
«Gut, dann wissen Sie, was Sie zu tun haben. Jetzt brauchen wir nur noch zu warten.»
Cass lehnte sich mit verschränkten Armen in den Sitz zurück. Er wirkte völlig unbekümmert. Massinger suchte die Straße nach Hyde ab und sah ihn schließlich vom Michaelerplatz und der Hofburg her zu ihrem Wagen zurückkommen. Das Callgirl hatte eine Wohnung im ersten Stock eines eleganten Hauses aus dem 19. Jahrhundert über den Geschäftsräumen eines Juweliers. Hyde steckte seinen Kopf in den Mercedes. «Alles in bester Ordnung, Massinger», berichtete er. «Die umliegenden Straßen und der Platz sind koscher. Okay? Kann ich mich jetzt wieder aufwärmen?»
«Danke, Hyde.»
Der Australier stieg in den durch die Standheizung behaglich warmen Mercedes, warf einen Blick auf Cass, der zu dösen schien, und lehnte sich in den Fahrersitz zurück. Trotz seiner demonstrativen Gelassenheit wirkte er innerlich erregt.
«Wie spät haben wir's?» fragte er Hyde.
«Kurz vor neun», antwortete der Australier nach einem Blick auf seine Uhr. «Wenn der Kerl so pünktlich kommt, wie Sie behaupten, muß er demnächst aufkreuzen.»
«Richtig!» Massinger stieß seinen Nachbarn an. «Cass?» Der andere setzte sich auf.
«Da kommt ein schwarzer Mercedes – ohne CD-Schild», meldete Hyde. «Wahrscheinlich ein Leihwagen.»

Der Wagen fuhr an ihnen vorbei und parkte auf der gegenüberliegenden Seite der Herrengasse in einer Parklücke. Von dort aus waren es keine 20 Meter bis zu der diskreten schmalen Haustür zwischen der Auslage des Juweliers und dem Schaufenster der benachbarten Boutique. Die drei Männer beugten sich gespannt nach vorn.
Ein kleiner, rundlicher Mann stieg aus dem Wagen. Er war allein und schien lediglich aus einem dunklen Wintermantel und einer Pelzmütze zu bestehen. Nachdem er den Mercedes abgesperrt hatte, ging er an den beleuchteten Schaufenstern vorbei, die sein Gesicht deutlich erkennen ließen. Massinger seufzte erleichtert.
«Das ist er!» stellte Hyde überflüssigerweise fest.
«Wir lassen ihm zehn Minuten oder eine Viertelstunde Zeit», entschied Massinger. «Er bleibt meistens bis nach Mitternacht. An diesen Abenden ist er ihr einziger Kunde. Ich schätze, daß es zuerst einen kleinen Drink gibt.»
Der Wiener KGB-Resident klingelte an der Tür, die sich wenig später für ihn öffnete. Zuvor hatte er noch ins Mikrophon der Haussprechanlage gesprochen.
«Scheiße!» sagte Massinger enttäuscht, als die Tür hinter dem Russen ins Schloß fiel.
«Sprechen Sie einfach Russisch», schlug Hyde vor. «Er läßt uns rein, wenn er glaubt, daß wir in dienstlicher Funktion kommen. Sie müssen so tun, als sei Ihnen dieser nächtliche Auftrag selbst nicht recht. Das wirkt bestimmt Wunder.»
«Nein, ich rede Deutsch – Polizei!» antwortete Massinger. «Wir warten noch zehn Minuten, bis er beim zweiten Glas Champagner ist.»
«Okay, Sie sind der Boß», stimmte Hyde zu. «Sie sind hier der Boß . . .»

«Na, wie sehen die heutigen Flughafenfotos aus? Was Interessantes dabei?»
«Zwei, drei Girls mit großen Titten – LOT-Stewardessen.»
«Gut, ich sehe mir die Aufnahmen lieber an, bevor ich das Wachbuch abzeichne.»

«Da! Ein paar vergeudete Filme. Oh, hier haben wir zwei unserer Freunde vom KGB, die in London Urlaub gemacht haben. Sehen Sie die prallen M&S-Tüten? Damit können sie zu Hause wieder Eindruck schinden.»
«Die beiden kennen wir. Mit ihnen müssen wir also ab sofort wieder rechnen.»
«Wilkes?»
«Ja?»
«Warum haben wir's auf Hyde abgesehen – warum sind wir wirklich hinter ihm her?»
«Glauben Sie denn nicht, daß er sich hat umdrehen lassen?»
«Ich habe früher mehrmals mit Hyde zusammengearbeitet. Er ist ein verrückter Australier, das gebe ich zu, aber nicht der Typ, der einem KGB-Führungsoffizier gehorchen würde. Dazu wäre er viel zu stur.»
«Hören Sie, Sie sind neulich nicht dabei gewesen. Hyde hat keine Sekunde lang gezögert, den armen Philips zu erschießen.»
«Ja, ich weiß . . .»
«Na, bitte! Hätte er das getan, wenn er sich *nicht* hätte umdrehen lassen?»
«Wahrscheinlich nicht.»
«Er ist auf der Flucht, seit der alte Aubrey festgenommen worden ist. Hyde ist Aubreys Mann, das steht fest.»
«Was Aubrey betrifft, bin ich auch noch nicht ganz überzeugt . . .»
«Unsinn, Beach! *London* hat Aubrey verhaftet – der Generaldirektor persönlich. Das hätte er nicht getan, wenn keine Beweise vorgelegen hätten. Seien Sie ein netter Junge und schenken Sie mir einen Kaffee ein, während ich mir die Aufnahmen ansehe.»
«Okay, Wilkes.»
Während Beach den Kaffee einschenkte, betrachtete sein Vorgesetzter gelangweilt die Hochglanzfotos. Dann stieß Wilkes plötzlich einen halblauten Pfiff aus. «Hallo, kennen wir uns nicht von irgendwoher?»
«Was gefunden?»
«Nein, wahrscheinlich nicht. Nur ein Gesicht, das mir bekannt vorkommt . . . Wo ist die verdammte Lupe? Ah, jetzt kommst

du gleich größer raus! Wer ist das, verdammt noch mal? Dabei kenne ich ihn bestimmt!»
«Kann ich ihn mir mal ansehen?»
«Sie sind wahrscheinlich zu jung, um ihn zu kennen. Ein Gesicht aus der Vergangenheit . . . Da! Erkennen Sie den großen Mann mit dem Handkoffer?»
«Sieht typisch britisch aus. Bankier? Leitender Angestellter? Hoher Beamter? Nein, ich kenne ihn nicht.»
«Aus der Vergangenheit . . . vor Jahren . . . Beamter, haben Sie gesagt? Nein, das glaube ich nicht. Er ist auch kein Brite, wenn ich's mir recht überlege. Aber ich weiß *bestimmt*, daß er irgendwas mit Aubrey zu tun hat . . . Großer Gott, jetzt erkenne ich ihn wieder!»
«Kann ich ihn noch mal sehen?»
«Sie kennen ihn bestimmt nicht, Beach. Paul Massinger – ein Yankee, ein ehemaliger CIA-Mann. Mit Aubrey befreundet. Aubrey hat ihn gelegentlich als inoffiziellen Berater hinzugezogen . . . Paul Massinger.»
«Was hat er hier zu suchen?»
«Keine Ahnung, aber ich möchte wetten, daß London sich dafür interessiert. Wann ist das gewesen? Verdammt noch mal, er ist schon einen halben Tag hier. Sie halten hier die Stellung; ich melde seine Ankunft nach London weiter. Wenn das ein Zufall gewesen sein soll . . .»

Die Pausen zwischen ihren Sätzen glichen kleinen Inseln zivilisierten Lebens. Sobald einer von ihnen sprach, verflogen der alte Whisky, die indirekte Beleuchtung und die roten Samtportieren, und Aubrey kämpfte erneut um seinen Kopf, wobei Andrew Babbington sein erklärter Feind war.
«Ich bin vor allem hergekommen, um Ihnen mitzuteilen», sagte Babbington scheinbar ganz freundlich, «daß der Geheimdienstausschuß Anfang nächster Woche mit dem Premierminister zusammentrifft, um die Zusammenlegung der beiden Dienste zu beschließen. SIS und MI5 hören dann auf, als selbständige Organisationen zu bestehen.» Seine Augen glitzerten hämisch zufrieden. «Und ich bin angewiesen worden, der Anklage-

behörde die Unterlagen Ihres Falls so rasch wie möglich zuzustellen.»

Aubrey war zumute, als habe er einen Magenhaken einstecken müssen. Er räusperte sich kaum hörbar, damit seine Stimme nicht versagte, wenn er jetzt sprach. «Andrew, wenn Sie nicht selbst erkennen, daß ich die mir zur Last gelegten Straftaten nicht begangen haben *kann*, ist jeder Überzeugungsversuch zwecklos. Sie sind durch Ihren übergroßen Ehrgeiz geblendet, und Ihre Blindheit hat Ihnen gute Dienste geleistet. Ich soll also tatsächlich vor Gericht gestellt werden?»

«Vielleicht. Mit etwas mehr Entgegenkommen von Ihrer Seite ließe sich vieles verhindern . . . »

«Wie kann ich Ihnen entgegenkommen? Ich weiß doch gar nicht, was gespielt wird!» knurrte Aubrey. Er stand auf und schenkte sich Whisky nach. Babbington lehnte die angebotene Karaffe dankend ab.

«Ich verstehe», sagte er.

«Wie weit soll die Sache getrieben werden?» fragte Aubrey, ohne sich nach Babbington umzudrehen. Seine Schultern waren leicht hochgezogen, als stütze er sich haltsuchend auf die Anrichte.

«Tut mir leid, das kann ich nicht beurteilen – das weiß vorläufig noch niemand.»

«Ich will kein Gerichtsverfahren», murmelte Aubrey. «Das könnte ich nicht ertragen, glaube ich.»

«Dann . . . »

«Aber ich habe nichts als Gegenleistung zu bieten!»

«Gut, dann will ich Ihnen reinen Wein einschenken. In gewissen Kreisen – die nicht unbedingt die Mehrheit repräsentieren – herrscht die Auffassung vor, ein Prozeß unter Ausschluß der Öffentlichkeit, aber jedenfalls ein reguläres Verfahren könnte vorteilhaft sein. Der Augiasstall wird ausgemistet, das Haus wird gesäubert und sozusagen neu geweiht. Ein glänzender Start für den neuen Sicherheits- und Geheimdienst.»

«Und darüber hinaus ist stets die strenge, nonkonformistische Moralität des Premierministers zu bedenken. *Er* wäre für einen Prozeß, das steht außer Zweifel. Nach all den Verrätern, die früher straffrei geblieben, unter den Teppich gekehrt worden oder sogar belobigt und befördert worden sind, muß endlich

einmal Schluß sein!» Aubrey drehte sich nach Babbington um. Sein Gesicht war abgespannt und müde, aber trotzdem animiert. «Jetzt muß ein Exempel statuiert werden, was?»
Babbington zuckte mit den Schultern. «Vielleicht . . . »
Aubrey schien weitersprechen zu wollen, aber das in der Diele klingelnde Telefon hielt ihn davon ab. Babbington stand sofort auf.
«Wahrscheinlich für mich. Ich habe Ihre Nummer hinterlassen . . . »
Der Hausherr beobachtete schulterzuckend, wie Babbington hinauseilte und die Tür hinter sich schloß. Sie ging wieder einen Spalt weit auf, aber Aubrey hatte gar nicht den Wunsch, das Telefongespräch zu belauschen. Er hatte keinen Grund, mißtrauisch zu sein. Babbington hielt nichts vor ihm geheim.
«Ich habe ihn gewarnt, ausdrücklich *gewarnt!*» sagte Babbington laut ins Telefon. Aus seiner Stimme sprach brutale Kraft.
«Das haben Sie also veranlaßt?» fragte Babbington. «Gut gemacht! Nein . . . nein, das ist kein Zufall gewesen . . . Er ist absichtlich hingereist, um Kontakt aufzunehmen . . . Ja. Kein Risiko, verstanden? . . . Ja.»
Der Hörer wurde auf die Gabel geknallt. Aubrey richtete seinen zusammengesackten, müden alten Körper auf und zwang ihn dazu, sich wenigstens nach außen hin wie früher zu geben.
Babbington kam mit vor Zorn verfinsterter Miene zurück. Ein Familientyrann, der mit einer halbherzigen, ängstlichen kleinen Rebellion eines seiner Kinder konfrontiert worden war. Nicht gefährdet oder aus dem Gleichgewicht gebracht, sondern nur über die Ungeheuerlichkeit trotziger Worte oder praktischen Ungehorsams empört.
«Ihr Freund Massinger . . . », begann er – und machte dann eine abwehrende Handbewegung. «Wozu sollen wir uns mit ihm abgeben? Der Mann ist dumm, einfach *dumm!*»
«Nein, sentimental. Die Reaktion ist nur manchmal ähnlich – meistens bei Frauen oder kleinen Tieren. Paul ist kein Dummkopf.»
«Doch, das ist er, wenn er Ihnen zu helfen versucht!»
«Hat er . . . ?» Aubrey konnte diese Frage nicht unterdrücken.
«Ja, aber völlig unzulänglich. Das kann für Sie kein Trost sein.»

«Ihr Ehrgeiz macht Sie für alles blind, was nicht unmittelbar an der Oberfläche . . . », begann Aubrey.
«Sie haben Castleford umbringen lassen. Sie sind ein sowjetischer Agent – mein Gott, wenn ich mir vorstelle, was alles hätte passieren können, wenn wir Ihnen nicht auf die Schliche gekommen wären! – , und das werden Sie uns büßen. Verlassen Sie sich darauf!» Babbington klappte seinen Aktenkoffer zu, ging zur Tür und warf dabei einen Blick auf seine Uhr. «Ich schicke Eldon noch zu Ihnen», sagte er dabei. «Sie haben doch sicher nichts gegen eine lange Nacht? Ich bezweifle ohnehin, daß Sie Schlaf finden würden.»

«Fertig! Jetzt können Sie loslegen.» Cass inspizierte die geweiteten Pupillen Karel Bajews, des Wiener KGB-Residenten, dessen rundliche, noch immer voll bekleidete Gestalt halb liegend in einem bequemen Sessel saß. Das Licht einer Stehlampe fiel auf Bajews ausdruckslose, schlaffe und trotzdem hellwache Züge. Der Mann wirkte in einer Sekunde vernünftig und ansprechbar, um schon in der nächsten den Eindruck zu erwekken, als sei er zu keiner Bewegung imstande. Massinger war über diese offenbar ständig drohende Unbeweglichkeit erschrocken. «Versuchen Sie's mit ihm», schlug Cass ihm vor, während er eine weitere Spritze mit Benzedrin aufzog.
Hyde kam leise aus dem Schlafzimmer zurück, in dem er das Callgirl geknebelt und gefesselt hatte. Massinger, der sich an der Haussprechanlage als Polizeibeamter ausgegeben hatte, hatte die junge Frau dazu bewogen, ihnen aufzumachen, und ihr Schock hatte verhindert, daß sie mit Gewalt zum Schweigen gebracht werden mußte, als die drei Unbekannten sich an ihr vorbeidrängten. Hyde hatte ihr den Mund zugehalten und sie vor sich her die Treppe hinaufgeschoben. Bajew, der mit einem Glas in der Hand auf ihre Rückkehr gewartet hatte, hatte Hyde fast augenblicklich als Geheimdienstmann erkannt. Aber Cass, der mit Hydes Pistole bewaffnet war, hatte seinen Protest im Keim erstickt.
Einfache Vorarbeiten, sagte Massinger sich. Fast zu einfach. Jetzt beginnt der Ernst . . .
Hyde war fast unbeachtet ans Fenster getreten. Bajews Augen

waren ihm nicht durchs Zimmer gefolgt. Er starrte in irgendeine undefinierbare mittlere Ferne.
«Karel, alter Freund – wie ich mich freue, dich wiederzusehen!» rief Massinger auf Russisch aus, wobei er sich bemühte, Pawel Koslows jovialen Tonfall zu treffen. «Karel!» wiederholte er, indem er sich an Pawels meistens ziemlich überschwengliche Begrüßung erinnerte. «Ich bin's . . . Pawel, dein alter Freund Pawel!» Er versuchte dabei, Koslows lachende Wiedersehensfreude im Halbdunkel einer Londoner Opernloge zu imitieren.
«Umarmen Sie ihn», flüsterte Cass. «Sprechen Sie ihn nochmals mit dem Vornamen an.»
«Karel! Komm schon, Karel!» Massinger beugte sich über Bajew, legte ihm die Hände auf die Schultern und küßte ihn auf beide Wangen. «Ich bin's – Pawel. Ich möchte, daß du mir Wien zeigst, alter Junge!»
Bajew schien ruckartig aufzuwachen. Seine Augen beobachteten Massinger, der verständlicherweise fürchtete, die bisherige Fiktion werde sich in der nächsten Sekunde in Luft auflösen, Bajew werde protestieren, aufzustehen versuchen, Drohungen ausstoßen, ängstlich werden . . .
«Pawel . . . Pawel . . .», murmelte er mit heiser verschleimter Stimme.
«Das gibt sich rasch», stellte Cass nonchalant fest. «Sobald der Sender richtig eingestellt ist. Weiter!»
«Ich bin vier Tage in dieser herrlichen Stadt und zu allen Schandtaten bereit. Wie damals in den Semesterferien, was, alter Junge? Tallinn – erinnerst du dich an Tallinn? Denk bloß an die *Mädchen!*»
Cass grinste zufrieden, als Massinger zu ihm aufsah, und nickte ihm aufmunternd zu. Auch Hyde grinste; dann durchquerte er leise den Raum und trat in die Diele hinaus.
«Ah . . . ahhh . . .», seufzte Bajew. Seine Hände formten im Zeitlupentempo die Umrisse eines weiblichen Körpers. «Und erst die Wienerinnen! Warte, bis du sie siehst . . . sie *kennenlernst*, Pawel! O ja . . .»
«Wunderbar, alter Freund. Und wie geht's dir – immer viel zu tun?»
«Zuviel, viel zuviel. Aber ich lasse mir für ein paar Tage

einen Sonderauftrag einfallen – dann amüsieren wir uns richtig!»
«Schön, schön.» Massinger wußte nicht mehr weiter. Er hatte sich erfolgreich als Koslow vorgestellt, aber seine eigene Phantasie wollte nicht zünden. Er brachte es nicht fertig, Koslow zu *sein.*
«Wie geht's weiter?» flüsterte er.
«Das liegt bei Ihnen», antwortete Cass.
«Verdammt noch mal», wisperte Massinger, bevor er laut fortfuhr: «In London ist's scheußlich, Karel, alter Freund. Schwierigkeiten, nichts als Schwierigkeiten! Ich kann dir gar nicht sagen, wie sie uns auf Trab halten ...» Er wußte erneut nicht mehr weiter.
«*Du* beschwerst dich?» fragte Bajew prompt. «Uns hat vergangene Woche wieder der verdammte Stellvertretende Vorsitzende mit seinem Besuch beehrt. Mein Gott, dieses Unternehmen dauert anscheinend ewig!» Bajew war sichtlich animiert und fuchtelte langsam mit den Armen.
«Kapustin ist schon immer ein richtiger Arsch gewesen!» warf Massinger ein.
«Da hast du recht, mein Freund, nur allsu ... recht ... ja, o jahhh ...»
«He, was ist los mit ihm?»
«Er macht's nicht lange, was?» lautete Cass' Gegenfrage. Er trat auf Bajew zu, der in den Sessel zurückgesunken war und dessen Pupillen klein, schwarz wie Korinthen und blicklos waren. Seine Arme und Beine glichen einer Bauchrednerpuppe, die darauf wartet, zusammengefaltet und in ihren Kasten gelegt zu werden.
Cass injizierte das Benzedrin und richtete sich auf. «Vielleicht ist er übermüdet oder hat einen sitzen. Schwer zu beurteilen. Wahrscheinlich werden Sie ihn zwischendurch immer wieder aufwecken müssen.» Er sah auf seine Uhr. «Wenn ich die Maschine nach Frankfurt noch erwischen will, muß ich jetzt los. Ich lasse Ihnen die Spritze da. Denken Sie daran: Sobald er mal nicht mehr zu sich kommt, lassen Sie ihn am besten ganz in Ruhe.»
«Wird gemacht.»
Bajew wurde erneut ruckartig wach.

«Kapustin ist ein richtiger Arsch», sagte Massinger sofort.
«Wer sind Sie?» fragte Bajew mißtrauisch.

«Verdammter Mist!»
«Was ist los, Wilkes? Sie haben London informiert. Was hat die Zentrale gesagt? Warum hat sie noch mal bei Ihnen angerufen?»
«Ach, das war nicht weiter wichtig ... Hören Sie, Beach, holen Sie uns ein paar Stück Kuchen, ja? Ich bin halb verhungert!»
«Um diese Zeit? Die Geschäfte haben längst zu ...»
«Die Automatenläden unter der Schottenkreuzung haben immer offen.»
«Geld her! Ich kenne Sie, Wilkes!»
«Hier ... und beeilen Sie sich.»
«Okay. Bis nachher.»
«Puh, endlich ist er weg! Also, sechs ... sieben ... vier ... acht ... neun ... drei ... eins ... fünf. Los, komm schon – großer Gott, wenn daraus was wird, kannst du deinen bequemen Druckposten in Wien vergessen, Wilkes, alter Knabe –, los, komm doch endlich! ... Gott sei Dank ... Geben Sie mir Sawin, aber sofort! ... Das geht Sie nichts an, verbinden Sie mich einfach ... Ja, ja, die heutige Parole heißt *Wolgograd* – toll einfallsreich, was? ... Sawin, sind Sie's? Gut, hören Sie zu: Ich habe eben mit London gesprochen. Falls Sie wissen, wo Ihr Resident ist, kümmern Sie sich am besten um ihn, damit ihm nichts zustößt. Warum? Weil jemand sich in unserer Registratur über Ihren Chef informiert hat! ... Ja, und dieser Jemand ist jetzt in Wien – wahrscheinlich mit Hyde zusammen ... richtig, mit Hyde! Wenn Sie also wissen, wo Ihr Chef ist, würd ich mich an Ihrer Stelle um ihn kümmern!»

«Pawel – ich bin Pawel», sagte Massinger zögernd.
«Pawel?» Bajew war nach wie vor mißtrauisch. Massinger versuchte seit über fünf Minuten, den Russen erneut davon zu überzeugen, daß er mit seinem Freund Pawel Koslow sprach. Cass, den das alles nichts mehr anzugehen schien, hatte sich verabschiedet, um sein Flugzeug nicht zu verpassen; für ihn

ging es nur darum, rechtzeitig über Frankfurt nach Madrid zurückzukehren, um in Sicherheit zu sein. Massingers Vorhaben erwies sich als schwierig, wenn nicht gar unmöglich. Der Anfang war zu einfach, zu schön gewesen – wie ein Sonnenstrahl, bevor der Nebel wieder einfällt.
«Ja, Pawel ... Komm schon, Karel, was ist mit dir los? Wieder mal blau?»
Bajew lachte. «Pawel!» rief er aus. «Du alte Ratte, wie geht's dir? Was führt dich nach Wien?»
«Urlaub ... Vergnügen! Und natürlich der Dienst.»
«Nicht wieder Anweisungen – nichts mehr von dieser Sache! Schläft Kapustin denn eigentlich niemals?»
Massinger wollte erleichtert aufatmen, als das Telefon zu klingeln begann. Er starrte es an, wagte aber nicht, den Hörer abzunehmen. Bajews Rundschädel drehte sich auf seinem dicken Hals wie ein Vogelkopf von einer Seite zur anderen, während er versuchte, sich auf das klingelnde Telefon zu konzentrieren.
«Laß den Scheißapparat ruhig klingeln!» sagte Massinger geistesgegenwärtig. «Um diese Zeit sind wir längst außer Dienst. Ich möchte, daß du mir ein paar Sehenswürdigkeiten vorführst!»
Bajew sah wieder zu ihm hinüber. «Aber was ist, wenn ...?»
«Kapustin ruft nicht an, und vor wem solltest du sonst Angst haben? *Ich* überbringe dir Kapustins Anweisungen. Komm, wir reden unterwegs weiter, einverstanden? Ich hab schrecklich Durst, kann ich dir sagen!»
Bajew lachte. Das Telefon hatte zu klingeln aufgehört, aber er schien nichts davon zu merken.
Ein Freier, ein Freier, betete Massinger im stillen, bevor er laut sagte: «Gott, bin ich durstig!»
«Immer der gleiche alte Pawel!»
«Warum auch nicht? Schließlich tue ich trotzdem meine Pflicht. Außerdem ist meine Rolle als Partytrinker eine gute Tarnung. Die Londoner Gesellschaft hat einen Narren an mir gefressen!»
«Und das mit Recht. Ich kenne eine hübsche neue Bar – mit *entzückenden* Mädchen!»
«Wann ist Kapustin zuletzt in Wien gewesen?»
«Vor zwei Wochen. Uns hat die Zunge aus dem Hals gehan-

gen, so haben wir uns anstrengen müssen, um mit ihm Schritt zu halten. Er hat sich mit dem Engländer getroffen . . .»
«Aubrey?»
«Natürlich. Mit wem denn sonst?»
Massinger machte eine Pause. Er wußte, daß er im Begriff war, die Büchse der Pandora zu öffnen, in der Aubreys Leiden verborgen waren, und konnte sich nicht dazu überwinden, das Gespräch fortzusetzen. Bajew saß mit auf den Knien gefalteten Händen zufrieden in seinem Sessel: eine Maschine, die darauf wartet, eingeschaltet zu werden. Massingers Hände zitterten. Er fürchtete sich vor der Entdeckung, daß Aubrey . . .
Die Tür wurde aufgerissen. Hyde, dem ein Schwall kalter Luft vorausging, kam hereingestürzt. Massinger hörte ihn keuchend atmen und drehte sich sofort nach ihm um.
«Drei Wagen!» stieß der Australier hervor. «Drei Autos mit Kameraden von der anderen Seite! Was fangen wir mit *ihm* an, verdammt noch mal?»

5

Ein bewegter Abend

«Na?» fragte Hyde drängend. «Was *tun* wir mit ihm? Von uns einmal ganz abgesehen?»
Massinger drehte sich wieder nach Bajew um. Der Russe hatte anscheinend nichts mitbekommen: Er hatte den Zusammenbruch der Situation, in der er sich zu befinden glaubte, gar nicht wahrgenommen; er schien abgeschaltet zu sein, bis er wieder gebraucht wurde.
«Keine Ahnung – wie nahe sind sie schon?»
«Sie sind vorläufig noch auf Beobachtungsposten. Ihre Wagen stehen ungefähr dreißig Meter von unserem entfernt. Zuerst interessieren sie sich für unseren Wagen – dann für uns. Sie

bemühen sich natürlich, Bajew zu schonen, aber das heißt keineswegs, daß sie uns einfach laufen lassen.»
«Wie sind sie . . .?»
«Das weiß der Teufel! Ist auch unwichtig! Lassen Sie den Kerl aufstehen, Massinger.»
«Er ist nicht transportfähig . . .»
«Das muß er aber sein, wenn Sie noch nicht mit ihm fertig sind!» Hyde trat auf den Russen zu. Er studierte Bajews leeren Gesichtsausdruck und seine blicklosen Augen, die ihn bei seiner raschen Bewegung nicht verfolgt hatten. «Hmmm, der ist völlig weggetreten. Sind Sie mit ihm fertig?»
«Durchaus nicht!»
«Dann behalten wir ihn lieber als Faustpfand. Vielleicht sind wir in seiner Gesellschaft etwas weniger gefährdet. Helfen Sie mir, ihn zum Auto runterzubringen. Hier können wir uns nicht verbarrikadieren.»
«Es kann gefährlich sein, ihn von hier fortzubringen.»
«Und tödlich, wenn wir's nicht tun!» Er sah zu Massinger auf. «Sie können ihn im Auto ausquetschen. Der merkt bestimmt keinen Unterschied!»
«Gut, wie Sie meinen . . .»
«Holen Sie seinen Mantel – er hängt in der Diele.»
Hyde trat ans Fenster und blickte durch einen Spalt zwischen den Vorhängen auf die Straße hinaus. Ihr Mercedes schien nicht überwacht zu werden. Massinger kam mit Bajews Mantel ins Wohnzimmer zurück.
«Reden Sie weiter auf Russisch mit ihm», wies Hyde ihn an. «Sorgen Sie dafür, daß er die Ruhe behält.»
Massinger nickte wortlos und beugte sich dann über Bajew, um ihn aus dem Sessel hochzuziehen.
«Komm, steh auf, Karel, alter Junge – du hast wieder mal zuviel gesoffen!»
Hyde nickte anerkennend, während Massinger den Russen umarmte und ihm lachend auf den Rücken schlug. Sie steckten Bajew zu zweit in seinen Mantel und setzten ihm die Pelzmütze auf.
«Okay – Sie übernehmen das meiste Gewicht, wenn ich bitten darf», forderte Hyde den Amerikaner auf und lockerte die Pistole in seinem Schulterhalfter. «Für alle Fälle . . . »

«Los, Karel, du brauchst ein bißchen frische Luft!»
«Mir ist *kalt!*» klagte Bajew wie ein Kind.
«He, wie kommt er darauf?» flüsterte Hyde, während sie sich seitlich durch die Wohnzimmertür in die kleine Diele zwängten. «Wacht er etwa schon auf?»
«Keine Ahnung. Ich ... Verdammt, die Benzedrinspritze! Ich hab sie vergessen ... Augenblick, bin gleich wieder da, alter Junge! Hab zu zahlen vergessen!» Bajew blieb auf Hyde gestützt unbeweglich stehen, als sei er erneut abgeschaltet worden. Der Australier beobachtete die Wohnungstür, wobei seine rechte Hand in der Nähe des Pistolengriffs blieb. Massinger kam zurück und schob ein längliches schwarzes Etui in seine Manteltasche.
Sobald Bajew ihn sah, beschwerte er sich: «Hier ist's kalt, Pawel – verdammt kalt!»
«Du mußt wieder munterer werden, alter Junge. Los, komm mit!»
«Nicht mehr so laut, wenn wir auf der Straße sind. Halten Sie ihm notfalls den Mund zu. Okay?»
«Verstanden!»
Hyde beugte sich vor und öffnete die Wohnungstür. Er hebelte sie mit einem Fuß auf. Die schmale Treppe war frei.
«Los! So schnell wie möglich runter mit ihm!»
«Vorwärts marsch, Karel, alter Junge!»
Sie schafften Bajew gemeinsam die steile Treppe hinunter. Hyde ging voraus und trug einen Teil des Körpergewichts des Russen mit seinen Schultern, während Massinger sich hinter Bajew zurücklehnte, um die Hauptlast zu tragen. Er versuchte, den stechenden Schmerz in seiner arthritischen Hüfte zu ignorieren. Bajew wirkte wie betrunken: Er konnte nicht allein gehen, stolperte auf jeder Stufe und kicherte dabei. Er hatte sich offenbar mit der Idee abgefunden, zuviel getrunken zu haben, und Massinger verwünschte diese zusätzliche Komplikation. Sie lehnten schwer an der Innenseite der Haustür und atmeten keuchend. Bajew kicherte noch immer. Massingers Hüfte brannte wie Feuer.
«Geradeaus über die Straße zu unserem Wagen. Vielleicht lassen die anderen sich durch den angeblichen Betrunkenen täuschen, aber er darf auf keinen Fall laut auf Russisch reden.

Nicht stehenbleiben, nicht zögern – sie schießen nicht, selbst wenn sie uns erkennen, solange wir *ihn* zwischen uns haben. Fertig?»

«Fertig.»

Hyde zog die Heckler & Koch. Er öffnete die Haustür einen Spalt weit und blickte nach draußen. Der auf diese Weise sichtbare kleine Ausschnitt der Herrengasse zeigte ihm den Mercedes und einen der russischen Wagen. Der Fahrer saß am Steuer, aber der oder die Mitfahrer waren nirgends zu sehen. Hyde horchte angestrengt nach draußen. Ein vorbeifahrendes Auto erschreckte ihn; dann hörte er langsame Schritte. Auf der anderen Straßenseite? Sich entfernende Schritte . . .?»

«Los!» flüsterte er scharf. Sie schleppten Bajew zwischen sich über die Straße. Der Russe glitt auf dem eisigen Pflaster aus, so daß die beiden ihn krampfhaft festhalten mußten.

«So *kalt* . . .!» rief er laut, bevor Massinger ihm den Mund zuhalten konnte. Das Gesicht des Amerikaners war vor Schock und wegen der Schmerzen in seiner Hüfte verzerrt.

«Scheiße!» knurrte Hyde. Bajew rutschte wieder aus und brachte sie damit beinahe zu Fall. Hyde spürte die Kälte der Pflastersteine durch seine Hose, als er auf ein Knie sank und Bajew stützte, bis Massinger ihn wieder hochzog.

Ein Mann, zwei . . . drei . . .

Alle drei durch den kurzen russischen Ausruf alarmiert – zwei bereits auf die stationäre Dreiergruppe mitten auf der Herrengasse aufmerksam geworden. Der dritte Mann ebenfalls in Bewegung . . .

«Schnell, sie haben uns erkannt! Wir müssen zum Auto . . .!»

Sie schleppten Bajew, dessen Beine in Schlangenlinien hinter ihm herschleiften, über die Straße. Hyde lehnte den Russen gegen den Kofferraum des Mercedes, bevor er die Tür auf seiner Seite aufriß. «Los, rein mit dem Kerl!»

Massinger schob Bajew hinten in den Wagen, stemmte sich gegen ihn, als der Russe nicht mehr nur protestierte, sondern sogar nach ihm zu treten versuchte, warf sich zuletzt mit einem erstickten Schmerzensschrei auf den Russen und schob ihn mit Gewalt über den Rücksitz in die andere Ecke.

Der vorderste Mann war jetzt bis auf zehn Meter heran und öffnete bereits den Mund, um etwas zu rufen . . .

Der zweite und der dritte Mann kamen schnell näher, schwärmten bereits aus und versuchten, ihnen den Weg abzuschneiden ...
Nach einem kurzen Blick auf die anderen knallte Hyde die hintere Tür zu, setzte sich ans Steuer und verriegelte seine Autotür.
«Verriegeln Sie die Türen, sonst ...» Massinger drückte die Stifte herunter.
Hyde ließ den Motor an. Am Fahrerfenster neben ihm erschien ein an der getönten Scheibe plattgedrücktes Gesicht. Eine von einer Hand mit weißen Fingerknöcheln schräggehaltene Pistole bedrohte sie. Hyde war sich darüber im klaren, daß der andere ihn jetzt erschießen konnte, ohne den Residenten zu gefährden. Der Russe vor seinem Fenster richtete sich auf und trat einen Schritt zurück. Im Rückspiegel war zu erkennen, daß der zweite und der dritte Mann inzwischen ebenfalls heran waren: Nun war auch Massinger leichter von Bajew zu trennen, leichter zu erschießen.
Der Australier gab Vollgas und schlug das Lenkrad bis zum Anschlag ein. Der Mercedes schoß mit durchdrehenden Rädern aus der Parklücke, schleuderte, fing sich und raste in Richtung Michaelerplatz und Hofburg davon. Der KGB-Mann, der vor Hydes Fenster gestanden hatte, taumelte zurück und ging zu Boden. Ein vierter Mann lief vor ihnen auf die Herrengasse hinaus, aber Hyde lenkte an ihm vorbei.
«Alles in Ordnung, Karel – nur ein paar randalierende Betrunkene», sagte Massinger auf dem Rücksitz so ruhig und nachdrücklich wie irgend möglich.
«Wer sind Sie?» fragte Bajew mißtrauisch. «Was *tun* Sie mit mir?»
«Verdammt noch mal, hör doch auf, dich zu *wehren*, Karel!» fauchte Massinger ihn an. «Du hast wohl nen Anfall von Säuferwahn?»
Hyde schlug das Lenkrad ein – in der Herrengasse fuhren bereits zwei Wagen an –, und der Mercedes bog rechtwinklig ab, um durch die schmale, dunkle Einfahrt der Hofburg unter der Kuppel zu röhren. Ein Fußgänger, der seinen Dackel an der Leine hinter sich herzog, brachte sich hastig durch einen Sprung in Sicherheit. Das Motorengeräusch wurde unter der

Kuppel verstärkt; dann rollten sie über den zum Ring führenden Heldenplatz und hatten eine Verkehrsampel vor sich.
Rot.
Rückspiegel: Der erste Wagen bog bereits in die Durchfahrt ab.
«Karel, Karel, wach auf, alter Junge! Fühlst du dich jetzt besser? Komm, du bist nicht betrunken, nur angeheitert!» Massinger rüttelte den zusammengesunkenen neben ihm hockenden Bajew sanft an der Schulter.
«Ich kann nicht ins Hotel zurück», sagte Hyde, «bevor ich alle drei Wagen abgeschüttelt habe.»
«So hat's keinen Zweck!» protestierte Massinger. «Er ist völlig desorientiert.»
«Ich muß trotzdem weiterfahren.»
Grün. Die Ampel sprang wieder um, als sie am Heldendenkmal vorbeifuhren, und Hyde bog gegenüber den dunklen riesigen Klötzen des Kunsthistorischen und des Naturhistorischen Museums nach rechts auf den Burgring ab. Vielleicht schafften nur zwei Verfolgerfahrzeuge die Ampel?
Funk. Ihre Verfolger operierten natürlich mit Funk. In dem Mercedes waren Massinger und er so verwundbar wie in der Wohnung des Callgirls.
Richtig, zwei Wagen. Hyde gab Gas. Dr.-Karl-Renner-Ring, Karl-Lueger-Ring, beide Ampeln zum Glück grün.
«Wohin?» fragte er.
«Irgendwohin!» knurrte Massinger.
Schottenring. Vor ihnen Rot anzeigende Verkehrsampeln über der mehrspurigen Fahrbahn. Der erste Wagen war bei schwachem Verkehr kaum 20 Meter hinter ihnen. Der Asphalt glitzerte von Eiskristallen.
Grün.
Hyde riß das Steuerrad nach links. Der Mercedes brach mit dem Heck aus, wurde abgefangen, beschleunigte, holperte über Straßenbahngleise und schoß in eine schmalere Querstraße davon. Hyde bog bei erster Gelegenheit zweimal rechts ab und hatte dann wieder die Lichter des Schottenrings vor sich. Er bog eine Straße nördlicher als zuvor auf ihn ab und beschleunigte erneut.
«Aubreys Leute», sagte Massinger laut und nachdrücklich.

«Aubreys Leute. Er kämpft um sein Leben, Karel. Er ist verzweifelt. Er hat keine Chance!»
«Keine Chance», stimmte Bajew zu, aber seine Stimme klang mechanisch und teilnahmslos. Massinger ließ nicht locker.
«Wir können uns keine Pannen leisten – wir zwei müssen auf Nummer sicher gehen. Nach zwei Jahren darf einfach nichts mehr passieren!»
Hyde bog auf den parallel zum Donaukanal verlaufenden Franz-Josefs-Kai ab. Hier war der Verkehr noch geringer. Weit vor sich sah er die Lampen einer Brückenbeleuchtung, die an eine Perlenkette erinnerten. Über den Kanal! sagte ihm eine innere Stimme. Ins Labyrinth aus engeren, dunkleren Straßen. Noch immer zwei Wagen hinter ihm. Der dritte würde im Hintergrund bleiben und auf Anweisungen warten, um den Mercedes dann vielleicht irgendwo abfangen zu können.
«Zwei Jahre? Dann bist du spät dazugestoßen», sagte Bajew so ausdruckslos wie zuvor. «Pawel . . .»
«Ja?» fragte Massinger erwartungsvoll.
«Pawel, diesen Plan gibt's seit mindestens *fünf* Jahren . . .»
Hyde spürte, daß der halb betäubte Russe in seiner Verwirrung wieder in die Rolle des Betrunkenen verfallen war. Seine Stimme klang leicht undeutlich, und er sprach vertraulich, sogar etwas besserwisserisch. Vor ihnen die Brücke.
Die Ampel stand auf Rot . . .
Hyde fuhr trotzdem weiter. Im nächsten Augenblick kam von rechts ein Lastwagen heran, dessen Fahrer den grauen Mercedes entgeistert anstarrte und zugleich scharf bremste, während Hyde das Lenkrad herumriß. Der Mercedes brach mit dem Heck aus, wurde abgefangen und schoß mit aufheulendem Motor und quietschenden Reifen über die Brücke davon. Hinter ihnen hupte der LKW-Fahrer aufgebracht, während ihre Reifen über das Brückenpflaster und die Straßenbahngleise rumpelten.
«Fünf Jahre – Donnerwetter!» rief Massinger aus. Nach dem Beinahe-Zusammenstoß mit dem Lastwagen war seine Stimme noch immer zittrig. «Fünf Jahre . . . Du giltst offenbar als weit vertrauenswürdiger als ich, Karel.»
«Klatsch . . . alles nur Klatsch», sagte Bajew undeutlich. Dann gähnte er.

«Kapustin hat das Unternehmen von Anfang an geleitet, nicht wahr?» drängte Massinger

«Nehmen Sie alles auf Band auf?» warf Hyde ein.

«Ja. Der Recorder läuft noch. Ich halte ihn in der Hand.»

«Das will ich hoffen!» Er bog nach rechts ab. Diesmal dauerte es vier Sekunden, bis das erste Verfolgerfahrzeug im Rückspiegel erschien. Hyde gab Gas. Die Tachometernadel wanderte rasch nach rechts: 90 ... 100 ... 110 Stundenkilometer. «Vielleicht schaffen wir's doch, sie abzuhängen», murmelte er.

«Kapustin hat stets die Leitung gehabt», bestätigte Bajew mechanisch.

«Brillant – ein brillanter Plan. Ein genialer Kopf, dieser Kapustin!»

«Scheiße!»

«He, was ...?»

«Kapustin – Scheiße, Pawel! Kapustin ist bloß der Ausführende, der Kontrolleur: Der Plan stammt nicht von ihm. Bloß weil du ihm gerade in den Arsch kriechst, weil du in London bleiben willst ...» Bajew rülpste, so überzeugt war er von seiner eigenen Betrunkenheit. Er wirkte jetzt streitsüchtig und unruhig und zog sich in seine Ecke des Rücksitzes zurück. «Oh, ich kenne dich nur zu gut! Du würdest jedem den Hintern küssen, nur um in London bleiben zu dürfen.»

«Karel, alter Junge ...», protestierte Massinger.

«Das ist nicht Kapustins Plan, du aufgeblasener Furz!» Der Russe kreischte, als habe er einen Feind vor sich. Die Mittel, die Cass ihm injiziert hatte, hatten ihn jetzt in gewalttätige Stimmung versetzt. «Petrunin hat ihn ausgearbeitet! Petrunin, dem du nie das Wasser reichen könntest – *er* hat ihn ausgearbeitet!» kreischte Bajew jetzt mit voller Lautstärke.

«Wer?» fragte Massinger eher leise in die darauf folgende Stille hinein.

Im Rückspiegel zwei Wagen, die allmählich zu ihnen aufschlossen. Links von ihnen der häßliche dunkle Klotz des Nordbahnhofs. Hyde lief ein kalter Schauer über den Rücken. Grelles, kaltes Licht über dem weitläufigen Güterbahnhof jenseits der Bahnhofsgebäude.

«Petrunin. Tamas Petrunin», sagte Hyde entnervt. «Dieser clevere Hundesohn.»

«Shelley?»
«Ja.»
Peter Shelley gab seiner Frau ein Zeichen, den Fernseher leiser zu stellen. Alison Shelley drückte auf einen Knopf der Fernsteuerung. Das Lachen über eine Wiederholung von *Porridge* verklang. Shelley lächelte noch immer über die letzte gehörte Bemerkung, als ihm klar wurde, daß der Anrufer Babbington war.
«Shelley, ich will gleich zur Sache kommen – schließlich sind Sie einer meiner führenden Leute», begann Babbington. Er machte ein Pause, um die Wirkung des Gesagten zu unterstreichen, bevor er fortfuhr: «Sie haben inoffiziell gearbeitet, Shelley. Sie haben Leuten ohne Sicherheitsüberprüfung vertrauliche Informationen zugänglich gemacht.»
Shelley holte erschrocken tief Luft. Alisons Schultern zuckten, als habe sie von der plötzlich statisch aufgeladenen Raumatmosphäre einen Schlag bekommen.
«Entschuldigung, Sir, aber was . . .?»
«Spielen Sie nicht den Ahnungslosen, Shelley! Massinger hat Sie um bestimmte Informationen gebeten, und Sie haben sie ihm aus der Zentralregistratur besorgt.»
«Sir . . .»
Alison drehte sich um, als sie seinen Tonfall hörte, und machte ein besorgtes Gesicht. Er winkte ab, um anzudeuten, daß es keinen Grund zur Sorge gebe. Aber das stimmte ganz und gar nicht . . .
«Sie sind ein guter Mann, Shelley. Ich bin bereit, Ihnen zuzugestehen, daß Sie in diesem Fall irregeführt worden sind. Alte Loyalitäten und so weiter.» Der polternd verständnisvolle Tonfall Babbingtons ließ Shelley Hoffnung schöpfen – und machte ihn zugleich mißtrauisch. Babbingtons verständnisvolle Art war offenkundig nur gespielt. «Sie nehmen ab sofort eine Woche Urlaub, verstanden? Wenn Sie in die Osteuropaabteilung zurückkommen, ist vieles anders . . .» Alison beobachtete seinen Gesichtsausdruck noch immer gespannt; sie runzelte die Stirn, während sie intuitiv zu erraten versuchte, worum es bei diesem Anruf ging. «Wenn Sie zurückkommen, ist sehr vieles anders. Ich erwarte, daß Sie sich in die neue Organisation einfügen. Kapiert?»

«Ja, Sir. Sir, ich bin . . .»
Aber Babbington hatte bereits aufgelegt.
«Was war das?»
«Eine sehr kräftige Abreibung, glaube ich», antwortete Shelley bedrückt. Er legte den Hörer auf und seufzte erleichtert.
«Hmmm?»
«Ein strenger Verweis, aber keine Entlassung. Solange ich mir nichts mehr zuschuldenkommen lasse.»
«Aubrey?»
«Teilweise. Zum Teil auch wegen Paul Massinger, weil ich ihm ein paar Informationen geliefert habe . . .» Shelley streckte seine Beine aus und rieb sich die Oberschenkel. «Mein Gott, Babbington hat überall Augen und Ohren! Dabei bin ich wirklich vorsichtig gewesen . . .»
«Ist's damit vorbei?»
«Ich habe eine Woche Urlaub.»
«Herrlich!»
«Inzwischen wird der Dienst weiter umorganisiert. Wenn ich dann zurückkomme, erkenne ich ihn nicht wieder.» Er machte eine nachdenkliche Pause. «Was Massinger jetzt wohl tut?»
«Interessiert dich das noch immer?»
Shelley hob den Kopf. «Das weiß ich selbst nicht.»
«Überleg's dir bitte bald, Peter.» Alisons Handbewegung umfaßte ihr behaglich eingerichtetes Wohnzimmer mit dem flackernden Kaminfeuer. «Ich gebe dies alles nicht ohne einen sehr guten Grund auf.»
«Hmmm?»
«Falls du dich wieder in diese Sache hineinziehen läßt, solltest du's tun, weil du's wirklich willst – sonst bin ich stinksauer!»
Alison sprach sehr ernst, aber ihr Blick zeigte Shelley, wie ihre Worte gemeint waren. Sie war damit einverstanden, daß er weitermachte; sie verlangte lediglich einen Beweis für seine Ernsthaftigkeit.
Aber war er wirklich noch ernsthaft an dieser Sache interessiert? Wollte er tatsächlich *alles* riskieren, um Aubrey zu helfen? Babbington hatte ihm eine Chance gegeben, sich zu rehabilitieren. Sollte er sie nicht dankbar nutzen?
«Ich weiß nicht, Liebling», murmelte er. «Ich weiß nicht, was ich wirklich will.»

Der Güterbahnhof. Harte, kalte Lichter, alle wegen des aufkommenden Nebels von einem Hof umgeben. Abspanndrähte, Leitungen und Telefondrähte waren bereits dick von Reif umhüllt.
Der Mercedes parkte auf einer schräg nach unten führenden Zufahrt zu dem Gewirr aus Gleisen, Gittermasten und Signalen, das den Frachtenbahnhof Wien-Nord darstellte. Er stand zwischen einigen Dutzend Autos, die vermutlich dort arbeitenden Bahnbediensteten gehörten.
Hyde hatte sie durch den schwach beleuchteten, menschenleeren Prater gefahren – an Harry Limes Riesenrad vorbei, dessen Anblick in ihm schlimme Erinnerungen an den Film *Der dritte Mann* geweckt hatte ...
Er hatte die beiden Verfolgerautos irgendwo im Prater abgehängt, indem er das Straßen- und Wegegewirr des Vergnügungsparks geschickt ausgenützt hatte. Da er wußte, daß sie zunächst damit beschäftigt sein würden, den Prater nach dem Mercedes abzusuchen, war er sofort weitergefahren, hatte erneut den Bahnhof passiert und war auf diese schräg zum Güterbahnhof hinunterführende Zufahrt mit den geparkten Wagen aufmerksam geworden. Massinger hatte ihn gedrängt, so bald wie irgend möglich anzuhalten. Hyde hätte den Abstand zu ihren Verfolgern lieber noch vergrößert, aber für Massinger galten andere Prioritäten.
Hyde beobachtete, wie der Amerikaner Bajews Ärmel hochrollte und ihm zehn Milligramm Benzedrin injizierte. Der Russe zeigte keinerlei Wirkung. Er hockte weiterhin zusammengesunken in seiner Ecke, hatte Tränenspuren auf den Wangen, weil er hemmungslos geweint hatte, bevor er ohnmächtig geworden war, und starrte mit blicklosen Augen geradeaus.
«Na?»
«Sieht nicht gut aus, das gebe ich zu», antwortete Massinger trocken.
«Kommt er wieder zu sich?»
«Schwer zu sagen. Für ihn ist die Fahrt verdammt anstrengend gewesen, fürchte ich.» Im Licht der Bogenlampen, die den Güterbahnhof und seine nähere Umgebung erhellten, wirkte Bajews Gesicht leichenblaß. Immerhin konnte dieses Licht ihre KGB-Verfolger ablenken, denn die Zufahrt war viel zu hell

beleuchtet, als daß sie als brauchbares Versteck in Frage gekommen wäre.
«Er hat die Augen bewegt!» sagte Hyde eifrig.
Bajew schien ihn zu beobachten. Sein Gesicht trug einen mürrischen, bösartigen Ausdruck.
«Karel, geht's dir wieder besser, alter Junge?» fragte Massinger halblaut auf Russisch. «Mann, du hast uns richtig Angst eingejagt! Du bist einfach umgekippt. Dabei hast du das seit deiner Schulzeit nicht mehr getan – erinnerst du dich noch daran, wie oft du Nasenbluten und Ohnmachtsanfälle gehabt hast?» Hyde starrte den Amerikaner verblüfft an, aber Massinger zuckte lediglich mit den Schultern. Vielleicht spielte der Wahrheitsgehalt des Gesagten tatsächlich keine Rolle mehr. Es kam nur darauf an, dem benebelten Gehirn des durch die starke Droge halb Betäubten eine neue Realität vorzugaukeln. «Erinnerst du dich noch daran, Karel?»
«Das bin nicht ich, das ist der kleine Fiesling Wo-Wo-Worisenko gewesen!» fauchte Bajew zurück. «Dieser verdammte kleine Schwule!»
«Ja, der arme alte Worisenko», stimmte Massinger lachend zu. «Geht's dir jetzt wieder gut?»
«Kopfschmerzen.»
«Nur ein Kater, nehme ich an.»
Der Nebel um die Bogenlampen wurde dichter, so daß sie bereits nicht mehr als einzelne Lichtquellen auszumachen waren. Die Windschutzscheibe des Mercedes beschlug außen, und Hyde stellte kurz die Scheibenwischer an. Ein Blick durch das freigewischte Feld ließ nirgends eine Bewegung erkennen.
«Halt's Maul!» knurrte Bajew. «Halt's Maul, Pawel. Ich hab dein Geschwätz satt, ich kann deine Stimme nicht mehr hören. Ich will schlafen.»
«So würdest du Kapustin nicht gefallen, Karel. Du wirst anscheinend alt.»
«Verschwinde! Laß mich schlafen.»
Mein Gott, wie soll ich ihn nur wachhalten? dachte Massinger. Die nächsten zehn Milligramm darf ich ihm nicht mehr injizieren. Er ist völlig erschöpft. Was soll ich nur tun?
«Okay?» fragte Hyde halblaut.
«Ich fürchte, daß er nicht mehr lange ansprechbar ist.»

«Dann beeilen Sie sich doch, Mann!»
«Wie denn?»
«Jagen Sie ihm Angst ein – das funktioniert bei KGB-Angehörigen immer. Sie fürchten sich alle vor irgendeinem großen roten Häuptling, der ihnen im Nacken sitzt.»
«Wie soll ich das anfangen? Ich bin Pawel Koslow, sein Londoner Kollege – sein Freund.»
«Erzählen Sie ihm, daß Sie im Auftrag eines anderen mit ihm sprechen . . .»
«In Kapustins Auftrag?»
Hyde zuckte mit den Schultern. «Warum nicht? Warum nicht sogar in Petrunins Auftrag . . .?» Der Australier verzog angewidert das Gesicht.
«Gut, ich versuch's mit Kapustin.» Massinger beugte sich zu Bajew hinüber. «Karel, der eigentliche Grund für meine Reise nach Wien ist . . .»
«Halt's Maul und laß mich schlafen.»
«Kapustin hat mich hergeschickt. Er findet, daß ich als dein Freund dir eher sagen kann, daß . . .» Massingers Tonfall war einschmeichelnd, aber zugleich etwas bedrohlich.
Unter ihnen stampfte eine Rangierlock vorbei, deren Umrisse im dichter werdenden Nebel kaum noch zu erkennen waren. Abgestoßene Güterwagen polterten und rasselten; andere stießen krachend zusammen.
«Sagen? Was sollst du mir sagen?» Bajews Stimme klang schon besorgt, fast ängstlich.
«Kapustin ist enttäuscht . . .»
«Wovon? Von wem? Etwa von mir?» Bajew setzte sich auf. Seine Augen waren angstvoll geweitet, obwohl sie wie zuvor ins Leere zu blicken schienen. «Was soll das heißen?» Sein Widerstreben und seine Müdigkeit waren zumindest im Augenblick verflogen. Die fiktive kritische Situation hatte ihn wieder hellwach gemacht.
«Ja, leider. Du hast zugelassen, daß die Engländer hier in Wien den Ton angeben.» Aus dem Augenwinkel heraus sah Massinger, daß Hyde die Rückenlehne seines Sitzes so krampfhaft umklammerte, daß die Fingerknöchel weiß hervortraten. Er hörte den Australier keuchend atmen. «Er will nicht, daß die Engländer die Sache unter Kontrolle haben.»

«Sie haben sie nicht unter Kontrolle.»
«Doch! Der Mann, der sie leitet, der Verbindungsmann ... Wie heißt er gleich wieder?»
«Wilkes leitet überhaupt nichts. Wir halten Verbindung, das ist alles. Wilkes tut, was wir verlangen. Das gehört zu unserer Vereinbarung.»
«Was gehört noch dazu?»
«Woher, zum Teufel, soll ich das wissen? Ich bin nicht Kapustins Vertrauter. Ich habe mit Wilkes zu tun. Mit allem anderen habe ich nichts zu tun.»
«Scheiße!» sagte Hyde halblaut.
«Warum habt ihr diesen Engländer Hyde noch nicht geschnappt? Das möchte Kapustin auch wissen. Was spielt ihr da herum?»
«Das wollte Wilkes übernehmen. Ich dachte, alle seien sich darüber einig, daß sie's tun würden!» protestierte Bajew. «Das ist nicht meine Schuld gewesen», jammerte er. «Er muß verstehen, daß ich ...» Seine Stimme begann undeutlich zu klingen, und Massinger, der zu Hyde hinübersah, schüttelte den Kopf.
«Das war's wohl, fürchte ich.»
«Fragen Sie ihn *warum*, verdammt noch mal!»
«Was steckt hinter dem Ganzen, Karel?» erkundigte Massinger sich, wobei er Pawel Koslows Stimme beibehielt, ohne den Londoner KGB-Residenten weiterzuspielen. Bajew war sichtlich verwirrt. Er schüttelte langsam und verwundert den Kopf. Sein Körper sank bereits wieder in die Polster zurück. Massinger war sich darüber im klaren, daß der Russe wieder in seine Betäubung verfiel, aus der er diesmal vermutlich auch mit Benzedrin nicht mehr zurückzuholen sein würde.
Hyde sah nach vorn. Die Windschutzscheibe war schon wieder beschlagen. Er griff nach dem Wischerhebel. Der Wagen war eine stille, abgeschlossene, fast unwirklich isolierte Einheit. Auf den Gleisen unter ihnen klirrten Güterwagenkupplungen unheimlich laut.
«Was steckt dahinter, Karel?» drängte Massinger. «Wozu hetzen wir uns ab? Wofür tun wir das alles?»
«Wer weiß ...», antwortete Bajew mit schwacher Stimme.
Hyde starrte den KGB-Residenten aufgebracht an. Seine

Hände umklammerten die Rückenlehne seines Sitzes. Los, red schon, *red endlich!*

«Warum? Karel – warum, Mann, *warum?*» rief Massinger laut.

«Wer weiß . . . wer weiß . . . Petrun . . . runin . . . iiin . . .» Sein Kopf sank kraftlos nach vorn. Im nächsten Augenblick hörten sie den Russen bereits schnarchen.

«Verdammt noch mal . . .», ächzte Massinger.

Hyde fluchte laut und betätigte den Wischerhebel. Die Scheibenwischer glitten ruckend über die beschlagene Windschutzscheibe.

«Er hat's nicht gewußt! Scheiße, er hat's nicht *gewußt!*» rief Hyde vorwurfsvoll aus. «Dieser Scheißkerl hat's nicht *gewußt*, Massinger!»

Er drehte sich auf seinem Sitz um. Durch die blankgewischte Windschutzscheibe sah er einen Mann herankommen, der nur noch wenige Meter von dem Mercedes entfernt war. Der Unbekannte zog die Hand aus dem Mantel und hatte zwei Schüsse durch die Windschutzscheibe abgegeben, bevor Hyde auch nur nach seiner Pistole greifen konnte.

«Sie können nicht einfach dabei bleiben, alles zu leugnen, Sir Kenneth», tadelte Eldon ihn in zurechtweisendem, überlegenem und drohendem Tonfall. «Sie haben sich zu Ihrer Unterschrift bekannt, Sie haben zugegeben, im russischen Sektor geschnappt und eingesperrt worden zu sein, und Sie haben eingestanden, von Oberst Salosny verhört worden zu sein, dessen Methoden und Erfolge hinlänglich bekannt sind . . .» Eldon machte eine Pause, in der seine Hände auf den Akten auf seinen Knien lagen. Offenkundig, besagte diese Geste. Die Beweise liegen alle hier . . .

Aubrey konnte die Anzeichen für seine Gebrechlichkeit und Hoffnungslosigkeit nicht länger unterdrücken. Er rieb sich die Stirn müde mit einer Hand, als versuche er, starke Kopfschmerzen zu lindern.

«Glauben Sie?» fragte er leise. Seine Stimme klang matt, erschöpft.

«Sie würden allen Beteiligten helfen – auch sich selbst, Sir

Kenneth –, wenn Sie die in diesen Unterlagen geschilderten Ereignisse bestätigen würden.»
«Das kann ich nicht.»
«Ich verstehe.»
«Nein, Sie verstehen nichts. Auch wenn Sie mir den Schlaf rauben, mir auf die Nerven gehen und meine Verdauung durcheinanderbringen, können Sie mir keine Bestätigung für Ereignisse entlocken, von denen ich nichts weiß.» Aubreys Stimme beruhigte ihn selbst: ruhig, leise, nachsichtig, als habe er die Situation noch unter Kontrolle.
«Gut, Sir Kenneth, dann schlage ich vor, daß wir uns erneut mit dem *zufälligen* Zusammentreffen mehrerer Ereignisse befassen – zum Beispiel mit der Tatsache, daß Robert Castleford an dem Tag, an dem *Abend*, an dem Ihnen die Rückkehr in den britischen Sektor Berlins gelungen ist, zum letztenmal lebend gesehen worden ist.»
«Ganz recht. Als ich mich . . . von meiner Haft erholt hatte, galt er als vermißt. Spurlos verschwunden. Am Morgen nach meiner Rückkehr ist er nirgends zu finden gewesen.»
«Haben Sie den NKWD zu ihm geführt?»
«Nein.»
«Aber Sie haben den Russen gesagt, wo er zu finden war?»
«Nein.»
«Aber . . . ?»
«Im Gegensatz zu dem gefälschten Protokoll über meiner gefälschten Unterschrift habe ich nie behauptet, Castleford sei für die SIS-Geheimoperationen gegen der NKWD in Berlin und in der sowjetischen Besatzungszone verantwortlich gewesen. Castleford ist ein reicher, hochintelligenter, ehrgeiziger Beamter gewesen, der seine Position bei der Kontrollkommission nach Kräften ausgenutzt hat. Sein Ehrgeiz ist grenzenlos gewesen. Ich habe ihn nicht leiden können; wir haben uns nicht vertragen. Aber ich habe ihn nicht verraten – ich habe ihn nicht ermorden lassen.»
«Aber Sie müssen doch zugeben, daß der NKWD allen Grund gehabt hätte, Castleford . . . aus dem Verkehr zu ziehen, wenn Sie ihn tatsächlich in glühenden Farben als eine Art Meisterspion hingestellt hätten?»

«Ja, wenn ich das getan hätte. Ja, wenn die Russen ihn dafür gehalten hätten. Beides trifft jedoch nicht zu.»
«Wann haben Sie Robert Castleford zum letztenmal gesehen?»
«Ich ... ich ... das weiß ich nicht sicher ...»
Eldon blätterte in seinen Notizen. Der Kassettenrecorder auf dem Couchtisch des geschmackvoll beleuchteten Raums summte leise weiter. Schatten und weiches Licht. Aubrey wurde selbst in dieser vertrauten Umgebung das Gefühl nicht los, ständig bedroht zu sein. Eldon sah wieder auf.
«Sie haben sich am Tag vor Ihrer Expedition in den russischen Sektor mit ihm getroffen – bevor Sie sich auf die Suche nach Ihrem angeblichen Doppelagenten gemacht haben.»
«Tatsächlich? Vielleicht haben wir uns getroffen. Ich kann mich nicht daran erinnern.»
«Könnten Sie's nicht wenigstens versuchen, Sir Kenneth?» drängte Eldon. «Könnten Sie versuchen, sich daran zu erinnern, worüber bei diesem letzten Zusammentreffen gesprochen worden ist?»
«Tut mir leid, das weiß ich nicht mehr», murmelte Aubrey, während er sich in Wirklichkeit nur allzu deutlich an Castlefords Stimme erinnerte. Ja, er wußte genau, was bei ihrem Treffen – bei ihrer vorletzten Begegnung – gesprochen worden war!
«Der Teufel soll Sie holen, Aubrey – Sie legen's wohl darauf an, mich zu ruinieren!»
«Nein, ich ...»
«Ja! Ihre unsinnige Eifersucht ...»
«Meine oder Ihre, Castleford?»
«Der Teufel soll Sie auch in bezug auf Clara holen. Sie haben mir nachspioniert, Sie größenwahnsinniger kleiner Mann. Mir? Was wollen Sie gegen mich ausgraben? Was können Sie ausgraben? Sie haben sich vorgenommen, mich zu verleumden, um mich aus dem Weg zu schaffen. Aber das lasse ich nicht zu, Aubrey. Ich lasse nicht zu, daß ein bigotter Kerl wie Sie noch mehr Macht an sich reißt. Ich warne Sie, Aubrey: Wenn Sie diese lächerlichen, rachsüchtigen Ermittlungen gegen mich nicht einstellen, sorge ich dafür, daß Sie ruiniert sind. Haben Sie verstanden? Erledigt. Dann sind Sie erledigt!»
Aubrey hatte Mühe, seine Atmung zu kontrollieren; ebenso schwer fiel es ihm, nicht zu der Schlußfolgerung zu gelangen,

Castlefords Prophezeiung werde nach nunmehr fast 40 Jahren in naher Zukunft eintreten. Er sah, daß Eldon ihn beobachtete und gespannt auf seine Antwort wartete. Aubrey schüttelte den Kopf.

«Ich ... ich kann mich an nichts erinnern», behauptete er. «Wahrscheinlich habe ich wieder einen Anpfiff einstecken müssen. Das ist bei unseren Begegnungen leider üblich gewesen. Castleford hat an die SIS-Arbeit sehr hohe moralische Maßstäbe angelegt.»

«Vor allem an Ihre, soviel ich weiß.»

«Schon möglich.»

«Sie haben sich nicht leiden können.»

«Richtig. Unsere Feindseligkeit ist allerdings nie so stark gewesen, daß ich ihn verraten hätte. Ich habe ihm nicht den Tod gewünscht.»

Sie wissen nichts von Clara, stimmt's? fragte Aubrey sich. Sie müssen von ihr wissen! antwortete eine weitere Stimme in seinem Kopf. Auch andere haben von der Rivalität, dem *Werben* und dem Erfolg gewußt; die Leute in Berlin sind über Castlefords Interesse an Clara, über mein Interesse an ihr auf dem laufenden gewesen. Warum ist dieses Thema noch nicht angeschnitten worden ...? Hoffentlich wird es nicht angeschnitten ...

«Ich verstehe.»

«Eldon?»

«Wie ist die Stimmung ... bei Ihren Vorgesetzten?» Aubrey verachtete sich selbst, weil er diese Frage stellte, aber sie beschäftigte ihn, seitdem Babbington davon gesprochen hatte. «Bestehen sie auf einem Prozeß? Auf einer Anklage wegen Landesverrats?»

«Ja, Sir Kenneth – darauf dürfen sie bestehen.»

«Ziemlich spät in diesem Jahrhundert, finden Sie nicht auch?»

«Schon lange überfällig, würden andere vielleicht sagen.»

«Hmmm, das wäre natürlich denkbar ...»

«Sie haben Castleford gehaßt, nicht wahr?» fragte Eldon rasch.

«Er hat mich gehaßt», antwortete Aubrey.

«Aber Sie haben ihn ebenfalls gehaßt!»

Aubrey starrte Eldons beherrscht unversöhnliche Gesichtszüge an. Er war sich darüber im klaren, daß es sich nur noch um

Tage handeln konnte. Wie dicht er vor einer Anklage wegen Landesverrats stand, würde er erfahren, sobald er Verbindung mit seinem Rechtsanwalt aufnehmen durfte. In diesem Augenblick würde seine Vernehmung beendet sein und der Prozeß gegen ihn vor dem Anfang stehen.
Prozeß, Prozeß! wiederholte die Stimme in seinem Inneren. Auch Salosny hatte ihm in den Verhörpausen immer wieder einen Prozeß angeboten. In den Pausen zwischen den Eiswassergüssen, dem Trommeln von Holzstöcken auf dem über seinen Kopf gestülpten Blecheimer, den Hieben massiger Bauernfäuste und dem Strammstehen auf dem schneebedeckten Gefängnishof – nackt, mit klappernden Zähnen und am ganzen Leib wie im Fieber zitternd. Wenn er gestand, sollte er rasch vor Gericht gestellt und hingerichtet werden. Seine jetzige Lage war im Grunde genommen nicht viel anders . . .
Aubrey verdrängte die Erinnerungen an die Vergangenheit. Was die Gegenwart betraf, war er sich darüber im klaren, daß er alles Menschenmögliche tun würde – außer ein Geständnis abzulegen –, um einen Prozeß zu vermeiden. Er würde niemals auf der Anklagebank Platz nehmen, niemals eine Anklage wegen Landesverrats hören, niemals sein Schicksal in die Hände der Geschworenen legen. Er war entschlossen, alles zu tun, was notwendig war, um *das* zu vermeiden.
Er beobachtete Eldon. Eldon würde niemals verstehen, warum Aubrey ein Gerichtsverfahren um jeden Preis vermeiden wollte. Er würde niemals vermuten, daß der Verräter Aubrey sich noch ein Geheimnis bewahrt hatte, das er unter keinen Umständen öffentlich preisgeben wollte.

Hyde hob den Kopf, um über den Rand des Instrumentenbretts zu blicken. Glassplitter stachen ihn in Nacken und Handrücken und rutschten von seinem Mantel auf den Fahrersitz. Er wußte, daß Bajew hinter ihm tot war – ein Blick auf die in ihrer Ecke zusammengesunkene leblose Gestalt hatte ihm das gezeigt. Zu Massinger hatte Hyde nicht einmal hinübergesehen. Um ihn konnte er sich jetzt keine Sorgen machen. Der Russe kam heran: Er trabte schwerfällig die letzten Schritte bis zur Fahrertür. Hyde schoß durch die wildgezackten Überreste der Wind-

schutzscheibe, und der Mann verschwand seitlich neben der Motorhaube.
Erst dann drehte Hyde sich um. Massinger saß kerzengerade auf seinem Platz – offenbar vor Schock wie gelähmt.
«Los, los Sportsfreund! Wir haben's eilig!»
«Was . . .?» Massinger hätte selbst betäubt sein können, so langsam und unkoordiniert waren seine Bewegungen. Hyde griff nach hinten und bekam ihn am Arm zu fassen.
«Bajew ist tot – und wir sind die nächsten in der Reihe. Los, aussteigen!»
Die Ausfahrt über ihnen war unmittelbar an der am Güterbahnhof vorbeiführenden Straße durch eine lange schwarze Limousine blockiert. Daneben standen zwei Männer, von denen einer sich bereits die Zufahrt hinunter in Bewegung gesetzt hatte. Soviel hatte Hyde durch einen raschen Blick in den Außenspiegel festgestellt.
«Aussteigen . . .?»
«Ich kann nicht weiterfahren!»
Massinger bewegte sich endlich. Er stöhnte laut, während er sich aus dem Wagen stemmte. Hyde wurde von schlimmen Vorahnungen befallen, als er seinen Krückstock sah. Massingers gottverdammte Hüfte!
Der Amerikaner blickte die Zufahrt hinauf. Hyde hatte den Eindruck, er stütze sich schweratmend auf seinen Stock. «Wie viele sind's?» fragte er drängend.
«Nur der eine Wagen. Sie haben nicht erst Verstärkung abgewartet. Irgend jemand hat ihnen befohlen, zuerst Bajew zum Schweigen zu bringen. Recorder?»
«Ja.» Massinger klopfte auf seine Manteltasche. «Praktisch wertlos, verdammt noch mal! Er hat *nichts* gewußt . . .!»
«Kommen Sie, wir müssen weiter!»
Hyde beobachtete die beiden Männer, die am oberen Ende der vereisten Zufahrt neben ihrer Limousine stehengeblieben waren. Sie waren lediglich dunkle Klumpen in dem durch die starken Bogenlampen erhellten Nebel. Graue Nebelschwaden zogen wabernd an ihnen vorbei. Dreißig Meter. Der Kamikaze hatte dicht herankommen müssen, um Bajew herauspicken zu können. Eine verzweifelte Taktik, die nur durch einen Befehl von oben zu erklären war, der ihn vorwärtsgetrieben hatte.

Nachdem er jetzt tot war, warteten die beiden anderen auf Verstärkung.
«Nach unten?»
«Ja, nach unten. Die beiden haben's nicht eilig, uns zu verfolgen. Kommen Sie!»
Massinger ging voraus, während Hyde ihm rückwärtsgehend folgte, was wegen der Spurrillen und der zugefrorenen Pfützen in der Fahrbahn gar nicht einfach war. Hinter ihm rasselten zwei Güterwagen zusammen und erschreckten ihn. Er hörte Massinger davonhinken und vor Anstrengung keuchen. Auch die zögernden Schritte der beiden Russen waren zu hören. Dann hielt oben an der Straße mit kreischenden Reifen ein weiterer Wagen.
«Schneller!» rief er Massinger zu. «Die Kavallerie ist angekommen.»
Hyde drehte sich um, holte den Amerikaner ein und packte ihn am Arm. Er studierte Massingers Gesicht. Erschöpft, von tiefen Falten durchzogen, kaum mehr gutaussehend. Der Australier nickte.
«Mir fehlt nichts . . .», protestierte Massinger.
«Nein, das stimmt nicht. Sie kommen so eben über die Runden. Aber wir müssen uns beeilen!»
Er zwang Massinger dazu, in einen hinkenden Trab zu verfallen. Der Amerikaner benützte seinen Stock als unsicheres drittes Bein und stöhnte mehrmals; aber er versuchte nicht, Hydes Tempo zu verringern, bis sie den Holzzaun vor den Gleisen erreicht hatten. Vor ihnen ein Tor, dann nur noch im Nebel verschwindende Gleise. Eine Lokomotive, die langsam durch den Nebel rollte, erinnerte an einen kreisenden unsichtbaren Hai. Ihre Lichter blitzten gelegentlich auf, und die Nebelschwaden gerieten in Bewegung, wenn die Rangierlok vorbeirollte. Hyde zitterte vor Kälte.
«Alles in Ordnung?»
Massinger, der wieder zu Atem kam, nickte rasch. «Alles okay, Hyde. Ich bin nur verdammt wütend . . .»
«Das hat Zeit bis später. Die anderen beraten sich vermutlich ein paar Minuten lang. Wir brauchen nichts zu überstürzen.»
«Was tun wir jetzt?»
«Wir verschwinden aus Wien. Mehr bleibt uns nicht übrig.» Er

stieß das unversperrte Tor auf. Ein Warnschild verkündete, das Überschreiten der Gleise sei für Unbefugte verboten. Massinger trat durch das Tor, das Hyde hinter ihm schloß. Die Zufahrt blieb im Nebel zurück. Hyde konnte weder den Mercedes noch den davor Liegenden ausmachen, aber ihre Verfolger schienen noch nicht ausgeschwärmt zu sein. «Okay. Vorsicht auf den Gleisen – passen Sie auf, wohin Sie treten!»
Massinger hörte das momentane Selbstvertrauen in Hydes Stimme. Sie hatten 100 Meter Vorsprung und waren im Nebel unsichtbar. Das genügte offenbar, um den Australier zufriedenzustellen. Massinger erkannte die besonderen Eigenschaften Hydes. In seiner ganzen Dienstzeit hatte er nur einige wenige Männer wie ihn geführt. Männer ohne Nerven, die nie unterzukriegen waren. Hervorragende Außendienstler.
Er überquerte das erste Gleis, wobei er nach links und rechts horchte. Metallische Geräusche, ein Klirren, das Kreischen von Spurkränzen, das Rasseln zusammenstoßender Güterwagen. Dann ein verblüffendes Geräusch: eine im Nebel muhende Kuh, der eine zweite antwortete. Im ersten Augenblick irritierende, dann beruhigend unschuldige Laute.
Vor ihnen ragten zusammengekoppelte Güterwagen aus dem Nebel.
«Drunter durch!» wies Hyde ihn an.
Massinger legte eine Hand auf den eiskalten Puffer und ging in die Hocke, um darunter hindurchzuschlüpfen. Seine Hüfte schmerzte fast unerträglich, als er vorwärtswatschelte. Massinger fürchtete, seine Hüfte könnte jeden Augenblick versagen. Er richtete sich sehr mühsam auf, und sein keuchender Atem stand als Dampfwolke vor seinem Gesicht.
«Geht's noch?» fragte Hyde besorgt.
«Mir fehlt nichts, verdammt noch mal!» behauptete der Amerikaner. Er stützte sich auf seinen Stock und beobachtete Hyde aufgebracht. «Mir fehlt *nichts*, gar nichts.»
«Okay.» Der andere zuckte mit den Schultern. «Kommen Sie, wir müssen weiter!»
Vier weitere Gleise, die sich auf ihre Füße zuzuschlängeln schienen, um dann wieder in dem von Bogenlampen erhellten eisigen Nebel zu verschwinden.
«Halt!» knurrte Hyde plötzlich.

Das Fahrgeräusch einer näherkommenden Rangierlok. Massinger starrte seine Füße an und fühlte sein Herz wie rasend schlagen. Standen sie auf dem Gleis, auf dem die Lok sich näherte? Davor, dahinter? Die Nebelschwaden teilten sich und gaben den Blick auf ein dunkles Ungetüm frei, dessen Rangierlichter sich bemühten, den Nebel zu durchdringen. Massinger lehnte sich zurück und spürte den Luftzug und das Stampfen der über ihm aufragenden Lok. Hyde war nirgends zu sehen. Ein halbes Dutzend Güterwagen, zwischen denen es jeweils für wenige Augenblicke weiß aufleuchtete, rasselte vorbei.
Der Lärm war ohrenbetäubend.
Dann hatte der Nebel die Güterwagen und das rote Schlußlicht des letzten Wagens verschluckt.
«Hyde?» fragte Massinger ängstlich in den Nebel hinein.
«Nicht so laut! Los, weiter!»
Drei, vier, fünf Gleise. Lokschuppen, ein Stellwerk, Weichen, Gittermasten, Signale, Bogenlampen. Dann eine hohe Steinmauer; Rauhreif auf Efeu und Unkraut; darüber und dahinter das schwächere Licht von Straßenlaternen.
«Irgendwo muß es eine Treppe geben», sagte Hyde. «Sie gehen voraus, Massinger. Aber seien Sie vorsichtig!»
Die Treppe war knapp 200 Meter weit entfernt und führte zur Lassallestraße hinauf. Hyde stieg als erster hinauf und winkte dann Massinger zu, ihm zu folgen. Oben versperrte ein Tor ihnen den Weg auf die Straße. Es war zum Glück nicht abgeschlossen. Hyde ließ Massinger vorangehen.
Zugefrorene Pfützen, schlechte Straßenbeleuchtung, dunkle Lagerhäuser. Eine schmale, schmutzige, gepflasterte Straße ohne Menschen und Autos.
«Können Sie noch ein Stück weit gehen?» erkundigte Hyde sich mit leicht erhobenen Händen, als wolle er einen etwaigen Protest im Keim ersticken.
«Ja. Wie weit?»
«Bis zum Bahnhof. Von dort aus fahren wir mit einem Taxi ins Hotel. Überanstrengen Sie sich nicht und bleiben Sie wachsam.»
Das Tappen von Massingers Stock auf dem Pflaster wurde von den fensterlosen Wänden und Toren der Lagerhäuser zurückgeworfen. Es erinnerte Hyde an das Alter, die Gebrechlichkeit

und das Durchhaltevermögen des Amerikaners. Trotzdem wurde er das Gefühl nicht los, den Älteren durchschleppen zu müssen – obwohl Massinger wie selbstverständlich die Rolle seines Führungsoffiziers übernommen hatte, die ihm wohl auch zustand. Massinger würde die Entscheidungen treffen, aber er würde seinen Hals riskieren müssen, um sie auszuführen.
«Hat uns das was gebracht?» erkundigte er sich.
«Hmmm?» Massinger antwortete nicht gleich. Nein, nein, nein, tappte sein Stock. «Erzählen Sie mir von diesem Petrunin», sagte er schließlich. «Sie kennen ihn, nicht wahr?»
«Nur allzu gut.»
«Entschuldigung . . .?»
«Früher KGB-Resident in London. Später hat er versucht, mich in Australien und Spanien reinzulegen. Wir vertragen uns nicht allzu gut – wir haben ständig Streit miteinander!» Trotz des scherzhaften Tonfalls lag ein Zittern in Hydes Stimme, das er nicht unterdrücken konnte.
«Er ist ein Außendienstleiter?» fragte Massinger überrascht.
«Nein. Er ist früher sogar General gewesen.»
«Früher?»
«Petrunin soll vergangenes Jahr zum Oberst degradiert worden sein . . .»
«Ihretwegen?»
«Nein, aber ich habe dazu beigetragen. Er hat ein Vorhaben nicht geheimhalten können.»
«Sie sollten beseitigt werden?»
«Richtig.»
«Und jetzt scheint er Nachahmer gefunden zu haben», stellte Massinger erbittert fest.
Hyde brachte den Amerikaner mit erhobener Hand zum Stehen und ging dann voraus, um die vor ihnen liegende gut beleuchtete Querstraße zu überprüfen. Dort herrschte wieder Verkehr: Autos fuhren langsam durch den Nebel, und einzelne Fußgänger führten Hunde aus oder schienen von der Spätschicht zu kommen. Massinger hatte das Gefühl, diese Szene sei harmlos und gefährlich zugleich. Darüber hinaus spürte er eine lange nicht mehr wahrgenommene Erregung. Gefährlich, töricht, verzweifelt. Hyde kam zurück.
«Alles klar, soweit ich beurteilen kann. Ich glaube nicht, daß sie

die Jagd aufgegeben haben, aber es dauert natürlich seine Zeit, bis der Güterbahnhof abgesucht ist. Wahrscheinlich sind sie noch nicht bis zum Bahnhofsgebäude vorgedrungen. Aber seien Sie vorsichtig! Bleiben Sie immer dicht hinter mir. Ich warte nicht auf Sie, verstanden?»
«Okay.» Massinger nickte zustimmend.
«Der Bahnhof ist nur ein paar hundert Meter von hier entfernt», fuhr Hyde fort. «Was tun wir, wenn wir ins Hotel und zu dem von Ihnen gemieteten Leihwagen zurückkommen?»
«Wir fahren auf der Autobahn nach Linz und vielleicht nach München weiter. Mit etwas Glück sind wir morgens dort – wenn nicht auf der ganzen Strecke Nebel herrscht.»
«Und dann ... ?»
«Ich muß wieder mit Peter Shelley reden. Wir müssen uns beraten. Ich wollte, ich könnte nochmals mit Kenneth sprechen, aber das ist zu gefährlich.» Der Amerikaner starrte Hyde an. «Vorläufig wissen wir beide nicht, wohin wir uns wenden sollen. Babbington hat mir verboten, mich weiter für Kenneth einzusetzen – irgend jemand hat Wien davon benachrichtigt, daß ich hier bin, und irgend jemand hat angeordnet, mich mit Ihnen umzulegen.»
«Babbington?»
«Das bezweifle ich. Aber irgend jemand muß dahinterstecken! Wilkes verfolgt uns nicht auf eigene Faust; Wilkes erhält seine Befehle von jemand anderem. Diese Zusammenarbeit funktioniert zu glatt, zu wirkungsvoll und nach Auskunft unseres toten Freundes schon zu lange, um von Leuten wie Wilkes vereinbart und durchgeführt zu werden. Irgend jemand in Europa oder in London – einer der leitenden Männer wie Shelley oder seine Stellvertreter – muß für den KGB arbeiten.»
«Verdammt noch mal! Darüber hab ich mir noch gar keine Gedanken gemacht ... Shelley?»
«Na?»
Hyde schüttelte nachdrücklich den Kopf. «Nein, nicht Shelley.»
«Das glaube ich eigentlich auch nicht.»
Sie hatten den von Säulen getragenen Haupteingang des Nordbahnhofs erreicht. Am Taxistand warteten mehrere Wagen. Niemand schien sich um Hyde und Massinger zu kümmern. Der Australier wirkte sichtlich entspannt.

Massinger war so in den Bann seiner eigenen Theorie geraten, daß er alles vergessen hatte: ihre nur mit knapper Not geglückte Flucht, den toten Bajew auf dem Rücksitz des Mercedes und die Männer, die offenbar den Auftrag gehabt hatten, Hyde und ihn zu erledigen. Hyde würde ihm den Rücken freihalten müssen. *Er* mußte nachdenken ...
Er mußte sich Klarheit verschaffen. Irgendein SIS-Mitarbeiter, der darüber hinaus eine leitende Position bekleiden mußte, war ein KGB-Agent – das war die einzig sinnvolle Erklärung.
«Okay, rein mit Ihnen!» Massinger nahm mühsam auf dem Rücksitz des Taxis Platz und gab dem Fahrer als Ziel das Hotel Inter-Continental an. Er seufzte erleichtert, während er sich in die Polster zurücklehnte.
«Sie akzeptieren die Hypothese?» fragte er, als sie über den Donaukanal fuhren. Hyde schwieg einen Augenblick, dann nickte er.
«Sie haben recht. Es muß einer der Bonzen sein. Aber *wer*?»
«Ja, wer? Der KGB hat einen der leitenden Männer in der Tasche und führt mit seiner Hilfe das Unternehmen *Träne* durch. Wenn wir wüßten, wozu, wüßten wir vielleicht auch, wer dieser Mann ist.»
«Darüber haben Sie sich wohl keine Theorie zurechtgelegt?» erkundigte Hyde sich mit hörbar ironischem Unterton. Dahinter stand die aus plötzlichem, unerwartetem Wohlbefinden entspringende Gleichgültigkeit. Hyde, dem im Augenblick keine Gefahr zu drohen schien, hatte sofort einen Gang zurückgeschaltet.
Massinger dachte gewissermaßen laut nach, als er sagte: «Um sicherzustellen, daß Aubrey erledigt ist? Um den gesamten Dienst in Verwirrung zu stürzen? Um irgendein Großunternehmen, von dem wir nichts wissen, voranzubringen? Einer oder alle diese Gründe können zutreffen – oder vielleicht ganz andere. Wozu? Und wer? Lauter Fragen ohne Antworten ...»
Aber ich weiß eine Antwort, dachte er. Sie ist noch verrückter als diese Geschichte hier in Wien. Und dazu brauche ich *dich!* fügte er in Gedanken hinzu, während er zu Hyde hinübersah, der mit halbgeschlossenen Augen neben ihm hockte. Und der Auftrag wird dir nicht gefallen – ganz und gar nicht!
Andererseits gab es einen Mann, nur einen einzigen, der alles

wußte – der den Grund für das Unternehmen *Träne* kannte, der den Namen des Verräters wußte ... Petrunin wußte alles. Er hatte *Träne* selbst ausgearbeitet.

Massinger sah mit zusammengekniffenen Augen zu dem Australier hinüber. «Wissen Sie, wo Petrunin sich gegenwärtig aufhält? Er ist in Ungnade gefallen, stimmt's?»

«In letzter Zeit ist durch mehrere Berichte bestätigt worden, daß er nach Afghanistan versetzt worden ist. An die sowjetische Botschaft in Kabul. Der schlimmste Posten, den sie für ihn finden konnten, nehme ich an.» Hyde beantwortete Massingers Frage, ohne über ihre Bedeutung oder möglichen Folgen seiner Antwort nachzudenken.

Das Taxi bog in die Johannesgasse ein. Hyde fühlte sich wohlig entspannt. Mit etwas Glück konnte er in wenigen Stunden bereits halb außer Landes sein. Seine Hand tastete unwillkürlich nach den neuen Papieren in der Brusttasche seines Mantels. Er dachte nicht weiter als bis an die nächsten paar Stunden, die entschieden hoffnungsvoll aussahen.

Er würde aus Wien entkommen, wo er leicht den Tod hätte finden können.

Teil Zwei

Die längste Reise

Und, die verstörten Scharen wieder sammelnd,
Beraten, wie wir unsern Feind am besten
Verletzen können, den Verlust herstellen,
Wie überwinden diesen grausen Unfall,
Wie wir durch Hoffnung uns erholen können;
Wenn nicht – : was für Entschluß das Elend endet.

Milton: Das verlorene Paradies I, 186

6

Die Goldene Straße

Hyde war noch immer vom Schneeglanz der Bergriesen geblendet, als die Douglas C-47 geräuschvoll auf der Landebahn in Peschawar ausrollte. Die Ebene war dünn verschneit, aber an einigen Stellen trat die gelbe Erde hervor, und die Hügel jenseits der Stadt waren eintönig grau. Aber während das alte zweimotorige Flugzeug kreisend tiefergegangen war, hatte er mit ungläubigem Staunen die sich im Norden und Nordosten bis zu Hindukusch und Himalaja erstreckenden Berge gesehen: ein scheinbar endloses Gipfelmeer.

In der Maschine war es trotz eingeschalteter Kabinenheizung eisig kalt. Die meisten der Soldaten, die Hydes Reisegefährten waren – aus Karatschi, Haiderabad und anderen im Süden Pakistans liegenden Städten zurückkehrende Urlauber –, rieben sich die Arme und stampften mit den Füßen auf. Sie hatten kaum auf ihn geachtet, als er auf einem Militärflugplatz bei Karatschi an Bord gekommen war. Hyde war ein Ausländer – sie hielten ihn für einen Briten –, der vermutlich aus ganz bestimmten Gründen nach Norden zur Grenze nach Afghanistan unterwegs war. Die Soldaten waren Grenzwachen und Aufsichtspersonal in Flüchtlingslagern; der Ausländer wollte vermutlich über die Grenze: illegal, nicht gern gesehen, toleriert, aber höchst inoffiziell.

Als das Flugzeug auf dem Vorfeld zum Stehen kam, sah Hyde zwei für die zurückkehrenden Urlauber bestimmte Lastwagen. Ungefähr zehn Meter neben ihnen parkte ein Land Rover. An der Motorhaube lehnte ein pakistanischer Offizier – eine schlanke, kleine, fast zierlich wirkende Gestalt, die selbst in ihrer olivgrünen Kampfjacke mit schwarz-weißem Schal fast elegant aussah. Hyde hatte das Gefühl, dieser Mann gehöre

eher in irgendeinen alten, romantischen Abenteuerfilm. Er hielt ihn für Colonel Miandad von der pakistanischen Grenzbehörde, die ein Zweig des dortigen militärischen Nachrichtendienstes war. Der Australier nahm sein Handgepäck mit und folgte dem letzten Soldaten durch die große Rumpftür ins Freie. Sobald er auf der eingehängten Fluggasttreppe erschien, richtete Miandad sich auf. Zu Hydes Verblüffung hob der Pakistaner grüßend einen Offizierstock und trat mit ausgestreckter Hand rasch an die Treppe. Der erste Lastwagen fuhr bereits an und rollte auf die niedrigen, schuppenartigen Flugplatzgebäude zu.
«Mr. Hyde, nicht wahr?» fragte Miandad in fast akzentfreiem Englisch. Er hatte ein schmales, dunkles, intelligentes Gesicht mit einer aristokratischen Adlernase und blitzenden Augen. Hyde fand, er habe große Ähnlichkeit mit einem zivilisierten, selbstbewußten Piraten.
Der Australier schüttelte die ihm entgegengestreckte Hand, bevor sie beide wieder ihre Handschuhe überstreiften. «Colonel Miandad?»
«Richtig! Kommen Sie bitte mit. Zuerst einen Kaffee?»
«Ja, bitte.»
Hyde stieg in den Land Rover. Nachdem Miandad sich ans Steuer gesetzt hatte, meinte er lächelnd: «Sie wirken ziemlich verunsichert, Mr. Hyde – als hätten Sie sich verirrt, wenn ich mal so sagen darf.»
«So komme ich mir auch vor», gab Hyde zu.
«Hier.» Miandad hielt ihm eine Thermosflasche hin. Hyde schenkte sich einen starken, süßen Kaffee ein.
«Ihr Besuch ist ziemlich . . . ungewöhnlich», fuhr der Pakistaner fort. «Allerdings noch längst nicht der ungewöhnlichste seit dem russischen Einmarsch in Afghanistan. Normalerweise stellt der CIA die unverschämtesten Anforderungen an unsere Hilfsbereitschaft.» Er lächelte mit blendendweißen Zähnen. Sein Lächeln wirkte jungenhaft, aber die Fältchen um die Augen verrieten sein wahres Alter. Hyde schätzte den Colonel auf Mitte Dreißig.
«Der Kaffee ist ausgezeichnet.»
«Das freut mich. Leider habe ich keine sonderlich guten Nachrichten für Sie, Mr. Hyde. Zumindest vorerst nicht.»

«Oh.»
«Professor Massinger hat eine sehr clevere Idee gehabt», gestand der Colonel ein. «Zumindest auf dem Papier. Als mein alter Universitätslehrer hat er recht daran getan, an mich zu denken und sich daran zu erinnern, daß ich einen Teil meiner Ausbildung in einem Ihrer Zentren in den Home Counties erhalten habe.» Miandad schien in die Ferne zu starren – oder in eine weit zurückliegende Vergangenheit. «Dort bin ich von Ihrem Sir Kenneth Aubrey ausgebildet worden, dessen Hals jetzt in der Schlinge zu stecken scheint . . .» Der Pakistaner nickte. «Ja, das ist alles sehr gut ausgedacht gewesen. Aber sein Plan basiert auf der Unterstützung durch Mudschaheddin – noch dazu durch Pathan-Mudschaheddin.»
«Ich verstehe . . .»
«Ich bringe Sie jetzt zu dem Mann, der das eigentliche Problem darstellt – zu dem Mudschaheddinführer Mohammed Dschan. Ein tapferer, unabhängiger, sturer Mann. Ohne seine Unterstützung könnten Sie nicht einmal nach Afghanistan überwechseln. Jedenfalls erreichen Sie Ihr Ziel bestimmt nicht, wenn er Ihnen nicht hilft.» Während Miandad den Gang einlegte und den Land Rover anrollen ließ, beobachtete er Hyde. Er schien den Australier abzuschätzen, der das Gefühl hatte, dem durchdringenden Blick des anderen entgehe nicht viel.
Der Land Rover holperte die mit Schlaglöchern durchsetzte Fahrspur der beiden Lastwagen entlang. Hyde wußte nicht, ob er mehr enttäuscht oder mehr erleichtert war. Vor drei Tagen hatte er auf dem Beifahrersitz des Leihwagens geschlafen, als sie sich München im Morgengrauen eines regnerischen Tages genähert hatten. Massinger, der erschöpft wirkte, aber von erstaunlicher Energie besessen zu sein schien, hatte am Steuer gesessen. Als Hyde an der ersten Verkehrsampel aufgewacht war, hatte er auf dem Gesicht des Amerikaners eine an Leidenschaft grenzende Entschlossenheit beobachtet. Massingers Lächeln war ihm bedrohlich erschienen, so selbstsicher und absichtlich entwaffnend war es gewesen. Hydes Erleichterung über die geglückte Flucht aus Wien war dadurch nicht geschmälert worden, aber andererseits hatte ihm Massingers vielsagendes Lächeln einen kalten Schauer über den Rücken gejagt.

In den darauf folgenden 48 Stunden hatte Massinger sein Hotelzimmer nicht verlassen; er hatte praktisch ununterbrochen telefoniert. Hyde hatte dafür gesorgt, daß er zu essen und zu trinken bekam, und hatte im kalten Regen lange Spaziergänge durch die Stadt gemacht, um der Treibhausatmosphäre zu entgehen. Der Mann brannte vor organisatorischer Energie und war von einem fast übermenschlichen Zielbewußtsein besessen. Sein Gesicht, seine Stimme und die Leute, mit denen er telefonierte, signalisierten Hyde ständig Gefahr, brachten ihn aus dem Gleichgewicht, regten seine Adrenalinproduktion an und untergruben seine Widerstandskraft.

Zuerst natürlich Shelley. Ein Gespräch nach dem anderen mit der Telefonzelle vor dem Pub in seinem Dorf. Beim ersten Anruf war Mrs. Shelley am Telefon gewesen und hatte Massinger daran gehindert, seinen Namen zu nennen. Shelley war zur Telefonzelle gegangen und hatte in München angerufen: das erste von etwa 20 Gesprächen zwischen Massinger und ihm. Danach weitere Telefonate mit anderen Leuten in London; dann mit alten Kollegen in Langley und Washington oder mit Ruheständlern in New England, Florida oder Kalifornien. Man hätte glauben können, Massinger versuche, sämtliche Bekannten von früher anzurufen. Zuletzt Pakistan ...

Hyde hatte einen einzigen einfachen Auftrag: die Entführung eines hohen sowjetischen Offiziers aus seinem Hauptquartier in Kabul oder von jedem anderen Ort, an dem er anzutreffen war. Petrunin, den Kopf des Unternehmens *Träne*. Mit Hilfe afghanischer Widerstandskämpfer sollte Hyde versuchen, Tamas Petrunin vom KGB gefangenzunehmen.

«Ich habe schon mehrmals mit Mohammed Dschan gesprochen», sagte Miandad, während der Land Rover durch ein Labyrinth aus hartgefrorenen unbefestigten Straßen in einem der häßlichen, aus eingeschossigen Hütten bestehenden Vororte Peschawars fuhr, in dem sie nur stockend vorankamen. Der Colonel achtete sorgfältig auf den übrigen Verkehr: Fahrräder, Ochsenkarren, uralte Autos. «In den vergangenen vierundzwanzig Stunden habe ich zweimal ... nein, dreimal mit ihm über Ihr Anliegen gesprochen. Er weigert sich, über Ihren Vorschlag zu diskutieren.» Miandad sah zu Hyde hinüber. «Ich kann ihm keinen Handel in Ihrem Auftrag anbieten. Sie haben keine Waffen, die Sie ihm liefern könnten. Er interessiert sich nicht für Männer und das, was sie in ihren Köpfen haben. Ihn interessieren nur Waffen – vor allem Raketenwerfer. Für ein halbes Dutzend «Red Eye»-Werfer und reichlich Raketen würde er den sowjetischen Generalsekretär für Sie entführen!» Der Pakistaner lächelte mit blitzenden Zähnen. «Aber ... das ist nicht der Fall. Und obwohl ich Ihnen behilflich sein kann, weil ich hier weitgehend selbständig arbeite, kann ich ihm nicht unsere Waffen anbieten.»

«Ja, ich verstehe ...»

War er erleichtert oder enttäuscht? Hyde konnte sich nicht entscheiden. Der Land Rover ließ das hinderliche Verkehrsgewühl hinter sich; kurze Zeit später hatten sie die letzten Wellblechhütten, die Ochsen, die verschleierten Frauen und die Männer mit den Turbanen passiert. Vor ihnen lagen die Berge mit der Grenze, dem Khaiberpaß und den übrigen nach Afghanistan führenden Pässen: graue Barrieren, hinter denen blendend weiße Gipfel und Grate aufstiegen. Der Gegensatz war zu groß, fast unerträglich stark. Das Gebirge ragte unbarmherzig über der weiten Flußebene auf, die von den Peschawar umringenden und umklammernden Elendsvierteln und Flüchtlingslagern entstellt wirkte.

Enttäuscht, sagte Hyde sich. Obwohl Petrunin ihn direkt oder indirekt zweimal fast umgebracht hatte und obwohl Hyde sich vor einer erneuten Begegnung mit ihm fürchtete, war er jetzt enttäuscht.

Alison Shelley schob einen Einkaufswagen, Massinger den anderen durch die belebten Gänge zwischen den Regalen eines Supermarkts. Die kleine Tochter der Shelleys saß vor ihrer Mutter im Kindersitz des Wagens. Sie schien mit Schokolade zufrieden zu sein, die ihr bereits in den Mundwinkeln und an den Fingerspitzen klebte. Shelley ging neben Massinger her und legte zwischendurch immer wieder Büchsen oder Flaschen in die beiden Einkaufswagen. Hätte jemand sie beobachtet, hätte er merken müssen, daß dieser Einkauf offenbar nur vorgetäuscht war.

Peter Shelley hatte seine Familie mit einem Hovercraft zu einer

Einkaufsfahrt nach Calais gebracht. Massinger hatte den regnerischen Morgen am Strand des Ärmelkanals wie ein im Exil Lebender verbracht, dem es darum ging, aus der Ferne einen Blick auf die schemenhafte, halb illusionäre Küste seines Vaterlandes zu werfen. Ein eisiger, schneidender, salziger Wind hatte ihm das feuchte Haar ins Gesicht geweht, und er hatte in seinem dünnen Regenmantel vor Kälte gezittert. Trotzdem war Massinger am Strand geblieben, bis es Zeit wurde, die Shelleys abzuholen, weil er jenseits der grauen, wenig einladenden Wasserfläche Margarets Gegenwart spürte und weil die Entfernung zwischen ihnen ihm hier, wo sie genau zu bestimmen war, geringer erschien.
Er hatte natürlich angerufen. Aber sobald Margaret sich davon überzeugt hatte, daß er gesund war und sich in Sicherheit befand, war sie auf ihr letztes Gespräch, ihre Auseinandersetzung vor seiner Abreise zurückgekommen. Sie hatte ihn nach Hause beordert; er hatte befürchtet, sie habe mit Babbington gesprochen; der Abgrund zwischen ihnen hatte sich erneut aufgetan. Massinger hatte den Hörer mit dem Gefühl aufgelegt, in der Brust stechende Schmerzen und im Hals einen Klumpen zu haben, der sich nicht schlucken ließ.
«Geräucherten Schinken, Liebling?» fragte Shelley geistesabwesend. Eine kleine, rundliche Frau mit einem hageren, schnurrbärtigen, graugesichtigen Ehemann im Schlepp drängte sich mit einem halben Dutzend langer französischer Weißbrote im Arm an ihnen vorbei.
«Ja, bitte», antwortete Alison gepreßt. Sie hatte sich mit dieser angeblichen Einkaufsfahrt einverstanden erklärt, aber ihre Nervosität war unverkennbar. Offensichtlich machte sie Massinger für ihre Situation, für Shelleys Situation verantwortlich.
Shelley deutete auf einen großen Schinken. Der französische Verkäufer steckte ihn in eine Plastiktüte, drehte sie oben zusammen und schrieb den Preis darauf. Shelley ließ den Schinken in Massingers Einkaufswagen fallen und schien sich nicht vom Anblick der hinter der Theke hängenden Würste trennen zu können.
«Glauben Sie, daß Hyde auch nur die geringste Chance hat?»
«Keine Ahnung», antwortete er wahrheitsgemäß. «Eine gewisse Chance besteht natürlich – deshalb mußte er hingeschickt wer-

den. Außerdem verschwindet er auf diese Weise zu einem Zeitpunkt aus Europa, in dem ihm hier große Gefahr droht.»
Shelley kniff die Augen zusammen. «Ich verstehe nur nicht, wie ...», begann er.
Massinger funkelte ihn an. «Ich auch nicht!» knurrte der Amerikaner. «Falls Hyde erwischt wird, ist er erledigt – und ich wahrscheinlich auch. Haben Sie sich das schon mal überlegt, Peter Shelley?» Seine Stimme war zu einem drängenden Flüstern herabgesunken. «Hören Sie, ich will Ihnen reinen Wein einschenken. Wenn es Hyde und uns nicht gelingt, eindeutig festzustellen, wer und was hinter dieser Sache steckt – hinter den Ereignissen in Wien, hinter der Anklage gegen Aubrey –, sind wir unseres Lebens nie mehr sicher. Ich habe nicht die Absicht, den Rest meines Lebens damit zu verbringen, mich ängstlich umzusehen!»
Shelleys Gesicht wirkte sorgenvoll, jugendlich und irgendwie unfähig. Nach kurzer Pause sagte er widerstrebend: «Ich verstehe noch immer nicht ...»
«Hören Sie, ich will, daß Hyde diesen Russen, diesen Petrunin entführt – das gebe ich zu. Er kann sich zumindest einmal mit dieser Möglichkeit befassen. Die Afghanen haben schon früher Ziele in Kabul angegriffen – auch die Botschaft. Miandad ist erstklassig über Petrunin informiert, deshalb *könnte* es klappen! Der Mann verläßt gelegentlich Kabul und ist dann verwundbar. Es könnte klappen ...» Massingers Stimme wurde immer leiser, als werde er von seinen eigenen Zweifeln übermannt. Dann schüttelte er sie mit einem Schulterzucken ab und sagte mit normaler Sprechstimme: «Es könnte klappen, Peter. Ich sehe eine Chance.»
«Vielleicht ...»
«Okay, was haben *Sie* statt dessen für mich? Was denken Sie? Haben Sie irgendeine Idee – wer unser Trojanisches Pferd ist, meine ich?»
Shelley schüttelte den Kopf.
«Sollen wir nicht weitergehen?» flüsterte Alison drängend, als fürchte sie, ihre kleine Gruppe könnte im nächsten Augenblick das Ziel irgendeines Angriffs werden.
«Ja, das wäre vielleicht besser», antwortete der Amerikaner so beschwichtigend wie möglich. Mrs. Shelley machte ein angewi-

dertes Gesicht. Flaschen klirrten gegeneinander, als Massinger seinen Einkaufswagen von der Theke wegschob. «Aber Sie geben doch wenigstens zu, daß wir's mit jemand in Ihrer Organisation zu tun haben, der für die Sowjets arbeitet?» fragte er Shelley ziemlich scharf. Alison ging jetzt einige Schritte vor ihnen her und starrte links und rechts die Regale an, als fürchte sie, sie könnten versteckte Kameras und Mikrophone enthalten. Sie tat Massinger leid, weil sie in Shelleys Welt aus ständigem Mißtrauen hineingezogen worden war.

«Das muß ich wohl – nach Ihrem Bericht aus Wien.»

Massinger nickte nachdrücklich. Shelley legte mehrere Dosen Muschelragout in den Wagen. «Gut», sagte der Amerikaner. «Es gibt also einen Verräter – und er muß in leitender Stellung tätig sein.»

«Ja . . .» Shelleys Stimme klang besorgt.

«Für meine Frau ist das die reinste Hölle!» brach es aus Massinger hervor. Vielleicht ärgerte er sich über Shelleys Widerstreben; vielleicht konnte er die Gefahren, die seiner eigenen Zukunft drohten, einfach nicht länger ignorieren. In diesem Augenblick wollte er egoistisch sein.

«Entschuldigung?»

«Nach den schrecklichen Erlebnissen im Jahre 1951 . . . mitgeteilt zu bekommen, er sei ermordet worden, und die langen, zwecklosen Ermittlungen – so zwecklos wie die Suche nach ihm in den Jahren 1946 und 1947 . . . muß sie jetzt glauben, Kenneth habe ihn ermordet, habe den NKWD auf ihn gehetzt und ihn dadurch praktisch mit eigenen Händen umgebracht . . .» Massinger brachte seinen zusammenhanglosen Bericht nicht zu Ende. Sein Regenmantel roch noch immer nach Feuchtigkeit und Salzwasser. Der Amerikaner fühlte sich niedergeschlagen und besiegt.

«Ja – ich muß mich bei Ihnen entschuldigen», antwortete Shelley schließlich. «Ja, ich bin Ihrer Meinung. Irgendwo in der Führungsspitze gibt es jemand, der Aubrey aus dem Weg räumen möchte und dem KGB hilft, sein Ziel zu erreichen.»

«Was tun wir also?»

«Helsinki – könnten Sie das übernehmen? Ich . . .» Beide Männer sahen unwillkürlich nach vorn, wo Alison Shelley damit beschäftigt war, eine Dose Motoröl aus den Händen ihrer

Tochter zu retten. Massinger verstand nur allzu gut, was der andere hatte sagen wollen. Er hatte seine Frau bereits verloren; Shelley besaß seine noch und würde alles tun, um sie nur ja nicht zu verlieren.

Der Amerikaner sah zu Shelley hinüber, der seinem Blick auswich und dann mit den Schultern zuckte.

«Okay», sagte Massinger. «Warum Helsinki?»

Die beiden folgten Alison, als sie nach rechts abbog, und blieben dann wieder stehen, weil sie sich sofort für dort hängende Kinderbekleidung interessierte.

«Dort lebt jemand, der vielleicht mit uns redet – mit Ihnen, falls es irgendwas zu erzählen gibt. Phillipson ist früher Leiter der Außenstelle Helsinki gewesen und von Aubrey dazu ernannt worden. Er hat sich dem Alten gegenüber stets loyal verhalten. Vor einem halben Jahr ist er in den Ruhestand getreten und in Finnland geblieben, weil er das Land und die Menschen ins Herz geschlossen hat. Er lebt dort einsam und zurückgezogen.»

«Ja?»

«Aber er hat einige der Treffs zwischen Aubrey und Kapustin organisiert. Sie wissen schon, welches ich meine – das mit den Film- und Tonaufnahmen . . .» Shelley legte es offenbar darauf an, Massinger in Versuchung zu führen. Sie bewegten sich weiter. Ein Kleid war dem kleinen Mädchen angehalten und als passend befunden worden. Shelleys Tochter drehte sich auf ihrem Sitz immer wieder danach um.

«Falls dort mit faulen Tricks gearbeitet worden ist, hätte dieser Phillipson etwas merken oder zumindest Verdacht schöpfen müssen? Wollten Sie das sagen?»

«Richtig!» Shelley machte eine Pause. «Wie steht's mit Bargeld? Kann ich Ihnen damit aushelfen?»

«Ich nehme, was Sie erübrigen können. Kreditkarten hinterlassen Spuren. Ich habe noch keine Zeit gehabt, mir Bargeld zu holen.»

«Ich habe . . . na ja, ich habe Ihnen einen größeren Betrag mitgebracht.»

«Gut! Was tun Sie inzwischen?»

«Wir brauchen eine Liste der Leute, die als KGB-Agenten in Frage kommen.»

«Richtig, die brauchen wir.»

«Ich darf nicht mehr in die Registratur, sondern muß mich auf mein Gedächtnis verlassen. Es muß jemand ... aus der Osteuropaabteilung sein, nicht wahr?» Shelley wirkte niedergeschlagen: ein jüngerer Filialleiter einer Bankzweigstelle, dessen Zentrale ernstlich unzufrieden mit ihm ist.
«Oder noch höher», sagte Massinger nachdrücklich.
«Sie kommen aus Helsinki nach London zurück?»
«Ja, wahrscheinlich.» Margaret stand vor seinem inneren Auge, und er wußte, daß die Rückkehr nach London gefährlich und unvermeidlich war. «Ja», wiederholte er seufzend.
Noch klarer sah er jedoch vor sich Helsinki und einen Mann namens Phillipson. Überlagert wurden diese Vorstellungen jedoch von seinem Gefühl, von Margaret getrennt zu sein – und von ihrem Haß. Er konnte kein Ende dieser Trennung, dieses Hasses erkennen.

Die uralte blitzende Lee Enfield Rifle war mit Gold und Filigranarbeit eingelegt. Sie ruhte fast wie das Zepter eines Königs in den verschränkten Armen des Pathans. Diese Waffe, eine Reliquie oder ihrem Alter nach zumindest ein Museumsstück, war für Hyde der endgültige Beweis dafür, daß er einem der wenigen Männer gegenübersaß, der garantiert imstande war, ihn zu töten. Nicht aus Fremdenhaß, nicht aus Feindschaft – obwohl der andere bestimmt kein Freund war –, sondern lediglich stark und geschickt genug.
Mohammed Dschan schüttelte erneut den Kopf, während Miandad ihm eine weitere Bitte um Hilfe übersetzte, die Hyde ausgesprochen hatte. Der Schal seines grünen Turbans flatterte, als wolle er seine Ablehnung unterstreichen. Seine blauen Augen leuchteten hart und ausdruckslos; die schwarze Schminke auf den Lidern und unter den Augen machte dieses Blau um so verblüffender. Er schien den Australier und seinen pakistanischen Begleiter kaum wahrzunehmen. Seine Lippen unter dem grauen Bart waren zu einer widerstrebenden schmalen Linie zusammengepreßt. Mohammed Dschan und seine Pathan-Mudschaheddin interessierten sich für Petrunin – tatsächlich haßten sie ihn und wünschten sich nichts mehr als seinen langsamen Tod –, aber sie hatten kein Interesse an irgend-

einem Vorschlag, den Hyde ihnen zu machen hatte. Hydes Interesse an dem Russen ließ sie kalt.
Hyde fror. Sie waren nicht in Mohammend Dschans Hütte aus Holz und Wellblech eingeladen worden, sondern hockten vor dem Eingang auf dem Erdboden.
Sie waren mit Tee bewirtet worden, den eine seiner Schwiegertöchter serviert hatte; er hatte sich ihre Argumente angehört und sie zurückgewiesen. Jetzt brauchten sie sich nur noch zu verabschieden.
Hyde stand auf und trat einige Schritte zur Seite. Miandad folgte ihm, und der Australier wandte sich an ihn.
«Kann der sture alte Kerl denn nicht einsehen . . .», begann er.
«Sie bieten ihm weder Waffen noch Unterstützung an. Sie wollen nur etwas von ihm. Etwas, das er nicht zu verschenken bereit ist: Menschenleben.» Ihre Sorgen sind nicht seine – dies hier betrifft ihn . . .»
Die Handbewegung Miandads umfaßte das Flüchtlingslager. Es erstreckte sich vor ihnen hügelwärts und hatte in Hydes Augen Ähnlichkeit mit dem langsam ausufernden Gerümpelfluß einer wilden Müllhalde. Das Lager hatte sein provisorisches Aussehen längst eingebüßt und war zu einer ständigen Einrichtung geworden: eine Art Dorf, wie man es in dieser Umgebung und so nahe an der Grenze zu Afghanistan erwartete. In seinen Erdhöhlen, Hütten und Zelten hausten die Überlebenden von drei oder vier Pathan-Stämmen – vor allem jedoch des Stamms, dessen Häuptling Mohammed Dschan war.
«Gut, ich verstehe!» fauchte Hyde und kehrte dem jetzt im Schatten verschwimmenden Lager den Rücken zu. Die Kochfeuer leuchteten bereits heller und waren von verschleierten Frauen umlagert. Kinder schrien und lachten durcheinander; dazwischen meckerten Ziegen. Bewaffnete Männer schritten durchs Lager, als sei ihr einziger Daseinszweck, Waffen zu tragen.
Der Pakistaner drehte sich erneut nach Mohammed Dschan um.
«Sie sind so wild und grausam und stolz, wie ihnen nachgesagt wird», erklärte er Hyde halblaut. «Und unbeirrbar. Sie leben im Vergleich zu Ihnen in einer völlig anderen Welt. Ihre Abneigung gegen die Russen ist nur ein blasser Abklatsch des Hasses,

den diese Menschen empfinden. Sie verstehen es sehr gut, zu hassen – aber nach ihren eigenen Vorstellungen, aus ihren eigenen Gründen.»

«Kommen Sie, wir fahren wieder zurück.»

«Gut, wie Sie wollen. Auf der Rückfahrt nach Peschawar dürften wir ungefährdet sein. Aber dafür gibt's natürlich keine Garantie.» Miandad lächelte grimmig. «Hmmm? Augenblick, ich bin gespannt, was sich dort drüben abspielt!»

«Was . . .?»

«Pst! Sehen Sie den Alten, der mit Mohammed Dschan spricht – ich möchte hören, was er sagt.»

Hyde vergrub seine Hände in den Jackentaschen, ließ resigniert die Schultern hängen und entfernte sich einige Schritte von dem Pakistaner. Er nahm die schlimme Realität des Lagers kaum wahr: Sie interessierte und bewegte ihn nicht. Er konnte nur an seine eigene kritische Lage denken und empfand ohnmächtige Wut, weil diese Afghanen ihm nicht helfen wollten. Dann hörte er Rufe und sah Männer hügelaufwärts zu Mohammed Dschans Hütte laufen. Sie hasteten an ihm vorbei, ohne auf den Fremden zu achten. Ihre Bewaffnung bestand aus langen alten Gewehren und modernen Kalaschnikows. Alle trugen über der Brust gekreuzte Patronengurte.

«Einer von Mohammed Dschans zurückkehrenden Stoßtrupps hat Schwierigkeiten, glaube ich», sagte Miandad plötzlich neben ihm. Obwohl der Colonel nur halblaut sprach, fuhr Hyde zusammen.

«Seine ältesten Söhne führen einen zurückkehrenden Stoßtrupp. Der alte Mann, der vorhin zu Mohammed Dschan gekommen ist, hat als Ausguck ihre Rückkehr über den Kurrampaß erwartet. Aber sie sind von Hubschraubern aufgespürt und in Deckung gezwungen worden; sie müssen die Dunkelheit abwarten. Und soviel der Alte sehen konnte, scheint der Stoßtrupp erheblich dezimiert zu sein.»

Hyde zuckte mit den Schultern. «Dies ist eine andere Welt – das haben Sie selbst gesagt. Was kann ich dagegen tun?»

Bewaffnete marschierten bereits davon – aus dem Lager, in die langen Schatten der Berge. Die Schneegipfel leuchteten in der Abendsonne. Vereinzelte Lichter zeigten, wo Paratschinar lag. Mohammed Dschan war verschwunden.

«Kommen Sie!» forderte Miandad den Australier auf. «Vielleicht erleben Sie, worum es in diesem Krieg geht.»

Unter dem Flugzeug lag eine beinahe farblose Landschaft in Grau und Weiß. Die Oberfläche des Finnischen Meerbusens war runzlig wie ein alter grauer Putzlappen; sie endete abrupt, wo die verschneite Küste bei Helsinki in eine weiße Fläche überging. Dünne schwarze Linien – freigepflügte Straßen und Eisenbahnen – bildeten ein zartes Netz, aber der überwältigende Eindruck war der einer unbewohnten, lebensfeindlichen Umgebung. Massinger wandte sich vom Fenster ab, als ihm klar wurde, daß Meer und Landschaft unter ihm ein Spiegelbild seines eigenen Geisteszustands waren: leer und irgendwie hoffnungslos.

Du darfst nicht aufgeben! ermahnte Massinger sich erneut, obwohl eine Stimme in seinem Inneren ihn genau dazu aufzufordern schien. Patriotismus wirkte bei ihm, einem nach London übergesiedelten Bostoner und nüchternen Akademiker, geradezu lächerlich – vor allem der schlichte, emotionale Patriotismus, von dem er befallen zu sein schien. Hyde kannte ihn bestimmt nicht, und Massinger fragte sich, ob selbst Aubrey ihn besaß. Irgendwie war er patriotismusfähig, wie er liebesfähig war, und der Gegenstand dieser Empfindung hätte ebenso gut Afghanistan wie Großbritannien sein können. Massinger mußte feststellen, daß er beinahe wider Willen darunter litt, daß der Geheimdienst seines Gastlandes von der Sowjetunion manipuliert wurde. Dieser Gedanke war ihm unerträglich.

Oder war daran nur sein verdammt ausgeprägtes Rechts- und Unrechtsbewußtsein schuld? Steckte es hinter seinem angestrengten Bemühen, das Rätsel zu lösen, Aubrey zu entlasten und seine Gegner niederzuwerfen? Das war denkbar, und Massinger gefiel diese Vorstellung ganz und gar nicht. Sein Charakter wirkte dadurch naiv, aber er wollte unter keinen Umständen naiv sein.

Er hatte vom Flughafen aus nochmals mit Margaret telefoniert und dabei durch große Fenster auf die im Regen vor ihm liegende Startbahn geblickt: eine auf Einfarbigkeit reduzierte Szenerie wie die jetzt, wo das Flugzeug sich im Landeanflug auf den Flughafen Seutula befand, unter ihm vorbeiziehende Landschaft. Massinger hatte sich bemüht, sie davon zu überzeugen, daß ihm keine Gefahr drohe – obwohl er gerade deshalb nicht, wie von ihr gewünscht, zu ihr zurückkommen und diesen Unsinn aufgeben konnte, weil irgend jemand es darauf anlegte, ihn endgültig zum Schweigen zu bringen. Ihr Gespräch war schmerzlich zwecklos gewesen. Die Kluft zwischen ihnen bestand nach wie vor und wurde durch die physische Entfernung nur noch vertieft. Margaret hatte sich in blinden Haß gegenüber Aubrey hineingesteigert und war von seiner Schuld restlos überzeugt; diese Orthodoxie war durch nichts und niemand zu lindern oder zu widerlegen. Solange er Aubrey half, war er deshalb ein Ketzer und verdammt.

Zugleich wußte Massinger jedoch, daß Margarets Überzeugung sie auf eine Zerreißprobe stellte, wie auch er sich zerrissen fühlte. Er konnte ihr nicht erzählen, daß er niemals mehr seines Lebens sicher sein würde, wenn es ihm nicht gelang, das Rätsel zu lösen und die Wahrheit in bezug auf ihren Vater und Kenneth Aubrey in Erfahrung zu bringen.

Die Tragfläche vor seinem Fenster senkte sich und gab den Blick auf die grauen Gebäude und die Start- und Landebahnen des Flughafens Seutula frei. Das Flugzeug sank steil, änderte seinen Kurs erneut und begann seinen Endanflug. Massinger konzentrierte sich jetzt auf Phillipson und die unmittelbare Zukunft.

In der zunehmenden Dunkelheit erkannte Hyde vereinzelt hellere Jacken oder Turbane, sogar schemenhafte Gestalten auf verschneitem Grund, während der Pathan-Stoßtrupp sich sprungweise von Fels zu Fels, von Büschen zu Krüppelbäumen vorwärtsarbeitete. Das alles schien in äußerst langsamem Zeitlupentempo vor sich zu gehen, als stehe die Zeit für die Männer dort unten beinahe still. Über dem schmalen, tief eingeschnittenen Tal, das nördlich von Paratschinar über die Grenze führte, schwirrten sowjetische Hubschrauber wie aufgeregte Insekten durcheinander – wie Fliegen, die durch Gift aus einer Sprühdose gereizt und zu übermäßiger Aktivität angeregt worden sind.

Die Hubschrauber Mi-24 kämmten das Tal erneut wie fliegende Treiber ab und kamen dabei auf den Einschnitt hoch oben zwischen den Felsen zu, in dem sich Hyde, Miandad und – etwas von ihnen entfernt – Mohammed Dschan mit drei seiner engsten Beratern aufhielten. Der Triebwerkslärm war ohrenbetäubend. Die Hubschrauber drehten mit fast tänzerischer Leichtigkeit ab, und der Abwind ihrer Rotoren zerzauste Hydes Haar, als die vier Maschinen wegflogen.
«Da!» Miandad mußte brüllen, um den von den Talwänden zurückhallenden Triebwerkslärm zu übertönen. «Dort drüben!»
Hyde ließ sein Nachtglas sinken, folgte Miandads ausgestrecktem Arm mit den Augen und setzte das Glas wieder an. Der schwach erkennbare rote Fleck bekam deutlichere Umrisse, als Hyde die Scharfeinstellung veränderte. Die Szene war farblos grau; als das anfangs verschwommene rote Etwas deutlicher hervortrat, entstand der Eindruck, als sei etwas aufgetaucht, vor dem alles andere verblasse. Ein Hecht im Karpfenteich.
Der Hubschrauber mußte auffällig bemalt sein, soviel sah Hyde auf den ersten Blick. Jedenfalls trug er keine Tarnbemalung wie die vier Mi-24, die ihm jetzt entgegenflogen, als wollten sie ihm ihre Reverenz erweisen.
«Rot, blutrot», murmelte Miandad.
Hyde nahm das Nachtglas von den Augen und blickte kurz zu dem pakistanischen Colonel hinüber. Miandad nickte. Hyde hatte eine Gänsehaut. Petrunin . . .?
«Er?»
Miandad nickte. «Er. Sie werden sehen, daß sein Stil entschieden . . . feuriger geworden ist.» Im Dunkel des Felsspalts blitzten die weißen Zähne des Pakistaners.
Hyde hob sein Nachtglas erneut an die Augen und stellte die Schärfe wieder nach. Der Befehlshubschrauber mit Petrunin an Bord kam langsam, ganz langsam das Tal herauf, als sei er in eine Art Werberitual mit den vier Mil-Kampfhubschraubern verwickelt. Seine Geschwindigkeit verringerte sich noch mehr, als er seine schwerbewaffneten Freier erreichte.
Der Australier ging mit dem Nachtglas etwas tiefer und betätigte erneut die Scharfeinstellung. Er wurde von unerklärlicher Angst und schlimmen Vorahnungen getrieben. In dem engen Flußbett unter ihm schienen die afghanischen Widerstands-

kämpfer ebenfalls von namenloser Angst vorangetrieben zu werden. Verwundete wurden grober angefaßt, mitgeschleppt und sogar geschleift. Kleine, gebückte Gestalten hasteten vor ihnen her. Inzwischen war es dunkel geworden, und die Flüchtenden waren keinen Kilometer mehr von Hydes Aussichtspunkt entfernt. Sie hatten die Grenze bereits überquert, ohne deshalb schon in Sicherheit zu sein. Hyde beobachtete wieder die Dunkelheit über dem Tal – im Nachtglas leuchteten die ersten am Himmel erscheinenden Sterne trügerisch hell – und die fünf Hubschrauber. Die vier Kampfhubschrauber bewegten sich auf gleicher Höhe schwebend wie in einem eigenartigen Werbungsritual um den Befehlshubschrauber.
Hyde hörte Mohammed Dschan laute Befehle rufen. Unter ihnen setzten andere Männer sich in Bewegung und liefen auf die Zurückkehrenden und vor allem die Verwundeten zu. Weiter hinten im Tal wurde der Hubschrauberlärm von den Felswänden zurückgeworfen und verstärkt.
Dann löste sich die Fünfergruppe auf. Die vier Kampfhubschrauber drehten ab, bildeten eine Kette und kamen erneut das Tal herauf. Der Befehlshubschrauber hielt sich im Hintergrund – wie der Jagdherr, der darauf wartet, daß seine Treiber das Wild aufscheuchen. Ein vor allem für Hyde, der den Kommandeur in der roten Mi-24 nur allzu gut kannte, äußerst bedrohlicher Anblick. Die Retter liefen hakenschlagend auf ihre zurückkehrenden Kameraden zu, über denen jetzt die vier sowjetischen Kampfhubschrauber schwebten, deren Triebwerkslärm ohrenbetäubend laut von den Felswänden widerhallte. Hyde beobachtete sie durch sein Nachtglas.
Er zuckte unwillkürlich zusammen, als kleine schwarze Behälter sich von den Unterseiten der Mi-24 lösten und wie im Flug gelegte Eier in die Tiefe fielen. Hyde verfolgte einige von ihnen bis zum Boden und sah sie aufprallen und zerplatzen. Keiner der Behälter explodierte jedoch. Der Colonel schüttelte leicht den Kopf. Hyde konzentrierte sich erneut auf die Mudschaheddin. Die beiden Gruppen hatten sich inzwischen vereinigt; die Verwundeten wurden von ausgeruhten kräftigen Armen gestützt und getragen. Die Männer kamen nun merklich schneller voran. Die vier Mi-24 drehten ab und kamen zurück. Weitere schwarze Eier fielen. Die erwarteten Explosionen blie-

ben aus. Hyde stockte der Atem; er begriff nicht, was das alles bedeutete.
Die abfliegenden Kampfhubschrauber glitten über die Flüchtenden hinweg und zogen ihren Triebwerkslärm wie ein Schleppnetz hinter sich her. Danach herrschte beinahe Stille, bis der Befehlshubschrauber in kaum 50 Meter über Grund herankam. Hyde sah nach oben blickende Gesichter unter hastig bewegten Turbanen. Allmählich konnte er einzelne Gestalten voneinander unterscheiden. Der durch die Retter verstärkte Stoßtrupp war keinen halben Kilometer mehr von ihnen entfernt. Unten im Tal stieg ein schwach silbriger Nebel auf, der von innen heraus zu leuchten schien.
Nebel ...?
Die Schwaden waren durchsichtig, zart, kaum wahrnehmbar. Und trotzdem schienen sie von innen heraus zu leuchten.
Männer rannten, stoben auseinander, humpelten weiter oder sackten zusammen. Sie hasteten zusammengekrümmt durch die silbern glänzenden Schwaden, von denen sie auf allen Seiten umgeben waren und die sich nur drei bis vier Meter hoch über den Talboden erstreckten.
Aus dem Befehlshubschrauber, der im nächsten Augenblick senkrecht in die Höhe stieg und jäh abdrehte, schwebte ein rotglühender Funken in die Tiefe. Der Funken fiel wie ein Leuchtkäfer, fast wie ein achtlos aus dem Hubschrauber geworfener Zigarettenstummel.
Der Nebel plötzlich in Flammen. Von einer Sekunde zur anderen entstand ein Flammenmeer, das alle Flüchtenden erfaßte. Hyde sah die Männer noch laufen, bevor sie stehenblieben, zuckten, taumelten und zusammenbrachen. Er hörte das Brausen des entzündeten Napalms oder was die Hubschrauber in den schwarzen Behältern abgeworfen hatten. Es war lauter als die schwachen Schreie.
Dann nahm das Leuchten rasch ab: Es blieb auf der Netzhaut der Beobachter fast unverändert hell zurück, während es bereits blasser wurde, in sich zusammensank und von der Dunkelheit aufgesogen wurde. Hyde war das Nachtglas aus den kraftlos gewordenen Händen gefallen. Eine Hitzewelle schlug gegen sein Gesicht; dann war sie verpufft, und er spürte, daß er eine Gänsehaut hatte. Aus den alten Gewehren der Männer, die in

seiner Nähe zwischen Felsen Deckung gesucht hatten, fielen einige lächerlich hilflos klingende Schüsse, die dem Befehlshubschrauber galten. Hyde setzte das Nachtglas erneut an die Augen. Er mußte gegen würgende Übelkeit ankämpfen. Petrunins Hubschrauber flog rückwärts durchs Tal davon, so daß seine Bugverglasung, über der die Triebwerkseinlässe wie riesige geblähte Nüstern wirkten, dem verglühenden Flammenmeer zugekehrt war. Der Hubschrauber sah wie ein rachsüchtiges Wesen aus, das seinen Triumph genießt.
«Es sind über fünfzig gewesen, glaube ich», sagte Miandad neben dem Australier. «Einschließlich der Verwundeten.» Hyde drehte sich mit offenem Mund nach ihm um. «Darunter zwei seiner Söhne.» Er nickte zu Mohammed Dschan hinüber.
«Ich . . . ich . . .», begann Hyde, aber er brachte nicht mehr heraus.
Petrunin war . . . ein Wilder geworden. Ein mordender Wilder. Einst weltmännisch, clever, weitblickend und professionell; jetzt ein Schlächter, der sich an den Leiden seiner Opfer weidete. Der KZ-Kommandant mit Lampenschirmen aus Menschenhaut . . .
Hyde würgte, ohne sich übergeben zu können.
Aus dem Tal stieg der Gestank verbrannten Fleisches, verbrannter Menschen, schwach mit Chemiedüften vermischt, zu ihnen auf. Die schwarzen Behälter, die Hyde beobachtet hatte, mußten beim Aufprall aufgeplatzt sein und das Gas freigegeben haben, das sich wie Nebelschwaden ausgebreitet hatte. Der von Petrunin abgeworfene Brandsatz hatte den Nebel entzündet, der unterdessen alles benetzt hatte – vor allem Kleidungsstücke und menschliche Haut. Ein Flammenmeer, aus dem es kein Entkommen gegeben hatte.
Mohammed Dschan stand plötzlich vor Miandad und dem Australier. Er sprach Miandad auf Puschtu an – nur zwei, drei kurze Sätze.
«Kommen Sie!» forderte Miandad den Australier auf. «Er will mit uns reden. Über den Russen.»
Der Colonel stand auf und klopfte seine Hose ab. Hyde kam mühsam auf die Beine. Als er sich umdrehte, sah er Mohammed Dschan ins Tal zu den verkohlten Überresten seiner beiden Söhne und seiner rund fünfzig Stammesangehörigen hinunter-

steigen. Hyde atmete die kalte Luft tief ein. Durch den reinen Schnee, der den hohen Paß bedeckte, zog sich eine schwarze, verkohlte Schneise. Hyde merkte, daß er unkontrollierbar zitterte. Er hatte Petrunin schon immer gefürchtet. Jetzt empfand er Entsetzen vor ihm.

Auf der obersten Stufe der zum Eingang des niedrigen Blockhauses hinaufführenden Treppe stampfte Paul Massinger kräftig auf, um den Schnee von seinen Schuhen zu entfernen.
Er hörte nur noch den im Leerlauf tickenden Motor des Taxis hinter sich. Hohe dunkle Tannen mit schwerer Schneelast auf den Zweigen schienen das Blockhaus von allen Seiten zu bedrängen, als wollten sie ihm diese kleine Lichtung streitig machen. Massinger, der sich hier über 30 Kilometer nördlich von Helsinki befand, fühlte sich völlig isoliert, ganz auf sich allein gestellt.
Er griff nach dem Klingelzug. Das Bimmeln der Glocke über seinem Kopf erinnerte ihn an seine Schulzeit: Er kam sich vor, als müsse er zur Pause läuten. Als der letzte Ton verhallt war, nahm Massinger keinen Laut und keine Bewegung hinter der Haustür wahr.
Massinger klingelte erneut und drehte sich dann schulterzukkend nach dem Taxifahrer um, der desinteressiert – oder lediglich an seiner Taxiuhr interessiert – wirkte.
«Wer ist da?» erkundigte sich eine Stimme. Ihr ängstlicher Unterton, der selbst durch die Haustür drang, jagte dem Amerikaner erneut einen kalten Schauer über den Rücken.
«Massinger, Paul Massinger . . . wir haben miteinander telefoniert . . .»
«Ich habe Ihnen nichts zu sagen, Mr. Massinger.»
In der Stille, die dieser Mitteilung folgte, hörte Massinger seine eigenen überraschten, hastigen Atemzüge, als seien sie das Geräusch von Phillipsons Angst. Der Mann fürchtete sich offenbar, war erschreckt worden . . .
Massinger ignorierte diesen Gedanken. «Mr. Phillipson, unser Gespräch könnte wichtig sein», sagte er so ruhig wie möglich und beugte sich dabei nach vorn, bis er die rohe Holztür beinahe mit dem Gesicht berührte. Dabei fiel ihm auf, wie stabil

das Türschloß war. «Es könnte sogar sehr wichtig sein.» Er drehte sich um. Nein, der Fahrer konnte nicht hören, was hier gesprochen wurde, solange er den Motor laufen ließ. «Es hat mit Kenneth Aubreys Verhaftung zu tun, Mr. Phillipson. Das habe ich Ihnen am Telefon nicht erklären können, aber ...» Massinger holte tief Luft. «Ich möchte Ihnen die Sache in allen Einzelheiten auseinandersetzen – unter vier Augen, Mr. Phillipson.» Er kam sich wie ein erfolgloser Handlungsreisender vor.

«Ich habe Ihnen nichts zu sagen. Bitte gehen Sie!»

«Mr. Phillipson ...»

«Nein!»

«Bitte ...!»

«Verschwinden Sie!»

Massinger wußte, daß der Taxifahrer ihn beobachtete, daß er Phillipsons verzweifelten und entsetzten Aufschrei gehört hatte. Ja, aus der Stimme des anderen sprach blankes Entsetzen.

Phillipson hatte mit irgend jemand gesprochen – mit jemand in Helsinki, London oder sonstwo –, und sein Gesprächspartner hatte ihn so erschreckt, daß er kein Wort mehr sagen wollte. Dieser Mann konnte ...

Richtig, dieser Mann konnte hinter der Haustür neben dem erschrockenen Phillipson stehen und seinen Arm umklammert halten.

Massinger fuhr zusammen. «Gut, dann soll Sie der Teufel holen, Phillipson!» rief er dem Unsichtbaren trotzig zu, bevor er auf dem Absatz kehrtmachte. Der Taxifahrer, der ihn natürlich beobachtet hatte, starrte jetzt wieder angestrengt nach vorn durch die Windschutzscheibe. Massinger stapfte die Holztreppe hinunter und benützte seinen Stock, um möglichst viel Krach zu machen. Massinger hätte den Fahrer am liebsten zur Eile angetrieben, um möglichst schnell von hier wegzukommen, aber er machte lediglich eine müde Handbewegung und sagte: «Bitte zurück nach Helsinki.»

Massinger verschränkte die Arme und versuchte, sich in den Sitz zurückgelehnt zu entspannen. Das Taxi bog auf die Hauptstraße ab. In Gegenrichtung – von Helsinki aufs Land – herrschte lebhafter Verkehr. Der Nachmittag ging in einen frühen Abend über, und die rote Sonne versank daumennagelgroß hinter dem Horizont. Der kurze Wintertag war bereits vorüber.

Sie fuhren durch Haarajoki und erreichten dann die *Moottoritie* nach Helsinki, auf der in beiden Richtungen stärkerer Verkehr herrschte.
Paul Massinger nahm dankbar die Gelegenheit wahr, etwas zu dösen, und wollte sich nicht eingestehen, daß seine Willenskraft, seine Energie und selbst sein Zielbewußtsein erschöpft waren. Er merkte kaum, daß das Taxi die Autobahn in den Außenbezirken der finnischen Hauptstadt verließ, weil der Verkehr wegen eines Unfalls umgeleitet wurde. Die weniger attraktiven Seiten Helsinkis waren undeutlich erkennbar: Fabrikschornsteine, niedrige Fertigteilhallen auf verwildert wirkenden Grundstücken, Maschendrahtzäune und zwischendurch immer wieder ein-, zwei- und mehrgeschossige Wohnbauten. Massinger öffnete kurz die Augen, als sie an einem aus Stahlbeton erbauten Stadion mit grellen Scheinwerfern an Lichtmasten vorbeikamen.
Danach döste er wieder und schrak erst hoch, als der Motor des Taxis zu stottern begann. Der Motor setzte aus, sprang wieder an und verstummte endgültig. Als der Wagen langsamer wurde, lenkte der Taxifahrer ihn an den Randstein, drehte sich entschuldigend nach seinem Fahrgast um und zuckte bedauernd mit den Schultern. Massinger machte ein finsteres Gesicht und nickte ungeduldig. Der Fahrer stieg aus, ging nach hinten und öffnete den Kofferraum. Massinger sah ihn einen Benzinkanister hochhalten, nickte erneut und beobachtete dann im Rückspiegel, wie der Finne mit dem Kanister in der Hand fortging. Massinger hatte keine Ahnung, wann sie an der letzten Tankstelle vorbeigekommen waren.
Der Fahrer hatte sein Funkgerät eingeschaltet gelassen, nachdem er seinen Standort und den Grund für seine verspätete Rückkehr gemeldet hatte. Das aus dem Lautsprecher dringende unverständliche Finnisch ging Massinger anfangs auf die Nerven, aber nach einiger Zeit erschien es ihm in gewisser Weise sogar beruhigend. Er drückte sich tiefer in den Sitz und hüllte sich fester in seinen Mantel.
Gelegentlich fuhr ein Wagen vorbei. Massingers Körper registrierte das rasche Absinken der Innentemperatur des Taxis. Die Scheiben begannen anzulaufen. Er döste beinahe wieder.
Ein Pfeifton aus dem Funkgerät und weitere Durchsagen auf

Finnisch weckten ihn erneut. Er rieb sich die Augen, wischte ein Guckloch ins Seitenfenster und stellte fest, daß auf der gegenüberliegenden Straßenseite ein Auto parkte. Ein heller Mercedes mit ausgeschalteten Scheinwerfern. Massinger konnte niemand hinter der dunklen Windschutzscheibe erkennen, aber er spürte, daß der andere Wagen nicht leer war. Der Mercedes parkte auf der Straße, nicht auf dem seitlichen Parkstreifen; Massinger ahnte, daß er weder einem Anwohner noch einem Besucher gehörte.

Dann begann die Stimme im Funkgerät in stark akzentgefärbtem Englisch zu sprechen. Die Nachricht schien nicht für Massinger bestimmt zu sein – er wußte, daß sie es war, aber die Stimme sprach nicht ausdrücklich davon –, obwohl sein Name darin erwähnt wurde. Die Meldung betraf das Taxi, die Panne des Taxis und den amerikanischen Fahrgast des Taxis. Der Dispatcher in der Zentrale des Taxiunternehmens informierte irgend jemand über den Verbleib des Taxis, das Massinger sich genommen hatte. Nicht mehr und nicht weniger. Aber Massinger wußte, daß er diese englische Durchsage hören und verstehen, daß sie ihm Angst einjagen sollte. Er sah unwillkürlich wieder zu dem Mercedes auf der anderen Straßenseite hinüber. Kein Licht, aber das kurze Aufflammen eines Streichholzes oder eines Feuerzeugs. Dann wieder nichts mehr.

Das Funkgerät knackte laut; fremde Stimmen meldeten sich murmelnd, der Dispatcher antwortete knapp – wieder auf Finnisch und für Massinger unverständlich. Er tastete nach dem Griff, öffnete die Tür und stieg aus dem Taxi. Die Luft war schneidend kalt. Massinger blieb mit der Hand auf dem Türgriff stehen, ohne zu wissen, ob er sich dadurch sicherer fühlte oder sich nur aufstützen wollte. Der abgedunkelte Mercedes blieb leblos und unbeweglich, wodurch er um so bedrohlicher wirkte. Zwei Autos fuhren dicht hintereinander vorbei; dann war die Straße wieder ruhig und leer. Massinger war sich darüber im klaren, wie gering die Entfernung war, die ihn von dem Mercedes trennte.

Er blieb einige Minuten lang so stehen, ohne zu wissen, wie rasch oder wie langsam die Zeit verstrich. Dann blinkte der Mercedesfahrer dreimal und ließ den Motor an. Der Wagen fuhr nach Norden davon.

Massinger merkte, daß er unkontrollierbar zitterte – vor Erleichterung und weil die Bedrohung weiter anzuhalten schien. Irgend jemand versuchte ernstlich, ihn zu erschrecken, und hatte ihm Angst eingejagt. Er öffnete die Tür des Taxis und sank wie ein kraftloser alter Mann auf den Rücksitz. Sein Herz schlug wie rasend. Er spürte kalten Schweiß auf seiner Stirn und am Kragen. Er wollte nicht mehr weitermachen oder auch nur das geringste mit Kenneth Aubreys Schicksal zu tun haben.

7

Die Besatzungszone

Wenn sie die Augen geschlossen hielt, sie noch einige Sekunden lang fest zusammenkniff, würde ihr Vater aus diesem hellen feuchten Schimmer treten, wo sich das durch die Äste des alten Baumes fallende Sonnenlicht in ihren Tränen brach. Nicht etwa nur Simmonds mit dem Bentley oder sogar Mummy, in die weichen Polster zurückgelehnt; nein, ihr Vater würde lächelnd auf sie zutreten und . . .

Margaret Massinger setzte sich in ihrem Sessel auf, hob ruckartig den Kopf und schüttelte ihn, um diese heimtückischen Erinnerungen zu vertreiben. Denk an die Gegenwart! ermahnte sie sich streng. Ihre Einstellung war noch immer kindlich, noch immer die einer Sechsjährigen, noch immer die des kleinen Mädchens, das sie damals im Sommer 1947 gewesen war. Selbst nach vielen Monaten hatte sie weiterhin geglaubt, er werde wieder heimkommen. Dafür hatte Mummy gesorgt.

Der Tote unter den Trümmern eines zerbombten Hauses, der 1951 entdeckt und als Robert Castleford identifiziert worden war, hatte ihr einen ebenso großen Schock versetzt, als ob er an diesem Tag oder am Vortag ermordet worden wäre. Sie hatte niemals denken dürfen, ihr Vater sei tot oder werde nicht

zurückkommen – keine Sekunde lang in diesen fünf Jahren. Und er war tatsächlich zurückgekehrt: als gräßliches Skelett, dessen grinsenden Schädel sie im körnigen Grau eines Zeitungsfotos gesehen hatte. Mummy war nie darüber hinweggekommen. Sie hatte sich geweigert, die Realität zur Kenntnis zu nehmen. Sie lebte weiter in der Überzeugung, er werde eines Tages nach einem Seitensprung oder mit Gedächtnisschwund zu ihr zurückkehren, wie er's immer getan hatte.
Nach Nervenklinik, Krankenhaus und Leichenhaus der Friedhof, auf dem ihre Mutter neben dem grinsenden Schädel Robert Castlefords beigesetzt wurde. Margaret zog zu ihrer Großmutter väterlicherseits, wo ihre Verwandten sie schonend über ihren Vater aufklärten. Ein Charmeur, der seine Frau häufig betrogen hatte. Alle hatten stillschweigend angenommen, sein Verschwinden in Berlin hänge mit Weibergeschichten zusammen. Selbst nach 1951 hatte sich nichts an dieser Annahme geändert: Er war von einem eifersüchtigen Ehemann, einem Rivalen oder einer sitzengelassenen Frau ermordet worden.
Trotzdem war die Vorstellung, die ihre Mutter von Robert Castleford gehabt hatte, unauslöschlich in ihr Herz eingegraben: ein fiktives, idealisiertes Porträt eines Ehemannes und Vaters, das sie über die langen Jahre ohne ihn hinweggetröstet hatte. Und es verfolgte und quälte Margaret noch immer.
Aus dem Radio kam Händel. Auf der Titelseite der *Sunday Times* und auf ihrem Morgenrock lagen Toastkrümel. Und sie hatte einen schweren Kopf, weil sie Valium genommen hatte, um schlafen zu können. Seit ihrer Hochzeit mit Paul hatte sie kein Schlafmittel mehr gebraucht ... Es war schon spät. Beinahe Mittag.
Der Artikel *Hinter den Kulissen*, ein Exklusivbericht der *Sunday Times*, verschwamm erneut vor Margarets Augen. An einer Stelle war das Zeitungspapier tränenfeucht. Sie glaubte noch immer, den ersten Schock über die Fotos zu spüren – über ein Bild ihres Vaters, ein Foto, das Aubrey zeigte, eine unbekannte Silhouette zwischen diesen beiden Schnappschüssen und die Schlagzeile: *Ménage à trois?* Darunter noch pompöser: *Was bedeutet Verrat?*
Ein Charmeur, der seine Frau häufig betrogen hatte. Margarets

Großmutter hatte ihre Fragen ignoriert. Die Seitensprünge ihres geliebten und einzigen Sohns waren unbedeutend und bei einem so begabten, brillanten, ehrgeizigen Mann entschuldbar gewesen. Aber ihre Enkelin hatte ständig neue Gerüchte gehört, während sie herangewachsen war, bis sie wußte, daß Robert Castleford in zahlreiche Affären verwickelt gewesen war, wobei es ihm stets gelungen war, sie durch seinen Charme zu verharmlosen.

Auf der Titelseite stand ein weiterer Artikel, der sich unter der Schlagzeile *Wer ist noch verraten worden?* mit Deutschland und dem Jahre 1974 befaßte. Margaret hatte begonnen, ihn zu lesen, um sich abzulenken: Fußballweltmeisterschaft, Olympiamassaker, Aubreys Beratertätigkeit, Ermittlungen, Günter Guillaume ... Sie konnte wenig damit anfangen und interessierte sich nicht sonderlich dafür. Ihre Augen, Gedanken und Erinnerungen kehrten ständig zu dem Artikel *Hinter den Kulissen* zurück. Sie konnte sich nicht dazu überwinden, Seite 18 aufzuschlagen, um weitere Einzelheiten zu erfahren. Auf der Titelseite stand bereits genug: Ihr Vater und Aubrey in Berlin in irgendeine schmuddelige Dreiecksgeschichte mit der Frau eines gesuchten NS-Kriegsverbrechers verwickelt ...?

Unheimlich, melodramatisch – aufgrund von Aussagen eines ehemals in Berlin eingesetzten Geheimdienstmanns, der die Protagonisten gut gekannt hatte. Eines Mannes, der jetzt auf Guernsey im Ruhestand lebte, wie die Zeitung behauptete. Sexuelle Rivalität, Streit, Auseinandersetzungen, Verzweiflung, Haß, Gewalt ...

Margaret begriff diese Emotionen. Ihre eigenen sexuellen Erfahrungen bestätigten, daß dergleichen möglich war: Gefühle in Aufruhr und Verwirrung, Leidenschaften, die fast an Verrücktheit grenzten. Ihr Vater konnte unter solchen Umständen den Tod gefunden haben. Aubrey konnte ihn ... *hatte* ihn wegen einer Frau ermordet. Das war weit überzeugender, weit realer als eine Welt voll kaltblütiger Verratsfälle, Politik und Geheimdienstarbeit im Kalten Krieg. Und es klang vernünftiger als die Annahme, es gebe im Fall ihres Vaters einen oder mehrere unbekannte Täter.

Margarets Verlust hatte im Jahre 1951 begonnen, und sie war sich darüber im klaren, daß sie sich nie mehr davon erholt hatte. Ihre Mutter hatte sie fünf Jahre lang getäuscht; als die Wahrheit dann doch ans Tageslicht gekommen war und sich nicht mehr vertuschen ließ, war ihre Mutter langsam und unaufhaltsam verrückt geworden und hatte zuletzt Selbstmord begangen. Margaret war zuletzt auf eine Art und Weise im Stich gelassen worden, die sie sich nie hätte vorstellen können. Später reich, nach dem Urteil Außenstehender schön, intelligent, tatkräftig, Arbeit und Vergnügen gleichermaßen zugetan – aber einsam, isoliert, trauernd: allein.

Bis sie Paul kennengelernt hatte. Vater-Geliebter-Ehemann Paul. Paul in unheiliger, unverzeihlicher Allianz mit dem Mörder ihres Vaters. Er war nach über drei Jahrzehnten in ihr Leben getreten und hatte sie nun im Stich gelassen. Das – ihre enttäuschten, betrogenen Hoffnungen – konnte sie ihm nie vergeben.

Margaret ließ die Zeitungen auf den Teppich fallen. Sie saß aufrecht da, schnüffelte laut und erinnerte sich daran, daß ihre Mutter das gleiche in derselben trotzig-starren Haltung getan hatte. Dann wurde ihr klar, daß auch sie schmerzliche Realitäten abzuwehren versucht hatte. Sie wollte nicht wieder weinen. Statt dessen würde sie ihren Toast aufessen.

Sie kehrte an ihren Platz am Frühstückstisch zurück. Der Toast zerbrach und krümelte unter dem Druck ihres Messers. Sie hatte klebrige Orangenmarmelade an den Fingern. Ihre Augen wurden feucht ...

Das Telefon klingelte.

Margaret sah von ihrem Teller auf: im ersten Augenblick erstaunt und verwirrt, als sei sie wegen schlechter Tischmanieren getadelt worden. Dann stand sie auf, nahm den Hörer des Wandapparats ab und schüttelte ihr Haar mit einer raschen Bewegung zurück, bevor sie den Hörer ans Ohr drückte.

«Ja?» Erst als sie sprach, wurde ihr klar, daß der Anrufer jemand sein konnte, mit dem sie eigentlich nicht sprechen wollte – irgendein Freund, der wegen des Zeitungsartikels entsetzt und besorgt war und dessen Mitgefühl ihr unerwünscht sein mußte. Dann hörte sie Pauls Stimme.

«Margaret, ist bei dir alles in Ordnung?» fragte er atemlos, als habe sie an seiner Stelle in Gefahr geschwebt.

«Paul!» stieß sie hervor. «Wie geht's dir? Wo steckst du?» Die

Valiumkopfschmerzen wurden schlimmer, als steckten ihre Schläfen in einem Schraubstock. Sie hatte die Tabletten in ihrem Elend, aber auch in ihrer Angst genommen. Er hatte von Gefahr gesprochen . . .

«Danke, mir fehlt nichts. Ich bin in London, ich muß mit dir reden . . .»

Ihr erleichtertes Aufatmen, das Zittern ihres Körpers und der Kloß in ihrem Hals wurden in der Sekunde, in der sie wußte, daß er gesund und munter war, zu einem verärgerten Echo in Gedanken erhobener Beschuldigungen. Paul war nach wie vor Aubreys Verbündeter!

«Hast du die Sache aufgegeben?» erkundigte sie sich.

«Hör zu, ich . . .», begann er. «Ich weiß noch nicht, was in Wirklichkeit dahintersteckt, falls du das meinst. Liebling, darf ich zu dir kommen, mit dir reden?»

«Nein, Paul . . .»

«Margaret, ich *muß* mit dir sprechen!»

«Wenn du in London bist, hast du bestimmt den Zeitungsartikel gelesen?»

«Ja, ich habe ihn gelesen. Unsinn, schierer Blödsinn.»

«Das ist nicht wahr!»

«Du kennst Aubrey nicht!» protestierte Massinger. Stephens, der Butler, öffnete die Tür, zögerte einen Augenblick und zog sich dann diskret zurück. Margaret konnte ihre eigenen Atemzüge sowie das Geräusch eines vorbeifahrenden Autos hören – und Pauls Stimme, die weiter Aubreys Unschuld beteuerte. «Du kennst Aubrey nicht, Liebling, sonst würdest du diesen Unsinn niemals glauben . . . Liebling? Bist du noch da?»

«Natürlich», antwortete sie müde und starrte die kahle Wand hinter dem Telefon an. «Du bist jetzt in Sicherheit, sagst du? Dir droht keine Gefahr mehr?»

«Doch», sagte er leise.

«Was soll das heißen?»

«Genau das, was ich gesagt habe. Ich stecke inzwischen zu tief in dieser Sache drin. Ob's mir paßt oder nicht – ich bin in sie verwickelt. Ich . . . ich habe Interesse geweckt.» Das klang grimmig. Diesen Tonfall hatte Margaret noch nie bei ihm gehört; er schien ein Teil seiner Vergangenheit zu sein – ein Bestandteil der Welt, die er einst mit Aubrey gemeinsam gehabt

hatte: das großartige, dämliche, heldenhafte, dreckige Spionagespiel. Paul verlangte, daß sie es ernst nahm. Für ihn war es weit realistischer als die Vorstellung, Menschen könnten aus Liebe, aus Eifersucht oder sexuellen Motiven morden.
«O Gott . . .!» Margarets aufgestauter Protest machte sich mit diesem Stoßseufzer Luft.
«Laß mich zu dir kommen», bat er.
«Nein!» Das konnte sie nicht – trotzdem wollte sie, daß er in Sicherheit war; vor allem in Sicherheit. «Du mußt mit Andrew Babbington reden – du *mußt* einfach! Erzähl ihm, daß du in Gefahr bist . . . *bitte*, sprich mit ihm!»
«Ich kann nicht, Margaret. Darüber kann ich mit keinem Menschen sprechen.»
«Dann laß mich in Ruhe!» jammerte sie, ließ den Hörer aus der Hand fallen, so daß er gegen die Wand knallte, und blieb mit gesenktem Kopf daneben stehen.

«Ich muß Sie fragen, Mr. Hyde, ob Sie irgendwelche Vorschläge zu machen haben, wie wir Ihren Oberst Petrunin gefangennehmen sollen?» Miandads Tonfall war mißbilligend, sogar tadelnd.
«Was hätte ich sonst sagen sollen, verdammt noch mal?» erkundigte Hyde sich mürrisch. Er hockte mit dem Rücken zur Wand auf dem aus festgestampfter Erde bestehenden Boden der eiskalten Hütte. Durch die Latten des teilweise eingestürzten Dachs war das blasse Blau des Himmels sichtbar. «Sie wissen genau, daß er mich praktisch erpreßt hat!» Hyde starrte Miandad ins Gesicht. Auch der Pakistaner erinnerte sich offenbar an Mohammed Dschans Worte – an sein Ultimatum. Der Pathan-Häuptling hatte nach Abschluß der langen Diskussionen riesengroß im Feuerschein vor ihnen gestanden und Miandad auf Puschtu angesprochen. Hyde hatte sofort geahnt, daß der andere ihm eine Falle stellen wollte, noch bevor Miandad ihm die Ausführungen des anderen übersetzt hatte.
«Er bringt Sie über die Grenze und nach Afghanistan hinein. Er hilft Ihnen, zeigt Ihnen, wo Ihr Oberst Petrunin zu finden ist, und führt Ihnen alle Schwierigkeiten vor Augen. Als Gegenleistung für diese Unterstützung verpflichten Sie sich dazu, den

Russen gefangenzunehmen und Mohammed Dschan und seinem Stamm zu übergeben. Auf diese Weise kann der Tod seiner Söhne gerächt werden. Mohammed Dschan verlangt, daß Sie Ihre Wahl treffen: Sie können bleiben oder gehen. Haben Sie verstanden, Mr. Hyde? Begreifen Sie, was das bedeutet? Wenn Sie seine Unterstützung wollen, müssen Sie ihm die Gefangennahme Petrunins versprechen.»
Während der Colonel übersetzt hatte, war Mohammed Dschan mit seiner goldverzierten Lee Enfield Rifle in den Armen unbeweglich wie eine aus Holz geschnitzte Statue vor ihnen stehengeblieben. Hyde war seinem Blick ausgewichen und hatte auch nicht zu den am Feuer hockenden Stammesältesten hinübergesehen, die den Häuptling zu beraten hatten. Trotzdem hatte Hyde geantwortet, sobald Miandad die Übersetzung beendet und seine Warnung hinzugefügt hatte.
«Sagen Sie ihm, daß ich einverstanden bin. Ich verspreche ihm, daß ich ihm Petrunin ausliefern werde, damit er den Tod seiner Söhne an ihm rächen kann.» Es hatte keine andere Möglichkeit gegeben. Hyde hatte nicht einmal gewagt, auch nur einen Augenblick zu zögern. Um ihr Vertrauen und ihre Unterstützung zu gewinnen, hatte er sofort zustimmen müssen. Er wollte, daß sie sich seinetwegen in Lebensgefahr begaben, deshalb hatte er auf ihre Bedingungen eingehen müssen.
«Richtig!» bestätigte Miandad. «Ihnen ist nichts anderes übriggeblieben . . . Aber Sie haben keine Ahnung, wie an diesen Russen heranzukommen ist?»
Hyde wandte sich schulterzuckend an den Pakistaner. «Hören Sie», sagte er, «unsere Streitmacht besteht aus Ihnen und mir und einem Trupp tollkühner Verrückter. Diese Leute sind bereit, in Afghanistan zu bleiben, bis wir unser Ziel erreicht haben. Im Augenblick ist's mir gelungen, sie mit einem vorgeschlagenen Hinterhalt zu beschwichtigen.» Er grinste humorlos. «Dadurch kriegen sie ein paar neue Waffen, und wenn wir Glück haben, bekommen wir brauchbare Informationen über Petrunin.»
«Ich weiß einiges über Ihren Russen. Er wird sich nicht so einfach fangen lassen. Auf Hubschrauberflügen wird er von mindestens zwei schwerbewaffneten Kampfhubschraubern begleitet; auf der Straße bewegt er sich nur in gepanzerten Konvois.

Petrunin ist buchstäblich unangreifbar. In Kabul verbringt er den größten Teil seiner Zeit im sowjetischen Oberkommando und die restliche Zeit in der Botschaft – eigentlich sehr wenig Zeit in der Botschaft. Er weiß natürlich genau, wie verhaßt er ist und wie viele danach fiebern, sich an ihm rächen zu können.»

«Schon gut, schon gut!» wehrte Hyde seufzend ab. «Ich weiß, daß wir in der Scheiße stecken. Vielen Dank, daß Sie mit mir reingesprungen sind.»

«Ich habe Verpflichtungen.»

«Aubrey gegenüber?»

«Und ehemaligen Untergebenen gegenüber. Das Napalm Ihres Russen hat nicht nur Afghanen verbrannt.» Miandad machte ein grimmiges Gesicht. Hyde senkte den Kopf und starrte die zu seiner Tarnung gehörende sackartige Hose und die Lammfelljacke an. Er rieb sich seinen Stoppelbart und seufzte.

«Mir wird allmählich klar, daß Sie genau gewußt haben, was passieren würde.» Hyde warf Miandad einen forschenden Blick zu. Der ebenfalls als Einheimischer verkleidete Pakistaner massierte sich Arme und Schultern. Hyde erinnerte sich daran, wie schweigsam und fast schüchtern der andere gewesen war, als sie sich umgezogen hatten, um unter Mohammed Dschans Leuten nicht aufzufallen. Verbrannt ...? Hyde wollte nicht über Miandads Erlebnisse in Afghanistan sprechen, aber er konnte Petrunin nicht ignorieren. «Wie ist's dazu gekommen?»

«Mit dem Russen?» Miandad zuckte mit den Schultern. «Wir führen hier einen schmutzigen Krieg.» Er lächelte humorlos. «Ihr Russe ist hierher strafversetzt worden, nicht wahr?» Als Hyde nickte, fuhr er fort: «Er ist sehr verbittert. Dies ist ein Krieg, in dem auf beiden Seiten mit großer Erbitterung gekämpft wird. Für Petrunin ist's einfach gewesen, vermute ich. Es ist immer leicht, zu degenerieren.» Miandad fuhr zusammen und streckte die Hände nach dem kleinen Feuer aus, an dem sie hockten.

«Dies ist ein tödliches Spiel, mein Freund», sagte Miandad nach langer Pause, in der nur der Wind und ihre stampfenden Schritte zu hören gewesen waren.

«Ja, ich weiß.»

«Er hält sich an Sie, falls es Ihnen nicht gelingt ...»

«Das weiß ich auch!» knurrte Hyde. Er blieb stehen und wandte sich an den Pakistaner. «Mein Leben ist nirgends auf der Welt einen Pfifferling wert, wenn ich's nicht schaffe, Petrunin zu entführen und die Wahrheit aus ihm rauszuholen. Unter solchen Umständen ist's leicht, Kamerad, großartige Versprechungen zu machen und sein Leben in die Waagschale zu werfen!»
Hyde blickte zu den verschneiten Bäumen und den Schneebergen vor dem blassen Himmel auf. Dieses Land war und blieb ihm unerklärlich fremd. Sein Vorhaben war zum Scheitern verurteilt. Wäre er nicht selbst verzweifelt gewesen, hätte er sich nie darauf eingelassen. Er hätte niemals die Grenze überschritten.
Eine Stimme rief sie auf Puschtu an. Die beiden Männer fuhren herum, und Hyde riß seine russische Kalaschnikow hoch. Ein beturbanter Afghane winkte ihnen vom Haupttor aus dringend zu.
«Sie haben eine Patrouille entdeckt», stellte Miandad fest. «Wir wollen uns beeilen.» Er sah zum Himmel auf. «In ungefähr zwei Stunden wird's dunkel. Die Militärstreife dürfte schon bald nach Dschalalabad oder Kabul zurückfahren. Kommen Sie, mein Freund! Hoffentlich erbeuten wir viele Waffen, möglichst sogar einen Raketenwerfer. Mohammed Dschan ist leichter zu beschwichtigen, wenn er reiche Beute gemacht hat.»

«Dann können Sie nichts mehr für ihn tun – Sie müssen aussteigen!» Shelleys Gesicht trug einen grimmigen Ausdruck, als Massinger zu ihm aufsah. Er hatte Hydes Telefon angestarrt, seitdem er den Hörer aufgelegt hatte. In seinen Ohren gellte noch immer – schriller und schmerzhafter als Shelleys Voraussagen und Befürchtungen – Margarets fast hysterische Weigerung, ihn zu empfangen, ihm zu glauben und sich darum zu kümmern, was aus ihm wurde. Massinger war wie gelähmt durch die Tatsache, daß sie imstande war, ihn zu verlassen.
«Wie soll ich das schaffen?» fragte er bedrückt.
«Wie Sie das schaffen sollen? Sie müssen die Sache aufgeben – völlig aufgeben, Mann!» Shelley versuchte offenbar, ihn im

Interesse ihrer beider Sicherheit zu beeinflußen. «Sie müssen bluffen, um freizukommen.»
Er schüttelte den Kopf. «Nein, ich kann nicht.»
«Sie *müssen* aber! Hören Sie, ich habe mir alles genau überlegt. Wer für diese Show verantwortlich ist, hat Ihnen sämtliche Auswege versperrt. Mein Gott, ist Ihnen nicht klar, daß diese Geschichte in Helsinki bedeutet, daß jemand genauestens über meine Absichten informiert gewesen ist? Ich habe ein paar Telefongespräche geführt, ich habe mich mit Ihnen in Calais getroffen – und wir hätten unsere Absichten ebensogut öffentlich ausposaunen können.» Shelleys Stimme klang drängend und ängstlich. «Wir müssen uns einfach mit der Wahrheit abfinden. Wir können nichts mehr für Aubrey tun. Wir können unsere Absichten nicht vor den anderen geheimhalten. Früher oder später fallen wir ihnen lästig wie aufdringlich summende Fliegen – und dann: Patsch! Sie ... ich ... Angehörige ...» Shelley zuckte hilflos mit den Schultern.
Massinger legte dem Jüngeren väterlich eine Hand aufs Knie und fragte halblaut: «Aber wie sollte ich die anderen dazu bringen, mir zu glauben, selbst wenn ich aufgeben wollte?» Er hatte das Gefühl, als höre Aubrey jedes Wort mit. Aber Margaret blieb für ihn das Licht am Ende des Tunnels. Sie würde wieder mit ihm reden, zu ihm zurückkommen, ihn zurückkommen lassen.
«Ganz einfach!» antwortete Shelley rasch. Massinger spürte, daß sie sich auf eine Verschwörung geeinigt hatten. «Sie müssen die anderen davon überzeugen, daß Sie sich für die wahren Hintergründe dieses Falles interessieren ...» Sein Finger tippte auf die Zeitung. Aubreys Gesicht schien sie anzustarren. Shelleys feuchte Fingerspitzen nahmen etwas Druckerschwärze von dem Zeitungsfoto und der Überschrift *Was bedeutet Verrat?* auf. Er wischte sie sich an seinen Jeans ab. «Bleiben Sie nicht untergetaucht, drücken Sie sich nicht hier herum. Gehen Sie direkt zu Babbington und fragen Sie ihn, was das alles zu bedeuten hat. Verlangen Sie, mit dem hier zitierten Gewährsmann auf Guernsey, mit diesem Murdoch sprechen zu dürfen. Überzeugen Sie die anderen davon, daß es Ihnen *stets* nur darum gegangen ist, eindeutig festzustellen, ob Aubrey Castleford ermordet hat. Wenn Ihnen das gelingt, haben Sie alle diese Scherereien

vom Hals.» Shelleys Stimme klang zuletzt geradezu verführerisch leise.

Massinger wußte, daß das klappen würde. Babbington würde ihm diese Erklärung abnehmen – und Margaret würde sie ebenfalls akzeptieren. Die *Sunday Times* hatte ihm einen Pfad aus der Wildnis gewiesen, in die er geraten war. Er konnte sie bis zum Abend verlassen; er konnte sich in Sicherheit bringen.

«Und der Verräter?» fragte er heiser.

«Den vergessen Sie am besten.»

«Aber wir *wissen*, daß er existiert!» begann Massinger. «Er muß . . .»

«Und wir können *nichts* gegen ihn unternehmen!» knurrte Shelley. «Schließlich wollen wir weiterleben. *Ich* will jedenfalls am Leben bleiben. Sie doch vermutlich auch?»

Er konnte noch an diesem Abend mit seiner Frau essen. Er konnte sie binnen weniger Stunden in den Armen halten.

Sicherheit. Der Pfad aus der Wildnis lag offen vor ihm. Sicherheit . . .

«Und Sie?» fragte er.

«Ich rufe diesen Mann auf Guernsey an – sozusagen in Ihrem Auftrag. Eine halbherzige abschließende Geste, um die Form zu wahren. Danach kann ich wieder ins Büro zurück, ohne daß mir irgend jemand etwas vorwerfen könnte.» Shelley hatte vor Scham zwei rote Flecken auf den Backen, aber er war offensichtlich entschlossen, bei seinem Vorsatz zu bleiben. Er hatte Aubrey im Stich gelassen und lernte bereits, mit der Amputation eines kleinen Teils seines Gewissens zu leben. «Was Sie betrifft», fuhr er fort, «möchte ich Ihnen vorschlagen, mit einigen der Leute zu reden, die 1946 in Berlin gewesen sind und die ich ausfindig gemacht habe. Shelley griff nach einigen Zetteln, die vor ihm auf dem Couchtisch lagen. «Ja, warum eigentlich nicht? Reden Sie mit einem oder zwei, bevor Sie Babbington anrufen. Bitten Sie ihn um einen Termin für ein Gespräch – tun Sie so, als wollten Sie überzeugt werden. Erwecken Sie den Eindruck, als wollten Sie am liebsten alles glauben, was in der Zeitung gestanden hat.» Shelleys Jovialität war offenbar nur gespielt. Er war in eine neue Rolle geschlüpft, und Massinger wünschte sich verzweifelt, es ihm gleichtun zu können.

Wenn Sie mit Babbington sprechen, brauchen Sie ihn nur davon

zu überzeugen, daß Sie jetzt wissen, daß Aubrey Castleford ermordet hat. Die anderen müssen glauben, daß Sie das glauben. Wer weiß, vielleicht hat der Alte ihn tatsächlich aus Eifersucht ermordet?»
«Machen Sie sich nicht lächerlich!»
«Entschuldigung . . .»
Nun folgte ein sehr langes gespanntes Schweigen. Massinger unterdrückte alle Gedanken, atmete beinahe nicht mehr. Rette dich aus der Wildnis! sagte er sich immer wieder.
«Einverstanden», sagte er schließlich. «Das ist die einzige Möglichkeit. Ich mache mit.»
Während Shelley erleichtert seufzte, glaubte der Amerikaner, Aubreys kleine, alte Gestalt am Ende eines langen, ungenügend beleuchteten Korridors als Silhouette zu sehen: einsam und verlassen. Massinger ballte die Fäuste und dachte bewußt nur noch an seine Frau.

Eigentlich lächerlich, sagte Aubrey sich, daß ich meinen Inquisitor jetzt, wo er mir am gefährlichsten werden kann, zu einem sonntäglichen Mittagsmahl mit gebratenem Fasan und einem guten Bordeaux einlade. Er beobachtete, wie Eldon einen Teil seiner Erbsen mit der Gabel zerdrückte und sie an den Mund führte, bevor er ihm Wein aus der Schiffskaraffe nachschenkte. Aubrey kontrollierte seine Hand genau, während er Eldons Glas füllte. Sie zitterte nicht. Er hatte seinen Schock über den Artikel in der *Sunday Times* längst überwunden gehabt, bevor Eldon angerufen und zum Mittagessen eingeladen hatte. Aubrey brauchte die scheinbare Normalität dieser Einladung, um Eldon gegenüber nonchalant alles abstreiten zu können, was der andere ihm vorwerfen würde.
In seinem Inneren braute sich die Gewißheit einer bevorstehenden Krise wie ein tropischer Wirbelsturm zusammen. Der Name Clara Elsenreith war gefallen, und Aubrey wußte, daß sie nach ihr fahnden würden. Und er wußte, daß er ihnen unter allen Umständen bei ihr zuvorkommen mußte.
«Sie scheint spurlos verschwunden zu sein», sagte Eldon gerade. «Ah, danke, Sir Kenneth. Wie gesagt, ein ausgezeichneter Bordeaux.»

«Sie bedauern bestimmt, daß ich diese Beziehung nicht bis heute aufrechterhalten habe», stellte Aubrey fest. Er beherrschte seine Rolle gut und war davon überzeugt, sie bis zum Ende dieses Gesprächs durchhalten zu können – trotz seiner zunehmenden Müdigkeit, seiner wachsenden Verzweiflung und der neuen Befürchtung, etwas unternehmen zu müssen. Das Tagebuch, das Clara seit dreieinhalb Jahrzehnten für ihn aufbewahrte, mußte vernichtet werden. Beim gegenwärtigen Stand der Dinge konnte es das letzte Glied in der Beweiskette seiner Gegner darstellen. Sie glaubten, auf ein Tatmotiv gestoßen zu sein – ausgerechnet ein Dreiecksverhältnis! –, und sein Geständnis, Castleford ermordet zu haben, befand sich in den Händen der Frau, nach der jetzt gefahndet werden würde. Wenn die anderen sie entdeckten, würden sie auch sein Geständnis finden.
Eldon, der Aubrey beobachtete, lächelte schwach. «Immerhin geben Sie selbst zu, eine Liaison mit ihr gehabt zu haben, Sir Kenneth.»
«Natürlich. Murdoch ist keineswegs der einzige, der davon gewußt hat.»
«Und diese Frau ist auch Castlefords Geliebte gewesen?»
Aubrey machte ein abweisendes Gesicht und schüttelte den Kopf. «Nein, das ist sie nicht gewesen.»
«Aber . . .» Eldons Handbewegung umfaßte den Raum, in dem irgendwo die Zeitung mit dem Artikel und Murdochs Behauptungen liegen mußte.
«Das hat Murdoch lediglich vermutet.»
«Wie andere auch?»
«Ganz recht.»
Eldon runzelte die Stirn. «Warum wohl?» murmelte er nachdenklich.
«Weil Castleford als Schürzenjäger bekannt war. Weil er . . . sich aktiv um Clara Elsenreith bemüht hat.»
«Sie hatten also keinen Grund zur Eifersucht? *Sie* sind der Sieger gewesen, dem Gunst und Zuneigung der Umworbenen gehörten?» Eldons leichter Tonfall klang spöttisch, beinahe sarkastisch. Er legte es bewußt darauf an, die weibliche Hauptperson dieser Affäre herabzusetzen.
«Richtig», bestätigte Aubrey gelassen.

«Das werden wir uns von der Dame bestätigen lassen müssen.»
«Falls Sie sie finden», warf Aubrey unvorsichtigerweise ein.
«Sie wissen auch nicht, wo sie zu finden sein könnte?»
«Wie ich Ihnen bereits erzählt habe, gehört die Dame in einen schon sehr lange zurückliegenden Abschnitt meines Lebens. Ich habe diese Episode für längst abgeschlossen gehalten», fügte Aubrey mit nicht gespielter Bitterkeit hinzu. «Ich habe keine Ahnung, wo sie jetzt lebt.» In einem eleganten Apartment am Stephansplatz über einem teuren Schuhgeschäft, ergänzte sein Gedächtnis, und er mußte sich beherrschen, um diese Worte nicht laut auszusprechen. Aubrey trank einen weiteren Schluck Bordeaux. Er brauchte sich nicht sonderlich anzustrengen, um die Räume der Wohnung, die Einrichtung und die kostbaren alten Möbel des Gästezimmers, in dem er gelegentlich übernachtet hatte, vor sich zu sehen. Clara gehörte auch das Schuhgeschäft im Erdgeschoß des Hauses: Es verkaufte die Erzeugnisse kleiner französischer und italienischer Schuhfabriken, an denen sie beteiligt war.
Gott sei Dank, daß sie ihr Modehaus niemals nach ihrem Mädchennamen oder ihrem späteren Namen benannt hat! dachte er. Zumindest dafür konnte er Gott dankbar sein.
Castleford hatte ihr nachgestellt, das stimmte. Castleford war unberechenbar eifersüchtig gewesen, als er merkte, daß sie sich zu einem anderen Mann hingezogen fühlte. Er hatte das Gefühl gehabt, von Aubrey betrogen worden zu sein; er hatte es nicht verwinden können, daß es einem kleinen Untergebenen gelungen war, ihn bei Clara auszustechen. Castleford hatte ihr Vorhaltungen gemacht und versucht, durch Überredung, Erpressung und Bestechung zum Ziel zu kommen. Castleford war von dem Trieb besessen gewesen, Frauen zu besitzen, um sie später wie leere Flaschen beiseitezustellen. Clara hatte ihn gehaßt, obwohl Aubrey zu wissen glaubte, daß sie Castlefords Geliebte geworden wäre, um ihre eigenen Ziele zu fördern – wenn er nicht auf der Bildfläche erschienen wäre. Clara hätte ihren eigenen Vorteil im Auge behalten müssen. Castleford hätte ihr Ausweise, Lebensmittel, Geld, Kleider, Schutz und Sicherheit bieten können. An seiner Stelle hatte Aubrey sie damit versorgt.
Ja, Castleford war eifersüchtig gewesen. Anfangs war Aubrey auf ihn eifersüchtig gewesen, weil er Erfolge vermutet hatte, die

Castleford keineswegs hatte verzeichnen können. Aber der andere war nicht aus sexuellen Motiven ermordet worden.
Nein, Sex, Geld oder Macht hatten dabei keine Rolle gespielt . . .
«Warum so nachdenklich, Sir Kenneth?»
«Durchaus nicht! Noch etwas Wein?» Als Eldon dankend den Kopf schüttelte, fuhr Aubrey fort: «Dann klingele ich Mrs. Grey, damit sie den Nachtisch aufträgt.»
Ich muß mich retten! Nur ich selbst kann mich retten, sagte Aubrey sich, während das Silberglöckchen in seiner Hand erklang. Ich muß nach Wien. Ich muß das unglaublich dumme Tagebuch vernichten, bevor . . .
Er blickte Eldon gelassen ins Gesicht.
Bevor *er* es findet!

«Komm, Mike, mir kannst du doch erzählen, wie ihr an diesen Murdoch geraten seid?» Shelleys Stimme klang vor bärbeißiger Jovialität angestrengt.
«Hör zu, Pete, was ich gesagt habe, stimmt wirklich. Der Mann ist zu uns gekommen. Du weißt selbst, daß so was immer wieder passiert.»
«Und ihr habt ihm geglaubt?» Shelley, der mit dem Telefonhörer am Ohr auf dem Sofa saß, beobachtete seine kleine Tochter, die im Garten eine stetig wachsende Schneewalze über den Rasen rollte. Alison, die ihren Pelzmantel trug, stand mit verschränkten Armen ganz in der Nähe der Kleinen und ließ sie keine Sekunde lang aus den Augen, als fühle sie sich als ihre Leibwächterin.
«Du nimmst doch wohl nicht an, daß wir seine Angaben ungeprüft übernommen haben, alter Junge?» fragte die scherzhafte, überlegene, wissende Stimme am anderen Ende. Sie schien nicht nur über Shelleys Naivität, sondern auch über die friedliche Szene vor seinem Wohnzimmerfenster zu spotten. Die neue Wintergartentür erschien ihm plötzlich sehr unsicher: viel zu viel Glas.
«Nein, ich . . .»
«Wir haben lange und eingehend mit ihm gesprochen. Wir haben seine Angaben sogar von euren Leuten überprüfen las-

sen. Sie haben uns einige weitere Namen genannt. Allgemein bekannte Tatsachen, alter Junge. Aubrey und Castleford haben sich monatelang eifrig um diese Naziwitwe bemüht. Leider haben wir sie nicht aufspüren können. Eigentlich fast unglaublich, daß dein Chef mal so scharf hinter einem Weiberrock hergewesen sein soll, was?» Mike lachte schallend.
«Allerdings», gestand Shelley ein. Er hatte Vertrauen zu Mike. Der Journalist hatte schon mehrmals SIS-Informationen erhalten oder als Informant gedient, wenn er gebraucht wurde. Er war vertrauenswürdig. Und er würde die Tatsache, daß Shelley Erkundigungen eingezogen hatte, vermutlich weitermelden – und daß er die gegebenen Antworten akzeptiert hatte. Mit etwas Glück begann Shelley damit seine professionelle Rehabilitation. *Ich hab schließlich nur ein paar Auskünfte für Massinger eingeholt,* dachte er angewidert. «Du glaubst ihm also?» fügte er hinzu.
«Ja, das tue ich. Du etwa nicht?»
«Mir wird wohl nichts anderes übrigbleiben. Aber das muß man erst mal schlucken!»
«Die unwahrscheinlichsten Leute können ausflippen, wenn's um Sex geht, alter Junge. Dein alter Boß ist anscheinend doch ein Mensch wie du und ich.» Mike lachte erneut schallend. Damit ging er Shelley auf die Nerven, als ob die Heiterkeit des anderen seine offenkundige Unloyalität betreffe.
«Ja, das scheint zu stimmen.»
«Wie stehen die Chancen für einen diskreten Hinweis, sobald Anklage gegen ihn erhoben wird?»
«Ich . . . ja, natürlich.» Shelley fühlte, daß ihm der Schweiß ausbrach. *Daran hatte er noch gar nicht gedacht!* Anklage . . . Der Alte würde demnächst unter Anklage gestellt werden. «Ja, ja . . . ich melde mich dann», fügte er hinzu. «Mach's gut, Mike.»
Er legte rasch auf. Im Garten wurde es bereits dämmerig. Plötzlich wollte er seine Frau und sein Kind nicht länger im Freien sehen. Shelley trat rasch an die Terrassentür neben dem Erkerfenster. Der auf dem Teppich vor dem Kamin ausgestreckte Neufundländer öffnete hoffnungsvoll ein Auge. Shelley schob die Tür auf.
«Wollt ihr nicht reinkommen, ihr zwei?» rief er mit gespielter Heiterkeit. Alison warf ihm einen prüfenden Blick zu.

«Mach die Tür zu», wies Alison ihn an. «Du läßt die ganze teure Wärme raus.»
Shelley knallte die Schiebetür zu. «Scheiße!» rief er wütend aus. Er hatte sich ein Alibi verschafft. Murdoch auf Guernsey hatte sich am Telefon gemeldet, seine Fragen widerstrebend beantwortet und die in dem Zeitungsartikel aufgestellten Behauptungen bestätigt. Mike, der den Artikel *Hinter den Kulissen* geschrieben hatte, war offenbar von der Glaubwürdigkeit seines Informanten überzeugt. Nach außen hin war Shelley in jeder Beziehung mit dem Motiv für Castlefords Tod und den Beweisen für Aubreys Schuld zufrieden. Er hatte sich ergeben, sich selbst harmlos gemacht und dafür gesorgt, daß er niemandem mehr gefährlich werden konnte . . .
Ihm war vor Scham ganz elend. Er hatte Aubrey endgültig im Stich gelassen.

Die Hauptverkehrsader zwischen Kabul und Dschalalabad, deren Kurven sich um verschneite Felsen schlängelten, lag unter ihnen. Jenseits der Fahrbahn – zwischen ihrem Bankett und dem graugrünen Strang des Flusses – wirkten die zugeschneiten Überreste eines ausgebrannten Schützenpanzers harmlos und unschuldig. Der anbrechende Tag erhellte die gegenüberliegenden Felswände.
Die Patrouille hatte die Nacht lieber in einem zerbombten, verlassenen Dorf zugebracht, als zu riskieren, nachts auf der Straße in einen Hinterhalt zu geraten. Späher hatten beinahe freudig von ihrer Unruhe und Schlaflosigkeit berichtet sowie die Zahl der Soldaten, ihrer Fahrzeuge und ihrer Waffen gemeldet. Mohammed Dschan hatte sich dazu entschlossen, bis Tagesanbruch zu warten – bis die Militärstreife sich auf der Rückfahrt nach Kabul befand. Seine Männer hielten sich nun zu beiden Seiten der Straße hoch oben in den Felsen versteckt. Von seinem Beobachtungspunkt aus konnte Hyde nicht mehr als ein halbes Dutzend Afghanen sehen, mit denen er sich ein Wettrennen würde liefern müssen. Er traute keinem von ihnen zu, daß er einen russischen Soldaten lange genug am Leben lassen würde, daß er ihn verhören konnte. Hyde brauchte einen Russen, am besten einen Offizier . . .

Wenn er schnell genug war. Aber selbst dann konnte er dem Mann als Belohnung für seine Auskünfte nur eine rasche Kugel statt eines qualvoll langsamen Todes in den Händen der Widerstandskämpfer bieten. Auf diese Weise erhöhte sich seine nervöse Spannung, während er zwischen Felsblöcken kauerte. Miandad neben ihm wirkte ruhiger und gelassener. Unter ihnen, beinahe genau unter ihnen, war die Straße durch einen kleinen Erdrutsch wirkungsvoll für jeglichen Verkehr gesperrt. Ein ähnlicher Erdrutsch konnte hinter der Kolonne ausgelöst werden, um ihr den Rückzug zu versperren.

«Ungefähr noch einen Kilometer entfernt», sagte Miandad halblaut. Hyde nickte lediglich. Der Pakistaner betrachtete den Morgenhimmel über ihnen. «Ob sie einen Hubschrauber aus Kabul hierher schicken?»

«Tun sie das im allgemeinen?»

«Vor einem Jahr ist jede Streife von einem Hubschrauber begleitet worden. Aber jetzt ... wer weiß? In diesem Gebiet ist's im Winter ziemlich ruhig gewesen. Die Russen glauben, die Straße unter Kontrolle zu haben. Vielleicht kommt kein Hubschrauber – zumindest nicht, bevor wir hier fertig sind.»

Hyde betrachtete wieder die Straße. Keine drei Minuten später schob sich ein grüngestrichener Panzerspähwagen des Typs BTR 40 scheinbar übertrieben vorsichtig um die nächste Kurve. Sein kleiner Turm und das wie ein Zeigefinger ausgestreckte MG schwenkten von links nach rechts und wieder zurück. Das Fahrzeug schien seinerseits von nervöser Spannung beseelt zu sein. Dann tauchten hinter dem Panzerspähwagen zwei Schützenpanzer des Musters BMP auf: grün, gedrungen und schwerbewaffnet. Jedes der beiden Kettenfahrzeuge war mit einem Raketenwerfer und einer 7,3-cm-Kanone bestückt. Ihre Besatzung bestand aus jeweils acht Mann, die alle mit Hilfe von Periskopen schießen konnten, während die Fahrzeuge geschlossen weiterrasselten. Die roten Sowjetsterne an ihren Flanken waren in dem noch im Schatten liegenden Talboden kaum auszumachen. Ein zweiter Panzerspähwagen bildete die Nachhut der kleinen Kolonne.

Hyde zitterte vor Kälte und Nervenanspannung. So oft er sich auch ins Gedächtnis zurückrief, wie stark diese Fahrzeuge gepanzert und bewaffnet waren, wurde er trotzdem den Ein-

druck nicht los, diese langsam fahrende Patrouille sei ängstlich und verwundbar. Dreißig Afghanen mit alten Gewehren, gestohlenen sowjetischen Waffen und amerikanischen, britischen, tschechischen oder russischen Handgranaten stellten eine weit größere Gefahr dar. Sie besaßen nicht nur das Gelände, sondern auch den Fanatismus.
Der die Kolonne anführende Panzerspähwagen wurde langsamer und hielt weit vor dem kleinen, absichtlich ausgelösten Erdrutsch. In diesem Augenblick würde sein Kommandant Vermutungen anstellen und danach handeln. In dieser Situation und wegen seiner bereits angespannten Nerven würde er annehmen, der Erdrutsch sei bewußt und als Teil eines Hinterhalts ausgelöst worden. Vielleicht würde er binnen einer Minute über Funk Bericht erstatten und Unterstützung anfordern?
Der Panzerspähwagen wendete mühsam auf der Straße und fuhr zu den beiden Schützenpanzern zurück. Der die Nachhut bildende Panzerspähwagen wendete ebenfalls und verschwand um die letzte Kurve.
Die beiden Schützenpanzer begannen umständlich zu wenden, fuhren mehrmals vor und zurück und wurden dabei von dem stationären Panzerspähwagen wie von einem Schäferhund bewacht. Hyde hörte ein dumpfes Poltern, das von einer abgehenden Geröllawine stammen konnte – vermutlich von dem zweiten Erdrutsch. Seine Hand zitterte vor Nervosität, während er den kalten Plastikkolben seiner erbeuteten Kalaschnikow umklammerte und die scheinbar so harmlose Szene unter sich beobachtete.
Eine Gestalt, die durch den Straßengraben robbte? Hyde wußte nicht, ob seine überreizten Nerven ihm nur etwas vorgaukelten. Der zweite Panzerspähwagen, der die Straße entlang zurückgefahren war, tauchte jetzt rasch fahrend wieder auf.
Ein braungekleideter Afghane kroch auf allen vieren auf die graue Straße, rollte etwas vor sich her und verschwand dann wieder im Entwässerungsgraben. Hyde hielt unwillkürlich den Atem an. Nach vier Sekunden detonierte die Handgranate unter dem Panzerspähwagen. Flammen schlugen an seinen Flanken empor, um fast augenblicklich wieder zu erlöschen. Das Fahrzeug schien unbeschädigt zu sein, wenn man von

Brandspuren auf dem olivgrünen Anstrich absah. Hyde ließ enttäuscht sein Fernglas sinken. Miandad stieß ihn an und deutete nach rechts.
Löwenzahnsamen. Er stellte sein Fernglas darauf ein. Löwenzahnsamen, die zart und unschuldig von den niedrigsten Felsen auf die sowjetischen Militärfahrzeuge herabschwebten. Einer der Schützenpanzer hatte bereits gewendet, und der andere stand quer auf der Straße.
Plötzlich wußte Hyde, was die Löwenzahnsamen waren: sowjetische Panzerabwehrgranaten des Typs RKG, die mit der Hand geworfen wurden und an ihren Bremsfallschirm herabschwebten. Sie konnten zwölf Zentimeter Panzerung durchschlagen; die Schützenpanzer waren 14 Millimeter dick gepanzert, die Panzerspähwagen gar nur zehn Millimeter. Die kleinen Fallschirme, die Hyde an Löwenzahnsamen erinnert hatten, sorgten dafür, daß die Hohlladungen mit der Spitze voraus aufkamen.
Einer der Schützenpanzer schoß eine Sagger-Rakete ab, deren greller Lichtblitz Hyde zunächst blendete. Von dem plötzlich nicht mehr sichtbaren Steilhang über der Straße wurden Felsbrocken, Schnee und Steinstaub aufgewirbelt, aber die Rakete hatte viel zu hoch eingeschlagen. Felsblöcke kollerten und sprangen zu Tal. Das Echo der Detonation traf Hyde wie ein Hammerschlag.
Der erste Löwenzahnsamen schlug auf, dann der zweite. Eine Granate detonierte auf der Straße, die zweite traf das Heck des hinteren Panzerspähwagens. Das Fahrzeug wurde wie eine unter Überdruck stehende Blechbüchse auseinandergesprengt. Eine in Flammen stehende Gestalt torkelte aus dem Fahrzeugwrack und fiel in eigentümlich leisem Gewehrfeuer. Weitere Granaten trafen die Schützenpanzer. Flammen, metallisches Kreischen, das Zerreißen von Panzerstahl.
Der noch unbeschädigte Schützenpanzer schoß eine weitere Rakete ab. Auch die Kanone des ersten Schützenpanzers eröffnete das Feuer. Felsen und Steilhang verwandelten sich in ein feuriges Inferno. Das schmale Tal füllte sich mit Rauch und ohrenbetäubendem Lärm. Die Oberfläche des graugrünen Flusses wurde durch hineinstürzende Steinbrocken und Metallsplitter aufgewühlt. Uniformierte liefen durcheinander; andere

lagen unbeweglich auf den Fahrzeugen, neben den Ketten oder auf dem grauen Asphalt. Hyde hörte, daß die beiden 7,3-cm-Kanonen der Schützenpanzer schossen, konnte sie aber nicht mehr voneinander unterscheiden. Flammen erhellten die Rauch- und Staubwolke von innen heraus: zuckendes Mündungsfeuer und die gleichmäßigere Flamme eines brennenden Panzerspähwagens.
Das Donnergrollen, mit dem eine weitere Rakete große Felsblöcke aus dem Steilhang brach, und das Hämmern eines MGs. Danach nur noch der Abschußknall einer Kanone und ein neuer, hellerer Flammenherd innerhalb der dichten Rauchschwaden.
Miandad stieß Hyde an. «Wir müssen los!» rief er. «Sonst lebt keiner mehr, den wir verhören können!»
Die beiden Männer überwanden das steile Geröllfeld mit großen Sätzen und drangen in die Wolke aus Rauch und Staub ein. Hyde zog sein Halstuch über Mund und Nase, mußte würgend husten und hatte Tränen in den Augen. Er sah Miandad lediglich schemenhaft neben sich.
«Hierher!» Miandad packte ihn am Arm und zog ihn hinter sich her nach links. Hyde folgte dem Pakistaner. Irgendwo vor ihnen schoß eine Feuersäule hoch, deren Hitze ihnen entgegenschlug. Weitere Afghanen hasteten an ihnen vorbei; ein Uniformierter taumelte durch die Rauchschwaden, aber Hyde ignorierte ihn, weil der Mann in Flammen stand. Kamen sie bereits zu spät, obwohl der Kampf erst wenige Minuten dauerte? «Wir nehmen die andere Straßenseite, okay?» rief Miandad ihm ins Ohr. Hyde nickte wortlos.
Der Panzerspähwagen, der die Spitze der Kolonne gebildet hatte, lag demoliert und umgestürzt vor ihnen. Aus der vorderen Luke hing ein toter Russe. Miandad beugte sich über ihn, um einen Blick ins Innere des Fahrzeugs werfen zu können. Als er den Kopf hob, sah Hyde das Weiße in seinen Augen aufblitzen.
«Was . . . ?» fragte er laut, um die Detonationen und Schreie zu übertönen.
«Die anderen sind rechtzeitig ausgestiegen – sie müssen sich gerettet haben!»
«Wo?»

Ein Feuerstoß aus einem MG traf aus nächster Nähe die Unterseite des umgestürzten Panzerspähwagens.
«Dort!» rief Miandad.
Eine dumpf grollende Detonation überschüttete sie mit einem Hagel aus Steinbrocken und Metallsplittern. Ein Splitter schlitzte Hydes Lammfelljacke auf, ein weiterer versengte ihm die rechte Hand. Einer der beiden Schützenpanzer war explodiert. Jetzt konnte es nicht mehr viele Überlebende geben. Ein Afghane mit Turban taumelte gegen den Panzerspähwagen und fiel auf Miandad. Der Pakistaner schob den Toten fast angewidert von sich fort.
«Los, weiter!»
Hyde umklammerte erschrocken Miandads Arm. Vor ihnen, keine 20 Meter von ihnen entfernt, hatte das MG zu schießen aufgehört. Auch die Rauchschwaden schienen sich zu verziehen. Männer im Nahkampf. Die Gruppe, die das MG bemannt hatte, wurde überwältigt und niedergemacht . . .
Der Australier rannte los. Miandad blieb einen Schritt hinter ihm, während beide durch den unebenen, mit Felsbrocken übersäten Straßengraben hasteten. Vom Fahrbahnrand starrte ihnen ein ausdrucksloses Gesicht mit weit aufgerissenen Augen entgegen. Dann erreichte Hyde die Kämpfenden. Irgend jemand stieß ihn beiseite. Er sah ein Bajonett silbern aufblitzen, dann tat ein Krummdolch sein grausiges Werk. Miandad prallte mit ihm zusammen und schien seitlich wegzutauchen. Hyde sah sich mit wachsender Verzweiflung um. Er hielt nach etwas so Kleinem, Unbedeutendem wie Rangabzeichen Ausschau. Er brauchte einen Offizier.
Miandad mühte sich mit etwas am Boden ab, schleppte es im Straßengraben davon und lehnte es an die Grabenböschung. Als er sich über den Bewußtlosen beugte, um seine Beine hochzuheben, tauchte ein mit Gewehr und Messer bewaffneter Afghane aus den dünner werdenden Rauchschwaden auf. Er zögerte nur kurz, als er sah, daß Miandad sich mit den Beinen des Russen abmühte, und hob dann sein Messer. Hyde wußte nicht, ob der Mann glaubte, einer seiner Kameraden werde angegriffen, oder ob er es nur auf den Russen abgesehen hatte. Der Australier hatte gerade noch Zeit, einen Schritt vorzutreten und seine Kalaschnikow zu schwingen. Ihr Plastikkolben traf

den Afghanen über dem linken Auge, so daß er rückwärtsstolpernd zusammenbrach und dabei sein Messer fallenließ.
«Schnell!» Miandad sah zu Hyde auf. «Los, hilf mir, ihn zwischen die Felsen zu schaffen!»
Hyde hängte sich seine Kalaschnikow um und half Miandad, den bewußtlosen Russen – junges Gesicht mit geschlossenen Augen, Schwellung an der Schläfe, leichte Verbrennungen an Hals und Kinn, Schulterstücke mit Stern, *Offizier!* – aus dem Straßengraben und zum Fluß hinunter zu schleppen.
Sie platschten durch das seichte Wasser und erreichten mit dem Bewußtlosen die Deckung der Felsblöcke am Fluß des jenseitigen Steilhangs. Hyde keuchte vor Anstrengung und kniete zusammengekrümmt neben dem Russen, als müsse er sich übergeben. Miandads Hand lag auf seiner Schulter. Der Himmel über ihnen war blaßblau. Sie hatten die Rauch- und Staubwolke hinter sich gelassen, die sich jetzt verzog, so daß die zerstörten Fahrzeuge auf der Straße sichtbar wurden.
Miandad deutete auf übereinander aufgetürmte Felsblöcke.
«Hilf mir, ihn dorthin zu schaffen», verlangte er. Hyde fiel auf, daß der Pakistaner nicht mehr zu schreien brauchte. In der Schlucht war es beinahe still geworden, wenn man von dem Rauschen des Flusses, dem Prasseln der Flammen und vereinzelten Schüssen absah.
Sie schleppten den Russen, der mehrmals laut stöhnte, zwischen die Felsen. Dort befanden sie sich 50 bis 60 Meter über dem Fluß und rund 100 m Luftlinie von der Straße entfernt.
«Beeil dich!» forderte Miandad Hyde auf und flößte dem jungen Russen aus einer silbernen Taschenflasche etwas ein. Der Uniformierte mußte husten und öffnete dann die Augen. Sein Blick wurde schreckensstarr, als er Hyde mit einem Turban auf dem Kopf vor sich sah.
«Klappe halten!» knurrte Hyde ihn auf Russisch an. Die Augen des jungen Mannes weiteten sich vor Schock und Überraschung noch mehr. Er drehte den Kopf zur Seite und sah Miandads schmales dunkles Gesicht.
«Wer . . . wer sind Sie?» Hyde war sich seiner Sache nicht ganz sicher, aber der andere schien mit ukrainischem Akzent zu sprechen. Der Leutnant war kaum älter als zwanzig oder einundzwanzig.

«Das spielt keine Rolle. Sie sind mein Gefangener – nicht der der Afghanen. Begreifen Sie den Unterschied?» Der Leutnant nickte. Er schluckte trocken, als könne er damit seine Angst hinunterschlucken. «Gut. Geben Sie mir Ihre Papiere – schnell!»
Der Offizier zögerte, als müsse er sich von einer Art Talisman trennen, griff dann in die Innentasche seiner Jacke und zog sie heraus. Seine Hand zitterte, als er sie Hyde gab. Von der Straße her drang ein gellender Schrei zu ihnen hinüber, der den Leutnant zusammenzucken ließ. Hyde klappte die Ausweishülle auf. Ein winziges Schwarzweißbild des jungen Offiziers, der ernst und ein wenig stolz in die Kamera blickte. Mehrere Stempel und die für einen Dienstausweis nötigen Angaben. Leutnant Sergeij Asimow. Ja, aus Kiew in der Ukraine. Vor einem Jahr frisch aus der Offiziersschule nach Afghanistan versetzt. Ein blasses, versengtes, übernächtigtes Gesicht, das in einer fremden Umgebung fremdartig wirkte.
«Gut, Leutnant Asimow, Sie können Ihr Leben retten, wenn Sie meine Fragen beantworten – verstanden?» Ein gellender Schrei, der kaum noch menschlich klang, wirkte wie ein Aufputschmittel auf den jungen Offizier. «Haben Sie verstanden?» Asimow nickte. «Ausgezeichnet. Ich brauche Informationen über Oberst Petrunin, verstanden? Oberst Tamas Petrunin. Alles, was Sie über ihn wissen, was Ihnen bei diesem Namen einfällt. Ich will wissen, wo er zu finden ist. Helfen Sie mir, dann rette ich Ihnen das Leben.»
Verdammter Lügner! tadelte Hyde sich selbst. Aber er *muß* auspacken, und der Zweck heiligt die Mittel . . .
Hyde hob den Kopf und blickte über die Felsen zur Straße hinunter. Die Rauch- und Staubwolke hatte sich weitgehend verzogen. Fluß und Straße lagen in kaltem Sonnenschein unter ihm, der das Wasser stahlgrau blitzen ließ. Die Afghanen sammelten Waffen und Munition ein: MGs, Gewehre, Maschinenpistolen, einen Raketenwerfer RPG, den ein Afghane jubelnd hochhielt, und aus den brennenden Fahrzeugwracks geborgene Munitionskästen. Zwei Männer waren sogar dabei, das MG des umgestürzten Panzerspähwagens auszubauen.
Sie hatten vielleicht noch zehn Minuten Zeit.
Hydes Interesse an dem jungen Offizier hatte bereits abgenom-

men, weil ihm plötzlich eine andere Idee gekommen war. Der Raketenwerfer, der mit etwas Glück mit dem dazugehörigen Nachtsichtgerät erbeutet worden war, konnte über 30 Zentimeter Panzerung oder massives Mauerwerk durchschlagen . . . Uniform, Verwirrung, Tarnung . . .?

«Wo ist Petrunin jetzt – heute, morgen?» knurrte Hyde den Offizier an. «Wissen Sie das? Können Sie mir sagen, wo er sich aufhält?»

«Dieser Schweinehund», murmelte der Leutnant.

«Ja, dieser Schweinehund. Wo ist er?» Hyde brüllte Asimow beinahe an, so daß der andere erschrocken zusammenzuckte.

«In der Botschaft . . .»

«Nicht im Oberkommando?»

«Nein, in der Botschaft. Als KGB-Offizier hält er nichts von militärischen Nachrichtenverbindungen – die sind *ihm* nicht sicher genug. Jedenfalls ist er die ganze Woche dort, soviel ich gehört habe.»

Ja, ja, *ja* . . .

«Was gibt's?» fragte Miandad, indem er sich wie Hyde aufrichtete.

«Du verhörst ihn weiter, Sahir. Laß dir den Grundriß der sowjetischen Botschaft in Kabul aufzeichnen. Ich halte Mohammed Dschan so lange wie möglich auf.»

«Hast du einen Plan?»

«Ja, wahrscheinlich – falls er so viel weiß, wie ich vermute.» Der Raketenwerfer RPG 7 wurde fast ehrfürchtig Mohammed Dschan überreicht, der ihn wie ein Symbol seiner Autorität entgegennahm. Ja, dachte Hyde verbissen, ja . . .

«Ich spreche kaum Russisch, du sprichst kein Puschtu. *Ich* halte die anderen auf, während du den Leutnant verhörst.»

Hyde zögerte und nickte dann. «Okay. Ich brauche zehn Minuten . . .»

«Ich werd's versuchen.» Miandad, der sich bereits abgewandt hatte, drehte sich erneut nach Hyde um. «Dir ist hoffentlich klar», sagte er leise, während er Asimow anstarrte, «daß du nicht zulassen darfst, daß er flüchtet oder sich hier versteckt. Wenn der Hubschrauber kommt, weiß er zuviel.» Hyde nickte ausdruckslos. «Und du kannst ihn nicht lebend den anderen ausliefern.» Hyde nickte zustimmend. «Dann ist dir also klar, was . . . ?»

8

Die Gefangennahme

Miss Catherine Dawson, eine kleine, zierliche Gestalt, wirkte in ihrer betulichen Art nicht viel anders als die winzigen Geschöpfe, die sie in dem Vogelhäuschen in ihrem Garten mit Schinkenfett, Brot und Erdnüssen durch den Winter zu bringen versuchte. Sie trug Gummistiefel und einen alten Kamelhaarmantel, und das unter ihrem Kopftuch zum Vorschein kommende graue Haar war schütter.

Massinger schätzte sie auf fast siebzig, was bedeutete, daß sie eine Frau Ende Zwanzig gewesen sein mußte, als sie unmittelbar nach Kriegsende als Dolmetscherin und Übersetzerin bei der Alliierten Kontrollkommission in Berlin gearbeitet hatte. Sie hatte über ein Jahr lang zu Castlefords Stab gehört, bevor ihr Chef dann verschwunden war.

Er mußte mit dieser Frau – und vielleicht mit weiteren Zeugen aus der damaligen Zeit – sprechen, bevor er seine selbstgestellte Aufgabe für gelöst erklären und behaupten konnte, er sei jetzt von Aubreys Schuld am Tode Castlefords überzeugt.

Wenige Minuten nach zehn Uhr stand er jetzt hinter einem umgebauten Bauernhaus in einem Dorf in Oxfordshire und spielte die Rolle, die seine Ehe und ihm das Leben retten konnte. Trotz seines Schlafdefizits fühlte er sich frisch, auch ungeduldig und zunehmend optimistisch. Die großen weichen Schneeflocken fielen auf sein Haar und die Schultern seines Regenmantels. Massinger spürte sie angenehm kühl auf seinen glattrasierten Wangen und mußte sich beherrschen, um sie nicht wie ein kleiner Junge mit ausgestreckter Zunge aufzufangen.

«Ich bin Ihnen sehr dankbar, daß Sie sich die Zeit für ein Gespräch mit mir nehmen», versicherte er Miss Dawsons Rücken erneut. «Ich weiß natürlich, daß ich störe . . .»

«Wirklich?» fragte Miss Dawson und drehte sich nach ihm um. «Womit wäre ich Ihrer Meinung nach wohl so beschäftigt, daß ein Besucher unwillkommen wäre?» Ihre blauen Augen glitzerten. Ihr Gebiß war offenkundig falsch, aber ihr Lächeln war

echt, beinahe schelmisch. Massinger fragte sich, ob es unangebracht, vielleicht sogar gönnerhaft war, sie zu bedauern, weil sie nie geheiratet hatte.
«Entschuldigung», murmelte er.
Die alte Dame beobachtete die Vögel wie eine zufriedene Erlöserin, bevor sie Massinger hastig ins Haus bat, als merke sie erst in diesem Augenblick, daß es schneite und er barhäuptig war.
«Kaffee . . . Kakao?» fragte sie und bot ihm mit einer Handbewegung einen der Küchenstühle an. Der Amerikaner spürte seine Hüfte, als er sich darauf niederließ. Die stechenden Schmerzen schienen mit neuer Intensität zurückgekehrt zu sein, seitdem er beschlossen hatte, sich bei seiner Frau und Babbington zu rehabilitieren – als ob er sein Gewissen in einem Halfter an dieser Hüfte trüge.
«Am liebsten Kaffee», antwortete er. Miss Dawson hatte seine ungelenken Bewegungen beobachtet.
«Sie sollten sich operieren lassen», murmelte sie, während sie sich an der Kaffeemaschine zu schaffen machte. «Ich habe die Operation schon hinter mir – an beiden Hüften.»
«Ja, das wäre wahrscheinlich besser», antwortete er. Dieses Gespräch ließ ihn plötzlich altern. «Vielleicht irgendwann im Herbst . . .»
Miss Dawson zog ihre Gummistiefel und den Mantel aus und nahm das Kopftuch ab. Sie fuhr sich mit einer Hand über ihr graues Haar. Ihr Blick war klar und durchdringend.
«Sie möchten mit mir über den lieben Robert Castleford sprechen – wohl wegen des Zeitungsartikels von gestern?» Als Massinger nickte, fügte sie gleichsam warnend hinzu «Ihre arme Frau tut mir so leid!» Sie machte eine Pause. «Was kann ich für Sie tun?»
Er schwieg einen Augenblick und breitete dann die Hände auf der karierten Tischdecke aus. «Ich . . . ich muß die Wahrheit wissen», stieß er hervor, was nur zum Teil gespielt war. «Ich bin seit langem mit . . . mit Kenneth Aubrey befreundet – und mit Castlefords Tochter verheiratet. Können Sie sich vorstellen, in welchem Dilemma ich mich befinde?» Er blickte in ihr Gesicht auf, das schmal, abweisend und nachdenklich wirkte.
«Ein Dilemma?» Miss Dawson winkte verächtlich ab. «Dafür sehe ich keinen Grund. Was sagt denn Ihre Frau?»

«Sie ... weiß nicht, was sie glauben soll.»
«Dann können Sie ihr von mir ausrichten, daß Ihr Freund Kenneth Aubrey wahrscheinlich – fast hundertprozentig – ihren Vater ermordet hat!»
Der verhutzelte, bösartige Ausdruck von Miss Dawsons Gesicht verblüffte Massinger. Man hätte glauben können, sie habe mit ihren Stiefeln und ihrem Kopftuch irgendeine harmlose Verkleidung abgelegt. Nun war sie die böse Königin mit dem vergifteten Apfel, nicht mehr die alte Frau mit der freundlichen Stimme. Massinger vermutete, daß sie damals in Castleford verknallt gewesen war und ihn offenbar noch immer verehrte.
«Wie können Sie das mit Bestimmtheit sagen?» erkundigte er sich. «Wie können Sie sich Ihrer Sache nach so langer Zeit noch *so* sicher sein?» Miss Dawson kehrte ihm den Rücken zu und goß zwei bemalte Kaffeebecher voll.
«Zucker?» fragte sie freundlich, ohne auf Massingers Frage einzugehen.
«Bitte ein Stück.»
Sie kam mit den Keramikbechern an den Tisch und nahm Massinger gegenüber Platz.
«Wie ich mir meiner Sache sicher sein kann?» wiederholte Miss Dawson sofort. «Weil die beiden ständig Streit miteinander gehabt haben. Weil Aubrey Mr. Castleford gehaßt hat – wegen seines Erfolgs, seiner Stellung, seines Charmes und seiner Intelligenz.» Massinger rührte seinen Kaffee um und trank einen Schluck. Dieser Ausbruch klang irgendwie eingeübt. Trotzdem durfte er ihn nicht ignorieren. Der Mann auf Guernsey war davon überzeugt gewesen – und Miss Dawson war es ebenfalls. Warum? «Aubrey war ehrgeizig, Mr. Massinger. Er hat in Mr. Castlefords Schatten gestanden. Tatsächlich hat Mr. Castleford ihn als einen Mann bezeichnet, der sich wünschte, der Krieg sei noch immer im Gange. Verstehen Sie, was ich damit meine?»
Massinger nickte und starrte in seinen Kaffee. «Ja», antwortete er. Margarets Vater ... war er wie sie gewesen? Diese Frage hatte ihn noch nie beschäftigt, aber jetzt erschien sie ihm entscheidend wichtig. Wenn Castleford ...? «Ist er ein sanfter Mann gewesen?» fragte der Amerikaner plötzlich.
«Mr. Castleford? Ja – rücksichtsvoll, freundlich, zuvorkom-

mend. Natürlich charmant, ehrgeizig, voller Energie . . . aber er hätte niemals versucht, irgend jemand zu überfahren . . . ein richtiger Gentleman der alten Schule. Ein Beweis für Klasse – gute Anlagen machen sich eben bemerkbar, wie die Leute sagen.»

Die Frau schien ihren Tonfall erneut gewechselt zu haben und ließ jetzt unerwartete Vorurteile erkennen. Sie blickte zu Castleford auf, hatte stets zu ihm aufgeblickt. Sie sprach noch jetzt wie ein Snob von ihm. Und trotzdem schilderte sie ihn, als sei er Margaret ähnlich gewesen.

Massinger trank noch einen Schluck Kaffee. «Sie glauben also, daß er von Kenneth Aubrey ermordet worden ist?» fragte er heiser.

«Allerdings glaube ich das!» bestätigte Miss Dawson nachdrücklich. «Bestellen Sie Ihrer Frau bitte, daß ich davon überzeugt bin – falls dieses Wissen ihr ein Trost ist. Ich kann mir vorstellen, wie schrecklich das alles für sie sein muß.»

«Ja, das ist's natürlich.» Er hob den Kopf. «Aber warum sollte er ihn ermordet haben?»

Miss Dawson schwieg lange. Dann seufzte sie schwer. «Am besten gebe ich selbst zu, was Sie bestimmt längst erraten haben», sagte sie. «Ich habe Robert Castleford geliebt. Ich habe ihn sehr geliebt. Ich bin damals achtundzwanzig, attraktiv und tüchtig gewesen. Aber . . .»

«Er hat in Ihnen nur eine zuverlässige Mitarbeiterin gesehen?»

Sie nickte. Eine graue Locke fiel in ihre Stirn, in deren Falten Gesichtspuder sichtbar war.

«Ja», gestand Miss Dawson widerstrebend ein. «Er hat mich nie beachtet – nicht auf diese Weise. *Sie* schon, aber nicht mich.»

«Sie meinen . . .?»

«Ja, diese geldgierige Deutsche, die nur ihre Zukunft sichern wollte. Sie hat sich verhältnismässig rasch von Aubrey getrennt und auf Mr. Castlefords Seite geschlagen – schließlich konnte *er* mehr für sie tun, nicht wahr?» Ihr Gesicht wirkte erneut bösartig verhutzelt. Selbst nach fast vierzig Jahren dachte sie nicht daran, Clara Elsenreith milder zu beurteilen.

«Aha. Sie ist also Castlefords Geliebte gewesen. Wissen Sie das bestimmt? Nachdem sie mit Aubrey liiert gewesen war?» Miss Dawson nickte. Ihre in die Stirn fallende graue Locke tanzte dabei auf und ab. Ihr kleiner Körper war zusammengekrümmt – vor Zorn, vor nie überwundener Eifersucht. *Nimm dich vor dem grünäugigen Ungeheuer in acht ...*

«Wissen Sie das bestimmt?» wiederholte er. «Sie ist eindeutig ...?»

Miss Dawson nickte wieder. «Ja», bestätigte sie mit zusammengekniffenen Lippen. «Er ... er hat mir erzählt, daß sie seine Geliebte geworden ist.»

«Das hat er *Ihnen* erzählt?»

Die alte Dame errötete. Sie senkte den Kopf. «Ich habe gehorcht. Ich habe mitbekommen, was er gesagt hat. Er hat es einem seiner Kollegen erzählt – einem unsympathischen kleinen Mann mit schmuddeliger Phantasie, der ihn geradewegs danach gefragt hatte ... Er hat ihm erzählt, er habe Aubrey diese Frau weggenommen; er hat ihm sogar ...» Miss Dawson machte eine Pause. «Ich habe im Zimmer nebenan etwas vom Schreibtisch fallen lassen», berichtete sie dann. «Daraufhin ist die Tür geschlossen worden, und die beiden haben leiser gesprochen. Mehr habe ich nicht gehört.»

Massinger holte tief Luft. Er studierte Miss Dawsons Gesicht. An einem Ort, den er mit geschlossenen Augen und ohne etwas zu suchen betreten hatte, war er völlig unerwartet fündig geworden. Er neigte dazu, Miss Dawson zu glauben – trotz ihrer Eifersucht, ihrer Verehrung für Castleford und ihres Hasses gegen Aubrey und die Frau. Sie hatte es mit eigenen Ohren gehört. Castleford hatte Aubrey die Frau weggenommen.

«Einige Tage später ist es zu einer lautstarken Auseinandersetzung zwischen den beiden gekommen. Ich habe sie nicht miterlebt, aber mir ist erzählt worden, Aubrey habe wüste Drohungen ausgestoßen. Mr. Castleford ist noch tagelang sehr beunruhigt, sehr besorgt gewesen.» Sie schluckte. «Genaugenommen bis zu seinem Verschwinden.»

«Aubrey hat ihn bedroht?»

«Ja.»

«Wegen dieser Frau?» Seine Stimme klang drängend. Massinger fügte fast gegen seinen Willen hinzu: «Das ist eine für mich sehr wichtige Frage, Miss Dawson.»

«Weswegen sollte er ihn sonst bedroht haben? Mr. Castleford ist sehr, sehr besorgt gewesen.»

Massinger trank seinen Kaffee aus. Er hatte das Bedürfnis, allein zu sein, um ungestört nachdenken zu können. Er stand ruckartig auf.

«Ich danke Ihnen, daß Sie mir Ihre Zeit geopfert haben», sagte er. «Vielen Dank für den Kaffee. Tut mir leid, daß ich Sie mit diesen alten Dingen belästigt habe.»

Die Frau beobachtete, wie Massinger sich abwandte und die Küche verließ. Sie horchte hinter ihm her und zuckte leicht zusammen, als er die Haustür energisch schloß. Auch danach horchte sie weiter aufmerksam nach draußen, um schließlich zufrieden zu nicken, als sie einen Motor anspringen und ein Auto wegfahren hörte.

Miss Dawson seufzte und knöpfte dann ihre Strickjacke auf. Sie löste das mit Klettband an ihrer Taille befestigte Mikrofon, nahm den dazugehörigen Minisender aus ihrer Rocktasche und betrachtete beides lächelnd. «Das war hoffentlich zufriedenstellend?» fragte sie, bevor sie die Geräte auf den Tisch legte. «Ich bin davon überzeugt, daß er jetzt ernstlich an Aubreys Unschuld zweifelt.»

Sir Andrew Babbington schob den Stapel zusammengefalteter deutscher Tageszeitungen an den Rand seines Schreibtischs. Eldon beobachtete den energischen, zufriedenen Gesichtsausdruck seines Vorgesetzten. Die meisten überregionalen deutschen Zeitungen hatten den Hinweis auf den Fall Günter Guillaume im Jahre 1974 aus der *Sunday Times* vom Vortag übernommen, waren in ihrer Berichterstattung ausführlich darauf eingegangen und verdächtigten Aubrey einstimmig, damals eine wichtige Rolle gespielt zu haben. Wie Eldon seit seiner Beschäftigung mit dem Fall *Träne* glaubte, sollte Aubrey der Maulwurf im britischen Geheimdienst gewesen sein, der versucht hatte, den ostdeutschen Agenten vor seiner bevorstehenden Verhaftung zu warnen.

«Nichts Neues, fürchte ich», stellte Babbington fest. «Aber das ist ohnehin nicht weiter wichtig.»

«Sir?»

«Was 1974 passiert ist, braucht uns nicht zu kümmern, Eldon. Wir machen lieber damit weiter, womit wir angefangen haben.

Mit den beiden letzten Jahren, in denen Aubrey *wirklich* aktiv gewesen ist. Und zu meiner persönlichen Befriedigung und für Robert Castlefords Geist verlange ich, daß Sie diese verdammte Frau finden, die in Berlin mit beiden Männern liiert gewesen ist!»
«Was kann sie schon wissen?»
«Zum Beispiel wer Robert Castleford ermordet hat?» Der Sarkasmus war unüberhörbar. Babbington warf einen Blick auf seine Uhr. «Ich habe um elf einen Termin beim Außenminister.»
Eldon sah ein schwaches Lächeln auf dem Gesicht seines Vorgesetzten. An dieser Besprechung würden auch Sir William Guest als Vorsitzender des Geheimdienstausschusses und der Innenminister teilnehmen. Diese Dreiergruppe würde beschließen, das geplante Security and Intelligence Directorate (SAID) zu errichten und Babbington zu seinem ersten Generaldirektor zu ernennen. Sir Andrew war weniger als eine Stunde von der absoluten Macht auf dem Geheimdienstsektor entfernt.
Eldon beneidete ihn keineswegs; er war lediglich dankbar dafür, daß der SIS und seine Arbeit in Zukunft wirkungsvoll kontrolliert werden würden. Und Eldon war seinem Schicksal dafür dankbar, daß sie *Träne* – Aubrey – aufgespürt hatten. Der von ihm angerichtete Schaden war nicht irreparabel. Unter Umständen würde es ein, zwei Jahre dauern, bis sie alle ausgemerzt hatten, die seine Mitarbeiter gewesen waren, und die SIS-Struktur soweit abgeändert hatten, daß sein Verrat sich kaum noch auswirken konnte.
«Ich verstehe, Sir Andrew», antwortete er. «Was ist mit Shelley und Massinger?»
«Hmmm.» Babbington hatte seine Entscheidung offensichtlich bereits getroffen und gab nur vor, darüber nachzudenken. «Ich bin ziemlich davon überzeugt, daß Shelley sich in Zukunft tadellos führen wird. Ich glaube, daß er sich durch alte Loyalitäten etwas in die Irre hat führen lassen ... und Massinger hat ihn natürlich unter Druck gesetzt.» Babbington stemmte seine Ellbogen auf die Schreibtischplatte und legte die Fingerspitzen aneinander. «Was Massinger betrifft, hat das Gespräch mit Miss Dawson ihn in ernstliche Zweifel gestürzt. Ich glaube, daß wir damit rechnen können, daß er seine Bemühungen schon bald

einstellen wird. Für ihn dürfte allmählich feststehen, daß Aubrey den Mord verübt hat.»
«Wie Sie wünschen, Sir Andrew. Und Hyde?»
«Der muß sich irgendwo verkrochen haben – irgendwo in Europa ... wie ein untergetauchter Bankrotteur. Irgendwann kommt er wieder zum Vorschein. Darin sehe ich kein Problem. Gut, Eldon. Die Staatsanwaltschaft möchte die Unterlagen bis Mitte der Woche. Natürlich erst, nachdem Premierminister und Generalstaatsanwalt sie wegen der Bedeutung dieses Falls gesehen haben. Schafft Ihre Abteilung das?»
«Ja, Sir Andrew. Gegen Sir Kenneth kann noch diese Woche Anklage erhoben werden.»
«Ausgezeichnet!»

«Sie wissen, wo er jetzt ist?»
«Ja, Genosse Resident. Er befindet sich im Augenblick auf der Rückfahrt von Oxford. Er fährt ...»
«Schon gut! Sehen Sie zu, daß Sie ihn in London nicht aus den Augen verlieren. Sie nehmen an, daß er in Hydes Wohnung zurückfährt?»
«Richtig, Genosse Resident.»
«Gut, dann erledigt ihr ihn noch heute vormittag. So rasch und unauffällig wie möglich. Unser Freund ist übermäßig optimistisch, was Massingers Harmlosigkeit betrifft. Ich bin da anderer Meinung. Was er bisher weiß, ist bereits zu gefährlich. Er könnte damit an jemand geraten, der ihm glaubt – zum Beispiel Colonel Eldon. Nein, Massinger ist zu gefährlich. In Wien haben sie Hyde aus den Augen verloren – *wir* haben Massinger gefunden. Wir gehen auf Nummer Sicher. Geben Sie den Befehl, Massinger umzulegen. Ich unterschreibe die Genehmigung.»

Hyde fand Kabul schockierend fremdartig. Sie hatten die Hauptstadt am frühen Nachmittag erreicht, waren in kleinen Gruppen nach Kabul eingesickert, hatten sich in einem der ältesten und verwinkeltsten Basare der Altstadt getroffen und hatten ihr Hauptquartier im Hinterzimmer einer Teppichweberei aufgeschlagen. Ihr Besitzer schien ein Verwandter Mohammed Dschans zu sein. Er beklagte den Tod der Söhne Dschans, vergoß einige rituelle Tränen und stellte dem Stammeshäuptling alles, was er besaß, zur Verfügung.

Nachdem sie duftendes, unverdauliches Nan-Brot und ein Reisgericht mit Hammelfleisch und Rosinen gegessen hatten, brachen Mohammed Dschan und Miandad mit Hyde auf, um die Gebäude der sowjetischen Botschaft zu erkunden. Die Stadt war überlaufen, ihre ärmeren Vororte und Basare wirkten zeitlos, altertümlich. Die wenigen alten Autos und die Handvoll Militärfahrzeuge wirkten wie Fremdkörper zwischen Eseln und Handkarren. Verschleierte Frauen, Männer mit Turbanen oder mit perlenbesetzten, golddurchwirkten Mützen; dann plötzlich Asphalt statt festgestampfter Erde, das Hotel Inter-Continental und Bürohochhäuser. Dieser Kontrast verblüffte Hyde.

Eine Fehlzündung irgendeines Motors. Hyde sah sofort wieder Asimows Gesicht in dem Augenblick vor sich, in dem er sich umgedreht und den Schuß aus seiner Pistole abgegeben hatte. Ein einziger Schuß in die Stirn, der den Leichnam des jungen Mannes rückwärts gegen die Felsen geworfen hatte. Auf diese Weise war die unentbehrliche, kostbare sowjetische Offiziersuniform unversehrt, nicht durchlöchert und ohne Blutflecken geblieben. Noch während Mohammed Dschan die Auslieferung des Leutnants verlangt hatte, war Hyde außerstande gewesen ...

Aber als einer von Dschans Leuten auf Befehl seines Häuptlings auf Asimow zugetreten war, hatte Hyde sich herumgeworfen und fast ohne zu zielen abgedrückt.

«Er ist *mein* Gefangener gewesen!» hatte er den Stammeshäuptling angebrüllt. Mohammed Dschan hatte Hydes Anspruch mit einem einzigen Wimpernschlag seiner schwarzumrandeten Augen anerkannt. Daraufhin hatte Hyde, der wieder ruhiger geworden war, ihm die Notwendigkeit eines raschen, sauberen Todes auseinandergesetzt: wegen des Zustands der Uniform. Mohammed Dschan hatte seine listige Begründung akzeptiert.

Ebenfalls akzeptiert hatte er Hydes Plan für die Entführung Petrunins, nachdem er sich angehört hatte, was der Australier von dem jungen Leutnant erfahren hatte. Wie gesprächig der Junge gewesen war! Er hatte sich an vieles erinnert und Hyde

gegenüber rückhaltlos ausgepackt, weil er dadurch sein Leben zu retten versucht hatte. Während seines Verhörs hatte Asimow den Brief und das Bild seiner Frau unablässig gegen die linke Brusttasche seiner Uniform gedrückt. Hyde hatte beides in die abgeschabte Brieftasche zurückgelegt und sich sein Privatleben ebenso angeeignet wie seine durch den Ausweis belegte Dienststellung.
«Patrick?» fragte Miandad und zupfte ihn am Arm.
«Was gibt's?»
Mohammed Dschan entfernte sich bereits von ihnen und marschierte auf den Hauptplatz Kabuls zu, an dem die Fassade des Hotels Inter-Continental zwischen Bürohochhäusern und Wohnblocks und gegenüber dem Gebäudekomplex der sowjetischen Botschaft aufragte.
Sie folgten dem großgewachsenen Häuptling über den Platz. Der Autoverkehr war hier dichter. Viele der Fahrzeuge waren schwarze sowjetische Limousinen mit kleinen Standern auf den Motorhauben; andere, die weiß oder beige lackiert waren, wirkten ebenfalls wie Dienstwagen. Die Busse waren überfüllt. In der Abenddämmmerung leuchteten die ersten Straßenlaternen.
Auch auf der sowjetischen Botschaft wehten Fahnen. Hinter einem hohen Zaun aus schwarzen Eisenstäben und einem 35 Meter breiten Rasenstreifen, auf dem noch Schnee lag, gruppierten sich die Bungalows des Botschaftspersonals um das weiße Hauptgebäude. Ein häßlicher, moderner Anbau aus Stahlbeton und Glas lag neben dem Hauptgebäude wie ein vierschrötiger, zweckmäßiger Massengutfrachter neben einem eleganten, aber überholten Segelschiff. Dieser Anbau wirkte so neu, als sei er erst nach dem sowjetischen Einmarsch errichtet worden. Auf beiden Seiten der mit einem rot-weißen Schlagbaum gesperrten Einfahrt hielt je ein Posten Wache. Zehn Meter vor dem Schlagbaum befand sich ein großer Stahlbetonbunker: das Wachlokal.
Hyde lehnte sich an einen Laternenmast, während Mohammed Dschan und Miandad mit einem Teppichverkäufer zu feilschen begannen, der seine Ware auf einer kleinen graslosen Verkehrsinsel gegenüber der Einfahrt zur sowjetischen Botschaft ausgelegt hatte. Der Australier wußte, daß die beiden dabei Entfer-

nungen, Feuerstellungen, Schußwinkel und Deckungsmöglichkeiten abzuschätzen versuchten. Sie kannten Kabul wie ihre Hosentasche und hatten reichlich Erfahrung mit Anschlägen auf russische Soldaten. Hyde war im Augenblick nur Zuschauer. Sein Aufgabengebiet lag jenseits des schwarzen Gitterzauns, und er würde es in Asimows Uniform betreten.

Hyde warf einen unauffälligen Blick auf seine Armbanduhr, die unter dem Ärmel seiner Lammfelljacke verschwand. 16 Uhr. Es wurde bereits dunkel. Jenseits der Botschaftsgebäude, wo die Ebene aufhörte und die Hindukuschgipfel 65 verkürzte Kilometer nördlich der Stadt aufragten, leuchteten ihre Schneezinnen rosa, während das Gold ihrer Flanken bereits in ein dunkler werdendes Grau überging. Petrunin kam meistens um diese Zeit, hatte Asimow gesagt.

Liebster Sascha ... Nadja würde nicht einmal den Brief und ihr Foto zurückerhalten – es sei denn, sie erhielte beides wieder, nachdem es *seiner* Leiche, nicht Saschas nacktem, unter Geröll verstecktem Leichnam, abgenommen worden war. Sie würde niemals erfahren, was wirklich passiert war. Aber sie würde zweifellos das Schlimmste befürchten.

Ohne daß Hyde es merkte, erschien plötzlich Mohammed Dschan neben ihm. Der Australier zuckte zusammen, als er unerwartet angesprochen wurde.

«Dein Versprechen?» fragte der Afghane in schauderhaftem Englisch, das nur eine Karikatur der Sprachbeherrschung Miandads war, der hinter ihm auftauchte.

«Es gilt nach wie vor», bestätigte Hyde.

«Schaffst du's auch?» fragte Miandad im nächsten Augenblick, indem er wieder für Mohammed Dschan dolmetschte, der Puschtu sprach.

«Kann er für genügend Verwirrung sorgen, sobald ich das Tor hinter mir habe?» erkundigte Hyde sich aggressiv, während er dem Häuptling ins Gesicht starrte. «Du bist für den Raketenwerfer zuständig – kannst du die Botschaft von hier aus treffen und die Wachen im Bunker ausschalten? Könnt ihr die Russen danach für eine weitere Viertelstunde festnageln? Wenn ihr das nicht schafft, sind alle meine Versprechen wertlos, stimmt's? Und noch etwas: *Ich* übernehme das Risiko, indem ich die Botschaft betrete und mich auf euch zwei verlasse. Bist du so freundlich, Gunja Din an diese Tatsache zu erinnern?»

Hyde wandte sich ab, während Miandad zu übersetzen begann. Er wußte, daß alles klappen würde; er traute sich zu, es zu schaffen. Er *mußte* es einfach schaffen! In den Augen der anderen war das dann eine Art Kompensation – ein als Entschuldigung dienendes Risiko, durch das er beweisen konnte, daß er nicht immer unbewaffnete junge Männer erschoß, um sie vor Folter und Verstümmelung zu retten.

Der Gedanke an Petrunin und die Erinnerung an ihn jagten Hyde jetzt keine Angst mehr ein. Schließlich war im Grunde genommen Petrunin am Tode des jungen Leutnants auf einem eisigen, von der Morgensonne noch nicht erfaßten Berghang schuld. In Wirklichkeit war Petrunin an allem schuld, was Aubrey zugestoßen war. Und Petrunin war der wahre Schuldige daran, daß Hyde sich in Lebensgefahr befand, daß er in diesem fremden Land um sein Leben kämpfen mußte und daß selbst seine eigenen Leute ihn umlegen würden, falls sie ihn erwischten. Aus allen diesen Gründen hatte er es stark auf Petrunin abgesehen.

Die Ausgangssperre begann um 22 Uhr; dunkel war es bereits vor 17 Uhr.

Die schwarze Limousine wurde von Kradmeldern mit Kalaschnikows auf dem Rücken und zwei weiteren schwarzen Wagen eskortiert, die vor und hinter ihr fuhren. Die Scheiben aller drei Limousinen waren getönt und undurchsichtig. Die Fahrzeuge wirkten schwerfällig, weil sie überall gepanzert waren – offenbar sogar von unten, um gegen Minen geschützt zu sein. Hyde hatte den Eindruck, hier fahre irgendein verhaßter einheimischer Despot oder Potentat vor. Im zweiten Wagen saß Petrunin. «In der Limousine ohne Stander», hatte der junge Leutnant gesagt. «Ohne Embleme, ohne alles. Und die Motorradeskorte.»

Der elektrisch betätigte Schlagbaum ging hoch. Die kleine Wagenkolonne verringerte ihr Tempo kaum merklich, als sie das Tor passierte. Hyde beobachtete die Limousinen, bis sie vor dem häßlichen Anbau hielten; dann wanderte sein Blick zu dem Antennenwald auf dem Dach des neuen Gebäudes hinauf, um

zuletzt die Fensterreihe im zweiten Stock abzusuchen. Er zählte die Fenster ab.
Petrunins Dienstsräume. Asimow hatte nicht gewußt, wie viele Wachen, Alarmvorrichtungen und Fallen ihn dort sicherten. Sobald es Hyde gelungen war, in das Gebäude einzudringen, würde er dort oben ganz auf sich allein gestellt sein.
«Hast du genug gesehen?» erkundigte Miandad sich halblaut. In der Abenddämmerung fielen einzelne Schneeflocken. «Wir sind soweit fertig.»
Der Australier nickte. «Ja, ich habe genug gesehen.» ‹Angeblich schläft er nie›, hatte der junge Offizier ihm erzählt. ‹Schlechtes Gewissen.› Dabei hatte er sogar gegrinst. ‹Er nimmt dauernd Aufputschmittel. Er kann nicht schlafen, deshalb arbeitet er die ganze Nacht.› «Ja, ich habe genug gesehen», wiederholte Hyde. «Komm, wir verschwinden!»

Massinger parkte den Wagen und stellte den Motor ab. In der langgestreckten Kurve am Wilton Crescent lag kaum noch Schnee. Er hatte fast genau gegenüber seiner Wohnung geparkt. Als er jetzt den Kopf hob, erwartete er fast, Margaret an einem der hohen Fenster zu sehen.
Er behielt die Hände am Lenkrad des gemieteten Ford Sierra, weil er fürchtete, daß sie unbeherrschbar zittern würden, sobald er es losließ. Die Borduhr zeigte 12.40 Uhr. Massinger war etwa eine Stunde lang ziellos kreuz und quer durch die Londoner Innenstadt gefahren – und das in dichtem Montagmittagsverkehr. Sein Kopf war mit schwarzen, bitteren Gedanken angefüllt gewesen. Er hatte Aubrey Vorwürfe gemacht – aber noch mehr sich selbst. Massinger betrachtete die vergangenen Tage seit dem Morgen, an dem er Aubrey erstmals besucht hatte, als eine Art Delirium, als etwas Hektisches, Fieberhaftes und Irreales. Eine verlorene Woche; gestohlene Tage, die ihm niemand mehr zurückbringen konnte.
Aubrey hatte ihm seine Zeit gestohlen. Der Mörder Aubrey.
Massinger wußte nur allzu gut, daß er sich bereits auf einem Weg befand, an dessen Ende er von Aubreys Schuld überzeugt sein würde. Und im Augenblick verblaßte seine Erleichterung darüber, daß alles vorbei war und daß er sein Leben dort wei-

terführen konnte, wo er es wie ein Paket abgelegt hatte, vor dem schleichenden Entsetzen darüber, daß Aubrey Margarets Vater ermordet hatte. *Aubrey* – ausgerechnet er ein Mörder? *Aubrey . . .?*

Er konnte nicht aus dem Wagen steigen. Müde, als laste auf seinen Gliedern die Schwerkraft irgendeines riesigen, feindlichen Planeten, wischte er die innen beschlagene Windschutzscheibe ab.

Hyde, dachte er, aber der Gedanke verschwamm, löste sich auf.

Hyde . . .?

Wahrscheinlich tot.

Der Verräter . . .?

Nicht identifiziert.

Er selbst . . .?

Sicher.

Ja, sicher. Er konnte die Straße überqueren, die Wohnung betreten, seine Frau in die Arme schließen, nach einem trockenen Sherry zu Mittag essen und dann Babbington mit reinem, befriedigten Gewissen anrufen.

Ein paar Minuten, wortreiche Erklärungen, ein ehrenvolles Unentschieden. Jedermann zufrieden. Ihm war kein Vorwurf zu machen – Aubrey hatte es vermutlich getan, hatte es aus Eifersucht oder irgendeinem anderen verrückten Grund getan. Margaret würde ihn wieder aufnehmen. Das war eine weitere Gewißheit, von der Massinger jetzt zehrte.

Warum steigst du nicht endlich aus?

Steig aus!

Er öffnete die Fahrertür und stieg mit neuer Entschlossenheit aus dem Wagen. Ja, jetzt würde alles wieder gut werden . . .

Massinger sperrte die Autotür ab und begann die Straße zu überqueren. Er blickte zu ihrem Wohnzimmerfenster auf. Hinter einem Fenster der Wohnung nebenan war ein Gesicht – die alte, reiche Miss Waggoner – zu erkennen; dann erschien Margaret wie auf ein Stichwort hin am richtigen Fenster. Massinger winkte ihr impulsiv zu. Sie erwiderte sein Winken, bedeckte dann aber ihren Mund mit der Hand, als bedauere sie ihre Geste, weil sie sich an die Ereignisse der vergangenen Woche erinnere. Er winkte erneut, ging rascher und griff mit seinem Stock weiter aus. Diesmal blickte er nicht zu Boden, wie er's in

letzter Zeit immer häufiger getan hatte, sondern behielt den Blick auf Margaret gerichtet. Ein jüngerer, viel jüngerer Liebhaber, der zur Geliebten eilte ... er hätte Blumen mitbringen sollen und wünschte sich jetzt, er hätte früher daran gedacht, nachdem nun die dunklen Stunden hinter ihnen lagen und er sich von diesem schuldigen alten Mann losgesagt hatte.
Margarets Blick verließ ihn kurz, um sofort zu ihm zurückzukehren. Ihr Mund – er sah deutlich, wie er sich zu einem dunklen O öffnete – schien ihn warnen zu wollen ...
Motorengeräusch, rasante Beschleunigung.
Aufheulender Motor, quietschende Reifen, kommt rasch *näher!* warnte ihn ein junggebliebener, ausgebildeter Teil seines Unterbewußtseins.
Massinger drehte den Kopf zur Seite.
Das deutliche Bild eines dunkelblauen Cortinas – *dunkelblauer Cortina* – und stechende Schmerzen in seiner Hüfte. Das Bewußtsein, den polierten Griff seines Stocks fest in der Hand zu haben. Und das Bewußtsein, mitten auf dem Wilton Crescent gestrandet zu sein. Zwanzig Meter, fünfzehn, zehn Meter. Die verschwommenen Umrisse einer Katze, die quer über die Straße lief und unter den Rädern des Cortinas verschwand; keinerlei Reaktion des Fahrers, nur ein kurzer Schrei der Katze. Massinger sah hilflos zu Margaret auf, als erwarte er, daß sie ihm irgendwie helfen, ihn aus dieser Notlage befreien könnte. Dann hinkte, stolperte, torkelte, stürzte und rollte er sich nach vorn ...
Der Cortina prallte seitlich von der massiveren Karosserie eines Rolls-Royce ab. Ein entgegenkommender kleiner roter Renault war zum Randstein hin ausgewichen und hatte seine bereits gedrungene Motorhaube am Kofferraum eines niedrigen Sportwagens eingedrückt. Massinger lag im Rinnstein und blutete aus einer Platzwunde über dem linken Auge. Sein rechtes Auge war vor Schweiß oder Tränen halb geblendet, während er – fast unter den Vorderrädern des Rolls-Royce liegend – das Gesicht des Profis in dem Cortina beobachtete. Zerfetztes, eingedrücktes Karosserieblech befand sich so dicht vor seinen Augen, daß er die Einzelheiten nicht mehr genau unterscheiden konnte.
Zu viele Leute, bereits zu viele Leute. Seine Hüfte tat abscheulich weh, als habe jemand versucht, ihm das Bein auszureißen.

Sein Arm und seine Schulter hatten bei dem Aufprall auf den Rolls-Royce Prellungen erlitten – die Silver Lady hatte ihm den Mantelärmel zerrissen –, und er hatte eine Platzwunde über dem linken Auge. Aber er lebte und . . .
Der Profi am Steuer betrachtete ihn einen Augenblick. Dieser Augenblick wurde länger, und Massinger erkannte benommen, daß er sich noch keineswegs in Sicherheit befand. Das Fahrerfenster wurde langsam heruntergekurbelt, so daß das Spiegelbild der weißen Fassade seines Hauses verschwand und Massinger nur noch das ausdruckslose Gesicht sah.
Eine Schußwaffe?
Dann war ihm plötzlich die Sicht versperrt: Jemand kniete neben dem Vorderrad des Rolls-Royce, zwischen Massinger und dem Cortinafahrer. Das Knie eines Mannes; die Stimme eines Nachbarn, die besorgt und erschrocken auf den Liegenden einsprach. Er wollte den Mann warnen, aber dann fühlte er sich kraft- und spannungslos werden, als der Cortina mit wütend aufheulendem Motor und quietschenden Reifen davonraste.
Massinger nickte als Antwort auf irgend etwas, das der Mann gesagt hatte. Dann konnte er wieder sehen. Er beobachtete, wie die Füße des Nachbarn sich entfernten. Unter dem Rolls-Royce hindurch sah er, wie der Mann sorgenvoll, betrübt neben der überfahrenen Katze niederkniete. Massinger erkannte jetzt, daß sie dem Nachbarn gehört hatte.
Die Frau, die den kleinen Renault gefahren hatte, beschwerte sich mit hoher, schriller, aufgeregter Stimme bei den zusammenströmenden Neugierigen. Massinger stöhnte vor Erleichterung.
Er blickte in Margarets Gesicht auf, während sie die Wunde über seiner Augenbraue abtupfte. Er griff fieberhaft nach ihrer Hand, hielt sie an seine Wange und drückte sein Gesicht in ihre Handfläche. Er stöhnte erneut, als ihm klar wurde, was das alles bedeutete.
«Was ist passiert, Liebling? Was hat das zu bedeuten . . .? Bist du verletzt?»
Massinger schüttelte den Kopf. «Hilf mir aufstehen, Liebste.»
Sie stützte ihn, als er sich aufrichtete, und zog ihn am Arm hoch. Er war im ersten Augenblick benommen und nahm nur

undeutlich wahr, daß eine ihm unbekannte Stimme etwas fragte, das Margaret abwehrte. Sie führte ihn über den Gehsteig und die drei Stufen zur Haustür hinauf. Im Erdgeschoß wohnte ein Filmproduzent, der kaum jemals in London war; der erste und zweite Stock gehörte Margaret . . . gehörte *ihnen*, verbesserte er sich.

Er lehnte sich leicht gegen Margaret, während sie die Treppe zum ersten Stock hinaufstiegen. Ein heimkehrendes Liebespaar . . .

Massinger seufzte und stieß einen leisen Fluch aus.

«Hast du Schmerzen?» fragte Margaret besorgt. «Soll ich Dr. Evans rufen?»

Er schüttelte den Kopf. «Nein. Ich . . . mir ist nur eben klar geworden, daß sich nichts geändert hat.»

«Mein Gott, was . . .», begann sie aufgebracht.

«Das ist kein Unfall gewesen.»

Margaret stieß die Wohnungstür auf. «Das habe ich auch gemerkt», stellte sie mit gepreßter Stimme fest. «Komm, zieh deinen Mantel aus. Ich hole heißes Wasser und Jodtinktur. Irgendwelche weiteren Verletzungen?» Sie hatte sich in eine barsche, kompetente Krankenschwester verwandelt und spielte eine Rolle mit begrenztem Horizont, um sich eine Atempause zu verschaffen.

Sie schob ihn ins Wohnzimmer. «Schenk dir inzwischen einen Whisky ein. Ich bin gleich wieder da.» Ein verzweifelter Händedruck, dann ließ sie seine Hand los und verschwand ins Schlafzimmer. Massinger sah zu der in den zweiten Stock und sein Arbeitszimmer führenden Treppe hinüber, als brauche er Musik nötiger als einen Drink, und blieb dann doch unten.

Die Karaffe klirrte gegen das Glas, als er sich einen doppelten Whisky einschenkte. Massinger kippte ihn mit einem Zug, mußte husten und stützte sich auf die Anrichte. Er atmete mehrmals tief und langsam.

Die anderen ließen nicht locker. Shelley hatte sich getäuscht, *er* selbst hatte sich getäuscht, als er an ein mögliches Entkommen geglaubt hatte. Er wußte zuviel, obwohl er im Grunde genommen nur wenig wußte. Er konnte reden. Irgend jemand würde ihm vielleicht irgendwann zuhören.

Er mußte zum Schweigen gebracht werden.

Dann war Margaret wieder neben ihm. Die Jodtinktur brannte wie seine Gedanken, so daß ihm die Tränen in den Augen standen. Der Whisky wärmte ihn von innen heraus. Wenige Minuten später saßen sie sich durch den Teppich getrennt in Sesseln gegenüber – wie Menschen in einem fremden Raum, wie Bauern, denen es in einem ererbten Palast unbehaglich ist. Abgesehen von Margarets ruhelosen Händen und der blonden Haarsträhne, die sich aus ihrem Nackenknoten gelöst hatte, wirkte sie wie eine typische Vertreterin ihrer Gesellschaftsschicht: elegant, selbstbewußt und begehrenswert.

Nun aber verwundbar wie er selbst.

«Ich . . . glaube fast . . .», begann er.

«Was ist passiert?» stieß sie im gleichen Augenblick hervor.

Beide lächelten unwillkürlich; danach machte sie ein sorgenvolles Gesicht, während er unschlüssig wirkte. Sie forderte ihn mit einer Handbewegung zum Weitersprechen auf. Statt dessen beantwortete er ihre Frage.

Jodgeruch, der Verletzungen suggerierte . . .

«Sie haben versucht, mich zu ermorden.»

«Wer . . . um Himmels willen, Liebling, wer?» Die Schranken zwischen ihnen waren gefallen. Er war heimgekehrt, aber nicht so, wie er es erhofft hatte.

«Das weiß ich nicht. Irgend jemand, der mich in Verdacht hat, zuviel zu wissen.»

«Stimmt das denn?»

Massinger schüttelte den Kopf. «Nein, das glaube ich nicht. Ich habe mich in Wien mit Hyde getroffen, aber er hat eigentlich auch nur gewußt, daß die Außenstelle Wien ganz oder teilweise mit den Russen zusammenarbeitet.»

Ihr Blick zeigte, daß sie von der Geheimdienstwelt zunächst nichts wissen wollte, aber dann nickte sie schweigend. Sie wollte eingeweiht werden; sie war konvertiert.

«Bitte weiter.»

«Die anderen haben versucht, ihn zu ermorden.»

«Wo ist er jetzt?»

«In Afghanistan – aber ich weiß nicht, ob er noch lebt.»

«Aber *du*?»

«Irgendwo im britischen Geheimdienst», begann Massinger, «gibt es eine hochgestellte Persönlichkeit, die nicht Kenneth

Aubrey ist . . .» Er hob eine Hand, um Margarets Protest abzuwehren, aber sie reagierte kaum auf diesen Namen. «Irgend jemand, der ein sowjetischer Agent ist – irgend jemand, dem es Angst macht, daß Hyde und ich auf Aubreys Seite stehen . . .» Massinger seufzte. «Am besten erzähle ich dir alles, was ich weiß», sagte er.

Margaret hörte schweigend zu, ohne ihn zu unterbrechen. Aubrey, Wien, Helsinki, Oxfordshire. Als von ihrem Vater die Rede war, zuckte sie mehrmals leicht zusammen, runzelte die Stirn oder schob die Unterlippe vor. Ansonsten blieb ihr Gesicht ausdruckslos; ihr Blick war starr auf Massinger gerichtet, dem offenbar ihre größte Sorge galt.

«Diese Leute legen mich natürlich um», stellte Massinger abschließend fest, «wenn es mir nicht gelingt, sie vorher zu enttarnen. Wenn ich nicht rauskriege, wer *er* ist.» Dann trank er einen Schluck Whisky. Seine Kehle war nicht nur vom vielen Reden, sondern auch vor erneuter Angst trocken. Er hatte Margaret alle Einzelheiten nüchtern und realistisch auseinandergesetzt. Diese sorgfältige, klare Bestandsaufnahme hatte ihn zu der Einsicht gebracht, daß der Fall brisanter und potentiell gefährlicher war, als er bisher in vagen, kaum ausformulierten Vermutungen angenommen hatte.

Eigenartig erschien ihm die Tatsache, daß Margaret kaum reagiert hatte, als er ihr erklärt hatte, er beginne jetzt zu glauben, Aubrey habe Castleford ermordet. Massinger hatte eigens eine Pause gemacht, um ihr Gelegenheit zu einem Kommentar zu geben, aber sie hatte ihm lediglich ein Zeichen gegeben, er solle seinen Bericht fortsetzen. Als er jetzt darauf wartete, daß Margaret sprach, starrte sie ihn lange schweigend an. Unter ihrem Make-up schien sie blaß geworden zu sein, und über ihrer Nase hatten sich kleine Falten gebildet. Nun stand sie auf, trat an die Anrichte und schenkte sich einen Drink ein. Margaret kam zu seinem Sessel zurück und blieb daneben stehen – wie vor einer Woche, als Alistair Burnet sie durch die Meldung von Aubreys Verhaftung und die gegen ihn erhobenen Vorwürfe geradezu betäubt hatte und Robert Castlefords Gesicht auf dem Fernsehschirm erschienen war.

Sie umklammerte seine Hand. Er sah nicht zu ihr auf. Dann spürte er ein Zittern durch ihre Finger laufen und drückte sie

beruhigend. Margaret erwiderte den Druck seiner Hand. Er hörte das Glas leicht gegen ihre Vorderzähne schlagen, als sie daraus trank.
«Was tun wir jetzt?» fragte sie.
Massinger seufzte. Sie drückte seine Hand nochmals sanft. Er war nun wirklich daheim. Aber er hatte bei seiner Rückkehr feststellen müssen, daß sein Heim in seiner Abwesenheit in eine Festung verwandelt worden war. Er war nicht länger allein, sondern hatte die Feinde, die er sich gemacht hatte, dicht im Nacken, so daß sie jetzt nicht nur ihn, sondern auch seine Frau bedrohten.

Mit Hilfe der Nummer einer der Kreditkarten Aubreys und des Telefons in einem nahegelegenen Restaurant hatte Mrs. Grey eine Garnitur Kleidungsstücke zum Wechseln, Unterwäsche, Toilettenartikel und einen Koffer für diese Einkäufe bestellt. Ein guter Freund hatte alles abgeholt, in einem Schließfach in der Victoria Station hinterlegt und Mrs. Grey den Schlüssel gebracht.
Nun brauchte er nur noch sein neues, nie gesehenes Gepäck abzuholen. Danach fehlte ihm lediglich eine Fahrkarte nach Dover; eine Minute Aufenthalt am Fahrkartenschalter. Er brauchte sich nur aus dem Haus zu schleichen, ein Taxi zur Victoria Station zu nehmen, dort den Koffer aus dem Schließfach zu holen und . . .
Er mußte fort . . .
Aubrey war sich darüber im klaren, daß er keine Ruhe finden würde, wenn er sich darauf beschränkte, Clara lediglich eine Nachricht zukommen zu lassen. Er hatte Vertrauen zu ihr, aber er wußte, daß er erst wieder beruhigt schlafen konnte, wenn er das Tagebuch ins Feuer geworfen oder in kleine Stücke gerissen und im WC hinuntergespült hatte. Er hatte den vollständigen und genauen Bericht über Robert Castlefords Tod geschrieben, weil sein verfluchtes pedantisches Gewissen und seine anmaßende Selbstgerechtigkeit nicht zugelassen hatten, daß er die Wahrheit nicht festgehalten hatte. Man hätte glauben können, er habe schon damals damit gerechnet, eines fernen Tages wegen des Mordes an

Castleford zur Rechenschaft gezogen zu werden – wie es jetzt der Fall gewesen war.

Aber jetzt wollte Aubrey die Wahrheit nicht, hatte keine Verwendung für sie. Jetzt würde die Wahrheit als Lüge aufgefaßt werden; jetzt würden seine Motive übersehen oder als Erfindung abgetan werden. Jetzt würde lediglich die nackte Tatsache der Ermordung Castlefords zählen. Eldon würde mit einem triumphierenden Unterton in der Stimme sagen: «Sie haben's also getan? Das haben wir schon immer gewußt! Was den Rest betrifft – bloßer Unsinn. Ein Mordgeständnis von Ihrer eigenen Hand . . .»

Er mußte *sehen*, wie diese Blätter verbrannten oder hinuntergespült wurden! Es gab keinen Ausweg, keine andere Möglichkeit. Aubrey mußte die Reise machen, mußte aus Großbritannien entkommen.

Allein dieser Gedanke bereitete ihm Schmerzen. *Er* mußte aus seinem eigenen Land *flüchten* – aus dem Land, dem er viereinhalb Jahrzehnte seines Lebens in Krieg und Frieden, in offenen und geheimen Kriegen gedient hatte.

Aubrey sah auf seine Armbanduhr. Fast 18 Uhr. Draußen herrschte reger Verkehr: Das reflektierte Licht von Autoscheinwerfern glitt über die Decke des unbeleuchteten Zimmers. Wenn Aubrey sich im Sessel aufrichtete, konnte er den im Dunkel versinkenden Regent's Park sehen. Jenseits des Parks erstreckten die Lichter auf dem Primrose Hill sich unter dem fahlgelben Winterhimmel nach Norden. Die ersten Sterne waren als klare, kalte Lichtpunkte zu sehen. Der Raum war behaglich warm; trotzdem saß Aubrey in seinem dunklen Wintermantel mit dem Hut auf den Knien im Sessel, als könne er sich keine geheizte Wohnung mehr leisten.

Er war aufbruchbereit. Er brauchte nur noch den Entschluß zu fassen, tatsächlich anzufangen, den ersten Schritt zu wagen. Er hatte sich auf diesen Augenblick vorbereitet – vielleicht schon seitdem er unter Hausarrest gestellt worden war.

Zwanghaft, ohne bestimmten Zweck, aber mit seinem ganzen professionellen Instinkt hatte Aubrey die Überwachungsmannschaften studiert: ihre Charaktereigenschaften, ihren Dienstplan, ihre Schwächen . . . und vor allem ihre wachsende, unvermeidliche Nachlässigkeit.

Er hatte Mrs. Grey angewiesen – sehr gegen ihren Willen und zu ihrem Abscheu –, die einzelnen Teams mit Tee und Kaffee zu versorgen. Danach war sie dazu übergegangen, ihnen mitgebrachte Mahlzeiten zu wärmen. Gelegentlich hatte sie ihnen Sandwiches gemacht. Sie hatte sie umsorgt und bemuttert ...
Mrs. Grey hatte sich steif und abweisend in ihre Rolle gefügt – und war zuletzt beinahe darin aufgegangen. Aubrey hatte unterdessen die Wachwechsel – vor allem die Ablösungen nach Einbruch der Dunkelheit – beobachtet. Ganz besonders diese eine um 18 Uhr. Die hatte er Abend für Abend beobachtet.
Nachlässig. Selbstzufrieden, faul und nachlässig – und das von Tag zu Tag mehr. Schließlich hatten sie nur einen harmlosen alten Mann zu bewachen ... einfach, unkompliziert ...
An diesem Abend gab es Curry aus einem indischen Schnellrestaurant. Mrs. Grey hatte ihnen das Bier, das sie dazu tranken, in ihrem Kühlschrank gekühlt. Sie hatte es ihnen gerade hinausgebracht – genügend Dosen für beide Teams, das alte und das neue. Bei dieser Gelegenheit würde sie auf mütterliche Art mit den Männern schwatzen, um sie weiter einzulullen.
Sobald sie den sichersten Augenblick für gekommen hielt, würde sie zur Haustür zurückkommen und klingeln, um ihm das Zeichen zum Aufbruch zu geben.
Die Klingel schrillte ungewöhnlich laut. Aubrey zuckte zusammen, als sei ein Stromstoß durch seinen Körper gegangen. Seine Hände umklammerten die Sessellehnen. Der Hut fiel zu Boden. Aubrey stemmte sich wie ein Roboter hoch, bückte sich nach seinem Hut und marschierte dann steif zur Tür. Er stieg ins Erdgeschoß hinunter. Die Haustür stand einen Spalt weit offen. Er sah Mrs. Grey in dem unbeleuchteten Windfang stehen, wo sie von den Überwachungsfahrzeugen aus nicht gesehen werden konnte. Sie drehte sich nach ihm um, als seine Hand die Türklinke berührte. Ihr verblüffter Gesichtsausdruck, der rasch einem besorgten Stirnrunzeln wich, verriet Aubrey, daß er verstört und hilflos wirken mußte. Sie wußte nicht, wohin er wollte; sie wußte nur, daß er ins Ausland flüchtete – was sie nicht wußte, konnte sie nicht versehentlich verraten.
Aubrey sah weder nach rechts noch links, sondern starrte blicklos geradeaus, während er die Straße mit festen, eckigen Schritten überquerte. Er erreichte den gegenüberliegenden Gehsteig.

Als er sich umdrehte, leuchteten die Fassaden der Nash-Häuser im Licht der Straßenlampen orange-weiß. Aubrey setzte sich wieder in Bewegung und entfernte sich von den geparkten Fahrzeugen der beiden Überwachungsteams. Mrs. Grey hatte ihm nicht einmal mehr sagen können, daß alle vier Männer in einem Wagen saßen und aßen. Er hastete weiter, ohne seine Umgebung richtig wahrzunehmen.

Er ging weiter, bis er das Ende der Straße erreicht hatte und nach rechts in Richtung Marylebone Road abbiegen konnte.

Lichter, Verkehr. Seine Beine waren kraftlos, fast wie gelähmt. Sein Körper schien unnatürlich schwer geworden zu sein und behinderte durch seine scheinbare Masse Aubreys emotionales Streben nach Geschwindigkeit, nach raschester Flucht. Er zwang sich dazu, einen Fuß vor den anderen zu setzen. Der Verkehrslärm nahm zu. Aubrey erreichte die Marylebone Road.

Taxi, Taxi, Taxi . . .

Das Taxi hielt neben ihm. «Wohin, Chef?»

Diese Frage munterte Aubrey auf wie eine Sauerstoffdusche. Er tastete nach dem Türgriff und murmelte mit gepreßter Stimme: «Victoria.» Dann wäre er beinahe nach vorn in den Wagen gefallen.

«Heut' abend ist der Verkehr besonders schlimm», hörte er den Taxifahrer sagen, aber er hatte kein Interesse an einem Gespräch mit ihm. Aubrey wollte sich nur ausruhen, dem Schwächeanfall, der eine Reaktion auf seine Nervenanspannung war, seinen Lauf lassen und sich wieder davon erholen.

Ich hab's geschafft! sagte er sich. Er war wie ein Kind oder ein Blinder aus seiner Gefangenschaft entwichen. Er hatte es geschafft.

Alison Shelley war von der Frau fasziniert, die ihr – noch immer im Tweedmantel und nervös mit dem Hut in ihren Händen spielend – in ihrem Wohnzimmer gegenübersaß. Die andere war etwa zehn Jahre älter als sie: verzweifelt, vor Angst und Sorgen blaß, übernächtigt. Trotzdem strahlte sie eine Ruhe und Selbstsicherheit aus, die man nur als Autorität bezeichnen konnte und um die Alison sie beneidete. Aufgrund ihrer Erziehung, ihres Reichtums und ihrer gesellschaftlichen Stellung hatte Margaret Massinger nie das geringste Bedürfnis nach Feminismus, Gleichberechtigung oder auch nur Frauenwahlrecht gehabt. Soviel war ihrer Gastgeberin bereits klar.

Sie beobachtete auch ihren Mann, während er mit Mrs. Massinger sprach. Peter hatte Angst und warf ihr immer wieder verstohlene, schuldbewußte Blicke zu, aber unter der Oberfläche war er gebannt, voll nervöser Spannung und bereit, in Aktion zu treten. Alison wußte, daß er im Begriff war, sein Schicksal mit dem der Massingers zu verknüpfen, und war sich darüber im klaren, daß sie ihrem Mann auf diesem eingeschlagenen Weg widerstrebend folgen würde. Das würde sie tun, weil sie wußte, daß seine Schlaflosigkeit und Gereiztheit nur daher kamen, daß er sich selbst verachtete und außerstande war, seine Loyalität zu unterdrücken.

«Es gibt keine andere Möglichkeit, Mrs. Massinger . . .», sagte Peter gerade und breitete hilflos die Hände aus. «Ich wollte, es gäbe eine! Ihrem Mann sind alle Auswege verbaut, fürchte ich.» Shelley wirkte dabei so lächerlich traurig wie ein Bluthund.

«Damit ist Mrs. Massinger nicht viel geholfen», stellte Alison ruhig fest, indem sie von ihrem Sherryglas aufsah und Margarets Gesicht studierte. Die Besucherin schien ihr für ihren Einwand dankbar zu sein; vielleicht verstand sie, was er im Grunde genommen bedeutete: daß sie ihrem Mann die Erlaubnis erteilte, sich in dieser Sache zu engagieren.

Peter Shelley machte ein zweifelndes Gesicht. Dann glättete sich seine gerunzelte Stirn. Auch er begriff, welchen Zweck Alisons Einwand gehabt hatte, obwohl er nicht entsprechend handeln konnte. Er zuckte mit den Schultern. «Das weiß ich auch», bestätigte er. «Aber es stimmt leider trotzdem, Liebling.»

«Es muß doch irgendeine Möglichkeit geben, um . . .», begann Margaret. Sie senkte den Kopf und starrte ihren zerdrückten Hut auf ihrem Schoß an, während ihre Stimme leiser wurde. Sie war sichtlich verzweifelt und gegen Shelleys Fachwissen, gegen seine Insider-Erfahrungen machtlos. Nach kurzer Pause fügte sie hinzu, ohne aufzusehen: «Paul kann sich nicht endlos lange versteckthalten, Mr. Shelley.»

«Ich . . . ich weiß nicht, was ich Ihnen raten soll», antwortete Shelley nur.

«Warum können wir nicht mit Andrew Babbington sprechen?» stieß sie hervor.

Shelley überlegte und schüttelte dann den Kopf, während er sprach. «Wir wissen nicht genug», antwortete er halblaut. «Wir wissen nicht, wer der Verräter ist. Und wenn er irgendwie rauskriegt, daß wir ...» Er fügte niedergeschlagen hinzu: «Wir haben keinerlei Beweise, uns würde niemand glauben.»

«Mein Gott, kannst du denn nicht *irgendwas* tun?» fragte Alison laut und mit gepreßter Stimme. Sie stand auf, ging vor dem offenen Kamin auf und ab und behielt dabei ihr Sherryglas in der Hand, so daß es den Feuerschein reflektierte. «Es muß doch irgendwas geben, Peter! Mr. Massinger schwebt in Lebensgefahr. Er hält sich wie ein Verbrecher in seiner Wohnung versteckt. Er braucht deine Hilfe!»

«Was soll ich tun, um ihm zu helfen?» Shelley war ihre Einmischung sichtlich unangenehm. Er rutschte wie ein verlegener kleiner Junge auf seinem Sessel hin und her.

«*Ich* kann dir nicht sagen, was du tun sollst, Peter ...», fuhr sie fort. Ihr Blick fiel auf die *Sunday Times.* «Ich weiß nicht, was ich vorschlagen soll ...» Die von gestern liegengebliebene Zeitung ragte über die rosagepolsterte Sitzfläche des nachgeahmten Rokokostuhls hinaus. *Sunday Times ... Hinter den Kulissen ...* Alison kannte den Artikel beinahe auswendig; sie hatte ihn mehrmals gelesen, aber nachdem Peter seine Telefongespräche erledigt hatte, hatte er nicht mehr darüber diskutieren wollen. Deshalb hatte sie dieses Thema nicht wieder angeschnitten. Aber jetzt war es von außen in ihr friedliches Heim getragen worden ...

Sie merkte, daß Margaret Massinger sie erwartungsvoll beobachtete. Alison hatte ihre Aufmerksamkeit durch ihren Widerspruch und ihre Bewegung erregt; jetzt ärgerte sie sich darüber, weil ihr klar wurde, daß sie Peter dadurch kompromittiert hatte.

«Peter?» fragte Alison langsam.

«Ja?» antwortete er bereitwillig, weil er diesen Tonfall kannte. Alisons Intuition war ihm stets als vollwertige intellektuelle Leistung erschienen. In seinem Beruf war er auf Intuitionen angewiesen. Wirklich bewundernswert fand er Aubreys Intuitionen.

«Ich denke an 1974», fuhr seine Frau fort. «An diese Sache in Bonn.»
«Ja, ich weiß», bestätigte Shelley. «Was ist damit?»
«Ist das nur Zeitungsgewäsch?» Sie griff nach der Zeitung, drehte sie aber nur um, damit sie die Titelseite nicht verkehrt herum lesen mußte. 1974 . . . Bonn . . . Günter Guillaume, Willy Brandts Vertrauter, der ostdeutsche Spion . . . das Gerücht, ein britischer Geheimdienstler habe versucht, ihn zu warnen, ihm sogar zur Flucht zu verhelfen . . .
«Nein, leider nicht. Die Geschichte hat damals für einigen Wirbel gesorgt. Heute hat wieder das ganze Büro davon gesprochen. Aubrey ist jetzt natürlich der Hauptverdächtige, weil er damals in Bonn gewesen ist, um die Deutschen nach der Katastrophe bei den Olympischen Spielen in München in bezug auf vorbeugende Maßnahmen gegen Terroranschläge bei der Fußballweltmeisterschaft zu beraten . . . Der Verdacht ist natürlich unsinnig, aber irgendwas bleibt bestimmt an ihm hängen», fügte er seufzend hinzu.
Alison war vor ihm stehengeblieben. «Ist an der Geschichte etwas dran gewesen?»
«Das haben wir offiziell immer bestritten – MI5 hat uns unter die Lupe genommen, nachdem wir unsere Leute selbst überprüft hatten. Nichts. Nur ein bißchen Rauch, aber eindeutig kein Feuer.» Er lächelte schwach und schüttelte dann den Kopf. «Nur schade, daß wir Guillaume nicht mehr fragen können, weil er längst wieder bei seinen Leuten ist.»
«Gibt's denn sonst keinen?» stieß Alison enttäuscht hervor. Sie erschrak beinahe über die Leichtigkeit, mit der sie in die Welt der Geheimdienste hineingezogen worden war. Ohne es zu merken, war sie neben Margaret Massingers Sessel stehengeblieben.
«Den man fragen könnte?» Shelley überlegte. «Ich wüßte keinen.»
«Aber wenn der damalige Verdacht doch gerechtfertigt gewesen wäre, Peter?» Alison fuhr sich mit einer Hand durch ihr dichtes Haar. «Nehmen wir einmal an, 1974 hätte es diesen Mister X. gegeben – einen britischen Doppelagenten, der versucht hätte, Guillaume zu helfen . . . könnte er nicht der Mann sein, der sich heute bemüht, Aubrey zu ruinieren?» Sie zuckte

hilflos mit den Schultern, als sei sie selbst nicht recht von ihrer Idee überzeugt.

«Ja?» fragte Shelley. Auch er wirkte sichtlich enttäuscht.

Margaret ergriff das Wort. «Wenn wir annehmen, daß Mr. Aubrey unschuldig ist...» Sie blickte unschlüssig zu Boden, bevor sie fortfuhr: «*Falls* wir das annehmen, könnte der Unbekannte von damals, von 1974, auch jetzt wieder tätig geworden sein. Verstehen Sie, was wir meinen, Mr. Shelley?»

Der Angesprochene rieb sich mit seinen langen Fingern die Wangen und schwieg zunächst. Erst als die Ungeduld der beiden Frauen fast greifbar wurde, sah er auf und antwortete: «Das ist dünn, verdammt dünn.»

«Glaubst du, daß es Mister X. schon 1974 gegeben hat?» erkundigte Alison sich.

«Nein, aber ich glaube, daß es ihn jetzt gibt – und er ist nicht Kenneth Aubrey, Mrs. Massinger...»

Margaret winkte ab. «Ich halte die beiden Fälle sorgfältig auseinander», stellte sie mit eisiger Ruhe fest. «*Diese* Sache gefährdet Paul, nicht die Ermordung meines Vaters.»

Shelley nickte zustimmend.

«Falls es ihn noch gibt, müßte er sich jetzt in leitender Position befinden, stimmt's?» warf Alison ein.

Ihr Mann nickte erneut, aber diesmal schien ihm irgendein Bild oder eine Erkenntnis vor Augen zu stehen. «Ja, in ziemlich hoher Stellung», murmelte er. «Allerdings!»

«Nehmen wir einmal an, er wäre ein sowjetischer Agent: Kann er dann nicht auch der Mann gewesen sein, der 1974 mit den Russen zusammengearbeitet hat?» Alison spürte, daß sie unwillkürlich die Fäuste ballte, als könne sie Peter ihre Intuition dadurch gewaltsam aufdrängen.

«Ja, der könnte er gewesen sein... Das ist denkbar», bestätigte Shelley. «Aber das kommt mir sehr an den Haaren herbeigezogen vor.» Er sah zu Margaret hinüber. «An Ihrer Stelle würde ich mit Paul eine kleine Auslandsreise machen – zum Beispiel nach Deutschland. Dort wäre er sicherer. Trauen Sie sich das gemeinsam mit ihm zu?»

Margaret nickte. «Aber wohin sollen wir reisen? Und warum?»

«Das deutsche Bundesamt für Verfassungsschutz hat mit Aubrey und unseren Leuten zusammengearbeitet und ist später

an der von MI5 durchgeführten Untersuchung beteiligt gewesen. Es hat die entsprechenden Unterlagen, und ich weiß den Mann, den Paul fragen kann.»
«Wer ist dieser Mann?»
Shelley grinste jungenhaft. «Ein Deutscher, der Aubrey seinen guten Ruf und seine Karriere verdankt . . .»
«Wer?»
«Wolfgang Zimmermann.»
«Der Mann, der . . .?» begann Alison.
«Der Mann, den der KGB als Doppelagenten zu denunzieren versucht hat, als der Viermächtevertrag über Berlin auf der Kippe gestanden hat.»
«Aber hat der vorige Bundeskanzler ihn nicht entlassen?»
«Er ist zurückgetreten.»
Margaret merkte, daß Peter und Alison Shelley sie ganz vergessen hatten. Sie beneidete die beiden um ihre mühelose Kommunikation, ihre intuitive, rasche Kooperation. Die Shelleys verkörperten einen Zusammenhalt, der in auffälligem Gegensatz zu ihren eigenen Erlebnissen in den vergangenen Tagen stand, in denen sich eine Kluft zwischen Paul und ihr aufgetan hatte. Sie würde jetzt diese Gelegenheit nützen und mit ihm nach Deutschland reisen. Ihr Vater würde vorerst warten müssen – wie er fünf Jahre lang unter den Trümmern eines zerbombten Hauses in Berlin gewartet hatte . . .
Sie schüttelte den Kopf. Die beiden anderen merkten nichts davon, so sehr waren sie in ihren lebhaften Dialog vertieft. Margaret wußte, daß sie ihren Vater vorläufig vergessen mußte. Sie mußte Paul helfen, mußte ihn am Leben erhalten. Sie konnte den Gedanken an seinen Tod, diesen neuen, äußersten, endgültigen Verlust, nicht ertragen: den Verlust des Mannes, der für sie an die Stelle ihres Vaters getreten war – ihr Ehemann-Liebhaber-Vater Paul.
«Richtig», sagte Shelley zu seiner Frau, als Margaret den beiden wieder zuhörte, «als die Verschwörung aufgedeckt wurde, ist er nicht mehr auf seinen früheren Posten zurückgekehrt, sondern vom Bundeskanzler zum Sonderberater des Bundesamts für Verfassungsschutz ernannt worden. Er hat nach wie vor großen Einfluß: Er hat Zugang zu den alten Akten, kann

sie für Sie durchforsten . . . und kann dafür sorgen, daß Ihrem Mann dort nichts zustößt.»

«Können Sie das alles arrangieren?» fragte Margaret leicht verwirrt.

«Ja, ich brauche ihn nur anzurufen. Zimmermann läßt sich bestimmt nicht lumpen. Seitdem er von seinen eigenen Leuten erfahren hat, daß er seine Rehabilitierung vor allem Aubrey verdankt, hat er auf eine Gelegenheit gewartet, sich dafür zu revanchieren. Jetzt bekommt er sie.» Shelleys Gesichtsausdruck verfinsterte sich, bevor er an seine Frau gewandt hinzufügte: «Wer weiß, Ally – vielleicht finden wir auf diese Weise deinen Mister X. Vielleicht haben wir soeben einen geheimen Eingang in die Festung entdeckt.» Er lächelte Margaret entwaffnend an. «An Ihrer Stelle würde ich für eine längere Reise packen – und möglichst unauffällig abreisen. Wahrscheinlich werden Sie überwacht. Zumindest Ihre Wohnung steht garantiert unter Überwachung.»

Dröhnende Popmusik aus einem unbeleuchteten Fenster im ersten Stock eines der Häuser am Ende der Gasse; Stimmengewirr, Lachen, dazwischen das Weinen eines Babys. Der Geruch nach Essen und Mist und Abfällen. Selbst während die großen Reifen des gepanzerten Mannschaftstransportwagens BTR 60 quietschten, während das Fahrzeug langsam auf den Platz hinausrollte, fühlte Miandad sich in seine eigene Kindheit zurückversetzt. Als Ergänzung dieser vertrauten Gerüche fehlte nur noch der heiße Modergeruch, der von den Indus-Mündungen herübergetragen wurde. Hier in Kabul war die Nacht kälter, und die vertrauten Gerüche wirkten strenger. In Karatschi . . . Nein, diese Illusion ließ sich nicht aufrechterhalten. Der BTR 60 kam jetzt im dunklen Feuerschein des Infrarotvisiers genau auf ihn zu. Hinter dem 14,5-mm-MG auf dem niedrigen Turm über den beiden leicht geöffneten Sichtblenden war ein Kopf mit einem flachen russischen Stahlhelm zu erkennen. Miandad drückte die weiche Augenmuschel des Nachtsichtgeräts gegen sein rechtes Auge. Neben ihm stand Hyde in der Uniform des toten sowjetischen Offiziers bereit: als wiederauferstandener Leutnant Asimow. Hinter ihnen stand Mohammed

Dschan mit zwei weitern Stammesangehörigen. Seine übrigen Leute – nach dem Überfall auf die Patrouille nur mehr 17 Mann – waren rings um den Platz verteilt in Stellung gegangen. Der BTR 60 war nur noch 70 Meter von der dunklen Gasse entfernt, in der Miandad, Hyde, Mohammed Dschan und seine beiden Männer lauerten. Irgendwo schlug eine Turmuhr. Dreimal, viermal – vier Uhr morgens. Miandads rechte Hand umklammerte den vorderen Griff; sein Zeigefinger nahm Druckpunkt am Abzug des Raketenwerfers. Mit der linken Hand stabilisierte er das auf seiner Schulter liegende schlanke Rohr am hinteren Griff. Die an einen winzigen zusammengeklappten Schirm erinnernde Rakete steckte hinten im Rohr. Der Mannschaftstransportwagen rollte weiter. Sein Ziel. Jetzt noch 40 Meter entfernt.
Miandad betätigte den schwergängigen Abzug des Raketenwerfers RPG 7. Aus dem Rohr auf seiner Schulter trat ein Feuerstrahl, während ein dumpfes Fauchen von den Hausfassaden der engen Gasse zurückgeworfen wurde. Durch das Nachtvisier beobachtete er, wie die Panzerabwehrrakete mit ihrem Feuerschweif auf den BTR 60 zuraste.
Die Rakete traf den Mannschaftstransportwagen direkt unter den leicht geöffneten Sichtblenden und durchschlug die zehn Millimeter starke Panzerung mühelos. Sie wurde mitsamt ihrem Feuerschweif von dem Fahrzeug verschluckt, das sich im selben Augenblick vorn aufbäumte, wie eine gedrungene grüne Kröte anschwoll und dann zerplatzte – mit abspringenden Rädern, aufgerissenen Flanken und aufgeschlitztem Turm. Dichter Rauch, ein ohrenbetäubender Detonationsknall und das Klirren zersplitternder Fensterscheiben.
Miandad steckte eine zweite Rakete ins hintere Ende des heißen Abschußrohres. Er sah zu Hyde auf. Im Botschaftskomplex begann eine Alarmklingel zu schrillen. Aus dem brennenden Fahrzeugwrack waren unglaublicherweise noch Schreie zu hören. Der Pakistaner fuhr zusammen und ließ sich dann erneut auf ein Knie nieder, um ruhig zielen zu können. Sein Auge klebte am Okular des Nachtvisiers. Die helle Betonwand des Wachbunkers vor der Einfahrt zur Botschaft war etwas über 100 Meter von ihrer Stellung an der Einmündung der dunklen Gasse entfernt.

«Los!» forderte Miandad Hyde auf. Zwei sowjetische Soldaten waren benommen und entsetzt aus dem Wachbunker getreten. Hyde schlug ihm auf die freie Schulter und trabte die Gasse entlang davon, um den Platz in der Nähe der Botschaftseinfahrt zu betreten. Miandad verstellte das Visier. Die Augenmuschel aus Gummi war schweißnaß. Mohammed Dschan stand unbeweglich seitlich hinter ihm, als verachte er die Modernität ihres Angriffs.
Miandad veränderte die Lage des Rohrs auf seiner Schulter noch etwas. Ein Offizier schickte Soldaten zu dem ausgebrannten BTR 60. Sie gehorchten nur widerstrebend und schienen kurz davor zu sein, ihm den Befehl zu verweigern. Alle waren dem Bunker noch nahe genug, um beim Einschlag getötet zu werden. Er drückte ab.
Zündung, ein Feuerschweif, der schnurgerade ins Ziel flog. Hundert Meter in einer Drittelsekunde. Dann der Aufschlag. Der Stahlbeton über den Sandsäcken verschluckte die Flamme; dann flog das Bunkerdach in einem Hagel von Betontrümmern davon. Die Wände wurden nach außen gedrückt und begruben die außerhalb des Bunkers Stehenden unter sich. Eine aufsteigende Staubwolke verdeckte die angerichtete Zerstörung und die Opfer. Miandad steckte rasch die dritte Rakete ins Rohr, verbrannte sich das Handgelenk an dem heißen Metall und nahm die schmerzende Stelle kurz zwischen die Lippen. Er verstellte das Visier, fühlte den Schweiß auf seiner Stirn, spürte seine Rückenmuskeln sich als Reaktion auf sein Tun verkrampfen – weil er so vielen Männern so mühelos den Tod brachte – und hob das Rohr des RPG 7 wieder auf seine Schulter.
Jetzt!
Miandad betätigte den Abzug. Zündung, eine Drittelsekunde, Aufschlag. Er beobachtete lange genug durchs Nachtvisier, um sich davon zu überzeugen, daß die beiden Torflügel schief, beinahe abgerissen in ihren Angeln hingen. Dann gab er den RPG 7 einem zufrieden und bewundernd grinsenden Afghanen. Miandad hörte die ersten Feuerstöße aus Kalaschnikows und Sirenengeheul, das die Alarmglocke übertönte, als er aufstand. Hyde war jetzt auf sich allein gestellt. Sobald das Einfahrtstor geknackt war, hatte er genau fünfzehneinhalb Minuten Zeit. Daraus waren jetzt schon weniger als 15 geworden.

Hydes Hand umklammerte das Geländer. Er stützte sich auf und zuckte unwillkürlich zusammen, als in dem demolierten Bunker erneut Munition hochging. Der rot-weiß gestreifte Schlagbaum war aus seiner Halterung gerissen worden. Rauch und Staub ließen Hyde husten. Er betrachtete seine Stiefel – eine Nummer zu groß und mit Lumpen ausgestopft – und stellte zufrieden fest, daß sie mit Staub bedeckt waren, der sich auf ihnen angesetzt hatte. Hyde tastete nach dem Pistolenhalfter mit der 9-mm-Makarow. Dann bückte er sich nach einem Betonbrocken, hielt die Luft an und fuhr sich mit dem scharfkantigen Klotz über Stirn und linke Gesichtshälfte. Der Schmerz war so unerwartet stark, daß er den Betonbrocken mit geschlossenen Augen fallenließ. Seine Fingerspitzen waren blutig, als er Stirn und Backe berührte. Blut und Staub und verschwitztes Uniformhemd. Hyde begann zu hinken, während er die letzten 15 Meter bis zum Tor zurücklegte.
Der Wachbunker aus Stahlbeton war wie eine überreife Frucht aufgeplatzt, und der aus ihm aufsteigende Rauch verschluckte einen Großteil des hellen Scheins der Platzbeleuchtung. Tote. Einige Männer noch auf den Beinen, aber unter Schockwirkung stehend und verwundet. Alarmglocken, Sirenen, aufheulende Motoren, detonierende Munition. Die Schürfwunden, die Hyde sich selbst zugefügt hatte, brannten unerträglich.
Der Australier erreichte das Tor. In der Ferne – die kalte Nachtluft trug den Schall gut – war bereits ein Hubschrauber zu hören. Evakuierung. Unterstützung, Verteidigung, Evakuierung – die logische Reihenfolge. Hyde sah auf seine Uhr. Noch vierzehneinhalb Minuten, bis die Afghanen den Platz räumten und sich in den Basar zurückzogen, um Kabul im Morgengrauen zu verlassen.
Hyde schlüpfte zwischen den schief in den Angeln hängenden Torflügeln hindurch, ohne aufgehalten zu werden. Unter Staub und Blut war er glattrasiert und trug die Uniform und Dienstwaffe eines Leutnants der Roten Armee. Vor ihm tauchte der hellbeleuchtete Neubauflügel der Botschaft auf. Ein schwerbewaffneter Schützenpanzer kam hinter dem Hauptgebäude hervor und rasselte mit zunehmender Geschwindigkeit den Kiesweg entlang auf Hyde zu. Der Australier begann zu rennen.
Um ihn herum liefen weitere Männer durcheinander: verwirrte,

ängstliche, verunsicherte Männer, die sich der Tatsache bewußt waren, daß sie zu wenige und noch dazu in einem fremden Land waren. Seine Stiefel knirschten über den Kies, und sein Schatten, den die Platzbeleuchtung und der brennende Bunker erzeugten, hastete vor ihm her.
Der junge Wachposten nahm Haltung an, als Hyde vor ihm auftauchte, seine Mütze zurechtrückte, sich die linke Gesichtshälfte hielt und ihn anstarrte.
«Platz da! Oberst Petrunin wartet auf meinen Bericht – er ist *dringend!*» Aus den Augen des Wachpostens, der seine Kalaschnikow anfangs noch schußbereit gehalten hatte, verschwand das Mißtrauen. Dann wurde sein Blick ängstlich, und Hyde merkte, wie blutjung der andere war. «Schon besser!» knurrte er, hastete an ihm vorbei weiter und lief die Treppe aus imitiertem Marmor hinauf, ohne das eiserne Geländer zu benützen.
Auf dem Treppenabsatz legte er eine kurze Pause ein. Der Adrenalinüberschuß wirkte berauschend wie schwerer Wein. Hydes Hand, sein ganzer Arm zitterte, als er das kalte Eisengeländer umklammerte. Kontraproduktiv, sagte er sich selbst. Außer Kontrolle.
In diesem Zustand legt er dich um!
Zwei brutal wirkende Zivilisten, die Aktenstapel trugen, kamen an Hyde vorbei, ohne ihn eines Blicks zu würdigen. Sie führten einen noch gar nicht erteilten Befehl aus, das Schiff zu verlassen. Der Triebwerkslärm wurde noch lauter. Hyde sah auf den Innenhof des Botschaftskomplexes hinaus und beobachtete, wie ein Hubschrauber – bisher nur einer – zur Landung auf dem schneebedeckten Rasen ansetzte.
In spätestens fünf Minuten würde Petrunin sich auf dem Flug ins Oberkommando befinden und endgültig unerreichbar sein.
Hyde stürmte weiter die Treppe hinauf, spurtete den Korridor entlang und hatte dabei den von Asimow beschriebenen Etagenplan wie auf einem Bildschirm vor Augen.
Aus einem Dienstzimmer trat plötzlich eine junge Frau in engem Rock und weißer Bluse. Hyde prallte mit ihr zusammen, daß sie gegen die Wand taumelte, und rannte weiter. Er hörte ihre aus der Hand gefallene Brille unter seinem Stiefel zersplittern, und hörte ihren Aufschrei, als er um die nächste Ecke bog. Draußen drehte der Rotor des gelandeten ersten Hubschrau-

bers sich bereits langsamer, und auf dem Platz hatte sich ein wütendes Feuergefecht entwickelt.
In diesem Korridor waren Wachen postiert. Hyde fiel sofort auf, daß der Bodenbelag plötzlich nicht mehr aus Linoleum, sondern aus Teppichboden bestand. Dieser Korridor mußte zu Petrunins Diensträumen führen. Der Australier warf einen Blick aus den getönten Korridorfenstern. Die Wachposten drückten sich die Nasen an ihnen platt und kommentierten die Ereignisse wie aufgeregte Kinder.
«Zurück auf euren Posten!» knurrte er.
Soldaten rannten über den hellbeleuchteten verschneiten Rasen auf das Hauptgebäude zu. Einer von ihnen stürzte zu Boden: von einer Kugel getroffen, die von Freund oder Feind stammen konnte. Andere Soldaten kamen unter den sich im Leerlauf drehenden Rotoren des Transporthubschraubers Mi 8 hervor auf das KGB-Gebäude zu.
Drei Minuten.
Die Wachen waren mürrisch auf ihre Posten zurückgekehrt und bildeten nun fast eine Ehrengarde, die er inspizierte, während er auf die zweiflüglige Tür am Ende des Korridors zumarschierte. Ein Posten, zwei, drei, vier . . .
«Zutritt nur mit Sonderausweis, Genosse Leutnant», stellte der vierte Posten mit schußbereit erhobener Kalaschnikow fest.
Hyde baute sich vor ihm auf und starrte den Mann an. Er deutete auf seine blutenden Gesichtsverletzungen.
«Ist das etwa nicht Ausweis genug?» fragte er scharf. «Der Genosse Oberst will über die Lage am Tor informiert werden. *Ich* bin am Tor gewesen – im Gegensatz zu euch Drückebergern! Verstanden? Wollen Sie mich daran hindern, meinen Bericht zu erstatten?»
«Nein, Genosse Leutnant.»
«Dann machen Sie gefälligst Platz! Und lassen Sie niemand 'rein, der keinen Sonderausweis vorzeigen kann!»
«Jawohl, Genosse Leutnant!»
Hyde ging rasch weiter, bevor jemand sich für seinen Dienstausweis interessieren konnte. Er klopfte an die Doppeltür, öffnete einen Flügel, ohne das «Herein!» abzuwarten, und betrat das Vorzimmer, während er zugleich die Makarow in ihrem Halfter lockerte.

Der Sekretär am Telefon sah sofort auf und schien sich lediglich wegen seiner Unfähigkeit, die durch Blut und Schürfwunden entstellten Züge des Eindringlings zu identifizieren, Sorgen zu machen. Er griff mit der rechten Hand in die mittlere Schreibtischschublade. In der linken Hand hielt er nach wie vor den Telefonhörer. Er forderte mit lauter Stimme weitere Verstärkungen an.

Dann erschien die Stetschkin über der Schreibtischplatte, das Telefon wurde ignoriert, und Hyde schoß zweimal aus der Hüfte. Der Sekretär tauchte hinter den Schreibtisch, als suche er zu Boden gefallene Münzen, und riß das Telefon mit.

Hyde durchquerte das geschmackvoll, fast luxuriös eingerichtete Vorzimmer mit wenigen großen Schritten und erreichte Petrunins Tür. Unter den herrschenden Umständen würde Petrunin hellwach sein. Wie viele Männer hatte er bei sich, wie viele Pistolen . . .?

Er drückte die Klinke herab, spürte Widerstand, warf sich mit der Schulter gegen die Tür und war sich darüber im klaren, wie verwundbar er war, falls jemand durch die Tür schoß. Hyde hörte einen erstickten Aufschrei, trat über die Schwelle und knallte die Tür mit dem Absatz hinter sich zu.

Petrunin war allein. Er trug Uniform und wirkte viel älter, viel gerissener, als der Australier ihn in Erinnerung hatte. Er hatte durch Hydes Ansturm den Boden unter den Füßen verloren und setzte sich jetzt auf einem runden chinesischen Teppich auf. Blitzblankes Parkett. Afghanische, persische und indische Teppiche und Wandbehänge.

Petrunin starrte ihn an. Und die Makarow, die der junge Leutnant, der jetzt mit dem Rücken an der Tür lehnte, auf ihn gerichtet hielt. Woher kannte er ihn nur . . .?

«Guten Morgen, Genosse General!» sagte Hyde auf Englisch. Obwohl sein Körper vor Anstrengung zitterte und seine Stimme keineswegs fest gewesen war, gestattete er sich ein fast jungenhaftes Grinsen.

«Hyde!» rief Petrunin nur aus. Dann wiederholte er: «Hyde.»

9

Die Gefangenen

«Hyde», wiederholte Petrunin nochmals, bevor er hinzufügte: «Sie haben einen weiten Weg auf sich genommen ...»
Er strahlte lässiges, gespieltes Selbstbewußtsein aus, während er auf dem Teppich saß – fast als begrüße er einen Gast auf einer ungezwungenen, sogar exotischen Party. Hyde blieb an die Tür gelehnt stehen.
«Genosse General», bestätigte Hyde, während er den zweiten Hubschrauber näherkommen hörte.
Durch das große Fenster hinter Petrunins Schreibtisch konnte er beobachten, wie Soldaten Botschaftsangehörige zum ersten Hubschrauber begleiteten. Der Botschafter, der einen dunklen Wintermantel über dem Schlafanzug trug, stapfte in hohen Pelzstiefeln durch den Schnee und zog eine Frau, die ihren Morgenrock zuhielt, hinter sich her. Nach dem vor dem Angriff vereinbarten Zeitplan blieben Hyde keine zehn Minuten mehr. Und Petrunins Retter würden sein Dienstzimmer in knapp zwei Minuten erreichen.
Petrunin stand langsam auf. Er schien keine Angst zu haben. «Sie scheinen freiwillig in die Falle gegangen zu sein», stellte der Russe fest.
«Los, mitkommen!» forderte Hyde Petrunin auf.
«Gewiß. Dann geraten wir an die, die mich abholen sollen.» Er zeigte aus dem Fenster. «Der Botschafter wird nur gerettet, um den Schein zu wahren. In Wirklichkeit ist der Hubschrauber meinetwegen gekommen. Sie sitzen in der Falle, Hyde.»
«Schon möglich. Los, mitkommen!»
Petrunin lächelte, ohne sich in Bewegung zu setzen. Statt dessen betrachtete er seinen Schreibtisch. Dann wandte er sich an Hyde.
«Wozu sind Sie hier?»
Hyde grinste humorlos. «Sie wissen, daß ich Sie umbringen werde, stimmt's? Sie wissen, daß ich Sie in Australien umgelegt hätte, weil mir klar geworden ist, daß ich Sie in England hätte erledigen sollen. Das wissen Sie genau!»

«Und deshalb sind Sie hier?» fragte Petrunin leicht ungläubig.
Der Australier schüttelte den Kopf. «Ich bin wegen *Träne* hier – damit haben Sie Ihren Passierschein. Ich brauche Sie lebend.»
Petrunin lachte laut. «Dann hat's also geklappt?» fragte er aufgeregt. «Ich hab's mir schon gedacht, als ich gehört habe, daß Aubrey ... Aber das ist *mein* Plan gewesen!» Seine Miene verfinsterte sich. «Während ich hier *verfaule!*» fügte er zutiefst verbittert hinzu.
Hyde tastete den Russen rasch ab, stellte fest, daß Petrunin unbewaffnet war, und deutete mit der Makarow zur Tür. Der andere nahm bereitwillig seinen Mantel vom Haken und griff nach Mütze und Handschuhen, die auf einem Tischchen neben der Tür lagen. Petrunin verließ mit unerschütterlicher Selbstsicherheit sein Dienstzimmer, und Hyde folgte ihm mit schußbereiter Waffe, als habe er seinen Schutz übernommen.
Einer der Wachposten kam ins Vorzimmer gestürzt. Der Uniformierte grüßte zackig. Hyde trat einen Schritt näher an Petrunin heran.
«Ist meine Eskorte da?» erkundigte Petrunin sich.
«Jawohl, Genosse Oberst!»
Petrunins Schultern zuckten, als der Soldat seinen gegenwärtigen Dienstgrad hinausposaunte, als sei es ihm peinlich, daß Hyde ihn in so beschränkten Verhältnissen erlebe.
«Gut, dann müssen wir weiter. Platz da!»
Das Gesicht des Wachpostens war schmal und blaß. Er hielt die Tür auf. Hyde gab ihm ein Zeichen und knallte sie hinter sich zu, bevor Petrunin den Befehl geben konnte, der ihm auf den Lippen zu liegen schien. Hyde grinste. Petrunin zuckte kaum wahrnehmbar mit den Schultern, bevor er in seinen langen Mantel schlüpfte. Hyde sah aus den Fenstern. Landescheinwerfer auf dem verschneiten Rasen, das Pfeifen der Triebwerke eines zur Landung herabschwebenden Hubschraubers. Im Korridor standen drei mit Sturmgewehren bewaffnete Soldaten und ein Offizier im Kampfanzug. Der junge Hauptmann trat vor und grüßte Petrunin.
«Kommen Sie bitte rasch mit, Genosse Oberst», forderte er ihn auf. «Der Hubschrauber wartet auf Sie!» Sein Blick streifte Hyde, aber er schien mit der Uniform zufrieden zu sein. Petrunin nickte schweigend, trat jedoch rasch zwischen die Soldaten

und brachte sie zwischen sich und den Australier. Hyde erkannte, daß er seinen Vorteil eingebüßt hatte. Sobald Petrunin sich sicher genug fühlte, genügte ein schneller Befehl, um ihm den Tod zu bringen. Die Russen marschierten den Korridor entlang davon und bogen um die erste Ecke. Hyde hastete hinter ihnen her und war sich bewußt, daß er in Lebensgefahr schwebte. Während außerhalb der Botschaft noch immer geschossen wurde, schwebte ein weiterer großer Mil-Hubschrauber zur Landung an. Die Maschine befand sich noch etwa 30 Meter über dem Rasen, dessen Schneedecke das Licht ihrer Landescheinwerfer reflektierte.
Petrunin schwieg noch immer. Der Mann ging nicht das geringste Risiko ein. Hyde vermutete, daß die Situation ihm allmählich Spaß machte. Er wußte, daß das Blatt sich gewendet hatte – daß Hyde nun *sein* Gefangener war.
Hyde erreichte die Treppe. Unter ihm wichen Botschaftsangehörige zur Seite, als Petrunin und seine kleine Leibwache mit polternden Stiefeln und schußbereiten Waffen die Treppe hinabstürmten. Petrunin war jetzt von Soldaten umringt und abgeschirmt. Hyde machte sich Vorwürfe, weil er einen Augenblick zu selbstsicher gewesen war und dem Russen Gelegenheit gegeben hatte, sich hinter den Soldaten zu verkriechen. Die Hubschrauber waren einige Minuten zu früh gekommen, nur wenige *Minuten* . . .
Ein heller falscher Sonnenaufgang, dem eine alles Glas zersplitternde Druckwelle folgte, flammte vor den Treppenhausfenstern auf und strahlte die erschrockenen, entsetzten Gesichter grellweiß an. Der Hauptmann, Petrunin, die drei Soldaten, die Botschaftsangehörigen – sie alle waren im ersten Augenblick geblendet.
Petrunin drehte sich halb um und sah zu Hyde hinauf. Er machte ein entsetztes Gesicht. Zumindest vorerst war er offenbar außerstande, den Befehl zu erteilen, den er Sekunden zuvor hätte geben können.
Los! sagte Hyde sich.
Brennende Hubschrauberteile, ein lebloser Körper und wirbelnde Rotorblätter schlugen in gefährlicher Nähe des ersten Hubschraubers auf. Ein gigantisches Feuerwerk: Miandad hatte eine weitere Rakete abgeschossen, als habe er geahnt, daß

Hyde Unterstützung brauchte. Draußen herrschte jetzt allgemeine Panik ...
Hyde setzte sich in Bewegung und lief die Treppe hinunter. Petrunin, der ihn kommen sah, wollte mit einer behandschuhten Hand nach dem Arm des Hauptmanns greifen, um ihn auf diese neue Gefahr aufmerksam zu machen. Aber dann stand Hyde bereits neben ihm, und die Mündung seiner Pistole berührte Petrunins Uniformmantel. Der Australier grinste.
Auf dem schneebedeckten Rasen des Innenhofs brannten die Wrackteile des Transporthubschraubers aus. Mehrere Gestalten wälzten sich im Schnee, um ihre in Brand geratenen Uniformen zu löschen. Zwei oder drei der olivgrünen Uniformierten lagen bewegungslos zwischen den brennenden Trümmern. Aus den Fenstern des unbeschädigt gebliebenen ersten Hubschraubers starrten ängstliche Gesichter. Die Soldaten der Leibwache Petrunins schoben sich bereits in Richtung Ausgang.
Hyde war wieder Herr der Lage.
«Bewacht den Hubschrauber!» rief er mit hoher, scheinbar von Panik erfaßter Stimme auf Russisch, während er Petrunin seine Pistole in die Rippen drückte, damit der KGB-Oberst den Mund hielt. Der Hauptmann im Kampfanzug drehte sich nach ihm um. «Los, los, Beeilung! Wie soll der Oberst hier sonst rauskommen?»
Die Uniformierten gehorchten. Der Offizier übermittelte ihnen Hydes Anweisungen. Die Makarow blieb knapp unter den Rippen gegen Petrunins Seite gedrückt. Draußen rasselte in langsamer Fahrt ein BMP vorbei und hätte beinahe einen geparkten Dienstwagen gestreift. Petrunin hob eine Hand, als wolle er die Soldaten zurückhalten, aber er sagte kein Wort. Die Soldaten stürmten im Laufschritt auf den Hubschrauber zu, dessen Rotoren sich jetzt schneller drehten, und begannen die Maschine mit Brachialgewalt zu räumen.
«Los!» forderte der Australier Petrunin halblaut auf.
Die beiden Männer erreichten den Dienstwagen. Hyde riß die hintere Tür der Limousine auf. Von der Treppe aus sahen ihnen unschlüssig wirkende Soldaten nach. Petrunin drehte sich kurz nach ihnen um, starrte Hyde an und schüttelte den Kopf.
«Einsteigen!» befahl der Australier ihm scharf.
Wachen, die mißtrauisch geworden waren oder um Petrunins

Sicherheit besorgt zu sein schienen, kamen die Stufen herab. Petrunin spürte, daß er vielleicht eine Chance hatte, und hob den Kopf, als wolle er sie herbeirufen. Eine kleine Detonation am Tor lenkte ihn und die Soldaten sekundenlang ab. Hyde traf Petrunins Schläfe mit dem Griff seiner Makarow, stieß den Zusammenbrechenden auf den Rücksitz der Limousine und brachte ihn dort in sitzende Stellung. Dann nahm er hinter dem Lenkrad des Wagens Platz – daß der Zündschlüssel des SILs steckte, hatte er bereits von außen gesehen – und ließ den Motor an. Dieses Geräusch machte die Soldaten erneut auf ihn aufmerksam. Hyde winkte ab, gab Gas, daß die Hinterräder auf dem losen Kies durchdrehten, und fuhr in Richtung Tor davon.

Ein Blick in den Rückspiegel zeigte ihm, daß die Soldaten sich mit dieser Situation abzufinden schienen. Petrunins Leibwache war noch immer damit beschäftigt, den Mi 8 von unerwünschten Passagieren zu räumen, während weitere Botschaftsangehörige – viele von ihnen nur notdürftig bekleidet oder im Nachtgewand – zu dem Hubschrauber strömten wie Pilger zu einem Heiligtum. Der bewußtlose Petrunin saß halb liegend in einer Ecke des Rücksitzes hinter ihm.

Viele der sowjetischen Soldaten hatten jetzt ihre Stellungen am Tor verlassen und schwärmten über den Platz aus. Hyde sah auf seine Uhr. Seine Zeit war abgelaufen: Die Mudschaheddin setzten sich ab, und er mußte versuchen, sie wieder einzuholen. Hyde fuhr an einem Lastwagen vorbei und hielt neben der hohen grünen Flanke des Schützenpanzers, dessen Kanone ein Ziel am jenseitigen Platzrand bekämpfte. Als er aufblickte, sah er flache sowjetische Stahlhelme über der Flanke des Fahrzeugs. Auf Dauerfeuer gestellte Sturmgewehre überschütteten den Platz vor dem BMP, der sich jetzt in Bewegung setzte, mit einem wahren Geschoßhagel.

Der Dienstwagen holperte mühsam über Betonbrocken und Teile eines der Torflügel. Plötzlich stand ein Infanterieoffizier neben der Fahrertür, bückte sich, um einen Blick in die Limousine zu werfen, und machte Hyde dann ein Zeichen, sein Fenster herunterzukurbeln. Zwei Soldaten versperrten ihm die Weiterfahrt. Der BMP rasselte weiter, so daß Hyde jetzt im Lichtschein der Platzbeleuchtung saß, als sei ein Vorhang weg-

gezogen worden. Die Trümmer des Betonbunkers rauchten noch immer, und in seiner näheren Umgebung lagen mehrere Gefallene. Der weite Platz dahinter war mit brennenden Autowracks und Mauertrümmern übersät. Hyde kurbelte sein Fenster herunter. Der Leutnant hatte den mit geschlossenen Augen auf dem Rücksitz hockenden Petrunin erkannt. Hyde sah, wie er angewidert das Gesicht verzog.
«Der Dreckskerl ist verwundet – ich soll ihn in Sicherheit bringen», behauptete Hyde, indem er alles auf eine Karte setzte.
«Nur schade, daß er nicht hin ist ... *Dreckskerl* ist das richtige Wort! Wo ist seine Eskorte?»
«Wir wollten mit dem Hubschrauber ausfliegen, aber dort hinten ist die reinste Panik ausgebrochen. Alle wollen mitfliegen. Wahrscheinlich knallen sie sich in ein paar Minuten gegenseitig ab, um sich einen Platz zu sichern!»
«Scheiß-KGB!»
«Er hat Angst, von einem seiner eigenen Leute abgeknallt zu werden – er will lieber unauffällig verschwinden. Und er fürchtet, daß auch sein Hubschrauber runtergeholt werden könnte ... Ich muß weiter, Mann! Wenn ich ihn nicht abliefere, kann ich mir gleich selbst eine Kugel durch den Kopf jagen!»
«Richtig! Er flüchtet wie 'ne Ratte, was?»
«So kann man's nennen. Darf ich jetzt weiterfahren?»
«Klar doch! Passieren lassen!» Der Leutnant winkte die beiden Soldaten zur Seite. Hyde gab Gas und lenkte den Wagen vorsichtig über die Trümmer und an Leichen vorbei auf den Platz hinaus. Hinter ihm glitt Petrunin langsam zur Seite, bis er mit dem Oberkörper quer auf dem Rücksitz lag. Der BMP vor ihm konzentrierte sein Feuer auf die dunklen Gassen jenseits des Platzes. Es schien nicht erwidert zu werden. Infanteristen gingen in Deckung des Schützenpanzers vor: schwerbewaffnet, ängstlich und vorsichtig. Durch das noch immer offene Fenster konnte Hyde in den Feuerpausen das Knattern weiterer Hubschrauber hören. Er überzeugte sich mit einem kurzen Blick davon, daß Petrunin noch immer bewußtlos war, gab dann Gas und bog in die enge Gasse ab, in der Miandad mit dem RPG 7 gekniet und ihm den Weg in die Botschaft gebahnt hatte.
Hyde knöpfte seine Uniformjacke auf und zog den Stadtplan

von Kabul, den Miandad ihm gegeben hatte, aus der Innentasche seiner Jacke. Dann hielt er in der dunklen, stillen Gasse an und schaltete die Deckenleuchte ein. Er studierte den Fluß, das Gewirr aus engen Straßen und Gassen, die breiten Hauptstraßen und vor allem die Straße nach Dschalalabad.

Die schmale Straße vor ihm war jetzt dunkelgrau, nicht mehr schwarz. Wäscheleinen hoben sich von den eintönig glatten Fassaden würfelförmiger Wohnblöcke ab. Hinter vielen Fenstern brannte Licht. Ein weiterer Hubschrauber überflog die Straße mit Kurs auf den Platz und die sowjetische Botschaft. Hyde warf den Stadtplan auf den Beifahrersitz, sah erneut nach Petrunin und gab wieder Gas. Er hatte das Straßennetz Kabuls wie auf einem Bildschirm vor sich, als er jetzt nach dem roten Blinklicht griff, das sich mit einem Magnethaftfuß aufs Autodach setzen ließ, und nach dem Schalter für die Sirene des Dienstwagens suchte. Die Sache war ganz einfach. Er würde in Richtung Oberkommando fahren und im letzten Moment im Labyrinth des Basars verschwinden, um durch kalte, schmutzige, verwinkelte Gassen zur Werkstatt des Teppichknüpfers zurückzufahren.

Er brachte den Wagen am Ende der Straße zum Stehen und drehte sich nach dem Russen um, als betrachte er ihn zum erstenmal.

Der Mann war noch immer bewußtlos. Im schwachen grauen Licht des anbrechenden Tages wirkte sein Gesicht mit den tiefen Falten auf der Stirn und in den Mundwinkeln blaß, kränklich und unterernährt. Petrunin sah viel älter aus, als er in Wirklichkeit war; er wirkte verwundbar und einsam – ein schwacher alter Mann, der Hyde nicht mehr erschrecken konnte. Aber diese Maske eines Schlafenden täuschte. Hyde war über die Veränderung in Petrunins Zügen erschrocken gewesen, sobald er die Tür seines Dienstzimmers hinter sich zugeknallt hatte. Älter, gerissener, der Blick leer, bis er flüchtig Angst und danach stärksten Selbsterhaltungstrieb ausgedrückt hatte. Er stand einem Wilden, einem Degenerierten gegenüber, der schon oft und wahllos gemordet hatte – und der gelernt hatte, diese Macht zu genießen, so daß er zuletzt nach ihr strebte und sie sogar brauchte. Petrunin war eine wilde, unberechenbare Bestie geworden, anstatt ein hoher KGB-Offizier zu

bleiben, der sich an die ungeschriebenen Regeln für Konflikte zwischen Geheimdiensten hielt. Wie die afghanischen Mudschaheddin, die er verfolgte und vernichtete, kannte er weder Gefühle noch Gnade.
Hyde wurde klar, daß er Mohammed Dschan und seinen Leuten nicht trauen durfte, wenn es um Petrunin ging. Das bedeutete, daß er gemeinsam mit dem Russen im Lieferwagen des Teppichwebers versteckt sein mußte, wenn das Fahrzeug in der nächsten halben Stunde Kabul in Richtung Dschalalabad verließ. Ohne ihn war Petrunin ein toter Mann, wenn die Widerstandskämpfer sich in die Berge schlugen.
Hyde gab sich einen Ruck und trat das Gaspedal durch. Die schwarze Limousine schoß mit quietschenden Reifen aus der schmalen Straße auf einen breiten Boulevard hinaus, der in jeder nach dem Krieg wiederaufgebauten osteuropäischen Hauptstadt – sogar in Moskau selbst – hätte liegen können. Die mehrspurige Straße führte den Fluß entlang, der im ersten Morgenlicht stumpf bleigrau dahinströmte. In der Ferne leuchteten die Hindukuschgipfel golden auf. Hyde fuhr noch schneller. Die Berge erschienen ihm unmöglich hoch und endlos – und so fremdartig wie die Straßen Kabuls.

Aubrey hatte den großen Salon der Kanalfähre verlassen, weil die vielen in den unmöglichsten Haltungen Schlafenden ihm Niederlagen suggerierten, während das aufgeregte Geschnatter einiger Schulklassen ihn zu verspotten schien. Auch die Beleuchtung war grell und unfreundlich. An Deck wehte ein schneidender, kalter, böiger Wind. Trotzdem machte Aubrey sich auf den Weg zum Heck. Schon lange bevor er es erreichte, kam er sich wie ein schwächlicher, greisenhafter Flüchtling und Emigrant vor. Als ob sie sich versammelt hätten, um Zeugen seiner Flucht aus England zu sein, konnte er an der Küste die Lichter von Brighton erkennen, die hinter der Fähre nach Dieppe zurückblieben.
Aubrey umklammerte die Heckreling, deren Kälte sofort durch seine Handschuhe drang. Der Wind ließ seine Augen tränen. Aubrey wollte sich nicht eingestehen, daß er weinte. Statt dessen konzentrierte er sich auf die Leichtigkeit, mit der ihm die

Flucht gelungen war. Ein gelangweilter Polizeibeamter auf dem Bahnhof hatte sich mehr für zwei Angeheiterte als für ihn interessiert. Der auf einen falschen Namen ausgestellte Reisepaß, den Aubrey jeweils pünktlich hatte verlängern lassen, hatte ihm gute Dienste geleistet. Der SIS wußte nichts von dieser Fälschung. Aubrey hatte sie stets als seine Privatangelegenheit behandelt. Fast alle leitenden Geheimdienstler besaßen mindestens eine weitere inoffizielle Identität.

Aubrey dachte an die anderen, an die Berüchtigten, die er fast alle gekannt oder kennengelernt oder irgendwann verhört hatte. William Joyce, der nach dem Krieg unbeteiligt und sogar amüsiert im Old Bailey auf der Anklagebank gesessen hatte; Lord Haw-Haw, dem es die Stimme verschlagen hatte. Dann Fuchs, danach Burgess und Maclean und Philby und Blake und Blunt und andere nach ihnen.

Er war sich darüber im klaren, daß er sich in Selbstmitleid erging. Er starrte in die windgepeitschte, aufgewühlte See, als biete sich ihm dort ein Ausweg, und zog laut hoch. Aber er war auch wütend. Über vier Jahrzehnte treuer Dienste. Als Joyce und Mosley Faschisten und Blunt und die anderen insgeheim Kommunisten geworden waren, hatte er sich in den Dienst seines Landes gestellt.

Und nun blieb sein Land am Horizont zurück, wo lediglich noch ein Lichtschein an seine Position, seine Existenz erinnerte. Er ging ins Exil.

Die Trident der British Airways stieß keine 200 Meter über Grund aus den tiefhängenden grauen Wolken und setzte zur Landung auf dem Flughafen Köln-Bonn an. Wenige Minuten später betraten Massinger und seine Frau das Empfangsgebäude. Während Margaret ihrem Mann folgte, der sich rasch, aber nicht wirklich zielbewußt bewegte, rätselte sie über seine eigenartig introvertierte Stimmung, sein schuldbewußt-trauriges schwaches Lächeln und sein beruhigendes Händetätscheln nach. Er schien sie trösten zu wollen – oder wollte er ihr etwas versprechen?

Margaret war verwirrt. Paul wirkte eher geistesabwesend als nervös oder aufgeregt. Sie selbst war nach der Nervenbelastung

ihres Flugs London-Köln eher entspannt. Sie wußte, daß niemand sich sonderlich für sie interessierte und daß sie vermutlich nicht beschattet werden würden. Aber daran hatte sie nicht recht glauben können – zumindest nicht für längere Zeit.
Das Empfangsgebäude war angenehm klimatisiert. Während ihre Koffer auf einem Förderband auf sie zukamen, schien das Gebäude um sie herum in seiner Effizienz zu knistern und zu summen. Paul Massinger, der neben seiner Frau stand, war sich ihrer Nähe intensiv bewußt, obwohl er sich darauf konzentrierte, ihr Gepäck zu erkennen und vom Band zu nehmen. Seitdem er sich eingestehen mußte, daß es ihnen tatsächlich gelungen zu sein schien, Großbritannien unbehelligt zu verlassen, hatte sein Schuldgefühl sich erheblich verstärkt. Er wußte, daß er die Wahrheit über Castlefords Tod herausbekommen mußte – und daß er Wolfgang Zimmermann dazu bringen mußte, ihm bei seinen Nachforschungen zu helfen. Nur durch die Wahrheit konnte er sich für die Loyalität seiner Frau – für Margarets Entscheidung, ihm die Treue zu halten, obwohl sie der Überzeugung war, er helfe dem Mörder ihres Vaters – erkenntlich zeigen. Sich *dafür* revanchieren . . .
Es gab nur eine Möglichkeit: die Wahrheit, selbst wenn sie Aubrey schuldigsprach.
«Mr. Massinger?» fragte eine Stimme mit leichtem Akzent neben ihm. Er zuckte unwillkürlich zusammen und drehte sich um. «Ich bin Wolfgang Zimmermann», erklärte ihm der große Mann amüsiert lächelnd. Dann zog der Deutsche seine Pelzmütze vor Margaret. «Willkommen in der Bundesrepublik Deutschland, Mrs. Massinger.» Seine Identifizierung der politischen Realität Westdeutschlands war keineswegs nur eine Leerformel. Massinger erriet, daß Zimmermanns scheinbarer Mangel an Selbstvertrauen nur gespielt war. Er schüttelte ihm freudig die Hand.
«Vielen Dank, daß Sie uns abholen – und daß Sie uns helfen wollen», sagte er dabei lächelnd.
Zimmermann ließ seine Hand los. Er war etwa fünf Zentimeter größer als der Amerikaner. Massinger erkannte in ihm den Charme und die intellektuellen Fähigkeiten, die ihn einst zu einem unentbehrlichen Mitarbeiter gemacht hatten. Und er glaubte, unter den durchdringenden blauen Augen die Spuren

einer schlaflosen Nacht zu entdecken. «Ich habe inzwischen schon angefangen», erklärte Zimmermann ihm, als habe er seine Gedanken erraten. «Wie Sie sich vorstellen können, sind Unmengen von Material durchzuarbeiten. Ich habe meinen Wagen draußen und bringe Sie jetzt in Ihr Hotel. Ich wollte vorschlagen, dort unser Hauptquartier einzurichten...» Er wandte sich an Margaret. «Falls Sie nichts dagegen haben, Mrs. Massinger...?»

Margaret schüttelte lächelnd den Kopf. «Ich bin mitgekommen, um nach Möglichkeit zu helfen. Paul schwebt in Lebensgefahr, solange diese Sache nicht aufgeklärt ist.» Sie erwiderte Zimmermanns Blick offen.

Zimmermann führte sie zu einem silbergrauen Mercedes, schloß auf und lud die Massingers mit einer Handbewegung ein, auf dem Rücksitz Platz zu nehmen.

Wenige Minuten später lenkte er den Wagen nach Südwesten auf die Autobahn zum Rhein und nach Bonn. Auf dem Beifahrersitz sah Massinger einen ganzen Stapel Schnellhefter, brauner Umschläge und Ringordner liegen. Zimmermann schien seine Neugier zu spüren, denn er legte seine rechte Hand kurz auf den Stapel.

«Ich habe das Material schon mal vorab gesichtet», erklärte er dem Amerikaner. Er lachte in sich hinein. «Zum Glück bewahrt das Bundesamt für Verfassungsschutz weniger alte Akten auf, als es die Abwehr früher getan hat. Sie sind wohl zu jung, Mr. Massinger, um G-2-Erfahrungen zu haben?»

«Ich habe erst nach dem Krieg angefangen», bestätigte Massinger.

«Richtig, bei der CIA. Eine bemerkenswerte Karriere.»

«Sie haben sich natürlich informiert.»

«Aus Neugier, nicht aus Mißtrauen. Mein alter Bekannter Aubrey kann von Glück sagen, daß er Sie zum Freund hat.» Zimmermann machte eine Pause, als konzentriere er sich auf den lebhaften Verkehr, bevor er hinzufügte: «Wie ich damals Glück gehabt habe, daß er mir beigestanden hat – ein so geschickter, loyaler Mann. Was ihm jetzt vorgeworfen wird, hat mich sehr beunruhigt. Ihr MI5 glaubt doch wohl nicht im Ernst an seine Schuld? Das ist geradezu... absurd.»

«Nicht absurder als die gegen Sie erhobenen falschen Anschuldigungen!» knurrte Massinger und beugte sich nach vorn.
Während seiner Krise war Zimmermann als zweiter Günter Guillaume bezeichnet worden. Nun schienen die letzten Tage vor der Verhaftung eben dieses Günter Guillaume möglicherweise den Schlüssel zur Aufklärung der Hintergründe des Unternehmens *Träne* zu enthalten.
«. . . mehrere interessante Aspekte, Mr. Massinger», sagte Zimmermann gerade. «Im Vorfeld der Fußballweltmeisterschaft ist es natürlich zu enger Zusammenarbeit mit befreundeten Diensten gekommen. Wir wollten unter allen Umständen eine Wiederholung der Münchner Tragödie des Jahres 1972 verhindern. Außer Mr. Aubrey sind in diesen Wochen und sogar Monaten alle möglichen Kollegen nach Köln und Bonn gekommen. Soviel ich weiß, hat's damals in der britischen Botschaft interne Ermittlungen wegen veruntreuter Gelder gegeben – allerdings ohne Auswirkungen auf Sicherheitsfragen . . .»
Massinger hörte höflich, aber nicht sonderlich aufmerksam zu, während er überlegte, wie er das Thema Berlin und die Ermordung Castlefords zur Sprache bringen sollte. Im BfV mußte es doch noch Leute geben, die dabeigewesen waren und mit Aubrey zusammengearbeitet hatten. Er mußte es tun. Das war er Margaret jetzt mehr denn je schuldig.
Sie fuhren auf der Kennedybrücke über den Rhein. Der Fluß lag aufgewühlt grau unter tiefhängenden bleigrauen Schneewolken. Massinger sah, daß Zimmermann den Intervallschalter des Scheibenwischers betätigt hatte, um die ersten Schneeflokken von der Windschutzscheibe zu wischen. Auf dem jenseitigen Ufer tauchten verschwommen die Bundestagsgebäude und die Dienstsitze von Bundeskanzler und Bundespräsident weiß und isoliert in ihrer parkartigen Umgebung auf.
Kurze Zeit später bog Zimmermann von der Adenauerallee in die Einfahrt des Hotels Königshof ab. Binnen zehn Minuten saßen die drei in einer geräumigen Suite mit Blick auf den Rhein – auf dem schwarze Schleppzüge das kompakt wirkende stahlgraue Wasser durchschnitten – und hatten die mitgebrachten Unterlagen auf dem großen Couchtisch ausgebreitet. Zimmermann, der die Akten in ihre Suite getragen hatte, machte keine Anstalten, sich gleich zu verabschieden. Massinger hatte

das Gefühl, von ihm abhängig zu sein und eine untergeordnete Rolle zu spielen, für die er auf seltsame Weise dankbar war, als sei ihm dadurch ein Teil seiner Last abgenommen worden. Margaret schien bereit zu sein, unter Zimmermanns Leitung zu arbeiten, wie jemand, der zu einer unangenehmen, sogar widerwärtigen Aufgabe dienstverpflichtet wird. Sie machte den Eindruck, stoisch entschlossen zu sein, diese Sache hinter sich zu bringen.

Margaret schenkte ihnen Drinks ein: einen Gin and Tonic und zwei Whiskies. Dann nahmen sie um den Aktenstapel herum Platz, als gehe es darum, verspätete Weihnachtsgeschenke auszupacken.

«Können wir anfangen?» fragte Zimmermann und nahm ein Notizbuch von dem Stapel.

«Wonach suchen wir eigentlich?» warf Margaret ein, indem sie ihr Glas abstellte. Auf dem grauen Fluß tutete ein Schleppzug. Schneeregen peitschte gegen die großen Fenster ihres Hotelzimmers. «Kennen Sie die näheren Umstände der Verhaftung dieses Günter Guillaume?»

Zimmermann verzog das Gesicht. Massinger konnte nicht beurteilen, ob das eine persönliche Reaktion oder ein Ausdruck nationalen Widerwillens war. «Ja», antwortete der Deutsche knapp.

«Glauben Sie, daß . . . daß es hier jemand gegeben hat, der Guillaume zu helfen, der ihn zu warnen versucht hat?» stieß Margaret hervor.

Der andere nickte. «Richtig, das glaube ich. Und ich glaube nicht, daß dieser Jemand Aubrey gewesen ist. Was übrigens Ihren Schwiegervater betrifft . . .» Zimmermann wandte sich bereits an Massinger, der sich gespannt nach vorn beugte.

«Ich bin nicht hier, um über meinen Vater zu diskutieren!» fauchte Margaret. «Ich bin hier, weil das Leben meines Mannes in Gefahr ist.»

Ein Blick, der ihr mißfiel, wurde zwischen den beiden Männern gewechselt, dann nickte der Deutsche leicht und fuhr fort: «Entschuldigung, Mrs. Massinger. Lassen Sie mich die Ereignisse im April 1974 präzisieren. Guillaume ist in der Nacht zum 24. April von Beamten des Bundesamts für Verfassungsschutz – das BfV entspricht Ihrem MI5 in Großbritannien – verhaftet worden. Er hatte bereits einige Zeit unter Verdacht gestanden, aber das BfV hatte Bundeskanzler Brandt empfohlen, ihn in seiner Umgebung weiterzubeschäftigen, weil zu hoffen war, der Mann werde seine Kontaktpersonen und seine Verbindungen nach Ostberlin oder sogar Moskau preisgeben.» Massinger nickte zustimmend. Margaret, die ihr Kinn in eine Hand stützte, hörte gespannt zu, als sitze sie vor einem neuen, anregenden Lehrer. «Ich hätte das nicht getan. In der Praxis hat es jedoch bedeutet, daß Guillaume – obwohl der Kanzler ihm weiter vertraute, weil er die vom BfV vorgebrachten Verdachtsgründe für nicht stichhaltig hielt – in diesem Zeitraum sehr genau überwacht worden ist.»

«Das heißt also, daß Sie genaue Unterlagen über seine Bewegungen und seine Kontakte besitzen?» erkundigte Massinger sich.

«Richtig! Das BfV bezeichnet diese Überwachung als Fehlschlag, weil Guillaume geahnt haben muß, daß er beschattet wurde. Seine Verhaftung wurde zuletzt unvermeidlich, weil die Überwachung ergebnislos blieb. Da wir wußten, daß Brandt den Verdacht nicht wahrhaben wollte, haben wir eine Kanzlerreise nach Kairo abgewartet, um Guillaume in Brandts Abwesenheit zu verhaften . . .»

Massinger merkte, daß seine Intuition auf die Probe gestellt wurde. «Aber das ist noch nicht alles, stimmt's?» fragte er rasch. «Das BfV mußte schnellstens zugreifen, nicht wahr?»

Zimmermann nickte anerkennend. «Ganz recht. Sein Telefon wurde abgehört, seine Bewegungen beobachtet. Er hat sich nicht anders als sonst verhalten. Wir wollten mit ihm in Brandts Abwesenheit Katz und Maus spielen . . . Sie müssen übrigens entschuldigen, wenn ich von *wir* spreche. Ich bin damals nicht im Bundesamt für Verfassungsschutz tätig gewesen.» Nach einer kurzen Pause fuhr er fort: «Guillaume hat sich bemüht, seine Bewacher abzuschütteln, was ihm in der Woche vor seiner Verhaftung zweimal gelungen ist. Ansonsten hat er sich bewußt von seinem Spionagering, seinen Kurieren und seinem Führungsoffizier ferngehalten, um sie nicht zu gefährden. Aber er hat sich mit irgend jemand getroffen. Irgendein Unbekannter hat ihn gewarnt.» Der Deutsche blätterte in seinem Notizbuch und nickte dann. «Zum Beispiel am 22. April. Ein Unbekannter, der Deutsch mit englischem Akzent gesprochen hat, hat Guillaume angerufen und ist von ihm aufgefordert worden, sofort aufzulegen, weil er ihn zurückrufen werde. Das hat er dann von einer Telefonzelle aus getan ... Es hat noch mehrere solcher Anrufe gegeben, aber wir haben den Anrufer nicht identifizieren können. Die Flucht in die DDR – mit dem Auto und falschen Papieren – war für den 24. April geplant, deshalb ist Guillaume in der Nacht zuvor verhaftet worden.»

«Immer der selbe Anrufer?»

«Immer», bestätigte Zimmermann. «Ein Engländer mit guten Deutschkenntnissen. Im BfV ist man der Überzeugung gewesen, er sei ein professioneller Geheimdienstler und übermittle Guillaume Anweisungen seiner Auftraggeber. Der Unbekannte hat jedenfalls für den ostdeutschen Staatssicherheitsdienst oder den KGB gearbeitet. Wahrscheinlich steht er noch immer in ihren Diensten.»

Zimmermann, der seinen Bericht damit beendet hatte, trank einen kleinen Schluck Whisky und lächelte Margaret, die vor lauter Konzentration die Stirn gerunzelt hatte, aufmunternd zu.

«Hat es Beweise gegen einen bestimmten Verdächtigen gegeben?» wollte Massinger wissen.

Der Deutsche schüttelte den Kopf. «Leider nein. Die Leihwagenfirma ist ermittelt worden – die Angestellten haben einen unauffälligen Mann beschrieben. Die in Guillaumes Wohnung gefundenen Fahrkarten, die ihm einen zweiten Fluchtweg eröffnet hätten, sind von einem Mann gekauft worden, der etwas merkwürdiges Deutsch gesprochen hat. Aber das ist auch schon alles gewesen ...»

«Und wieviele Verdächtige hat's gegeben?»

«Mindestens zwanzig bis fünfundzwanzig – nicht nur das Botschaftspersonal, sondern auch zahlreiche Berater.»

«Haben Sie eine Namensliste?»

«Hier.» Zimmermann gab Massinger ein Blatt Schreibmaschinenpapier. Die Namen waren in Computerschrift untereinander angeordnet.

«Na ja», meinte der Amerikaner seufzend, «bisher sind auch anderswo alle Nachforschungen ergebnislos geblieben. Was haben wir zu verlieren?»

«Ich habe noch einen weiteren Namen für Sie», sagte Zimmer-

mann und staunte über die hungrige, schuldbewußte Gier, die sich auf Massingers Gesicht ausdrückte. Er hielt ihm einen zusammengefalteten Zettel hin, den er aus der Brusttasche seiner Jacke gezogen hatte. «Er lebt jetzt im Ruhestand», erklärte er Massinger.
Margaret erfaßte sofort, was Zimmermanns Worte bedeuteten. «Wer ist das?» fragte sie aufgebracht. «Was hat dieser weitere Name zu bedeuten?»
Massinger zog die Schultern hoch, bevor er mit seiner Erklärung begann. «Es betrifft . . .»
«Meinen Vater! Das weiß ich genau! Du hast Herrn Zimmermann gebeten, *mir* zu helfen!»
«Nicht dir – *uns.*»
«Das ist mir *egal!* Ich will's nicht *wissen!*» jammerte Margaret.
«Aubrey kann's nicht gewesen sein.»
«Warum nicht? Warum *nicht?*»
«Ich halte es für ausgeschlossen.» Zimmermann sah zu dem Amerikaner hinüber, dann zu seiner Frau und zuletzt wieder zu Massinger. «Aber Sie glauben, daß er's gewesen sein könnte, Mr. Massinger», sagte er heiser. «Das glauben Sie doch, nicht wahr?»
«Ich weiß nicht, was ich glauben soll . . .»
«Sie täuschen sich, wenn Sie . . .»
«Aufhören! Aufhören! Ich will nicht, daß du dich weiter damit befaßt, Paul – ich möchte es endlich vergessen! Begreifst du das denn nicht? *Bitte!*»
«Ich muß weitermachen», antwortete er bedrückt und faltete den Zettel auseinander. Margaret stand ruckartig auf und verließ den Raum. Einen Augenblick später hörten sie im Bad Wasser laufen und ein Zahnputzglas klirren.
Massinger fühlte Zimmermanns beinahe feindseligen Blick auf sich und sah verlegen auf.
«Wenn ich gewußt hätte», begann der Deutsche, «daß Sie dieser Meinung sind . . .»
Massinger hob abwehrend die Hand. «Bitte», sagte er leise. «Ich muß es wissen. Meine Frau muß es wissen. Mein Gott, ich bin völlig verunsichert! Ich weiß wirklich nicht, was ich glauben soll . . .!»
«Aber Sie verdächtigen Aubrey?»

Der Amerikaner nickte bedrückt. «Ja, leider.»
Zimmermann rutschte unbehaglich in seinem Sessel hin und her, als habe ihn die offen gezeigte Niedergeschlagenheit Massingers entwaffnet. «Das verstehe ich nicht», murmelte er zuletzt. «Ich begreife nicht, weshalb Sie diesen Verdacht hegen . . . Aber Sie haben jetzt eine Adresse, mit der Sie tun und lassen können, was Sie für richtig halten. Ich habe das BfV gebeten, diese Frau ausfindig zu machen, die ein Verhältnis mit Aubrey und Ihrem Schwiegervater gehabt haben soll. Der Mann, dessen Adresse Sie jetzt haben, hat in Berlin für Aubrey gearbeitet und ist später ins BfV übergewechselt. Die Alliierten haben viele unserer besten Leute ausgebildet – um mit ihrer Hilfe andere Deutsche zu fangen.» Sein Gesicht blieb dabei ausdruckslos. «Dieser Mann lebt in Köln. Wenn Sie ihn aufsuchen wollen, nehmen Sie sich am besten einen Leihwagen.»
Massinger runzelte die Stirn. «Wie bitte?» fragte er benommen.
«Je früher Sie diese Sache hinter sich bringen, desto eher kann ich Ihnen und Ihrer Frau helfen – und Aubrey und vielleicht sogar England. Das muß sich erst herausstellen.» Er lächelte schwach. «Ich schlage vor, daß ich Ihre Frau zum Mittagessen einlade, während Sie in Köln Ihrem Dämon nachspüren. Heute abend können wir uns dann vielleicht gegenseitig behilflich sein – Sie mir, ich Ihnen . . .?» Aus den letzten Worten sprach ein bisher nicht preisgegebenes Wissen.
«Sie haben mit diesem Mann gesprochen, nicht wahr?» vermutete Massinger.
Der Deutsche lächelte. «Vielleicht.»
«Sagen Sie mir, was er . . .»
«Nein. Hören Sie sich selbst an, was er zu erzählen hat.»
Massinger starrte Zimmermann sekundenlang aufgebracht an, bevor er sich steif aus dem Sessel hochstemmte. Seine Hüfte schmerzte wie ein schlechtes Gewissen. Andererseits gab es noch Hoffnung, wenn Zimmermann seine Zweifel an Aubrey verachtete . . .? Er konnte es nicht beurteilen. «Gut», sagte er. «Gut, ich nehme Ihren Vorschlag an.»
«Ich habe Ihnen einen Leihwagen reservieren lassen. Sie brauchen nur an der Reception danach zu fragen.» Aus Zimmermanns gutgeschnittenem Gesicht sprach bittere Verachtung.

«Ich sehe keinen Grund, Ihnen viel Erfolg zu wünschen», fügte er sarkastisch hinzu.

Dimitri Kapustin, der Stellvertretende KGB-Vorsitzende, beobachtete den Verkehr auf dem Dserschinskiplatz unter seinem Fenster, während er den entschlüsselten Funkspruch aus Kabul zwischen Daumen und zwei Fingern der rechten Hand hielt. Der unebene obere Rand des Vordrucks zeigte, mit welcher Hast das Blatt vom Block gerissen und zu Kapustins Sekretär im Vorzimmer gebracht worden war. Als der Stellvertretende Vorsitzende sich jetzt nach seinem Sekretär umdrehte, der die Meldung hereingebracht hatte, ließ er den erwarteten Zorn erkennen und unterdrückte die in ihm aufsteigende Angst vor einem möglichen Fehlschlag und dessen Folgen.
«Wie eindeutig ist diese Identifizierung?» fragte er.
«Oberst Petrunins Leute haben die Wachmannschaft genauestens befragt, Genosse Stellvertreter.»
«Sie haben die Meldung überprüft?»
«Selbstverständlich, Genosse Stellvertreter. Der Entschlüßler vom Dienst hat seinen Vorgesetzten benachrichtigt, der seinerseits in Kabul nachgefragt hat, bevor die Meldung nach oben geschickt worden ist.»
«Und?»
«Kabul berichtet . . .»
«Wer in Kabul?»
«Petrunins dienstältester KGB-Hauptmann – unser Mann.»
«Gut. Was berichtet er?»
«Oberst Petrunin ist zweifellos von einem britischen Agenten entführt worden.» Dem Sekretär war bei dieser Mitteilung sichtlich unbehaglich zumute.
«Keine näheren Einzelheiten?» fragte Kapustin nachdrücklich.
«Petrunins Stellvertreter ist von *uns* ernannt worden. Als Oberst Petrunin in Ungnade gefallen war, hat er darum gebeten, einen seiner engsten Vertrauten nach Kabul mitnehmen zu dürfen. Aber Sie haben es für besser gehalten, ihm jemand mitzugeben, dem *wir* vertrauen können.»
Kapustin lachte bellend. «Ja, ich erinnere mich!» stimmte er zu.

«Der arme Teufel. Ich sehe sein Gesicht noch vor mir.» Er runzelte finster die Stirn. «Und?»
«Unser Mann behauptet, der Entführer sei tatsächlich ein britischer Agent gewesen. Er will ihn sogar eindeutig identifizieren können: Es soll sich um Patrick Hyde gehandelt haben.»
Kapustin zog die Augenbrauen hoch. «Um wen?»
«Hyde ist mit Aubrey in Helsinki und in Wien gewesen. Er hat seinen Chef zu vielen der Treffs mit Ihnen begleitet.»
Kapustin riß die Augen auf. *«Er?»* fragte er heiser. «In Kabul? Nein, das nehme ich Ihnen nicht ab! Er hat sich irgendwo in Europa verkrochen . . .»
«Unser Mann schwört darauf – er *kennt* diesen Hyde. Falls auch nur die geringste Möglichkeit besteht, daß er . . .»
«Sie denken an *Träne?* Glauben Sie, daß er . . .?»
«Das kann ich nicht beurteilen, Genosse Stellvertreter. Andererseits dürfen wir nichts riskieren. Das ist meine Meinung, Genosse Stellvertreter.»
Kapustin antwortete nicht gleich. «Dann gibt's nur eine mögliche Lösung», sagte er schließlich. «Schade, wirklich sehr schade . . .» Sein Bedauern war nur gespielt. «Leider bleibt uns nichts anderes übrig. Gut, geben Sie den Befehl an die verdammte Armee weiter. Unser Mann in Kabul soll das Unternehmen leiten. Er soll dafür sorgen, daß Petrunin und Hyde aufgespürt und umgelegt werden!»
«Jawohl, Genosse Stellvertreter.»

Eldon merkte nur allzu deutlich, wie sehr Sir Andrew Babbington die Glückwünsche genoß, zu denen Eldon sich seinem Vorgesetzten gegenüber in aller Aufrichtigkeit verpflichtet gefühlt hatte. Babbington war an diesem Vormittag als erster Generaldirektor des Security and Intelligence Directorate – abgekürzt SAID – bestätigt worden. Eldon wußte, daß er gemeinsam mit Babbington aufsteigen würde, aber diese Tatsache hatte nichts an der Aufrichtigkeit seiner guten Wünsche geändert. In einer Beziehung war Eldon jedoch aus persönlichen Motiven berechnend gewesen: Das Verschwinden Aubreys hatte ihn verlegen und wütend zugleich gemacht, und Eldon wollte Babbingtons Zorn, den er sich ähnlich vorstellte, von sich ableiten. Anson-

sten hielt er SAID für eine vernünftige Neuerung und Babbington für die logische Wahl als Generaldirektor.
«Danke, Eldon. Nur schade, daß unsere Euphorie dank der unerhörten Nachlässigkeit Ihrer Leute, die Aubrey zu bewachen hatten, empfindlich getrübt ist.»
«Sie erinnern sich doch sicher daran, Sir Andrew, daß ich ursprünglich eine striktere Form der Überwachung vorgeschlagen hatte?» fragte Eldon mit gespielter Gelassenheit.
Babbington funkelte ihn kurz an, bevor er das Thema mit einer Handbewegung vom Tisch wischte, als handele es sich nur um Brotkrumen auf der weißen Damastdecke. Der Speisesaal des Clubs war fast voll besetzt, aber Babbingtons Tisch stand so, daß die beiden Männer sich ungestört unterhalten konnten.
«Hmmm. Da ich voraussetze, daß Aubrey wieder gefaßt wird, soll's keine Vorwürfe geben. Er hat offenbar die Nerven verloren und in einer Panikreaktion die Flucht ergriffen. Aber ich wollte eigentlich über SAID mit Ihnen sprechen, Eldon . . .»
Sein Tonfall klang geradezu verführerisch.
«Ja, Sir Andrew?»
«Ich möchte Sie als Stellvertretenden Generaldirektor. Natürlich als zweiten Stellvertreter. Ich muß Worthington befördern – zumindest vorläufig.»
«Ich verstehe, Sir Andrew. Besten Dank.» Eldon schnitt einen Bissen von seinem Lammkotlett ab. Babbington trank einen Schluck Rotwein. «Ich hätte nicht damit gerechnet . . .», fühlte Eldon, der über seine eigene Gelassenheit staunte, sich zu behaupten verpflichtet.
«Schon gut, Eldon», knurrte Babbington. Er hatte sich über Eldons Mangel an Freude und Überraschung geärgert; jetzt verdrängte er diese Reaktion. Eldon war fähig, zuverlässig, tüchtig und nicht ehrgeizig – ein perfekter zweiter Stellvertreter. Er wohnte irgendwo in Hampshire mit seiner Frau, die seine Beförderung vermutlich nüchterner sehen und trotzdem erfreulicher finden würde als ihr Ehemann. «Wo vermuten Sie unseren lieben Kenneth jetzt?»
Eldon studierte den Bordeaux, als sei das Flaschenetikett nicht mehr als die Legende eines Geheimagenten. Er trank einen Schluck und seufzte. «Auf dem Weg nach Osten, Sir Andrew. Er dürfte zweifellos in Moskau aufkreuzen – zur üblichen

Ordensverleihung.» Das schien nicht einmal ironisch gemeint zu sein.
«Wahrscheinlich haben Sie recht», stimmte Babbington zu. «Trotzdem verdammt ärgerlich.»
«Vielleicht die sauberste Lösung», murmelte Eldon.
«Jetzt wird mit Stumpf und Stiel ausgerottet, Eldon. Das ist Ihr erster Job. Alle alten Kumpanen Aubreys, seine Lakaien, Mitläufer und Speichellecker. Ich will, daß sie bis zum letzten Mann aus ihren Positionen entfernt werden.»
«Natürlich. Das ist nur vernünftig.»
Bevor Babbington weitersprechen konnte, trat ein Ober an den Tisch und überreichte dem Generaldirektor auf einem Silbertablett einen versiegelten Umschlag. Babbington öffnete ihn mit dem bereitliegenden Brieföffner und schickte den Ober mit einer Handbewegung weg. Eldon beobachtete ihn, während er den Brief las – und verfolgte zugleich seine eigenen Emotionen. Er staunte über seinen Mangel an Begeisterung, erinnerte sich an das sonntägliche Mittagessen mit Aubrey und stellte zu seiner eigenen Überraschung unwillkürlich einen Vergleich zwischen Aubrey und Babbington an. Babbington besaß keinen Charme, selbst wenn er sich darum bemühte. Aubrey war charmant, begabt und . . . aufrichtig; zumindest hatte er so gewirkt, bevor dieser Eindruck durch die Tatsachen widerlegt worden war. Aubrey entsprach der Vorstellung, die Eldon gern von sich hatte, aber er war natürlich ein überführter Verräter. Eldon hatte jedoch nicht den Wunsch, wie Babbington zu sein.
Als Babbington Eldons Blick erwiderte, funkelte nur noch Wut in seinen Augen. Eldon blieb äußerlich gelassen. Babbington knüllte das Papier in seiner Faust zusammen.
«Eine Mitteilung vom Kontinent», verkündete er nachdrücklich ironisch. «Massinger ist in Bonn gesehen worden.»
«Verdammt noch mal, was hat Massinger in Bonn zu suchen?» Eldon glaubte zu spüren, daß Babbingtons Verwirrung nur gespielt war. Als ob er die Antwort auf seine Frage bereits wisse . . .? Eldon tat seinen eigenen Verdacht als lächerlich ab. «Warum kann er nicht endlich die Finger von dieser verdammten Sache lassen?» fuhr Babbington fort. «Wir müssen ihn davon abbringen.»
«Ist das wirklich so wichtig? Darf ich?» Eldon streckte eine

Hand aus. Babbington gab ihm widerstrebend das zusammengeknüllte Schreiben. Eldon strich es auf der Tischdecke glatt, um es zu lesen. «Was können wir tun, solange er mit Zimmermann zusammen ist?» fragte er dann. «Ihn höflich bitten, seine Nachforschungen einzustellen?»
«Gut, tun Sie das! Und sehen Sie zu, daß Sie Aubrey finden! Ich will, daß er vor Gericht kommt – ich will Aubrey im Old Bailey auf der Anklagebank sehen!»
Eldon erkannte erneut die Angst, die unter dem Zorn lauerte wie eine Schlange unter einer Blume. Auch Eldon knüllte das Papier in der Faust zusammen.

Daß sie das verlassene afghanische Fort vor Einbruch der Dunkelheit erreicht hatten, erschien Hyde wie ein gewonnenes Rennen. Für ihn war dieser Tag bis zur Erschöpfung anstrengend gewesen – nicht wegen der zurückgelegten Strecke, sondern wegen der Spannungen, die ihn und seinen Gefangenen umgaben. Mit Mohammed Dschan hatten elf der afghanischen Widerstandskämpfer überlebt, die es alle auf Petrunin abgesehen hatten. Selbst im Halbdunkel der leeren, zugigen Räume des Forts nahm Hyde ihre Blicke wahr, mit denen sie den Russen förmlich verschlangen. Auch Miandad spürte eine heraufziehende Krise, denn er hatte sich in der Nähe Hydes und Petrunins postiert und kauerte sichtlich nervös und sprungbereit auf dem Steinboden. Nachdem Mohammed Dschan die Wachen aufgestellt hatte, stolzierte er mit Herrschermiene durchs Fort. Seine Haltung sprach von dem dringenden Wunsch nach Veränderung und zugleich von sicherem Besitzgefühl. Petrunin gehörte *ihm,* verkündete jede seiner Bewegungen.
Der nach Dschalalabad weiterfahrende Lieferwagen hatte sie nur sechs bis sieben Kilometer von der Stelle entfernt abgesetzt, wo die sowjetische Patrouille überfallen worden war und Hyde Leutnant Asimow erschossen hatte. Mohammed Dschans Leute, die Kabul auf Fuhrwerken, mit dem Bus, auf Fahrrädern und sogar zu Fuß verlassen hatten, stießen im Laufe des Vormittags zu ihnen. Hyde stellte erschrocken fest, wie wenige aus Kabul zurückkamen. Bei dem Teppichweber hatte er Miandad

keine Fragen stellen können, denn der Pakistaner hatte ihn mit dem wieder zu sich kommenden Petrunin in den Laderaum des Lieferwagens gesperrt und war vorn mitgefahren. Die schwarze Limousine war von einem der Söhne des Teppichwebers weggefahren und irgendwo abgestellt worden.

Ihr Wagen war nicht angehalten und durchsucht worden. Sie waren den Straßensperren knapp zuvorgekommen – vielleicht nur um zehn Minuten oder eine Viertelstunde. Die allgemeine Verwirrung, in der Petrunin vielleicht noch gar nicht vermißt wurde, war ihnen zu Hilfe gekommen.

Nachdem sie sich in die Berge geschlagen hatten, war der Nachmittag voller Hubschrauberlärm und bedrohlich dunkler Silhouetten von Mil-Kampfhubschraubern vor schneebedeckten Hängen gewesen. Sie waren der Entdeckung durch ihre sowjetischen Verfolger mit scheinbarer Leichtigkeit entgangen, indem sie durch enge Schluchten gezogen waren oder nur ihnen bekannte Bergpfade an Felswänden entlang benützt hatten, bis das verlassene Fort erreicht war, in dem Hyde und Miandad vor zwei Tagen gerastet hatten.

Nach Einbruch der Dunkelheit würden sie weitermarschieren. Miandad rechnete damit, daß sie die pakistanische Grenze vor Tagesanbruch überschreiten würden. Hyde brachte diesen Grenzübertritt – und die Stunden davor – nur mit einer Krise, nicht mit Sicherheit nach einem gefährlichen Unternehmen in Verbindung.

Haß. Selbst bei den herrschenden Temperaturen unter null Grad glaubte Hyde seine fiebrige Hitze zu spüren. Fast drei Viertel von Mohammed Dschans Leuten hatten die Entführung Petrunins mit dem Leben bezahlt – die letzten auf dem Platz vor der sowjetischen Botschaft: nach Raketenbeschuß von herabstürzenden Trümmern erschlagen oder von MG-Feuer durchsiebt. Einige der anderen würden vermutlich noch an ihren Verwundungen oder vor Erschöpfung sterben. Ihre Qualen und Verluste erforderten als Ausgleich einen langsamen, qualvollen Tod des verhaßten Russen. Um ihren Haß zu befriedigen, riskierten sie sogar Gefangennahme und Tod, indem sie Petrunin mitschleppten, obwohl er sie auf der Flucht behinderte.

«Was hast du vor, mein Freund?» erkundigte Miandad, der auf

der anderen Seite des anscheinend schlafenden Russen hockte, sich leise. » Hast du schon einen Entschluß gefaßt?»

Ein Windstoß wirbelte Flugschnee durch den nur mehr halb überdachten Raum, in dem sie an einem kleinen Feuer zusammengedrängt hockten. Die Ärmel von Petrunins Militärmantel waren mit Schneestaub gepudert. Der Russe hielt den Kopf gesenkt und die Augen geschlossen. Er hatte bisher noch keine von Hydes Fragen beantwortet, denn er wußte, wie wertvoll er für den Australier war, und verließ sich auf seinen Schutz. Petrunin war der Überzeugung, daß Hyde ihn nicht Mohammed Dschan überlassen würde – nicht einmal, um dadurch sein eigenes Leben zu retten.

Hyde schüttelte den Kopf. «Ich weiß nicht, was ich jetzt tun soll», antwortete er halblaut. «Mein Gott, ich hab wirklich keine Ahnung!» Petrunin schien sich im Schlaf zu bewegen. Hyde rammte dem Russen seinen Ellbogen kräftig in die Rippen. «Wach auf, du Schwein!» knurrte er dabei.

«Mit denen können Sie mir nicht drohen», stellte Petrunin gelassen fest, obwohl sein Gesichtsausdruck zeigte, daß das feindselige Gemurmel Eindruck auf ihn machte. «Und ich verrate Ihnen nichts, weil Sie mich dann ausliefern würden. Und Sie können mich nicht ausliefern und hoffen, sie bremsen zu können, sobald ich doch rede – darauf würden sie sich niemals einlassen.»

«Wie soll Mr. Hyde Sie also schützen können, wenn Ihre Feinde so schrecklich sind?» erkundigte Miandad sich.

Petrunin starrte ihn feindselig schweigend an.

«Kannst *du* uns über die Grenze führen?» fragte Hyde.

«Von hier aus bestimmt – aber ich bezweifle, daß wir uns heimlich absetzen können, mein Freund.»

«Scheiße!»

«Ich bin bereits kompromittiert, fürchte ich», fuhr Miandad fort. «Dir zur Flucht zu verhelfen, könnte mir nicht weiter schaden. Aber ich sehe keine Möglichkeit, Mohammed Dschans Leuten zu entkommen.»

«Ich auch nicht! Und das verdanken wir alles diesem Schweinehund!»

«Horch!» sagte Miandad und legte den Kopf schief. «Die Hubschrauber kommen zurück, glaube ich.»

«Petrunins Augen glitzerten im Feuerschein, als er zu dem dunkler werdenden Abendhimmel aufsah. Hyde, der angestrengt horchte, war sich darüber im klaren, daß der Russe noch immer darauf hoffte, durch ein Wunder gerettet zu werden. Mohammed Dschan war an der Tür erschienen und hatte sich beim ersten Ton der anfliegenden Hubschrauber ruckartig abgewandt, um nach draußen zu verschwinden. Hyde stand auf. Die Afghanen standen bereits und blieben im Schatten entlang der Wände. Irgend jemand hatte das Feuer ausgetreten. Petrunins Lächeln war kaum mehr zu sehen. Hyde zog die Makarow und drückte Petrunin die Mündung an die Rippen. Das Knattern der Rotoren war schon so laut, daß Hyde fast schreien mußte, um sich verständlich zu machen.
«Zurück an die Wand! Keine Dummheiten auf Ihre alten Tage, verstanden?» Petrunin nickte wortlos und gehorchte. Sie blieben im Schatten an die Wand gedrückt stehen.
«Da! Dort oben!» rief Miandad aus. Hyde hob den Kopf. Ein Kampfhubschrauber Mi-8 schob sich über den nach oben offenen Raum. Hydes ganzer Körper zitterte mit, als die Rotoren Wände und Fußboden erbeben ließen. Der Hubschrauber hockte wie eine Kröte über ihnen, und sie beobachteten seinen dunklen, häßlichen Rumpf wie Kaulquappen aus klarem Wasser heraus. Der Abwind wirbelte Pulverschnee auf und peitschte ihn gegen ihre Kleidung, gegen ihre Haut und in ihre Augen. Hyde, der wieder nach oben sah, stellte fest, daß der Hubschrauber weitersank. Er schwebte nur mehr etwa 15 Meter über dem dachlosen Raum, in dem sie sich an die eisigen Wände drückten, und wurde langsam größer, als pumpe die Kröte sich auf. Seine Unterseite versperrte den Blick auf den Abendhimmel.
Mohammed Dschan kam zurück, schob sich seitlich durch die Tür und blieb dicht an der Wand. Dann flammte ein weißer Suchscheinwerfer auf und leuchtete den Raum aus. Hyde erstarrte zur Bewegungslosigkeit. Er hörte Mohammed Dschan einen Befehl brüllen; danach rief Miandad ihm etwas zu.
«Soldaten! Die Wachen melden Soldaten, die heraufkommen und uns umzingeln wollen!»
Hyde hörte weitere Hubschrauber herankommen. Draußen wurde geschossen; im Innenhof des Forts, vielleicht auch jen-

seits der Wälle. Miandad ging vor Petrunin her, der ihm nur widerstrebend folgte. Der Hubschrauber veränderte seine Position und schob sich etwas zur Seite. Nun leuchtete auch sein Bugscheinwerfer auf und erhellte den nächsten Raum.

«Los!» rief Miandad. Hyde stieß Petrunin vor sich her, und sie stürmten in den Lichtkegel des zweiten Mi-8-Scheinwerfers. Über ihnen hämmerte ein MG los. Hyde trieb Petrunin an, weil der Russe nicht schnell genug lief. Sie wären beinahe über den toten Afghanen gefallen. Querschläger prallten von den Mauern ab und surrten bedrohlich durch den Raum.

Sie stolperten auf den Hof hinaus, der von sich bewegenden Suchscheinwerfern ausgeleuchtet wurde. Von einer der Außenmauern fiel ein dunkles Bündel. Zwei weitere Mi-8 bestrichen den Innenhof mit MG-Feuer. Hyde sah flüchtende, aber auch unbeweglich daliegende Gestalten.

Panik, Lärm, Tod. Drei, vier Leichen . . . ein weiterer Afghane, der zusammenbrach, dann erfaßte das Licht auch sie. Hyde stellte überrascht fest, daß Miandad neben ihm auf den Knien lag. Er schien von einem Hustenanfall geschüttelt zu werden. Ein senkrechter Lichtkegel, dann ein zweiter schräger Lichtstrahl. Man hätte glauben können, der Innenhof des Forts habe sich in eine Bühne verwandelt, auf der drei winzige Gestalten im Rampenlicht standen.

Petrunin blickte ins Licht auf. Der Bugscheinwerfer des zweiten Hubschraubers, der in der Dunkelheit näherkam, warf seinen Schatten quer über den Hof. Irgendwo hinter ihnen wurde geschossen. Ein Teil der schon baufälligen Außenwand des alten Forts stürzte ein, und Hyde erkannte auf dem plötzlich sichtbaren Berghang Lichter, die sich auf sie zubewegten.

Petrunin winkte. Hyde wurde durch das bellende Husten Miandads abgelenkt. Um sie herum wurde Schnee aufgewirbelt, aber der Schnee vor dem zusammengekrümmt auf den Knien liegenden Pakistaner war im Scheinwerferlicht rot. Ein hellroter Fleck. Hyde beugte sich über ihn. Petrunin winkte dem Hubschrauber zu. Miandad sah auf, als Hyde ihn an den Schultern hielt, versuchte zu lächeln, mußte wieder husten und färbte Hydes Jackenärmel und seine stützende Hand mit Blut. Dann sackte der Pakistaner nach vorn zusammen und starrte mit blicklos gewordenen Augen ins Scheinwerferlicht. Hyde ließ

den Toten sanft zu Boden gleiten. Die Hubschrauber schwebten über ihm. Er spürte das peitschende Knattern ihrer Rotoren. Hyde drehte den Kopf zur Seite.
Petrunin winkte und brüllte. Einer der Hubschrauber kam näher. Irgend jemand prallte mit Hyde zusammen und fiel der Länge nach in den Schnee. Mohammed Dschans grüner Turban verschwamm aus dieser Nähe; der Krummdolch, den der Tote noch immer umklammerte, hätte den Australier beinahe gestreift. Hyde hielt die Makarow unter seiner Jacke versteckt.
Petrunin sah zu der offenen Seitentür des Mil-Hubschraubers auf und hatte die Hände wie zum Gebet erhoben. Er blickte zugleich in die Mündung einer auf ihn gerichteten Kalaschnikow. Hyde hob seine Pistole, weil er die Situation unterschwellig richtig erfaßte – weil er wußte, was geschehen würde, ohne sagen zu können, warum. Petrunin trat einen einzigen Schritt zurück. Der Schütze stemmte sich gegen den Metallrahmen der Schiebetür des unbeweglich schwebenden Hubschraubers. Hyde sah das Mündungsfeuer der Kalaschnikow und drückte ebenfalls ab. Der Schütze ließ seine Waffe fallen und stürzte mit hochgerissenen Armen aus der offenen Tür. Er schlug schwer auf und blieb tot im Schnee liegen.
Hyde spurtete los. Die Mi-8 drehte schwankend ab und brach in Flammen aus. Einer der überlebenden Widerstandskämpfer mußte eine Rakete abgefeuert haben oder hatte einen Zufallstreffer mit seinem Gewehr erzielt. Der Hubschrauber krachte in die Außenmauer des Forts und explodierte. In dem hellen Flammenschein, der sich in seine Netzhaut einzuprägen schien, drehte Hyde den bewegungslos daliegenden Petrunin um und erkannte, daß er alles verspielt hatte.

10

Der Marsch zur Grenze

Die Luxuswohnanlage war erst wenige Jahre alt und erhob sich am Ostufer des Rheins mit Blick über den Fluß auf das alte Köln. Selbst von seinem weichen Ledersessel aus konnte Massinger die Spitzen der drei Domtürme sehen, die in filigranem Schwarz in den schiefergrauen Himmel aufragten. Nach dem Whisky, der ihm zur Begrüßung angeboten worden war, hatte sein Magen vernehmlich zu knurren begonnen, und sein Gastgeber hatte sich sofort erboten, Sandwiches zu machen.

Gerhard Disch war gesprächig, clever, hellwach. Der Mittsechziger war vor kurzem in den Ruhestand getreten und hatte etwa zur selben Zeit seine Frau verloren. Die Photos seiner Frau – im Gebirge, am Strand, vor der New Yorker Skyline – nahmen einen prominenteren Platz ein als die seiner Kinder und Enkel. Das große, behaglich warme Wohnzimmer war mit Möbeln vollgestellt, was darauf schließen ließ, daß Disch aus einer größeren Wohnung in dieses Apartment umgezogen war. Darüber hinaus herrschte hier eine geradezu sterile Ordnung und Sauberkeit, die den Gastgeber als Pedanten mit allzu reichlicher Freizeit auswies.

Massinger griff nach einem der kleinen Brote, biß hinein und nickte anerkennend. Disch schien sich über das Lob seines Gastes für seine Kochkünste übermäßig zu freuen.

«Herr Zimmermann hat bereits mit Ihnen gesprochen, nicht wahr?» begann Massinger nach dem dritten Appetithäppchen.

Disch nickte. «Ja, das stimmt.» Er hatte einen Baß und sprach gutes, aber stark akzentgefärbtes Englisch. «Allerdings nur kurz, um mich zu fragen, ob ich bereit sei, Sie bei Ihren Nachforschungen zu unterstützen. Wolf Zimmermann und ich sind alte Bekannte ... Ich helfe natürlich gern, wenn ich kann.» Er schüttelte betrübt den Kopf. «Wirklich traurig, was Mr. Aubrey – Entschuldigung, *Sir* Kenneth Aubrey – vorgeworfen wird – und natürlich völlig unsinnig!»

Massinger wollte bereits erleichtert aufatmen, aber die alten Zweifel meldeten sich sofort wieder.

«Bitte weiter», forderte er den Deutschen auf. «Ich habe gehört, daß Sie nach Kriegsende in Berlin mit Aubrey zusammengearbeitet haben.»
«Ah, *das* interessiert Sie also?» fragte Disch mit glitzernden Augen. Massinger fühlte sich studiert und begutachtet. Obwohl der andere jetzt als Witwer im Ruhestand lebte, hatten seine beruflichen Instinkte und Fähigkeiten keineswegs gelitten. «Sie hegen gewisse Zweifel?» erkundigte Disch sich nach einer kurzen Pause scharf. «Davon hat mir niemand etwas gesagt.»
«Tut mir leid, aber ich dachte . . .», begann Massinger. Der Deutsche, der ihn jetzt mißtrauisch betrachtete, hob seine Hand, aber Massinger ließ sich nicht unterbrechen. «Was hat Herr Zimmermann Ihnen erzählt?»
«Daß Sie mit mir reden wollten. Er hat mir natürlich mitgeteilt, wer Sie sind – und daß Sie Ihrem Freund Sir Kenneth Aubrey zu helfen versuchen.»
Massinger wurde es vor Scham und Verlegenheit heiß unter dem Kragen. «Ich bin nicht unter Vorspieglung falscher Tatsachen hier, Herr Disch», antwortete er zögernd. Selbst in seinen eigenen Ohren klang das eingebildet, überheblich. Er staunte über die offenkundige Loyalität des Deutschen gegenüber Aubrey, die auch nach vier Jahrzehnten ungebrochen war.
«Wirklich nicht?» fragte Disch. Er fuhr sich mit der rechten Hand über sein schütteres graues Haar. Aus seinem freundlichen rosigen Gesicht sprach jetzt unterdrückter Zorn. «Ja, Mr. Massinger, ich hege gewisse Zweifel an Ihren Motiven.»
Massinger hielt seinem forschenden Blick stand. «Bitte erzählen Sie mir von Berlin», verlangte er schließlich.
Disch starrte ihn weiter an. «Und das nützt Sir Kenneth?» Massinger nickte ausdruckslos. «Was soll aus ihm werden?» erkundigte der Deutsche sich dann.
Massinger zuckte mit den Schultern. «Keine Ahnung», gab er zu. «Wenn er sehr viel Glück hat, wird er vielleicht rehabilitiert. Was danach geschieht, weiß ich nicht.»
«Aha.» Disch glich einem Mann, der einen Schatz hütet und in jedem Besucher einen potentiellen Dieb wittert. Er rieb sich das Kinn und senkte den Kopf, um Massinger über seine Brille hinweg zu betrachten. «Aha», wiederholte er leise.
Massinger hielt seine Ungeduld und Gereiztheit in Zaum. Hin-

ter Dischs Umgänglichleit und seinen guten Manieren lagen Cleverness und Berufserfahrung. Und diese Charakterelemente waren jetzt beunruhigt. Massingers Fragen stellten irgendeine Gefahr dar. Es *gab* also ein Geheimnis.
Ja, gegen Aubrey. Disch hatte insgeheim einen Verdacht. Gegen Aubrey . . .? Disch wußte oder vermutete etwas, das Aubrey schaden konnte.
«Bitte erzählen Sie!» drängte der Amerikaner.
Disch zuckte übertrieben mit den Schultern und versuchte zu lächeln. «Gut, meinetwegen», sagte er mit gewisser Erleichterung. «Aber ich weiß ganz bestimmt, daß Sir Kenneth nicht getan hat, was man ihm jetzt vorwirft – er ist kein sowjetischer Agent . . . Ich habe 1974 bei seinem Bonnaufenthalt mit ihm zusammengearbeitet», fuhr er rasch fort. «Was die Medien über ihn berichtet haben, ist Unsinn!»
«Aber was ist in Berlin passiert?»
Disch schluckte trocken. Ihm lastete offenbar irgend etwas auf der Seele. Massinger machte sich Vorwürfe, weil er das nicht früher erkannt und ausgenützt hatte.
«Aubrey ist in Ostberlin geschnappt und mehrere Tage lang eingesperrt worden – bis er fliehen konnte.»
«Ich bin davon überzeugt, daß er damals ausgebrochen ist», protestierte Disch nachdrücklich. «Alle sonstigen Vermutungen sind Unsinn.»
«Warum ist er nach Ostberlin gegangen? Ist das nicht gefährlich gewesen?» Massinger fiel es schwer, sich Aubrey als jungen Mann im Außendienst vorzustellen – daher diese dumme Frage. «Wie ich gehört habe», fügte er hinzu, «ist ein von ihm aufgebautes Netz gefährdet gewesen, nicht wahr?»
Der Deutsche nickte. «Richtig», bestätigte er heiser, «darauf hatten wir uns geeinigt.»
«Geeinigt? Es ist also nicht die Wahrheit gewesen?»
Disch schüttelte den Kopf. «Das hab ich nicht gesagt . . .»
«Wer hat sich darauf geeinigt?»
«Sir Kenneth und wir anderen – wir vier anderen!»
Seine Stimme klang schuldbewußt. Massinger war entsetzt. Auf was für eine Verschwörung war er hier gestoßen . . .?
«Weshalb mußten Sie sich darauf einigen?»
«Ich meine nicht wirklich *einigen* . . . Sir Kenneth hat uns aus

Sicherheitsgründen darauf verpflichtet, diese Version zu verbreiten. Zur Tarnung des wahren Zwecks seines Unternehmens haben wir angegeben, er habe den Verdacht, in einer seiner Zellen in der russischen Besatzungszone sei ein Doppelagent tätig . . .» Massinger nickte. «Sie wissen doch, daß wir auch nach Nazis gefahndet haben?» fragte Disch scheinbar zusammenhanglos.
«Ja.»
«Das ist der wahre Zweck gewesen.»
«Aber das verstehe ich nicht, Herr Disch. Warum hat er dieses Unternehmen tarnen müssen? Damals hat doch jedermann nach Nazis gefahndet.»
«Richtig! Auch viele Deutsche sind an dieser Jagd beteiligt gewesen – wie zum Beispiel ich. Sir Kenneth hat mich aufgegabelt, als ich ein Jahr nach Kriegsende aus dem russischen Sektor nach Westberlin gekommen bin. Ich hatte ein Jahr lang auf der anderen Seite gelebt, hatte viele Bekannte und war mit den dortigen Verhältnissen vertraut, deshalb konnte er mich brauchen. Er hat mich gut ausgebildet. Ähnliche Geschichten hat's viele gegeben . . .»
«Ja, ich verstehe. Bitte weiter!»
«Diese Tarnung war notwendig, weil wir seit langem herauszubekommen versucht hatten, weshalb so vielen Nazis noch damals die Flucht aus Berlin und sogar aus der russischen Zone gelang. Sir Kenneth war der Überzeugung, sie erhielten Unterstützung aus der Alliierten Kontrollkommission . . .»
«Von wem?» fragte Massinger mit gepreßter Stimme.
Disch schüttelte den Kopf. «Das haben wir nicht gewußt. Sir Kenneth hat dann eine Nachricht von einem unserer Leute im russischen Sektor erhalten, der ihm Informationen über die Unterstützung fliehender Nazis aus der Kontrollkommission versprochen hat. Da der Betreffende nicht herüberkommen konnte, ist Sir Kenneth sofort in den russischen Sektor gefahren . . . Bei seiner Rückkehr hat er uns gesagt, er habe nichts herausbekommen. Er war lediglich in eine Falle gelockt worden.»
«Mehr wissen Sie nicht?» fragte Massinger enttäuscht. Der andere zuckte mit den Schultern, beugte sich nach vorn und wählte eines der Appetithäppchen aus. «Aber . . . was hat Aubrey vermutet, bevor er rübergefahren ist?»

«Daß der Mann ein hoher britischer Beamter gewesen ist», sagte Disch hastig. Seine Stimme klang undeutlich, weil er noch kaute, als könne er auf diese Weise die Wahrheit vor Massinger verbergen.
«Ein hoher *britischer* Beamter?»
Disch nickte mit zusammengekniffenen Augen. «Aber Sir Kenneth hat uns erklärt, er habe im russischen Sektor nichts erfahren, sondern sei lediglich in eine Falle getappt . . .»
«Das glauben Sie doch selbst nicht, Herr Disch!»
«Es hat bestimmt keine Verbindung zwischen . . .»
«Aber *Sie* glauben es! Sie halten Castleford für diesen Nazisympathisanten in der Kontrollkommission und glauben, daß Aubrey ihn nach seiner Rückkehr aus dem russischen Sektor ermordet hat.»
«Nein, ich . . .», protestierte Disch schwach.
«Ja, das *glauben* Sie!» unterbrach Massinger ihn. «Seitdem Zimmermann mit Ihnen gesprochen hat, denken Sie darüber nach, nicht wahr? Sie glauben, daß Aubrey Castleford ermordet hat, weil er Nazis zur Flucht verholfen hat, stimmt's?»
Disch antwortete nicht gleich. «Ja», gab er schließlich mit leiser, schwacher Stimme zu. «Ja, ich glaube, daß es so gewesen ist.»

Der zweite Hubschrauber zog steil hoch und drehte ab, während seine Unterseite von den Flammen des ersten rötlich beleuchtet wurde. Dann explodierte ein Treibstofftank in einer grellweißen Feuerkugel, die beinahe noch den wegfliegenden Kampfhubschrauber erfaßt hätte. Der ganze Innenhof war erhellt. Tote Afghanen, sporadische Bewegungen, Miandads Leiche, Mohammed Dschans grüner Turban nur wenige Meter von Hyde entfernt im Schnee. Der Australier drehte Petrunin auf den Rücken und knöpfte Mantel und Jacke auf. Das Uniformhemd des Russen war blutgetränkt. Aus einem Mundwinkel Petrunins floß ein dünner Blutfaden. Hyde stöhnte, als sei er ebenfalls verwundet. Die Flammen des brennenden Hubschraubers sanken in sich zusammen, und er hätte beinahe übersehen, daß die Lider des Russen sich kurz bewegten. Aber er sah es und hörte auch, daß Petrunin leise stöhnte.
Hyde zog Petrunin in sitzende Position hoch, legte ihn sich

über die rechte Schulter und richtete sich mühsam auf. Der Russe lag schwer und unbeweglich – vielleicht bewußtlos, vielleicht schon tot? – über seiner Schulter. Hyde stolperte mit ihm über den Hof davon. Der Scheinwerfer des zweiten Hubschraubers kam wieder zurück: Er tastete jetzt nach der Stelle, von der aus die todbringende Rakete abgeschossen worden war. Geschossen wurde kaum noch. Dann hämmerte das vierläufige Bug-MG des Kampfhubschraubers los und bestrich die gegenüberliegende Seite des Innenhofs.

Der Australier blieb stehen, orientierte sich kurz, verlagerte Petrunins Gewicht etwas nach hinten, um ihn besser tragen zu können, und trabte dann durch das verfallene Tor des Forts. Draußen geriet er sofort in tieferen Schnee und begann keuchend zu atmen. Sein Gesichtsfeld war eingeschränkt, aber er sah keine Soldaten. Bevor er sich dieser Tatsache ganz bewußt wurde, befand er sich bereits im Aufstieg, setzte müde einen Fuß vor den anderen und gewann – unter seiner Last bis fast in den Schnee gebeugt – kostbare Höhenmeter.

Hyde merkte, daß er die Bäume oberhalb des Forts erreicht hatte. Er lehnte sich mit seiner Last gegen die rauhe Borke einer Kiefer und ließ den Russen dann in sitzender Stellung in den Schnee gleiten, während er selbst nach vorn gebeugt mit den Händen auf den Knien stehenblieb und seine Lungen keuchend mit eiskalter Luft füllte. Als er den Kopf hob, schien Petrunin ihn blicklos anzustarren. Hyde kniete neben ihm nieder, um ihn zu stützen, spürte etwas Feuchtes zwischen seinen Schulterblättern und erkannte, daß die Kugel den Körper des Russen durchschlagen hatte. Er war sich auch darüber im klaren, daß Petrunin einen Lungendurchschuß erlitten hatte und sterben würde.

Hyde studierte das Gelände unter ihnen. Im Scheinwerferlicht der schwebenden Mil-Hubschrauber – jetzt waren es wieder zwei – bewegten sich Uniformierte über den Hof des alten Forts und beugten sich über die Gefallenen. In der kalten Luft hörte Hyde deutlich drei Schüsse, mit denen verwundete Widerstandskämpfer getötet wurden. Er konzentrierte sich wieder auf Petrunin, der leicht den Kopf gehoben hatte und ihn jetzt anstarrte. Der Russe versuchte zu lächeln, aber er hustete

nur Blut. Hyde war sich darüber im klaren, daß der andere nicht mehr lange zu leben hatte.
Petrunin nickte, als habe er seine Gedanken erraten.
«Die Soldaten haben Befehl, dich umzubringen», stellte Hyde fest. «Jetzt sitzt du in der Scheiße – genau wie ich!» Petrunin nickte erneut. «Die anderen gehen keinerlei Risiko ein, was? Nicht mit eurem verdammten Unternehmen *Träne.* Sobald du entführt worden warst, solltest du bloß noch zum Schweigen gebracht werden.» Hyde atmete wieder keuchend, während er sich über den Russen beugte. Dann stand er ruckartig auf. «Willst du weiterleben – oder bleibst du lieber hier?»
Petrunin hob kraftlos eine Hand. Hyde kniete neben ihm nieder. «Noch kannst du's ihnen heimzahlen, Sportsfreund. Erzähl mir von *Träne.*» Der Russe schüttelte den Kopf: eine kaum wahrnehmbare, aber entschiedene Bewegung. Hyde starrte ihn aufgebracht an und zuckte dann mit den Schultern. Im Augenblick konnte er sich nicht damit aufhalten, Petrunin gut zuzureden. Aber vielleicht später . . .
Er legte sich Petrunins Arme über den Rücken, nahm den anderen wieder über die Schulter – Petrunin stöhnte kurz auf und wurde sofort leblos – und richtete sich aus der Hocke auf. Hyde schwankte unter dem Gewicht und seiner plötzlich wieder einsetzenden Müdigkeit, aber dann stieg er weiter, indem er langsam, sorgfältig und mechanisch einen Fuß vor den anderen setzte: einen, zwei, drei, vier, fünf, sechs, sieben . . .
Hyde suchte sich seinen Weg zwischen den Bäumen und rastete alle 20 Schritte, dann alle 15 und schließlich alle zwölf, während er durch den nachtstillen Wald bergaufstieg. Oft mußte er den bewußtlosen Petrunin in den Schnee gleiten lassen, um sich auszuruhen, bis seine Glieder nicht mehr vor Überanstrengung zitterten und sein keuchendes Atmen wieder halbwegs normal klang. Nachdem er dann Petrunins schwachen, unregelmäßigen Puls und die Größe des Blutflecks auf seiner Uniform kontrolliert hatte, legte er sich den Russen wieder über die Schulter und setzte seinen Aufstieg fort.
Zweihundertdreiundvierzig . . . vier, fünf, sechs . . . sieben . . . acht – neun, zehn . . . elf . . . Er ließ den Russen erneut fallen. Als er sich soweit erholt hatte, daß er sich umsehen konnte, war das Fort nicht mehr zu erkennen, und der Wald um ihn herum

war still und dunkel. Irgendwo in der Ferne war ein Hubschrauber zu hören, aber Hyde nahm dieses Geräusch, das er nicht als Gefahrenzeichen deutete, kaum bewußt wahr. Sein Körper war nur imstande, Erschöpfung zu spüren und gegen das auf ihm lastende Gewicht Petrunins zu rebellieren. Hyde war außerstande, irgendwelche Gefühle zu empfinden.
Er schien zu schweben ... verlor die Orientierung, schwebte weiter – und kam schließlich wieder zu sich. Sein Atem kam gleichmäßig, sein Körper war vor Kälte starr. Petrunin lag in seiner Nähe auf dem sanft geneigten Hang auf dem Rücken und starrte blicklos nach oben. Hyde hatte nicht einmal gemerkt, wie das Gelände sich verändert hatte. Die Bäume wuchsen hier wegen der Höhe nur verkümmert. Hyde drehte sich auf den Rücken. Überhängende schwarze Felsen – dunkler als der Nachthimmel – erschreckten ihn, bevor ihm allmählich klar wurde, daß sie Sicherheit und Verstecke boten. Der Australier horchte. Seine Atemzüge, das Säuseln des Windes, der Ruf irgendeines Tieres. Dann Stille. Was fehlte? Welches Geräusch ...?
Der Hubschrauberlärm war verstummt. Hyde trommelte vor Begeisterung mit beiden Fäusten in den Schnee. Natürlich ...! Keine Hubschrauber. Keine Triebwerks- und Rotorengeräusche. Er wußte nicht, welchem glücklichen Zufall er es zu verdanken hatte, daß seine Spur nicht entdeckt worden war. Dann betrachtete er seinen schneebedeckten Körper und tastete nach seinem nassen Gesicht. Er blinzelte. Über ihm waren keine Sterne zu sehen. Wolken ...?
Es schneite. Das wurde ihm erst klar, als ein Windstoß den Schnee unter den Überhang und ihm ins Gesicht blies. Hyde hob den Kopf. Petrunin wurde langsam eingeschneit: Der Schnee bedeckte ihn wie ein Leichentuch.
Leichentuch ...
Hyde richtete sich kniend auf, kroch rasch zu Petrunin hinüber und begann sofort, ihn an den Aufschlägen seines Mantels zu schütteln. Husten, Blut, sich öffnende Augen ...
«Los, komm, du Schweinehund!» flüsterte der Australier heiser. «Raus aus dem verdammten Schnee, Idiot!» Er kicherte vor sich hin, während er Petrunin unter den Überhang schleppte. Dort lehnte er ihn in sitzender Stellung gegen den Felshang und

schlug seinen Mantelkragen hoch. Petrunins Gesicht war leichenblaß und eingefallen. Er hatte offenbar nicht mehr lange zu leben.
Hyde ballte die Hände zu Fäusten, die er nicht spürte – selbst dann nicht, als er seine Fingernägel in die Handflächen grub. Vor Kälte oder Erschöpfung, das konnte er nicht beurteilen. Er konnte lediglich die dunklen Felsen und die vom Wind bewegten Schneeschleier sehen. Er konnte nichts tun . . .
Aber er konnte zuhören.
Petrunin redete. Seine Stimme klang ruhig, nicht wie die eines Mannes im Delirium, aber er sprach leise und wurde immer wieder von Hustenanfällen unterbrochen. Hyde riß den unteren Saum seiner Jacke ab und erhielt so einen Lappen, mit dem er Petrunin nach jedem Hustenanfall das Blut vom Kinn wischte.
«Ich hasse dieses Land», sagte Petrunin eben. Seine Stimme klang müde, unbeteiligt, fast affektiert. «Ich hasse dieses Land . . .»
«Ja», stimmte Hyde ruhig zu.
Das genügte anscheinend, denn Petrunins eigentümlich gelassene, objektive Stimme fuhr fort: «Ich hasse es, so zu enden . . . Ich weiß, daß ich sterben werde, Hyde. Ich weiß es genau . . .» Er hüstelte bescheiden, guterzogen. Hyde wischte ihm etwas Blut vom Kinn. «Ich bin so . . . zornig . . .» Er sah den Russen nicht an, sondern nickte nur. Petrunins Hand deutete in einer schwachen Geste auf die Schneeschleier. «Dort draußen – ein Scheißhaus, Hyde. Schlimmer als alles, was Sie sich vorstellen können . . .» Sein Englisch war so audruckslos wie das einer Übersetzungsmaschine. «Schlimmer als alles, was *ich* mir hätte vorstellen können . . .»
Hyde wußte, daß die Zeit ihm ebenso sicher davonlief, wie Petrunin seinem Tode entgegeneilte. Trotzdem konnte er den Mann nicht verhören und durfte nicht einmal versuchen, seinen Monolog in eine nützlichere Richtung zu lenken. Petrunin konnte einfach aufgeben und sterben, sobald er unterbrochen wurde. Hyde wußte nicht, wieviel Zeit ihm noch blieb. Er war wütend – und hörte trotzdem nur zu.
«So viele Leichen . . . ein Krieg ohne Gesetz . . . o ja, sie haben genau gewußt, was sie getan haben!» Hyde wischte ihm erneut

das Kinn ab. Das Gesicht des Russen war grau, seine Zähne waren von dunklem Blut eingefaßt. Hyde sah weg. «Kapustin, Nikitin und ihre Jasager haben genau gewußt, was sie wollten», fuhr Petrunin fort. «Der Kerl ist zu clever, zu selbstbewußt – deshalb rein mit ihm in die Scheiße ...» Aus seiner Stimme klang fahles Selbstmitleid, obwohl er weiterhin ganz unbeteiligt wirkte. «Wir schicken den Klugscheißer nach Afghanistan. Wer weiß, vielleicht erspart uns das sogar eine Kugel!»

Hyde konnte nur zuhören und sich fragen, wann Petrunin vertraulicher sprechen und einen Dialog beginnen würde – wann er Gesellschaft und Zuspruch brauchen würde.

«Zwei Jahre ... ich hab's zwei Jahre lang überstanden ... Mein Gott, können Sie sich vorstellen, was ich in bezug auf Morden und Verstümmeln gelernt habe! Und alles von den Aufständischen! Ich habe mich übergeben müssen, als ich die erste von Aufständischen überfallene sowjetische Streife gesehen habe ...» Diesmal hustete er nicht, sondern schluckte würgend. «Napalm ... wie Ratten verbrennen, wie Ungeziefer vernichten ... Man könnte sie alle ausrotten, wenn sie zu finden wären, wenn man genügend Napalm hätte», wiederholte Petrunin. «Kapustin – ich sehe sein schlaues Bauerngesicht vor mir, wie er links neben Nikitin sitzt und mir erklärt, diesmal hätte ich mir zuviel herausgenommen ...» Sein Englisch war jetzt besser; es klang gebildeter, als ob der Sterbende zu seiner ehemals weltmännischen Art zurückfinde.

«Weiter!» flüsterte Hyde. Die Schneeschleier wogten, tanzten, hoben sich und sanken.

«*Zuviel herausgenommen* ... schon damals muß er vorgehabt haben, sich das Unternehmen *Träne* unter den Nagel zu reißen ... *Bauernlümmel!*» Petrunin wurde durch einen erneuten Hustenanfall unterbrochen. Hyde lehnte sich zurück und war so erschöpft, daß ihm sofort die Augen zufielen. Nach kurzer Zeit schrak er wieder auf und starrte in den Schnee hinaus. Seine Stiefel und die Hosenbeine waren mit einer dünnen Pulverschneeschicht bedeckt. Er hörte Petrunins Zähne klappern und wußte, daß er nicht zulassen durfte, daß der andere sich noch lange in Selbstmitleid erging.

«Diese Parteibonzen haben Ihnen wirklich übel mitgespielt, Genosse General», sagte er auf Russisch mit gespielter Ehr-

furcht. Der Satz war heraus, fast bevor er darüber nachdenken und die Worte abwägen konnte; trotzdem wußte Hyde, daß er den richtigen Ton getroffen hatte.
Danach folgte eine lange Pause, bevor Petrunin sich mit ruhiger, teilnahmsloser Stimme erkundigte: «Sie wollen es wissen, nicht wahr, Hyde? Sie sind hier, um es herauszukriegen, stimmt's?»
«Ja», gab Hyde wider Willen zu. Die Nähe von Petrunins Tod wirkte irgendwie entwaffnend.
Der Russe lachte, hustete wieder, so daß Hyde sofort nach dem Lappen griff, und lachte weiter. Seine Belustigung wirkte so tief wie seine Verbitterung, so tief wie seine Unmenschlichkeit.
«Warum nicht?» fragte er schließlich. «Warum nicht?» Nach einer längeren Pause: «Warum eigentlich nicht?»
Hyde holte tief Luft. «Diese Idee konnte nur von Ihnen stammen», stellte er fest. «So verdammt heimtückisch.»
«Sie haben's nicht gewußt – Sie haben's rausgekriegt, aber nicht selbst vermutet?»
«Nein.»
«Gut! Ja, das Unternehmen *Träne* ist meine Idee gewesen. Kapustin hat sie mir lediglich gestohlen. Nachdem er mich vor Nikitin im Stich gelassen hatte, hat er sich meinen schönen Plan angeeignet.»
«Warum?»
«Warum? Weil der Zeitpunkt ideal war! Aubrey war Generaldirektor – deshalb war der richtige Zeitpunkt gekommen. Für jedermann in der Moskauer Zentrale ist das der richtige Augenblick gewesen . . .» Petrunins Stimme klang dünn und schwach, aber aus ihr sprach eine Befriedigung, die selbst sein bevorstehender Tod nicht vermindern konnte. Durch seinen Plan war Aubrey in Schimpf und Schande davongejagt worden. Petrunins Rache war vollständig gelungen; Petrunin konnte zufrieden sein.
«Nur aus Rache?» Hydes Tonfall verriet seine Enttäuschung. «Sie haben das Unternehmen nur aufgezogen, um Aubrey ins Unrecht zu setzen?»
«Nicht speziell Aubrey – obwohl das besonderen Spaß gemacht hat! Einfach den jeweiligen Generaldirektor . . . es hat noch andere Varianten gegeben – aber die beste hat zu Aubrey

gehört. Alles hat gepaßt, und 1946 ist als Bonus dazugekommen. Oh, ich habe Aubreys Biographie genau studiert! Ich weiß mehr über ihn als jeder andere – vielleicht sogar als er selbst. Die Rache ist süß . . .»

«Warum? Was ist der *wirkliche* Grund gewesen?» drängte Hyde. Die Schneeschleier schienen heller, fast durchsichtig geworden zu sein. Petrunin schwieg lange. Hyde klapperte vor Kälte, spürte seinen linken Arm und die Schulter gefühllos werden und merkte, daß Petrunin schwer auf ihm lehnte. Seine Augen waren geschlossen, sein Unterkiefer hing herab und sein Mund stand inmitten der Flecken und Streifen angetrockneten Bluts weit offen. Hydes lautes Stöhnen war fast ein Wehklagen. Er rüttelte Petrunin an den Schultern, aber die Augen des Russen blieben geschlossen.

Dann hörte Hyde in der Ferne einen Hubschrauber.

Wolfgang Zimmermann war Margaret Massinger auf eigenartige Weise dafür dankbar, daß sie bereit war, die Stapel von Meldungen und Überwachungsberichten durchzuarbeiten, die er ihr hingelegt hatte. Er spürte, daß sie Mühe hatte, die Fassung zu bewahren, während sie so tat, als blättere sie in einem Album mit alten Photos, auf die sie kaum achtete, weil sie ihr unbekannte Personen zeigten. Sie schien entschlossen zu sein, sich durch Arbeit abzulenken.

Zimmermann ahnte, daß Margaret wußte, daß er Aubrey nicht für unschuldig am Tode ihres Vaters hielt. Er hatte sich bemüht, den wahren Gehalt seiner Vermutungen vor ihr zu verbergen, als sie ihn wegen Disch ausgefragt hatte, aber die Frau war clever und hatte einen scharfen Blick für alles, was auf Aubreys Schuld hindeutete. Zimmermann wollte nicht an diese Schuld glauben, aber er mußte zugeben, daß eine Hinrichtung Castlefords als Fluchthelfer deutscher Kriegsverbrecher seiner Kenntnis von Aubreys Charakter nicht widersprach. Er sah heimlich auf seine Uhr. Seit dem Mittagessen arbeiteten sie nun schon fast zwei Stunden, und Massinger war noch immer nicht zurück.

Margaret beobachtete aus dem Augenwinkel heraus, wie Zimmermann auf seine Armbanduhr sah. Meistens – vor allem,

wenn sie sich daran erinnerte, in welcher Gefahr Paul schwebte – konnte sie sich einbilden, die Suche nach der Wahrheit über den Tod ihres Vaters sei ihr weniger wichtig geworden. Aber sobald sie einen Augenblick unachtsam war, überfiel diese Sorge sie mit unverminderter Stärke. Trotzdem mußte sie diese Gedanken unterdrücken . . .
«Entschuldigung, Herr Zimmermann.» Der Deutsche sah lächelnd auf. Margarets Deutsch war grammatikalisch gut, aber steif und etwas eingerostet. «Ich . . . ich habe eine Liste von unkontrollierten Abwesenheiten von Februar bis April 1974 aufgestellt. Es sind ziemlich viele.»
Sie beugte sich mit ausgestrecktem Arm nach vorn. Zimmermann beugte sich ebenfalls über den Couchtisch, um den Zettel entgegenzunehmen. Er las die Eintragungen, nickte bei manchen und schüttelte bei anderen den Kopf. Dann sah er auf.
«Das wirft kein gutes Licht auf den Schutz, den wir unseren Gästen angedeihen lassen. Ja, die Überwachung der SIS-Leute in diesen Wochen weist tatsächlich große Lücken auf.» Er seufzte. «Ob sich das nach so langer Zeit nachprüfen läßt? Glauben Sie denn, ein System zu erkennen?»
Margaret schüttelte den Kopf. «Einige haben sich öfter abgesetzt als andere – ich habe ihre Namen angekreuzt. Meistens handelt es sich um nächtliche Abwesenheiten.» Sie lächelte. «Ob das etwas zu bedeuten hat?»
«Möglicherweise. Wir dürfen nichts unversucht lassen.»
«Und Sie? Haben Sie irgend etwas gefunden?» Ihr Blick war direkt, geradezu bohrend. Zimmermann senkte schuldbewußt den Kopf. Er hatte sich die Akte Aubrey selbst vorgenommen – seine Bewegungen, seine Kontakte, seine eigene Aussage und die Aussagen der zu seinem Schutz eingesetzten BfV-Beamten – und darin erwartungsgemäß nichts gefunden. Er schüttelte weise und bedächtig den Kopf. Margaret reagierte auf diese gönnerhafte Angewohnheit sichtlich irritiert.
«Nein, aber das hatte ich auch nicht erwartet», antwortete Zimmermann kühl, womit er auf ihren Gesichtsausdruck reagierte. Ihr Verdacht erschien ihm plötzlich irritierend dumm. «Was möglicherweise 1946 geschehen ist, hat nichts mit 1974 oder der Gegenwart zu tun», sagte er belehrend. «Davon bin ich überzeugt. Die Unterlagen enthalten nichts, was auf eine Ver-

bindung zwischen Aubrey und Guillaume oder sonst jemand hinweist.»
«Sagen Sie das nur, weil Sie in seiner Schuld stehen, Herr Zimmermann?»
«Nein!» widersprach er ärgerlich. «Ich stehe in Aubreys Schuld, das stimmt. Aber Sie haben kein Recht, daraus eine Anklage zu machen. Haben Sie vergessen, daß Sie und Ihr Mann möglicherweise in Gefahr sind? *Er* ist jedenfalls gefährdet. Unser Mann steckt irgendwo in diesem Labyrinth, in diesen alten Unterlagen. Ihr Vater ist tot – seit fast vierzig Jahren tot –, aber Ihr Mann lebt . . . noch.»
Margaret war rot angelaufen. Ihre Hände waren krampfhaft gefaltet. «Sie brauchen mir keinen Vortrag zu halten, Herr Zimmermann.»
«Entschuldigung!»
«Ich . . . tut mir leid, aber mir fällt's nur so *schwer*, dem Mann zu helfen, der der Mörder meines Vaters gewesen sein könnte!»
«Dann versuchen Sie, Ihrem Mann zu helfen!»
«Gut, was soll ich tun?»
Zimmermann stand auf, raffte die ausgebreiteten Unterlagen mit beiden Händen zusammen und ließ sie neben Margaret aufs Sofa fallen. «Da! Sie glauben, daß er Ihren Vater ermordet hat – vielleicht finden *Sie* einen Beweis gegen ihn. Ich finde keinen, weil es nichts zu finden gibt!» Er zitterte sichtbar, als er jetzt vor ihr stand.
Margaret ließ die Unterlagen unbeachtet. «Schon gut, ich mache hier weiter . . .»
«Wie Sie wollen», sagte Zimmermann eisig, wandte sich ab und trat ans Fenster. Es schneite nicht mehr, aber der Himmel blieb wolkenverhangen. Zimmermann ärgerte sich, weil er die Beherrschung verloren hatte. Margaret Massinger stand unter großer Nervenbelastung.
Zimmermann wurde nervös, ohne seine Befürchtungen genau definieren zu können. Er hätte dem Mann einen Begleiter, einen Leibwächter mitgeben sollen.
Margaret Massinger sprach.
«Wie bitte?» fragte er scharf.
«Ich habe gar nicht gewußt, daß Andrew Babbington damals in

Bonn gewesen ist», wiederholte sie, ohne sich durch seinen Ton aus der Ruhe bringen zu lassen.
«Hmmm ... ja, er ist einige Tage nach Guillaumes Verhaftung als Leiter des MI5-Teams nach Bonn gekommen», antwortete Zimmermann geistesabwesend.
«Nein, er ist schon vorher hier gewesen», stellte Margaret richtig. «Er hat Ermittlungen in der Kanzlei der britischen Botschaft geleitet – wegen Veruntreuung staatlicher Gelder, steht hier.»
Zimmermann wandte sich vom Fenster ab. «So was kommt gelegentlich vor, weil ...», begann er gequält humorvoll.
Die Tür ging auf, und Paul Massinger kam herein.
«Na?» fragte Margaret atemlos. Zimmermann sah die Gewißheit auf Massingers Gesicht und zuckte innerlich zusammen. Er bezweifelte, daß er dazu beitragen konnte, Aubrey zu retten, indem er diesen beiden half. Massinger glaubte an Aubreys Schuld, das war offenkundig – ebenso offenkundig wie die Tatsache, daß er seine Überzeugung vor seiner Frau geheimhalten wollte. «Was hast du erfahren?» fragte sie beinahe drohend.
Massinger warf seinen Regenmantel über einen Sessel und setzte sich neben seine Frau. Er schien sich nicht mehr verstellen zu können; Zimmermann sah sofort, daß jeglicher Täuschungsversuch jämmerlich fehlschlagen würde.
«Das Ganze ist eine völlig unbewiesene Vermutung», begann Massinger.
«Wie meinst du das?» erkundigte Margaret sich eisig.
«Die Sache mit deinem Vater – eine verrückte, keineswegs bewiesene Vermutung ... Aubrey hat sich bestimmt geirrt, davon bin ich überzeugt ...»
«Ich will endlich wissen, wovon du redest!»
Zimmermann drehte sich wieder nach dem Fenster um und beobachtete einen unter der Kennedybrücke verschwindenden Schleppzug. Es hatte wieder zu schneien begonnen. Er erinnerte sich daran, daß Massinger Wassertropfen auf dem Haar gehabt hatte, als er hereingekommen war. Zimmermann hätte sich am liebsten rasch entschuldigt; er wartete innerlich zusammengekrümmt auf Massingers Antwort. Er weigerte sich, sie bewußt anzuhören, weil er wußte, wie unsinnig sie war ... ein

wohlverdientes Schicksal. Wäre das wahr, hätte Aubrey es *gewußt*, wäre sich seiner Sache *sicher* gewesen.
«Nein . . .!» Margaret kreischte beinahe. «Nein, nein, nein, *nein!*» Die Schande war zu groß. Was Zimmermann während seines eigenen Gesprächs mit Disch vermutet hatte, war Massinger ebenfalls klar geworden. Vielleicht war Disch nachträglich zur selben Auffassung gelangt. Margaret Massinger bemühte sich jetzt, den Verdacht zurückzuweisen, den sie alle hegten. Ihr Vater konnte nicht mit den Massenmördern der sechs Millionen, den Verrückten, den Schlächtern, den Abartigen, den aus der Bahn Geworfenen, den Schlägern und Folterknechten gemeinsame Sache gemacht haben – nicht mit *denen!* Als Deutscher empfand er bei dem Entsetzen in ihrer Stimme unwillkürlich gewisse Ressentiments, obwohl er Mitleid mit ihr hatte.
Sie schluchzte jetzt, und er bemühte sich vergeblich, sie zu trösten, nachdem er ihr Kummer bereitet hatte.
«Nein, nein, nein . . .», flüsterte Margaret mit tränenerstickter Stimme.
Aufhören! dachte Zimmermann. Warum hört sie nicht endlich auf? Das alles liegt fast vier Jahrzehnte zurück. Sie muß sich jetzt davon freimachen – beide gemeinsam müssen das Gespenst ihres Vaters vertreiben. Unter Umständen geht's hier um Leben oder Tod – um *ihr* Leben oder *ihren* Tod . . .
Nasse Schneeflockenspuren auf der Fensterscheibe, lange, langsame Schleppzüge, der stahlgraue Rhein . . . ein Schleppkahn mit flatternder Wäsche – und Mrs. Massingers Worte, als er eben unter der Kennedybrücke verschwand . . .?
Babbington. Sir Andrew Babbington. Bisher MI5-Generaldirektor, jetzt SAID-Generaldirektor.
Lesen Sie das Testament, Inspektor! dachte er. Wenn die reiche alte Dame ermordet in der Bibliothek aufgefunden wird, ist's Zeit, das Testament zu lesen! Wer hat den größten Vorteil davon? Wer ist der Erbe? Wer wird reich?
Zimmermann lächelte. Margarets Schluchzen und das tröstende Gemurmel ihres Ehemanns berührten ihn nicht mehr. Er konnte es kaum noch erwarten, die Akten einzusehen.
Babbington . . . Lesen Sie das Testament, Inspektor, lesen Sie das Testament . . .

Sir Kenneth Aubrey konnte nur noch an die Vernichtung des Tagebuchs in Clara Elsenreiths Besitz denken. Die Vorstellung, es könnte in falsche Hände geraten, war erschreckend und schmerzlich, aber alle sonstigen Überlegungen erschreckten und schmerzten ihn noch mehr. Jenseits der Vernichtung seines Geständnisses, Castleford ermordet zu haben, begann eine eintönig graue Zeitwüste. Danach konnte nur mehr sein Verschwinden folgen: bewußtes Untertauchen, völlige Anonymität. Er konnte nie wieder Kenneth Aubrey sein.
Einer der Franzosen in seinem Abteil hatte die Schuhe ausgezogen und die Beine ausgestreckt. In der warmen, allzu trockenen Luft rochen seine Socken. Das schlafende kleine Mädchen in der entgegengesetzten Ecke murmelte etwas und bewegte sich dabei. Seine Mutter nahm es anders in den Arm. Der Schnellzug war noch eine knappe Stunde von Straßburg entfernt; er würde am nächsten Vormittag Wien erreichen.
Die französischen Zeitungen hatten nichts über sein Verschwinden aus England gebracht. Offenbar wurde seine Flucht bisher geheimgehalten. Aber diese Geheimhaltung war kein Trost für Aubrey; statt dessen sah er in ihr einen Meilenstein auf der Straße zu seinem unvermeidbaren Identitätswechsel. Die Medien hatten ihn bereits aus den Augen verloren – und das war nur der Anfang. Im Gegensatz zu den Verrätern gab es für ihn nicht einmal ein Moskau, in dem er in Sicherheit leben konnte, ohne seine Identität aufgeben zu müssen.
Die Frühausgabe der Zeitung *France-Soir,* die er in Paris gekauft hatte, lag weiter ungelesen auf seinen Knien. Der französische Ministerpräsident war in London eingetroffen, um mit der britischen Regierung über Fragen der EG-Finanzierung zu konferieren. Aubrey, der die Schlagzeile im flüchtigen Lichtschein eines Landbahnhofs lesen konnte, dachte daran, wie er den Premierminister aufgesucht hätte, um ihm vor seinen Verhandlungen mit der französischen Delegation einige Hintergrundinformationen zu geben . . .
Das würde er jetzt nie wieder tun.
Er war nicht in die Macht verliebt – nein, er verwahrte sich gegen diese Unterstellung, die aus dem dunkelsten Winkel seiner Gedanken auftauchte. Nein . . ., aber es war nun viereinhalb Jahrzehnte her, daß er begonnen hatte, seinem Land zu dienen

und die Persönlichkeit zu werden, die er zu sein glaubte. Jetzt mußte er sich von diesem Land, dieser Persönlichkeit trennen.
Der Schnellzug ratterte über Weichen, schwankte und raste weiter durch die Winternacht. Die Lichter eines weiteren Landbahnhofs. Ein Eisenbahner – irgendein Schrankenwärter oder Rangierer oder Bahnhofsvorsteher oder Stellwerkbeamter – hatte den durchfahrenden Zug beobachtet. Aubrey war sich darüber im klaren, daß auch er eine anonyme Gestalt werden würde, an der die Welt vorbeirasen würde, um in der Ferne zu verschwinden.
In seinen müden Augen brannten Tränen. Er fand trotz seiner Erschöpfung keinen Schlaf. Der Geruch der Socken des Franzosen vermischte sich mit dem halbgelutschter Bonbons aus der entgegengesetzten Ecke des Abteils.

Petrunin schlug die Augen auf. Sein Gesicht war grau und eingefallen, aber der Bluthusten schien zum Stillstand gekommen zu sein. Hydes erleichtertes Aufseufzen war schon fast ein Stöhnen. Der Hubschrauberlärm war nähergekommen und wieder in der Ferne verklungen, während Hyde sich über den vermeintlich Toten gebeugt und versucht hatte, unter seiner blutgetränkten Kleidung einen schwachen Herzschlag zu ertasten. Petrunin lebte noch – mit knapper Not.
«Warum?» fragte Hyde sofort, weil die Augen des Russen blicklos, nach innen gerichtet blieben. «Weshalb das alles?»
Petrunin schwieg lange. Der böige Wind blies immer wieder Schneestaubwolken unter den Überhang. Hyde war vor Kälte halb erstarrt. Dann murmelte der Russe mit seiner Hyde inzwischen vertrauten körperlosen Stimme: «Ich . . . ich will nicht als Schlächter von Kabul in die Geschichte eingehen.» Eine leidenschaftslose Äußerung voller Selbstmitleid. «Ich will nicht als Schlächter von Kabul in die Geschichte eingehen», wiederholte Petrunin. Hyde glaubte nicht einmal, daß der andere diesen Spitznamen erhalten hatte. Er gab lediglich den Stand seiner Selbsterkenntnis wieder.
«Warum?» fragte der Australier laut. «Wozu das Unternehmen *Träne»?*
«Ich bin schon damals ausgenützt worden», sagte Petrunin zu

Hydes Verblüffung. «Im Jahre 1941, während der neunhundert Tage . . .» Seine Stimme wurde schwächer. Hyde hatte keine Ahnung, wovon er sprach. «Schon damals als Späher, als Meldegänger . . . ich bin noch ein Junge gewesen – dreizehn Jahre bei Kriegsausbruch . . . sie haben mich seit damals ausgenützt . . . seit Leningrad . . .»

Hyde lief bei diesem Blick in Petrunins Vergangenheit ein kalter Schauer über den Rücken. Als Junge hatte er die Schrecken und Entbehrungen der neunhunderttägigen deutschen Belagerung Leningrads erdulden müssen.

«Ja», sagte er.

«In der Tasche gehabt . . . ihr Mann, ihr *Werkzeug . . .*»

«Aber *warum?*»

Irgend etwas erinnerte Hyde daran, daß er auf die Realität außerhalb dieser Schneehöhle, in der er mit Petrunin kauerte, achten mußte. Stille – bis auf das leise Pfeifen des Windes. Es schneite weiterhin leicht. Der Hubschrauber war nicht mehr zu hören.

«Warum?» wiederholte er leiser und ohne Hoffnung auf Antwort.

«Warum?» wiederholte Petrunin. «Warum?» Er sprach wieder Englisch – diesmal in schärferem, eher belustigtem Tonfall. «Um unseren Mann an die Spitze, ins höchste Amt zu bringen . . ., wann wir wollten. Sobald die Zeit . . .» Er mußte leicht husten und schloß die Augen, als habe er starke Schmerzen. Hyde starrte ihn an. Nur noch wenige Minuten! Aber Petrunin schien neue Kräfte gesammelt zu haben. «Die Zeit war reif», verkündete er. «Sir William hat als . . . als Vorsitzender des Geheimdienstausschusses das Ohr Ihres Premierministers gehabt; ein neuer Sicherheits- und Geheimdienst konnte etabliert werden. Ja, die Zeit war reif . . .!» Er hustete erneut und fügte dann hinzu: «Für unseren Mann . . .»

Hyde hörte nur die letzten Worte, während Petrunins Stimme wie ein schwaches Funksignal versagte.

Für *ihren* Mann. Hyde spürte, daß er unkontrollierbar zitterte. Die Antwort war nur noch einen Augenblick, einen Satz weit entfernt, und die Erkenntnis ihrer Nähe führte ihm seine Umgebung und seine Lage um so deutlicher vor Augen. Sobald

er den Namen wußte, kam es darauf an, zu überleben und heil über die Grenze zu kommen . . .
«Wer?» fragte er, aber bevor Petrunin antworten konnte, hielt er ihm den Mund zu. Die Augen des Russen weiteten sich. Hyde wußte nicht, ob Petrunin den Soldaten sah, der keine 40 Meter von ihnen entfernt langsam durch den Schnee stapfte: in einem weißen Wintertarnanzug, die Kalaschnikow vor der Brust und mit Schneeschuhen, die den lockeren Pulverschnee bei jedem Schritt zusammendrückten.
Hyde fühlte, daß Petrunins Lippen sich an seiner kalten Handfläche bewegten. Vielleicht versuchte er, den Namen des Verräters auszusprechen; vielleicht protestierte er dagegen, daß der Australier ihm den Mund zuhielt. Vielleicht stieß er einen letzten vergeblichen Fluch aus. Hyde hielt Petrunin noch fester den Mund zu, während der Soldat langsam durch ihr Blickfeld stapfte.

11

Ankunft

Zwei weitere Soldaten kamen zwischen den verkrüppelten Bäumen hervor und stapften auf Schneeschuhen den flach auslaufenden Hang herauf. Beide Männer, die ihre Gewehre schräg vor der Brust ihrer weißen Tarnjacken hängen hatten, schienen geradewegs auf Hyde und Petrunin zuzugehen, als könnten sie ihre zusammengekrümmten Gestalten unter dem Überhang ausmachen. Petrunin sackte erneut gegen Hyde, der ihn stützend umarmte, und Hyde wußte, daß der andere noch lebte, weil seine Lippen sich tonlos an seiner Handfläche bewegten. Das schwache Atmen des Russen wärmte seine Hand, aber es war eine unregelmäßige Brise, die jedesmal aufzuhören drohte, wenn sie seine Handfläche kitzelte.
Der erste Soldat kam außer Sicht, und seine beiden Kameraden

folgten ihm. Ihre übertrieben hohen und breitbeinigen Schritte wirbelten kleine Schneewolken auf.
Sie blieben stehen und sahen sich suchend um. Hyde war davon überzeugt, sie müßten die zugeschneiten Abdrücke seiner mühseligen Schritte im Schnee deutlich erkennen können. Er glaubte zu wissen, daß die flache Schleifspur, wo er den Russen unter den Überhang geschleppt hatte, auszumachen sein müsse. Die Soldaten *mußten* die Spuren sehen . . .
Die beiden stapften weiter, als hätten sie fast ein bißchen Angst davor, allzu weit hinter ihrem Kameraden zurückzubleiben. Hydes Atemzüge schienen in seinen Ohren zu dröhnen. Er konnte seinen Herzschlag hören und Petrunins flaches, unregelmäßiges Atmen gerade noch fühlen. Außer Sicht, außer Sicht – weiter, *nur weiter!*
Noch ein paar Meter, ja, drei, zwei, noch ein Schritt . . .
Sie waren fort. Er hörte einen von ihnen hinter dem ersten Soldaten herrufen. Er hörte das raschere Gleiten ihrer Schneeschuhe. Jetzt wirkte die Schneefläche vor dem Überhang glatt und unberührt, wenn man von den Spuren der drei Männer absah. Hyde nahm sanft die Hand von Petrunins Mund, als wolle er sich für seine Grobheit entschuldigen. Die Lippen bewegten sich noch immer lautlos, aber sie schienen weniger Worte als einen Ausdruck zu suchen – vielleicht ein Lächeln.
«Ihr Mann?» fragte Hyde. «Wer ist Ihr Mann?»
«Babbington», antwortete Petrunin nach kaum wahrnehmbarem Zögern. Seine Lippen formten ein Lächeln. «Babbington!»
«Verdammt noch mal, dann hat's also geklappt!»
«Natürlich.» Die Stimme klang wieder körperlos, aber auch überlegen. «Selbstverständlich.»
«Scheiße!» flüsterte Hyde. *«Er?»*
«Er.»
«Seit wann? Wie lange schon, um Himmels willen . . .?»
Petrunin winkte kraftlos ab, als vergeude Hyde die kostbare noch verbleibende Zeit mit unnützen Fragen. «Eine lange Geschichte», murmelte er. «Was . . . was haben Sie vor?»
Hyde rieb sich das Kinn. «Weiß der Teufel!»
Petrunin lachte halblaut meckernd und mußte dann wieder husten. Diesmal kam kein Blut, aber sein Kopf hing kraftlos nach vorn. Lange macht er's nicht mehr, dachte Hyde, und ich

habe nichts ... *kein Stück Papier, kein Tonband, keinen Mitschnitt – nichts!*
Der Russe schien seine Gedanken erraten zu haben. «Sehen Sie?» fragte er. «Sie haben keinen Beweis. Sie haben nichts in der Hand. Wahrscheinlich können Sie nicht einmal fliehen ...»
Er lehnte sich zurück, als versuche er, im Fels zu versinken. Sein Gesicht war farblos, sein leerer Blick auf die Felsen über ihnen gerichtet.
«Dann *helfen* Sie mir!» forderte Hyde ihn verzweifelt auf. «Helfen Sie mir, die Schweinehunde reinzulegen. Helfen Sie mir, es den Leuten zu zeigen, die Ihren Tod wollen – von denen Sie bereits erledigt worden sind.» Er beugte sich zu Petrunin hinüber, bis ihre Gesichter sich fast berührten. Wider Erwarten spürte er den Atem des Russen nicht warm auf seiner Backe. «Helfen Sie mir. Die anderen haben Sie auf dem Gewissen. Helfen Sie mir, ihren Plan zu durchkreuzen.»
«Wie?» fragte Petrunin. Dann erfaßte er, was Hyde gesagt hatte. Er hatte Angst. Obwohl er seinen Zustand kannte, hatte er sein Todesurteil nicht hören wollen. Hyde hatte es ausgesprochen. «Nein!» ächzte er. Blut quoll über seine Lippen, befleckte sein Kinn und bespritzte Hyde.
«Los, los, du cleverer Schuft – wo ist der Beweis? Sag mir, wo ich den Beweis finde, dann verderbe ich den anderen ihr Scheißspiel. Los, pack endlich aus!» Petrunin lag in seinen Armen, so daß sein Mund gegen Hydes Ohr gedrückt war. Feuchte Lippen. «Los, *red* schon!» flüsterte der Australier drängend, weil er fürchtete, das Ende stehe unmittelbar bevor. Nur noch wenige Minuten – vielleicht noch weniger ...
«Alles im Computer gespeichert ... da kommt keiner ran ... ich käme dran ... von einer unserer Botschaften aus ...» Hyde stöhnte laut.
Babbington war unangreifbar: Er verkörperte den britischen Geheimdienst – wie Aubrey vor ihm. Hyde hatte nichts gegen ihn in der Hand. Ohne Beweise war sein Wissen wertlos. Petrunin murmelte unablässig weiter, als sage er mechanisch eine Litanei auf. Selbst sein körperloses Flüstern verriet noch, daß er Hyde verspottete, obgleich er ihm sein Wissen anvertrauen wollte, damit der andere ihn rächen konnte.
«Der Zugriff ist eng begrenzt», sagte Petrunin. «Du würdest ich

sein müssen, um ranzukommen. Verstehst du ... verstehst du mich? Nur *ich* kann an diese Informationen heran – du würdest *ich* sein müssen! Hast du verstanden?»

«Ja.» Hyde hatte keineswegs begriffen.

«Ich ... ich hab alles gespeichert, im Computer versteckt ... Ich hab gemerkt, daß es vorteilhaft sein könnte, rück-rück-rückversichert zu sein ... Ich hab einen Programmierer mit Gewalt dazu gebracht, eine geheime Datei anzulegen und vor ihrer Nase zu speichern ... sie enthält alles, einfach alles: Belastungsmaterial, Unternehmen, sogar deine kostbare *Träne* – meine kostbare *Träne* ... hast du verstanden?»

«Hyde verstand noch immer nichts. Er wußte lediglich, daß er Petrunin zuhören mußte, bis der andere endgültig verstummte. Daß er den Mann stützen mußte, bis er fühlte, daß der andere zur Leblosigkeit erschlaffte.

«Der Zugriff erfolgt über jedes Terminal, das Verbindung mit der Moskauer Zentrale hat ... in jeder unserer Botschaften ... Wenn du die Kodewörter wüßtest, kämst du an die Informationen heran. Nur ich kenne sie – nur ich ...» Er machte eine Pause, zuckte spürbar zusammen, richtete sich dann etwas auf und sprach hastig weiter, als sehe er das Ende nahen und müsse den Wettlauf gegen seinen eigenen zusammenbrechenden Körper gewinnen. «Ich habe den Programmierer natürlich aus Sicherheitsgründen umgelegt, bevor sie mich *hierher* geschickt haben ... das sollte meine Rückversicherung, vielleicht sogar meine Fahrkarte in den Westen sein ... ich wäre der wertvollste Überläufer der Welt gewesen – mit nichts mehr als einer Computerkassette in der Hand ...»

Seine Stimme war jetzt leiser, aber er sprach rascher, drängender. «Hör zu, Hyde, hör gut zu ... der Zugriff erfolgt über die Dienstlichen Verwendungen in der Personalkartei des Computers ... du mußt dir meine Akte raussuchen lassen ...» Petrunin machte eine kurze Pause, als falle es ihm schwer, sich zu konzentrieren. «Aber zuvor mußt du die Kennungen eingeben. Hör zu: Das Hauptmenü ist mit der Kennung K-zwo-U-sieben-Schrägstrich-R-S-vier-K zugänglich ... Wiederholen!» Hyde wiederholte die Kennung zweimal, um sie sich einzuprägen. «Richtig! Für die Personaldatei brauchst du folgende Kennung: C-sieben-drei-fünf-Schrägstrich-D-W-Schrägstrich-P-R-X ...

Wiederholen . . .» Nachdem Hyde das Kodewort richtig wiederholt hatte, seufzte Petrunin erschöpft oder zufrieden. «Gut, gut . . .» Seine Hand klopfte Hyde kaum spürbar auf die Schulter. «Für die Dienstlichen Verwendungen brauchst du das Kodewort Weiße Nächte, Weiß . . . Weißrusse, Weißer Bär – ohne Zwischenraum geschrieben –, danach verlangst du *meine* dienstlichen Verwendungen. Als nächstes gibst du meine drei letzten Dienstorte in umgekehrter Reihenfolge ein, um . . . um an die Geheimdatei ranzukommen. Dann mußt du . . . dann erscheint ein Gedicht, das auf einen fehlerhaften Datensatz schließen läßt – aber es soll nur Neugierige abschrecken . . . *nicht löschen!* Laß es laufen, laß alle vierzehn Zeilen laufen . . . an ein Mädchen, das ich früher gekannt habe . . . dann kommt alles raus, *alles* . . .»
Er machte eine Pause, als erwarte er eine Antwort von Hyde. Der Australier verstand kaum, was Petrunin sagte; er begriff lediglich, daß es sich um wichtige Informationen handelte, die er sich merken mußte. Wie ein Recorder würde er diese Informationen auf Wunsch wiederholen können – falls er jemals Gelegenheit erhielt, mit einem Fachmann darüber zu sprechen.
«Es . . . es gibt eine Abkürzung, die zu *Träne* führt . . . Abkürzungen zu allem . . . hätte vielleicht nicht viel Zeit gehabt . . . mußte sicher sein, daß die interessantesten Einzelheiten . . . be-son-ders *Träne . . . Abkürzung . . . !*» Er stieß einen Schrei aus, als sehe er einen Feind herankommen. Hyde fuhr zusammen und hätte sich beinahe umgedreht. Petrunin begann keuchend zu husten. «Nein, *nein* . . .»
«Abkürzung», wiederholte Hyde als Stichwort, während er Petrunin leicht an den Armen schüttelte.
Petrunins rechte Hand klopfte krampfhaft auf Hydes Schulterblatt und unterstrich Worte, die der Australier nicht hören konnte. Dann verkrampften seine Finger sich in Hydes Lammfelljacke, als klammere er sich am Rande eines Abgrunds fest. Seine Stimme war zu einem blubbernden Glucksen geworden.
«Abkür-zung . . . Ab . . . kürzung . . . Ab-kür . . .»
«Ja, ja!»
Petrunins Oberkörper sackte gegen Hyde: scheinbar knochenlos und dann sofort starr, als sei er schon seit Stunden tot und steifgefroren. Hyde drückte ihn gegen die Felswand zurück.

Mund, Kinn und Hals des Toten waren blutverschmiert. Seine Stirn war wächsern bleich. Seine Hände waren noch immer krallenartig verkrampft.
Kraftlos. Seine Informationen waren so tot wie Petrunin. Jede sowjetische Botschaft in irgendeinem Land der Welt. Nur von dort aus hatten Berechtigte Zugriff zu den Speichern des Moskauer Zentralcomputers. Eine hoffnungslose Ausgangslage. Sinnlos und hoffnungslos. Hyde freute sich beinahe darüber, daß Petrunin tot war, daß die letzte Anstrengung sein Leben verkürzt hatte – wenn auch nur um Minuten.
Trotzdem widerstrebte es ihm auf eigenartige Weise, den Toten loszulassen, als seien seine eiskalten Hände irgendwie an Petrunins Mantel festgefroren. Der Russe starrte ihn mit gebrochenen Augen an und an ihm vorbei auf den leichten Schneefall und die verkrüppelten Bäume. Dann ließen Hydes Hände ihn los, so daß er etwas zur Seite rutschte und mit nach vorn gesunkenem Kopf wie eine dort vergessene Puppe sitzenblieb. Hyde holte mehrmals tief Luft und kroch unter dem Überhang hervor. Der Wind und Schnee auf seinem Gesicht fühlten sich frisch, nicht eisig an. Er hatte das Gefühl, aus einer leichten Trance zu erwachen, war etwas desorientiert und fürchtete sich plötzlich vor dieser fremden Umgebung. Von den Soldaten war nichts zu hören oder zu sehen, aber irgendwo in der Ferne knatterten Hubschrauberrotoren.
Sein Instinkt rette Hyde, bevor Geräusche sein Ohr erreichten. Er erinnerte sich daran, was der letzte der drei Soldaten gerufen hatte, als er an ihrem Versteck vorbeigekommen war. Irgend etwas von Entfernung, von Grenze ihres Einsatzbereichs, von Zeit und der Notwendigkeit, sich wieder zu melden ...
Hyde schüttelte den Kopf, aber der genaue Wortlaut fiel ihm nicht mehr ein. Sein Unterbewußtsein erinnerte sich jedoch an eine räumliche oder zeitliche Begrenzung oder *Rückkehr* ...
Sie würden zurückkommen!
Hyde richtete sich auf. Sein Mitgefühl für Petrunin verblaßte bereits. Der Mann, der versucht hatte, sich mit MGs und Brandbomben wieder einen Weg nach Moskau zu bahnen, war nur mehr ein Schatten des weltmännischen, intelligenten, übermäßig stolzen Tamas Petrunin gewesen, den Hyde einst

gekannt hatte. Er setzte sich auf schwankenden, fast einknikkenden, verkrampften Beinen in Bewegung, torkelte wie ein Betrunkener, stolperte und kam endlich rascher voran. Die Einzelheiten von Petrunins Informationen über das Unternehmen *Träne* wurden uninteressant, sobald er die erste Stimme hörte. Der Soldat, der sich eigentlich nur umgedreht hatte, um seinen Kameraden zum Aufschließen aufzufordern, stieß einen überraschten Schrei aus, dem sofort ein Befehl folgte. Hyde hörte, daß ein Funkgerät eingeschaltet wurde und eine aufgeregte russische Stimme meldete, daß er aufgespürt worden sei.
Er rannte durch den Tiefschnee am Rand der Lichtung und war fast augenblicklich außer Atem, weil der Hang im Bereich des Überhangs steil anstieg. Stimmen drangen an sein Ohr: Ausrufe der beiden anderen Soldaten, Schreie, mit denen sie die Verfolgung aufnahmen, und die blecherne Befehlsstimme aus dem Lautsprecher des Handfunkgeräts, das der erste Soldat umhängen hatte. Hyde hastete weit nach vorn gebeugt vorwärts: Seine Knie fast unter dem Kinn, die Hände bei jedem Schritt in den weichen Schnee greifend, um mitzuhelfen, seinen bleischweren Körper bergauf voranzubringen. Verkrüppelte Bäume ringsum, als haste er geduckt durch einen Zwergenwald. Schnee wurde aufgewirbelt, wenn er elastisch zurückschnellende Zweige streifte, von denen sein Gesicht brannte. Hyde dachte an die Pistole an seinem Gürtel. Weiterhin Lärm hinter ihm, erstickte Rufe, das angestrengte Keuchen seiner Verfolger. Die Soldaten kletterten hinter ihm her.
Hyde war noch etwa sechs bis acht Kilometer von der Grenze entfernt. Er machte eine Pause, hechelte wie ein erschöpfter Hund, so daß sein Atem große Dampfwolken bildete, und hob den Kopf. Die Bergflanke schien unendlich hoch aufzuragen: eine weiße Wand mit grau hervortretenden Felsbändern und steilen Graten. Er konnte weder den Gipfel noch den Sattel erkennen, durch den sie auf dem Hinmarsch zum Fort gezogen waren. Im grauen Licht des herandämmernden neuen Tages wirkte auch der Schnee eher grau. Das Rotorengeräusch schien lauter geworden zu sein.
Der erste Schuß zerfetzte zusammengefrorene Zweige in der Nähe seines Kopfs. Hyde kroch auf allen vieren davon und setzte dann seinen mühsamen Aufstieg fort. Der Schnee war

locker und tief, und Hyde arbeitete sich mit gefühllos werdenden Armen und Beinen und keuchenden Lungen, die von einem Eisenring um seine Brust eingeschnürt zu werden schienen, weiter in die Höhe. Erneut zwei Schüsse, die ihn beide weit verfehlten. Vor Angst glaubte Hyde, jeden Quadratzentimeter seines Rückens zu spüren, obwohl er nicht einmal wußte, ob seine Verfolger den Auftrag hatten, ihn lebend zu fassen.
Er wandte sich nach rechts, folgte wie ein «laufender Keiler» in einer Schießbude einem breit gewölbten Grat und gelangte auf einen noch breiteren Rücken. Hyde wußte, daß er der Route folgte, auf der sie nach Afghanistan gelangt waren, obwohl nirgends ein Pfad zu sehen war. Irgendein genau funktionierender, ausgebildeter Teil seines Gedächtnisses führte ihn, veranlaßte ihn zu Richtungsänderungen und ließ ihn weitersteigen. Erneut Schüsse, die ihn wieder verfehlten. Er hörte sie 20 Meter von sich entfernt von den Felsen abprallen. Hyde richtete sich etwas auf und breitete die Arme aus, um besser das Gleichgewicht halten zu können. Auf beiden Seiten des Rückens fiel das Gelände steil ab: links zehn bis zwölf Meter, rechts Hunderte von Metern. Er wankte weiter und fürchtete sich davor, langsamer zu werden oder das Gleichgewicht zu verlieren.
Dann stieg und kletterte er wieder, weil der Rücken vor ihm breiter und steiler wurde, bis er einem Strebepfeiler einer Kathedrale glich. Hyde holte das Letzte aus seinen gefühllosen, bleischweren Beinen heraus. Eins, zwei, drei, vier ... der Anstieg wurde steiler ... er erinnerte sich jetzt an diese Stelle ... ein schmaler Bergpfad durch die Steilwand und dahinter die Serpentinen zu dem Sattel hinauf, hinter dem das lange schmale Tal begann, in dem Petrunin die Widerstandskämpfer verbrannt hatte.
Zehn, elf, zwölf ...
Sein linkes Bein versank bis zur Hüfte im Tiefschnee. Das rechte Bein blieb gebeugt, so daß er das Gleichgewicht bewahrte, bis er es instinktiv streckte und dadurch nach links über den Grat rutschte. Schnee ergoß sich wie ein Wasserfall über Hyde, als er sich überschlagend in die Tiefe stürzte. Vor seinen Augen drehte sich alles – Sterne, Schnee, Grau ... Schnee, Schnee in seinen Augen und Nasenlöchern, in sämtlichen Öffnungen und Schlitzen seiner Kleidung. Hyde bemühte

sich, die Pistole festzuhalten, als er wie ein strandendes Schiff gegen einen unter dem Schnee verborgenen Felsen prallte und außer Atem, nur mehr halb bei Bewußtsein und zu keiner weiteren Anstrengung mehr fähig liegenblieb.

Er blieb im geheimnisvollen Halbdunkel auf dem Absatz der engen Treppe stehen und fragte sich, ob der Geist der unverheirateten alten Tante seine Ankunft beobachtet hatte. Dabei war sie gar nicht seine Tante gewesen. Oben an der Treppe lag eine Wohnung, die einer zurückgezogen lebenden alten Jungfer ohne Angehörige gehört hatte. Sie war mutterseelenallein gestorben. Ihr Tod war unbeweint, sogar unbemerkt geblieben. Ihre Einrichtung war nie verkauft worden; lediglich die Katze und die Kanarienvögel waren beseitigt worden. Das Apartment stellte einen idealen Treffpunkt dar: eine sichere Wohnung. Im Erdgeschoß befanden sich die Geschäftsräume einer wenig erfolgreichen Importfirma für Plastikartikel aus dem Fernen Osten zur Füllung von Knallbonbons. Eine vom KGB gegründete Scheinfirma.

Er nahm bereits den abgestandenen Modergeruch der selten benützten Wohnung wahr, der ihm die Treppe herab entgegenzuströmen schien. Trotzdem blieb er noch einen Augenblick auf dem Treppenabsatz stehen. Oben wartete schon sein Kontaktmann. Er zögerte keineswegs davor, mit ihm zusammenzutreffen – ganz im Gegenteil, er war durchaus zuversichtlich. Gewiß, Petrunins Plan war zu clever gewesen. Davor hatte Babbington von Anfang an gewarnt. Obwohl Aubrey stets ein Einzelgänger gewesen war, hatte es ihm nie an Freunden, an willigen Helfern gefehlt. So waren die Massingers ins Spiel gekommen, auch Hyde und Shelley – und nun Zimmermann.

Trotzdem waren nur einige Stunden Arbeit nötig gewesen, um ... Würde er sich jetzt, wo er wieder in Sicherheit war, eingestehen, wie schwitzend, unsicher und nervös er diese Stunden verbracht hatte? Ja, vielleicht waren sie ein bißchen spannend gewesen, aber es hatte nur ein paar Stunden gekostet, um die Dinge wieder ins Lot zu bringen und die Ausgangslage wiederherzustellen. Die Massingers waren in Bonn bei Zimmermann; Clara Elsenreith war in Wien. Wenn er Massingers dämlichen, mitfühlenden amerikanischen Charakter richtig deutete, würden die beiden zu ihr nach Wien reisen. Die Außenstelle Wien hatte er praktisch in der Tasche. Die Massingers würden dort in eine sorgfältig aufgebaute Falle tappen, die das Ende ihrer Nachforschungen bedeuten würde.

Und Aubrey . . . ja, auch Aubrey konnte nach Wien unterwegs sein, um diese Frau aufzusuchen, mit der er einst liiert gewesen war . . .?

Babbington schüttelte den Kopf. Das war eine vielleicht zu optimistische Auffassung. Jedenfalls würde Aubrey bald gefaßt werden . . .

Und zum Schweigen gebracht werden.

Alles würde gutgehen, wenn er rasch und entschlossen handelte. Und genau das hatte er getan.

Er betrachtete den oberen Treppenabsatz und die Tür, die in die nach Moder riechende kleine Diele der Wohnung führte. Er glaubte Oleg vor sich zu sehen: mit seinem irritierenden Kassettenrecorder auf den Knien, den schmalen Kopfhörer übergestülpt und Mahler oder modernen Jazz hörend, während er auf sein Eintreffen wartete – ein Mann, der in selbstgenügsamem Schweigen in einem schäbig möblierten Raum saß. Babbington verdrängte den Gedanken daran, wie verhältnismäßig unbedeutend dieser Treff und sein Kontaktmann waren.

Der KGB hielt sich in dieser Sache natürlich zurück, was zwei gute Gründe hatte. Erstens sollte er nicht durch eine heftige Reaktion kompromittiert oder gar enttarnt werden. Und zweitens galt dieser Fall als Prüfstein für ihn. Wurde er mit dieser Krise fertig? War ihr Mann, der jetzt über die notwendige Macht verfügte, auch imstande, sie zu seinem Schutz einzusetzen?

Babbington lächelte erneut in sich hinein, während er einige Stufen hinaufstieg. Die Zentrale Moskau dachte vor allem pragmatisch. Selbst er konnte riskiert werden, um seine Fähigkeiten zu testen. Aber er hatte es geschafft. Diese kleine Krise würde keine 24 Stunden mehr dauern – vor allem wenn Petrunin und Hyde in Afghanistan erschossen wurden, was im Falle Petrunin von Anfang an ratsam gewesen wäre.

Babbington erreichte den oberen Treppenabsatz und sah sich um. Er hörte gedämpften Verkehrslärm und ein an Nager erinnerndes Rascheln aus irgendeinem Lagerraum hinter den Büros der Importfirma. Ansonsten herrschte Stille. Alles würde gutgehen ... Es gab wirklich keine Krise, nur Einzelpersonen, um die man sich kümmern mußte; ein paar Stiche, aber kein Hornissenschwarm. Einige unbedeutende Figuren mußten aus dem Spiel genommen werden – eine Kleinigkeit für einen Mann mit der Macht, die er jetzt besaß.

Die Zentrale Moskau würde annehmen, daß er mit dem bisher Erreichten zufrieden war. Er hatte den Gipfel erreicht. Aber die Russen hatten sein wahres Motiv nie begriffen. Er war 1956 nach der Suezkrise zu ihnen gestoßen, und sie hatten angenommen – wie stets, wenn ideologische und finanzielle Gründe ausschieden –, daß er machthungrig sei. Die geheime, verwickelte, spielerische Macht, die Philby, Blunt und die anderen genossen hatten, auch wenn sie ideologische Gründe vorgeschoben hatten. Aber damit gab *er* sich nicht zufrieden: Seine Belohnung war subtiler, raffinierter.

Für die Sowjetunion, für den KGB war er so wichtig wie Kapustin, so wichtig wie der KGB-Vorsitzende, fast so wichtig wie Generalsekretär Nikitin. Auf diesen geheimen Machtgipfel, auf diesen Wert, den er eines Tages besitzen würde, hatte er fast drei Jahrzehnte lang gewartet. Dafür hatte er gearbeitet; dafür hatte er ursprünglich seine Wahl zwischen Loyalität und Verrat getroffen. Er gehörte zu den wichtigsten Männern in der Hierarchie einer Supermacht! Großbritannien, diese jetzt bankrotte, lächerliche drittklassige Macht, bewies ihm zu seiner größten Befriedigung tagtäglich, daß er klug gewählt hatte.

Er überquerte den schmalen, mit Linoleum ausgelegten Treppenabsatz fast beschwingt und öffnete die Tür. Die moderige Diele war unbeleuchtet, aber aus dem Wohnzimmer fiel ein blasser Lichtschein. Ja, Oleg würde dort mit seinem dämlichen kleinen Kopfhörer über den Ohren hocken und den Takt irgendeines unhörbaren Jazzstücks mit einem Fuß mitklopfen.

Babbington lächelte. Vierundzwanzig Stunden, bestimmt nicht mehr. *Das* würde Oleg hören wollen, und *das* glaubte Babbington garantieren zu können.

«Bei den darauf folgenden Ermittlungen hat Babbington eine

sehr uncharakteristisch kleine Rolle gespielt . . . Seine Abwesenheiten, sein ganzes Verhalten – daraus könnte man leicht einen Verdacht konstruieren, mein Lieber.»
Der Speisesaal des Hotels Königshof war fast leer. Sie gehörten zu den wenigen Gästen, die ein spätes Abendessen genossen . . . nein, nein, *ertrugen* wäre eher das richtige Wort gewesen. Hinter ihnen glitzerten die Lichter beider Rheinufer. Auf dem Fluß bewegten sich Positionslichter scheinbar ohne die dazugehörigen Schiffsrümpfe. Regen klatschte gegen die Panoramafenster.
Als Massinger keine Antwort gab, sprach der Deutsche weiter. «Seitdem wir uns getrennt haben, habe ich heute abend zahlreiche Telefongespräche geführt . . .» Er war in unziemlicher Hast aus dem zu einem Treibhaus gewordenen Hotelzimmer geflüchtet, um den gespannten, fast gewalttätigen, schwindelerregenden Emotionen zu entgehen, die zwischen dem Amerikaner und seiner Frau aufblitzten. Zimmermann hatte sich in die Verfolgung seiner Intuitionen in bezug auf Andrew Babbington wie in einen kalten, erfrischenden Swimming-pool gestürzt. Während seines Aufenthalts in Bonn im Jahre 1974 hatte Babbington eine kurze Affäre mit einer verheirateten Frau gehabt: eine perfekte Tarnung – falls er eine Tarnung gebraucht hatte. «In Köln sitzt eine Frau in Untersuchungshaft . . .»
Massinger hob den Kopf. Sein Blick war ausdruckslos, verschwommen. «Was?» fragte er nur.
Margaret Massinger konzentrierte sich weiterhin auf ihren Nachtisch, an dem sie ohne großen Appetit herumpickte. Zimmermann erkannte, daß er einer entschlossenen Frau gegenübersaß. Aus ihrer Sicht gab es keine weiteren Entscheidungen zu treffen; die nötigen waren längst getroffen. Zimmermann ärgerte sich erneut darüber, daß er den beiden als Zeichen seines guten Willens Clara Elsenreiths Adresse gegeben hatte, als er in den Königshof zurückgekommen war, um mit ihnen zu Abend zu essen. Das gierige Aufleuchten in den Augen der Massingers hatte ihn sofort ahnen lassen, welche Richtung ihr Gespräch nehmen und wie es enden würde.
«Untersuchungshaft. Sie ist vor zwei Jahren wegen . . . wegen Kriegsverbrechen in Untersuchungshaft genommen, aber bisher noch nicht vor Gericht gestellt worden. Ich habe vor, sie zu besuchen. Sie ist Babbington während seines Aufenthalts in

Bonn zugeteilt gewesen, und er hat ihre Wohnung als Liebesnest benützt.» Zimmermann sprach hastig und ohne Pausen, als könne er sich dadurch erhöhte Aufmerksamkeit sichern.
Massinger wirkte nicht sonderlich interessiert. Seine Frau war hellwach, aber Zimmermann merkte ihr an, daß sie sich hartnäckig weigerte, die Bedeutung des angeschnittenen Themas anzuerkennen.
«Was hoffen Sie durch diesen Besuch zu erfahren?»
«Die Wahrheit über Babbingtons Story – was sonst?» knurrte der Deutsche.
«Halten Sie Babbington für den Mann?»
«Ich halte ihn für nichts, ich habe ihn nur in Verdacht.»
«Aber das ist doch Unsinn!» stieß Massinger hervor, als ob er die Bedeutung des bisher Gesagten erst jetzt begriffen habe. «Das ist zu phantastisch, um wahr zu sein ...»
Margaret blickte auf und schüttelte den Kopf. «Die Vorstellung, Andrew könnte ein Verräter sein, ist lächerlich», sagte sie ruhig und in einem jeglichen Zweifel ausschließenden Tonfall. «Unmöglich», fügte sie hinzu, als sie sah, daß Zimmermann verärgert war.
Zimmermann erinnerte sich an die gemurmelten, endlos wiederholten Versprechen des Amerikaners gegenüber dieser Frau. Das alles hatte ihn dazu gebracht, den Raum zu verlassen. Jetzt erkannte er, wie blindlings entschlossen die beiden waren. Morgen würden sie nach Wien reisen, um Clara Elsenreith aufzusuchen.
Wolfgang Zimmermann hatte niemand zu ihr geschickt und nicht selbst mit der Frau gesprochen. Er war sich darüber im klaren, daß dahinter Feigheit steckte. Er wollte nicht wissen, was wirklich passiert war.
Aber die beiden wollten es wissen. Sie stellten die Wahrheit über ihre Sicherheit, über Freundschaft und über ihre eigene Zukunft. Sie mußten herausbekommen, wer Castleford ermordet hatte – und warum.
Zimmermann hatte Verständnis für Mrs. Massinger. Ihre ganze Persönlichkeit sträubte sich gegen die Idee, ihr Vater könnte ein Nazi gewesen sein. Um diesen monströsen Vorwurf zu entkräften, mußte sie von Clara hören, daß es sich – falls Aubrey ihn ermordet hatte – um ein Verbrechen aus Leidenschaft

gehandelt habe. Das konnte sie akzeptieren: den gewaltsamen Tod ihres Vaters als Ehebrecher. Aber nicht als Nazi, nicht als Helfershelfer von Kriegsverbrechern.
Aussichtslos! Er würde die beiden niemals überreden können.
«Versprechen Sie mir wenigstens, nach ihrem Besuch bei Frau Elsenreith zurückzukommen und *mir* zu helfen?» bat er.
«Ja, wir ... aber wir können nichts versprechen, bevor wir ... bevor wir in Wien gewesen sind», antwortete Massinger nach einer langen, peinlichen Pause. Margaret berührte seine Hand, als wolle sie durch diese Berührung seine Entschlußkraft stärken.
«Ah, ich verstehe», sagte der Deutsche kalt und abweisend. Er legte seine Serviette auf den Tisch. «Denken Sie daran, daß Sie in Wien bekannt sind», fügte er hinzu, um Massinger zu beunruhigen. «Seien Sie vorsichtig! Nutzen Sie Ihren alten *professionellen* Instinkt, mein Freund.» Er stand auf, verbeugte sich leicht vor Margaret, die weiterhin schwieg, und verkündete dann: «Ich fahre jetzt sofort nach Köln. Mich interessiert, was diese Frau zu erzählen hat. Gute Nacht – und alles Gute!»
Massinger schien aufstehen zu wollen. Zimmermann winkte ab und marschierte mit erhobenem Haupt und festem Schritt davon.

Der Pulverschnee im Mund und in den Nasenlöchern drohte ihn zu ersticken. Die Kristalle waren nicht geschmolzen und eisig seine Kehle hinuntergelaufen. Seine Augen waren mit Schnee verklebt, so daß er blind war. Hyde rieb sie sich, öffnete sie, hustete den Schnee aus und nieste. Er setzte sich rasch auf, um den Pulverschnee aus der Nase zu schnauben. Er war von Kopf bis Fuß weiß eingestäubt.
Ein Soldat stand vor ihm und hielt seine Kalaschnikow auf Hydes Körpermitte gerichtet. Der Australier sah auf und suchte das blasse junge Gesicht nach Nervosität, nach Unsicherheit und Zweifeln und nach dem Bedürfnis nach sofortiger Unterstützung ab. Er entdeckte alles, was er gesucht hatte, und drehte sich stöhnend auf die Seite, während er seinen rechten Arm mit der linken Hand umklammerte.
«Halt, keine Bewegung!» warnte ihn der junge Soldat. Hyde

wälzte sich langsam weiter zur Seite, bis sein rechter Arm durch seinen Körper verdeckt wurde. Er griff behutsam hinter sich und zog die Makarow, die dem jungen Leutnant gehört hatte, den er erschossen hatte. Dann setzte er sich auf, wobei die Pistole hinter seinem Oberschenkel unsichtbar blieb, und streckte den russischen Soldaten mit zwei Schüssen in den Magen und die Stirn nieder. Der Russe machte einen Satz rückwärts, als sei er von einem elektrischen Schlag getroffen worden, und blieb dann bewegungslos im Schnee liegen.
Hyde hatte den Mann ohne nähere Überlegung als Reaktion auf seine drohende Gefangennahme erschossen. Er sah die Schneerinne hinauf. Der Strebepfeiler des über ihm aufragenden Grats war frei von weiteren Uniformierten. Die Dreimannstreife mußte sich geteilt haben – vermutlich auf Befehl des nächsten Hubschraubers, den Hyde im Steigflug knattern hörte und der noch weit unter ihm war. Der Himmel war jetzt eintönig grau.
Er kam auf die Beine, kämpfte sich den Steilhang hinauf, rutschte in den Pulverschneemassen mehrmals aus und erreichte schließlich wieder den Grat. Auch dort war kein Verfolger zu sehen. Hyde machte einen Bogen um den Spalt, in den er zuvor getreten war, und stieg weiter den Rücken bis zu der Stelle hinauf, wo er mit der Bergflanke verschmolz. Mit der Vorsicht, zu der ihn seine Erinnerung anhielt, schob er sich das schmale, leicht ansteigende Felsband entlang, das um das Gipfelmassiv herumführte. Es war nicht breiter als ein Ziegenpfad, und der Schnee verdeckte seine genauen Abmessungen, indem er sie breiter erscheinen ließ.
Nach 20 Minuten konnte er die weiter entfernten, höheren Gipfel jenseits von Paratschinar und in Pakistan sehen, die von der aufgehenden Sonne vergoldet wurden. Der Himmel war nicht mehr bleigrau, sondern kaum mehr bewölkt, und der leichte Schneefall hatte aufgehört. Vor Hyde verbreiterte sich das Felsband zu einem steil ansteigenden, aber besser gangbaren Pfad, der zu dem Sattel hinaufführte, hinter dem das lange, enge Tal begann, an dessen Ende Pakistan lag.
Hyde bewegte sich jetzt rascher und wünschte sich nur, er hätte dem toten Russen das Handfunkgerät abgenommen, um Kontakt zu seinen Verfolgern halten, ihre Fortschritte überwachen

und ihre Entfernung zu ihm kontrollieren zu können. Er war gekrümmt und ausgelaugt, blieb weit nach vorn gebeugt, während er mechanisch weiterstapfte, hatte nur noch seinen eigenen dröhnenden Herzschlag und sein keuchendes Atmen im Kopf und vergaß darüber alles andere.
Hyde arbeitete sich ständig langsamer werdend vorwärts und stolperte gelegentlich, wenn er den erhobenen Fuß nicht rasch genug aufsetzte, um das Gleichgewicht zu bewahren. Sein Atemholen wurde in der dünnen, kalten Luft immer hastiger und flacher. Er konnte nicht genug Luft in seine Lungen bekommen – und wollte doch nicht tief einatmen, weil die eisige Luft in seinen Lungen schmerzte.
Der Weg war wieder schmaler geworden – mit bewußter Anstrengung gelang es Hyde, sich an diese Tatsache zu erinnern, die ihm auf dem Hinweg aufgefallen war –, aber er konnte sich noch immer gut darauf bewegen. Links von ihm ragte die Felswand auf, die er häufig mit der Hand streifte, um zumindest eine moralische Stütze zu haben, oder an der er sich krampfhaft festklammerte, wenn ihm schwindelig wurde und er das Gleichgewicht zu verlieren drohte.
Hyde passierte den Sattel, das schmale Tor ins nächste Tal, ohne es richtig zu merken. Er stieg wieder in den Schatten hinunter, den die noch tief am Himmel stehende Sonne warf. Dann legte er eine Pause ein – wegen seiner Erschöpfung auf Händen und Knien – und blickte nach Afghanistan hinaus.
Dabei wurde ihm klar, daß er keine rechte Vorstellung von seiner Rettung hatte. Er hatte nicht darüber nachgedacht, sich keinen Plan zurechtgelegt ... Er hatte seinen Führer, Dolmetscher und Beschützer Miandad eingebüßt. Hyde wußte nicht, welche Vorbereitungen für ihre Rückkehr getroffen worden waren.
Er war sich darüber im klaren, daß er dieses Lager nicht allein betreten durfte – daß er damit sein Leben riskiert hätte. In seinem Inneren schien irgend etwas nachzugeben und erschöpft zu sein, etwas weit Wichtigeres als bloße physische Energie. Er zitterte vor Schwäche, während er wie ein erschöpftes Tier auf allen vieren rastete. Sein Atmen klang selbst in seinen eigenen Ohren wie ein Schluchzen ...
Bis es im Knattern der Rotorblätter eines Hubschraubers unter-

ging, der rasch von hinten herankam und Hydes Körper im Abwind erzittern ließ, als der Hubschrauber im Schwebeflug vor ihm hing – mit seinen getönten Scheiben, die an eine bedrohliche Maske erinnerten, und den Öffnungen für seine MGs, die wie ein Grinsen aussahen. Der Hubschrauber drehte seitlich ab. Hyde sah Gesichter an den offenen Rumpftüren. Das in der offenen Tür auf einer Lafette gelagerte schwere Maschinengewehr PKMS zielte auf ihn. Hyde richtete sich auf den Knien auf und drückte sich zwischen die Felsen. Der Hubschrauber kam etwa zehn Meter über ihm, wo die Rotoren nicht mehr an die zurückweichende Felswand schlagen konnten, noch näher heran. Der Mil-Kampfhubschrauber hing wie ein riesenhaftes, laut brüllendes Ungeheuer über Hyde, verdeckte den Morgenhimmel und hämmerte mit seinem Rotorengeräusch auf Hyde ein. Dabei sank er langsam tiefer. Hyde war zu keiner Bewegung fähig.
Eine von dem Hubschrauber aufgewirbelte Flugschneewolke hüllte ihn vollständig ein. Hyde drückte sein Gesicht gegen den Fels und spürte das Zerren des Abwinds an seinen Armen und Händen – seine Finger glitten ab, konnten ihren Griff nicht halten und bemühten sich vergeblich, mit dem Fels zu verwachsen –, dann im ganzen Körper, der immer heftiger durchgeschüttelt wurde, und zuletzt in seinen Knien, Waden und Füßen, die erzitterten, rutschten und über das schmale Felsband glitten, unter dem das Tal lag. Hyde wurde durchgeschüttelt und in etwas anderes umgewandelt: in einen aus großer Höhe abstürzenden Körper.
Seine Fersen stemmten sich ins Leere; dann hingen die Beine mit gebeugten Knien über die Felskante. Sein Gesäß rutschte auf die Kante zu. Hyde schaffte es nicht, sich auf den Bauch zu drehen, und seine Hände fanden keinen Halt.
Die Mi-8 schwenkte zur Seite. Blauer Himmel, wo der Hubschrauber geschwebt hatte, dann sank ein schwarzes Bündel an einem Seil aus dem Bauch der Maschine. Hyde, dessen Beine ins Leere ragten, lag mit Flugschnee bedeckt auf dem Felsband, als der Windenmann des Hubschraubers abgeseilt wurde, um ihn aufzusammeln. Fünfzehn Meter, zehn, fünf – er schien auf Hyde herabzustoßen, der lediglich auf ihn warten konnte. Sobald der Windenmann sich auf gleicher Höhe mit Hyde

befand, ließ der Hubschrauberpilot ihn seitlich auf das Felsband zupendeln.
Hundert Meter, vielleicht zweihundert, sagte Hyde sich. Irgend jemand schien auf ihn einzureden. Nicht mehr als 200 Meter, dann bist du in Deckung. *Und danach fünf Kilometer,* antwortete eine andere Stimme. *Mindestens fünf Kilometer.*
Zweihundert Meter! wiederholte die erste Stimme.
Zwei Meter, eineinhalb, ein Meter – das registrierten seine Augen. Die Stiefel des Windenmanns kratzten über die Felskante und fanden Halt, während sein zuvor über den Abgrund geneigter Körper sich aufrichtete. Er stand auf dem Felsband. Hyde trat nach ihm, und der Windenmann tanzte seitlich davon, als der Hubschrauber ihn mit einem kurzen Ruck wie eine Marionette am Drahtseil bewegte. Er pendelte langsam zurück, bemühte sich, wieder festen Boden unter die Füße zu bekommen, richtete sich dann auf und wollte sein auf dem Rücken getragenes Gewehr nach vorn holen. Hyde rollte auf den Windenmann zu, der sofort wieder außer Reichweite gerissen wurde. Der Australier griff in den Schnee, fand darunter gefrorene Erde, grub seine Fingernägel hinein und hielt seinen zur Felskante rollenden Körper auf. Er war erschöpft und entnervt: am Ende seiner Kräfte. Der Windenmann kam zurückgetanzt, bis seine Stiefel erneut das Felsband berührten. Diesmal grinste er, und die Gewehrmündung zielte auf Hyde.
Wollten sie ihn lebend gefangennehmen?
Zumindest vorläufig ... zweihundert Meter ... später erschießen sie dich doch.
Hyde machte eine Bewegung, als wolle er sich auf den Windenmann zurollen, der sofort wieder hochgezogen wurde. Der Pilot verstand seine Sache, das mußte man ihm lassen, und die beiden probierten diesen Trick nicht zum erstenmal. Die Stiefel des Russen hingen einen knappen halben Meter über dem Felsband. Der aufgewirbelte Pulverschnee setzte sich langsam, während der Windenmann wartete. Als Hyde sich zur Seite wälzte, tanzten die Beine sofort wieder nach oben. Hyde zog die Makarow unter seinem Rücken hervor und schoß. Das Grinsen des Windenmanns wurde schief, und er begann wie Petrunin Blut zu spucken. Während der Kampfhubschrauber ruckartig abdrehte, kam Hyde auf die Beine und rannte

geduckt los. Die Mi-8 knatterte hinter ihm her. Er hörte einen lauten Aufschrei und zugleich ein schreckliches Geräusch, als Metall, Fleisch und Knochen über Felsen schrammten. Die Besatzung hatte sich nicht einmal die Mühe gemacht, ihren Windenmann einzuholen, sondern den hilflosen Verwundeten an seinem Stahlseil hängend gegen die Felswand geknallt und damit den Tanz beendet.
Das PKMS hämmerte los, überschüttete den Pfad hinter Hyde mit einem Kugelhagel und sprengte eine scharfe Felskante ab, die sich Sekunden zuvor noch neben seinem Kopf befunden hatte. Hyde sprang in die gewundene, mit Felsbrocken durchsetzte, gute Deckung bietende Rinne, die zum Talboden hinunterführte; in seiner Angst waren seine Bewegungen fast so rasch und fließend wie der Wasserlauf, der sich einst dieses Bett gegraben haben mußte.
Er sah sich unterwegs nur einmal um. Der Mil-Hubschrauber schwebte in 30 Meter Höhe, und der tote Windenmann wurde soeben an Bord gehievt. Seine Leiche hing wie eine grotesk zerbrochene Marionette unter dem Hubschrauber. Hyde rutschte hastig weiter durch die Rinne bergab und war verzweifelt bemüht, den Talboden zu erreichen, bevor der Kampfhubschrauber die Jagd wieder aufnahm.

«Ich könnte mir vorstellen, daß Zeugenaussagen . . . neue Zeugenaussagen vorgelegt werden, Frau Schröder. Ihr Anwalt weiß bestimmt, was ich meine . . .?» Während Zimmermann leichthin sprach, drehte er den Kopf zur Seite, um die Reaktion des Anwalts der in Untersuchungshaft Sitzenden beobachten zu können. Der Rechtsanwalt war ein jüngerer, erfolglos gegen Übergewicht ankämpfender Mann, dessen goldgeränderte Brille ihm einen gelehrten Ausdruck verlieh, der in eigentümlichem Gegensatz zu seinem teuren, topmodernen Anzug, dem modischen Hemd und der allzu bunten Krawatte stand. Er konnte noch gar nicht auf der Welt gewesen sein, als die Schröder die ihr jetzt vorgeworfenen Greueltaten verübt haben sollte. Der Anwalt nickte ihm zu, er solle seinen Bestechungsversuch fortsetzen. Margarethe Schröder beobachtete Zimmermann unter schweren Lidern hervor. Ihr Zorn und ihre Empörung

waren offenkundig und ließen das Gesicht unter dem weißen Haar jünger erscheinen, als es in Wirklichkeit war. Sie zuckte mit den Schultern, als langweile Zimmermann sie, aber ihre Augen glitzerten hellwach und berechnend. Sie saß seit zwei Jahren in Untersuchungshaft und wartete auf ihren Prozeß, zu dem es vielleicht nie kommen würde. Sie war Aufseherin im KZ Maidanek gewesen; die eidesstattlichen Erklärungen von Überlebenden schilderten sie als eine Teufelin in Menschengestalt.
Zimmermann hatte Menschen dieses Typs schon früher kennengelernt: die Überlebenden von SS und Gestapo. Sie erweckten in ihm noch immer nichts anderes als stummes, angewidertes Grauen – vor ihrer Geschichte und wegen ihrer Nationalität.
Die Frau war mit einer Gruppe pensionierter Beamtinnen auf einer Rundreise durch Florida gewesen, als eine Überlebende von Maidanek sie wiedererkannt hatte. Margarethe Schröder hatte die gegen sie erhobenen Vorwürfe niemals zurückgewiesen, sondern sie lediglich als unbedeutend abgetan. Sie war sich keiner Schuld bewußt. Zimmermann glaubte jedoch, daß ihr daran lag, ihre Untersuchungshaft abzukürzen. Er konnte ihr einen raschen Prozeß ohne viel Aufsehen garantieren – auch wenn er hoffte, daß das nicht wirklich sein Ernst war, und sich vorzunehmen versuchte, eine etwa getroffene Vereinbarung zu brechen. Aber das alles hatte Zeit bis später.
«Ich würde mich verpflichten», fuhr er fort und brach damit das Schweigen, in dem nur das leise Summen der Deckenleuchte zu hören gewesen war, «dafür zu sorgen, daß das Verfahren beschleunigt wird und die Verhandlung noch dieses Jahr stattfindet . . .» Die Schröder ließ ihn nicht aus den Augen; ihr brennender Blick war ängstlich und mißtrauisch. Zimmermann bemühte sich, beruhigend zu lächeln. «Ich könnte Ihnen dank einiger neuer Zeugenaussagen ein sehr mildes Urteil garantieren, so daß Sie unter Anrechnung Ihrer schon zweijährigen Untersuchungshaft damit rechnen könnten, bis Weihnachten entlassen zu werden, Frau Schröder.»
Danach mußte er abwarten. Die Schröder sah zu ihrem Rechtsanwalt hinüber, der sein Angebot sorgfältig abzuwägen schien.
«Ich muß darauf bestehen, daß keine Aufzeichnungen gemacht werden», stellte er fest. «Meine Mandantin macht keine offizielle Aussage.»

«Natürlich nicht.»
«Und Sie stellen Frau Schröder keine Fragen über den Zeitraum von 1941 bis 1945? Einverstanden!»
«Selbstverständlich. Dieser Teil von Frau Schröders Leben interessiert mich nicht ... ist nicht wichtig für mich», verbesserte er sich, um die Frau nicht unnötig zu verärgern. Zimmermann bemühte sich erneut um ein beschwichtigendes Lächeln. Sie starrte ihren Anwalt an, der ihr aufmunternd zunickte, und wandte sich dann an Zimmermann. Ihre Stimme war tief und heiser. Ihre Hände, die gefaltet vor ihr auf der Resopal-Tischplatte lagen, waren groß und kräftig.
«Was wollen Sie von mir?» fragte sie mürrisch.
«Ich möchte Ihnen nur ein paar Fragen stellen, Frau Schröder.» Zimmermann setzte sich ihr gegenüber. Die Schröder zündete sich eine Zigarette an und blies den Rauch zu der summenden Deckenleuchte hinauf. Das Besuchszimmer war warm, etwas zu trocken und so blitzblank wie die aseptischen Korridore, durch die er hierher gelangt war. Das Gefängnis war modern, sauber und geräumig wie ein riesiges Verwaltungsgebäude; sein äußerer Eindruck schien zu suggerieren, daß es hier weder Verbrechen noch Verbrecher gab. Wie die meisten nach dem Krieg errichteten deutschen Gefängnisse erinnerte dieser Bau Zimmermann stets an einen grimmigen Abklatsch eines Hotels an der Costa Brava.
«Es handelt sich um das Jahr 1974, als Sie ...» Die Schröder machte eine wegwerfende Handbewegung. Sie wußte, weshalb er gekommen war. «... als Sie für einen britischen Geheimdienstler während seines Aufenthalts in Bonn gearbeitet haben. Sie sind die Sekretärin Andrew Babbingtons gewesen?»
«Ja.»
«Ich möchte Sie einiges über ihn fragen.»
«Ich bin immer eine gute Sekretärin gewesen – sehr tüchtig und zuverlässig. Es hat nie Klagen ...» Sie errötete leicht, als ärgere sie sich über sich selbst. «Es hat nie Beschwerden über mich gegeben, das weiß ich bestimmt!»
«Nein, nein, Frau Schröder, natürlich nicht. Ich weiß, daß Mr. Babbington sehr zufrieden mit Ihnen gewesen ist. Und ich möchte nicht über Sie, sondern über ihn sprechen. Sie verste-

hen, daß ich Ihnen vorerst nicht sagen kann, wozu ich diese Informationen brauche?»

Sie wog seine Aussage ab, während Zimmermann zu dem Rechtsanwalt hinübersah, der schließlich zustimmend nickte. Zimmermann brauchte die beiden nicht eigens auf den Sicherheitsaspekt seiner Nachforschungen hinzuweisen. Er konzentrierte sich wieder auf Margarethe Schröder. Sie drückte ihre erste Zigarette aus, zündete sich fast augenblicklich eine zweite an und nickte dem Besucher zu. Offenbar hatte sie die Gewißheit gewonnen, daß er sie nicht hereinlegen und auf irgendeine heimtückische Weise auf Maidanek und ihre Verbrechen zurückkommen würde, selbst wenn sie nicht begriff, warum dieser Engländer, für den sie 1974 gearbeitet hatte, so wichtig sein sollte.

«Soviel ich weiß, hat Mr. Babbington während seines Aufenthalts in Bonn eine Affäre gehabt – mit einer verheirateten Frau, die später an Krebs gestorben ist, nicht wahr?» Er studierte die Schröder. «Sie haben natürlich davon gewußt?» Sein Tonfall war sorgfältig berechnet: Er deutete eine vage Verbindung zwischen ihnen an – eine ähnliche Einstellung zu dem fraglichen Thema – und war zugleich gebieterisch knapp, als sei Zimmermann ein Vorgesetzter Margarethe Schröders. Ihre Antwort bestand aus einem stummen Nicken. «Gut. Wie oft sind die beiden zusammengekommen? Wo haben sie sich getroffen?» Die Frau wirkte sofort schuldbewußt. Zimmermann spürte eine Art Komplizenschaft, die ihr möglicherweise gefährlich erschien. Sie hüstelte verlegen. «Heraus mit der Sprache, Frau Schröder – Sie haben nichts zu verbergen! Wo haben die beiden sich getroffen?»

«In ... in meiner Wohnung», gab die Schröder kleinlaut zu. «Meistens in meiner Wohnung.» Die Wiederholung klang beinahe trotzig.

«Warum – aus Sicherheitsgründen?» erkundigte er sich nonchalant.

«Natürlich!» bestätigte sie mit einem spöttischen Lächeln. «Seine Geliebte ist die Ehefrau eines Bonner Beamten gewesen, mit dem er täglich zusammengearbeitet hat.» Zimmermann nickte und starrte die Tischplatte mit ihrer schwachen Topographie aus Kaffeeflecken, Bleistiftkritzeleien und Brandspuren

von Zigaretten an. «Die beiden mußten sehr vorsichtig sein. Ich bin um Hilfe gebeten worden – und habe geholfen.» Irgend etwas sagte Zimmermann, daß ihre Hilfsbereitschaft sich auch finanziell ausgezahlt hatte. Babbington hatte sie offenbar durch Charme und Bestechung für sich gewonnen. Die Schröder strich sich eine weiße Locke aus der Stirn. «Sie haben sich dort zwei- bis dreimal in der Woche getroffen.»
«Wissen Sie noch, wann das war?»
«Wann schon? Natürlich 1974 . . .» Dann machte ihr Zorn sich Luft. «Als Guillaume, dieser Verräter, geschnappt worden ist! Jetzt ist *er* wieder im Osten – nach allem, was er getan hat, um Deutschland zu verraten –, und *ich* sitze hier . . .!» Sie starrte Zimmermann vorwurfsvoll an. «Warum muß das alles wieder ausgegraben werden?» jammerte sie. «Diese alten Geschichten sind über vierzig Jahre her . . . kein Mensch erinnert sich noch daran . . . die Leute wissen nichts davon und wollen auch gar nichts davon hören. *Warum bin ich hier?*» kreischte sie zuletzt.
Zimmermann stand ruckartig auf und stemmte die Fingerknöchel beider Hände gegen die Tischplatte. «Wenn ich Ihnen helfen soll, hier rauszukommen, müssen Sie meine Fragen beantworten, Frau Schröder. Ich bitte mir etwas mehr Disziplin aus! Ich bin ein vielbeschäftigter Mann; ich kann meine Zeit nicht damit vergeuden, mir Ihr Gejammer anzuhören.»
Sie hatte zu ihrem Rechtsanwalt hinübergesehen. Jetzt blickte sie zu Zimmermann auf, schnüffelte und rieb sich die Augen. Sein schroffer Tonfall hatte sie beeindruckt – und auch überzeugt. Sie nickte nachdrücklich.
«Was soll ich Ihnen groß erzählen? Zwei- bis dreimal pro Woche, alles immer ordentlich aufgeräumt, die Bettwäsche gewechselt, Sektgläser und sonstiges Geschirr abgespült . . . alles picobello in Ordnung. Ich hab niemals Arbeit mit den beiden gehabt. Wenn ich nach Hause gekommen bin, sind sie immer schon fort gewesen.»
«Haben Sie seine Geliebte gekannt?»
«Ja, dem Namen nach. Ich hab sie nur ein-, zweimal flüchtig gesehen.»
«Aber nie in der Wohnung?»
«Nein. Die beiden sind sehr . . . diskret gewesen.»
Zimmermann, der wieder Platz genommen hatte, runzelte

nachdenklich die Stirn. Zumindest war es ihm gelungen, die Situation zu enthumanisieren – sie von persönlichen Assoziationen zu befreien. Margarethe Schröder war jetzt nur mehr eine Zeugin, die möglicherweise über bestimmte Ereignisse aus dem Jahre 1974 Auskunft geben konnte: eine pensionierte Sekretärin, die tüchtig und zuverlässig gewesen war und jetzt eine Beamtenpension bezog.
«Können Sie sich an die genauen Daten erinnern? Wann hat diese Liebesaffäre begonnen – wann haben die beiden damit angefangen, Ihre Wohnung als Liebesnest zu benützen?»
«Hmmm, ich habe ... Ende März oder Anfang April begonnen, für Mr. Babbington zu arbeiten. Das weiß ich nicht mehr genau. Anfangs wollte ich nicht einfach abgeordnet werden, aber er war sehr charmant, sehr rücksichtsvoll ...»
«Ja, natürlich. Und die Sache mit Ihrer Wohnung?»
«Nach ungefähr zwei Wochen. Eigentlich sollte ich sie nur einmal zur Verfügung stellen, aber dann hat er mich so höflich gebeten, daß ich ...» Sie zuckte mit den Schultern und lächelte beinahe. «Dann zwei- bis dreimal pro Woche.» Sie lachte heiser vor sich hin.
«Aha! Warum konnten die beiden nicht einfach in Hotels gehen?»
«Wie Sie wissen, ist die Frau in Bonn ziemlich bekannt gewesen. Sie hätte irgendwo erkannt werden können.» Die Schröder war offensichtlich der Meinung, solche Vorsichtsmaßnahmen hätten sich von selbst verstanden.
Zimmermann machte eine Pause, bevor er sich vergewisserte: «Sie hatten natürlich ein Telefon in Ihrer Wohnung?»
«Selbstverständlich.»
«Denken Sie bitte an die Woche zurück, in der Guillaume verhaftet worden ist. Hat Mr. Babbington zu diesem Zeitpunkt Ihre Wohnung benützt?»
«Sogar häufig. Er hat mir erklärt, ich sei erholungsbedürftig und müsse ein paar Tage Urlaub machen. Ich bin nach Oberbayern gefahren – eine herrliche Frühlingsreise. Er ... er hat mir die Fahrkarte besorgt und das Hotel gebucht ... ein erstklassiges Hotel.»
Zimmermann mußte sich beherrschen, um sich seine wachsende Aufregung nicht anmerken zu lassen. In dem entscheidenden

Zeitraum war die Wohnung mit dem unverdächtigen, nicht abgehörten Telefon in Babbingtons Besitz gewesen. Sein zeitweiliges Verschwinden war mit seiner Liebesaffäre erklärt worden: In den Überwachungsberichten war sogar behauptet worden, sein Aufenthaltsort sei bekannt gewesen. Babbington hatte jedermann entwaffnet, indem er ein Verhältnis begonnen und sich ein Liebesnest gesucht hatte. Damit war sein Verschwinden erklärlich, und er hatte als Frauenheld, nicht als möglicher Verräter gegolten. Die Anrufe bei Guillaume hatten am 22. April begonnen.

«Wann sind Sie damals nach Bonn zurückgekommen?»

«Am 25. April.»

«Und Mr. Babbington hat Ihre Wohnung weiterhin für Zusammenkünfte mit seiner inzwischen verstorbenen Geliebten benützt?»

Margarethe Schröder schüttelte den Kopf. Die Erinnerung schien sie sogar traurig zu stimmen. «Nein. Mr. Babbington ist ganz durcheinander gewesen. Er hat mir erzählt, ihr Mann sei mißtrauisch geworden. Die beiden mußten sich trennen, obwohl er sie angefleht hat, mit ihm . . .»

«Das haben Sie ihm geglaubt?»

«Warum auch nicht?» fragte sie herausfordernd. «Er ist todunglücklich gewesen!»

«Damit war die Affäre also zu Ende – und Mr. Babbingtons Arbeit hat ihn natürlich sehr beansprucht. Er hat darin Trost und Ablenkung gefunden, nicht wahr?»

«Ja, zu seinem Glück. Aber er hat sich von diesem Schlag nur sehr langsam erholt.»

«Hat er die hohe Telefonrechnung bezahlt, bevor er nach Großbritannien zurückgekehrt ist, Frau Schröder?» fragte Zimmermann rasch, um sie zu überrumpeln und zu verwirren.

«Woher wissen Sie, daß . . .» Sie verwarf den Gedanken, dies könnte der eigentliche Zweck von Zimmermanns Nachforschungen sein, und nickte. «Ja, auf Heller und Pfennig!»

«Die Rechnung ist ungewöhnlich hoch gewesen, stimmt's?»

«Darauf bin ich vorbereitet gewesen. Mr. Babbington hat mir erklärt, er nehme sich gelegentlich Arbeit mit und müsse dann viel mit London telefonieren. Das hat er mir gesagt, *bevor* die Telefonrechnung gekommen ist.»

«Ja, natürlich. Das ist auch nebensächlich.» Er sah auf seine Armbanduhr. Kurz vor ein Uhr morgens. Zimmermann war müde und aufgeregt zugleich. Dies war zumindest ein sehr befriedigender Anfang. Methode und Gelegenheit standen fest – vielleicht ließ sich auch ein Motiv dazu finden? Er stand auf und schüttelte Margarethe Schröder flüchtig die Hand. «Danke», sagte er dabei. «Besten Dank! Ich setze mich in den nächsten Tagen mit Herrn Dr. Ganzer in Verbindung. Irgend etwas läßt sich bestimmt arrangieren . . .» Er bemühte sich um ein Lächeln und brachte ein fast aufrichtiges zustande, das jedoch nur Ausdruck seiner Selbstzufriedenheit war.
«Ich danke *Ihnen*», antwortete sie nachdenklich. Zimmermann schüttelte Dr. Ganzer, ihrem Rechtsanwalt, die Hand, nickte ihm beruhigend zu und ging. Seine Schritte hallten den hellbeleuchteten, gefliesten Korridor entlang.
Während er durch neonhelle Gänge und über Treppen dem Haupteingang und seinem Wagen zustrebte, entrann er allmählich dem alles umfassenden, alles einengenden Gefühl des Eingesperrtseins, das ihn im Besuchszimmer bedrückt hatte. Er trat hastig in die kühle Nachtluft auf dem Gefängnishof hinaus und schlug seinen Mantelkragen hoch. Er setzte sich dankbar in seinen Mercedes, ließ den Motor an und fuhr zum Tor, das sich für ihn öffnete, nachdem er den Besucherausweis abgegeben hatte.
Er hatte schon fast die Autobahneinfahrt erreicht, als er merkte, daß er beschattet wurde.

Babbington nahm den Anruf aus Bonn entgegen und stellte sich ausnahmsweise die Stadt am anderen Ende der Leitung vor. Er hatte Margarethe Schröders kleine, mit Möbeln vollgestopfte, immer blitzblanke Wohnung deutlich vor Augen – und erinnerte sich an Dutzende, sogar Hunderte von Telefongesprächen, die er von dort aus geführt hatte. Manchmal war Ilse dort bei ihm gewesen – die arme Ilse, die später nach langem Leiden an Krebs gestorben war –, aber meistens war er allein gewesen. Ilse war eine gute Tarnung und ein gutes Betthäschen gewesen – aber auch ein Luxus, auf den er hatte verzichten müssen, als Guillaume gefaßt worden war. Er hatte seine Spuren verwi-

schen können, aber durch *Träne* waren Gespenster aus der Vergangenheit wiederbelebt worden, die er über ein Jahrzehnt später austreiben mußte.
«Alles erledigt, wie Sie's haben wollten», meldete eine Stimme. «Wollen Sie sich das Zeug ansehen?» Der Mann sprach mit amerikanischem Akzent. Der KGB-Offizier schien sein Englisch in den Vereinigten Staaten gelernt zu haben – vermutlich wie so viele seiner Kollegen als Student.
«Was haben Sie gefunden?»
«Er hat sich die richtigen Akten raussuchen lassen. Und er ist auf der richtigen Fährte. Er ist sogar bei der Frau in Köln gewesen.»
«Wissen Sie das bestimmt?»
«Ja.»
«Dann ist ihm das hoffentlich eine Lehre! Besten Dank.»
Babbington legte auf und rieb sich seine Nase zwischen Daumen und Zeigefinger, als habe er Stirnhöhlenschmerzen. Oleg, sein Kontaktmann, saß ihm in einem Sessel mit abgewetzter Polsterung gegenüber und hatte auf der breiten Armlehne ein großes Glas Malzwhisky stehen. Er wirkte entspannt. Babbington überlegte. Alles würde gut werden – würde noch gut werden . . .
«Okay», verkündete Babbington nonchalant, «der Auftrag ist ausgeführt. Zimmermann kann sich auf eine schlimme Überraschung gefaßt machen. Die dürfte ihn zum Schweigen bringen – zumindest vorläufig.»
«Was nützt Ihnen das?»
«Ich gewinne Zeit! Wie wir Zeit gewinnen, wenn Massinger und seine Frau mir morgen in die Hände fallen. Damit scheiden sie aus dem Spiel aus.»
«Und Aubrey?»
«Meine Antwort darauf ist eine Gegenfrage, Oleg: *Und Hyde?*»
«Um den brauchen Sie sich keine Sorgen zu machen. Er ist allein – er kommt dort nicht 'raus!»
«Petrunin ist wirklich tot?»
Oleg nickte. Blondes Haar fiel ihm in die Stirn. Er schüttelte es zurück. «Ja, das steht fest.»
«Zwei Jahre zu spät.»
«Vielleicht.»

«Ich habe ein Recht, mich zu beschweren – ich komme mit den Aufräumarbeiten fast nicht mehr nach, Oleg.»

«Die Zentrale hat mich angewiesen, Sie auf die Gefahren eines allzu brutalen Vorgehens in dieser Angelegenheit aufmerksam zu machen.»

«Wieso zu brutal?»

«Was haben Sie beispielsweise mit den Massingers vor? Und mit Aubrey, sobald Sie ihn aufgespürt haben?»

«Ich lasse sie zurückbringen, was sonst?»

Babbington hatte das Gefühl, mißtrauisch unter einer starken Lupe beäugt zu werden. Sie fürchteten seine brutale Rücksichtslosigkeit, die ihn für sie interessant gemacht und ihm seinen Aufstieg gesichert hatte. Mit großer Anstrengung gelang es ihm, ein ausdrucksloses Gesicht zu machen und sogar beruhigend zu lächeln, während sein Gehirn auf Hochtouren arbeitete.

«Es wäre zu leicht, zu einfach, Ihre gewaltige Macht auszuüben», fuhr Oleg fort. «Als würden Sie Fliegen erschlagen. Das Dumme ist nur, daß die erschlagenen Fliegen am Fenster oder an der weißen Wand kleben und sie verunzieren.»

«Ich brauche keine Belehrungen über vorsichtiges Verhalten. Ich weiß, daß Sie mich damit auf die Probe stellen wollen – und werde diese Probe bestehen!» Er hob sein Glas und trank seinem Gegenüber spöttisch zu.

Er würde sie erschlagen, falls sie etwas *wußten,* falls einer oder alle von ihnen nicht nur etwas ahnten oder vermuteten oder mit einer Stange im Nebel herumstochernd zu finden hofften. *Falls sie etwas wußten,* würde er sie zum Schweigen bringen. Falls sie etwas wußten und von diesem Wissen irgendwann Gebrauch machten, würde er sie liquidieren lassen: Massinger, Margaret, Aubrey, Zimmermann, Shelley, Hyde ... Die ganze kleine Bande. Ausnahmslos!

Zimmermann steckte seinen Schlüssel ins Schloß. Die Wohnungstür öffnete sich sofort, bevor er aufgesperrt hatte. In diesem Augenblick wußte er bereits, daß bei ihm eingebrochen worden war.

Er horchte. Nichts. Stille. Der Geruch nach alkoholischen

Getränken, als seien Flaschen ausgekippt worden. Zimmermann trat in die Diele und tastete nach dem Lichtschalter. Als das Licht aufleuchtete, konnte er sehen, daß die Wohnzimmertür halb offen stand. Möbelstücke waren umgekippt ... in der Nähe der Tür lag eine kleine Figur aus Meißener Porzellan – eine jetzt kopflose Schäferin ... der Geruch nach Cognac, Whisky und Gin wurde stärker. Zu hören war weiterhin nichts.
Zimmermann beeilte sich jetzt. Das Wohnzimmer war verwüstet, und ein Blick durch die offene Schlafzimmertür zeigte ihm ein ähnliches Bild der Verwüstung. Der Inhalt sämtlicher Schränke und Schubladen war auf dem Fußboden verstreut.
Er sah sofort, daß das Silber und das wertvolle Porzellan gestohlen war. Die Bilder waren aus ihren Rahmen geschnitten und die Photos – auch das eine, das ihn als blutjungen Leutnant in Uniform zeigte – mit Glas und Rahmen zertrampelt worden. Die Hälse der Flaschen seiner Hausbar waren abgeschlagen; der Flascheninhalt tränkte und verfärbte den Teppichboden.
Zimmermann stellte fest, daß der hinter einem Ölgemälde versteckt gewesene Wandsafe geknackt worden war. Die Akten waren verschwunden, restlos verschwunden – ebenso wie zwei Sparbücher, sein Scheckbuch, mehrere Kreditkarten, sein Testament und weitere persönliche Papiere. Und die 2000 Mark in bar, die er stets im Safe liegen gehabt hatte.
Aber die Einbrecher hatten es natürlich auf die Akten abgesehen gehabt. Auf die verdammten Akten ...
Der Schock wirkte eher anregend als lähmend auf ihn. Zimmermann trat ans Fenster, aber der Audi, der so lange hinter ihm hergefahren war, war nirgends zu sehen. Er holte das Telefon unter einem umgekippten Sessel hervor, stellte einigermassen verblüfft fest, daß es noch funktionierte, und wählte die Nummer des Hotels Königshof. Zimmermann war wütend, sehr wütend über den angerichteten Schaden. Hier waren Profis am Werk gewesen, die den eigentlichen Zweck ihres Einbruchs durch modernen Vandalismus zu tarnen versucht hatten.
Er verlangte Massingers Zimmernummer.
«Komm schon, komm schon ...», murmelte er vor sich hin, bis der Amerikaner sich meldete. «Ah, Paul, mein Freund. Entschuldigen Sie bitte die späte Störung.»
«Wolfgang? Was gibt's denn?»

«Bei mir scheint eingebrochen worden zu sein. Sämtliche Unterlagen sind verschwunden. Ich bin davon überzeugt, daß der Einbruch ausschließlich ihnen gegolten hat. Ich rufe an, um Ihnen zu raten, morgen und in den nächsten Tagen äußerst vorsichtig zu sein.»

«Eingebrochen? Großer Gott, das . . .»

«Seien Sie bitte vorsichtig! Ich will Sie nicht auffordern, auf Ihre Reise zu verzichten, weil Sie nicht auf mich hören würden. Aber nehmen Sie sich in acht, mein Freund. Unter Umständen können Ihnen alte Instinkte, Ihre alte Ausbildung nützen. Und kommen Sie so schnell wie möglich zurück! Ich . . . wir sind aufeinander angewiesen, das steht für mich fest.»

«Ja, ja, ich beeile mich. Nur ein paar Tage . . .»

«Schön, dann wünsche ich Ihnen ein gute Nacht!»

Zimmermann warf das Telefon aufs Sofa, als wolle er es bewußt Bestandteil des verwüsteten Raums bleiben lassen. Er rieb sich die Stirn und ließ die andere Hand in die Hüfte gestemmt, während er auf dem fleckigen, mit Bruchstücken übersäten Teppich auf und ab ging. Ein Außenstehender hätte ihn in diesem Augenblick für einen weltfremdem Gelehrten halten können, der im Begriff war, irgendwelche abstrusen Argumente vorzutragen. Aber seine Überlegungen waren klar und einfach.

KGB. Er hatte eingegriffen, um jemand zu decken, um Beweise zu vernichten, um jemand zu schützen . . . Babbington? Natürlich! Der KGB hatte sich sofort schützend vor ihn gestellt.

Das erforderte Vorsicht. Äußerste, fast einschläfernde Vorsicht, wenn er weitermachen wollte. Vor allem durfte er nichts tun, was Verdacht erregen konnte, bevor Massinger aus Wien zurück war.

Das bedeutete jedoch auch, wie ihm plötzlich einfiel, so daß er wieder nach dem Telefon griff, daß Margarethe Schröder unter Umständen in Lebensgefahr schwebte. Zimmermann nahm den Hörer ab und wählte die Nummer des Kölner Gefängnisses, während sein Blick abgeklärt und resigniert zugleich die angerichtete Verwüstung musterte.

Er lief in die tiefstehende, vor kurzem aufgegangene, winterlich rote Sonne hinein, vor der sich seine Umrisse schwarz für seine Verfolger abzeichneten, während sein Schatten sich in die Länge gezogen hinter ihm erstreckte. Sein Schatten erschien ihm fast greifbar, obwohl er ihn nicht sehen konnte. Seine unnatürlich geschärften, erschöpften, fast zu Halluzinationen neigenden Sinne suggerierten ihm, er schleppe ihn wie einen Köder hinter sich her. Vor der blutroten Sonnenscheibe war er ein deutlich erkennbares schwarzes Ziel. Er hörte das Rotorengeräusch des Mil-Kampfhubschraubers, der gleich auf ihn herabstoßen würde, und suchte zwischen den Felsen nach Deckung.

Finesse, ihr Schweinehunde, Finesse, Finesse . . .! hatte er der Hubschrauberbesatzung in Gedanken immer wieder zugerufen, als er den Boden des gewundenen, schluchtartigen Tals erreicht und zu rennen begonnen hatte. Die Russen sollten Katz und Maus mit ihm spielen. Auf diese Weise hatte er vielleicht eine Überlebenschance.

An einigen Stellen des engen Tals hatte der Wind Schneewehen aufgehäuft, die ihn aufhielten, behinderten und in seiner Angst, Hast und Müdigkeit stolpern ließen. Dann bildete der Schnee wieder nur eine dünne Schicht, so daß er leichter von Fels zu Fels rennen, Haken schlagen, geduckt laufen, spurten und zwischendurch wie ein Langstreckenläufer traben konnte. Das Tal war schätzungsweise sechs bis sieben Kilometer lang, und er hatte keine eineinhalb Kilometer mehr bis zur Grenze . . .

Das hatte er sich eingeredet, während er am Fuß der mit Felsbrocken durchsetzten Steilrinne mit dem russischen Hubschrauber über sich mehrmals tief Luft geholt hatte, bevor er losgerannt war.

Keine eineinhalb Kilometer . . .

Das hatte natürlich nichts zu sagen. Die Grenze war in diesem Gebiet nicht einmal bezeichnet; sie existierte praktisch nicht. Am anderen Ende des Tals lagen Pakistan – und Paratschinar, wo er sich nicht blicken lassen durfte. Und irgendwo dort vorn wartete pakistanisches Militär auf Miandad, der ihm nie erzählt hatte, welche Anweisungen er seinen Leuten vor seinem Grenzübertritt gegeben hatte.

Keine eineinhalb Kilometer . . .

Und er war losgerannt. Hakenschlagend, schnell, zögernd,

geduckt, aufrecht, scheinbar richtungslos. Zwei oder drei Schüsse waren in der trockenen, kalten Morgenluft verhallt und hatten ihn weit verfehlt. Gewehrschüsse brauchte er nicht zu fürchten, aber Feuer aus Maschinenkanonen, MG-Salven, Handgranaten, Schützenminen ... das gesamte Waffenarsenal eines Mi-24-Kampfhubschraubers, der es auf ihn abgesehen hatte.

Ein Kilometer, bestimmt schon ein Kilometer! versuchte er sich einzureden, während er hörte, daß der Hubschrauber wie ein Raubvogel aus dem Schwebeflug auf ihn herabstieß. Das von den Felsen zurückgeworfene Echo der Rotoren- und Triebwerksgeräusche war ohrenbetäubend laut.

Er drehte sich um und beobachtete den Hubschrauber. Die Mi-24 flog vorsichtig ... nein, nicht vorsichtig, vielmehr absichtlich hinhaltend. Eine kurze Beschleunigung, ein rasches Sinken hätte genügt, um ihn binnen sechs bis sieben Sekunden wie mit einem Sargdeckel zu bedecken. Aber die Hubschrauberbesatzung wollte dieses Katz-und-Maus-Spiel fortsetzen, weil sie so wütend und so zuversichtlich war. Sie wollte, daß er Blut und Wasser schwitzte ...

Er kehrte dem Hubschrauber den Rücken zu, setzte sich wieder in Bewegung und rannte hakenschlagend durch das Gewirr aus Felsblöcken weiter. Seine Beine waren bleischwer; der Hubschrauberlärm schien sie kraftlos zu machen. Dann hörte er, wie eine, zwei Raketen aus den Waffenbehältern unter den Stummelflügeln der Mi-24 zischten. Er verschwand im Hechtsprung hinter dem nächsten Felsen und kauerte sich dahinter zusammen. Der Feuerschweif der Raketen blendete ihn, und er glaubte, die Hitze der ausströmenden Treibgase zu spüren. Die beiden Luft-Boden-Raketen explodierten 30 Meter vor ihm, wirbelten Erdreich, Felsbrocken und Schnee vor der roten Sonne auf und verdeckten sie. Das Tal schien verdunkelt zu sein. Er rappelte sich auf, lief in die aufgewirbelte Wolke hinein und erreichte hinter ihr wieder den Sonnenschein. Die Russen hatten nur mit ihm gespielt. Sie hatten ihn keineswegs erledigen wollen – noch nicht.

Der Kampfhubschrauber glitt über die zusammensinkende Wolke aus Schnee und Erdreich hinweg, folgte dem Flüchtenden und war kaum schneller als das gejagte Wild. Er sprang über einen Felsblock, vertrat sich beim Aufkommen beinahe den Knöchel, hüpfte mehrmals, bis er das Gleichgewicht wiedergewonnen hatte, und spurtete weiter, wobei er immer wieder Haken schlug. Eine innere Stimme sagte ihm, daß er die Grenze nach Pakistan bereits überschritten haben mußte, aber er hielt sich nicht mit dieser Feststellung auf ... Der lange, dicke Schatten der Mi-24 glitt über ihn hinweg, als der Hubschrauber ihn überholte und nun vor ihm schwebte. Ein grinsendes Gesicht schwenkte das in der offenen Seitentür aufgebaute MG in seine Richtung, bevor eine ganze Ladung eiserner Schmetterlinge aus dem Bauch des Kampfhubschraubers fiel und sich rollend und springend vor ihm verteilte – wie eine Handvoll Reißzwecken, die einem Radfahrer vor die Reifen gestreut wurden. Schützenminen, die auf einem Dutzend Kriegsschauplätzen auf aller Welt Kinder um Arme, Augen oder Gesichter gebracht hatten, wenn sie mit den dunkelgrünen Blechbehältern gespielt hatten ...

Er sprang auf einen Felsblock, als einer der Behälter mit den kurzen Stabilisatoren auf ihn zugerollt kam. Dann balancierte er wie ein unbeholfener Seiltänzer mit ausgebreiteten Armen über den Felsen, sprang zum nächsten hinüber, rannte drei Schritte weit und war mit einem großen Satz auf einem flachen Felsblock.

Eine der Schützenminen lag in einer Spalte dieses Blocks: Seine Stiefelspitze berührte sie, dann verlor er das Gleichgewicht und kippte seitlich in den Schnee, wo weitere eiserne Schmetterlinge wie fremdartige Pflanzen aus der weißen Fläche ragten. Er rollte weiter, ächzte dabei laut und konnte seine Bewegung schließlich bremsen, indem er die Absätze in den Schnee grub. Dann lag er da und starrte die weißen Zahlen auf dem dunkelgrünen Gehäuse der nächsten Schützenmine an.

Er konnte nicht beurteilen, ob sie nach einer bestimmten Anzahl von Sekunden oder nur bei Berührung explodieren würde.

Dann detonierte eine hinter ihm und sprengte ein kopfgroßes Stück Felsen ab. Er richtete sich auf den Knien auf, kam auf die Beine und hüpfte los. Ein tödliches Hüpfspiel: vorwärts, seitlich, seitlich, vorwärts, auf einen Felsblock – der Hubschrauber mit dem grinsenden MG-Schützen weiterhin vor ihm –, Sprung zu Boden, mit einem Fuß aufgekommen, Schützenmine, schnell, schnell, *Gefahr!*... freies Gelände, Loch im Schnee, *Vorsicht!*... frei, frei, Mine, frei ...

Er hatte das kleine Minenfeld durchquert, das die Russen vor ihm ausgestreut hatten, und sah freies Gelände vor sich. Schon im nächsten Augenblick begannen kleine Detonationen, die Schnee und braune Erde aufwirbelten. Er rannte weiter, hielt sich möglichst dicht an einer Wand des schluchtartigen Tals und atmete jetzt keuchend, weil er instinktiv sein Tempo gesteigert hatte. Bis zum Talende war es vielleicht nur noch ein Kilometer. Er hatte die Grenze längst überschritten und rannte seinem Tod entgegen.

Die Felsen waren rauchgeschwärzt; selbst der Schnee wirkte unter einer dünnen Neuschneeschicht schwarz. Ob hier etwas gebrannt hatte ...?

Fünfzig afghanische Widerstandskämpfer, darunter Mohammed Dschans Söhne ... Metallkugeln – die merkwürdigen Eier, die beim Aufschlag zerplatzt waren ... der silbern glänzende Nebel ...

Hier war's gewesen! Der russische Hubschrauber im Schwebflug über ihm. Er glaubte zu sehen, wie die Napalmkanister aus seinem Bauch purzelten und sich überschlugen; er konnte den silbrigen Nebel beinahe riechen ...

Ei, Ei, drei, vier, sechs, zehn, fünfzehn ...

Er konnte sie sehen ...!

Dann spürte er den Nebel kalt auf seinem Gesicht. Die milchigen Tröpfchen brachen und verzerrten das Sonnenlicht, so daß die Sonne jetzt rot und riesig vor ihm zu stehen schien. Der Nebel war eisig, klebrig, erschreckend. Er reichte bis in drei Meter Höhe, bis hoch über seinen Kopf ...

Ein Tunnel aus silbrigem Nebel, wie er ihn bereits einmal gesehen hatte: glänzende Tröpfchen, die bei Licht glitzerten. Und dieser Nebel haftete an seinen Händen, seinen Armen, seiner Lammfelljacke und seinem ganzen Körper. Er haftete an Gesicht und Bartstoppeln und Lidern ...

Er hätte am liebsten aufgeschrien, wäre stehengeblieben und hätte laut geschrien, als der Hubschrauber scharf eindrehte und auf ihn zukam. Was hatten die Russen vor, was konnten sie vorhaben ...?

Der Anzünder, das glühende Etwas, das Petrunins blutroter Hubschrauber abgeworfen hatte ...
Ein Nebelmeer, das sich in ein Flammenmeer verwandeln und ihn verzehren würde ...
Er rieb verzweifelt an seiner Kleidung herum, der Nebel waberte im rötlichen Sonnenlicht, schloß sich wieder dichter zusammen ... der Hubschrauber stieg etwas höher, der grinsende MG-Schütze winkte ihm spöttisch zum Abschied zu ... er rieb sich wieder den Nebel von der Haut, schwenkte die Arme, schüttelte sich, tanzte auf und ab und erreichte dadurch doch nicht mehr, als daß die silbrigen Schwaden sich träge bewegten und erneut auf ihn herabsanken. Der Nebel schloß ihn ein. Er war gefangen, so gut wie tot. Der Nebel bildete eine Todeszelle mit Wänden, Decke und Boden. Und er würde alles in ihm enthaltene verzehren ...
Alles in ihm enthaltene?
Funken?
Er *sah* das Glühen im dunklen Rumpf der Mi-24: Der Zünder sollte abgeworfen werden.
Alles in ihm enthaltene ...
Er rannte los. Der Nebel teilte sich, schloß sich hinter ihm, glänzte und schimmerte, verschluckte einen Teil des Sonnenlichts. Er rannte, und er rannte. Der Nebel wurde lichter, ohne wirklich aufzuhören. Seine Ausbreitung war durch seine chemische Zusammensetzung bedingt. Wie lang, wie breit, wie hoch ...? Er sah nicht auf. Er rannte.
Licht, frische Luft, weniger Kälte an Gesicht und Handrücken. Er rannte.
Der Nebel hinter ihm, Felsen vor ihm. Er rannte.
Er war noch immer damit bedeckt ...!
Er rollte sich mit einem Sprung hinter einen Felsblock und hörte zugleich das dumpfe Grollen, mit dem der Nebel sich in ein Flammenmeer verwandelte. Er wälzte sich im Schnee, verbarg sein Gesicht und seine Hände, versuchte sie durch seinen Körper zu schützen und rollte weiter. Rauch ganz in seiner Nähe; brennender Schmerz im Gesicht und an den Händen. Er grub sich in den Schnee, ein Brennen an seinen Beinen, er wälzte sich in eine Schneewehe unter Felsen, hatte Schnee in Nase, Mund und Augen und nahm deshalb den brennenden

Nebel nicht mehr wahr. Der Abwind des Hubschraubers mußte Flammenzungen in seine Richtung getrieben haben, so daß ihn einige erreicht hatten. Er wollte lieber nicht wissen, wie schwer seine Verbrennungen waren.
Er wollte überhaupt nichts mehr wissen. Er war erledigt. Der Schnee kühlte ihn, ließ ihn erstarren. Er konnte sich nicht mehr bewegen. Der Schnee machte sein Gesicht und seine Hände gefühllos. Er drehte den Kopf zur Seite, spuckte schmelzenden Schnee aus und holte tief Luft. Das genügte. Obwohl die Luft nach Napalm stank und schmeckte, wirkte sie belebend.
Aber das war zunächst alles . . .
Er würde warten.
Er hielt die Augen geschlossen. Auf seinem Gesicht lag kalter Schnee. Er hörte den Hubschrauber, und sein Körper verkrampfte sich. Er wartete.
Der Triebwerkslärm – er konnte den Abwind eines Hubschraubers spüren – brach sich an den Felswänden des schluchtartigen Tals, wurde zurückgeworfen und suggerierte zwei, drei Hubschrauber in nächster Nähe. Hatte der Kampfhubschrauber Verstärkung angefordert . . .? Das war ihm jetzt gleichgültig. Er hatte nicht einmal mehr die Kraft, Angst zu haben. Jetzt konnte es nicht mehr lange dauern . . .
Er lag benommen da. Der Napalmgestank und die Hitze verflüchtigten sich. Er öffnete langsam die Augen. Schmelzender Schnee füllte sie wie mit Tränen. Über ihm schwebte ein Hubschrauber, von dem im Gegenlicht zunächst nur ein dunkler Rumpf zu erkennen war. Ein weiterer Hubschrauber war etwa 50 Meter von dem ersten entfernt. Und er hörte sich entfernendes Rotorengeräusch. Schwächer werdend . . .
Kokaden, grün-weiße Kokaden. Hyde war desorientiert; er hatte sich damit abgefunden, sterben zu müssen. Der islamische Halbmond mit einem Stern am Heck des Hubschraubers.
Grün und weiß, kein roter Sowjetstern am Rumpf.
Kokaden . . .?
Er konnte sich nicht erklären, was geschehen war – nicht einmal, als der Sikorsky S-61R mit den pakistanischen Hoheitsabzeichen langsam und sanft auf den verkohlten Boden des engen Tals herabsank und Hyde durch den Abwind seines Rotors mit Flugschnee zuwehte, während er tieferging.

12

Ein alter Mann sagt die Wahrheit

«Diese Sache hat sich so ungünstig entwickelt, daß wir jetzt praktisch vor einem Scherbenhaufen stehen.» Sir William Guest, GCMG, Vorsitzender des Geheimdienstausschusses und ehemaliger Chef des Diplomatischen Diensts, schien sich über eine Gelegenheit zu freuen, seine ranghöhere Stellung ausspielen zu können. Sein lederner Chefsessel knarrte unter seinem beträchtlichen Gewicht. Babbington fiel wieder einmal auf, daß Guest die kleinen Augen und das ausdruckslose Gesicht eines Dicken hatte, die gedankliche Trägheit und sogar Dummheit suggerierten. Zumindest nicht mehr als eine bestimmte geldgierige Gerissenheit. Aber das war natürlich nur eine Maske. Sir William war sein Vorgesetzter und Mentor, der beträchtliche Geistesgaben besaß. «Vor einem Scherbenhaufen», wiederholte er nachdrücklich. «Sie erinnern sich bestimmt noch daran, daß ich gegen die Aufhebung der Nachrichtensperre gewesen bin, Andrew – und vor allem gegen das Vorhaben, Aubrey wegen Landesverrats vor Gericht zu stellen.» Das war kein Versuch, seine Hände in Unschuld zu waschen, sondern eher eine indirekte Zurechtweisung.

«Ja», antwortete Babbington und wartete. Seinen Absichten und denen der Moskauer Zentrale war es entgegengekommen, daß Sir William und andere in ihm den kommenden Mann gesehen, seine Karriere nach Kräften gefördert und für seinen Aufstieg in MI5 gesorgt hatten.

Der Ledersessel knarrte erneut. «Ich freue mich, daß Sie mir zustimmen, Andrew. Meine Bemerkung sollte kein Tadel sein.» Er hatte Zigarrenasche auf dem Revers seines dunklen Anzugs und der Eton-Krawatte. «Aber selbst wenn wir das einmal dahingestellt lassen, sind wir ziemlich . . . kompromittiert.»

«Tut mir leid, da kann ich Ihnen nicht ganz folgen.»

«Die Zeitungen haben die Fährte aufgenommen, und wir müssen zusehen, wie sie jetzt den Mond ankläffen. Sie haben Kenneth Aubrey entwischen lassen, um es vornehm auszudrükken . . .» In Sir Williams kleinen grauen Augen stand ein amüsierter Ausdruck. «Sie wissen nicht, wo er ist – und hier erwartet ihn eine Anklage wegen Landesverrats. Und mein Patenkind hat sich nach Deutschland abgesetzt, um endlich die Wahrheit über seinen Vater rauszukriegen!» Sir William hob scheinbar verzweifelt die Hände und ließ sie klatschend auf die Schreibtischplatte fallen. Er lächelte nicht mehr, als er hinzufügte: «Ich glaube nicht, daß Margaret dadurch glücklicher werden wird . . .» Er schien sich an weit zurückliegende Ereignisse, vielleicht sogar alte Schmerzen zu erinnern, bevor er den Kopf schüttelte. «Ein merkwürdiger Mann», murmelte er. «Hochintelligent, aber eigenartig.» Dann war sein Blick wieder hellwach. «Der Premierminister hat sich die Sache anders überlegt.» Seine Stimme und sein Gesichtsausdruck verrieten die Frustration eines den Launen von Politikern ausgelieferten Beamten. «Wir sollen weiteres Aufsehen vermeiden. Aubrey soll aufgespürt und dazu überredet werden, seinen Lebensabend im Ausland zu verbringen. Es sei denn, er hätte vor, in nächster Zeit in Moskau aufzukreuzen.»

«Das dürfte für ihn das einzig mögliche Reiseziel sein», warf Babbington spitz ein.

«Unabhängig davon, was Kenneth Aubrey verbrochen haben mag, kann ich ihn mir nicht als Staatspensionär in Moskau vorstellen. Jedenfalls ist er . . . hier unerwünscht, verstanden?» Babbington nickte mit zusammengekniffenen Lippen. «Gut. Jetzt müssen wir in die Zukunft blicken – und damit sind wir schon bei Ihrer Aufgabe. Sie müssen kräftig ausmisten. Eine Säuberung und eine detaillierte Untersuchung müßten genügen, um Unterhaus und Presse zufriedenzustellen. Die erste puritanische Begeisterung des Premierministers hat sich inzwischen gelegt. Er hat sich davon überzeugen lassen, daß es besser ist, diesen Fall geräuschlos zu bereinigen . . .» Sir William starrte Babbington herausfordernd an. Babbington hatte natürlich zu den Kopfjägern gehört, denen der Premierminister anfangs begeistert zugestimmt hatte. Aber zuletzt hatte sich doch Sir Williams Auffassung durchgesetzt.

«Ja, ich verstehe.»

«Ausgezeichnet! Sie können Margaret zurückbringen, sobald Sie's für richtig halten – ich bin damit einverstanden. Und diesen *Dummkopf* von einem Ehemann . . . Aber wann hätten wir jemals Reife von unseren transatlantischen Vettern erwartet?» Babbington merkte, daß er zustimmend lächeln sollte, was er pflichtbewußt tat. Offenbar sollte *er* keine Verantwortung übernehmen müssen: Er würde SAID-Generaldirektor bleiben. Und Sir William würde wie alle anderen nicht einmal ahnen, wie groß seine Macht wirklich war. Babbington wußte, daß er diesmal mit einem blauen Auge davongekommen war.

So blieben nur noch Massinger und Aubrey und Hyde und Shelley: das Häufchen der Getreuen. Sir William hatte sie als unverletzlich bezeichnet – aber sie mußten zum Schweigen gebracht werden.

«Wenn ich in ein paar Tagen aus Washington zurückkomme, muß ich mich ausführlich mit Margaret unterhalten. Warum sie sich nicht sofort an *mich* gewandt hat, werde ich nie begreifen!» Er hob erneut melodramatisch die Hände. «Einfach wegzulaufen . . . Dabei sollte sie nächste Woche eine kleine Abendeinladung für mich geben.» Seine vollen Lippen verzogen sich zu einem nachsichtigen Lächeln. Sir William, der überzeugte Junggeselle, betrachtete Margaret Massinger offenbar als praktischen Tochterersatz – als erwachsenes Kind, das ihn niemals Zeit, Geld oder Tränen gekostet und häufig Vergnügen bereitet hatte.

Plötzlich haßte er Margaret Massinger und ihren Mann. Und er spürte, daß die beiden ihm gefährlich werden konnten. Was wußten oder vermuteten sie? Gespenster aus dem Jahre 1974 hatten sich geregt. Wenn sie etwas *wußten* . . .

Oder auch nur vermuteten.

«Ich verstehe Ihre Besorgnis, Sir William.» Der absichtlich kühle und respektvolle Ton kränkte den Älteren. Er starrte Babbington aufgebracht an.

«Andrew», sagte er nachdrücklich, «ich mache mir keine Sorgen. Ich möchte, daß diese dumme Sache endgültig zu den Akten gelegt wird. Bringen Sie die beiden zurück. Lassen Sie sie noch heute in ein Flugzeug nach Hause setzen.»

«Ganz wie Sie wollen . . ., William.» Der andere nickte zufrieden. «Hoffentlich können *Sie* sie dazu überreden, diesen Unsinn zu lassen», fuhr Babbington seufzend fort. «Sie und ihren Mann. Dieser Dummkopf glaubt noch immer, Aubrey könnte unschuldig sein.»

«Lächerlich! Das hätten Sie ihm ausreden müssen.»
«Ich hab's versucht ... mein Gott, ich hab's versucht! Diese amerikanische Leidenschaft für *Ermittlungen* macht die Leute blind, selbst wenn die Wahrheit mit Händen zu greifen ist.»
«Ja, ganz recht.» Sir Williams Stimme klang jetzt entspannter, gedehnter. Sie waren zwei mächtige Mitglieder des selben exklusiven Clubs. Zwischen ihnen gab es keine Unterschiede mehr. Er lächelte Babbington gönnerhaft zu.
«Aber wenn wir ihn uns gemeinsam vorknöpfen und ihm verbieten, seine Nachforschungen fortzusetzen, nimmt er vielleicht Vernunft an.»
«Richtig, das müßten wir schaffen», bestätigte Sir William. «Margaret muß ich jedenfalls an ihre Pflichten erinnern.» Er schnaubte. «Sie weiß gar nicht, in welche Gefahr sie sich dabei hätte begeben können. *Amateure!*» Das klang wie eine Verwünschung. *Du wichtigtuerischer, blinder alter Mann!* dachte Babbington.
Sir William hob erneut die Hände – diesmal jedoch fast resigniert. «Na ja, daran ist nichts mehr zu ändern», meinte er seufzend. «Wir müssen nur noch im eigenen Haus Ordnung schaffen. Danach können wir weitersehen. Ich möchte, daß alles wie geschmiert läuft, bevor ich eines Tages diesen Sessel räume.» Das war ein deutlicher Hinweis auf die Identität seines Nachfolgers. Babbington quittierte das Kompliment mit einem Schulterzucken, obwohl ihn diese Aussicht mit Befriedigung erfüllte. In Sir Williams Position konnte er seinen Verrat auf die Spitze treiben und sich als unbezahlbar wertvoll für Moskau erweisen; im Vergleich zu ihm war Kapustin dann nur ein besserer Laufbursche.

Paul Massinger hatte Angst. Nicht professionell, sondern in einem tieferen, rational nicht mehr zu erfassenden persönlichen Sinn, den er weder unterdrücken noch ignorieren konnte. Zimmermanns Warnung, er solle seine frühere Ausbildung und seine alten Instinkte nutzen, hatte sich lediglich so ausgewirkt, daß er bei ihrer Ankunft in Wien auf dem Flughafen Schwechat halbherzig versucht hatte, einer Überwachung zu entgehen.
Auf der Fahrt in die Stadt sprach Margaret fast zwanghaft halb-

laut auf ihn ein. Massinger warf mehrmals einen Blick aus dem Heckfenster, ohne einen Wagen zu sehen, der sie auffällig verfolgte. Aber diese Kopfbewegung war eine Pflichtübung, kein Beweis für etwa wiederentdeckte Fähigkeiten. Die Stimme seiner Frau wies unaufhörlich den Verdacht zurück, ihr Vater könnte ein Nazi gewesen sein. Natürlich hatte er Clivenden besucht und war sogar gelegentlich mit Mosley zusammengetroffen. Aber das hatte nichts zu bedeuten, *nichts* . . .
Robert Castleford hatte nicht wieder als Offizier aktiv werden dürfen, weil er auf seinem damaligen Posten dringend gebraucht worden war . . . keiner hatte unermüdlicher gearbeitet, keiner hatte nachdrücklicher betont, wie wichtig es sei, Hitler und die Nazis zu besiegen . . . er hatte das Vertrauen Churchills besessen . . . Sir William würde nur lachen, wenn er davon hörte . . . dahinter mußte diese Frau stecken . . . diese Frau war bestimmt des Rätsels Lösung . . .
Massinger hatte Kopfschmerzen, deren Pochen fast mit Margarets hektischer Betonung übereinstimmte. Nichts hatte sich geändert. Seine Frau war noch immer wie besessen von dem Tod ihres Vaters und der Art und Weise, wie er damals umgekommen war. Für sie gab es nichts anderes. Massinger mußte sich eingestehen, daß diesmal ihr weiteres gemeinsames Leben auf dem Spiel stand.
Ein Schluchzen, als leide sie unter wiederholten Anfällen von heftigen Zahnschmerzen. Die ganze Nacht lang. Aber wenn er sie angesprochen oder sich im Bett aufgesetzt hatte, hatte sie keine Antwort gegeben, sondern sich sofort schlafend gestellt und im Dunkel des Hotelzimmers den Atem angehalten, als horche sie nach Eindringlingen. Bis auch er gleichmäßig zu atmen begonnen und sich schlafend gestellt hatte. Einige Zeit später hatte das Schluchzen erneut begonnen und war durch Seufzer und gelegentlich ein unterdrücktes Stöhnen unterbrochen worden. Die Entfernung zwischen ihren Betten war eine unüberbrückbare Kluft. Er hatte sich noch nie so fern von ihr, so wirklich von ihr getrennt gefühlt, und dieses Gefühl erschreckte ihn. Er wagte nicht, sich vorzustellen, was sie in Wien erwartete . . .
Sein Anruf bei Clara Elsenreith, während er auf den im Regen, den der Wind gegen die Fensterscheibe peitschte, kaum sichtba-

ren Rhein hinausgestarrt hatte, war eines der am widerstrebendsten geführten Telefongespräche seines Lebens gewesen. Die Frau hatte sich fast mißtrauisch bereit erklärt, sie zu empfangen – aber nur, weil er ein Freund Aubreys war, dessen Namen sie erkannte. Sie hatte ihm weder Hilfe noch Aufklärung versprochen.

Der Stephansdom im Zentrum Wiens.

Massinger hatte Mühe, sich ins Gedächtnis zurückzurufen, daß dies die Stadt war, in der er vor weniger als einer Woche gewesen war – die Stadt des betäubten KGB-Residenten, den er gemeinsam mit Hyde entführt hatte.

Es war schwierig, sich an Hyde zu erinnern. Es war eine ferne Gestalt, die in den Wogen von Margarets Verzweiflung unterzugehen drohte und nur noch hilfesuchend eine Hand in die Höhe reckte. Wahrscheinlich war er bereits tot.

Das Taxi hielt. Der Fahrer drehte sich um und zeigte auf die imposante Fassade eines Gebäudes aus dem 17. Jahrhundert, in dessen Erdgeschoß sich ein elegantes Schuhgeschäft etabliert hatte. Ein Durchgang neben dem Schaufenster führte in einen gepflasterten Innenhof, von dem aus die Wohnungen in den oberen Stockwerken zu erreichen waren. Massinger bezahlte das Taxi und gab dem Fahrer impulsiv ein sehr großzügiges Trinkgeld.

Margaret stieg aus, als er ihr die Tür aufhielt. Ein Windstoß zerzauste ihr Haar, das sie unterwegs flüchtig gekämmt hatte. Sie trug ziemlich viel Make-up, das sie jedoch nur älter wirken ließ, anstatt wie erhofft die Spuren einer schlaflosen Nacht zu verdecken. Der eisige Wind ließ ihre Gesichtszüge zu einer Maske der Hoffnungslosigkeit erstarren. Massinger nahm ihren Arm und führte sie auf den Innenhof, während das Taxi über den Stephansplatz davonfuhr.

Massinger klingelte. Sekunden später knackte die Sprechanlage, und eine Frauenstimme fragte nach seinem Namen. Dann summte der elektrische Türöffner, und sie betraten einen zur Treppe führenden breiten Flur, der elegant tapeziert, mit Teppichboden ausgelegt und mit Antiquitäten möbliert war. Flur und Treppenhaus kündeten von Reichtum und gutem Geschmack. Massinger drückte Margarets Arm fester an sich

und fuhr sich mit seiner freien Hand übers Haar. Gemälde, Schränke, Tische, Sofas.
Die Wohnungstür wurde geöffnet, als sie den Treppenabsatz im ersten Stock erreichten. Auf der Schwelle erschien eine weißhaarige Frau Anfang Sechzig, die mindestens zehn Zentimeter größer als Aubrey war. Etwa Castlefords Größe – fast so groß wie ich, sagte Massinger sich. Ja, sie und Castleford mußten ein gutaussehendes Paar abgegeben haben. Sie trug eine Seidenbluse zu einer modischen Hose; eine vielleicht etwas zu jugendliche Aufmachung, in der sie jedoch Selbstbewußtsein mit einem Schuß koketter Frechheit ausstrahlte. Ihre Augen waren intelligent und beobachteten rasch. Sie lächelte, während sie sich vorstellte.
«Ich bin Clara Elsenreith. Sie sind das Ehepaar Massinger. Kommen Sie bitte herein.» Ihre kühle Stimme hätte einer Empfangsdame gehören können. Ein Dienstmädchen nahm ihnen die Mäntel ab und verschwand mit ihnen. Clara Elsenreith forderte ihren Besuch mit einer Handbewegung auf, durch eine zweiflügelige Tür in einen langen, hohen Salon zu treten. Stuck, vergoldete Ornamente, kostbare alte Möbel und viele Gemälde. Ein eleganter Marmorkamin und hohe Doppelfenster, die den Blick auf die dunkle Masse des Stephansdoms freigaben.
Sie bot ihnen bequeme Sessel an, während sie selbst mit übergeschlagenen Beinen und mit um ein Knie gefalteten Händen – die Geste einer viel jüngeren Frau – auf einem zierlichen Stuhl mit kostbar in Blau und Gold bestickter Sitzfläche Platz nahm.
«Sie trinken doch eine Tasse Kaffee mit mir?» fragte sie nach einer kurzen Pause.
«Danke, gern», antwortete Margaret. Massinger spürte, daß die Hausherrin sich ihnen weit überlegen fühlte, als seien sie entfernte Verwandte vom Lande auf ihrem ersten Besuch in der Großstadt.
«Sehr freundlich von Ihnen, daß Sie gleich bereit gewesen sind, uns zu empfangen», stellte er fest.
Clara schwieg, während ihr Dienstmädchen den Kaffee servierte. Modernes Rosenthal-Porzellan, aber eine kostbare alte Silberkanne. «Ich bin neugierig gewesen», antwortete sie, als das Mädchen den Salon verlassen hatte. «Vor allem weil ich

gewußt habe, daß mein lieber Kenneth ebenfalls nach Wien kommen würde – und noch dazu zur selben Zeit. Ich glaube nicht an Zufälle . . .» Ihr leicht guttural gefärbtes Englisch klang fast wie das einer Schauspielerin, die sich bemühte, mit deutschem Akzent zu sprechen. «Sie etwa?» Margarets Unbehagen und sichtliches Erschrecken schien sie zu befriedigen, als stellten sie die letzten Stücke eines schwierigen Puzzlespiels dar. Clara nickte vor sich hin, wie um Massingers Eindruck zu bestätigen.
«Er . . . er kommt *hierher* . . .?»
«Er ist ein regelmäßiger Besucher, Mrs. Massinger. Und ein sehr alter Freund.»
Margaret starrte Paul an. Ihr Gesichtsausdruck verriet, daß sie den Raum fluchtartig verlassen würde, sobald zu erwarten war, daß Aubrey hier aufkreuzen würde. Massinger versuchte beruhigend zu lächeln, aber das nützte offenbar nichts. Margaret ärgerte sich bei dem Gedanken, Aubrey könnte hierher unterwegs sein. Sie wollte die Wahrheit herausbekommen, aber Aubrey verkörperte ihrer Überzeugung nach Ausflüchte und Lügen – und diese Frau war seine potentielle Verbündete.
Sein Blick wanderte durch den Salon. Der Raum war größer als ihr Wohnzimmer am Wilton Crescent und luxuriöser eingerichtet.
«Sie fragen sich, woher das alles kommt, nicht wahr?» Clara hatte seinen Blick beobachtet. «Ich habe mit dem Schuhgeschäft im Erdgeschoß angefangen. Später sind weitere Läden und ein paar kleine Fabriken dazugekommen. In den Geschäften werden meine Entwürfe – Schuhe und Accessoires – aus meinen Fabriken verkauft . . . in vielen europäischen Hauptstädten.»
Massinger nickte, als wolle er sich für seine Neugier entschuldigen. Clara reagierte nicht darauf, sondern fuhr fort: «Sie sind Kenneth Aubreys Freund – ich habe schon von Ihnen gehört. Ich verstehe, was Sie zu tun versucht haben . . ., aber ich verstehe auch, was Ihre Frau interessiert.»
«Sagen Sie mir die Wahrheit?» stieß Margaret hervor, während sie nervös mit dem Schulterriemen ihrer Handtasche spielte. Ihr Gesichtsausdruck war nervös, drängend, fordernd.
Clara zog die Augenbrauen hoch. «Welche Wahrheit?»
«Über meinen Vater . . .»

«Ah, was möchten Sie über ihn wissen?» Margarets Seelenqualen schienen sie keineswegs zu rühren. Massinger vermutete hinter ihren kühlen Augen eine tiefsitzende Abneigung gegen Robert Castleford. Als junge Frau mußte Clara eine begehrenswerte Schönheit gewesen sein. Sogar jetzt strahlte sie noch selbstbewußten, herausfordernden Sex-appeal aus. «Es gibt Dinge, die ... Nein, lassen wir das. Sie wollen wissen, was Ihrem Vater zugestoßen ist? Er ist gestorben.»
«Und ...?»
«Mehr weiß ich nicht. Selbst wenn ich mehr wüßte, stünde es mir nicht zu, es Ihnen zu verraten.»
«Dann wissen Sie also mehr ...!»
«Ich habe Ihnen doch gesagt, daß ich nicht mehr weiß», unterbrach Clara sie in einem Ton, der keinen Widerspruch duldete.
«Sie haben meinen Vater gekannt?» fragte Margaret nach einer kurzen Pause weiter. Clara nickte schweigend. «Sie sind seine ... Geliebte gewesen?» Daraus sprach eher Hoffnung als eine Verurteilung; das Bedürfnis nach Trost war unüberhörbar. Aber Massinger, der etwas von ihr entfernt in seinem Sessel saß, war wenig mehr als ein Beobachter, ein Augenzeuge. Für ihn gab es im Augenblick keine Rolle zu spielen.
«Nein, Mrs. Massinger», antwortete Clara lächelnd.
«Aber ...»
«Sie haben mich für seine Geliebte gehalten?» Sie zuckte mit den Schultern. «Vielleicht wäre ich seine geworden, wenn ich nicht schon Kenneth gekannt hätte.» Sie fuhr sich geistesabwesend mit einer Hand durchs Haar. «Kenneth hat dafür gesorgt, daß ich Berlin verlassen konnte. Später hat er mir neue Papiere beschafft und ist mir auf vielerlei Weise weiterhin behilflich gewesen. Ihr Vater ist einflußreicher gewesen – aber ich habe keine Gelegenheit mehr gehabt, zwischen den beiden zu wählen. Ihr Vater ist damals verschwunden ... gestorben, wie wir jetzt wissen.» Das alles wurde unbeteiligt kühl vorgetragen.
«Sie haben Castleford nicht leiden können?» fragte er ruhig.
«Gefühle haben damals keine Rolle gespielt – nicht zu dieser Zeit, an diesem Ort.»
«Trotzdem hat Sie etwas an ihm abgestoßen. Was?»
«Besitzgier», antwortete Clara plötzlich irritiert mit einem Blick zu Margaret hinüber.

«Aubrey und mein Vater haben sich gehaßt?» fragte Margaret.
«Allerdings!»
«Und Sie ... Sie sind der Grund dafür gewesen? Sie haben von Besitzgier gesprochen ...»
«Nein. Ich fände es schmeichelhaft, wenn ich die Ursache gewesen wäre. Vielleicht im Falle Ihres Vaters, aber ...» Sie wandte sich an Massinger. «Sie kennen doch Kenneth. Glauben Sie, daß er vor Leidenschaft den Kopf verloren hätte?»
Massinger zuckte wortlos mit den Schultern.
«Aber so muß es gewesen sein!»
«Wirklich?» fragte die Gastgeberin Margaret. «Warum? Kenneth hat Ihren Vater aus beruflichen Gründen nicht leiden können. Er hat Kenneth ins Handwerk gepfuscht.»
«Und Aubrey hat ihn umgebracht!» behauptete Margaret aufs neue erregt.
Clara sah schulterzuckend zum anderen Ende des Salons hinüber. Massinger, der ihrem Blick folgte, bildete sich ein, dort in einer Nische Aubrey stehen zu sehen. Die scheinbare Illusion trat in den Raum. Aubrey, der alt und müde aussah, trug einen Schlafrock aus Seide, unter dem eine Schlafanzughose zu sehen war. Aber er war frisch rasiert und gekämmt. Er schien sich in Clare Elsenreiths Wohnung ganz zu Hause zu fühlen.
«Paul», begrüßte er seinen Freund halblaut. «Mrs. Massinger, ich ...»
«*Sie?*» Das klang wie ein Fluch.
Clara schüttelte rätselhafterweise energisch den Kopf, als wolle sie etwas abstreiten oder Aubrey zu erkennen geben, daß es falsch gewesen war, sich zu zeigen. Aubrey betrachtete Margaret, bis sie ruckartig den Kopf abwandte, und sah dann zu Massinger hinüber. Sein Gesicht trug einen freundlichen, traurig-weisen Ausdruck.
«Ist deine Frau darauf vorbereitet, die Wahrheit zu ertragen, deretwegen sie hergekommen ist?» fragte er Massinger.
«Ja!» fauchte Margaret.
Massinger überlegte, bevor er langsam nickte. Clara warf einen Blick auf ihre Uhr.
«Kenneth, ich habe heute nachmittag mehrere Termine. Ich muß mich umziehen. Meine Wohnung steht dir aber zur Verfügung.» Clara lächelte flüchtig. Aubrey nickte dankend. Massin-

ger hatte den Eindruck, zwischen den beiden habe eine kurze, für Außenstehende nicht leicht erkennbare Verständigung stattgefunden.
«Danke, meine Liebe. Das Ganze fällt ohnehin unter meine Verantwortung. Ich muß alles erklären. Ich brauche die Hilfe dieser beiden, die ich als gute Freunde schätze.»
«Dann sei vorsichtig!» warnte Clara ihn.
«Nein, vorsichtig darf ich jetzt nicht mehr sein. Wir wollen dich nicht länger aufhalten, meine Liebe.»
Clara nickte den Massingers lediglich kurz zu, bevor sie den Salon verließ. Überraschenderweise verabschiedete sie sich von Aubrey mit einem leichten Kuß auf die Wange. Der Alte schien dadurch förmlich aufzublühen. Während die Tür sich hinter Clara schloß, nahm er auf dem Sofa Platz, ohne Margaret aus den Augen zu lassen. Dann begann er ohne lange Einleitung zu sprechen.

Zimmermann schaltete seinen Anrufbeantworter ein – seine Sekretärin war noch beim Mittagessen, und er war fast eine Stunde lang nicht mehr in seinem Büro gewesen – und hörte eine vertraute Stimme. Nur der Inhalt der Mitteilung war unerwartet, beunruhigend und empörend. Die Tonbandstimme gehörte dem Leiter des Bundeskanzleramts.
«Der Herr Bundeskanzler wünscht, daß Sie sofort einen mehrwöchigen Erholungsurlaub antreten, Herr Professor. Dieser bedauerliche Fall, daß eine in Untersuchungshaft sitzende Frau nur wenige Stunden nach einer Vernehmung durch Sie Selbstmord verübt, muß eingehend untersucht werden. Der Rechtsanwalt und die Angehörigen der Verstorbenen haben bereits die Absicht geäußert, mit ihrem Verdacht, daß Ihre Fragen Frau Schröder in den Selbstmord getrieben haben könnten, an die Öffentlichkeit zu gehen . . .»
Die Mitteilung ging weiter. Zimmermann wurde wider Erwarten nicht aufgefordert, im Bundeskanzleramt vorzusprechen oder für eine Befragung zur Verfügung zu stehen. Er sollte lediglich verschwinden, bis die erste Aufregung sich gelegt hatte. Ein Zusammenhang zwischen Margarethe Schröders Selbstmord in Köln und dem Einbruch in seiner Bonner Woh-

nung wurde nicht einmal andeutungsweise hergestellt. Den Verantwortlichen ging es nur darum, das Bundeskanzleramt, dem er unterstand, aus einer unangenehmen Sache herauszuhalten.
Für Zimmermann war diese Mitteilung bedeutungslos: Er ärgerte sich kaum darüber. Aber sie war zugleich eine Fessel, die ihn zur Unbeweglichkeit verurteilte. Jetzt würde er Massinger und Aubrey nicht länger helfen können – das stand fest.
Irgend jemand hatte die Schröder ermordet; irgend jemand hatte bei ihm eingebrochen. KGB-Agenten oder von ihnen bezahlte Leute. Die andere Seite machte sich Sorgen und wollte ihren Mann schützen: nicht Aubrey, sondern Babbington.
Wo steckte Aubrey? überlegte er sich, während er die jetzt salbungsvoll klingende Stimme abstellte. Wo ist Aubrey? Wenn es mir gelingt, ihn zu erreichen, kann ich ihm vielleicht doch noch helfen . . .

«Ich bin in den russischen Sektor Berlins gefahren, um mich mit Claras Ehemann zu treffen», berichtete Aubrey gerade. «Mit Karl Elsenreith, einem ehemaligen SS-Führer im Reichssicherheitshauptamt – genau gesagt in Amt VI, dem Auslandsnachrichtendienst Walter Schellenbergs –, der jetzt neuen Herren diente – den Russen, einer NKWD-Abteilung.» Aubrey betrachtete kurz seine Zuhörer und schien dann die hohe Decke und den an einer langen Kette hängenden Kronleuchter anzusprechen. «Elsenreith durfte nicht riskieren, in die alliierten Sektoren oder eine der Westzonen zu kommen. Er war gebürtiger Berliner, und seine alte Wohnung lag im russischen Sektor. Was seine Frau betrifft, hat er die Trennung von ihr gewiß bedauert – aber sich auch anderweitig getröstet.»
«Und die Russen haben ihm vertraut?» fragte Massinger.
«Sie haben ihn benützt. Sie haben seine Fähigkeiten sehr wohl zu schätzen gewußt. Er hat eine behagliche Wohnung, eine Geliebte, reichlich Geld und die Zusicherung völliger Staffreiheit gehabt. Schwierigkeiten haben ihm nur einige seiner alten Kameraden bereitet, die hier und da aufgekreuzt sind und ihn um Hilfe gebeten haben. Geld, Papiere, sicheres Geleit aus dem russischen Sektor oder der sowjetisch besetzten Zone. Was

sollte Elsenreith tun? Er mußte fürchten, daß die Abgewiesenen sich an ihm rächen würden – deshalb hat er begonnen, ihnen zu helfen. Meinen . . . *letzten* Besuch im russischen Sektor habe ich auf seinen Wunsch hin gemacht.»

Aubrey machte eine Pause. Massinger sah zu Margaret hinüber, bevor er fragte: «Warum?»

Margaret zuckte zusammen. Sie war in ihrem Sessel zusammengesunken und hatte sich halb von Aubrey abgewandt. Sie schien wenig erfreulichen eigenen Gedanken nachzuhängen.

«Er hatte von meiner . . . Freundschaft mit Clara erfahren. Anscheinend hatte er noch immer etwas für sie übrig – das habe ich mir zumindest eingebildet, als ich seine Aufforderung bekommen habe. Er hat mir . . . wichtige Informationen versprochen, wenn ich ihm garantieren würde, mich weiterhin um Clara zu kümmern. Aber er durfte nicht in die Westsektoren kommen, deshalb mußte ich zu ihm.»

«Und . . .?»

«Das Ganze ist ein übler Trick gewesen. Ich habe mich durch die Aussicht auf Erfolg blenden lassen und bin mir edel vorgekommen, weil ich dem Mann meiner Geliebten, einem alten Nazi, versprechen würde, mich um sie zu kümmern!» Aubrey verspottete sich selbst. «Elsenreith ist ein charmanter, gebildeter, gutaussehender Mann gewesen», fuhr er dann fort. «Mir ist klar geworden, weshalb Clara sich zu ihm hingezogen gefühlt hatte – obwohl er nicht mehr seine schneidige schwarze Uniform getragen hat –, und dann habe ich gemerkt, was er eigentlich von mir wollte. Ich war den Russen auf dem Nachrichtensektor zu lästig geworden. Sie wollten mich zum Schweigen bringen – aber zuvor sollte ich noch alle mir bekannten Namen preisgeben.»

«Aber du bist geflüchtet?»

«Richtig.»

«Wie?»

«Mit Unterstützung von außen. *Meine* Leute haben mir geholfen, weil sie es sich nicht leisten konnten, mich in den Händen der Russen zu lassen. Der Wagen, mit dem ich aus dem Gefängnis zum Verhör in Elsenreiths Büro gebracht werden sollte, ist überfallen worden. Danach haben meine Leute mich in die Westsektoren zurückgeschmuggelt.»

«Und das ist alles?» fragte Massinger. «Wirklich alles?»
Aubrey schüttelte kaum merklich den Kopf, aber Margaret beobachtete ihn dabei.
«Was wissen Sie noch?» erkundigte sie sich.
«Meine Liebe, das ... ich weiß nicht, wie ich Ihnen das erklären soll. Die wichtige Information, die Elsenreith mir geben wollte – die als Köder gedacht war und die er mir tatsächlich aus Amüsement gegeben hat, weil er glaubte, ich würde sie ohnehin nie verwerten können –, war der Name des Mannes in Westberlin, der sich weiter um seine alten Kameraden gekümmert hat, die gelegentlich aufkreuzten und Fluchthilfe verlangten.»
Aus Margarets Gesichtsausdruck sprach offener Haß. «Und ...? *Und* ...?»
«Meine Liebe, der Mann ist ihr Vater gewesen ...»
«Nein!» jammerte Margaret, aber Massinger wußte, daß sie diese Behauptung glaubte, weil sie von Aubrey kam. Da sie ihn für den Mörder ihres Vaters hielt, war sie auch bereit, alles zu glauben, was er jetzt gestand.
«Wie *konnte* er nur?» schluchzte Margaret und meinte damit offenbar nicht das Motiv, sondern die tatsächlichen praktischen Möglichkeiten.
«Für ihn ist das eine Kleinigkeit gewesen, meine Liebe. In seiner Position hat er neue Personalpapiere ausstellen lassen können. Das hat ihn kaum Mühe gekostet.»
«Aber *warum?*»
«Weil er ein von Seelenqualen gepeinigter Mensch gewesen ist», stellte Aubrey fest. Das aus seinen Worten sprechende Mitgefühl verblüffte Massinger. «Ein von schlimmen Seelenqualen Gepeinigter.»
«O Gott ...» seufzte Margaret betroffen.
«Und?» drängte Massinger.
«Ich habe ihn erschossen.»
Die Worte schienen in der stillen, warmen Luft des Raums zu hängen, bis Margaret schließlich zögernd und mit belegter Stimme fragte: «Sie sind also sein Mörder?»
Aubrey nickte ernst. «Bei der Rangelei hat mein Finger den Abzug seiner Pistole berührt. Ja, meine Liebe, ich bin schuld am Tod Ihres Vaters.»

Margaret war zu keiner Reaktion mehr imstande. Sie lag schweigend und unbeweglich in ihren Sessel zurückgelehnt, ohne die beiden Männer anzusehen. Sie hätte eine Schaufensterpuppe aus einem Modehaus sein können.
Massinger räusperte sich. «Wodurch haben sie ihn in der Hand gehabt, Kenneth?» wollte er wissen. «Wie haben sie ihn dazu gebracht?»
Aubrey breitete die Hände aus. «Ganz einfach», antwortete er. «Ich habe ihm geglaubt, was er mir gestanden hat. Vor dem Krieg hatte er viele prominente deutsche Diplomaten, Offiziere und Beamten gekannt. Viele von ihnen waren seine Freunde geworden – wie die vieler weiterer Engländer aus seinen Kreisen in den dreißiger Jahren, als wir alle noch ahnungslos gewesen sind. In Clivenden, in London – Parties, Oper, Theater, Bordelle, Fuchsjagden, Jagdgesellschaften . . . stets die gleichen Gesichter. Zuversichtliche, selbstbewußte, blonde junge Männer. Castleford hat sie bewundert, mit ihnen sympathisiert und sie wohl auch imitiert. Ich glaube allerdings nicht, daß er auf diesem Gebiet wesentlich mehr als andere getan hat. Und niemand kann ihm nachsagen, er habe sich nach Kriegsausbruch nicht loyal verhalten, obwohl er die Auffassung vertreten hat, es sei verrückt, für Polen in den Krieg zu ziehen, und noch verrückter, sich mit den russischen Barbaren zu verbünden, wie wir's 1941 getan haben.»
«Gut, aber womit hat er sich 1946 ködern lassen?»
«Castleford ist das Opfer einer großzügig gemeinten Geste geworden. Ein alter Freund, einer der blonden jungen Männer aus Clivenden und all den übrigen Landsitzen, ist bei ihm aufgekreuzt. Er hatte Castleford auf der Straße erkannt. Der Deutsche war auf der Flucht; er hatte sich seit Wochen in der Stadt versteckt gehalten . . . du kannst dir vermutlich vorstellen, wie alles aus ihm herausgesprudelt ist?» Massinger nickte. «Castleford hat ihm mit gefälschten Papieren geholfen, durch die er sich in einen im Westen gebliebenen ehemaligen polnischen Kriegsgefangenen verwandelt hat. Dem Mann ist die Flucht gelungen. Und er hat seine Freunde zu Castleford geschickt – einen nach dem anderen. Eine endlose Schlange von Männern, die neue Ausweise, eine neue Identität brauchten. Wir hatten damals schon viele kleinere Fische gefangen, die

schlecht gefälschte Papiere hatten, deshalb brauchten die anderen eine neue Quelle und bessere Ausweise. Englische Papiere mit der Unterschrift Castlefords oder seiner Untergebenen, die nicht wußten, für wen sie bestimmt waren. Auch Elsenreith hat ihm Leute geschickt – wahrscheinlich ehemalige SS-Führer, die jetzt wie er für die Russen arbeiteten. Ich mußte dieses Leck abdichten, diese Quelle verstopfen. Ich weiß nicht, ob der erste junge Mann, der zu Castleford gekommen ist, ihn nur ködern sollte. Auch falls er echt gewesen ist, hat er jedenfalls als Köder fungiert.»
«Und so ist's weitergegangen?»
«Fast ein Jahr lang. Schon Monate vor meinem Eintreffen in Berlin. Ich habe mir damals nicht erklären können, weshalb Castleford mir von Anfang an feindselig gegenübergetreten ist. Heute glaube ich, daß er Angst vor mir gehabt hat. Clara ... unser Verhältnis zu ihr erklärt nichts, sondern führt in eine Sackgasse. Sie hat nichts mit dieser Geschichte zu tun, obwohl Castleford vielleicht geglaubt hat, sie für sich gewinnen und gegen mich ausspielen zu können. Aber dazu ist's nie gekommen.»
«Was ist dann ... zuletzt passiert?» fragte Massinger leise. Er sah, daß Margaret sofort wieder aufmerksam zuhörte. Sie hob etwas den Kopf, und ihre Schultern strafften sich.
«Ein Kampf um die Pistole. Ich hatte Castleford lange zugehört – scheinbar stundenlang. Ich war gekommen, um ihn mit unseren Ermittlungsergebnissen zu konfrontieren und ihm seine Festnahme zu eröffnen. Als er seine Pistole gezogen hat, habe ich geglaubt, er wolle Selbstmord verüben, so gequält und verzweifelt hat er gewirkt. Statt dessen wollte er mich erschießen. Ich habe versucht, ihm die Waffe zu entwinden, und dabei hat sich ein Schuß gelöst. Castleford ist fast augenblicklich tot gewesen. Ich habe viele Stunden lang – fast bis Tagesanbruch – gearbeitet, um die Leiche in einem Ruinenkeller zu verstecken, in dem sie dann später entdeckt worden ist. Das ist damals passiert, Paul. Wenn euch nähere Einzelheiten interessieren, kann ich euch einen ausführlichen Bericht geben, den Clara seit damals für mich aufbewahrt hat. Ich bin hergekommen, weil ich ihn vernichten wollte.» Aubrey sah zu Margaret hinüber, die ihn wie ein sprungbereites Raubtier anstarrte. «Wenn Sie wol-

len, können Sie ihn jetzt haben. Er steht Ihnen sogar zu, glaube ich . . .»

Margaret sprang aus ihrem Sessel auf und blieb mit geballten Fäusten, hochgezogenen Schultern und am ganzen Leib zitternd vor Aubrey stehen. Ihr kleiner Körper bedrohte ihn. Aubrey blieb unbeweglich sitzen. Sein müdes Gesicht trug weiterhin den traurig-weisen, um Entschuldigung bittenden Ausdruck, mit dem er den größten Teil seines Berichts vorgetragen hatte. Damit schien er sie daran zu hindern, handgreiflich zu werden. Statt dessen wandte sie sich ruckartig ab und hastete zur Tür, als flüchte sie vor einem Feuer.

«Massinger stand auf. «Margaret . . .!»

Sie knallte die Tür hinter sich zu. Massinger schien ihr folgen zu wollen, hinkte dann aber plötzlich, weil seine Hüfte wieder schmerzte.

«Paul!» sagte Aubrey warnend. «Noch nicht, Paul. Laß sie erst etwas zu sich kommen.»

Massinger blieb auf halbem Weg zur Tür stehen und horchte nach draußen. Als er die Wohnungstür ins Schloß fallen hörte, ließ er die Schultern hängen und drehte sich nach Aubrey um.

«Ja, du hast recht», gab er zu. «Ich wüßte gar nicht, was ich zu ihr sagen sollte. Du hast recht . . .»

«Die Elsenreith ist weggefahren – außer unseren Freunden ist nur noch das Dienstmädchen in der Wohnung.»

«Das Mädchen und die Hausherrin müssen aus dem Spiel bleiben, Wilkes – das wäre zu riskant. Die beiden sind österreichische Staatsbürgerinnen. Wissen Sie bestimmt, daß alle drei dort sind? Auch Aubrey?»

«Alle drei.»

«Dann beeilen Sie sich lieber. Schaffen Sie die drei in unser Haus. Halten Sie sie dort fest, bis ich komme.»

«Wird gemacht, Sir.»

«Seien Sie vorsichtig mit dem Dienstmädchen – und mit dem, was Sie erzählen. Die Massingers werden vorerst nur wegen ihres Versuchs festgehalten, Aubrey zu helfen. Mehr dürfen sie nicht erfahren. Sie bleiben bei dieser Darstellung, selbst wenn die beiden etwas anderes denken oder sagen.»

«Verstanden. Wann kommen Sie her?»
«Morgen – ich habe noch einige wichtige Sitzungen und Termine. Halten Sie sie einfach fest, bis ich komme.»
«Wird gemacht, Sir.»

Sie war durch ihr Elend und den Verrat, den sie bereits in ihrem Inneren stattfinden fühlte, wie benommen. Teile ihres Verstandes schlugen sich bereits auf Aubreys Seite und akzeptierten die erschreckende, von bösen Geistern gequälte Gestalt, die ihr Vater zuletzt gewesen war. Sie hatte damit begonnen, das Ringen um die Schußwaffe zu akzeptieren – und damit die Mordabsicht, die Aubrey beinahe zu spät erkannt hatte . . .
Sie schlüpfte mit einiger Mühe in ihren Mantel, ließ ihre Handtasche im Flur fallen, hob sie auf und drückte sie an sich, während sie mit der freien Hand ihren Mantel zuknöpfte. Die Haustür ließ sich erst öffnen, als sie das Sicherheitsschloß mit der anderen Hand entriegelte. Draußen wurde es bereits dämmrig. Der kalte, böige Wind zerzauste sie, als versuche er, sie ins Haus zurückzudrängen. Während Aubrey gesprochen hatte, hatte sie sich eingebildet, in flimmernden Wochenschauaufnahmen zu sehen, wie die Leichen von KZ-Häftlingen in einem Massengrab beigesetzt wurden, das anschließend von einer Planierraupe aufgefüllt wurde. Zu Stöcken abgemagerte weiße Gliedmaßen, totenkopfähnliche Schädel, gestreifte Häftlingskleidung, Davidssterne . . .
Dieses Bild ließ sie jetzt nicht mehr los. Sie hatte es zum erstenmal als Kind gesehen. Als Teil eines Fernsehdokumentarberichts über den Zweiten Weltkrieg. Nun war es persönlich geworden, als habe sie sich damit infiziert. Sie konnte es nicht mehr verdrängen. Die idealisierte Vorstellung, die sie bisher von ihrem Vater gehabt hatte, ließ sich nicht mehr aufrechterhalten, seitdem sie die ganze Wahrheit kannte; statt dessen war alles, was mit ihm zusammenhing, schrecklich, abscheulich, widerwärtig . . .
Sie trat hastig aus dem Durchgang auf den Stephansplatz hinaus. Vor dem Abendhimmel ragte der Dom als bedrohlich dunkle Masse auf, die im Licht der jetzt aufflammenden Straßenlampen nur noch düsterer wirkte. Grausig. *Ein von Seelen-*

qualen gepeinigter Mensch. Davon hatte sogar der Mann gesprochen, der ihn hatte festnehmen wollen, der ihn ermordet hatte. Alles verloren ... er hatte alles verloren, indem er *denen* geholfen hatte!

Am schlimmsten war die Erkenntnis, daß er längst zu existieren aufgehört hatte, bevor er den Tod gefunden hatte. Dieses Wissen löschte sämtliche früheren Eindrücke und Erinnerungen an ihn aus. Er war nicht mehr der Mann, an den sie sich erinnerte, der Mann, dessen Verschwinden ihre Mutter in den Wahnsinn getrieben hatte ... der Mann, der in die Kamera lächelte oder durchs fleckige Licht unter den Apfelbäumen auf ihre Schaukel zukam ...

Diesen Vater gab es nicht mehr, er hatte sich in nichts aufgelöst.

Stille, leicht moderige Dämmerung. Hohe gotische Fenster mit undeutlich erkennbarer Bemalung. In weiter Ferne Chorgesang wie am Ende eines riesigen Tunnels.

Sie schüttelte den Kopf. Vor ihrem inneren Auge standen weitere Bilder voller Verzweiflung. Sie schüttelte erneut den Kopf und versuchte, der Wahrheit zu entrinnen, sie abzustreiten, sie zu leugnen ...

Weil sie Aubrey glaubte!

Sie glaubte ihm. Er hatte gestanden, ihren Vater erschossen zu haben. Auch alles übrige war die Wahrheit. Ein alter Mann hatte die Wahrheit gesagt. Sie wußte instinktiv, daß Aubrey nicht gelogen hatte.

Und sie glaubte jedes Wort.

Dann nahm sie ihre Umgebung erstmals wahr, als habe sie erst in dieser Sekunde die Augen geöffnet. Die Metropolitankirche – der Stephansdom. Das gewaltige Hauptschiff mit den Säulenbündeln des Netzgewölbes und der gotischen Kanzel ... die leicht moderige, kühle, stille Luft ... die durch den Kirchenraum zu schweben scheinenden Stimmen eines Knabenchors ... Dies war etwas, an das sie nicht glaubte. Hier fand sie keinen Trost außer durch die Tatsache, daß sie nicht mehr in der Wohnung sein mußte, dem schneidenden Wind entronnen war und hier fast allein war. Sie sank müde auf die nächste Bank, blieb aber ganz vorn an der Kante sitzen, als wolle sie gleich niederknien. Die Stimmen sangen einen Choral, den die Orgel

unauffällig begleitete und ausschmückte. Von der Decke herabhängende Lampen bildeten zum Hochaltar führende Lichterketten. Gold glänzte düster, Farben hoben einzelne Teile von im Halbdunkel stehenden Heiligenfiguren hervor. Nein, für sie gab es hier nichts.
Bis auf die Ruhe, die fast völlige Stille ...
Als sie merkte, daß der Chor und die Orgel verstummt waren und daß sie trotz ihres Mantels fror – vor allem an den Beinen –, sah sie sich um und warf dann einen Blick auf ihre Armbanduhr. Schon fast halb sieben. Sie dachte sofort an Paul und drehte sich erneut um, als erwarte sie, ihn ganz in ihrer Nähe zu sehen. Sie dachte auch an Aubrey und den schriftlichen Bericht, den er ihr angeboten hatte. Sie wollte ihn nicht haben. Das würde sie ihm mitteilen. Er konnte ihn vernichten, falls ihm das etwas half.
Im Augenblick war sie zu keiner Gefühlsregung mehr imstande, was sie dankbar akzeptierte. Der erste Aufruhr ihrer Gefühle war vorbei – wenn auch nur für diesen Augenblick oder diesen Tag. Sie mochte sich nicht vorstellen, wie es sein würde, wenn ihre Gefühle erneut auf sie einstürmten. Nachdem sie sich ihre kalten Beine gerieben hatte, stand sie auf und verließ den Stephansdom durch das Riesentor.
Auf dem Stephansplatz herrschte noch immer reger Verkehr. Der U-Bahneingang auf der anderen Seite des Platzes schien ganze Menschenmassen zu verschlucken. Nach Hause strebende Berufstätige hasteten an ihr vorbei, als sie langsam zu dem Schuhgeschäft, dem Durchgang, dem Innenhof und der Wohnung zurückging, deren Anblick sie jetzt wieder zu ertragen können glaubte.
Sie schlug ihren Mantelkragen hoch. Der Wind hatte keineswegs nachgelassen. Er blies ihr entgegen, und ein kleiner Wirbel hob ihren Rocksaum hoch, als sie den Innenhof überquerte. Dann drückte sie auf den Klingelknopf.
Und sah, daß die Haustür nicht ganz geschlossen, der Riegel nicht eingeschnappt war ...
Aus der Sprechanlage drang keine Stimme. Sie hatte den Türöffner nicht summen gehört. Die Tür war offen gewesen. Sie trat ins Haus, stieg die Treppe hinauf und überlegte sich dabei, wie sie Aubrey und besonders Paul gegenübertreten würde.

Die in den Salon führende zweiflüglige Tür stand offen, wie schon die Wohnungstür offen gewesen war. Auch sämtliche übrigen Türen der Wohnung standen offen. Der Salon war leer. «Paul», rief sie. Dann lauter: «Paul!» Schließlich heiser, weil ihr Verdacht ihr Angst machte: *«Paul!»*
Der Stuhl, auf dem Clara Elsenreith gesessen hatte, war umgeworfen. Dann sah sie einen fast kreisrunden Blutfleck auf dem hochflorigen Teppich. Auch auf dem Sessel war ein kleinerer roter Fleck zu erkennen – auf der Armlehne, als sei dort ein Verletzter zusammengesackt . . .

13

Den Rubikon überschreiten

Sonnenlicht glänzte auf den Rümpfen und Leitwerken abgestellter und rollender Verkehrsflugzeuge auf dem römischen Flughafen Leonardo da Vinci. Nach der Kälte in der Gebirgswelt Afghanistans wirkte dieser Tag sonnig und frühlingshaft. Für Hyde war dies jedoch eine durch zuviel Glas gesehene, allzu sichtbare Szene. Sie suggerierte unmittelbar bevorstehende Überwachung und Entdeckung, obwohl er die Telefonzelle erst betreten hatte, nachdem er die Halle des Ankunftsgebäudes mehrmals abgesucht und nur die Männer des am Flughafen tätigen Sicherheitsdiensts entdeckt hatte.
Er war weiterhin eng in seinen dunklen Wintermantel gehüllt, den Miandads Leute ihm in Peschawar gegeben hatte, als sei er Bestandteil einer feindlichen Uniform. Sie hatten ihn mit klugen, traurigen, mißbilligenden Blicken und ernsten dunklen Gesichtern beobachtet. Miandads Leute waren ausnahmslos enttäuscht und betrübt gewesen, daß er statt ihres Vorgesetzten zurückgekommen war – aber sie hatten seine letzten Anweisungen trotzdem genauestens ausgeführt. Ärztliche Versorgung, Essen, Bad, Friseur, abhörsichere Telefonverbindung und

Heimflug. Da er mit seinen schmerzenden, verbundenen Händen nicht schreiben konnte, hatten sie ihm einen Kassettenrecorder und einen leeren Büroraum zur Verfügung gestellt. Dort hatte er alles, was Petrunin ihm über den Zugriff zur Akte *Träne* im Moskauer Zentralcomputer gesagt hatte, auf Band diktiert.

Danach war Hyde mit einer Militärmaschine nach Karatschi geflogen und in die erste Verkehrsmaschine nach Rom gesetzt worden. Die Pakistaner hatten ihn so schnell wie möglich weiterexpediert. Offiziell war er niemals in Pakistan gewesen und hatte niemals mit Colonel Miandad die afghanische Grenze überschritten. Solange er mit Miandads Leuten zusammen gewesen war, hatte er oftmals gehört, wie sie seine letzten Worte so andächtig wiederholt hatten, als seien sie eine Sure aus dem Koran. *Mr. Hyde erhält jegliche Unterstützung – was auch geschehen, wie diese Sache auch ausgehen mag.*

Deshalb hatte ihr Hubschrauber ihn gesichtet und gerettet.

Hyde hatte über eine Stunde lang mit Shelley telefoniert, den Ros in die Wohnung in Earl's Court bestellt hatte. Der andere hatte sich alles genau erzählen lassen – bis hin zu einer erneuten Wiederholung der Anweisungen Petrunins. Shelley war über seine Enthüllungen entsetzt gewesen, hatte über den Computerjargon nachgegrübelt und war von ihrer Unfähigkeit, etwas gegen Babbington zu unternehmen, wie gelähmt gewesen.

Auf dem Flug von Karatschi nach Rom hatte Hyde geschlafen, weil er nichts anderes zu tun hatte. Sein Wissen nützte weder ihm noch Shelley etwas. Daß die Zeit verstrich, hatte er lediglich daran festgestellt, daß sein Gesicht und seine Hände weniger schmerzten.

Mit seiner verbundenen rechten Hand wählte er unbeholfen die Nummer seiner Londoner Wohnung, ließ es viermal klingeln und hängte ein. Dann griff er erneut nach dem Hörer und wählte wieder. Beim dritten Klingeln meldete sich Shelley.

«Ich bin's», sagte Hyde. «Was gibt's Neues?»

«Katastrophale Neuigkeiten, Patrick – eine wirkliche Katastrophe.» Am Telefon klang Shelleys Stimme auf geradezu komische Weise kummervoll. Aber Hyde spürte unter dieser trübseligen Stimmung den Schock und die Angst des anderen.

«Was ist passiert?»

«Babbington hat den Alten – und Massinger.»
«Wie denn, verdammt noch mal? Und wo? Gestern hast du noch nicht mal genau gewußt, wo sie sind!»
«In Wien . . .»
«Massinger ist *dorthin* zurückgegangen?» Hyde wischte sich mit der freien Hand den Schweiß von der Stirn. «Unsinn! Das glaube ich nicht!»
«Ich habe angenommen, die beiden seien bei Zimmermann in Bonn. Aber sie haben dort einen Hinweis darauf bekommen, was 1946 Mrs. Massingers Vater in Berlin zugestoßen ist . . .»
«Was kümmert sie *das,* verdammt noch mal?»
«Das scheint Mrs. Massingers fixe Idee zu sein . . . Jedenfalls ist der Alte auch dort gewesen – in der Wohnung einer Frau, die er in Berlin gekannt hat und die damals auch mit Castleford bekannt gewesen ist.» Shelleys ruhige Stimme schien aus sehr weiter Ferne zu kommen. «Ich habe mit ihr telefoniert – Zimmermann hat mir ihre Telefonnummer gegeben. Er ist übrigens vorläufig von seinem Posten beurlaubt worden. Auf Anweisung von ganz oben . . .»
«Babbington hat sie also alle geschnappt? Sie sind sozusagen freiwillig in die Falle gegangen. Menschenskind, während ich bei den Apachen Kopf und Kragen riskiere, besucht der Alte eine seiner alten Flammen, und die verdammten Massingers machen sich Sorgen um Daddys makellosen Ruf! Das ist doch eine gottverdammte Scheiße!»
«Okay, fühlst du dich jetzt besser?» fragte Shelley nach einigen Sekunden Pause.
«Was gibt's sonst Neues?»
«Mrs. Massinger und diese Clara Elsenreith sind nicht geschnappt worden. Beide sind außer Haus gewesen, als die Männer entführt worden sind. Auf dem Teppich ist ein Blutfleck gewesen, und das Dienstmädchen haben sie in einem Schlafzimmerschrank eingesperrt entdeckt. Die Elsenreith ist hart im Nehmen, aber man merkt ihr an, daß sie Angst hat. Sie weiß, was auf dem Spiel steht – Aubrey scheint ihr alles anvertraut zu haben.»
«Wo ist Massinger jetzt?»
«Sicher untergebracht.»
«Und der Alte?»

«Keine Ahnung. Aber ich weiß, daß Babbington für heute nachmittag einen Flug nach Wien gebucht hat.»
«Dann hat er vor, dort mit dem Alten zu reden. Was unternimmst du dagegen?»
«Ich ... ich kann nichts unternehmen. Wer würde schon auf mich hören?»
«Sir William – er hat einen direkten Draht zum Premierminister.»
«Er ist seit Jahren Babbingtons Gönner. Er hat schon sehr früh für die Gründung von SAID plädiert und sich Babbington als Generaldirektor vorgestellt. Beweise würde er sich vielleicht ansehen, aber nur mit Behauptungen ist bei ihm nichts zu machen. Und sobald wir auch nur andeuten, was wir wissen, sind wir beide erledigt.»
«Ich bin ohnehin erledigt, wenn sie mich erwischen – oder hast du das vergessen? Babbington dürfte unterdessen informiert sein und glaubt bestimmt, daß Petrunin vor seinem Tod mir gegenüber ausgepackt hat.»
«Gut, wir können's mit Sir William versuchen. Aber welche Überlebenschancen gibst du Massinger und dem Alten, wenn wir verraten, was wir wissen? Babbington würde innerhalb von fünf Minuten davon erfahren.»
«Massinger soll meinetwegen der Teufel holen! Der tickt sowieso nicht ganz richtig. Was kümmert einen 1946, wenn man jeden Augenblick unter den nächsten Bus gestoßen werden kann?» Hyde machte eine Pause, bevor er fragte: «Wie könnte Babbington sie unauffällig beseitigen?»
«Das könnten seine Freunde vom KGB für ihn erledigen. Sie könnten den Alten sogar nach Moskau holen, um ihn dort als verdienten Agenten zu ehren und zu fotografieren, bevor sie ihn liquidieren. Was Massinger betrifft, könnte er beispielsweise mit einem Leihwagen verunglücken, indem er von der Straße abkommt ... Woher soll ich wissen, was er sich einfallen läßt? Aber er tut's darauf kannst du Gift nehmen!»
«Scheiße», murmelte Hyde resigniert.
«Was können wir tun, um den Alten zu retten, Patrick?»
«Wenn ich das wüßte! Wo ist er?»
«Irgendwo in Wien. Aber ich kann dort keinem trauen, ich kann niemand von der Außenstelle Wien losschicken.»

«Wir sind also *allein* . . .?»
«Ja.»
«Verdammt noch mal . . .», flüsterte Hyde. «Dann laß dir um Himmels willen jemand einfallen. Irgend jemand. Du mußt doch einen Computerfachmann kennen, dem du trauen kannst!»
«Nein, ich weiß keinen. Ich hab mir natürlich schon den Kopf zerbrochen, aber mir fällt wirklich kein vertrauenswürdiger ein.»
«Dann mußt du's irgend jemand *erzählen* – auch ohne Beweise –, einfach *erzählen!*»
«Das kann ich nicht! Das wäre zu gefährlich. Hör zu, Patrick, du mußt nach Wien fliegen und mit Mrs. Massinger reden, bevor . . .»
«Jetzt soll ich wohl noch Selbstmord verüben, was?»
«Sie ist verzweifelt, sie hat Angst. Vielleicht weiß sie etwas – oder kann etwas unternehmen. Sir William ist schließlich ihr Patenonkel . . .»
«Und Babbington ist ein alter Freund der Familie! Danke, ich kenne die Zusammenhänge.»
«Sie ist vielleicht unsere einzige Hoffnung», sagte Shelley berechnend leise.
«Was ist mit dem Alten, Shelley?»
«Den kannst du vorläufig vergessen, Patrick – der ist für uns unerreichbar.»
«*Du* wirst doch dafür bezahlt, daß du *denkst!* Dann tu's gefälligst! Der Alte kann schon morgen oder übermorgen in Rußland sein, wenn wir's nicht verhindern. Hast du vergessen, daß du ihm *alles* verdankst?» Mit dem Zorn, der ihn durchflutete, kehrten die Schmerzen in seinen Händen zurück – vor allem in der linken Hand, die unbeholfen den Hörer umklammerte. Auch sein Gesicht brannte wieder.
«Ja, schon gut, das weiß ich selbst am besten. Ich denke darüber nach, darauf kannst du dich verlassen.»
«Hoffentlich! Gut, dann gib mir jetzt die Telefonnummer der Elsenreith in Wien.»

«Wie, verdammt noch mal, *wie?*»

Shelley stand vor der riesigen Karte Europas, des Nahen Ostens und Asiens, die er mit Reißzwecken an einer Wand des Wohnzimmers von Hydes Apartment befestigt hatte. Ros beobachtete ihn mit unverhohlener Mißbilligung. Hyde war unordentlich, das stimmte – aber während seiner häufigen Abwesenheiten hatte sie immer wieder Gelegenheit, wenigstens annähernd den Idealzustand wiederherzustellen, in dem die Wohnung sich befunden hatte, bevor sie das Apartment an Patrick Hyde vermietet hatte.
Sie machte sich jetzt darin zu schaffen, weil Shelley ihr erzählt hatte, wo Hyde war und in welcher Gefahr er sich befand, und sie über keinen dieser Punkte nachdenken wollte.
«Ich habe Ihnen eine Kleinigkeit als Mittagessen gebracht», sagte sie und hielt Shelley, der ihr den Rücken zukehrte, einen Teller mit Sandwiches und eine große Dose Foster's hin. Peter Shelley drehte sich um und versuchte zu lächeln. Er hatte Sorgenfalten auf der Stirn und war auffällig blaß, als hätten der Streß und die bisherigen Mißerfolge ihn ausgelaugt. In seinen Augen, unter denen er dunkle Schatten hatte, erkannte sie auch Angst. Er hatte Angst um sich selbst und bemühte sich, dieses Gefühl zu ignorieren.
«Danke, Ros.» Er griff nach dem Teller und ließ sich aufs Sofa fallen. Während er gierig einen Schluck Bier trank, fiel sein Blick auf die von seinem Notizblock gerissenen Blätter, die auf dem Couchtisch und dem Teppich darunter verstreut waren.
«Ihm passiert doch hoffentlich nichts?»
Shelley hob überrascht den Kopf. «Das hoffe ich auch.»
«Er könnte jederzeit nach Australien zurück – dort würde ihn kein Mensch finden. Aber das würde er nie wollen . . .»
«Möchten Sie ein Sandwich?»
«Danke, ich habe schon gegessen.» Trotzdem ließ sie sich ihm gegenüber in einen Sessel sinken, den sie ganz ausfüllte. Ros beobachtete Shelley und sah dann zu der Wandkarte hinüber, die er an verschiedenen Stellen durch Kreise, Kreuze und eingetragene Namen und Daten gekennzeichnet hatte. Beschriebene Notizzettel waren mit Reißnägeln auf der Landkarte befestigt und verdeckten einen großen Teil des Mittelmeers, Teile der Nordsee und große Gebiete der Sowjetunion und des Fernen Ostens. Das Ganze erinnerte an die Arbeit eines merkwür-

digen Pedanten, der seinen Urlaub plante oder dabei war, einen Reiseführer zu schreiben. «Was hat das alles zu bedeuten?» fragte sie, indem sie zu der Wandkarte hinübernickte.
Shelley starrte die Karte fast schuldbewußt an, als geniere er sich, Ros gegenüber einzugestehen, daß sie das Ergebnis stundenlanger Arbeit war. Sein Magen knurrte vernehmlich. Er entschuldigte sich dafür und sah auf seine Armbanduhr. Es war schon nach 15 Uhr – kein Wunder, daß er hungrig war.
«Es handelt sich um sämtliche sowjetischen Botschaften in Europa und alles, was ich über sie weiß – und über unsere eigenen Leute an diesen Orten.» Er grinste. «Das ist natürlich alles streng geheim.»
«Klar», antwortete Ros.
Shelley hatte ihr einiges, aber natürlich längst nicht alles erzählt. Sie hatte seine Versicherung gebraucht, Hyde habe einen wichtigen Auftrag zu erfüllen, und sich mit vagen Andeutungen zufriedengegeben, daß er gesund und munter zurückkehren werde. Shelley verstand nicht, wie die Beziehung zwischen Hyde und ihr funktionierte oder was Ros für ihn empfand. Und er hatte keine Zeit, sich darüber den Kopf zu zerbrechen.
«Diese Sache ist gefährlich, stimmt's?» wollte Ros plötzlich wissen. Sie faltete ihre großen, dicken Hände unter ihrem riesigen Busen.
Shelley nickte. «Richtig, aber nicht für Sie . . .»
«Das habe ich nicht gemeint!» fauchte sie. «Für ihn, meine ich – und für Sie und diesen Massinger . . . und Ihren Boß. Das Ganze ist ein Scheißspiel und noch viel schlimmer, wenn's blutiger Ernst wird!»
«Tut mir leid, Ros.»
Sie schnaubte besorgt und verächtlich und rauschte hinaus. Die Katze drückte sich hinter ihr durch die Tür. Sobald Shelley allein war, stand er auf und trat mit der Bierdose in der Hand an die bisher so wenig ergiebige Wandkarte. Seine andere Hand begann mit den Autoschlüsseln in seiner Hosentasche zu spielen. Der Wagen war zwei Straßen weit entfernt geparkt – für alle Fälle. Alison hatte er zu ihrer Mutter nach Hove gefahren: Diese Vorsichtsmaßnahme hatte er sofort nach Hydes

Anruf aus Peschawar ergriffen und selbst gegen den Willen seiner Frau durchgesetzt.
Shelley hatte sich an diesem Morgen mit einer plötzlich einsetzenden Grippe entschuldigt, um sein Büro schon nach weniger als einer Stunde verlassen zu können. Er war in Hydes Wohnung zurückgekehrt und hatte dort auf seinen Anruf gewartet, um ihm die Hiobsbotschaft in bezug auf Aubrey und Massinger übermitteln zu können. Shelley hatte die vergangene Nacht vor allem am Telefon verbracht und erst wenige Stunden vor Tagesanbruch versucht, in Hydes Bett zu schlafen, das ihm zu hart gewesen war. Er fühlte sich ausgestoßen, heimatlos.
Auf der Flucht! sagte er sich. Du bist auf der Flucht. Du hältst dich versteckt, bist untergetaucht. Davon weiß noch keiner, aber du bist auf der Flucht.
Er starrte erneut die Wandkarte an: Seine Augen glitten zunächst über ganze Kontinente hinweg und lasen dann die Notizen, die er neben den seiner Meinung nach für ein Eindringen besonders geeigneten Botschaften und Konsulaten angeheftet hatte.
Los, los, fang endlich an! forderte er sich selbst auf. Alison ist in Hove in Sicherheit; sie geht dort vielleicht gerade mit der Kleinen am Strand spazieren – mit der Kleinen und dem Hund. Und dir kann im Augenblick auch nichts passieren.
Das stimmte nur, solange er den Mund hielt. Ohne Hyde, ohne Margaret Massinger konnte er sich nicht an Sir William wenden. Was er ihm erzählte, würde Babbington sofort erfahren, und er hätte sich vergebens in Gefahr gebracht. Sir William flog an diesem Abend nach Washington. Falls er ihn jetzt ansprach, gab er seine Informationen an den Geheimdienstausschuß weiter, der wiederum sofort Babbington unterrichtete. Nein – auf diese Weise erreichte er nur, daß Aubrey tatsächlich ganz verschwand und auch die Massingers kaum noch eine Chance hatten ...
Er war Aubreys letzte Hoffnung. Er und die Wandkarte mit ihren Eintragungen und angehefteten Notizzetteln. Shelley zuckte innerlich vor dieser Verantwortung zurück, weil er jetzt der Überzeugung war, Aubrey werde so rasch wie möglich nach Moskau gebracht werden. Das war nur logisch. Aubrey würde halb betäubt in Moskau fotografiert werden, was aller

Welt seinen Verrat beweisen und Babbington unangreifbar machen würde.
Los, los, laß dir was einfallen!
Shelley trat näher an die Karte heran. London kam nicht in Frage: zu gut bewacht, praktisch unzugänglich. Und er hatte nicht die richtigen Leute dafür. Auch Paris, Rom, Stockholm und Helsinki schieden aus ähnlichen Gründen aus ...
Der Nahe Osten: Dort waren SIS-Agenten ohnehin dünn gesät. Shelley konnte Bagdad, Kairo und Amman fast augenblicklich streichen ... Der Ferne Osten: Dort existierten nicht überall Direktverbindungen zum Moskauer Zentralcomputer, und die übrigen Einrichtungen waren zu gut gesichert.
Seine Fingerspitzen berührten die Wandkarte, strichen die Notizzettel glatt und fuhren die Umrisse ganzer Kontinente nach. Aussichtslos. Er kannte nur wenige Männer, auf die er sich verlassen konnte – und noch weniger in leitenden Positionen. Keiner von ihnen schien dafür prädestiniert zu sein, sich mit Hilfe von Petrunins Anweisungen Zugang zu dem Moskauer Zentralcomputer zu verschaffen. Und die meisten von ihnen würden Babbington inzwischen als neuen Generaldirektor und die Umwandlung von SIS in SAID akzeptiert haben. Aubrey war für sie lediglich ein bedauerlicher Teil ihrer kollektiven Vergangenheit.
Hinter dem Eisernen Vorhang?
Shelley hatte sich bereits einige der britischen Botschaften in Osteuropa notiert ... eine vorläufige Aufstellung der weiterhin loyalen Leute Aubreys, die seine Anweisungen ausführen würden, ohne Fragen zu stellen ... wo?
Ostberlin, Warschau, Prag, Sofia, Belgrad, Budapest, Bukarest ...
Shelley mußte sie sich auf der Karte ansehen; sie enthielt Einheimische, Gelegenheitsinformanten, Geschäftsleute, SIS-Angehörige, Angestellte, Putzfrauen und Sekretärinnen inner- und außerhalb der sowjetischen Botschaften.
Ostberlin ... Sein Filzschreiber tippte auf die für ihn in Augenhöhe liegende Stadt. Ostberlin ... bestes Einvernehmen zwischen den Russen und Ostdeutschen – wie zwischen alten Kameraden. Der KGB arbeitete eng mit dem ostdeutschen Ministerium für Staatssicherheit zusammen; folglich war zu

erwarten, daß die Sicherheitsvorschriften etwas lascher gehandhabt wurden ...
Ostberlin. Babbington hatte den Leiter der Außenstelle Ostberlin bestimmt längst auf seiner Seite: Macauley würde die Chance sehen, als Shelleys Nachfolger die Osteuropaabteilung zu übernehmen ... Wer noch? Botschaftspersonal – geeignet, nicht geeignet? Shelley kannte die Männer nicht persönlich und durfte deshalb nicht riskieren, ihnen zu vertrauen.
Warschau. Nichts – nicht einmal mehr seit der Aufhebung des Kriegsrechts. Die SIS-Agenten hatten sich in den Netzen gefangen, die für die in den Untergrund gegangenen Führer der verbotenen Gewerkschaft Solidarität ausgelegt worden waren. Auf ähnliche Weise waren die meisten der einheimischen Informanten geschnappt worden.
Bukarest: Nein, zu weit entfernt, zuviele unbekannte Faktoren – und wahrscheinlich kaum Direktverkehr mit dem Moskauer Zentralcomputer. Budapest – vielleicht Budapest ...?
Vor fünf, sechs Monaten war dort ein Spionagering ausgehoben und seither nicht wieder aufgebaut worden. Ein hoher Beamter aus dem Innenministerium, der SIS-Informant gewesen war, hatte alles ausgeplaudert – die Namen der anderen, den seines Führungsoffiziers und den des gelegentlich nach Ungarn kommenden Gebietsleiters. Alle waren geschnappt worden.
Zwei hatten sie zurückbekommen, drei saßen noch – zwei Geschäftsleute und ein Austauschstudent –, und die Einheimischen waren an die Wand gestellt worden. Budapest war ebenfalls eine Niete ...
Belgrad. Schwierig, weil Jugoslawien zu den blockfreien Staaten gehörte. Für den KGB praktisch ein fremdes Land. Viele Einheimische auf der SIS-Liste, aber nur spärliche Erfolge.
Prag ... auch hier wieder ein Bündnis zwischen alten Kameraden. Der KGB benützte den tschechoslowakischen Geheimdienst STB als Laufburschen, gelegentlich auch für Mordaufträge. Die aus Stahlbeton und getöntem Glas erbaute scheußliche tschechoslowakische Botschaft in Kensington Palace Gardens hatte mehr Hochleistungs- und Richtfunkantennen auf dem Dach als sogar die sowjetische Botschaft. KGB und STB arbeiteten ständig eng zusammen.

Shelley erinnerte sich an einen Bericht aus zuverlässiger Quelle, daß ein wesentlicher Teil der vom KGB benützten Nachrichtenverbindungen jetzt zum Hradschin statt in die sowjetische Botschaft führte. Dabei fiel ihm eine Pragreise ein, die er vor vielen Jahren gemacht hatte, und er dachte sofort an den auf der Prager Burg emporragenden mächtigen Veitsdom, dessen buntes, fast orientalisch wirkendes Innere ihnen nicht gefallen hatte. Wie ein für ein Popkonzert aufgeputzter Kölner Dom, hatte Alison gesagt.
Sie hatten beide die großen, schwarzen russischen Limousinen gesehen, die fast eine Art Verteidigungswall vor den Regierungsgebäuden auf der Burg gebildet hatten. Das war vor 1968 gewesen. Jetzt waren die Russen wieder da – sogar stärker als je zuvor. KGB und STB arbeiteten so eng und freundschaftlich zusammen, daß sich gewisse Nachlässigkeiten eingeschlichen haben mußten . . .
Shelley starrte die Landkarte an. Er tippte mit dem Zeigefinger auf die Stadt an der Moldau, studierte seine Liste und richtete einen fast sehnsüchtigen Blick auf Prag. Wem konnte er von allen dortigen SIS-Angehörigen außer Godwin trauen? Godwin war Aubreys Mann. Aber er war in diesem Fall wertlos: ein bedauernswerter Invalide, seitdem er bei dem Versuch, einen vermeintlichen chinesischen Überläufer zu schützen, zwei Schüsse in die Hüfte bekommen hatte. Nun ging er an Krücken und schleppte sein nutzloses rechtes Bein mit sich herum. Aubrey hatte ihn nicht pensioniert, was vernünftig gewesen wäre, sondern als Entschlüßler nach Prag versetzt. Der arme invalide Godwin . . .
Ein verkrüppeltes, hinterhergeschlepptes Bein. Nichts zu machen. Godwin war für keinen praktischen Einsatz zu gebrauchen. Das Schlimmste dabei war, daß Godwin entsprechend qualifiziert gewesen wäre. Er hatte zu den besten Computerspezialisten im Century House gehört, bevor er sich widerstrebend nach Hongkong hatte versetzen lassen, wo er nichts mehr mit Computern zu tun gehabt hatte. Er würde alles, was Hyde von Petrunin erfahren hatte, sofort begriffen haben; er hätte es analysieren und richtig deuten können . . .
«Verdammt noch mal!» rief Shelley frustriert aus. *Godwin im Vollbesitz seiner Kräfte hätte's schaffen können!*

Seine Hand berührte erneut die Wandkarte – mit gespreizten Fingern, als sei er dabei, eine Geheimkombination einzugeben, um einen Wandsafe zu öffnen. Dann glitten seine Finger langsam, schwerfällig tiefer nach Süden, über die Grenze ...
Wien?
Aussichtslos. Wien, die Stadt der Spione. Eine Stadt, in der jedermann zuverlässig und niemand vertrauenswürdig war. Eine Aktion gegen die dortige Sowjetbotschaft kam nicht in Frage, obwohl Hyde – mit gesunden, kräftigen Beinen, wie Shelley sofort einfiel, obwohl er diesen Gedanken im nächsten Augenblick schäbig fand – sich dort aufhielt. In Wien wechselten Agenten mit jeder Überweisung den Dienstherrn: Porträt der Königin, Gesichtszüge eines Präsidenten, deutscher Philosoph, Held des Volkes ... sie gehorchten nur den Gesichtern auf den Banknoten. Und die Außenstelle Wien gehorchte längst nur noch Babbington. Aus! Nichts zu machen.
Andererseits war Wien nicht weit von der tschechoslowakischen Grenze entfernt. Auf der Donau verkehrte ein Tragflügelboot für Touristen: flußabwärts nach Preßburg, Fahrtzeit weniger als eine Stunde, kein Visum erforderlich ... Preßburg in der Tschechoslowakei ... Er konnte Hyde leicht in die Tschechoslowakei einschleusen ...
Donau. Winter. Eis ...
Das Tragflügelboot verkehrte nur in den Sommermonaten – für Touristen.
Shelley war zunächst enttäuscht, aber sein rastlos weiterarbeitendes Gehirn erinnnerte ihn im nächsten Augenblick an Wolfgang Zimmermann. Noch während er begriff, daß Hyde nicht ohne neue Papiere, die er selbst ihm nicht verschaffen konnte, in die Tschechoslowakei reisen konnte, wurde ihm klar, daß Zimmermann bestimmt gute Verbindungen nach Wien hatte. Folglich konnte er ...
Skilaufen. Ein Skiurlaub in der Hohen Tatra. Das Visum war an der Grenze erhältlich; man brauchte es nicht im voraus zu beantragen. Um in die Tschechoslowakei zu gelangen, brauchte Hyde lediglich ein Auto, einen Skiträger und Skier als Tarnung. Und einen von Zimmermann beschafften Reisepaß, der ihn als Österreicher auswies. Dann konnte er das Land auf dem selben Weg wieder verlassen.

Hyde wußte, was sie brauchten; Godwin wußte, wie an die Informationen heranzukommen war. Hyde war im Vollbesitz seiner Kräfte ... Godwin konnte ihm beibringen, wie er an den Computer herangehen mußte, Godwin kannte sämtliche Einzelheiten der Computerverbindung zwischen Prag und der Zentrale Moskau ... *Hyde* und Godwin, nicht Godwin allein.
Er würde ins Büro zurückfahren müssen, um ein langes verschlüsseltes Fernschreiben an Godwin aufzugeben, obwohl er damit viel riskierte ... und obwohl die Verzweiflung, aus der dieser Plan entstanden war, weiter an ihm nagte.

Margaret Massinger hockte zusammengesunken auf dem Beifahrersitz des gemieteten Fords, während sie in der Nähe der Ausfahrt des Parkplatzes neben der Zubringerstraße vom Flughafen Schwechat zur Autobahn warteten. Es war kurz nach 16 Uhr, und die schon brennenden orangegelben Lampen ließen den Himmel vorzeitig dunkler erscheinen. Ein böiger Wind trieb graue Wolken vor sich her, aus denen es jeden Augenblick zu schneien beginnen konnte. Die Autoscheiben waren teilweise beschlagen, obwohl Hyde den Motor laufen ließ, damit die Heizung arbeitete. Margaret fühlte sich in Gesellschaft ihres Retters Hyde nicht wohl. In ihren Augen war er ein wesentlicher Bestandteil der Falle, in die ihr Mann durch Loyalität, durch Freundschaft – und durch sie geraten war. Sie hatte sich seither unaufhörlich die Schuld daran gegeben, fürchtete, Paul liege im Sterben oder sei vielleicht schon tot, und machte jeden, der irgend etwas mit Aubrey und seinem Sturz zu tun gehabt hatte, dafür verantwortlich. Deshalb gehörte Hyde mit zu denen, gegen die sich ihr Zorn in erster Linie richtete.
Hyde hatte sie in dem winzigen Büro hinter dem Schuhsalon in einem Sessel sitzend angetroffen. Clara Elsenreith hatte Margaret knapp eine Stunde nach ihrer Rückkehr, bei der sie ihre Besucherin vor einem Blutfleck auf dem Chinateppich kauernd vorgefunden hatte, nach unten gebracht und sie angewiesen, dort zu bleiben. Sobald Hyde von ihr erfahren hatte, wo Margaret untergebracht war, hatte er Clara angewiesen, Wien zu verlassen.
Wohin? hatte sie provozierend gefragt.

Haben Sie eine Zweitwohnung?
Ja, am Wolfgangsee, aber ...
Fahren Sie dorthin. Gleich jetzt.
Clara Elsenreith war damit einverstanden gewesen. Hyde hatte noch beobachtet, wie sie weggefahren war. Er hatte auch ihre Beschatter gesehen: vermutlich Russen, nicht Wilkes oder einer seiner korrupten Leute. Die Bewacher warteten anscheinend auf Margarets Rückkehr. Claras Porsche würde natürlich verfolgt werden, aber die Beschatter würden ihrerseits beschattet werden. Clara hatte gute Freunde in den oberen Rängen der Wiener Polizei. Sie hatte mit einem von ihnen telefoniert und sich darüber beklagt, daß sie das Gefühl habe, sie werde auf der Straße beschattet. Sie würde bis nach St. Wolfgang unter Polizeischutz stehen.
Nur schade, daß ihre Freunde nichts für Margaret Massinger, ihren Mann und den Alten tun konnten! Aus der Sicht der Geheimdienste war Wien ein idealer Tummelplatz, denn die dortige Polizei stellte sich ihren Aktivitäten gegenüber blind, taub und stumm. Von ihr war bestenfalls zu erwarten, daß sie Margaret Massinger Babbington übergab, damit er sie nach Großbritannien mitnehmen konnte.
Hyde blickte zu ihr hinüber. Ihr auffällig blasses Gesicht trug einen schuldbewußten Ausdruck. Sie litt jetzt unter übertriebenen Schuldgefühlen, gab sich allein die Schuld an der gegenwärtigen Lage und befürchtete, ihr Ehemann könnte bereits ermordet worden sein. Sie hatte sich endgültig von ihrem Vater gelöst, aber sie glaubte, ihr Mann habe ihre Befreiung mit dem Leben bezahlt. Wegen der Situation, in die sie Aubrey gebracht hatte – Margaret hatte Babbingtons Schlägertrupp hinter sich her nach Wien und in Clara Elsenreiths Wohnung gelockt –, empfand Hyde kein Mitleid mit ihr. Sie behinderte ihn lediglich und erinnerte ihn zugleich daran, daß er nur noch imstande war, für *ihre* Sicherheit zu sorgen. Für Aubrey konnte er nichts tun.
«Er ist in der Maschine gewesen», sagte Hyde jetzt. Er war erst vor wenigen Minuten aus dem Empfangsgebäude zurückgekommen.
«Und er wird abgeholt.» Durch eines der Fenster mit Blick übers Vorfeld hatte er Babbington aus dem Zubringerbus stei-

gen und im Gebäude verschwinden gesehen. Mit einem Gewehr hätte er ihn leicht treffen können.
Aber Hyde hatte keine Schußwaffe. Er tastete nach seinem Gürtel. Fast keine Waffe. Nur eine kleine Astra Kaliber 22, die Clara Elsenreith ihm gegeben hatte, und ein Reservemagazin mit sechs Schuß. Eine Damenpistole, mit der man einen Angreifer nur auf kürzeste Entfernung stoppen konnte. Hyde hatte noch nie mit einer Astra geschossen, aber er wußte von Kollegen, daß man mindestens ein halbes Magazin brauchte, um einen Gegner kampfunfähig zu machen.
Als der erste Begleitwagen auftauchte, hinter dem eine Limousine mit getönten Scheiben Babbington beförderte, schrak Margaret Massinger hoch. Sie richtete sich auf dem Beifahrersitz auf und starrte Hyde an, der bereits den Gang einlegte.
«Was hat er mit ihnen vor?»
«Wer? Der alte Freund Ihrer Familie . . . Ihr Begleiter bei Opernbesuchen?» Hyde lachte verächtlich. Ein dritter Wagen blieb dicht hinter der Limousine. Das Ganze erinnerte an eine KGB-Kolonne – die es in Wirklichkeit auch war.
Margaret war sichtlich verärgert. «Ja. Er.»
Hyde verzichtete auf weitere Kommentare. Anschuldigungen und Erinnerungen an gemachte Fehler trugen nur dazu bei, sie noch schuldbewußter zu machen. In diesem Zustand war sie wertlos, sogar gefährlich. «Was hat er mit ihnen vor?» wiederholte sie, nachdem sie ungefähr zwei Kilometer schweigend weitergefahren waren.
«Falls er noch nicht darauf gekommen ist, wird's ihm sicher bald einfallen.»
«Was?»
«Daß er den Alten in Rußland zur Schau stellen könnte.»
«Aber wie . . .?»
«Ganz einfach. Der arme Kerl wird mit Drogen vollgepumpt, ein paarmal fotografiert und dann beseitigt. Damit wäre Babbington in Sicherheit, weil das den Verrat des Alten beweisen würde.»
«Und Paul?»
«Ein Verkehrsunfall.»
«Nein . . .», sagte Margaret mit bebender Stimme und schlug die Hände vors Gesicht.

Die drei Autos vor ihnen hatten die Autobahn nach Wien verlassen und durchfuhren das ansteigende Labyrinth einer großen Kreuzung. Hyde, der etwas dichter aufgeschlossen hatte, achtete kaum auf die Vielzahl von Hinweisschildern mit Richtungen und Entfernungen. Die Minikolonne vor ihnen bremste, bog ab und fuhr auf der A 23 nach Südwesten weiter. Hyde fragte sich im ersten Augenblick, ob er erkannt worden sei, weil die Wagen vor ihm umzukehren schienen. Aber dann vermutete er, dies sei lediglich eine Vorsichtsmaßnahme. Er blieb mit dem Ford etwas weiter zurück, bis vier andere Fahrzeuge sich zwischen ihn und den letzten Wagen der Kolonne geschoben hatten.
Hyde paßte an jeder Ausfahrt und Kreuzung scharf auf. Sie fuhren durch Favoriten und Liesing, bevor die Autobahn nach Süden abbog und zur E 7 wurde. Die drei Wagen verließen sie in Vosendorf und fuhren auf der A 21 nach Westen weiter. Unterdessen hatte Margaret eine Straßenkarte auf den Knien und knipste zwischendurch immer wieder sekundenlang die Innenbeleuchtung an.
«Er fährt in Richtung Wienerwald», sagte sie und schaltete das Licht sofort wieder aus.
«Allzu weit fährt er bestimmt nicht. Wem der Besitz wohl gehört – uns oder seinen roten Freunden?»
Die drei Fahrzeuge verließen die Autobahn bei Perchtoldsdorf, und Hyde fuhr langsamer, damit der Abstand zu ihnen sich weiter vergrößerte, bevor er ebenfalls die kurvenreiche Nebenstraße benützte. Seitdem sie jetzt aus der Lichterschlange ausgeschert waren, konnten sie niedrige Hügel vor dem noch immer nicht völlig dunklen Abendhimmel aufragen sehen. Auf beiden Seiten der Straße lagen Weinberge mit schnurgeraden Rebenreihen. Das Dorf war winzig, kompakt, um Kirche und Wirtshaus zusammengedrängt. Aber hier standen auch schon luxuriöse Neubauten reicher Städter, die aufs Land gezogen waren. Hyde sah einen Porsche vor einem umgebauten Bauernhaus; neben einer modernisierten Mühle parkten ein großer BMW und ein Ferrari. Sie fuhren über eine winzige Steinbrücke und sahen die drei Wagen vor ihnen in einen Weg unter Bäumen abbiegen. Ihre tanzenden Lichter zeigten, daß der Weg mit Schlaglöchern übersät sein mußte. Hyde fuhr an der Ein-

mündung vorbei und stellte fest, daß in etwa 100 Metern Entfernung ein großes niedriges Haus stand. Hyde ließ den Ford ausrollen und schaltete die Scheinwerfer aus.
«Willkommen in König Babbingtons Jagdschloß!» meinte Hyde sarkastisch. «Wer sagt da noch, daß Verbrechen sich nicht auszahlt? Es muß der Opposition gehören. *Wir* könnten uns so was nicht leisten.» Er legte vorsichtig die Hände aneinander. Nur ein unbestimmter Schmerz . . . nicht weiter schlimm.
«Sind sie dort drin?» fragte Margaret mit einem ersten Anflug von Hysterie in der Stimme. Das machte Hyde Sorgen.
«O ja – sie sind dort drin.»
«Und was haben Sie vor?»
«Keine Ahnung. Das weiß ich wirklich noch nicht.»

In dem riesigen offenen Kamin loderte ein Holzfeuer. Die Beleuchtung war gedämpft, warm. Die Schatten der bei seinem Eintreten rasch aufstehenden Männer tanzten und schwankten über Wände und Decke. Mächtige alte Klubsessel, ein Sofa, blankgebohnertes Parkett unter dicken bunten Landhausteppichen. Babbington erkannte, daß diese Einrichtung vermutlich der Vorstellung entsprach, die sich irgend jemand von der Datscha eines hohen Parteifunktionärs in den Wäldern um Moskau machte. Trotzdem hatte er dieses Haus schon immer gemocht, denn es war in mehr als dem nur wörtlichen Sinn ein «sicheres» Haus. Er nickte den drei Anwesenden zu. Weitere Schatten glitten über die Wände, als seine Begleiter hinter ihm hereinkamen. Einer von ihnen nahm Babbingtons dunklen Mantel entgegen, um ihn aufzuhängen. Er schüttelte Wilkes, der ihm quer durch den Raum entgegenkam, kräftig die Hand.
«Sie haben die beiden getrennt gehalten?» fragte Babbington, als er Wilkes' Hand losließ.
Der andere nickte. «Ja, ständig.»
«Gut.»
Babbington trat an den Kamin. Die Hitze der brennenden Scheite schlug ihm ins kalte Gesicht. Er rieb sich die Hände, beugte sich dann leicht nach vorn und hielt die Handflächen ans Feuer. Ein Außenstehender hätte glauben können, Babbington sehe Bilder in den Flammen, aber für ihn gab es keine. Er

hatte sein Ziel klar vor Augen; für Fehler oder Phantasie war in seiner Planung kein Raum.
Als er wieder warme Hände hatte, kehrte er dem Kaminfeuer den Rücken zu und studierte die übrigen Anwesenden. Dabei stellte er innerlich amüsiert fest, daß sie vor den weißgetünchten Steinwänden wie Fahndungsfotos ihrer selbst wirkten. *Seine* Leute – die Außenstelle Wien. Wilkes hatte natürlich den Anfang gemacht, indem er bald nach seiner Versetzung hierher mit dem KGB Verbindung aufgenommen hatte. Ein geldgieriger Mann, der nicht nur viel Geld brauchte, sondern auch den Kitzel des Verrats suchte. Wilkes leitete praktisch die Außenstelle, obwohl Parrish zumindest theoretisch sein Vorgesetzter war. Parrish ließ zu, daß Wilkes den Dienstbetrieb der Außenstelle kontrollierte – daß er Zahlungen leistete, Unternehmen durchführte und vor allem neue Leute anwarb. Wilkes hatte die Einheimischen und den Emigranten, aber auch zwei der aus London nach Wien versetzten Männer angeworben. In den vergangenen drei bis vier Jahren hatte er ausgezeichnete Arbeit geleistet. Er hatte Babbington einen Stützpunkt zur Verfügung gestellt und ihm letzlich die Möglichkeit eröffnet, Aubrey in die Falle zu locken.
«Wie schwer ist Massinger verletzt?» knurrte er Wilkes an. «Aus Ihren ... Kollegen ist nichts Genaues rauszukriegen gewesen.» Das war bewußte Ironie, aber Wilkes reagierte nicht darauf.
«Nicht allzuschwer. Er ist schon wieder zusammengeflickt. Von einem Arzt, der manchmal für den ... für unsere Freunde arbeitet. Der Schwachkopf wollte den Helden spielen. Aber er wird's überleben. Er hat bloß 'ne Menge Blut verloren.» Wilkes spielte den Gelangweilten.
«Und Aubrey?» Babbington hatte Mühe, sich seine Zufriedenheit nicht allzu deutlich anmerken zu lassen.
«Er beschwert sich ... droht uns ... viel Lärm um nichts, wenn man's genau nimmt.»
«Nichts Neues von der Frau?»
«Welcher?»
«Mrs. Massinger ... Schicken Sie doch Ihre Kollegen weg, Wilkes!»
Wilkes gab seinen Leuten ein Zeichen. Sie verließen gehorsam

den Raum, und Babbington hörte sie auf dem Weg in ihre Zimmer miteinander reden und einmal sogar meckernd lachen.
«Massingers Frau ist wie vom Erdboden verschluckt. Die Elsenreith macht anscheinend Kurzurlaub in ihrer Zweitwohnung bei St. Wolfgang.»
«Sie haben sie also beschatten lassen? . . . Ja, bitte einen Scotch pur.» Wilkes war an einen reichgeschnitzten Schrank getreten, der die Hausbar enthielt, und hatte fragend zu Babbington hinübergesehen. Jetzt schenkte er zwei Whiskies ein und brachte Babbington sein Glas an den Kamin.
«Ja. Die Polizei ist auch dabeigewesen.»
«Warum?»
«Sie hat einflußreiche Freunde bei der Wiener Polizei. Sie hält sich den Rücken frei.»
«Was kann sie der Polizei gesagt haben?»
«Das überprüfen wir gerade. Nicht allzu viel, glaube ich. Selbst wenn sie ausgepackt hätte, wäre keine Reaktion zu erwarten. Hätte sie Aubrey erwähnt, wäre die Polizei entsetzt zurückgewichen. Sie will nichts mit uns zu schaffen haben – das wissen Sie ja.»
«Richtig! Würde die Polizei nach Margaret Massinger suchen?»
«Schon möglich. Falls sie gefunden wird, erfahren wir davon. Aber ich glaube nicht, daß die Polizei sich ihretwegen die Hacken ablaufen wird – nicht in diesem Fall.»
«Was ist, wenn sie selbst zur Polizei geht? Wenn sie Vermißtenanzeige erstattet?»
«Sie kann nicht viel aussagen. Und das wenige dürfte genügen, um die Polizei wie üblich widerstrebend reagieren zu lassen. Wenn Sie wollen, können wir sie uns sogar schnappen, sobald sie bei der Polizei gewesen ist.»
Babbington trank einen kleinen Schluck Scotch und trat etwas vom Kaminfeuer zurück. «Ich weiß nicht recht . . . ich möchte sie als Störfaktor ausschalten, aber mir wär's lieber, wenn unsere Leute sie aufspüren würden. Dann könnten wir . . . das Notwendige arrangieren.»
«Was haben Sie mit Aubrey vor?»
Babbington lächelte sarkastisch. «Er macht eine Reise über die Grenze. Der gute alte Kenneth taucht dort auf, wo ihn jedermann bereits sieht.»

«In Moskau, meinen Sie?»
«In Moskau.»
«Darauf müssen wir trinken! Aber läßt Kapustin sich darauf ein?»
«Das möchte ich ihm geraten haben! Solch eine Gelegenheit kriegt er nie wieder. Die Sache muß nur eingefädelt werden. Am besten nehmen Sie noch heute Verbindung auf und lassen Kapustin eine Nachricht übermitteln.»
«Was soll ich ihm mitteilen?»
«Nur daß ich ihn sprechen möchte – dringend.» Babbington runzelte die Stirn. «Ich lasse nicht zu, daß dieser Bauernlümmel eine erstklassige Gelegenheit ignoriert. Sobald sie Kenneth fotografiert und bekanntgegeben haben, daß er mit Orden behängt und zum KGB-General befördert worden ist, können sie ihn meinetwegen liquidieren. Und *wir* sind dann für alle Zeiten in Sicherheit, Wilkes! Nein, das darf Kapustin uns nicht vermasseln!»
«Wollen Sie mit Aubrey sprechen?»
Babbington sah in sein leeres Glas. «Vielleicht nach dem nächsten Drink. Kenneth soll ruhig noch ein bißchen reifen – das verbessert den Geschmack, finden Sie nicht auch?» Er lächelte.
«Wahrscheinlich haben Sie recht», antwortete Wilkes und ließ sich sein Glas geben.

«Auf der Zidovska in der Nähe des Doms steht ein Wagen – ein brauner Skoda – für dich bereit. Du erkennst ihn an der auf dem Beifahrersitz liegenden Wolljacke mit Rentieren auf den Taschen. Die Autoschlüssel liegen . . .»
«Nein! Zum letzten Mal – nein, verdammt noch mal! Kommt nicht in Frage!»
«Hör zu, dir bleibt nichts anderes übrig, Patrick. Godwin ist der Computerfachmann; *du* weißt, wie man dort rein- und rauskommt . . .» Selbst aus weiter Ferne klang Shelleys Telefonstimme bittend. Anfangs hatte er enttäuscht gewirkt, als Hyde unbeugsam blieb – wie jemand, der bei einer Prüfung durchgefallen ist, obwohl er von seiner Intelligenz überzeugt ist. Jetzt war Shelley jedoch enttäuscht und selbstlos, denn es ging ihm

nicht mehr um seinen Plan, sondern um Aubrey. «Du mußt einfach.» Das klang bestimmt und abschließend.
«Nein. Warum läßt du nicht irgendeine Art Rettungsaktion anlaufen? Du bräuchtest nur die Polizei anzurufen, verdammt noch mal . . .!»
«Und die Polizei würde nicht Babbington, sondern ausgerechnet dir glauben?»
«Aber Aubrey wäre noch am Leben», protestierte Hyde. Seine Stimme war zu einem heiseren Flüstern herabgesunken, als habe er Angst, in der Telefonzelle mitten im Dorf belauscht zu werden.
«Wie lange? Und du – wie lange hättest du noch zu leben?»
«Hör zu, Kumpel, ich kann nicht einfach einen Wagen und Skier mieten, um nach Preßburg zu fahren und dort nach einem Skoda Ausschau zu halten, der vielleicht für mich bereitsteht oder auch nicht!»
«Doch, das kannst du. *Und* du kannst in den Hradschin eindringen. Und Godwin kann dich einweisen, damit du . . .»
«Großer Gott!»
«Du brauchst mir nicht zu sagen, daß das verzweifelte Mittel sind, Patrick. Das weiß ich selbst. Aber es gibt kein anderes, und wir . . .»
Shelley verstummte mitten im Satz.
«Shelley . . .?»
«Ich hab nur kurz aus dem Fenster deiner Wohnung gesehen, Patrick. Ich hab mir eingebildet, unten hätte jemand geklingelt.» Shelley hüstelte verlegen. «Ich bin wohl ein bißchen nervös . . .» Seine Stimme blieb erneut weg – diesmal jedoch langsamer, als sei er abgelenkt worden.
Hyde wartete. In seinen Fingerspitzen kribbelte es. Er war sich darüber im klaren, daß dieses Gespräch nur mit einer Ablehnung von seiner Seite enden konnte, und empfand bereits erste Schuldgefühle. Aber er *konnte* nicht anders . . .
«Shelley . . .?»
«Ja, Patrick.»
«Was gibt's?» fragte Hyde besorgt. «Was ist los? Was ist passiert?»
«Ich . . . ich glaube, daß sie mich aufgespürt haben. Unten sind ein paar Wagen vorgefahren. Wahrscheinlich haben sie mein

Auto gefunden und daraus die richtigen Schlüsse gezogen. Sie sind bereits im Haus, glaube ich . . .»

«Weißt du das bestimmt?» Hyde merkte, daß ihm der Schweiß auf der Stirn stand. Er bemühte sich förmlich, in den Telefonhörer hineinzukriechen.

«Ja, ganz bestimmt. Hör gut zu, Patrick: brauner Skoda auf der Zidovska, Wolljacke auf dem Beifahrersitz, Autoschlüssel unter der Fußmatte auf der Fahrerseite, Papiere im Handschuhfach – alles, was du brauchst. Der Wagen steht ab morgen früh dort . . .» Shelley machte eine Pause, als horche er. Hyde bildete sich ein, jemand anklopfen zu hören. «Hast du alles mitgekriegt?»

«Ja, alles», bestätigte Hyde widerstrebend.

«Sieh zu, daß du deine Begleiterin irgendwo sicher unterbringst, bevor du dir von Zimmermanns Vertreter den österreichischen Reisepaß geben läßt. In Preßburg wechselst du den Wagen und die Identität und fährst nach Prag weiter. Godwin wartet an einer der Bushaltestellen an der E 15 in den Vororten auf dich. Halt die Augen auf, damit du ihn nicht verpaßt . . .» Er verstummte erneut. Hyde glaubte, das lauter gewordene Klopfen zu hören – und Shelleys keuchendes Atmen . . .

«Sind sie schon drin?»

«Nein, aber bald. Ich habe dir Zimmermanns Nummer in Bonn gegeben. Am besten rufst du ihn an. Sollte irgendwas schiefgehen, rufst du am besten *ihn* an, damit er . . .» Die Stimme brach mittem im Satz ab.

«Sind sie drin, Shelley?»

«Ja . . . Guten Abend, Gentlemen», fügte er an die Besucher in Hydes Wohnung gerichtet hinzu. Hyde hörte Ros irgendwo außerhalb des Zimmers mit schriller Stimme protestieren. Irgend jemand sprach Shelley an, aber Hyde verstand nicht, was der andere sagte. Dann sprach Shelley erneut in den Hörer: «Du siehst selbst, wie ich angehängt bin, Darling. Ich bin für längere Zeit nicht zu erreichen, fürchte ich. Aber ich rufe dich an, sobald ich zurück bin. Bis dann . . .» Seine Stimme wurde leiser, als ihm jemand den Hörer entwand.

Hyde hörte ein Summen in der Leitung, dann waren laute Atemzüge vernehmbar: abgestrengt keuchendes, aufgebrachtes Atemholen. Shelley wurde gefragt, mit wem er telefoniert habe;

er blieb jedoch stumm. Einige Sekunden später erkundigte sich der Mann am Telefon plötzlich: «Wer sind Sie?»
Eine Hyde nicht bekannte Stimme. Er hielt den Atem an. Vor seinem inneren Auge tickte ein Sekundenzähler. Er telefonierte seit fast zehn Minuten, in denen Shelley ihn zu überzeugen versucht hatte. Irgendwo im Hintergrund protestierte Ros noch immer. Der Mann, der ihn angesprochen hatte, verlangte Ruhe. «Wer sind Sie?» fragte er hörbar schärfer.
Zehn Minuten – jetzt völlig bedeutungslos. Shelley war geschnappt worden; er würde eingesperrt und verhört werden. Unter Umständen hatten die Eindringlinge sogar Hinweise auf seinen Plan gefunden – er konnte ihn nicht ohne Landkarte, ohne Notizen ausgearbeitet haben.
«Sie interessieren sich wohl für einen Urlaub in der Tschechoslowakei?» fragte der Unbekannte. In seinem Tonfall schwang Siegesbewußtsein mit, und Hyde konnte einen Seufzer nicht unterdrücken. «Aha!» sagte die Stimme. «Wer sind Sie?»
Shelley hatte Landkarten und Notizen in der Wohnung gehabt . . . wie viele, um Himmels willen, wie viele? Genügend, um seinem Agenten den Tod zu bringen? Und würden die Eindringlinge vielleicht sogar erraten, mit wem Shelley, den sie verhaftet hatten, telefoniert hatte?
«Alles im Eimer!» hörte er Shelley laut sagen. Das klang hoffnungslos, aber Hyde erriet, was der andere ihm mitteilen wollte. Shelley war es also gelungen, den größten Teil des belastenden Materials zu beseitigen . . .
Er hängte hastig ein, stieß die Tür der Telefonzelle auf, ohne auf die Schmerzen in seiner Hand zu achten, und trat rasch ins Freie. Der Nachthimmel war bewölkt, der Mond nicht zu sehen, als Hyde zu seinem an der Brücke geparkten Wagen ging, in dem er Margaret zurückgelassen hatte. Er begann langsam zu traben, um sich die Illusion von Fitness und Freiheit zu erhalten – um vor allem das Gefühl zu haben, aus seiner ausweglosen Situation entkommen zu können.
Er wußte, daß ihm keine andere Möglichkeit blieb, als Shelleys Plan in die Tat umzusetzen, obwohl er damit rechnen mußte, daß die anderen ihm irgendwo auflauern würden.
Hyde erreichte den Wagen, erschreckte Margaret, als er seine Tür aufriß, ließ sich schweratmend auf seinen Sitz fallen und

knallte die Tür zu. Er ignorierte seine schmerzenden Brandwunden. Margaret fuhr zurück, als er sie wild, fast bösartig anstarrte.
«Was hat er gesagt?» fragte sie mit um Entschuldigung bittender, aber fester Stimme. Sie hatte ihr Make-up erneuert und sah jetzt jünger aus. Obwohl sie dadurch auch selbstbewußter und belastbarer wirkte, betrachtete Hyde sie weiterhin als Klotz an seinem Bein, der ihn gefährlich behinderte.
«Shelley?» Sie nickte. «Der ist eben verhaftet worden – das ist die neueste Meldung aus London! Jetzt haben Sie so ziemlich alle auf dem Gewissen! Zufrieden?»
Obwohl Margaret sich dabei verrenken mußte und nicht wirklich kräftig zuschlagen konnte, schlug sie Hyde ins Gesicht. «*Fahren* Sie mich gefälligst nicht so an!» kreischte sie, während ihr eine blonde Locke in die Stirn fiel. Im Scheinwerferlicht eines vorbeifahrenden Wagens wirkte ihr Gesicht im Zorn nicht schön, sondern nur schmal, verkniffen und gefährlich. «Ich verbitte mir, daß Sie alles *mir* anzuhängen versuchen!» fügte sie hinzu, als das Auto vorbei war. «Hat er mit Sir William gesprochen?»
«Ihr geschätzter Pate ist für ein paar Tage nach Washington geflogen. Wir haben wirklich Pech!» Seine Hände fielen schwer auf die Oberkante des Instrumentenbretts. Hyde fuhr zusammen, als ihn der Schmerz durchzuckte. «Nicht einmal Sie könnten ihn im Augenblick erreichen», fügte er hinzu.
«Mist!» Sie drehte sich um und starrte durch die Heckscheibe zu dem versteckt gelegenen Haus hinüber, in dem ihr Mann jetzt vielleicht im Sterben lag.
Ja, sagte Hyde sich, ich hab's bereits akzeptiert – irgendwo zwischen der Telefonzelle und hier. Er warf Margaret Massinger einen prüfenden Blick zu. In der gespannten Atmosphäre des Wagens war ihr verführerisches Parfüm seltsam fehl am Platz. «In welcher Verfassung sind Sie?» fragte er geradeheraus.
«In guter – warum?» Sie starrte ihn an. «Mit mir ist alles in Ordnung», versicherte sie Hyde. «*Warum?*»
«Ich ... ich muß Sie irgendwo zurücklassen – an irgendeinem sicheren Ort. Dort sind sie möglicherweise ein paar Tage auf sich allein angewiesen.» Auch er sah zu den Bäumen hinüber,

die das Haus verdeckten. Los, meld dich freiwillig dafür! dachte er.
«Warum?» wiederholte Margaret.
«Ich habe etwas vor, das vielleicht funktioniert – vielleicht nützt. Shelleys Plan. Den muß ich jetzt in die Tat umsetzen.»
«Und dabei wäre ich Ihnen natürlich nur hinderlich», stellte sie fest. Dann fügte sie hinzu: «Aber was ist mit diesem Haus? Wer soll es überwachen, wenn wir nicht mehr hier sind?»
Gut, dachte er. «Dafür ist niemand mehr da», gab Hyde zu.
«Aber sie ... sie könnten doch abtransportiert werden», wandte Margaret besorgt ein.
«Richtig.»
Margaret Massinger schwieg einige Sekunden lang, bevor sie entschlossen nickte und sich erneut an Hyde wandte: «Dann besorgen Sie mir eine Kamera, mit der ich auch nachts Aufnahmen machen kann, überlassen Sie mir diesen Wagen und bringen Sie mich in einem anonymen kleinen Hotel unter ...» Bis dahin hatte sie wieder zu dem versteckten Haus hinübergesehen; jetzt sah sie Hyde ins Gesicht. «Dann bringe ich Ihnen Beweise dafür, daß sie dort drinnen sind.»
«Abgemacht!» sagte er zu ihrer Überraschung.
«Sie haben nichts dagegen?»
«Für mich sind Sie im Augenblick die einzige Frau der Welt. Sie sind meine gesamte Armee. Deshalb ...» Hyde ließ den Motor an. Dann sah er Margaret in die Augen. «Lassen Sie sich nicht erwischen», wies er sie nüchtern an. «Fotografieren Sie alles, was sich dort tut – wenn einer oder beide abtransportiert werden oder Besucher kommen. Und verschaffen Sie sich Gehör bei Sir William! Sehen Sie zu, daß Sie ihn erwischen, selbst wenn er in Timbuktu sein sollte, und erzählen Sie ihm alles, was Sie gesehen und fotografiert haben. Und beten Sie darum, daß er den Spuk beenden kann, bevor's zu spät ist. Wenn Sie das nicht schaffen, können Sie hinter dem Wagen mit den beiden herfahren, bis er irgendwo in eine Schlucht gestürzt wird!»
Margarets Gesicht war unnatürlich starr, während sie sich bemühte, ihre Gefühle unter Kontrolle zu bringen. Sie nickte heftig, nachdrücklich.
«Einverstanden», sagte sie und wiederholte dann mit fester Stimme: «Einverstanden!»

Teil Drei

Gespenster in der Leitung

Wohl tun wir besser,
Geheim zu wirken durch Betrug und List,
Was durch Gewalt nicht geht.

Milton: Das verlorene Paradies, Buch I

14

Kein Land für alte Männer

Hyde trat aus der Baracke und klappte seinen österreichischen Reisepaß mit dem eingestempelten Wochenendvisum zu, das ihm die Einreise in die Tschechoslowakei gestattete. Sein Blick suchte und fand sofort den gemieteten Ford und die neben dem Wagen stehende Frau im Pelzmantel. Er schlug sich mit dem Paß leicht gegen seine kalte Wange und stieg dann die Treppe zu dem schmutzigen, grauen VW Käfer mit Skiern auf dem Dach hinunter. Manfred Eicher, wie Hyde jetzt hieß, befand sich auf einem Skiausflug in die Kleinen Karpaten nördlich von Preßburg. In der Schlange der am Grenzübergang Petrzalka an der Autobahn Wien–Preßburg wartenden Fahrzeuge standen mindestens ein Dutzend weitere Autos mit Skiern.

Trotzdem hatte er Mühe, seine Atmung unter Kontrolle zu bringen – vor ihm stiegen hektische kleine Atemwolken wie Notsignale auf –, während er beobachtete, wie Margaret Massinger in den Ford stieg, den Motor anließ, zurückstieß, wendete und in Richtung Wien davonfuhr. Hyde hatte keinen Sinn für ihre Gefährdung – nur für seine eigene.

Dies ist schließlich nicht dein erster Grenzübertritt, sagte er sich, während er sich langsam die behandschuhten Hände rieb. Die abheilende Haut war noch immer empfindlich. Sie erinnerte ihn an seine Schwäche – und merkwürdigerweise an seine Einsamkeit.

Hyde fuhr zusammen, öffnete die Autotür, setzte sich in den Wagen und klopfte den Schneematsch von seinen Stiefeln, bevor er die Tür zuknallte. Als er den Motor anließ, ging der Schlagbaum hoch. Ein bewaffneter Posten winkte die vordersten Wagen der Autoschlange durch.

Hyde umklammerte das Lenkrad so krampfhaft, daß seine

Handflächen schmerzten. Ihm lief ein kalter Schauer über den Rücken. Er konnte das Gefühl, auf einen Mißerfolg zuzusteuern, nicht abschütteln oder die verzweifelte Hast ignorieren, die ihn zu diesem Grenzübertritt getrieben hatte.
Die Vorbereitungen waren reibungslos abgelaufen. Ein Anruf bei Zimmermann, eine Adresse in einer ruhigen Wiener Seitenstraße, Margaret Massinger im Hintergrund, während die benötigten Paßfotos gemacht wurden, und nach erstaunlich kurzer Zeit ein österreichischer Reisepaß auf den Namen Manfred Eicher. Danach Skier und Stöcke, Skibrille, Skianzug, Skistiefel . . . und zuletzt der graue Käfer, den ihm angeblich ein Freund geliehen hatte.
Eine endlose Hetze bis hierher, dachte Hyde, während er den Gang einlegte und die Handbremse löste. Unter dem wolkenverhangenen Himmel, aus dem es jeden Augenblick zu schneien beginnen konnte, wirkte Preßburg so kalt und unwirtlich wie die Donau. Der Australier gab Gas und ließ den VW in der Schlange vorwärtskriechen. Bis hierher, um so zu enden: mit zerschlissenen Nerven, ohne sein sonstiges Selbstvertrauen. Hyde wußte, daß er sich in schlechter Verfassung befand. Jetzt hing alles von ihm ab. Diese Verantwortung lastete schwer auf seinen Schultern. Auch der Gedanke an seinen hervorragend gefälschten Reisepaß, die Leichtigkeit des Grenzübertritts und den Wagen, der mit einer unter dem Wagenboden in einer wasserdichten Hülle festgeklebten Pistole in Preßburg für ihn bereitstand, war kein Trost für ihn. Diese Sache war von Anfang an hoffnungslos . . .
Der Fluß strömte unter der Brücke hindurch: Seine schiefergraue Oberfläche erinnerte an schmutziges Glas und suggerierte zugleich eine rasche, gefährliche Bewegung wie die einer Riesenschlange.

Sie hatten mit den Griffen ihrer Pistolen brutal auf Massingers Kopf eingeschlagen und ihn zuletzt ins Bein geschossen, als er nicht sofort zusammengesackt war, sondern sich noch an sie geklammert und sich gewehrt hatte. Vielleicht war der Schuß versehentlich losgegangen – Wilkes hatte sich jedenfalls wegen des Knalls und des Bluts aufgeregt –, aber sie hatten den Eindruck erweckt, als seien sie entschlossen, den Amerikaner zu bestrafen. Aubrey hatte das Gefühl, sie hätten versucht, ihm alle Schuld am Scheitern ihrer Pläne in die Schuhe zu schieben.

Über 36 Stunden später war es leicht, sich vorzustellen, Paul Massinger liege im Sterben oder sei vielleicht schon tot. Wenn Aubrey sich an den halb Bewußtlosen erinnerte, der neben ihn auf den Rücksitz des großen Mercedes geschoben worden war, fiel es ihm schwer, nicht zu glauben, daß Massingers blutüberströmtes Gesicht und sein notdürftig verbundenes Bein keine Vorzeichen des nahen Todes des Amerikaners sein sollten. Seit ihrer Ankunft in dem sicheren Haus hatte er Massinger nicht mehr zu Gesicht bekommen. Aubrey war seither in Gedanken immer wieder bei dem, was Massinger ihm trotz seiner Schmerzen und seines halben Deliriums unterwegs zugeflüstert hatte. Auch das ließ auf einen bevorstehenden Tod schließen: der verzweifelte Versuch des Amerikaners, ihm noch mitzuteilen, was er erriet oder vermutete.

Aubrey, der mit gefalteten Händen nach vorn gebeugt auf der Kante seines harten Betts hockte, bestätigte seine eigenen Schlußfolgerungen durch ein zustimmendes Nicken. Die Vorhänge des vergitterten Fensters waren noch zugezogen, und der gelbliche Schein der Deckenlampe fiel auf Aubreys Kopf und Schultern – auf sein ungekämmtes schütteres Haar, seine unrasierten Wangen und das verknitterte Hemd. Er zitterte, obwohl der Raum behaglich warm war. Aubrey hatte nachts kaum geschlafen, sondern war zwischendurch immer wieder aufgeschreckt, hatte gesehen, wie Massinger mit Pistolengriffen niedergeschlagen worden war, und hatte den ohrenbetäubenden Schußknall in Claras geräumigem Salon gehört. Er hatte sich auch daran erinnert, wie die zweiflüglige Tür aufgestoßen worden war und er sofort an Angriff und Gefangennahme gedacht hatte; er hatte daran gedacht, wie Massinger und er überwältigt, aus dem Haus geschleppt und in den Mercedes gestoßen worden waren, auf dessen Rücksitz der Amerikaner ihm schmerzlich stöhnend seinen Verdacht mitgeteilt und ihm einen Namen zugeflüstert hatte ...

Der einzige Name, der Aubrey nicht erstaunt hatte, weil er so gut zu der teuflischen Schlauheit des ganzen Unternehmens

Träne paßte. Die endgültige Rechtfertigung für dieses Unternehmen . . .
Babbington.
Massinger war nicht selbst auf ihn gekommen. Den eigentlichen Verdacht hatte Wolfgang Zimmermann geäußert, aber Aubrey glaubte den beiden. Er wußte, daß sie recht hatten. Er rieb sich den Arm und wurde dabei auf einen Einstich in der Armbeuge aufmerksam. Erst jetzt brachte er den trockenen, schlechten Geschmack in seinem Mund mit der Injektion eines Beruhigungsmittels in Verbindung; erst jetzt – etwa zwei Stunden nach dem Aufwachen – erinnerte er sich an die Spritze und an Wilkes' grinsendes Gesicht. Sie hatten ihm eine Spritze gegeben, um ihn ruhigzustellen.
Einer der beiden Heizkörper knackte laut. Als sei dieses Geräusch ein Signal gewesen, stand Aubrey steif auf und trat an das Waschbecken in der Ecke neben der Tür. Er vermied es, sein Spiegelbild zu betrachten, beugte den Kopf über das Becken, trank lauwarmes Wasser aus der hohlen Hand und benetzte dann Lider, Wangen und Stirn mit Wasser, das zuletzt eiskalt aus der Leitung kam.
Aubrey sah sich nach einem Handtuch um. Dünn, gestreift, anscheinend schon benützt. Er trocknete sich dankbar das Gesicht ab.
Die Tür wurde geöffnet. Wilkes hielt sie auf. Babbington kam herein: tadellos rasiert, nach Rasierwasser duftend, in weißem Hemd und Nadelstreifenanzug. Seine Lippen lächelten. Aubrey war keineswegs erstaunt, ihn hier zu sehen. Er hatte gewußt, daß der andere zu ihm kommen würde.
Ich habe *nicht* geschlafen, sagte er sich. Ich bin wachgeblieben. Das Betäubungsmittel hat nicht gewirkt – zumindest nicht wie erwartet. Ich bin beinahe wach gewesen. Trotzdem wußte er, daß Babbington irgendwann abends oder nachts an seinem Bett gestanden hatte. Das verriet schon sein Lächeln.
«Kenneth», sagte er mit halblauter, sanfter Stimme.
«Wie geht's Massinger?» knurrte Aubrey, indem er das Handtuch bewußt langsam zusammenlegte und aufhängte.
«Er lebt.»
«Und erholt sich hoffentlich?»
«Ja, man kann wohl sagen, daß er sich gut erholt . . .»

«Jeder Schlag ... jeder *Schlag* ist von Ihnen geführt worden – *Ihre* Bösartigkeit hat hinter allem gesteckt!» Aubrey war über diesen Ausbruch selbst erstaunt. Er zitterte am ganzen Leib. «Nur weil er *mir* zu helfen versucht hat ...!»

Wilkes hatte den Raum verlassen. Babbington beugte sich in seinem Sessel nach vorn und legte die Hände aneinander, als sei er dabei, ein Gebet zu sprechen. «Glauben Sie mir, Kenneth, das mit Massinger tut mir aufrichtig leid – aber er hat es sich selbst zuzuschreiben. Das ist Ihnen doch hoffentlich klar ...?»

«Sie haben ihn niedergeknüppelt und daran noch Spaß gehabt.»

Babbington machte ungeduldig eine wegwerfende Handbewegung und legte dann erneut die Hände zusammen, als wolle er weiterbeten. «Ich habe Ihnen bereits gesagt, daß ich das bedaure, Kenneth. Übereifer – und Zorn. Ja, vielleicht sogar gerechtfertigter Zorn. Ihr amerikanischer Freund hat uns große Unannehmlichkeiten bereitet ...»

«Ja, ich weiß.»

«Gut.»

«Er liegt wohl bereits im Krankenhaus?» fragte Aubrey absichtlich harmlos.

Als Babbington zögerte, wußte Aubrey, daß der entscheidende Augenblick gekommen war. Babbington würde ihn niemals mehr nach England zurückkehren lassen: Er mußte über Zimmermann informiert und sich darüber im klaren sein, daß er bereits verdächtigt wurde ...! Aubrey verstand sein Zögern aus dem vagen Bestreben heraus, dieses Problem ohne weiteres Blutvergießen zu lösen. Vielleicht war selbst Babbington beim Anblick des zusammengeschlagenen Amerikaners und seiner Schußwunde erschrocken?

«Wir liefern ihn noch ein», behauptete Babbington schließlich, und sein Tonfall bewies Aubrey, daß er jegliche Hoffnung aufgegeben hatte, seine beiden Gefangenen könnten ahnungslos sein und deshalb am Leben gelassen werden. Babbingtons Blick schien sich für seine Entscheidung entschuldigen zu wollen, bevor er seufzend hinzufügte: «Eigentlich gibt's nichts mehr zu sagen, nicht wahr?»

«Wahrscheinlich nicht ...»

«Auf der Fahrt hierher ... Wilkes hat alles mitgehört ...», erläuterte Babbington unbeholfen, schuldbewußt.

Aubrey drehte sich um und schaltete die Nachttischlampe aus, deren schwacher Lichtschein blasser und ärmlicher als je zuvor wirkte. «Ja, ich verstehe», murmelte er mit abgewandtem Gesicht.
«Sie können nicht gehofft haben, daß wir . . .», wollte Babbington protestieren.
«Nein, natürlich nicht!» knurrte Aubrey und drehte sich wieder nach ihm um. «Was haben Sie mit Zimmermann vor? Ihnen ist wohl klar, wieviel er weiß?»
Babbington ließ seine Zähne blitzen, aber es gelang ihm nicht, wie beabsichtigt ein zuversichtliches Lächeln aufzusetzen. «Allerdings!» bestätigte er finster entschlossen.
Aubrey hielt eine Hand mit gespreizten Fingern hoch. Er zählte die Namen ab, die er nannte. «Shelley, Hyde, Zimmermann – was Sie einmal in Angriff genommen haben, können Sie nicht mehr abblasen, Andrew. Darüber sind Sie sich wohl im klaren . . .» Aubrey sprach nicht weiter. Babbington schüttelte verneinend den Kopf; sein Lächeln wirkte jetzt zuversichtlicher.
«Ihr eigenes Schicksal dürfte alle Probleme beseitigen, Kenneth», behauptete er. Aus seinem Tonfall sprachen noch immer Bluff und Selbsttäuschung, aber Babbingtons Selbstbewußtsein war unüberhörbar gewachsen. Binnen kurzem würde er dieses Gespräch beherrschen.
«Mein Schicksal?» erkundigte Aubrey sich.
«Richtig, Ihr Schicksal. Und natürlich das des Amerikaners.»
«Natürlich.» Aubrey verzog das Gesicht, während er Babbingtons spöttischen Tonfall imitierte. «Ich begreife einfach nicht, was Sie zu Ihrem Verrat bewogen hat!» fügte er aufgebracht hinzu.
Babbington lief rot an. Er fletschte die Zähne, als habe er einen Schlag ins Gesicht erhalten. Sein Blick war eisig. «Seien Sie doch nicht so lächerlich naiv, Kenneth!»
«Naiv?»
«Patriotismus . . . bei Ihrer Lebenserfahrung? Obwohl Sie genau wissen, daß fast jeder Mensch irgend etwas zu verbergen hat? *Patriotismus*?» Das klang schneidend verächtlich. Danach hatte Babbington seine Stimme wieder unter Kontrolle. «Ich staune über Sie, Kenneth.»

«Und ich ein bißchen über mich selbst», gab Aubrey lächelnd zu. Er schüttelte langsam den Kopf.
«Deshalb kann ich Sie unter keinen Umständen wieder freilassen», stellte Babbington fest. «Sie sind sogar noch gefährlicher, als ich angenommen habe.»
«Warum, Andrew?» fragte Aubrey sofort und brachte Babbington, der rot anlief, dadurch aus dem Gleichgewicht.
«Warum?»
«Warum dieser Verrat? Sie haben *alles* erreicht. Sie haben aus eigener Kraft Karriere gemacht. Was sollten *sie* Ihnen zu bieten gehabt haben?»
«Im Gegensatz zu Ihnen ist der Geheimdienst nie mein ganzer Lebensinhalt gewesen.» Babbington lächelte verschlagen.
«Ich wiederhole: Was sollten sie *Ihnen* zu bieten gehabt haben?» Er machte eine Pause, bevor er mit schneidender Ironie hinzufügte: «Einem Mann mit Ihren Vorzügen – Ihrer Bildung, Ihrer einflußreichen Verwandtschaft und Ihrem analytischen Verstand? Womit haben die anderen Sie geködert? Hat Sie das Spiel mit der Gefahr gereizt? Das Spiel mit dem Feuer? Das Bewußtsein, *der* Spion dieses Jahrzehnts zu sein?»
Babbington war rot angelaufen. Dann winkte er verächtlich ab. Er beugte sich nach vorn. «Denken Sie an unser Land, Kenneth – an unser Land seit Kriegsende. Dort finden Sie die Antwort: in dem erbärmlichen kleinen Flugzeugträger, der wir im Laufe der Jahre geworden sind! In der jammernden, ungehört verhallenden Stimme in den Wandelgängen der Vereinten Nationen!»
Babbingtons Wutausbruch war überraschend und ungekünstelt. Aubrey erschrak darüber, aber ihm graute zugleich nicht weniger vor der Verachtung, die aus den Worten dieses Mannes sprach, und der maßlos übersteigerten Selbsteinschätzung Babbingtons. Der andere schlug sich mit der flachen Hand auf den Oberschenkel. «Und diesem Land halten Sie die Treue? Diesem Land und *unseren* Dienstherrn? Wie können Sie nur? Wie schaffen Sie das nur?»
«Sie haben's bereits gesagt: aus Naivität.»
«Das habe ich nicht geschafft – ich konnte nicht naiv sein.»
«Richtig, das haben Sie nie gekonnt. Und was haben *sie* Ihnen geboten?»
«Eine Spitzenposition», antwortete Babbington bereitwillig.

«Nein, keine geheime Spitzenstellung wie Ihre, von der Sie nichts wahrhaben wollten ...» Er machte eine Pause. «Sie haben sich niemals ernsthaft um den Generaldirektorsposten als Cunninghams Nachfolger bemüht, stimmt's?» Aubrey nickte zustimmend. «Eine Spitzenposition», wiederholte der andere, «im mächtigsten Geheimdienst der Welt. Verstehen Sie, was ich damit sagen will?»
«Ich kann's mir vorstellen. Ein Affe, der seine Kunststücke vor einem größeren Publikum zeigen will.»
«Alter Trottel!» fauchte Babbington.
«Was können Sie mir schon anhaben? Über alles hinaus, was mir ohnehin bevorsteht?»
Babbington schüttelte den Kopf. «Nein – nicht mehr, als ich ohnehin vorhabe.» Er grinste. «Sie scheinen in dieser Beziehung nicht sonderlich neugierig zu sein, Kenneth.»
«Sollte ich das sein?»
«Mich wundert's, daß Sie's nicht sind.»
«Nach meinem Erscheinen in Moskau hätten Sie endgültig freie Bahn. Außerdem kann ich mir vorstellen, daß Ihnen das Spaß machen würde, nicht wahr? Was den armen Massinger betrifft, nehme ich an, daß es genügt, ihn rasch zu liquidieren.» Aubrey starrte seine untätig auf seinen Knien liegenden Hände an. Er wollte Babbington nicht das Vergnügen bereiten, ihm sein Gesicht zu zeigen und ihn seine Angst erkennen zu lassen.
«Sie haben kein Vaterland mehr, Kenneth», stellte Babbington fest. «Keine Heimat mehr. Und das nach vier Jahrzehnten treuer Dienste ...»
Aubrey hob ruckartig den Kopf. Seine blassen Augen glitzerten. «Immerhin bleibt mir die kleine Befriedigung, vierzig Jahre lang einen Posten ausgefüllt zu haben, der sonst vielleicht mit einem Mann wie Ihnen besetzt worden wäre», stellte er schneidend, überlegen fest. Er genoß es, Babbington zusammenzucken zu sehen.
«Ich *bin* jetzt auf Ihrem Posten», antwortete Babbington nach kurzer Pause. «Folglich sind Ihre vierzig Dienstjahre eine einzige große Verschwendung gewesen. Ihr ganzes Leben ist bedeutungslos gewesen.» Er stand auf.
«Warum gerade jetzt?» wollte Aubrey wissen.
«Was?»

«*Träne.* Warum ausgerechnet jetzt?»
«Der Zeitpunkt ist uns günstig erschienen. Die Vorarbeiten waren abgeschlossen. Sobald Sie bei Kapustin angebissen hatten, ist die Sache sozusagen von selbst in Schwung gekommen. Sie sind so verdammt scharf auf Kapustins Überlaufen gewesen, Kenneth!»
«Ja, ich weiß.»
Babbington ging zur Tür. «Ich lasse Sie jetzt allein, damit Sie . . .»
Aubrey unterbrach ihn. «Wann, Andrew – wann haben Sie sich anwerben lassen? Das können Sie mir doch sagen!»
Babbington überlegte kurz; dann zuckte er mit den Schultern. «Gut, meinetwegen . . . Nach der Suezkrise. Ja, die Suezkrise hat den Ausschlag gegeben – diese *Farce*!»
«Ja, ich verstehe.»
«Ich habe keine Zukunft mehr für unser Land gesehen: Demütigung, Niedergang, Staatsbankrott . . . und so ist's dann auch gekommen.»
«Ein Faschist wie Castleford», stellte Aubrey verächtlich fest. «Sie bewundern rohe Gewalt – Ungarn entspricht Ihrem Naturell eher als Suez.»
«Schon möglich.» Babbington wollte sich offenbar nicht gern mit einem anderen vergleichen lassen. «Hmmm, Castleford . . .», murmelte er. «Der arme Castleford. Ich bin davon überzeugt, daß er den Tod verdient hatte – aber wir büßen alle für unsere Sünden, Kenneth. Zumindest Sie werden dafür büßen.»
Babbington grinste hämisch, bevor er die Tür öffnete. Er verließ den Raum.
Aubrey horchte nach draußen, bis die Schritte verhallten, und hörte dann andere Geräusche. In der Ferne brummte ein Auto wie ein Insekt vorbei. Ein Hund bellte. Aubrey blieb mit gesenktem Kopf und todmüde auf dem Bett sitzen. Seine Niederlage hatte ihn zu sehr ausgelaugt, als daß er Babbington wegen seiner gegenwärtigen Gefangenschaft oder seines ihm bevorstehenden Endes hätte hassen können. Er war auch nicht imstande, das Schicksal des britischen Geheimdiensts mit einem Mann im Solde Moskaus an der Spitze zu bedauern.
Das erste Gesicht, das aus dem Dunkel hinter seinen geschlos-

senen Lidern auftauchte, gehörte Castleford, wie Aubrey erwartet hatte. Der andere lächelte wie gewöhnlich hochmütig und überlegen. Aubrey fuhr zusammen, als er daran dachte, wie tief er gesunken war, wie er nur an sich selbst gedacht hatte, während Babbington auf seiner Organisation und seinem Land herumgetrampelt hatte. Aber dieser Gedanke beherrschte ihn nicht lange, dann sah er wieder Castlefords Gesicht von vor 40 Jahren vor sich, das über die Aussicht auf den baldigen Tod seines Rivalen zu grinsen schien.

Hyde hatte den braunen Skoda fast eine Stunde lang beobachtet. Der Wagen stand auf der Zidovska geparkt: fast unten an der Donau und gewissermaßen im Schatten des gotischen Turms des Martinsdoms. Durch die angelaufenen Scheiben der überfüllten kleinen Bar konnte er beide Straßenseiten und den Domplatz überblicken. In Preßburg schneite es dicke nasse Flocken. Die Passanten stapften durch schmutziggrauen Schneematsch; vorbeifahrende Wagen bespritzten den ohnehin schon schmutzigen Skoda noch mehr.
Hyde hatte den VW in einer Tiefgarage abgestellt und die Skier unter dem Wagen versteckt. Der Käfer würde dort anonym und unauffällig warten, bis er aus Prag zurückkam. So hielt er sich einen Fluchtweg offen. Bei der Ausreise aus der Tschechoslowakei würde er den Eindruck erwecken, von seinem Skiwochenende zurückzukehren.
Auf seltsame, fast halluzinatorische Weise war Hyde davon überzeugt, Kenneth Aubrey hocke in eine karierte Wolldecke gehüllt auf dem Rücksitz des Skodas und warte nur darauf, daß er sich ans Steuer setze und wegfahre. Die Deutlichkeit und Hartnäckigkeit dieser Einbildung beunruhigte Hyde. Er war außerstande, das Bewußtsein zu unterdrücken, unbedingt Erfolg haben zu müssen. Aubrey schien geradezu körperlich anwesend zu sein, so daß Hyde davor zurückschreckte, zu dem parkenden Skoda hinüberzugehen. Er wußte inzwischen, daß der Wagen nicht observiert wurde – daß der STB nicht auf ihn wartete. Trotzdem klammerte er sich an die Sicherheit, die ihm die rauchige, geräuschvolle Kneipe zu bieten schien.

Wenn ich hierbleibe, wenn ich nicht ins Auto steige ... nicht ins Auto steige ...
Ihm war behaglich warm, denn er trug eine Daunenjacke und hatte sogar einen Schal umgebunden. Das dunkle tschechische Bier wirkte einschläfernd. Der braune Skoda – eine dunkle, anonyme Blechkiste – hatte Ähnlichkeit mit einem Paket, das möglicherweise ... bestimmt eine Bombe enthielt.
Nicht ins Auto steigen ...
Aubrey war dort drüben. Hyde hatte das Gefühl, der Alte könne jeden Augenblick die Beifahrertür öffnen und ihn zu sich heranwinken. Der Zünder. Die Drähte und die Sprengladung bestanden aus dem gefälschten Reisepaß, dem Touristenvisum, der Zulassung und weiteren Papieren, die unter dem Fahrersitz lagen. Und aus der unter dem Wagenboden festgeklebten Pistole in ihrer wasserdichten Hülle. Er würde außerhalb der Stadt halten und die Pistole aus ihrem Versteck holen müssen; mit einer Waffe im Handschuhfach konnte er sich sicherer fühlen, falls er angehalten wurde.
Nicht ins Auto steigen ...!
Das dunkle Bier schwappte bis fast zum Glasrand. Er stellte sein Glas vorsichtig auf die Fensterbank und betrachtete seine Hände. Sie zitterten. Hyde warf einen hilflosen Blick auf seine neben dem Bierglas liegenden Handschuhe, als erwarte er sich von ihnen Unterstützung. Dann vergrub er die Hände in den Anoraktaschen.
Er wußte, daß der Wagen sauber war. Keine Observierung, keine Beschatter. Selbst wenn die anderen in seiner Wohnung irgendwelche Unterlagen entdeckt hatten, die Shelley nicht mehr hatte vernichten können, wußten sie nicht, wo und wann er in die Tschechoslowakei einreisen würde. Er war ihnen voraus – sie konnten sich einfach nicht *vorstellen,* wie verrückt sein Plan war!
Nicht ...
Los! befahl er sich selbst. Sofort!
Wenn du nicht lebenslänglich auf der Flucht sein willst.
Hyde wollte nichts dramatisieren, weil er das bei anderen nicht ausstehen konnte. Aber es stimmte. Er würde sein Leben lang nirgends mehr sicher sein.
Es sei denn ...

Er griff hastig nach seinen Handschuhen und stieß dabei einen aus Blech gestanzten Aschenbecher zu Boden. Das metallische Klappern veranlaßte Hyde zu einem fluchtartigen Rückzug aus dem Lokal, fast bevor einige der Gäste sich nach diesem Geräusch umdrehten. Er sah, daß die pfeiferauchenden Dominospieler am Tisch neben der Tür nicht auf ihn achteten; dann war er auf der Straße, hörte, wie die Tür sich knarrend hinter ihm schloß, und spürte den ungewohnten Schneematsch unter seinen Winterstiefeln. Hyde trat langsam an den Randstein. Eine füllige, beinahe formlose Frauengestalt in einem alten karierten Wintermantel streifte ihn und hastete weiter, ohne ihn auch nur eines Blickes zu würdigen. Hyde fuhr zusammen. Er sah links und rechts die Zidovska entlang, um den Verkehr abzuschätzen. Hinter einer von Rot auf Grün wechselnden Verkehrsampel ragte der schwarze Turm des Doms in den grauen, wolkenverhangenen Himmel auf.

Hyde erreichte den Skoda beinahe im Laufschritt. Der Rücksitz war natürlich leer. Er zwang sich dazu, nach dem Griff der Fahrertür zu fassen, öffnete die Tür, beugte sich in den Wagen und erwartete jeden Augenblick, eine schwere Hand zu spüren, die sich ihm auf die Schulter legte, um ihm seine Verhaftung zu eröffnen.

Eine handgestrickte Wolljacke mit Rentieren auf den ausgebeulten Taschen. Wie Shelley ihm angekündigt hatte. Er hatte sie schon vor einer Stunde auf dem Beifahrersitz liegen sehen, als er den Wagen identifiziert hatte. Bisher stimmte alles . . .

Hyde gab sich einen Ruck. Das Gespenst Aubreys schien aus dem Wagen zu verschwinden. Er fühlte sich zuversichtlicher, sicherer. Hier ging es um *ihn,* um *sein* Leben. Unter dieser Voraussetzung traute er sich zu, die vor ihm liegende Aufgabe zu bewältigen.

Er setzte sich ans Steuer und tastete unter dem Fahrersitz nach dem Umschlag mit den Papieren . . . ja. Und unter dem Wagen klebte eine wasserdichte Hülle, in der eine Pistole steckte. Hyde wußte, daß sie dort sein würde, wie Godwin an einer Bushaltestelle außerhalb von Prag warten würde.

Er hatte 400 Kilometer weit zu fahren. Er griff nach dem Zündschlüssel und ließ den Motor an.

Der Mann bezeichnete sich als stellvertretenden Residenten, der vorläufig den Posten des toten Bajew übernommen hatte, der während seiner Vernehmung durch Hyde und Massinger erschossen worden war. Aber in Babbingtons Augen hatte er eine Art Gefängnisblässe an sich und erweckte den Eindruck, direkt aus der Moskauer Zentrale zu kommen. Er war offensichtlich Kapustins Mann, und Babbington verabscheute sich selbst, als er sich dabei ertappte, daß er sich bemühte, überzeugend zu wirken, und aus Bluff statt Autorität lebhaft sprach und sich rasch bewegte. Der Blick des jungen Mannes war eisig, durchdringend und clever; der andere sagte sehr wenig und zwang Babbington so dazu, die unfreundlichen Pausen mit immer übertriebeneren Beteuerungen seiner Zuversicht auszufüllen.

Die Parkterrassen von Schloß Belvedere – hatte der Mann sie auf Anweisung Kapustins bewußt als Treffpunkt gewählt? Hier war Aubrey festgenommen worden. War dies eine Erinnerung an die damalige Szene und eine Mahnung, seine Pflicht zu tun? Oder eine Forderung, endlich handgreifliche Ergebnisse vorzuweisen? Die hartgefrorenen Wege waren im Schatten der Hecken rutschig.

Der junge Mann, der Woronin hieß, hielt mit Babbington Schritt, während Wilkes und der Leibwächter von Kapustins Abgesandtem ihnen in fünf Meter Abstand folgten. Babbington empfand die Deckungslosigkeit der Parkterrassen. Sollte er sie spüren? Hier konnte ihn jeder sehen . . . Trotzdem hatte der junge Mann auf diesem Treff im Freien bestanden.

«Damit ist die Frage nach der Frau – und nach Hyde – noch immer nicht beantwortet», stellte Woronin nüchtern und geduldig fest. Die Stimme eines nicht unfreundlichen Erziehers. Babbington glaubte, Kapustin oder sogar Nikitin aus dem Mund des jungen Mannes sprechen zu hören. Er unterdrückte einen leichten Schauder und warf dem anderen einen prüfenden Blick zu. Babbington war größer als Woronin: zehn Zentimeter größer und weit massiver. Er bemühte sich, an seine eigene Wichtigkeit zu glauben.

«Das ist nur eine Frage der Zeit . . . in beiden Fällen lediglich eine Frage der Zeit», behauptete er.

«Ja, natürlich!» knurrte der Russe und ließ erstmals Ungeduld

erkennen. «Der Mann ist nicht weiter wichtig, das gestehe ich Ihnen zu. Er taucht irgendwann wieder auf und wird geschnappt. Aber die Sache mit der Frau sieht anders aus...» Woronin blieb stehen und drehte sich halb nach Babbington um. «Sie hat Beziehungen, sie kennt alle möglichen einflußreichen Leute. Sie darf nicht auf freiem Fuß bleiben.»
«Dann müssen Sie meinen Vorschlag annehmen!» stellte Babbington aufgebracht fest. «Stimmen Sie meinem Plan für die Beseitigung der Leichen zu!»
Woronin zuckte mit den Schultern und setzte sich wieder in Bewegung, als wolle er seinen Gesprächspartner auch körperlich ignorieren. Babbington stieß einen bellenden Protestlaut aus und beeilte sich dann, zu ihm aufzuschließen. «Ihr Vorschlag sagt im Augenblick nichts über die Frau aus», stellte der Russe sofort fest. «Wo ist sie?»
«Ich hab Ihnen doch gesagt, daß ich das nicht weiß, Woronin! Sie hat hier nur einen einzigen Verbündeten ... sie muß mit Hyde zusammensein ...!»
«Falls Hyde in Wien ist.»
«Das steht für mich außer Zweifel. Weshalb sollte Shelley sich sonst für die Tschechoslowakei interessiert haben?»
«Warum *hat* er sich dafür interessiert?»
«Das mag der Teufel wissen! Vielleicht will Hyde für einige Zeit untertauchen – und wo könnte er das besser als vor der Nase *Ihrer* Leute, hmmm?»
«Hätten Sie dafür gesorgt, daß die aus diesem Haus geführten Telefongespräche abgehört wurden, wüßten Sie jetzt genau, warum Shelley sich so für die Tschechoslowakei interessiert hat.»
Das war eine offenkundige Zurechtweisung. Babbington lief rot an. «Im Gegensatz zu der bei Ihnen üblichen Arbeitsweise müssen solche Überwachungen bei uns angeordnet, aufgezeichnet, begründet und schriftlich *genehmigt* werden, mein lieber Woronin», knurrte er. «Ich habe es für besser gehalten, unauffällig im Hintergrund zu bleiben. Daß Hyde bei sich selbst anrufen würde, war äußerst unwahrscheinlich – die Frau in der Wohnung über ihm war unseren Informationen nach lediglich seine Vermieterin.» Er merkte, daß das entschuldigend klang, und

fügte mit gespieltem Gleichmut hinzu: «Reden wir nicht mehr davon, Woronin. Die Sache ist nicht weiter wichtig.»
«Und die Massinger . . .?» hakte Woronin nach.
«Die Außenstelle Wien fahndet nach ihr . . . Ihre eigenen Leute fahnden nach ihr . . . seien Sie doch geduldig und befassen Sie sich zunächst mit meinem Vorschlag!»
«Was soll *ich* in dieser Beziehung tun können?»
«Schicken Sie ein Fernschreiben an die Zentrale – an Kapustin. Berichten Sie ihm, was ich Ihnen mitgeteilt habe. Aubrey soll nach Moskau gebracht werden. Massinger soll liquidiert werden – und seine Frau ebenfalls. Die Methode ist mir gleichgültig. Vielleicht wär's besser, sie alle nach Moskau zu schaffen? So ließe sich zuverlässig verhindern, daß ihre sterblichen Überreste vielleicht doch entdeckt werden . . .» Babbington machte eine Pause. «Jedenfalls *muß* Aubrey in Moskau auftauchen, weil das die letzten Zweifel beseitigt. Das sehen Sie doch ein?»
«Das scheint mir eine sehr riskante Sache zu sein», meinte Woronin, indem er zum Belvedere hinaufsah.
«Riskant?» fauchte Babbington. «Was ist daran für Sie riskant?»
«Riskant für Sie, meine ich.»
«Für mich ist's riskant gewesen, daß Generalsekretär Nikitin und der stellvertretende Vorsitzende Kapustin zugelassen haben, daß Petrunin den Beginn des Unternehmens *Träne* noch erlebt hat! Ist Ihnen das nicht klar?» Zorn und unterschwellige Angst verliehen seiner Stimme endlich die gewünschte Autorität.
Woronins Blick verriet jetzt Unsicherheit und schwindendes Selbstvertrauen. «Vielleicht haben Sie recht», antwortete der Russe zögernd.
«Das ist die einzig befriedigende Lösung», drängte Babbington.
Der junge Mann zuckte mit den Schultern. «Wenn Sie die Frau hätten . . .», begann er.
«Mit oder ohne die Frau!» unterbrach Babbington ihn sichtlich erregt. «Ich muß morgen, spätestens übermorgen wieder in London sein. Deshalb brauche ich noch heute Ihre Zustimmung zu meinem Vorschlag. Ich will, daß *Kapustin* ihm zustimmt, verstanden? Sie organisieren dann die Rettung Ihres Agenten Aubrey, der heimlich an Bord einer Aeroflot-Maschine nach Moskau gebracht und dort an einer Pressekonferenz ausge-

wählten in- und ausländischen Journalisten vorgestellt wird. Großer Gott, Mann, Sie haben die nötigen Wundermittel, um ihn vor den Kameras einen Handstand machen und Lieder für Sopran singen lassen zu können, wenn Sie nur wollen!» Seine aus der Manteltasche gezogene Hand war zur Faust geballt, als wolle er Woronin mit physischer Gewalt drohen. «Holen Sie Kapustins Zustimmung ein oder nicht? Die Zeit drängt.»
«Der Überfall», murmelte Woronin kopfschüttelnd. «Ich weiß nicht recht . . .»
«Wie soll ich sonst erklären können, warum wir Aubrey nicht mehr haben?» fragte Babbington herausfordernd. Innerlich war er mit der Reaktion des anderen zufrieden. Woronin war verwirrt, überfordert und schon halb überzeugt . . . «Na?» erkundigte er sich, nachdem er tief Luft geholt und langsam ausgeatmet hatte.
Woronin zögerte noch; dann nickte er jedoch widerstrebend und seufzte hörbar. «Gut», sagte er, «ich schicke sofort ein Fernschreiben an den Genossen Stellvertreter und informiere ihn über Ihren Vorschlag. Vielleicht stimmt er zu . . .»
«Er muß zustimmen! Es gibt keine andere Möglichkeit. Aubrey muß in spätestens achtundvierzig Stunden Wien verlassen haben und nach Moskau unterwegs sein. Ich bestehe darauf, daß das Ganze nach außen hin den Anschein einer verzweifelten KGB-Rettungsaktion für einen enttarnten Agenten erwekken muß.»
«Damit die Sache realistisch wirkt, werden einige Ihrer Leute wohl . . . leiden müssen?»
Babbington nickte, ohne sich nach ihnen umzusehen. «Selbstverständlich! Einige der zur Bewachung Aubreys eingesetzten Mitarbeiter der Außenstelle Wien müssen bei dem Überfall den Tod finden. Sehr bedauerlich, aber nicht zu ändern.»
«Ausgezeichnet!» Diese brutal offene Antwort schien Woronin zu gefallen – als habe Babbington die abschließende Frage eines langen, sehr in die Tiefe gehenden Gesprächs richtig beantwortet. «Sollen wir gehen, Sir Andrew Babbington?» Damit hielt der junge Mann sich ausnahmsweise nicht an den korrekten englischen Sprachgebrauch.
Babbington lächelte. «Ja, Genosse Woronin – jetzt können wir gehen.»

Er drehte sich um, nickte Wilkes zu, der erleichtert wirkte, und marschierte selbstbewußt den Weg zwischen den Hecken entlang, der zum Unteren Belvedere, dem Ausgang und seinem Wagen führte. Woronin hastete hinter ihm her, und ihre jeweiligen Leibwächter schienen in ihrem Kielwasser zu folgen: eine kleine Schule von Wintermänteln und Trenchcoats, die wie mit einem Schleppnetz eingefangen wurden.
Margaret Massinger beobachtete, wie der bisher Führende, der ihr am nächsten war, sich wie auf ein unsichtbares Zeichen hin abwandte und davonmarschierte. Unmittelbar danach wurde ihr bewußt, wie verkrampft, ausgekühlt und schwach sie war. Sie beobachtete den Trenchcoat des sich Entfernenden – weniger weiß als der schneebedeckte Rasen –, während der Mann hinter einem der reichverzierten Brunnen verschwand.
Sie rieb sich die kalten Wangen mit ihren Wollhandschuhen und merkte erst jetzt, wie sie trotz Flanellrock und Pelzjacke fror. Vor allem ihre Füße waren wie erstarrt. Sie konnte sich kaum noch auf den Beinen halten.
Für Tieraufnahmen, hatte Hyde grinsend behauptet. Aber sein Lächeln war aufgesetzt gewesen, und sie hatte die Unsicherheit dahinter erkannt. Der Fotoverkäufer hatte genickt und ihnen eine Auswahl von Teleobjektiven für die von ihnen in Betracht gezogene Kamera vorgelegt. Margaret hatte sich bemüht, seine Erklärungen zu verstehen. Nach der schlaflosen Nacht in einem anonymen kleinen Hotel war das nicht einfach gewesen. Hyde hatte wie ein gestrenger Prüfer neben ihr gestanden. Daß Margaret schließlich doch gelernt hatte, mit der Kamera und den Objektiven umzugehen, verdankte sie den ausführlichen Bedienungsanleitungen, die sie später studiert hatte.
Babbington, der dem Unbekannten mit der Faust drohte: Ihre Gesichter waren scharf, aber alles andere verschwamm wegen der geringen Tiefenschärfe des 1000-mm-Objektivs. Margaret hatte das Objektiv mit der längsten Brennweite gewählt, weil sie Angst hatte. Sie wollte möglichst viel Abstand zu Babbington halten. Nicht so sehr zu den Leibwächtern in hellen Trenchcoats und dunklen Wintermänteln, die sie als kleine Fische erkannte, als zu diesem einen Mann. Sie hatte Angst vor ihm – selbst wenn sie ihn nur durchs Teleobjektiv beobachtete, als könnte er sich im nächsten Augenblick nach ihr umdrehen

und ebenso nahe leibhaftig vor ihr stehen, um sie zu erkennen und ihre Festnahme zu veranlassen. Aber sie hatte sich hinter der Balustrade versteckt ...

Slawische Backenknochen und Lippen unter dem Filzhut – Aufnahme, Aufnahme, Aufnahme, der Motor transportierte den Film surrend weiter. Babbington und der Russe; ihre nächsten Leibwächter nur verschwommene Umrisse hinter ihnen. Scharfeinstellung, eine Aufnahme nach der anderen, Filmwechsel mit klammen, zitternden Fingern. Weitere Aufnahmen, mehr, mehr, mehr ...

Beweis, Beweis, Beweis, surrte der Motor. Weitere Beweise, weitere Aufnahmen, Beweise, Aufnahmen, weitere ...

Als die Männer sich abwandten, war der zweite Film durchgelaufen, und Margaret holte schweratmend Luft. Sie konnte zunächst an nichts anderes als an Babbingtons energisch-brutale Züge denken.

Dann richtete sie sich etwas auf und blickte durch den Sucher ihrer Kamera. Nichts. Babbington, der Russe und ihre jeweiligen Leibwächter waren aus dem Park verschwunden. Das Licht schien bereits schwächer geworden zu sein. Margaret sah auf ihre Armbanduhr. 15.10 Uhr.

Margaret stand ruckartig auf und rieb sich ihre vor Kälte starren Arme. Sie betrachtete die vor ihr liegende Kamera. Alles hatte viel zu schnell gehen müssen; sie hatte kaum Zeit zum Nachdenken, zum Planen gehabt. Nachdem sie zugesehen hatte, wie Hyde die Grenze überquert hatte, war sie zurückgefahren, um das Haus zu observieren, in dem Paul gefangengehalten wurde. Kaum 20 Minuten später hatte Babbington sich in seinen Wagen gesetzt und war unbegleitet nach Wien hineingefahren. Margaret hatte ihn geschickt beschattet. Die Kamera mit den Teleobjektiven hatte wie eine Herausforderung auf dem Beifahrersitz gelegen. Margaret Massinger hatte gewartet und sich nur ein Sandwich an einem Imbißstand gegönnt, während Babbington im Hotel Sacher zu Mittag gegessen hatte. Schließlich war er inmitten einer kleinen Wagenkolonne zum Schloß Belvedere gefahren worden. Sie hatte in der Prinz-Eugen-Straße geparkt, ihre Fotoausrüstung zusammengerafft und sich beeilt, auf die Parkterrassen zu gelangen.

Ungeschützt, deutlich sichtbar ...

Aus Entsetzen über ihre eigenen Ängste und ihre Laienhaftigkeit hatte Margaret den Schutz der Steinbalustrade gesucht. Selbst während sie jetzt auf und ab ging, um ihre eiskalten Füße und Beine durch Bewegung zu erwärmen, konnte sie kaum fassen, daß alles geklappt haben sollte. Ihre Kamera lag wie eine weggeworfene Waffe auf der Balustrade. Es hatte geklappt! Zwei Kleinbildfilme mit über 70 Aufnahmen, von denen mindestens 50 Babbington mit dem Russen zeigten. Sobald sein Begleiter identifiziert war, würde die Rettungsaktion für Paul anlaufen ...

Sie lief zur Balustrade und riß die Kamera an sich. Die Parkterrassen waren menschenleer bis auf eine von hungrigen Tauben umflatterte schwarze Gestalt auf einer der Holzbänke. Eben bewegte sich ihr Arm wieder, während sie Vogelfutter verstreute. Die grauen Punkte, die Tauben darstellten, bewegten sich, als würden sie von dem Arm dirigiert. Margaret hastete davon. Sie mußte mit ihrem Paten, mit Sir William sprechen. Er *mußte* ihr zuhören.

Hyde spürte, daß das Gewicht von Godwins Körper auf den beiden Krücken ruhte, sobald er ihn an der Bushaltestelle warten sah. Der andere trug einen schweren Wintermantel und hatte seine untere Gesichtshälfte mit einem schottisch karierten hellroten Schal vermummt. Ansonsten wirkte er seltsam farblos, sogar leblos. Seine Unbeweglichkeit suggerierte endlose Geduld – und uneingestandene Niederlagen. Hyde bog widerstrebend in die Haltestellenbucht mit dem verglasten Wartehäuschen ab. Aus irgendeinem Grund – vielleicht nur um besser sichtbar zu sein – hatte Godwin es vorgezogen, im Schneetreiben zu stehen. Seine resigniert hängenden Schultern waren mit einer dicken weißen Schicht bedeckt, und seine schwarze Pelzmütze war grau gesprenkelt, so daß sie an einen Dachspelz erinnerte. Godwin starrte durchs Beifahrerfenster und sah, wie Hyde die Handbremse anzog und seine Tür öffnete.

«Ich brauche keine Hilfe», knurrte Godwin, als er Hyde aussteigen sah. «Ist die Tür offen?» Seine Hand lag auf dem Griff der Beifahrertür. Hyde, der auf seinem Weg um den Skoda bereits bei der Motorhaube war, nickte lediglich. Godwin

machte ein finsteres Gesicht, ohne daß zu erkennen gewesen wäre, ob sein Haß dem Mitleid anderer oder seiner eigenen Behinderung galt. Hyde wich auf die Fahrerseite zurück, als flüchte er vor einem angeschossenen Raubtier.
Godwin lehnte sich schwer gegen den Türrahmen. Er warf seine beiden Krücken – alt und schwer, mit Gummizwingen und abgewetzten Holzgriffen – auf den Rücksitz, bevor er sich mit einer Drehung auf den Beifahrersitz fallen ließ. Er hob sein gelähmtes Bein mit beiden Händen in den Wagen und nahm sofort eine weitere erstarrte Haltung ein: den Blick unverwandt nach vorn gerichtet, die Pelzmütze auf den Knien, ohne darauf zu achten, daß der schmelzende Schnee die Cordsamthose durchnäßte, die sein verhaßtes lahmes Bein bedeckte. Der Schnee auf seinen Schultern glitzerte, als er jetzt zu schmelzen begann. Hyde setzte sich mit unauffälligen, ihm sehr bewußten Beinbewegungen wieder ans Steuer.
Um den anderen zu beschwichtigen, sagte Hyde: «Petrunin ist tot.» Das war grob, aber das Schweigen zwischen ihnen lastete auf ihm.
«Hast du ihn umgelegt?» wollte Godwin nach einer kurzen Pause wissen. Die Windschutzscheibe vor seinem Gesicht lief bereits an, als strahle der Mann intensive Hitze aus.
«Nein, seine eigenen Leute haben ihn erledigt.»
Nach einer weiteren, noch längeren Pause stellte Godwin lediglich fest: «Dadurch geht's meinem Bein auch nicht besser.»
«Hör zu, Godwin . . .», begann Hyde, aber Godwin drehte sich bereits halb nach ihm um. Sein schmales, abgehärmtes Gesicht war wutverzerrt. Man hätte glauben können, er habe an der Bushaltestelle bereits tagelang – vielleicht schon seit seiner Verletzung – darauf gewartet, daß Hyde vorbeikommen würde.
«Verdammt noch mal, Hyde – warum mußt ausgerechnet *du* hier aufkreuzen?» fauchte Godwin. Er wirkte um Jahre gealtert. Er hatte Gewicht verloren – unfreiwillig, nicht durch eine Hungerkur, vermutete Hyde. Unter den Augen mit den kleinen, stechenden Pupillen hatte er dunkle Schatten. Sein Haar war schütter und ungepflegt. Hyde vermied es, sein Bein anzustarren. «Du und der Alte? Warum ausgerechnet ihr zwei?» Seine Unterlippe zitterte, während er sprach. Hyde erkannte begreifliches Selbstmitleid. «Ich hab mich hier still und friedlich ver-

graben, ohne irgendwas zu vergessen. Und dann kreuzt *du* hier auf . . .!» Seine Augen funkelten Hyde an, als er von der nassen Pelzmütze auf seinen Knien aufblickte. Sie sah wie ein ertrunkenes Schoßtier aus, dessen Tod die Ursache für Godwins Zorn und Kummer war.

«Halt's Maul, Godwin!» forderte Hyde ihn ruhig und nachdrücklich auf. «Mit deinem verdammten Selbstmitleid machst du bei mir keine Punkte, verstanden?» Godwin starrte ihn aufgebracht an; seine Lippen bewegten sich tonlos, und die Augen waren nur noch Schlitze in seinem blassen Gesicht. «Immerhin *lebst* du noch. Ich hab weder Zeit noch Lust, dich wegen deines Zustands zu bemitleiden, denn wenn du mir nicht hilfst, das Richtige zu tun, sind der Alte und ich so gut wie tot . . . Falls du jetzt mit mir tauschen möchtest, kannst du mir deine verdammten Krücken geben, damit ich mit ihnen üben kann.»

Godwins Unterkiefer fiel herab. Sein Mund war ein rundes schwarzes Loch, aus dem schließlich eine entsetzte, heisere, deprimierte Stimme drang: «Du . . . du Dreckskerl! Mein Gott, du Schweinehund!» Im Scheinwerferlicht eines entgegenkommenden Wagens sah Hyde Tränenspuren auf Godwins Wangen.

«Okay», sagte Godwin schließlich. Er zog geräuschvoll hoch. «Okay, tut mir leid.»

Auch diesmal gab Hyde keine Antwort. Sein Interesse an Godwins Reaktion schwand bereits. Sein Anpfiff hatte die gewünschte Wirkung gehabt. Es war schwer, sich für etwas anderes als Aubreys Überleben zu interessieren . . .

Für dein eigenes Überleben, sagte Hyde sich in einem seltenen Augenblick absoluter Ehrlichkeit. *Darauf* konzentrierte er sich jetzt, denn falls er nicht überlebte, hatten auch Godwin, Aubrey, Massinger und alle anderen keine Chance mehr. Sein Selbsterhaltungstrieb konnte diesmal auch anderen helfen, am Leben zu bleiben.

Godwin starrte den Australier kurz an, als wolle er sich vergewissern, wen er neben sich hatte. «Ich weiß nicht, ob du verstehst oder verstehen willst, was ich jetzt sage . . .» Hyde zuckte zusammen, weil ihm diese Beichte peinlich war, aber er hielt trotzdem den Mund. Godwin schluckte trocken – dann hörte Hyde ihn plötzlich ironisch kichern. «Du hast mir eine Welt

zurückgebracht, von der ich damals habe Abschied nehmen müssen. Dafür soll dich der Teufel holen!»
Hyde drehte sich erstaunt nach ihm um. Godwin erwiderte seinen Blick. Sein Gesicht war noch blaß, aber nicht mehr tränenfeucht. Seine Lippen waren zu einem schwachen zynischen Lächeln verzogen.
Hyde nickte ihm zu. «Okay», sagte er. «Wohin?»
«Was . . .? Oh, in meine Wohnung.»
«Sicher?»
«Um mich kümmert sich keiner.» Seine Hand schlug auf sein gelähmtes Bein. «Ein marschfähiger Verwundeter. Die anderen nehmen meine Tarnung für bare Münze. Wie kann ich auf Krücken SIS-Angehöriger sein?»
«Außer dir weiß niemand, daß ich hier in Prag bin? Ich werde nicht etwa erwartet?»
«Ich bin der einzige, der davon weiß. Shelleys Fernschreiben hat klare Anweisungen enthalten. Worum geht's überhaupt, Hyde?»
«Um Babbington – er ist Moskaus Mann. Die Beweise sind im Computer gespeichert.»
«Babbington? Verdammt noch mal . . .»
«Er hat den Alten reingelegt – nach einem von Petrunin ausgetüftelten Plan.»
«Hast du das alles von Petrunin? Traust du diesem Schwein etwa?»
«Er hat im Sterben gelegen und noch versucht, sich an seinen Mördern zu rächen. Er hat nicht gelogen.»
«Wer ist auf unserer Seite?»
«Wir – nur wir zwei.» Hyde hielt es für überflüssig, Margaret Massinger zu erwähnen. Sie würde ihnen nicht helfen können. Er war sich darüber im klaren, daß es besser für Margaret gewesen wäre, wenn er sie angewiesen hätte, sich lediglich irgendwo versteckt zu halten. Sie würde keine fünf Minuten lang unentdeckt bleiben, wenn sie versuchte, Babbington zu beschatten und das Jagdhaus bei Perchtoldsdorf zu observieren. Er hatte bereits Zweifel an ihren Fähigkeiten gehegt, noch während er sie eingewiesen hatte, nachdem sie die Fotoausrüstung gekauft hatten. Deshalb hatte er ihr absichtlich nur in großen Zügen von seinem Vorhaben erzählt.

Was Margaret Massinger nicht wußte, konnte sie nicht preisgeben, wenn sie geschnappt und vernommen wurde. «Das ist die ganze Armee», fügte er hinzu. «Shelley haben sie bereits geschnappt.»
«Puh!» sagte Godwin halblaut.
«Gut. Wohin jetzt?»
«Vorerst geradeaus. Meine Wohnung liegt in der Altstadt. Ich sage dir, wie du fahren mußt.»

«Das tut mir alles leid, lieber Freund, so leid . . .»
Aubrey tätschelte Massingers Hand, während er mit dem Amerikaner sprach. Sie lag schlaff und blutleer auf der Bettdecke; dann schlossen ihre Finger sich langsam um Aubreys Hand. Massingers Augen glänzten, aber er schien kein Fieber zu haben. Sein Gesicht war durch dunkel verfärbte Prellungen aufgedunsen und entstellt.
«Ist schon . . . okay», murmelte er wie jemand, dessen Lippen nach einer Spritze beim Zahnarzt gefühllos geworden sind. Sie waren geschwollen und an mehreren Stellen aufgeplatzt. «Okay», wiederholte er.
«Wie geht's deinem Bein?»
«Irgend jemand hat es versorgt. Die Kugel ist nicht steckengeblieben. Tut verdammt weh, Kenneth.» Er versuchte, sich in dem schmalen Bett aufzusetzen, und stöhnte, als er sein verletztes Bein bewegte. Aubrey konnte sich vorstellen, daß die Schußwunde nur provisorisch verbunden worden war. Wahrscheinlich lohnte sich kein fachmännisch angelegter Verband mehr.
Er glaubte zu wissen, daß Babbingtons Entscheidung bereits gefallen war, denn sonst hätte er dieses Treffen zwischen Aubrey und Massinger niemals zugelassen. Jetzt war es nicht mehr nötig, sie voneinander fernzuhalten. Was sie wußten, würden sie mit ins Grab nehmen. Als Aubrey vor seinem Hunger kapituliert und das von Wilkes gebrachte Mittagessen verzehrt hatte, hatte er sich nach Massingers Gesundheitszustand erkundigt. Wilkes hatte lediglich gegrinst und ihn ins Zimmer des Verletzten geführt.
Das rechte Auge Massingers war fast zugeschwollen. Seine ver-

schiedenen Platzwunden waren jedoch mit einem Antiseptikum behandelt und mit Heftpflaster bedeckt worden.
«Ich möchte, daß du weißt, mein lieber Paul, wie ... wie dankbar ich dir für alle deine Bemühungen in meiner Sache bin.»
Massinger schüttelte den Kopf und versuchte zu grinsen. «Obwohl's mich nur hierher gebracht hat, was?» meinte er. «Nimm's nicht zu schwer, alter Junge ...» Er verzog erneut schmerzlich das Gesicht, als er sich bewegte, und fügte dann hinzu: «Ich habe dir leider nicht helfen können. Ich bin nur froh, daß sie Margaret nicht erwischt haben – dafür danke ich Gott!» Er wirkte beinahe heiter.
Massinger umklammerte seine Hand und nickte dabei. «Sie haben sie nicht, stimmt's?» fragte er drängend. «Sie haben keine Ahnung, wo sie ist, nicht wahr?»
Aubrey schüttelte den Kopf. Der Amerikaner ließ sich erschöpft ins Kissen zurücksinken. Er murmelte etwas, das wie ein erneutes Gottseidank! klang. Aubrey erkannte, daß die Erleichterung darüber, daß Margaret in Sicherheit war, Massinger seinem eigenen Schicksal gegenüber unempfindlich machte.
«Hast du mit Babbington gesprochen?» fragte der Amerikaner nach einer langen Pause.
«Ja.»
«Warum ... warum arbeitet er für den KGB? Und seit wann?» Massinger öffnete die Augen. «Aber das ist eigentlich unwichtig. Das spielt alles keine Rolle mehr. Was hat er mit uns vor?»
«Moskau, glaube ich.» Aubrey nickte. «Ja, bestimmt Moskau. Tut mir leid, Paul, aber ...»
«Ja, ich weiß. Du hast vielleicht noch eine Zeitlang zu leben – aber ich nicht. Unser Freund Babbington kann keine Mitwisser brauchen. Und Tote reden nicht!» Massingers Blick studierte Aubrey und wurde allmählich verschwommen. Er starrte die Zimmerdecke an, und Aubrey erriet, daß der andere seine Frau vor sich zu sehen glaubte. Dabei murmelte er erneut unverständliche Worte.
«Tut mir leid», wiederholte Aubrey hilflos. Aber Massinger schien nichts gehört zu haben.
Danke ... tut mir leid ... mehr gab es nicht zu sagen. Dazu kannten sie einander und ihre jetzige Lage zu gut.
Die Tür wurde geöffnet.

Wilkes erschien auf der Schwelle. «Er sagt, daß Sie lange genug bei ihm gewesen sind», verkündete er sofort. Aubrey funkelte ihn an. «Kommen Sie, *Sir* Kenneth – wir wollen jetzt brav in unser Zimmer zurückgehen, nicht wahr?» Sein spöttischer Tonfall imitierte eine Schwester in der psychiatrischen Abteilung eines Krankenhauses.

«Mitkommen!» befahl er ihm.

Aubrey verließ den Raum, ohne sich noch einmal nach Massinger umzusehen. Während Wilkes die Tür hinter ihm schloß, hatte er den Eindruck, jemand habe einen direkt auf ihn gerichteten starken Scheinwerfer eingeschaltet. Seine grell beleuchtete Vergangenheit blendete ihn. Jede einzelne Szene brannte und schmerzte. Aubrey schwankte unter der Last der auf ihn einstürmenden Erinnerungen.

«He, was ist mit Ihnen?» fragte Wilkes. Aubrey hörte ihn kaum, denn die Erinnerungen überstürzten sich, so daß er taumelte. Wilkes hielt ihn am Arm fest, um ihn zu stützen.

Ein rechtschaffener Mann. Es hatte brutale Augenblicke gegeben, in denen er keinerlei Rücksicht auf die Menschen genommen hatte, deren Schicksal in seiner Hand gelegen hatte. Aber er hatte sich bemüht, in der Welt der Geheimdienste ein redlicher Mann zu bleiben . . .

Aubrey schüttelte den Kopf, löste seinen Arm aus Wilkes' stützendem Griff und hastete den Korridor entlang. Er verschwand in seinem Zimmer, und Wilkes sperrte die Tür hinter ihm ab. Als die Schritte des anderen verhallt waren, fuhr Aubrey sich mit dem verknitterten Ärmel seines schmutzigen Hemdes über seine feuchten Augen.

In ihrem Pensionszimmer hatte sie kein Telefon. Sie mußte den Münzfernsprecher in der Nähe der überfüllten Empfangstheke benützen. Die kleine Eingangshalle war menschenleer bis auf den Nachtportier, der mit einer Abendzeitung vor den Brieffächern saß. Er hatte den Hemdkragen aufgeknöpft. Vor ihm auf der Theke stand ein halbleeres Glas Bier, neben dem ein angebissenes Schinkenbrot auf einem Papierteller lag. Margaret Massinger duckte sich tiefer unter die Plexiglaskuppel, die das Telefon umschloß.

Sie wählte die internationale Ortsnetzkennzahl für London und danach Sir William Guests Privatnummer. Hyde hatte ihr erzählt, William sei in Washington ... es war eigentlich dumm, es mit dieser Nummer zu versuchen. Aber vielleicht gab sein Anrufbeantworter Auskunft darüber, wie er in den Staaten zu erreichen war. Wie sollte sie ihn sonst erreichen können? Margaret zog nervös an der Spiralschnur des Hörers, während sie darauf wartete, daß die Verbindung zustandekam, und stellte sich das behagliche holzgetäfelte Arbeitszimmer vor, in dem jetzt das Telefon klingelte. Sir William hatte eine Wohnung in der Albany Street, in der schon seine Eltern gelebt hatten. Als Kind hatte Margaret sich vor der dunklen Holztäfelung und den strengen Ölporträts an den Wänden beinahe gefürchtet. Wenn ihr Vater sie dorthin mitgenommen hatte, hatte Sir William die Rolle des freundlichen, großzügigen Onkels gespielt. Aber er hatte gute Manieren, respektvolle Zurückhaltung und erwachsene Antworten auf seine Fragen erwartet. Sir William war ihr stets als Respektsperson erschienen.
«Los, los, komm schon!» flüsterte Margaret. Sie sah sich nach dem Nachtportier um. Er schlug eine neue Seite auf und las weiter. «Los, meld dich endlich! Bitte ...!»
Der Wählton brach plötzlich ab. Am anderen Ende meldete sich niemand, aber sie ahnte, daß jemand den Hörer in der Hand hielt.
«William?» fragte sie zögernd.
«Wer spricht bitte?» erkundigte sich eine höfliche, selbstbewußte, unbekannte Stimme.
«Wer sind Sie?» fragte Margaret überrascht. «Wo ist Mrs. Carson?» Dann wiederholte sie drängender: «Wer sind Sie?»
«Mrs. Carson ... oh, Sir Williams Haushälterin. Tut mir leid, die ist für ein paar Tage verreist. Sir William übrigens auch.»
«Aber wer sind *Sie*? Wie kommen Sie in seine Wohnung?»
«Oh, ich bin nur zufällig hier ...», antwortete der Unbekannte leichthin. Seine Stimme klang kultiviert, und er sprach gedehnt, fast schleppend. Margaret stellte ihn sich als cleveren jungen Beamten vor. Sicher einer von Williams Mitarbeitern – aber warum?
«Hier spricht Margaret Massinger», verkündete sie mit gespiel-

ter Autorität und Nonchalance. «Ich muß Sir William dringend sprechen ...»
«Ah, Mrs. Massinger. Entschuldigen Sie, daß ich Ihre Stimme nicht erkannt habe. Ich heiße Renfrew und gehöre zu Sir Williams Stab. Er hat mich gebeten, einige Papiere aus seinem Arbeitszimmer zu holen und ihm nach Washington nachzuschicken. Ich wollte eben wieder gehen, als Sie angerufen haben. Aber Sie haben gesagt, die Angelegenheit sei dringend, Mrs. Massinger. Kann ich vielleicht etwas ausrichten ...?» Die Frage lag leicht und hilfsbereit in der Luft.
Margaret Massinger zögerte. «Können Sie mir seine Telefonnummer in Washington geben?» fragte sie dann. «Wo ich ihn dort erreichen kann?»
«Tut mir leid, das kann ich leider nicht. Er ist ziemlich viel unterwegs – ein Termin jagt den anderen, fürchte ich. Aber warum geben Sie mir nicht einfach Ihre Nummer? Sir William ruft heute abend oder morgen früh wieder bei uns an, und ich kann dafür sorgen, daß er sich direkt mit Ihnen in Verbindung setzt. Na, was halten Sie davon?»
Die Stimme klang ruhig, fast desinteressiert. Hilfsbereit.
«Gut», begann sie. «Ich bin in Wien ...»
«Wien? Eine Urlaubsreise, Mrs. Massinger?»
«Ich bin in Wien unter folgender Nummer zu erreichen ...»
Sie machte eine Pause, um die auf der Wählscheibe des Apparats stehende Telefonnummer abzulesen.
«Ja?» fragte die Stimme drängend. «Ja? Ihre Nummer in Wien lautet ...?» Margaret wunderte sich über den jäh veränderten Tonfall. Ihr Zögern brachte den Mann dazu, erneut zu sprechen. «Mrs. Massinger, bitte geben Sie mir Ihre Nummer in Wien!» Das war ein Befehl, ein unverkennbarer Befehl.
«Wer sind Sie?» fauchte Margaret.
«Das habe ich Ihnen bereits gesagt, Mrs. Massinger ...» Die Stimme klang jetzt ärgerlich.
«Wer?»
«Einer von Sir Williams Mitarbeitern ...»
«Einer von ... Sie gehören zu Babbingtons Leuten, stimmt's? Das weiß ich genau!»
«Mrs. Massinger, bitte geben Sie mir Ihre Wiener Telefonnum-

mer!» sagte die Stimme wegen des drohenden Fehlschlags unangenehm scharf.
«Nein!»
Margaret hängte ruckartig ein. Ihre Hand zitterte merklich. Sie ließ die Geldstücke fallen, die sie noch in der rechten Hand hielt, und mußte sie auf dem abgetretenen, schwach gemusterten Teppichboden der Eingangshalle zusammensuchen. Als sie sich aufrichtete, sah der Nachtportier ohne großes Interesse zu ihr hinüber, bevor er sich wieder auf seine Zeitung konzentrierte. Er wirkte bedrohlich, gefährlich.
Sie hätte es ihnen beinahe verraten ...! Sie konnte kaum glauben, wie dumm sie beinahe gewesen wäre – und daß Babbington bereits jemand in Sir Williams Wohnung stationiert hatte.
Sie holte tief Luft, atmete langsam aus und bemühte sich, zur Ruhe zu kommen. Dann machte sich sofort wieder der ihr am wichtigsten erscheinende Punkt bemerkbar. Margaret hatte schon beim Abendessen, bei dem sie drei Viertel Wein getrunken hatte, um die Zeit totzuschlagen, bis sie auf die Idee gekommen war, Guest über seinen Anrufbeantworter zu erreichen, immer wieder an ihren Mann denken müssen.
Paul ...
Da jetzt niemand die Beweise sehen wollte, die sie so mühsam beschafft hatte, glich sie einem abgelaufenen Uhrwerk. Ohne Federkraft und Bewegungsenergie. Sie konnte sich nur noch mit stetig wachsender Verzweiflung fragen, ob Paul noch am Leben war.
Sie mußte es wissen. Sie mußte erneut aufbrechen, sie mußte nach Perchtoldsdorf fahren ... *sie mußte ihn sehen!* Sie mußte Klarheit haben, koste es, was es wolle!

15

Aufnahmeritual

Babbington beobachtete seine Finger: nicht mehr zu ihm gehörende, verselbständigte Objekte, die neben den beiden schwarzen Kästen des ans Telefon angeschlossenen Scramblers und Entzerrers auf die Schreibtischplatte trommelten. Obwohl Kapustins Worte durch sein eigenes Gerät zerhackt und vermengt wurden, um erst an diesem Ende der Leitung wieder entzerrt zu werden, klang seine Stimme nur leicht blechern, während die Aussprache fast unverändert deutlich blieb. Sein ärgerlicher Befehlston war so unverkennbar, daß Babbington die Stimmung des Russen hundertprozentig zutreffend einschätzen konnte.

Er war allein in dem durch die Zentralheizung und das im offenen Kamin brennende Feuer behaglich durchwärmten Raum. Neben dem Scrambler stand ein halbleeres Glas Scotch auf dem Schreibtisch. Ein Außenstehender hätte glauben können, Babbington sei entspannt und zufrieden. Aber das war er keineswegs.

«Ich halte nichts von Ihren *Unfällen*», sagte der stellvertretende KGB-Vorsitzende eben. «Vor allem nichts in bezug auf die Frau – falls Sie das Glück haben sollten, sie zu schnappen. Sie hat erstklassige Beziehungen. Woronin hat Sie davor gewarnt, soviel ich weiß. Ihr Tod würde unerwünschtes Aufsehen erregen . . .»

«Das ist mir klar, Kapustin.» Der Raum war eher heiß als angenehm warm. Seine Finger waren keineswegs selbständige Objekte. Sie trommelten jetzt rascher, weil Babbington zorniger war.

«Natürlich ist das riskant. *Alles* ist riskant. Sie hätten Petrunin spätestens an dem Tag liquidieren müssen, an dem dieses Unternehmen in Angriff genommen worden ist! Manche Leute *wissen* etwas, manche *vermuten* etwas – aber nur eine Handvoll Leute. Sie müssen beseitigt werden. Das ist die einzig logische Handlungsweise.»

«Denken Sie dabei auch an den Deutschen?»

«Natürlich!» versicherte Babbington seinem unsichtbaren Gesprächspartner gereizt.
«Und was schlagen Sie in seinem Fall vor?» wollte Kapustin mit spöttischem Unterton in der Stimme wissen.
«Im Augenblick können wir nichts gegen ihn unternehmen. Zumindest vorläufig nichts. Aber ich setze voraus, daß der von mir geforderte kühne Schlag auch ihn zum Schweigen bringen wird. Mit Aubreys Auftritt in Moskau dürften alle weiteren Fragen erledigt sein. Das begreifen Sie doch hoffentlich?» fügte Babbington aufgebracht hinzu. Dann sprudelte es fast gegen seinen Willen aus ihm hervor, als sei ein Damm gebrochen: «Ich habe Ihnen achtundzwanzig Jahre lang treu gedient. Sie und Ihre Kollegen in der Zentrale haben achtundzwanzig Jahre lang auf diesen Augenblick gewartet! Ihre verdammte Ungeduld – und Nikitins Ungeduld – hat nicht zugelassen, daß Aubrey in Ehren pensioniert und ich sein rechtmäßiger Nachfolger wurde. Dabei ist er wirklich schon alt ... Aber nein, es mußte *jetzt* sein, solange Guest den Premierminister berät und mich an der Spitze von SAID sehen will. Gut, meinetwegen! *Sie* haben den Startschuß zu dem Unternehmen *Träne* gegeben – jetzt müssen *Sie* dafür sorgen, daß es Erfolg hat! Jammern Sie mir nichts vor, nur weil ein Amerikaner und seine Frau, die gute Beziehungen hat, beseitigt werden sollen!»
Babbington starrte seine Finger auf der Schreibtischplatte an. Sie hatten aufgehört, den Takt zu seinem Wutausbruch zu trommeln, und zitterten nur mehr leicht. Er spürte, daß ihm Schweißperlen auf der Stirn standen. Dieser Ausbruch war ungeschickt gewesen, aber er hatte ihn nicht unterdrücken können. Begriffen die anderen wirklich nicht, was auf dem Spiel stand, verdammt noch mal ...? Er ballte die freie Hand zur Faust und wartete auf Kapustins Antwort.
«Ihr Ärger ist verständlich», sagte der Russe schließlich. «Ich stimme Ihnen zu, daß es aus heutiger Sicht besser gewesen wäre, Petrunin zu liquidieren.»
«Dann müssen Sie diesen Fehler jetzt wiedergutmachen.»
«Das eigentliche Problem stellt die Frau dar. Wo ist sie jetzt?»
Babbington zögerte keine Sekunde lang. «Ich verspreche Ihnen, daß wir sie innerhalb von vierundzwanzig Stunden haben. Das

bedeutet, daß das Unternehmen morgen abend anlaufen könnte.»
Auf diesen Bluff schien Kapustin nur gewartet zu haben, denn er antwortete sofort: «Dann können Sie Ihren Überfall – Ihre dramatische Befreiung Aubreys – morgen abend haben – falls Sie die Frau bis dahin geschnappt haben!»
Babbingtons Finger zitterten, sobald er das schwere Kristallglas abstellte. «Sie meinen . . .?»
«Ich schlage Ihnen einen Tauschhandel vor: Die Rettungsaktion im Tausch gegen die Frau.»
«Soll das heißen, daß Sie sie und den Amerikaner nach Moskau holen und dort liquidieren?» Babbington war vor Aufregung fast außer Atem.
«Unter der Voraussetzung, daß ich den Vorsitzenden davon überzeugen kann, daß das die beste Lösung ist – daß sie zu Ihrem Überleben notwendig ist . . .» Babbington unterdrückte einen Seufzer der Erleichterung. «Dann beseitigen wir die Massingers – und führen Aubrey den Kameras der Weltpresse vor.»
Ein Windstoß blies Graupelschnee gegen das Fenster, als habe jemand warnend eine Handvoll Kies gegen die Scheibe geworfen. Babbington erschrak, starrte dann nachdenklich ins Feuer und überlegte, was Kapustin gesagt hatte; er dachte auch über seine prahlerische Behauptung in bezug auf Margaret Massinger nach.
Margaret drängte sich schutzsuchend gegen den Stamm einer mächtigen Kiefer. Der Lichtschein aus Babbingtons Fenster schien wie ein nach ihr greifender Suchscheinwerfer in ihr Versteck zu fallen. Sie hatte gesehen, wie Babbington den Kopf bewegt hatte, als der Graupelschauer gegen die Scheibe geprasselt war. Margaret hatte sich sofort geduckt. Er konnte sie nicht gesehen haben, konnte sie nicht . . .
Sie konnte ihr keuchendes Atmen trotz des in den Bäumen rauschenden Windes hören. Schnee wurde gegen ihren Kragen, gegen ihre Wollmütze geblasen. Jetzt hatte sie zwei der Männer gesehen: Aubrey und Babbington. Einen an seinem Schreibtisch, während er telefonierte, und den anderen – den sie nicht mehr hassen konnte – hinter einem vergitterten Fenster in einem Lehnsessel sitzend und seine Füße anstarrend, als sei er

längst gestorben und zu einer Mumie vertrocknet. Margaret zitterte vor Kälte. Neben Aubreys Zimmer lag ein weiterer Raum, dessen Fenster vergittert war. Dort waren die Vorhänge zugezogen, und das Zimmer lag im Dunklen. Sie wußte, daß Paul in diesem Raum gefangengehalten wurde, und konnte sich nicht von dem Gedanken befreien, daß die zugezogenen Vorhänge seinen Tod anzeigen sollten.

Margaret fühlte sich wie ein aus dem Elternhaus ausgesperrtes kleines Mädchen, das bei Sturm und Schneetreiben allein durch die Nacht irrt. Ihre Augen waren feucht, ihre Wangen vor Kälte gefühllos. Sie wollte, sie *mußte* hinein ...

Sie mußte es wissen. Alles andere war jetzt unwichtig. Sie hatte ihre Verpflichtungen Aubrey und Hyde gegenüber erfüllt. Jetzt konnte sie wieder selbständig entscheiden. Aller sonstigen Verpflichtungen hatte sie sich entledigt, als sie die beiden Filmpatronen in ihrem gepolsterten Umschlag in den Briefkasten gleich neben der kleinen Pension gesteckt hatte. Ihre Tante in Bath würde die Filme mit der klaren Anweisung erhalten, sie persönlich zu William nach London zu bringen. Die alte Dame würde mit dem Zug fahren und unterwegs im stillen davor zittern, William besuchen zu müssen, denn sie verabscheute ihn und seine gräßlichen Zigarren.

Trotzdem würde Sir William die Filme erhalten. Und er würde tatkräftig reagieren. Er würde ihren Begleitbrief lesen, sich die Bilder ansehen und Anweisung geben, Babbington zu stoppen. Sie hatte ihre Pflicht getan.

Daran mußte sie jetzt glauben, während sie vor Kälte zitternd unter der Kiefer stand und sich nichts sehnlicher wünschte, als auf dem bewachten Grundstück des Jagdhauses entdeckt zu werden. Wie sie glauben mußte, daß Paul nicht tot sei und sie einfach dadurch, daß sie sich ergab, mit ihm wiedervereint werden könne.

Zugezogene Vorhänge, als ob Paul tot sei – aber er *lebte*!

Margaret würde Babbington davon überzeugen, daß sie Aubrey noch immer haßte, daß sie ihn weiterhin für einen Sowjetagenten hielt, der ihren Vater ermordet hatte. Mörder, Verräter, Schurke – alles, was Babbington zu der Überzeugung bringen konnte, Paul und sie stellten keine Gefahr für ihn dar, so daß Paul am Leben gelassen werden könne ...

Sie würde einfach nichts wissen. Hyde – wer war Hyde?
Falls Aubrey sterben mußte, war das bedauerlich, aber nicht zu ändern. Sie mußte Paul retten.
Margaret löste sich von dem Baumstamm. Sie konnte Babbingtons graues Haar sehen, während er mit dem Telefonhörer in der Hand am Schreibtisch saß. Sie wartete. In wenigen Minuten würde die Streife zurückkommen: zwei Männer, die den Weg vor sich mit Taschenlampen ableuchteten. Margaret brauchte nur hinter dem Baum hervorzutreten und darauf zu hoffen, daß sie nicht schießen würden, ohne sie zuerst anzuleuchten. Sie wartete mit vor Kälte klappernden Zähnen und weichen Knien. Trotzdem hatte sie nicht mehr den Wunsch, sich wieder zu verstecken. Das alles lag jetzt hinter ihr. Sie blieb dort stehen, wo das aus dem Fenster fallende warme Licht ihre Stiefel erfaßte, als warte sie darauf, daß eine Flut höhersteige.
Sie schlich vorsichtig, tief geduckt zu Babbingtons Fenster. *Falls Paul tot war, ergab sie sich ohne Gegenwehr* ... Margaret unterdrückte diesen rebellischen Gedanken. Sie erreichte das Fenster, berührte das Fensterbrett mit den Fingerspitzen und hob den Kopf, um ins Zimmer sehen zu können.
Licht auf ihrem Gesicht, Licht auf dem Kies um sie herum, Schritte auf dem Kies ...
Hundeknurren!
Hund ... Licht ... Kies ... Stimme. Margaret war starr vor Entsetzen. Hastige Schritte. Sie hörte das bedrohliche Knurren, während schwere Stiefel heranstapften. Sie wartete wie gelähmt darauf, daß der Hund sie anspringen würde.
Dann drehte sie den Kopf zur Seite und blickte ins Licht. Der Mann, der die Taschenlampe hielt, lachte freudig überrascht auf. Der Hund, den sein Begleiter noch an der Leine hatte, begann laut zu kläffen. Margaret wandte sich ab. Babbington hatte den Kopf gehoben. Er schien durch das Hundegebell aus einer tiefen Trance geweckt worden zu sein. Dann begann er breit zu grinsen.
Und er sprach ins Telefon: hastig, drängend und mit offenkundigem Triumph in Miene und Stimme. Er hatte gesehen, daß der Mann mit der Taschenlampe Margaret festhielt; er hatte seine Hand auf ihrem Arm gesehen.

«Guten Abend, Mrs. Massinger», sagte der Mann, der sie festhielt. «Wie nett, daß Sie uns besuchen.»
Sie starrte den aufgerissenen Hunderachen an und sah die hechelnde rosa Zunge und die weißen Reißzähne, die nur durch die straffe Leine und das Würgehalsband von ihr ferngehalten wurden. Margaret sank schwach und erleichtert gegen den Mann, dessen Hand ihren Arm umfaßte.
«Margaret . . . Massingers Frau ist hier!» rief Babbington ins Telefon, ohne zu versuchen, seine Erleichterung und seine freudige Überraschung zu verbergen. «Wir haben sie! So, jetzt müssen Sie *Ihren* Teil unserer Vereinbarung erfüllen, Kapustin . . .!»
«Einverstanden», antwortete Kapustin sofort. «Ohne auf Ihr unglaubliches Glück einzugehen, werde ich versuchen, den Generalsekretär und meinen Vorsitzenden dazu zu bewegen, sich für Ihren Plan zu entscheiden.»
«Ausgezeichnet . . .!»
«Ihr Plan dürfte nicht viel Gegenliebe finden, aber ich rechne damit, daß er akzeptiert wird. Ja, damit rechne ich. Bereiten Sie alles für morgen abend vor: Aubrey und das Ehepaar Massinger. Wir nehmen Ihnen die drei ab.»

Godwin starrte die magere schwarze Nachbarskatze fast feindselig an. Dann griff er nach seinen links und rechts neben dem Stuhl lehnenden Krücken, stemmte sich hoch und bewegte sich vom Eßtisch in eine Ecke der Küche. Irgend jemand muß ihm die Katzenfutterdosen aus London mitgebracht haben, dachte Hyde. In Prag gab es sie bestimmt nicht zu kaufen. Godwin wickelte die Büchse aus einer Plastiktüte, die den Geruch zurückhielt, und holte mit einem Messer große Brocken Katzenfutter heraus, die er auf einer gelben Untertasse zerkleinerte. Dann stellte er sie der Katze hin, die sich währenddessen an dem lahmen Bein gerieben hatte, das ihre Berührung nicht fühlen konnte.
Hyde fuhr sich mit dem Handrücken über die Lippen. Nachdem Godwin die Katze gestreichelt hatte – wie mühsam es für ihn gewesen war, sich nach dem Katzenbuckel und dem hochgereckten Schwanz zu bücken! –, begann sie hastig zu fressen. Hyde schob widerstrebend seinen Stuhl zurück. Er mußte God-

win jetzt erneut unter Druck setzen, was ihm in diesem Fall nicht lag. Godwin hatte das Problem fast schon gelöst – aber bei der Verständigung darüber waren Auseinandersetzungen unvermeidlich.
Godwins blasses Gesicht trug einen angespannten Ausdruck, als er sich jetzt an Hyde wandte. «Seitdem ich hier bin, hab ich wie ein *Nigger* geschuftet . . .!» fauchte er. «Wirklich geschuftet . . .»
Auf diesen Ausbruch hatte er sich während des hervorragend zubereiteten Abendessens oder schon seit dem Augenblick vorbereitet, in dem er Hyde in seine Junggesellenwohnung eingelassen hatte. Eine enge Treppe mit einem abgetretenen Kokosläufer, die zu einer nicht ganz dicht schließenden Wohnungstür mit englischen Sicherheitsschlössern hinaufführte. Dahinter ein Geruch nach feuchten Wänden, Fertiggerichten, Blumenkohl, der Nachbarskatze und Ozon von häufig benützten elektronischen Geräten: der Stereoanlage und des Personal Computers. Godwins bescheidenes, zurückgezogenes Leben. Hyde begriff nur allzu gut, daß ihn lediglich seine gesunden Glieder von Godwin und seiner trübseligen Umgebung trennten.
Aber Godwin wußte die Lösung des Problems: Er allein war imstande, es zum größten Teil, vielleicht sogar ganz zu lösen . . .
«. . . wie ein Nigger», wiederholte Godwin fast entschuldigend.
«Klar», antwortete Hyde.
Godwin hatte sich stundenlang beherrscht und zurückgehalten, während er Hyde die kyrillische Tastatur erklärt hatte, mit der er konfrontiert sein würde, und sich bemüht hatte, dem Australier den im Hradschin üblichen Sicherheits- und Computerjargon beizubringen. Hydes Computerkenntnisse waren eher unterdurchschnittlich gewesen; Godwin hatte es offenbar darauf angelegt, ihm nicht nur überdurchschnittliche Kenntnisse zu vermitteln, sondern ihn gleich zum Experten heranzubilden. Er hatte Hyde stundenlang alles wiederholen lassen, bis der andere keine Fehler mehr machte und zu verstehen begann, was er eigentlich tat. Und in dieser langen Zeit hatte sich in Godwin allmählich der Zündstoff für diesen Ausbruch angesammelt, den Hyde jetzt über sich ergehen lassen mußte.
«Ja, wie ein *Nigger*!» wütete Godwin, während er mit der hausfraulichen Nonchalance eines zwangsweisen Junggesellen die

Kaffeemaschine einsteckte. «Ist dir überhaupt klar, was Shelley und du von mir verlangt? Hast du schon mal darüber nachgedacht?» Er forderte Hyde mit einer Handbewegung auf, mit ihm in das kleine Wohnzimmer zu kommen, in dem sein Personal Computer auf dem alten Refektoriumstisch stand, den Godwin als Arbeitstisch benützte. Die Krücken polterten hinter Hyde her, und er bildete sich ein, den Schuh an dem lahmen Bein über den Teppich schleifen zu hören.

Hyde setzte sich rasch, um seine Größe und Bedeutung zu verringern. In der Küche blubberte die Kaffeemaschine. Die Katze leckte ihren Teller ab; dann begann sie die Milch zu schlabbern, die Godwin ihr ebenfalls hingestellt hatte.

«Das Lächerlichste daran ist, daß Shelley alles für Aubrey will – für den Alten!» Godwins Augen funkelten. «Für den senilen, blinden, schwachsinnigen Alten, der nichts von dem wissen wollte, was ich ihm angeboten habe!» Godwin beugte sich im Stehen nach vorn. Hinter seinem Ellbogen wurde der PC-Bildschirm wie ein Vorbote kommender Enthüllungen sichtbar. «Er hat alles abgelehnt – und weißt du, mit welcher Begründung?» Godwin imitierte die Bewegung eines Gesunden, der sich im Sessel sitzend nach vorn beugt. «*Das kann nicht funktionieren, Godwin – sobald wir uns einschalten, fliegt das Spiel auf.* Das war's dann! Seine Einschätzung und das Urteil der von ihm konsultierten zahmen Experten. Er hat *Webfehler* auf den Müll geworfen, ohne einen weiteren Gedanken darauf zu verschwenden! Und jetzt soll das Unternehmen reaktiviert werden, um ihm den Hals zu retten! Wenn das nicht lachhaft ist!»

«Was ist *Webfehler*?» erkundigte sich Hyde, als das Schweigen zu drückend wurde.

Godwin kniff die Augen zusammen. «Spiel bloß nicht den Ahnungslosen!»

Hyde schüttelte den Kopf. «Ich hab wirklich keine Ahnung!» beteuerte er.

«Das kannst du mir nicht weismachen! Shelley muß dich informiert haben!» Godwin schüttelte den Kopf, als Hyde ihn unterbrechen wollte. «Habt ihr überhaupt eine Vorstellung davon, was Petrunin *getan* hat, als er den Moskauer Zentralcomputer manipuliert hat? Kannst du dir auch nur andeutungsweise vorstellen, was er alles tun mußte, um dir *Träne* zugänglich

machen zu können?» Godwins Körper sackte zwischen den Krücken zusammen, als lasse er sich rückwärts in einen bequemen Sessel sinken. Die Katze erschien an der Küchentür und leckte sich gleichmütig den Schnurrbart. Hinter ihr ging das Blubbern der Kaffeemaschine in ein zischendes Stakkato über.
Godwin ließ sich Hyde gegenüber in einen Sessel fallen. Er atmete keuchend. Aber er sprach weiter, ohne sich von dieser Anstrengung unterbrechen zu lassen.
«Erstens», fuhr Godwin fort, indem er den Zeigefinger der linken Hand hochreckte und antippte, «mußte er einen fast genialischen Fachmann dazu bringen, für ihn zu arbeiten – einen ungewöhnlich cleveren Programmierer. Aber zuvor mußte er diese Möglichkeit *erkennen*! Er muß außerordentlichen Weitblick besessen haben, als er in diesem Ausschuß tätig gewesen ist . . . um die Gelegenheit zu erkennen und zu ergreifen. Wirklich clever . . .» Godwin machte eine nachdenkliche Pause, bevor er fortfuhr. «Als der Zentralcomputer erstmals vollständig programmiert worden ist – als damals ihr gesamtes Archiv elektronisch gespeichert wurde –, muß Petrunin die ursprüngliche Datenbank abgeändert haben. Er hat sich schon damals rückversichert – und hat genau gewußt, wie das am besten und unauffälligsten zu schaffen war . . .»
Godwins schmales Gesicht hatte Farbe bekommen, die jedoch keine Folge des dünnen Biers war, das sie zum Essen getrunken hatten. Sein Blick war nach innen gerichtet, als starre er hinter einer Gestalt her, die einen Weg ging, den er nicht nehmen konnte. Hyde erkannte, wie sehr Godwin durch sein gelähmtes Bein behindert war. Vielleicht hatte ihm Aubrey doch keinen Gefallen getan, als er seine Weiterbeschäftigung durchgesetzt hatte . . .? Möglicherweise hätte Godwin die Tätigkeit in einer großen Computerfirma mehr befriedigt.
Der andere räusperte sich. «Die Datenfernverarbeitung hat Petrunin gezeigt, mit welcher Leichtigkeit er Informationen im Moskauer Zentralcomputer speichern konnte, ohne eine Entdeckung befürchten zu müssen. Und die Zugriffsmethode – durch Überlandleitungen – muß ihm vor Augen geführt haben, wie einfach es sein würde, notfalls aus jedem sowjetischen Konsulat und jeder Botschaft an die gespeicherten Informationen heranzukommen. Dazu brauchte er nur ein paar Minuten Zeit

an einem Terminal und seine speziellen Kennwörter. Damit konnte er einfach *so* an die gespeicherten Daten heran...»
Godwin schnalzte mit den Fingern. Hyde stemmte sich hoch und ging an ihm vorbei in die Küche. Godwin wirkte geradezu erleichtert. Er redete sofort mit erhobener Stimme weiter, um das Klirren des Kaffeegeschirrs zu übertönen.
«Er muß das Schema der Datenbank für den immerhin unwahrscheinlichen Fall abgeändert haben, daß jemand zufällig an sein Material gerät... Sobald man seinen manipulierten Speicher anwählt, kriegt man lediglich die Angaben zur Person geliefert, die in Wirklichkeit nur die Einleitung zu den von Petrunin gespeicherten brisanten Informationen sind.»
«Zucker?» fragte Hyde.
«Nein, danke. Aber als er als *Persona non grata* nach Afghanistan verbannt worden ist, muß er dem Compiler ein schwer zu entdeckendes Änderungsprogramm eingegeben haben...»
Hyde gab ihm seine Tasse. «Danke.» Godwin wirkte entspannt. Sobald sein Monolog einmal in Gang gekommen war, sprach er flüssig und selbstbewußt. Hier war er der Experte, der leistungsfähige Mann.
Hyde nahm wieder Platz. «Er muß den armen Teufel, der ihm dabei geholfen hat, unmittelbar danach umgebracht haben – oder kann er dieses Änderungsprogramm selbst eingegeben haben?» Godwin nickte. «Nachdem er den Programmierer liquidiert hatte?»
«Doch, das ist vorstellbar. Er hätte die Handbücher und Speicherauszüge der Anwendungsprogramme studieren müssen, um eine Möglichkeit zu finden, die Sicherheitseinrichtungen des Computers zu umgehen... Deiner Beschreibung nach vermute ich, daß er mit einem Änderungsprogramm für den Compiler gearbeitet hat, der die Quellanweisungen in Zielanweisungen einer maschinenorientierten Programmiersprache umwandelt. Dadurch hätte er die normale Kennwortroutine um eine Zugriffsmöglichkeit erweitert. Wie das funktioniert, zeige ich dir später. Das wäre für ihn am leichtesten gewesen – falls der Programmierer noch gelebt hat –, denn ihm kann nach seiner angekündigten Versetzung nach Kabul nicht mehr allzu viel Zeit geblieben sein.»

«Vielleicht hat er seinen Sturz ebenso vorausgesehen wie alles andere . . .»
«Glaubst du, daß er so clever gewesen ist?»
«Allerdings!»
Godwin veränderte seine Sitzhaltung und verzog dabei das Gesicht.
Hyde stand auf, ging in die Küche und stellte seine Tasse in den voll Geschirr stehenden Ausguß. «Du mußt mir alles beibringen, Godwin», verlangte er dabei. «Alles, was ich wissen muß.»
«Wieviel weißt du über *Webfehler*?» rief Godwin in die Küche hinaus.
«Nichts.»
«Shelley hat dir nichts erzählt?»
«Nein.» Hyde atmete erleichtert auf, weil er spürte, daß der andere angebissen hatte. Als der Australier ins Wohnzimmer zurückkam, empfing Godwin ihn mit einem eifrigen, fast lüsternen Grinsen.
«Leg los!» forderte Hyde ihn auf.
«Später. Dahinter steht lediglich eine Möglichkeit, die Überlandleitung zwischen dem hiesigen Computerraum und der Zentrale Moskau anzuzapfen.»
«Was . . .?» begann Hyde, dessen Überraschung nicht einmal gespielt war.
«Später», wiederholte Godwin mit unecht klingender Bescheidenheit. «Auf diese Weise kommst du als Systemtester in den Computerraum auf dem Hradschin. Wir sorgen für einen Defekt in der Überlandleitung . . ., aber das hat Zeit bis später. Ich lasse dich erst noch ein bißchen schmoren.» Er grinste siegesbewußt; auf seinem Gesicht stand der triumphierende Ausdruck des großen Stars, der mit rauschendem Beifall rechnen kann, sobald er auf die Bühne tritt.
Hyde nickte lächelnd. «Gut, meinetwegen kannst du mich noch etwas schmoren lassen . . .»
«Möchtest du nicht ein bißchen schlafen, bevor wir anfangen?» fragte Godwin scherzhaft. «Unser Einführungskurs dauert bestimmt die ganze Nacht lang. Können wir wirklich schon anfangen?»
«Jederzeit! Ich trete also als Systemtester auf. Durch wen oder was habe ich Zugang zum Hradschin?»

Godwin machte eine wegwerfende Handbewegung. «Das ist längst geregelt. Du wirst eingeschleust – und versteckt.»
«Okay, ich bin also drin.»
«Die anderen erwarten dich. Das ist eben das Schöne dabei. Sie brauchen einen Systemtester. Keinen Techniker, verstehst du, nur jemand mit hoher Sicherheitseinstufung. Aus der sowjetischen Botschaft. Deine Sicherheitseinstufung ist höher als die der meisten Leute, denen du dort begegnest. Die anderen haben alle Respekt vor dir.»
«Aber wozu brauchen sie diesen Systemtester?»
«Wegen eines Defekts in der Leitung nach Moskau. Er macht eine Überprüfung der von Benutzerstationen eingegebenen Informationen notwendig, die verfälscht oder gelöscht worden sein könnten. Die Verantwortlichen machen sich Sorgen – und brauchen dich zur Kontrolle der auf Anfragen auf sicherheitsrelevanten Gebieten aus Moskau hereinkommenden Informationen ... Okay?»
«Okay.»
«So, du bist also im Hauptcomputerraum und hast einen Arbeitsplatz mit sämtlichen Peripheriegeräten zur freien Verfügung ...»
«Du bist dir deiner Sache aber ziemlich sicher!»
«Verdammt sicher, Kumpel! Ich tue mein Bestes für dich, was Leute, Ideen und Tarnung betrifft – mein Allerbestes!»
«Okay.»
«Die Computerterminals im Hradschin sind Standardgeräte: eine geklaute Version des CICS – Customer Information Control System – der IBM. Das Terminal steht in ständiger Verbindung mit der Moskauer Zentrale, und der Computer fragt ständig an, ob seine Dienste benötigt werden. Bei diesem Abrufverfahren hast du selbst nichts zu veranlassen. Du brauchst lediglich genügend Zeit und mußt Petrunins Kennwörter bereit haben, wenn der Computer sie verlangt.»
«Wozu *muß* ich ein Systemtester sein?»
«Weil du auf diese Weise ...» Die Katze war herangekommen und rieb ihren Kopf an seinem gesunden Bein. Godwin sah zu ihr hinunter, lächelte und hob sie auf seinen Schoß, wo sie sich sofort einrollte. «Weil du auf diese Weise an die Personaldatei rankommst. Ausbildung, Militärdienst, Vorstrafen, was du

willst, während du prüfst, ob der Leitungsdefekt, die Modems und die Scrambler die gespeicherten Daten beeinträchtigt haben. Sollte dies der Fall sein, müßten sie rekonstruiert werden. Du kannst dich dort drei, vier Stunden aufhalten – die ganze Nacht lang, wenn's sein muß –, ohne daß irgend jemand auf die Idee kommt, dich zum Verschwinden aufzufordern oder zu fragen, mit welcher Berechtigung du diese Informationen abrufst! Begreifst du nicht, was für ein Geschenk des Himmesl das ist?»
Drei Stunden . . .
Hyde nickte. Godwins Plan war kühn und brillant – und zu gefährlich. Aber es gab keine andere Möglichkeit . . .
«Gut!» sagte Godwin zufrieden. «Ich freue mich, daß du einverstanden bist. Dein Russisch ist hoffentlich fließend genug?»
«Ja, aber ich spreche nicht gut genug Tschechisch.»
«Du bist ein Russe, kein Tscheche.»
«Okay, ich bin ein Russe.»
«Du hast Angst, Hyde.»
«Nein, ich . . .»
«Die Sache gefällt dir nicht – du hältst meinen Plan für undurchführbar.»
«Nein, das ist's nicht . . .»
«Doch, doch, Hyde. Laß dir erst mal alles erzählen. Ich habe an alles gedacht. An *alles* – das verspreche ich dir!»
«Okay, ich höre.»
«Wichtig ist vor allem, daß du erwartet wirst. Ihr tschechischer Posttechniker ruft in der Botschaft an, um einen Systemtester anzufordern, sobald er die Überlandleitung überprüft hat – nachdem der vorübergehende Defekt wieder verschwunden ist.»
«Ich kreuze also auf, und der Richtige kommt gleich hinterher?»
«Du bist bereits an Ort und Stelle . . . du erscheinst im Computerraum, bevor er mit der Arbeit fertig ist und die Botschaft anruft. Die Botschaft weiß natürlich von dem Leitungsdefekt, aber sie wartet die Meldung des Technikers ab, bevor sie einen Systemtester schickt. Du kommst dem Anruf zuvor und machst einfach weiter, wo der andere aufhört.»
«Und dieser Defekt verschwindet einfach?»

«Darauf kannst du dich verlassen!» versicherte Godwin ihm. «Dafür sorgen wir morgen früh. Du machst dich nachmittags auf den Weg. Der Defekt tritt zwischen zwanzig und einundzwanzig Uhr auf. Der Techniker ist bestimmt nicht vor dreiundzwanzig Uhr fertig – und du müßtest spätestens bis Mitternacht wieder auf dem Heimweg sein.»

«Wer ist der Posttechniker?»

«Der ist echt. Er muß echt sein. Aber er erwartet dich, das darfst du nicht vergessen. Einen russischen Systemtester. Nur *du* machst ihn mißtrauisch – wenn du deine Rolle nicht gut genug spielst.»

«Ich brauche Beweise, handfeste Beweise.»

«Keine Kameras! Du kannst nicht dasitzen und den Bildschirm fotografieren. Die Ausdrucke sind zu umfangreich, als daß du sie dir unter den Arm klemmen könntest. Du benützt das eingebaute Magnetbandlaufwerk – als ob du eine Fernsehsendung auf dem Videorecorder aufzeichnen wolltest!» Godwins Grinsen war beinahe jungenhaft. Zum ersten Mal an diesem Abend erinnerte er Hyde wieder an den Mann, der er früher gewesen war. Ein vielversprechender, cleverer, humorvoller junger Mann. «Guest kann die Aufnahme mühelos bei sich abspielen. Die meisten tschechischen Geräte stammen ohnehin von ICL, einem IBM-Ableger! Sie sind vor einigen Jahren vom Staat beschafft worden.»

«Okay. Und wenn ich fertig bin, gehe ich dort raus, wo ich reingekommen bin?»

«Richtig, du gehst einfach. Du verkündest, daß die Tests abgeschlossen sind, unterschreibst ein paar Formulare, nimmst deine Aktentasche und gehst.»

«Und wenn ich einen Fehler mache?»

«Dann schießt du dir vermutlich in deiner zurückhaltenden Art den Weg frei.»

«So einfach ist die Sache?»

Godwin nickte. «Mit der Datensicherung befassen sich Genies, aber jeder Schwachkopf, der zwei, drei wichtige Paßwörter kennt, kann sie knacken. Das kannst sogar du, Hyde.» Er rieb sich das Kinn. «Vor allem brauchst du Glück. Kurz bevor Petrunin abgetreten ist, hat er dir noch eine Abkürzung zu *Träne* erklären wollen. Wir wissen nicht, worum es sich dabei

handelt. Du mußt dir einfach alles ansehen, was er in seiner geheimen Datei gespeichert hatte, bis das richtige Zeug auf dem Bildschirm erscheint.»
«Wie lange?»
«Das kann nicht allzu lange dauern. Daran muß Petrunin auch gedacht haben – für den Fall, daß er die Informationen einmal schnell gebraucht hätte. Vielleicht hätte er dann deine Rolle gespielt: die eines Unbefugten, der Geheiminformationen aus dem Zentralcomputer anfordert.» Godwin grinste wieder.
Hyde nickte. «Mir bleibt ohnehin nichts anderes übrig.» Er stand auf. «Okay, zeig mir, was ich auf dem Bildschirm zu erwarten habe, und erzähl mir, was ein Systemtester zu tun hat – und wie er's tut.» Er streckte seine Hand Godwin hin, der danach griff. Die aufgeschreckte Katze sprang mit einem Satz von seinem Schoß. Hyde umfaßte Godwins Hand und spürte die Hornhaut am Daumenballen: eine Folge des langen Gebrauchs der Krücken. Er zog Godwin hoch und gab ihm die Krücken, mit denen der andere rasch und geschickt seinen Arbeitstisch erreichte.
«Komm!» forderte er Hyde auf. «Komm, ich hab schon alles vorbereitet.» Der Australier folgte ihm. «Setz dich, setz dich hin...», verlangte Godwin ungeduldig. «Hier auf dem Bildschirm hast du...» Er drückte mehrere Tasten. Auf dem Bildschirm erschien eine Auflistung in grünen Leuchtbuchstaben. «... das übliche Menü, das du auf den Terminals, auf sämtlichen Terminals im Hradschin sehen wirst. Es wartet darauf, daß du irgendwas anforderst – und bei dieser Gelegenheit benützt du das erste Kennwort.»
Godwin beugte sich über Hydes Schulter. Sein dicker Zeigefinger deutete fast anklagend auf den Bildschirm. Sein heißer Atem kam stoßweise. «Hier..., nach sämtlichen Informationen, die wir über den Moskauer Zentralcomputer besitzen, ist dieses Menü zutreffend. Alles Material ist in einer Datenbank gespeichert, und der Zugriff erfolgt, indem man einen dieser Punkte aus dem Menü auswählt: Personaldatei, Militärdienst, Ausbildung, Vorstrafen, Dienstliche Verwendungen und so weiter...»
«Vorstrafen?»
«Sämtliche Informationen über jede und jeden, der jemals

irgend etwas mit dem KGB zu tun gehabt hat – oder mit MWD, NKWD und sogar GPU, falls die Unterlagen so weit zurückgereicht haben –, sind dort erfaßt. Millionen und Abermillionen von Informationen, die nur darauf warten, abgerufen zu werden – sogar von einem Idioten wie dir. Dissidenten, Psychopathen, Diebe, Mörder – und das sind lediglich die Mannschaftsdienstgrade . . .» Godwin lachte in sich hinein.

«Okay, wie finde ich, was ich suche?»

Godwins Finger huschten erneut über die Tasten. Der Computer forderte weitere Informationen von ihm an. Danach erschien auf dem Bildschirm eine Graphik, die Hyde an einen umgedrehten Stammbaum erinnerte.

«Bitte sehr», sagte Godwin mit gespieltem Gleichmut und richtete sich auf seinen Krücken auf. «So ungefähr sieht ihr Schema aus.» Von einem mit dem Wort *System* bezeichneten Kästchen in der obersten Reihe strahlten Linien zu weiteren Kästchen aus, die in vier Reihen angeordnet, unterschiedlich beschriftet und jeweils wieder durch Linien verbunden waren. Das Kästchen unter *System* trug die Bezeichnung *Name/Personenkennziffer;* darunter befanden sich Kästchen, die mit *Dienstliche Verwendungen, Ausbildung* und *Herkunft/Familie* beschriftet waren. In der untersten Reihe waren zwei Kästchen leergeblieben. «Alles klar?»

«Ja. Was ist mit den beiden hier unten?»

«Die kann ich jetzt aufgrund deiner Informationen selbst bezeichnen. Am besten nennen wir sie . . .» Er gab seine Anweisungen ein. «*Träne* und . . . äh . . . *Goldgrube,* hmmm?» Wenige Augenblicke später erschienen diese Bezeichnungen in den Kästchen. «Das hier ist ein vereinfachtes Modell: das Schema für Personalakten enthält Hunderte, Tausende von solchen Informationskästchen.»

«Was haben die Verbindungen zu bedeuten – und warum sind sie numeriert?»

«Sie bezeichnen den Weg, der zu den gewünschten Informationen führt. Diese beiden Kästchen, die Petrunin heimlich eingefügt hat, sind nur untereinander und mit seinen *Dienstlichen Verwendungen* verbunden – siehst du? So muß er vorgegangen sein. Wer Informationen über Tamas Petrunin anfordert, muß das *richtige* Kodewort nennen, um zu beweisen, daß er koscher

ist. Danach ruft er seine *Dienstliche Verwendung* und so weiter auf ... wenn er koscher ist. Aber *du* benützt in diesem Fall natürlich *sein* Kodewort, indem du seine drei letzten Dienstorte in umgekehrter Reihenfolge eingibst, und hast dadurch Zugriff zu ganz anderen Informationen. Deine Anfrage folgt dieser Route ...» Godwins Zeigefinger fuhr von *System* über *Name/Personenkennziffer* und *Dienstliche Verwendungen* zu dem Kästchen, das er mit *Träne* bezeichnet hatte. «Du hast allerdings das Kodewort für *Goldgrube*», fügte er nachdrücklich hinzu, «und mußt alles dort Gespeicherte über den Bildschirm laufen lassen, bevor du mit *Träne* weitermachen kannst. Ich bin davon überzeugt, daß Petrunin eine Abkürzung zu diesen beiden Geheimspeichern gekannt hat, aber du mußt eben alles ablaufen lassen, um sicherzugehen, daß du *Träne* wirklich findest. Okay?»
Hyde nickte. «Okay.» Er spürte, daß seine Hände zitterten, und klemmte sie zwischen seine Knie. «Wie lange dauert das schätzungsweise?»
«Das hängt davon ab, wieviel er ursprünglich gespeichert und wieviel er in den letzten Jahren ergänzt hat. Wahrscheinlich ein paar Minuten.»
«Und alles ist auf dem Bildschirm sichtbar oder kommt aus dem Drucker?»
«Ja.»
«Wie lange muß ich dafür allein sein?»
«Bis zu zehn Minuten. Du weißt nicht, wie man direkt zu *Träne* kommt – nur auf dem Umweg über das andere gespeicherte Belastungsmaterial.»
«Eine richtige Glückskarte – direkt ins Gefängnis und zehn Runden aussetzen», murmelte Hyde.
«Das ist die sicherste Methode.»
«Weißt du, was ich glaube?» Hyde sah zu Godwin auf. «Vielleicht hat dieser Schweinehund Petrunin mich zuletzt noch reingelegt. Auf diese Weise könnte er mich umbringen. Dabei ist der Kerl schon seit Tagen tot!»
Godwin äußerte sich nicht dazu. «Wir proben jetzt nochmal, wie der Zugriff klappt, okay? Ich habe schon alles dafür vorbereitet.»
Hyde starrte die Tastatur des Personal Computers an. Godwin hatte sämtliche Tasten in mühsamer Arbeit überklebt und kyril-

lisch beschriftet, so daß Hyde jetzt eine russische Tastatur vor sich hatte. Während Godwin ihr Abendessen zubereitet hatte, hatte er den Australier üben lassen, damit er mit der kyrillischen Tastatur, die ihn im Hradschin erwartete, vertraut wurde. Jetzt starrte Hyde sie mißtrauisch an, während Godwin seine Graphik löschte und das Menü auf den Bildschirm zurückholte. Dank Godwin beherrschte er die Fachausdrücke und fühlte sich imstande, die gewünschten Informationen abzufragen. Aber er bezweifelte, daß er mit der Situation, ihren Gefahren und ihrer Einsamkeit fertigwerden würde.

Er würde zu allein, zu lange exponiert und überall von unsichtbaren Stolperdrähten umgeben sein. Alles würde zu lange, viel zu lange dauern . . .

«Fertig?» fragte Godwin. «Dann kannst du anfangen.»

Sobald sie Babbington am Schreibtisch sitzen sah, wo er unterdessen den Telefonhörer aufgelegt hatte, erzitterte Margaret bei dem Gedanken daran, ihn täuschen zu wollen. Ihr in dem überhitzten Raum gerötetes Gesicht wirkte verlegen und schuldbewußt. Die beiden Wachposten hielten sie noch immer an den Armen fest, und der hechelnde Hund scharrte mit den Pfoten über die Holzdielen des Korridors hinter ihr. Das Hecheln des durch ein Würgehalsband zurückgehaltenen Tiers klang laut und bedrohlich. Babbington grinste breit.

Ihre Lügen erschienen ihr jetzt blaß und unglaubwürdig. Babbington wußte alles und würde sich nicht von ihrer Unschuld überzeugen lassen.

«Margaret . . . meine liebe Margaret!» sagte er, indem er aufstand. Eine Bewegung seiner rechten Hand genügte, um den beiden Männern zu signalisieren, ihre Gefangene loszulassen. Margarets Arme sanken kraftlos herab. Durfte sie etwa hoffen, er werde . . .? Nein, sein Tonfall war spöttisch und selbstbewußt. Babbington kam mit ausgebreiteten Armen auf sie zu. Ihr Körper blieb steif, als er sie umarmte. «Margaret . . .?» Sein Blick wurde härter, während er ihr Gesicht betrachtete. Dann wandte er sich ab und sagte: «Du hast mir große Sorgen gemacht, Margaret – große Sorgen, die weiß Gott nicht nötig

gewesen wären!» Sein spöttischer Ton imitierte einen strengen Vater.
«Andrew . . .!» stieß sie hervor. Sie zitterte am ganzen Leib, als sei der warme Raum eiskalt.
Er machte auf dem Absatz kehrt. «Ja?»
Babbington machte ein weiteres Zeichen mit der rechten Hand. Margaret hörte, daß die Tür hinter ihr geschlossen wurde, und bildete sich ein, die Krallen des Wachhundes über die Dielen scharren zu hören. Der Hund blaffte einmal kurz, als wolle er sie an die Gefahr erinnern, in der sie schwebte.
«Ich . . .», begann sie. «Wo ist Paul, Andrew? Er lebt doch, nicht wahr? Ihr habt Paul hier, stimmt's?»
Babbington machte ein ernstes Gesicht. Er bot ihr mit einer Handbewegung einen Sessel an, und Margaret trat näher ans Feuer, um seiner Berührung zu entgehen. Der Sessel stand einladend da; er zog sie geradezu magisch an. Ihre Beine schienen plötzlich kraftlos geworden zu sein. Babbington nahm ihr gegenüber Platz.
«Tut mir leid, aber . . », sagte er.
«Nein!» jammerte Margaret laut und schlug im nächsten Augenblick die Hand vor den Mund. In ihren Augen standen Tränen. Babbingtons Augen schienen zu glitzern. «Nein, nein . . .», jammerte sie. «Großer Gott, nur das nicht . . .!»
«Tut mir leid . . . »
«Er hat nichts gewußt – er hätte dir auf keinen Fall schaden können!» protestierte Margaret, die jetzt feststellte, daß das von ihr geplante Täuschungsmanöver sich auch dazu eignete, die Wirklichkeit zu verdrängen. «Wir haben nichts *gewußt*! Wir haben nichts gewußt, das schwöre ich dir, wir haben keine Ahnung gehabt, wir haben nichts gewußt . . .» Ihre Stimme wurde zu einem Schluchzen. Sie hatte das Gefühl, mit aller Kraft die Zeiger einer riesigen Uhr zurückzudrehen – und mit ihnen die Zeit. Wenn sie lange genug protestierte, war Paul zuletzt wieder am Leben. «Wir haben nichts . . . nichts . . . nichts . . .»
Babbingtons Gesichtsausdruck war schwer zu deuten, als Margaret zu ihm hinübersah. Sie wischte sich die Tränen aus den Augen und stellte fest, daß er lediglich ein cleveres, befriedigtes Lächeln zur Schau trug.

«Tut mir leid, aber das reicht nicht, Margaret.» Er seufzte. «Ich habe bereits mit diesem Gedanken gespielt. Ich habe nicht glauben können, daß ihr nichts gewußt haben sollt. Ich hab's anfangs gehofft. Wirklich! Dann habe ich versucht, es mir einzureden ... allerdings ohne Erfolg. Mir bleibt nichts anderes übrig, als der Wahrheit ins Auge zu sehen: Du weißt alles – über Aubrey, über mich.»
Sie wollte protestieren, ihn am Weiterreden hindern. Babbington ging zu schnell und zu weit voran. Margaret hatte mit Winkelzügen, mit umständlichen Manövern gerechnet. Nicht mit ... mit dieser *Direktheit,* hinter der Pauls Tod eine bedrohliche Realität war.
«Nein», sagte sie nur und ließ die Hand sinken, mit der sie ihn zum Schweigen zu bringen versucht hatte.
«Tut mir leid, aber leider geht's nicht anders, Margaret.» Seine Stimme klang sanft, fast liebkosend. Sie sah, daß er aufgestanden war und auf sie zukam. Margaret hob langsam den Kopf. Auch jetzt war Babbingtons Gesichtsausdruck schlecht zu erkennen. Er umfaßte ihr Kinn mit einer breiten Hand. «Paul lebt, meine Liebe. Er ist verletzt, aber er lebt.»
«Was ...?»
In diesem Augenblick schlug Babbington zu. Ihr Kopf schnellte nach hinten, ein stechender Schmerz zuckte durch ihren Unterkiefer, und ihr Nacken schmerzte von den Nachwirkungen des Faustschlags. Margaret hörte, daß Babbington sich einige Schritte von ihr entfernte. Das Feuer knisterte unnatürlich laut. Sie betastete vorsichtig ihren Unterkiefer, schmeckte Blut und spuckte es instinktiv aus.
«Er lebt und bleibt am Leben, wenn du mir erzählst, warum du hergekommen bist. Wenn du mir sagst, wo du gesteckt hast, was du weißt und wer mit dir unter einer Decke steckt ... Unter dieser Voraussetzung bleibt er am Leben, verstanden?» Er warf sich herum und brüllte: *«Hast du verstanden?»*
«Ja, ja ...!» Sie fing das aus ihrem Mund quellende Blut in der Handfläche auf. Blut und Speichel. Margaret starrte es entsetzt an, bevor sie sich wieder auf Babbington konzentrierte. Er schien seine Gewaltanwendung nicht zu bedauern oder vor ihren Spuren zurückzuschrecken.
«Gut. Wo ist Hyde?»

«Wer?»
Margaret zuckte zusammen, als Babbington rasch auf sie zukam. «Hyde!» knurrte er. «Wo ist Hyde?»
«Keine Ahnung.»
Babbington schlug wieder zu. Margaret wurde in ihren Sessel zurückgeworfen und schrie erneut auf.
«Wo ist er?»
«In der . . . Tschecho . . . Tschechoslowakei . . .», schluchzte sie.
«Warum?»
«Das weiß ich nicht!» kreischte Margaret ihn an. «Das hat er mir nicht gesagt – für den Fall, daß jemand mich auszuquetschen versucht!»
Babbington ließ seine erhobene Faust sinken. Er schien mit dieser Antwort zufrieden zu sein. «Was solltest du in seiner Abwesenheit tun?» fragte er mit heiserer Stimme. «Was?»
Margaret beobachtete ihn. Sie durfte Babbington nicht noch *mehr* verraten . . .! Sie hatte ihm schon zuviel erzählt, während er sie mit Fausthieben und Gebrüll eingeschüchtert hatte. Ihr schuldbewußter Blick streifte ihre Handtasche, ihre Hände und ihre Füße. Sie kauerte sich im Sessel zusammen, um möglichst weit von Babbington entfernt zu sein. Sobald er alles wußte, würde er Paul und sie ermorden . . .
«Welchen Auftrag hat er dir gegeben? Solltest du mich beschatten? Mich beobachten?»
Margaret war auf eine Fortsetzung des Verhörs gefaßt, aber die Fragen wirkten trotzdem wie ein Kaltwasserguß, so daß sie zusammenzuckte, schuldbewußt wirkte und ein Geständnis unterdrücken zu wollen schien, indem sie ihre zitternde Hand an die Lippen legte.
Babbington schnappte sich ihre Handtasche und leerte sie auf den Orientteppich vor dem Kamin aus. Mit der Schuhspitze schob er Margarets Puderdose, ihren Schlüsselbund, die Haarbürste, die Papiertaschentücher und ihre Geldbörse zur Seite. Dann berührte sein Schuh die Bedienungsanleitung für das Teleobjektiv und die kleine Plastikdose, die den zweiten Film enthalten hatte, bevor Margaret ihn eingelegt hatte.
«Allerhand!» sagte er gefährlich leise. «Du bist wirklich *fleißig* gewesen, was?» Seine Stimme klang wieder schneidend scharf. «Was hast du Schönes fotografiert, Margaret? Urlaubsfotos?»

Sie blieb schweigend sitzen und zitterte wie ein junger Baum bei den ersten Windstößen eines heraufziehenden Sturms. Sie war sich darüber im klaren, daß Babbington ihr Kopfschütteln für eine Trotzreaktion halten würde, aber sie konnte und wollte es nicht verhindern.
«*Was hast du fotografiert?*» brüllte er sie an. Margaret kauerte sich in dem Sessel zusammen. Babbington packte sie an den Armen, riß sie zu sich hoch und starrte ihr ins Gesicht. Sie fürchtete sich vor dem harten Glitzern in seinen Augen und seinem Mund, dessen Zähne wie die eines Raubtiers blitzten. «Heraus mit der Sprache, Margaret – oder er stirbt auf der Stelle! Hast du verstanden? Er stirbt *sofort*!» Babbington stieß sie mit dramatischer Geste in ihren Sessel zurück, noch während sie ausrief:
«Nein . . .!»
«Ich gebe dir mein Wort darauf – *sofort*!» Er schnalzte mit den Fingern und bewegte sich in Richtung Tür.
«Nein, nein . . .!» Babbington blieb nicht stehen. «Ich habe dich beobachtet . . . bei einem Treffen . . . vor dem Belvedere!»
Er machte auf dem Absatz kehrt. Sie hörte ihn stoßartig ausatmen. Der Raum kam ihr plötzlich schwindelerregend heiß vor: ein für tropische Pflanzen geeignetes schwüles Treibhausklima.
«Du hast Beweise für dieses Treffen?»
Margaret nickte. «Zwei Filme . . . mit Teleobjektiv aufgenommen . . .»
Babbington trat gewichtig auf sie zu. «Wo sind diese beiden Filme?»
Sie zuckte vor seiner erhobenen Hand zurück.
«Ich hab sie zur Post gegeben . . .»
Er umfaßte ihr Kinn und hob ihren Kopf ruckartig hoch. Margaret hatte das Gefühl, ihr Unterkiefer sei in Babbingtons Hand wie in einem Schraubstock eingespannt. «Wo sind sie? Wann hast du sie aufgegeben? An wen sind sie adressiert?» Er schüttelte ihren Kopf, als wolle er ihr seine Zerbrechlichkeit demonstrieren. «Heraus mit der Sprache, Margaret! *Sag's schon*!»
Sie stieß den Namen ihrer kleinen Pension hervor, in deren Nähe sich der Briefkasten befand, und nannte den Adressaten: Sir William Guest. Babbington ließ sie sofort los und sah auf seine Uhr. Dann trat er hastig an den Schreibtisch und drückte

auf eine Taste der Gegensprechanlage, um knappe Befehle zu erteilen. «Der Kasten ist heute abend bestimmt nicht mehr geleert worden», sagte er zuletzt. «Ja, natürlich braucht ihr beide einen Dienstausweis, damit ihr als Polizeibeamte auftreten könnt ... Und beeilt euch!»
Babbington ließ die Sprechtaste los und drehte sich nach Margaret um. Sie glaubte zu spüren, wie etwas in ihrem Inneren zusammenbrach: ihr Wille, ihre Entschlußkraft, ihr Durchhaltevermögen, irgend etwas. Vielleicht sogar ihre letzte Hoffnung. Sie hatte ihren letzten Zug in diesem Spiel gemacht und würde jetzt mattgesetzt werden. Ihre Hände bedeckten ihr tränennasses Gesicht. Sie hatte alles, alles verloren ...
Es war lächerlich gewesen, sich einzubilden, sie könne den Lauf der Dinge ändern. Von Anfang an lächerlich! Wirklich wichtig war nur Pauls Leben gewesen. Und er lebte! Babbington hatte ihn ihr zurückgegeben. Sie sah auf, als Babbington sie ansprach. «So, jetzt mußt du zu deinem Mann, Margaret.» Er rieb sich leicht die Hände, als wolle er sie von einer Staubschicht befreien. «Tut mir leid, daß ich ... na, reden wir nicht mehr darüber! Ich habe dich täuschen und sogar schlagen müssen, um Zeit zu sparen. Ich kann leider keine Zeit erübrigen. Andererseits ...» Babbington kostete seinen Triumph sichtlich aus, und seine kalte Großzügigkeit erschreckte sie mehr als der sadistische Zug und die rachsüchtige Wut, die er zuvor hatte erkennen lassen. «Andererseits haben wir jetzt vielleicht ein bißchen mehr Zeit ...» Er griff nach ihrem Arm und zog sie aus dem Sessel hoch. Sie fühlte sich wie ein sackartiger Gegenstand, der ohne eigenen Willen bewegt wurde. «Wirklich schade, daß du nicht genau weißt, wo Hyde steckt und was er vorhat – aber ich glaube dir, daß du's nicht weißt. Er ist clever genug, um dir nicht getraut zu haben.» Babbington lächelte humorlos. Sie waren an der Tür. Margaret zuckte zurück, als fürchte sie, draußen könnte der Hund lauern. Babbington öffnete die Tür. Der Korridor war leer. «Komm», forderte er Margaret auf, «ich bringe dich zu Paul.»
Sie klammerte sich an diese Aussage und verdrängte die vorausgegangene häßliche Szene. Seine Stimme hatte beinahe herzlich geklungen; seine Hand schien Margaret eher zu stützen, als sie am Arm festzuhalten. Sie flüchtete sich mit jedem weiteren

Schritt auf dem blankgebohnerten Parkett mehr in diese Vorstellung. Sie spürte sogar, daß sie sich gegen Babbington lehnte, um an ihm Halt zu finden.
Er hat dich belogen und dann geschlagen, um dich zu verwirren, sagte eine Stimme in ihrem Kopf. *Du hast schlappgemacht, erbärmlich schlappgemacht . . .*
Margaret biß sich auf die Unterlippe, als habe sie diese Worte laut gesagt. Das Gesicht ihres Vaters, Aubreys Gesicht, Babbingtons Gesicht – in grausamer Befriedigung verzerrt –, zuletzt Pauls Gesicht . . .
Ein grobkörniges Bild. Der Schädel durch den Spaten eines Arbeiters vom Rumpf abgetrennt. Die Schädeldecke durch Aubreys Unglücksschuß aufgerissen. Margaret fuhr zusammen und löste sich von Babbington.
«Nein . . .», murmelte sie.
«Aber wir sind doch schon da!» verkündete Babbington spöttisch forsch. Vor ihnen stand ein weiterer Mann: ein bewaffneter Wachposten. «Das hier ist Pauls Zimmer . . . aufsperren!» Der andere schloß die Tür auf und öffnete sie. «Auf ein fröhliches Wiedersehen, meine liebe Margaret», sagte Babbington und stieß sie über die Schwelle. Hinter ihr wurde die Tür zugeknallt.
Massinger sah zerstreut auf, als sei ein Fremder in eine behaglich häusliche Szenerie hereingeplatzt. Das Taschenbuch blieb in seiner Hand. Das kleine Transistorradio, das sie ihm gegeben hatten, spielte weiter. Um diese Zeit war weder sein Abendessen noch der große Scotch fällig, den er am späten Abend serviert bekam, um besser einschlafen zu können.
Was . . .? Wer . . .?
Die Erkenntnis, Margaret vor sich zu haben, traf ihn wie ein Keulenschlag. Darüber hinaus stand ihm die Tatsache seiner Gefangenschaft plötzlich erneut vor Augen. Er sah Margarets Prellungen und blaue Flecken in der gleichen Sekunde, in der ihm ihr offener Mund und wilder Blick auffielen.
Margaret blieb zitternd an der Tür stehen. Schmerzen durchzuckten seinen Oberschenkel und seine Hüfte, als er versuchte, sein verletztes Bein zu bewegen und von dem niedrigen Bett aufzustehen. Massinger ließ das Taschenbuch fallen, stemmte sich hoch und kam schwankend auf die Beine.

Nun kam Margaret auf ihn zu. Der Händel im Radio wechselte unpassenderweise von Andante zu Allegro, als sei eine heitere Szene zu begleiten. Massinger war verstört. Margaret murmelte immer wieder ein einziges Wort, während er sie an sich drückte und sie am ganzen Leib zittern spürte.
«Entschuldigung, Entschuldigung, Entschuldigung . . .»
Er begriff nicht, weshalb sie das Bedürfnis hatte, sich zu entschuldigen . . .
Und dann begriff er alles, während seine Hand über ihr Haar strich und sanft ihre Wangen berührte, wobei Margaret leicht zusammenzuckte, als habe er ihr unabsichtlich wehgetan. Auch sie war hier gefangen. Sie war . . . ja, sie war hergekommen, um ihn zu finden. Ohne Rücksicht auf sich selbst, nur mit diesem einen Ziel vor Augen, unbeirrbar . . .
Massinger wußte mit erschütternder Gewißheit, daß sie Babbington alles erzählt hatte, was sie wußte.
Er hielt ihr Gesicht behutsam zwischen den Händen und küßte sie zart. Margaret sah mit dem Gesichtsausdruck eines kleinen Mädchens zu ihm auf. Er spürte ihren Körper durch den dünnen Stoff seiner Schlafanzugjacke, während er sie an sich gedrückt hielt. Ihre Pelzjacke war von geschmolzenem Schnee feucht. Einen Augenblick lang hätte er sie am liebsten von sich fortgestoßen, um sie nicht in seiner Nähe zu haben, während er ihr klarmachte, was für ein Dummkopf sie gewesen war, welchen *tödlichen* Fehler sie gemacht hatte . . .
Aber das wußte sie bereits. Alles.
Margaret hatte aufgehört, ihre Entschuldigung zu murmeln, und klammerte sich nur noch an ihn. Ihr Kopf lag an seiner Brust. Massinger sah über ihr blondes Haar zu der geschlossenen, abgesperrten Tür des kleinen Raums hinüber und bildete sich ein, den davor stehenden bewaffneten Wachposten deutlich zu erkennen. Dabei strich er geistesabwesend über ihr Haar – sogar über die Schulter ihrer Pelzjacke. Als streichle er ein kleines Tier, das nichts dafürkonnte.
«Schon gut, jetzt ist alles wieder gut, mein Liebling», begann er leise und drückte sie noch fester an sich. «Jetzt ist alles in Ordnung . . . hier bist du sicher. Ich hab mir solche Sorgen um dich gemacht! Jetzt ist alles gut, wieder alles gut . . .» Was sie getan hatte, hatte sie aus Liebe getan – auch wenn sie dadurch beide

endgültig zum Tode verurteilt waren. Massinger schluckte krampfhaft. «Jetzt ist alles wieder in Ordnung ...» Sie schluchzte leise. Er mußte versuchen, ihr das Schuldgefühl zu nehmen. «Mach dir keine Sorgen, Liebling. Du hast mit deinem Versuch Pech gehabt, aber ... was du getan, gesagt oder gefühlt hast, ist aufrichtig gewesen. Du brauchst dir keine Vorwürfe zu machen ... alles ist wieder gut ...»
Er redete weiter leise auf Margaret ein und streichelte dabei sanft ihr Haar, ihre Schultern und ihre Oberarme. «Ich hätte dich nicht ... ich bin schuld daran, daß du in solche Schwierigkeiten gekommen bist ...» Glaubte er das wirklich? Ja, ja. «Meine ... meine dumme, unüberlegte Hilfsbereitschaft, meine Blindheit, meine Dummheit ...» Massinger kam ins Stocken. «Ich hab zu helfen versucht und dabei überhaupt nicht an dich gedacht – das mußt du mir verzeihen. Ich hab nicht an dich gedacht ...»
Massinger starrte unverwandt die abgesperrte Tür an, selbst während er spürte, wie verzweifelt Margaret seinen Trost brauchte. Ihre zu Fäusten verkrampften Hände öffneten sich schließlich, drückten stärker und stärker gegen seinen Rücken und erwiderten seine enge Umarmung. Er hörte ihr Atmen ruhiger und gleichmäßiger werden und streichelte weiter ihr Haar und ihr Gesicht.

Hyde lenkte sich von Godwins langsamem, schnaufenden Betreten der Rolltreppe ab, indem er einen erneuten Blick auf das kleine Foto in seiner linken Hand warf. Er trat hinter dem angestrengt keuchenden Godwin auf die Rolltreppe und ließ seinen Rucksack mit dem Werkzeug von der Schulter gleiten. Das Foto war ein kleines Schwarzweißbild – eine Blitzaufnahme. In einem geöffneten Schaltkasten waren Kabelstränge zu erkennen. Irgend jemand – nicht Godwin – hatte das Foto mit Kugelschreiber beschriftet. Von der tschechischen Erklärung führte ein Pfeil zu einem der fotografierten Kabel.
Die Überlandleitung zwischen den Terminals auf dem Hradschin und dem Moskauer Zentralcomputer.
Er steckte das Foto in die Brusttasche des ölfleckigen Monteuranzugs, den er über Cordjeans und einem karierten Hemd trug.

Er hatte sich absichtlich nicht rasiert. Während er sich jetzt seinen Stoppelbart rieb, dachte er an die fast schlaflos verbrachte Nacht. Dann trat er von der Rolltreppe, auf der sie nach unten gefahren waren. Godwin faßte seine Krücken fester und bewegte sich wieder sicherer. Jetzt blieb Hyde keine Zeit mehr, über den kommenden Nachmittag und die bevorstehende Nacht nachzudenken . . .

Menschen drängten sich an ihnen vorbei und strömten in die hellbeleuchteten Hallen der U-Bahn-Station Mustek. Auf ihren Schultern, Hüten, Mützen und Kopftüchern standen Wassertropfen von geschmolzenem Schnee. Das Fußbodenmosaik verschwand unter schmutziggrauen Schuhspuren, während die in die Stadt fahrenden Berufstätigen sich durch die Ladenpassage drängten.

«Alles in Ordnung?» murmelte Hyde auf tschechisch, indem er sich zu Godwin hinüberbeugte. Der Behinderte nickte lediglich stumm.

Hyde trug den Rucksack über der rechten Schulter seiner dunkelblauen Drillichjacke. Irgendein Arbeiter auf dem Weg an die Arbeit. Er ordnete sich in den auf den Bahnsteig fließenden Strom ein, wobei Godwin hinter ihm blieb. Hyde spürte seine Nervenanspannung stetig wachsen und fühlte, daß er keine inneren Reserven mehr besaß: Der Schlafmangel hinderte ihn jetzt daran, seinen Verstand wie vom übrigen Körper losgelöst zu gebrauchen. Seine Nerven beeinträchtigten sein Denkvermögen.

Godwin stützte sich neben ihm auf seine Krücken, während sie auf die U-Bahn warteten. Sie würden nur eine Station weit fahren: bis zum U-Bahnhof Muzeum am anderen Ende des Wenzelsplatzes. Dann mußte Hyde zu Fuß durch einen langen Tunnel gehen, bis er den in die Wand eingelassenen versiegelten Schaltkasten erreichte. Er dachte an die Entfernungen, die er zurückzulegen hatte, und starrte dabei die drei U-Bahn-Schienen an, von denen eine stromführend war. Eine bestimmte Strecke entlang einer stromführenden Schiene – daran mußte Hyde jetzt unaufhörlich denken. Er blickte unwillkürlich in den Tunnel, in dem die Lichter verschwanden und die stromführende Schiene im Hinterhalt zu liegen schien. Dabei konnte er einen Schauder nicht unterdrücken.

«Alles okay?» raunte Godwin besorgt.
Hyde nickte heftig. «Halt's Maul!» zischte er.
Abfahrtszeiten, Entfernungen, Werkzeuge, das Foto und der Lärm im Tunnel, wie er ihn sich vorstellte, wirbelten in seinem Kopf durcheinander. Hyde ballte die in der Hosentasche stekkende Hand zur Faust, während die andere den Rucksackriemen so krampfhaft umklammerte, daß die Fingerknöchel weiß hervortraten. Ihm war übel, obwohl Godwin darauf bestanden hatte, daß er zum Frühstück nicht nur Kaffee trank, sondern auch belegte Brote aß. Sein Selbstbewußtsein umgab ihn wie eine papierdünne Schutzhülle, die jederzeit durch äußere Einflüsse aufgerissen werden konnte.
Der in der Sowjetunion gebaute Zug surrte auf Gummirädern den Bahnsteig entlang und hielt; seine Lichter und Gesichter verlangsamten ihre Bewegung, nachdem sie Hyde beinahe schwindelig gemacht hatten. Die Menge schob ihn vor sich her in den Wagen, und Godwin beeilte sich, hinter ihm zu bleiben.
Die Türen schlossen sich automatisch. Der Zug fuhr ruckartig an. Die Tunnelwände waren Hyde hinter den Köpfen der anderen Fahrgäste plötzlich nahe, viel zu nahe. Unausgeschlafene Gesichter, das Ergebnis eintöniger, gleichförmiger Ernährung, älter als ihren Lebensjahren entsprach; kaum Make-up außer bei den jüngsten Frauen.
Wieder Lichter, dann bremste der Zug und hielt schließlich. Die Türen öffneten sich. An den von Reklametafeln freien Tunnelwänden stand groß *Muzeum.* Saubere cremeweiße Kacheln, die Köpfe Dvořáks und weiterer bärtiger Tschechen aus früheren Zeiten an den Wänden. Die Menge nahm Hyde und Godwin mit aus dem Wagen. Jetzt hätte der Australier sich diesem Druck am liebsten entgegengestemmt.
Der Bahnsteig leerte sich, während der Zug weiterfuhr. Hyde verfolgte ihn mit den Augen. Er stellte sich vor, wie er an die Wand des röhrenförmigen Tunnels gedrückt dastand und einen Zug auf sich zurasen sah: in dem viel zu engen Tunnel, dessen Profil kaum genug Platz für die U-Bahn bot . . .
«Was hast du?» flüsterte Godwin heiser. Der Bahnsteig war beinahe leer. Zwei uniformierte U-Bahner, ein Mann vom Reinigungspersonal mit Mop und Eimer, etwa ein Dutzend Fahrgäste, die schon auf den nächsten Zug warteten.

«Mir fehlt nichts», behauptete der Australier. Er nickte heftig. «Alles in Ordnung!»

Alles kommt allmählich in Ordnung, sagte er sich, während Godwin sein blasses, unrasiertes Gesicht betrachtete. Es kam allmählich in Ordnung ... Er hatte wieder einen Blick für Leute, Reaktionen, Entfernungen ...

«Okay», stimmte Godwin schließlich zu, als nehme er Hydes zurückkehrende Entschlußkraft telepathisch wahr. «Los, wir müssen weiter ...» Er stampfte den Bahnsteig entlang davon. Inzwischen waren es bereits mehr Fahrgäste geworden – aber wo waren die beiden Uniformierten? Einer las seine Zeitung, der andere war verschwunden. Hyde beobachtete seine Umgebung, während er Godwin einholte. Der Tunnel wurde um so größer, je näher sie ihm kamen. «Entfernung?»

«Vierhundert Meter.»

«Kabel?»

«Das dritte von oben.»

«Reihenfolge der Arbeiten?»

«Schaltkasten öffnen – Schloß rausbohren ... schätzungsweise drei bis vier Minuten ... Induktionsspule – nächster Zug – Flip-Flop-Transistor und Batterie, Uhr ... vor dem nächsten Zug.»

«Okay, das wär's. Du stellst die Schaltuhr auf zwanzig Uhr, verstanden?» Hyde nickte. Sie hatten das Ende des Bahnsteigs erreicht. Der Australier sah auf die Uhr über ihnen. Noch eine Minute bis zum nächsten Zug. Auf dem Bahnsteig herrschte inzwischen wieder reger Betrieb. Hyde sah sich um und stellte fest, daß niemand auf ihn zu achten schien. Vor seinem inneren Auge erschien ein Bild, wie seine Füße sich vorsichtig im Lichtkreis seiner Taschenlampe bewegten, wie er das Schloß des Schaltkastens aufbohrte und die Induktionsspule anbrachte ... Hyde nickte erneut.

Godwins Gesicht war angespannt, aber beherrscht: die unbeteiligte Miene eines Agentenführers. Dann grinste er plötzlich nervös und jungenhaft. Hyde trat einen Schritt von ihm zurück. Hörte Godwin bereits den nächsten Zug? Er trat ans Bahnsteigende, blieb dort an die Wand gedrückt stehen, starrte die stromführende Schiene an und sah eine zusammengeknüllte leere Zigarettenschachtel zwischen ihr und der äußeren Schiene liegen. Dann blickte er den Bahnsteig entlang. Die Fahrgäste

waren dem anderen Ende zugewandt, an dem der Zug einfahren würde.
Godwin war an die Bahnsteigkante getreten, um als Sichtschutz zu fungieren. Hyde ließ seinen Körper über den Rand gleiten. Er nahm die Schwellen und die nur zwei Handbreit von seinem Hosenbein entfernte stromführende Schiene wahr. Dann marschierte er rasch und zielbewußt in den Tunnel hinein davon, ohne Stimmen hinter sich zu hören, die darauf hätten schließen lassen, daß irgend jemand mißtrauisch geworden war. Hyde schaltete seine Taschenlampe ein. Die Schwellen unter seinen Stiefeln erzitterten, und er hörte den Zug hinter sich in den Bahnhof einfahren und halten. Er mußte sich beherrschen, um nicht weiterzuhasten, sogar zu rennen. Hyde ließ den Lichtstrahl seiner Taschenlampe über die Tunnelwand, die Bahnschwellen, seine Füße und wieder die Tunnelwand gleiten, während er die Sekunden zählte. Er hörte den Zug hinter sich anfahren, spürte das Zittern der Schienen, nahm das Pfeifen der Gummiräder wahr und bildete sich ein, die Stromschiene summen zu hören . . .
Hyde trat über die stromführende Schiene hinweg und drückte sich in die für Streckengeher vorgesehene Nische in der Tunnelwand. Der Zug heulte und rauschte an ihm vorbei, so daß seine Lippen beinahe im Rhythmus der über ihn hinweghuschenden Wagenbeleuchtung zitterten. Er drückte sein Gesicht ans rauhe Mauerwerk. Die Wagenwände verschmolzen für ihn zu einer silbernen Schlange, zu einer massiven, dahinrasenden Metallwand, zu einem Metallblizzard, der nur die flache Nische aussparte, aus der ein Lüftungsschacht wie die Esse eines Kamins in die Höhe stieg.
Dann wieder Stille, in der jedoch das Fahrgeräusch noch in seinen Ohren nachhallte. Eine Art Taubheit, in die nach wenigen Augenblicken das Summen der Stromschiene eindrang. Die Sekunden verrannen. Hyde stieß sich von der Wand ab, trat über die stromführende Schiene – er hatte jetzt fünf Minuten Zeit – und begann mit weichen, zitternden Knien den eine Kurve beschreibenden Tunnel entlangzumarschieren.
Die zweite Nische für Streckengeher, die dritte. Hyde war jetzt 350 Meter vom Bahnhof entfernt. Er zählte seine großen

Schritte, die das Maß für Zeit und Entfernung bildeten. Jeder Schritt eine Sekunde, jeder Schritt ein Meter . . .
Er ließ den schwachen Lichtschein seiner Taschenlampe über die Tunnelwand gleiten. Anweisungen, Leitungen, Sicherungskästen. *Eine unbezeichnete Metallplatte.* Hyde schritt weiter aus. Sechs, acht Sekunden. Da – am Rande des Lichtstrahls. Eine Metallplatte, nicht viel anders als die Tür eines Erste-Hilfe-Kastens, aber ohne irgendeine Beschriftung. Hyde hastete darauf zu, stieg über die Stromschiene hinweg und ließ seine Taschenlampe auf die Metallplatte gerichtet. Dann zog er das Foto aus der Brusttasche und verglich die auf die Rückseite gekritzelten Maße mit den Abmessungen dieser Tür. Ja, das mußte sie sein!
Ein massives Sicherheitsschloß.
Die Kabel der Überlandleitung zwischen den Terminals auf dem Hradschin und dem Moskauer Zentralcomputer waren beim Bau der Prager U-Bahn in den Tunnelwänden verlegt worden. Selbstverständlich unter Aufsicht von KGB-Technikern. Wie der Fels, auf dem die Burg stand, die unterirdischen Computerräume bombensicher machte, schützten die tiefen U-Bahn-Tunnel die in ihnen verlegten Kabel vor äußeren Beschädigungen.
Hyde betastete das Schloß und holte dann eine Bohrmaschine mit Verlängerungskabel aus dem Rucksack. Er suchte die Tunnelwand mit der Taschenlampe ab, entdeckte die spritzwassergeschützte Steckdose und schloß die Bohrmaschine an. Als er sie einschaltete, hatte er das Gefühl, ihr Surren müsse durch den Tunnel bis zum Bahnsteig hallen und dort einen Aufsichtsbeamten alarmieren, der ...
Er drückte die Bohrerspitze gegen die Metallplatte, fühlte den Bohrer zur Seite wandern, packte fester zu und begann ins Schloß zu bohren.
Die unter Hydes Kinn geklemmte Taschenlampe wurde zugleich von seiner hochgezogenen Schulter festgehalten. Ihr schwacher Lichtstrahl schwankte, sprang und flackerte. Hyde empfand die Dunkelheit um sich herum fast körperlich – und er wußte, was das Summen der Stromschiene hinter ihm bedeutete. Bis zur nächsten Nische in der Tunnelwand waren es rund 30 Meter. Er mußte trotz des Bohrgeräuschs

die Ohren offenhalten, um den nächsten Zug rechtzeitig zu hören ...
Hyde hörte zu bohren auf, bückte sich und zog rasch seine Armbanduhr vom Handgelenk. Dann tastete er in dem Rucksack nach einer Rolle Isolierband und richtete sich damit auf. Er beleuchtete die Tür mit der Taschenlampe, während er seine Uhr an die Metallplatte klebte, wo sie im blassen Lichtschein vor ihm hing. Zwei Minuten 47 Sekunden seitdem er hinter dem letzten Zug aufs Gleis getreten war. Zwei Minuten ... zwei Minuten neun Sekunden bis zum nächsten Zug. Der Sekundenzeiger ruckte übers Zifferblatt. Hyde klemmte sich die Taschenlampe erneut unters Kinn und setzte die Bohrerspitze an. Ein Loch, zwei, drei – noch eine Minute 20 Sekunden, eine Minute zehn Sekunden – drei, vier Löcher. Sobald die Spitze das Metall durchstieß, zog Hyde sie mit einem Ruck zurück, um zu verhindern, daß die Kabel hinter der Tür beschädigt wurden. Er arbeitete weiter – noch 45 Sekunden. Fünf Löcher. Zwei weitere, drei ...?
Noch 30 Sekunden. Hyde lief der Schweiß über die Stirn und in die Augen, obwohl seine Atemfeuchtigkeit im Licht der Taschenlampe Dampfwolken bildete und sich auf dem Kristallglas seiner Uhr niederschlug. Er war am ganzen Körper schweißnaß. Noch 25 Sekunden. Hyde horchte in Richtung Bahnsteig, sobald das Bohrgeräusch verhallt war. Da der Tunnel eine Kurve beschrieb, war die Station, von der er gekommen war, nicht zu sehen. Er bohrte weiter.
Zwanzig, fünfzehn, zehn Sekunden.
Sechs Löcher fertig, das siebte in Arbeit. Genau nach Plan. Noch fünf Sekunden. Der Zug mußte allmählich einfahren; allmählich mußte er seine Arbeit unterbrechen ...
Hyde ließ die Bohrmaschine sinken ...
Dem U-Bahn-Zug ging eine Druckwelle voraus, deren Luftzug deutlich zu spüren war. Hyde ließ entnervt die Bohrmaschine fallen. Die Schwellen unter ihm begannen zu zittern. Hyde rannte los.
Der Zug kam um die Tunnelkurve gerauscht und verfolgte ihn. Hyde beleuchtete mit der Taschenlampe den Boden vor seinen Füßen, dann die Tunnelwand, danach wieder den Boden ...
Im Licht der Taschenlampe wurde die flache Nische sichtbar.

Er warf sich hinein und kehrte dem Zug den Rücken zu, während die blinkende Metallschlange nur zwei Handbreit hinter ihm vorbeiraste. Dann war sie verschwunden, und Hyde sackte gegen das rauhe Mauerwerk. Der Zug war ungefähr 20 Sekunden zu früh abgefahren.
Hyde kam langsam und nach Atem ringend zu dem Schaltkasten und der Bohrmaschine zurück. Er suchte den Boden im Lichtschein der Taschenlampe mit äußerster Nervosität ab, bis er die Bohrmaschine neben dem Gleis liegend entdeckte. Sie lag *außen* neben dem Gleis: Der Zug war nicht über ihr Zuleitungskabel gefahren. Hyde bückte sich nach ihr, hob sie auf und ließ sie probeweise kurz laufen. Sein keuchender Atem umgab ihn mit leichten Nebelschwaden. Er klemmte sich die Taschenlampe zwischen Kinn und Schulter, warf einen Blick auf seine Uhr und bohrte die beiden letzten Löcher in fliegender Hast und trotzdem sorgfältig.
Als nächstes nahm er einen langen, kräftigen Schraubenzieher aus dem Rucksack und hebelte damit das Sicherheitsschloß heraus. Es fiel klappernd aufs erste Gleis, prallte ab, kam auf und erzeugte einen Funkenregen, der Hyde sekundenlang blendete. Die stromführende Schiene hatte sich in seine Netzhaut eingeprägt, als er wieder die Tür anstarrte, die sich jetzt mühelos öffnen ließ. Hyde wartete, bis er die Uhrzeiger wieder deutlich erkennen konnte, bevor er sich auf die Anschlüsse und Kabel im Inneren des Kastens konzentrierte.
Das dritte Kabel von oben. Eins, zwei ... er grinste. Das rote Kabel, das dicke rote Kabel. Hyde beugte sich erneut über seinen Rucksack. Dann richtete er sich auf, schob die Armbanduhr wieder übers Handgelenk und umfaßte das rote Kabel mit Daumen und Zeigefinger. Der Zwischenraum war ausreichend groß. Hyde umwickelte das Kabel sechs- oder siebenmal mit Kupferdraht.
Woher weißt *du das alles?*
Aus inoffiziellen Quellen ...
Von wem? Wer hat dir das erzählt?
Hyde zwickte den um das Kabel gewickelte Kupferdraht mit einem Seitenschneider ab und hielt den Flip-Flop-Transistor im Licht der Taschenlampe hoch. Ein in unregelmäßigen Abständen auftretendes Störgeräusch in der Leitung, das den Daten-

fluß aus Moskau unterbrach. Störungen, Veränderungen und Unterbrechungen. Aber keine gleichmäßige Störung, die rasch geortet und beseitigt werden konnte, sondern eine nur zufällig auftretende, die um so schwerer aufzuspüren war.
Er begann mit dem Anbau des Transistors.
Unterzeichner der Charta 77, Unzufriedene, Geldgierige und Bedürftige, hatte Godwin ihm mit einem schwachen Lächeln über den Rand seiner Kaffeetasse hinweg erklärt. *Sie verkaufen Informationen, bieten sie an, verschenken sie sogar. Wenn man sich die Mühe macht, genau hinzusehen, gibt's hier einen regelrechten Schwarzmarkt für antisowjetische Informationen ...*
Aber solches Zeug?
Ingenieure, Techniker, Konstrukteure, Vermesser – viele von ihnen haben die Charta 77 unterzeichnet, sind dann entlassen worden und brauchen Geld oder hassen die Russen ... viele clevere Leute sind 1968 Studenten gewesen ... das Trauma hat sie geradezu gelähmt, aber ihre Gefühle sind unverändert stark ...
Und du traust ihnen?
Ich traue ihrem Haß.
Hyde überzeugte sich davon, daß die Kontakte einwandfrei waren, bevor er die Batterie aus dem Rucksack holte, um sie anzuschließen. Aufpassen, *aufpassen* ...
Drei Minuten zehn Sekunden waren bereits verstrichen. Diesmal mußte er vorsichtiger sein ...
Er rollte mehrere Streifen Isolierband ab, befestigte damit die Batterie an der Innenseite der Tür und schloß sie an. Danach schloß er behutsam die Tür. Als er sie losließ, ging sie von selbst wieder auf. Hyde tastete in seinem fast leeren Rucksack nach der Schaltuhr und stellte sie im Licht der Taschenlampe ein.
Drei Minuten 50 Sekunden waren verstrichen ...
Hyde blickte unwillkürlich in Richtung U-Bahnhof Muzeum, der hinter der Tunnelkurve lag. Stille. Er spürte kühle Luft auf seinem erhitzten Gesicht, als er sich aufrichtete und die Schaltuhr in den Stromkreis einbaute. Um 20 Uhr würde sie die Verbindung zwischen Batterie und Transistor herstellen, der daraufhin den Datenfluß zwischen dem Hradschin und der Moskauer Zentrale stören würde. Diese in unregelmäßigen Abständen auftretende Störung würde schwierig aufzuspüren und zu beseitigen sein. Der Posttechniker würde der Verzweiflung

nahe und kurz vor dem Aufgeben sein, wenn Hyde eintraf, um das System zu testen. Wenig später würde die Schaltuhr den Strom wieder unterbrechen, so daß die Störungen von einer Sekunde zur anderen aufhörten.

Und er würde mit einem Computerterminal – Bildschirm, Tastatur, Drucker, Recorder, sämtliche Peripheriegeräte – und *Träne* allein sein ...

Vier Minuten 20 Sekunden ...

Vorsicht!

Er überprüfte Spule, Transistor, Verdrahtung, Zeituhr und Batterie, schloß die Tür und klebte sie mit Isolierband zu. Vier Minuten 40 Sekunden ...

Hyde leuchtete den Schaltkasten mit der Taschenlampe ab. Auf den ersten Blick ... ja? Richtig, auf den ersten Blick schien er geschlossen und abgesperrt zu sein ...

Schloß – wo war das Schloß?

Er suchte das Gleis mit der Taschenlampe ab, ohne das auf die Stromschiene gefallene Türschloß entdecken zu können. Folglich konnte er annehmen, daß es auch keinem Streckengeher auffallen würde, der diesen Tunnelabschnitt vor Mitternacht kontrollieren würde. Vor Mitternacht, wenn Hydes Auftrag oder er selbst erledigt war ...

Aufhören!

Vier Minuten 58 Sekunden, 59 Sekunden, fünf Minuten ...

Er hastete das Gleis entlang, beleuchtete dabei die stromführende Schiene und horchte nach hinten auf das Anfahrgeräusch des nächsten Zugs.

Hierzulande stehen sie fast Schlange, um einem Informationen anzubieten, hörte er Godwin sagen. *Das Dumme ist nur, daß sich kaum jemand die Mühe macht, den Leuten zuzuhören.* Hyde erreichte die Nische, als einsetzender Wind den nächsten Zug ankündigte. Auch die Schwellen unter seinen Füßen erzitterten wieder. Er schaltete die Taschenlampe aus und wartete. Die Dunkelheit erschien ihm sofort eisig. Er hörte den U-Bahn-Zug näherkommen.

Auf dem Rückweg mußt du die Bohrmaschine und den Rucksack mitnehmen, ermahnte Hyde sich. Er zitterte vor Kälte. Die blitzende Metallschlange raste hinter ihm vorbei.

«Sie essen Ihr Chateaubriand ja gar nicht, Woronin.»
«Danke, aber ich mag mein Fleisch etwas besser durchgebraten.»
«Wilkes, schenken Sie unserem Freund etwas Rotwein nach – vielleicht bringt ihn das auf den Geschmack an nur kurz angebratenem Fleisch. Oder stört Sie etwa der an Blut erinnernde rote Saft?»
«Sie scheinen in sehr zufriedener Laune zu sein, Sir Andrew Babbington.»
«Allerdings! Erzählen Sie ihm, wie fleißig Sie heute morgen gewesen sind, Wilkes.»
«Die Vorbereitungen sind jetzt abgeschlossen. Parrish, der Stationsleiter, übernimmt heute abend offiziell die Verantwortung für unsere Freunde. Pünktlich um zwanzig Uhr. Sie werden in unser sicheres Haus gebracht – und alles Weitere ist dann Ihre Sache. Von unserer Seite werden nur fünf oder sechs Mann zur Bewachung eingesetzt. Ich bin voraussichtlich auch dort. Im Laufe des Abends erhalten Sie genauere Informationen, vor allem über die Verteilung der Wachen, bevor Sie das Haus stürmen – okay? Ich verschwinde zuvor durch den Hinterausgang ...»
«Mir wär's lieber, wenn Sie im Haus bleiben würden.»
«Was?» Wilkes hob erschrocken die Hände. «Kommt nicht in Frage! Ich ...»
«Lassen Sie mich bitte ausreden. Das sichere Haus ist überall mit Überwachungskameras und Monitoren ausgestattet?»
«Ja, aber ...»
«Und es enthält einen Sicherheitsraum?»
«Ja ...»
«Gut, Sir Andrew Babbington, dann schlage ich vor, daß Wilkes in dem sicheren Haus bleibt – natürlich im Sicherheitsraum –, um unser Vorgehen zu beobachten ... Sprechen Sie etwas Russisch, Wilkes?»
«Ja, er spricht ganz gut Russisch.»
«Dann kann er uns über Funk über die Bewegungen seiner bedauernswerten Kollegen auf dem laufenden halten.»
«Augenblick, Kumpel, ich ...»
«Eine gute Idee, Woronin! Abgemacht, Wilkes ... Trinken Sie Ihren Wein und hören Sie auf, ein böses Gesicht zu machen.»

«Die Außenstelle Wien hat sich nicht dafür interessiert, wo und wann Sie diese gesuchten Verbrecher geschnappt haben?» erkundigte sich der Russe.
«Doch, natürlich. Wilkes hat geblufft, indem er meinen Namen benützt hat. Wegen Aubreys Verrat ist niemand mehr vertrauenswürdig. Ich habe mit hiesigen Inoffiziellen und von mir persönlich angeworbenen Leuten arbeiten müssen – und mit einem streng geheimen Aufenthaltsort. Parrish hat alles kommentarlos geschickt, nicht wahr, Wilkes?»
«Richtig gierig – dieser alte Trottel!»
«Und wie steht's mit Ihrem Anteil an der Sache, mein lieber Woronin?»
«Bei uns ist alles vorbereitet. Wir stürmen das Haus um dreiundzwanzig Uhr dreißig mit zehn bis zwölf Männern. Aubrey und die anderen werden zunächst in die Botschaft gebracht und dann zum Flughafen gefahren. Von dort aus fliegen sie als angebliche Diplomaten mit einer Aeroflotmaschine nach Moskau. Das Flugzeug startet um . . . aber das braucht Sie nicht mehr zu kümmern. Morgen vor Tagesanbruch sind die drei sicher in Moskau und stellen keine Gefahr mehr für Sie dar.»
«Ausgezeichnet! Ich freue mich, daß Kapustin vernünftig genug gewesen ist, sich meinen Plan zu eigen zu machen.»

«So, da wären wir also vor Schloß Dracula. Alles in Ordnung?»
«Holzpflöcke und Knoblauch am Mann.»
«Du marschierst einfach an den Wachposten vorbei durchs Tor – wie diese Busladung Schulkinder.»
«Ist's für die nicht schon reichlich spät, wo's schon dunkel wird?»
«Für ein bißchen Parteigeschichte ist's nie zu spät.»
«Mein Gott, die Kinder stehen Schlange – und trotzdem ist kein Lärm zu hören! Das spricht eigentlich doch für die Partei.»
«Vergiß nicht, den amtlichen Führer zur Prager Burg zu kaufen – im Cedok-Büro im ersten Burghof. Dann schlenderst du durch den zweiten und dritten Burghof zum St. Veitsdom. Dem Veitsdom gegenüber befindet sich das Präsidialamt, unter dem die Computerräume liegen. Du gehst hinüber, um die Architek-

tur aus der Nähe zu betrachten – du wirst dort erwartet und abgeholt.»

«Vom Chef des Reinigungspersonals?»

«Richtig. Er spricht dich mit Namen an . . . nein, er weiß nur deinen Namen, sonst nichts. Er versteckt dich bis heute abend.»

«Und du weißt bestimmt, daß er . . ?»

«Daß er erfährt, wann der Posttechniker kommt? Ja. Etwa eine Stunde später verständigt er dich. Dann hast du deinen großen Auftritt – das Finale mit dem gesamten Ensemble, bei dem alle singen und tanzen.»

«Warum tut er das?»

«Oh, er will sich finanziell ein bißchen verbessern . . . und er ist außerdem ziemlich verbittert. Früher ist er Elektroingenieur gewesen, bis er eines Nachts im Suff die Charta 77 unterzeichnet hat. Jetzt beaufsichtigt er das Reinigungspersonal auf dem Hradschin. Irgend jemand hat sich einen kleinen Scherz mit ihm erlaubt. Andererseits hat er's auch nicht ohne Bezahlung tun wollen – und ist trotzdem zuverlässig . . .»

«Und ich komme auf dem gleichen Weg wieder raus?»

«Dein sowjetischer Dienstausweis ist in Ordnung – ich habe ihn selbst geprüft. Und der Wachwechsel findet um zweiundzwanzig Uhr statt. Wenn du rauskommst, wundert sich niemand, daß er dich nicht eingelassen hat, denn die Posten sind inzwischen abgelöst worden.»

«Okay, dann gehe ich jetzt.»

«Alles Gute, Hyde. Das ist mein Ernst.»

«Du zweifelst doch nicht etwa selbst an deinem brillanten Plan. Godwin? Das hätte mir gerade noch gefehlt!»

«Ich zweifle keineswegs daran – er klappt, wenn du klaren Kopf behältst.»

«Das habe ich vor.»

«Und denk daran: Die Zentrale Moskau erwartet, daß du dich dort meldest, bevor du zu testen beginnst – und vielleicht nochmals während des Tests. Falls sie dich anschreibt, mußt du imstande sein, dich irgendwie rauszureden. Du mußt sie davon überzeugen, daß du nichts Unrechtes tust und die angeforderten Informationen benötigst, um das System gründlich überprüfen zu können. Gelingt dir das nicht, kann die Zentrale dein Terminal jederzeit abkoppeln – einfach so!» Godwin schnalzte mit den Fingern. «Dann ist dein Bildschirm plötzlich dunkel, und du kannst *Träne* für immer vergessen.»

«Ja, ich weiß. Ah, da kommt der nächste Bus mit Schulkindern, die in den Vergnügungspark wollen. Ich muß los.»

«Ich warte hier auf dich. Mit etwas Glück bist du schon vor Mitternacht fertig und auf der Rückfahrt nach Preßburg. Ich rechne damit, daß du die Grenze vor Tagesanbruch passieren kannst.»

«Hoffentlich ist das früh genug.»

«Alles Gute!»

«Klar.»

Babbingtons aufgeschürfte Knöchel, als er mit der rechten Hand in den schwarzen Handschuh fuhr; Margaret Massingers geschwollene Lippen und ihr schiefes, zögerndes Lächeln; Massingers Hinken und seine eigene Abgespanntheit – das alles bestätigte Aubrey, wie vollständig ihr unversöhnlicher Gegner sie in der Hand hatte. Margarets übel zugerichtetes Gesicht glich einem Brandzeichen, das Babbington ihnen allen zur Kennzeichnung seines Eigentums aufgedrückt hatte.

Dann waren sie im Freien. Massinger, der über Hemd und Hose nur einen dünnen Regenmantel trug, zitterte sofort vor Kälte. Margaret hüllte sich enger in ihre Pelzjacke. Aubrey spürte, daß der kalte Wind sein schütteres Haar zerzauste und ihm in den Kragen blies. Zwischen den rasch ziehenden Wolken waren in Lücken einzelne Sterne sichtbar. Unter ihren Füßen knirschte Kies – oder wurde von dem hinkenden Massinger mitgeschleift. Margaret stützte ihn, so gut sie konnte. Ihre Bewacher gingen neben ihnen her, ohne sich darum zu kümmern, wie Massinger vorankam. Aubrey fühlte sich wieder von den ziehenden, sich verändernden, unwirkliche Phantasieformen bildenden Wolken angezogen. Seine Gedanken schweiften ab.

Er nahm auf dem Rücksitz des schwarzen BMWs Platz, und einer der Bewacher setzte sich neben ihn. Im Scheinwerferlicht sah er Massingers Atemwolken wie Notsignale aufsteigen, als die anderen zur Fahrt zu dem sicheren Haus in einen Mercedes steigen mußten. Dann glitt der Fahrer auf seinen Platz, und

Babbington ließ sich vorn auf den Beifahrersitz fallen, so daß Aubrey der Blick auf die andere Limousine teilweise verdeckt war.
Babbington nickte dem Fahrer zu, er solle hinter dem Mercedes herfahren. Der BMW holperte die mit Schlaglöchern übersäte Zufahrt zu der ins Dorf führenden Straße entlang; seine tanzenden Scheinwerfer beleuchteten die Köpfe der Massingers auf dem Rücksitz des vorausfahrenden Wagens. Die beiden steckten die Köpfe zusammen: wiedervereint, versöhnt, schicksalsergeben.
Aubrey war verärgert und zugleich neiderfüllt. Babbingtons Kopf verdeckte ihm den Blick auf den Mercedes, als der andere sich jetzt zurücklehnte. Sein Bewacher hockte schweigend neben ihm und paßte kaum auf ihn auf, weil er bereits von der Harmlosigkeit dieses alten Mannes überzeugt war.
Ja, die Massingers – das hatte er auf den ersten Blick erkannt, als er sie zusammen gesehen hatte; das hatte er trotz seines Schocks über Margaret Massingers Anwesenheit in der Jagdhütte erkannt – hatten sich mit ihrem Schicksal abgefunden und fanden Trost in der Tatsache, daß sie wieder miteinander vereint waren. Darum beneidete er sie, denn er würde allein sterben müssen.
Nach allem, was Babbington gesagt hatte, besaß sein Plan den Vorzug, einfach und wirkungsvoll zu sein. Jedermann würde sehen, daß der KGB einen seiner Spitzenagenten befreite. Die Massingers würden ihn nach Moskau begleiten . . .
Hier hatte die Sache einen Haken . . .
Aubrey schluckte trocken. Nein, es gab keinen Haken, wenn man nur brutal genug vorging. Die Männer, von denen sie in dem sicheren Haus der Außenstelle Wien bewacht werden würden, nachdem sie Parrish und seinen Leuten überstellt worden waren, würden bei der Befreiungsaktion sterben. Die Massingers würden spurlos verschwinden. Die Leichen der Bewacher würden unwiderlegbar beweisen, daß der KGB sich seinen Mann zurückgeholt hatte. Was die Massingers betraf, gab es keine Augenzeugen, die sie jemals in seiner Gesellschaft gesehen hatten.
Und selbst falls einer der Bewacher überleben sollte, brauchte Babbington dem Stationsleiter Parrish – und Guest und allen

sonstigen Interessierten – nur zu erklären, der KGB habe die Massingers entführt, um sie zum Schweigen zu bringen. Unbeteiligte, zufällige Opfer …

Das brauchte nicht einmal logisch und schlüssig zu sein. Niemand würde sich noch für die ungeklärten Details interessieren, sobald die Leichen gezählt waren und Aubrey in Begleitung seiner *Freunde* vom KGB verschwunden war!

Er ballte die Hände zu nutzlosen Fäusten, bemühte sich, seinen Ärger herunterzuschlucken, und schloß die Augen. Sie hatten das Dorf bereits verlassen, und die Scheinwerfer entgegenkommender Wagen blendeten Aubrey. Er bildete sich ein, Elsenreith lächelnd vor sich zu sehen: mit einem von zuckenden Lichtern umgebenen Kopf, als schieße hinter ihm Artillerie Sperrfeuer. Etwas weiter im Hintergrund stand Clara mit schmalem, unterernährten Gesicht, wie er sie damals kennengelernt hatte. Und wegen Clara – Liebe? Ja, vielleicht. Jedenfalls gegenseitige Achtung und Freundschaft wie mit keiner anderen Frau …

Wegen Clara: Castleford.

Trotz geschlossener Augen nahm Aubrey eine endlose Schlange entgegenkommender Lichter wahr. Sie mußten auf die Autobahn abgebogen sein. Er öffnete die Augen und sah, daß er richtig vermutet hatte. Dann sah er wieder die beiden Köpfe in dem Mercedes vor ihnen, die ihn an die Köpfe von Schaufensterpuppen oder Leichen erinnerten …

Elsenreith, Clara, Castleford.

Er hatte sich noch niemals so niedergeschlagen, allein und hoffnungslos gefühlt – nicht einmal in Ostberlin, im russischen Sektor, wie dieser Teil der Stadt damals geheißen hatte. Noch niemals so hilflos, so völlig ohne Hoffnung …

Damals hatten seine Leute ihn befreit: Sie hatten ihn vom Rücksitz der Limousine gezerrt, die sie mit einem kleinen Lastwagen gerammt hatten, während er von einem Gefängnis ins andere transportiert werden sollte. Aubrey hatte nicht erwartet, gerettet zu werden, aber er hatte trotzdem auf Rettung gehofft. Diesmal konnte, durfte er nicht hoffen.

Castlefords Gesicht. Sein jammerndes, bittendes, beschämtes Gesicht. Dann sein hinterlistiges, hellwaches, verräterisches, gefährliches Gesicht. Und zuletzt sein totes Gesicht in einer

größer werdenden Blutlache auf dem Fußboden seiner Berliner Wohnung.
Sein Gesicht im Keller des ausgebombten Hauses – nein, zuerst sein schlaffes Gesicht auf dem Rücksitz des Wagens, danach sein Gesicht im schwachen Lichtschein der Taschenlampe, während Aubrey im Keller der Ruine ein Grab für Castleford ausgehoben hatte. Er erinnerte sich noch an die Anstrengung, die es ihn gekostet hatte, ein Mauerstück so zum Einsturz zu bringen, daß es Castleford und sein starres, weißes, anklagendes Gesicht bedeckte.
Sie fuhren nach Nordosten durch die Außenbezirke von Wien in Richtung Donau. Clara war in Wien gewesen; sie hatten sich dort wiedergesehen; er hatte ihr geholfen, ihre Firma aufzubauen . . .
Sein Gedächtnis hielt sich nicht lange bei Erfolgen auf. Statt dessen hörte er Castlefords schuldbewußte Stimme, während er sein Geständnis ablegte. Die Falle war zugeschnappt, als einer der cleveren, sportlichen, glänzenden jungen Männer – jetzt mit abgebrochenen Fingernägeln und sichtlich Hunger leidend – ihn angefleht hatte, ihn vor den Nazijägern in Sicherheit zu bringen. Dann war ein weiterer Angehöriger der Gruppe, die Castleford in den dreißiger Jahren in Clivenden und auf anderen Landsitzen kennengelernt hatte, bei ihm aufgekreuzt; danach ein dritter . . .
Und dann war Elsenreith gekommen und hatte Castleford auseinandergesetzt, für wen und unter welchen Bedingungen er in Zukunft zu arbeiten habe. Und Castleford hatte weitergemacht, weil es für ihn keine Alternative gab: Er hatte Kriegsverbrechern zur Flucht vor der Justiz verholfen.
Jetzt saß Aubrey ebenso sicher in der Falle wie Castleford damals.
Innerhalb weniger Stunden, noch in dieser Nacht, würden sie kommen, um ihn abzuholen. Dabei würden die Bedauernswerten, die in dem sicheren Haus zurückblieben, um die drei Gefangenen zu bewachen, den Tod finden. Oder die anderen würden einen Überlebenden zurücklassen, damit er wie Ismael Bericht erstatten konnte. Und er und die Massingers würden noch vor Tagesanbruch an Bord eines Flugzeuges nach Moskau gehen.

Die Donau glänzte im Licht der Straßenbeleuchtung, dann verließ der BMW die Brücke und fuhr nach Norden weiter. Aubrey begann die Häuserfronten auf beiden Straßenseiten, die entgegenkommenden Fahrzeuge zu beobachten. Er betäubte seinen Verstand mit flüchtigen Eindrücken.

In der Dunkelheit hielt Hyde das Leuchtzifferblatt seiner Armbanduhr dicht an sein Gesicht; das Glas beschlug, als es von seinem Atem getroffen wurde. Er wischte es trocken, um die Uhrzeit ablesen zu können.
Der Putzmittelgeruch war stark und durchdringend. Hydes Magen rebellierte dagegen. Er hatte schon zu lange auf Suk gewartet, zu lange darauf gewartet, in die Untergeschosse des Gebäudes geführt zu werden ... das Einschleusungsunternehmen war kurz davor, abgebrochen zu werden ...
Hyde schüttelte energisch den Kopf, um auf andere Gedanken zu kommen. Um ihn herum lag das jetzt unsichtbare Strandgut eines Haushaltswarengeschäfts: alte Staubsauger, Mops, Besen, Putzkübel, Spinde und Regale. Die Pistole drückte gegen seine Hüfte, als er mit dem Rücken zur Wand dasaß.
Er sah erneut auf die Uhr. Die Zeit wurde allmählich knapp. Suk war vor einer Dreiviertelstunde zu seinem Erkundungsgang aufgebrochen, von dem er nach spätestens einer Viertelstunde hätte zurückkommen müssen ... Der Posttechniker war vermutlich seit über einer halben Stunde, vielleicht sogar schon seit einer Stunde im Computerraum unter dem Hradschin ...
Wo bleibt Suk?
Der Korridor draußen war still und leer.
Suk hatte Mist gebaut, sich verdächtig gemacht, sich schnappen lassen ... oder er war einfach abgehauen. Zumindest hatte er die Sache hinausgezögert, bis es ohnehin zu spät war.
Daraus wird nichts! hörte Hyde eine innere Stimme laut und deutlich sagen. Die Sache geht schief.
Die Sache geht schief – und du sitzt in der Falle ...

16

Im Labyrinth

Licht flammte auf . . .

Hyde schrak hoch, richtete sich die Wand hinaufrutschend auf und hatte die Pistole sofort im Anschlag. Ihr Lauf zitterte anfangs noch leicht – eine Reaktion auf sein Erschrecken –, aber dann zielte er unbeweglich auf . . .

. . . auf Suks Magen. Auf *Suks* Magen . . .!

Seine Knie wurden weich. Suks Gesicht spiegelte seinen eigenen Schock und seine Erleichterung wider.

«Verdammt noch mal!» fauchte Hyde aufgebracht. «Wo haben Sie gesteckt, Sie Idiot?»

«Kommen Sie, kommen Sie schnell!» drängte Suk. Seine hagere, leicht gebeugte Gestalt lehnte an der Tür, die er verstohlen hinter sich geschlossen hatte. «Bitte . . .»

«Sie sind vor über einer Stunde . . . wo haben Sie gesteckt, Mann, wo sind Sie gewesen?»

«Sie müssen sofort mitkommen, bitte, Sie müssen gleich kommen . . .!» flehte der Tscheche.

Hyde bewegte sich auf steifen Beinen.

«Warum? Was ist schiefgegangen?»

Suk schüttelte heftig den Kopf. «Nein, nein, nichts ist schiefgegangen . . . Ich . . .»

«Was?»

«Ich . . . für mich ist's nicht leicht gewesen, weit genug vorzudringen, um zu wissen, was . . . Als ich endlich hingekommen bin, ist der Techniker . . .»

«Ja?»

«Der Techniker ist bereits dagewesen, aber ich hab nicht gewußt, wie lange schon . . . Das mußte ich erst feststellen – ich konnte nicht früher zurückkommen . . .»

Suk schien in sich zusammenzusinken, bis er nur mehr Hydes Größe hatte, als wolle er Vorwürfen oder Schlägen ein möglichst kleines Ziel bieten. Er schwitzte stark. Hyde roch ihn auch: Der Schweißgeruch überlagerte die Gerüche, an die er sich während seiner Wartezeit gewöhnt hatte.

«Nur zehn Minuten zuvor ... Ich schwöre Ihnen: nur zehn Minuten ...» beteuerte Suk.
Hyde nickte und sah dann auf seine Armbanduhr.
«Eine Stunde und zwanzig Minuten – okay, bringen Sie mich hin.»
Er starrte Suk an, aber Drohungen erschienen ihm überflüssig, sogar unangebracht. Und seine eigene Nervosität war so groß, daß sie seine Aussprache zu beeinflussen drohte, so daß er lediglich hinzufügte: «Los, Suk, führen Sie mich runter!»
Hyde schlüpfte in den weißen Laborkittel, den Suk ihm gegeben hatte, und befestigte seinen Dienstausweis mit Name, Foto und weiteren Details, der in einer Klarsichthülle steckte, an der Brusttasche. Er steckte die Pistole ein und wog seinen mit Handbüchern und Schriftstücken gefüllten Aktenkoffer prüfend in der linken Hand. Dann tastete seine rechte Hand nach den anderen Unterlagen in der Tasche des Laborkittels. Suk öffnete die Tür mit übertriebener, fast komischer Vorsicht und schlüpfte in den Korridor hinaus. Hyde folgte ihm.
Suks Flüstern lockte ihn wie die Melodie eines Schlangenbeschwörers durch die Gänge und die Treppe zu den Kellergeschossen unter dem Präsidialamt hinunter, in denen der KGB seinen strengbewachten Computerraum im Schutz der Felsen des Prager Burgbergs eingerichtet hatte.
Er sah die Schulter des Wachpostens – der ersten Hürde bei seinem Hindernislauf. Selbst wenn er sie überwand, würden noch weitere vor ihm aufragen, und hinter ihnen allen lauerte die Gefahr, daß der Posttechniker bereits gegangen und der Defekt verschwunden war, so daß Hydes Anwesenheit unnötig und sofort verdächtig erscheinen mußte.
«Ich tappe in eine Falle, nur weil Sie zu dämlich gewesen sind, um Ihren Auftrag richtig auszuführen!» flüsterte er dem anderen wütend ins Ohr.
Er hörte Suks keuchenden Atem laut wie ein Alarmsignal. Suk schüttelte heftig den Kopf.
«Nein ...», protestierte er.
«Verschwinde!»
Der Australier schob ihn schulterzuckend von sich fort. Suk wich wie ein eingeschüchterter, übertrieben theatralischer Diener zurück und flüsterte dann: «Ich ... ich warte ...»

Entlang des Geländers, das in die grüne Wand des ins nächste Kellergeschoß hinunterführenden Treppenhauses eingelassen war, verlief ein roter Streifen. Er kennzeichnete einen Gebäudeteil mit strengsten Sicherheitsmaßnahmen. Zutritt für Unbefugte strengstens verboten. Kein Zutritt ohne Dienstausweis und genaue Überprüfung. Hyde starrte erneut die Schulter des Wachpostens an. Der die Treppe hinunterführende rote Streifen befand sich in gleicher Höhe mit dem Scharfschützenabzeichen am Oberarm des Uniformierten. Der Lauf seiner umgehängten Maschinenpistole ragte in Richtung Treppe, als spüre sie Hyde bereits, als warte sie auf ihn.
Zwölf Stufen – dann hatte er nur noch den an seiner Brusttasche befestigten Dienstausweis und die übrigen Papiere, mit denen er dem ersten Wachposten entgegentreten mußte. Und falls es ihm gelang, diese Eingangskontrolle zu passieren, befand er sich genau zwischen der MP-Mündung, die er dort unten sah, und der Kalaschnikow des nächsten Wachpostens. Im Kreuzfeuer, falls sie auch nur den geringsten Verdacht hegten …
Zwölf Stufen.
Sein Fuß berührte die unterste Stufe, und der Wachposten drehte sich überrascht nach ihm um. Hyde starrte in das junge, sommersprossige, offene Gesicht und wußte dabei genau, daß er diesen Posten würde erschießen müssen, falls er verdächtigt oder gar enttarnt wurde und fliehen mußte. Der schmale Gang und die Treppe stellten den einzigen ihm bekannten Ausgang aus dem Computerraum dar.
Scharfschützenabzeichen, KGB-Streifen. «Guten Abend, Genosse», sagte Hyde lässig, während er seinen angehängten Ausweis vorwies und die Schriftstücke in seiner rechten Hand schwenkte, als sei er dabei, den jungen Wachposten öffentlich zu hypnotisieren.
Er wartete nervös auf die Reaktion des Uniformierten. Der Posten verglich das Ausweisfoto mit Hydes Gesicht, las murmelnd die Angaben zur Person …
Und nickte. Hydes Hand – zumindest seine Finger – hatte in seinem Kreuz gelegen, wo die Pistole jetzt in seinem Hosenbund steckte. Seltsamerweise warf der Uniformierte jetzt einen Blick auf die ausgebleichten Jeans und die Trainingsschuhe mit

den drei Streifen, die Hyde unter seinem weißen Kittel trug. Und dieser Anblick schien ihn erst recht zu überzeugen. Hydes rechte Hand kam wieder nach vorn und öffnete die Schlösser des Aktenkoffers, den er wie ein Tablett auf der linken Handfläche balancierte. Der Wachposten beugte sich darüber. Sein Ohr befand sich dicht vor Hydes Gesicht, als erwarte er eine geflüsterte Beichte. Seine Finger – abgebissene Nägel, aber sauber – blätterten in den Computerausdrucken, der Fachliteratur, den Ringheften und den Handbüchern.

«Danke, Genosse», sagte der Wachposten schließlich in achtungsvoll-vertrautem Tonfall. Sie standen auf der gleichen Seite, gehörten dem selben Club an: Russen in der Tschechoslowakei – KGB-Russen. Godwin hatte ihm versprochen, daß sein Dienstausweis jeder Überprüfung standhalten würde. Bisher hatte er recht behalten.

Hyde schlenderte mit gespielter Gleichgültigkeit den mit einem roten Streifen gekennzeichneten Korridor entlang, an dessen Ende der nächste Wachposten stand, der die Ausweiskontrolle durch seinen Kameraden beobachtet hatte. Hier roch es bereits nach Ozon und gefilterter Luft aus einer Klimaanlage. Am Ende des Korridors, von dem weitere Treppen in andere Kellergeschosse abzweigten, befand sich eine Art Eingangshalle mit Spiegelwänden, Sitzgruppen und einem Heißgetränkeautomaten. Hyde sah einen Gummibaum, der hier unten völlig fehl am Platz war, und Magazine auf Glastischen – wie im Empfangsraum einer neugegründeten Firma, die Besuchern imponieren will. Hinter wandhohen Glastrennwänden lagen die Computerräume. Männer in weißen Kitteln und mit grauen Stoffüberschuhen. Schilder *Rauchen verboten*, Sicherheitshinweise . . . der zweite Wachposten.

Diesmal genügte ein flüchtiger Blick auf Hydes am Laborkittel getragenen Dienstausweis, um den Uniformierten zur Seite treten zu lassen. Hyde spürte Herzschlag und Atmung für Sekundenbruchteile langsamer werden, obwohl er kaum langsamer ging, während er die erste Tür aufstieß und über die Schwelle trat. Zwei, drei Operatoren zwischen den Metallkästen. Einer von ihnen war mit einer durchsichtigen Diskettenbox zu einem Computer unterwegs; der Schichtleiter und ein weiterer Opera-

tor beobachteten ein aus dem Drucker kommendes Endlosformular. Die Nachtschicht.
Hohe Decke, ein langgestreckter Raum unter blendend hellen Leuchtstoffröhren, in Reihen angeordnete Bildschirme und Terminals. Aus einem der hundert in den Fußboden eingelassenen Lüftungsschlitze blies kühle Luft in Hydes Hosenbeine. Dicke Kabel- und Leitungsstränge kamen aus dem Boden und führten direkt in die wie Karteischränke aufgereihten Metallkästen, die fast alle orange waren und das Firmenzeichen ICL trugen. Genau wie Godwin gesagt hatte: britische Computer.
«Wo ist der Posttechniker, Genosse?» rief Hyde fragend. Ein bärtiger junger Mann, der seinen Bleistift wie einen Dolch quer zwischen den Zähnen hatte, sah von einem Stapel Ausdrucke auf. Er nickte lediglich, als könne er sich Hydes Funktion und Auftrag vorstellen, und machte eine vage Handbewegung. Hyde ging rasch in die angedeutete Richtung weiter. Falls der Defekt bereits verschwunden war, weil die Kurzzeitbatterie inzwischen erschöpft war, falls der Techniker die sowjetische Botschaft angerufen und einen Systemtest verlangt hatte, falls der wirkliche Tester bereits hierher unterwegs war, falls, falls, falls . . .
Hyde bewegte sich durch eine fremdartige, mechanische Landschaft auf den Hochsicherheitsbereich zu. Einer der Posten trat vor, warf einen Blick auf Hydes Ausweis und nickte. «Noch immer nicht in Ordnung?» fragte Hyde den Posttechniker, der ihm den Rücken zukehrte, über ein auf der Computerkonsole aufgebautes Meßgerät gebeugt saß und einen offenen Werkzeugkasten neben seinem Drehstuhl stehen hatte. Der Mann winkte unwillig ab. Hyde zuckte mit den Schultern. Irgend jemand grinste und deutete mit einer Handbewegung die Wichtigkeit des Telefongesprächs an, das der Techniker soeben führte.
Der Hochsicherheitsbereich war durch Glaswände von dem übrigen Computerraum abgetrennt. Überflüssig, aber der gewohnten, zwanghaften Gründlichkeit höherer KGB-Dienststellen entsprechend. Das Ganze war auch eine Statusfrage. KGB-Offiziere, die zwar an einem Terminal arbeiten konnten, aber nicht viel Ahnung von Computern und ihren Programmierern und Operatoren hatten und sie deshalb verachteten, wür-

den diese optische Barriere, diesen Abstand zu den Leuten in den weißen Kitteln genießen. *Zivilisten.*
Der Posttechniker telefonierte mit der Abteilung Registratur und Archiv in der Moskauer Zentrale. In der rechten Hand hielt er eine offenbar ausgewechselte Platine, mit der er sich Luft zufächelte. In einem ähnlichen Raum am anderen Ende war ein weiterer zuverlässiger, sicherheitsüberprüfter Techniker dabei, die Leitung von Moskau aus zu testen. Vom Terminal über Scrambler und Modem in die Telefonleitung: Die beiden Männer schickten Signale mit bekannter Frequenz durch die Leitung und das System und lasen die am anderen Ende angezeigten Werte ab.
Hyde erinnerte sich daran, daß die Ursache der Störung keine eineinhalb Kilometer vom Hradschin entfernt zu finden gewesen wäre. Der Techniker hätte sie längst finden müssen... *Intermittierend* – ruhig Blut, sie tritt nicht lange genug auf, um geortet zu werden. *Sie hätte bereits verschwinden sollen*, überlegte er sich. 22.56 Uhr.
Der Techniker legte den Hörer auf und drehte sich nach Hyde um. Sein rundes Gesicht war gerötet, und er hatte Schweißperlen auf der Oberlippe. «Nichts, überhaupt nichts ist in Ordnung – vor allem bei den Moskauer Arschlöchern nicht!» sagte er aufgebracht. Auf dem Bildschirm sah Hyde grüne Zeichen... vielleicht Informationen einfacher Art? Ja, Fußballresultate aus Moskau. Hoffnungslos verworren. Ein Gewirr aus kyrillischen Buchstaben, Lücken, Zahlen, Symbolen und Halbzeilen.
Im nächsten Augenblick löste sich das Gewirr wie durch ein Wunder auf. Als der Techniker nickte, löschte der Offizier die Fußballresultate und rief sie dann erneut ab. Sie erschienen säuberlich geordnet auf dem Bildschirm. Dynamo Tiflis – Dynamo Kiew 2 : 1, Zenit Leningrad – Spartak Moskau 3 : 0...
«Sehen Sie?» fragte der Posttechniker aufgebracht. «Haben Sie *das* gesehen?»
«Nur keine Aufregung, Jan», sagte einer der Wachposten beschwichtigend. «Willst du noch einen Kaffee?»
Der Mann war hier offenbar gut bekannt. Die KGB-Angehörigen schienen seine freimütige Ausdrucksweise und sein Schimpfen nicht nur zu tolerieren, sondern sogar amüsant zu finden.

Lediglich der Offizier wirkte leicht indigniert, aber er hielt den Mund, um nicht als humorlos oder kleinlich zu gelten.
«Ach, das Gesöff aus dem Automaten kann ich schon nicht mehr riechen!» knurrte der Techniker.
«Diesmal koche ich ihn selbst – das dauert nicht lange», versicherte ihm der Uniformierte.
«Dann natürlich gern, Georgij!»
Hyde sah eine Moulinex-Kaffeemaschine auf einem Schreibtisch in einer der Kabinen stehen. «Für Sie auch, Genosse?» fragte Georgij ihn. Hyde schrak unmerklich zusammen und rang sich dann ein Lächeln ab.
«Ich bin rübergekommen», begann Hyde, der seine Legende wie die bittere Klebrigkeit einer Briefumschlaggummierung auf der Zunge spürte, «weil wir Ihren Bericht erhalten haben . . .» Er sah zu dem Offizier hinüber, der zustimmend nickte. «Gegen zwanzig Uhr, stimmt's?»
«Zwanzig Uhr fünf.» Der Offizier war pedantisch, aber keineswegs unsympathisch. «Ich habe veranlaßt, daß einer unserer erfahrenen Programmierer sich den Salat ansieht, und er hat auf eine Störung in der Überlandleitung getippt. Deshalb haben wir die Botschaft benachrichtigt und unseren widerstrebenden tschechischen Genossen Zitek angefordert.» Er lächelte. Hyde lächelte ebenfalls und wartete. «Wir kennen uns noch nicht», fügte der Offizier leichthin mit milder, höflicher Neugier hinzu.
Hyde nickte und fuhr sich mit der Zungenspitze über die trokkenen Lippen. «Ich bin erst seit einigen Tagen in Prag. Auf dem Dienstplan steht mein Name, deshalb bin ich jetzt hier – wahrscheinlich die ganze Nacht lang, wie's bisher aussieht.»
«Das nennt man Pech. Ich bin Leutnant Stepanow.»
«Radtschenko», murmelte Hyde seinerseits. «Jurij Radtschenko.» *Vorsicht!* ermahnte er sich. Bekanntschaft ist so gefährlich wie Schlafmangel oder ein Zweierteam von mit Zuckerbrot und Peitsche arbeitenden Vernehmungsoffizieren. Nimm dich in acht, damit du nichts Falsches sagst, nichts Falsches denkst.
«Zitek?»
«Ja?»
«Irgendein Zeitfaktor – irgendeine Regelmäßigkeit . . .?»

«Vergeuden Sie Ihre Zeit nicht mit Fragen. Ich hab noch nichts rausgekriegt, seitdem ich hier sitze – seit eineinhalb Stunden.»
Georgij war in die Glaskabine getreten und rauchte heimlich eine Zigarette. Seine linke Hand fächelte den blauen Rauch in regelmäßigen Abständen zu dem in die gemauerte Rückwand der Kabine eingelassenen Lüftungsgitter hinauf, während er die Kaffeemaschine beobachtete. Hyde starrte wie hypnotisiert auf seine Armbanduhr.
23 Uhr . . . 23.02, 23.03, 23.05 Uhr . . . Kostbare Minuten verstrichen, während er Stepanow zuhörte.
Dann war der Leutnant endlich mit seinem Bericht über seinen Urlaub auf der Krim fertig und nickte Zitek zu. Der Techniker sah erneut auf seine Armbanduhr, griff nach dem Telefonhörer und wählte die Nummer in Moskau. Er sprach mit seinem russischen Kollegen, nickte zwischendurch mehrmals nachdrücklich und drehte sich nach den anderen um, während er den Hörer auflegte: «So, das wär's! Acht Minuten ohne die geringste Störung. Damit ist der bisher längste störungsfreie Zeitraum ums Doppelte überboten – und ich erkläre, daß der Systemdefekt sich in Luft aufgelöst hat!»
«Das hoffen Sie zumindest», stellte Hyde fest und vergrub die Hände in den Taschen des Laborkittels, um sich nicht durch ihr Zittern zu verraten. Sich Stepanows Urlaubserlebnisse anhören, den Kaffee trinken, Ziteks breiten Rücken in den blaugrauen Overall beobachten und warten, warten, *warten* zu müssen, war fast unerträglich gewesen.
«Noch fünf Minuten, einverstanden? Den ersten Test führe ich in fünf Minuten durch.»
«Einverstanden», stimmte Zitek widerstrebend zu.
Das Telefon klingelte und ließ die Hand des Posttechnikers überrascht zurückzucken. Hyde fühlte, daß ihm der Schweiß ausbrach.
«Zum Teufel mit dem Moskowitern!» knurrte Zitek und machte ein böses Gesicht, während er den Hörer ans Ohr führte. «Ja, hier ist Zitek – was?» Er hielt den Hörer Stepanow hin. «Für Sie, Leutnant.»
Stepanow machte ein dienstbeflissenes Gesicht, als sei er im Begriff, einem Vorgesetzten persönlich gegenüberzutreten. Er nahm Haltung an und rückte seine Uniformkrawatte zurecht.

«Ja? Jawohl, Genosse Oberst – ja, ja . . .» Sein Ohr, das Hyde im Profil sah, wurde rot. «Anscheinend . . . anscheinend hat der Defekt sich von selbst gegeben. Ja, ich verstehe . . . Ich weiß natürlich, wie wichtig eine schnelle Wiederherstellung der . . . ja, er ist hier . . .» Stepanow drehte sich sichtlich erleichtert nach Hyde um, der widerstrebend nach dem hingehaltenen Hörer griff.

«J-ja», sagte Hyde und räusperte sich. «Radtschenko, Genosse Oberst – ja, Systemtester.» Er wartete. Die Stimme aus der Moskauer Zentrale klang barsch, befehlsgewohnt. Radtschenko gehörte tatsächlich zum Personal der sowjetischen Botschaft in Prag und war erst vor kurzem hierher versetzt worden. Aber obwohl Godwin ihm versichert hatte, niemand werde diese Tarnung durchschauen, fühlte Hyde sich durch die Stimme des KGB-Obersten gründlicher durchleuchtet als durch die hiesigen Kontrollen.

«Gut, führen Sie Ihren Systemtest durch, aber ich verlange, daß Prag noch heute wieder ans übrige System angeschlossen wird. Innerhalb einer Stunde.»

«Genosse Oberst, ein *vollständiger* Test dauert mindestens drei bis vier Stunden . . .»

«Erzählen Sie mir keinen Unsinn! Führen Sie den Test stufenweise durch. Dann können wir das System stufenweise wieder in Betrieb nehmen. Fangen Sie mit . . . mit den gespeicherten Ausbildungsdaten an. Haben Sie dafür ein Testprogramm?»

«Ja, Genosse Oberst. Es prüft die über die Botschaftsangehörigen gespeicherten Daten.»

«Gut, versuchen Sie's damit. Ich will wissen, wieviel Arbeit auf uns zukommt – und ich will's innerhalb einer Stunde wissen. Kapiert?»

«Ja, Genosse Oberst.»

«Eine Stunde bis zur Wiederherstellung der Betriebsbereitschaft. Sagen wir bis Mitternacht. Verstanden, Radtschenko?»

«Jawoll, Genosse Oberst!»

In Moskau wurde aufgelegt. In der abhörsicheren Leitung knackte es, dann war nur noch ein Summen zu hören. Hyde legte ebenfalls auf.

«Da haben wir's!» sagte er lächelnd und zuckte dabei mit den Schultern.

Zitek starrte den Bildschirm an, auf dem nach wie vor die Fußballresultate erschienen. «Alles Gute, Freund», murmelte er. Dann blickte er demonstrativ auf seine Uhr. «Die letzte Störung liegt jetzt schon vierzehn Minuten zurück. Wie ich gesagt habe: Der Systemdefekt hat sich in Luft aufgelöst.»
«Aber was ist daran schuld gewesen?» fragte Stepanow.
«Woher soll *ich* das wissen?» Zitek zuckte mit den Schultern. Er stand auf und reckte sich gähnend. «So, ich verschwinde jetzt. Meine Telefonnummer habt ihr ja – aber nur anrufen, wenn's wirklich *dringend* ist, Kamerad!»
«Klar doch», antwortete Hyde. 23.12 Uhr. Er ließ den Ärmel des Laborkittels über seine Armbanduhr rutschen. «Wird gemacht, Zitek.» Die Fußballresultate standen klar und deutlich auf dem Bildschirm. Die Kurzzeitbatterie im U-Bahn-Tunnel funktionierte endlich nicht mehr. Das Unternehmen lief weiter.
Zitek stand auf, verabschiedete sich mit einem Nicken von den anderen, blinzelte Hyde zu und ging. Stepanow wandte sich erwartungsvoll an Hyde, der Godwins Stimme zu hören glaubte: *Wahrscheinlich erwarten sie, daß du mit den Ausbildungsdaten anfängst. Nicht sonderlich geheim, eher harmlos. Deshalb bekommst du die Personalliste der hiesigen Botschaft mit. Dieser Test gehört zu ihren Standard-Systemtests . . .*
23.13 Uhr.
Hyde legte seinen Aktenkoffer auf die Konsole und klappte ihn auf. Er nahm einen dicken Stapel Endlosvordrucke und ein Metallineal heraus. «Kaffee?» fragte Stepanow. Hyde schüttelte dankend den Kopf. «Ich trinke noch einen», meinte der Russe mit einem Blick in seinen leeren Becher. «Und vielleicht benütze ich den Rauchsalon.» Er lächelte entwaffnend. Hyde erkannte plötzlich wieder, welche Gefahr dieser junge Offizier darstellte: erfahren, intelligent, von seinen Moskauer Vorgesetzten unter Druck gesetzt . . . Er würde in der Nähe bleiben und ihn beobachten. Hyde spürte, wie sich seine Nackenhaare sträubten. *Ausbildungsdaten. Neutraler Sektor.* Harmlos. *Das Kennwort,* hatte Godwin grinsend hinzugefügt, *ist einfach und allgemein bekannt: ‹Herr, erleuchte mich.› Das Motto des Oxforder Wappens. Früher haben sie die Cambridger Devise benützt, aber seitdem Blunt tot ist, haben sie's modernisiert – für die näch-*

ste Agentengeneration. Diesen kleinen Scherz erzählt uns seit Jahren jeder neue Überläufer.
Hyde legte das Lineal unter die erste Zeile der Namensliste und überzeugte sich davon, daß Drucker und Recorder betriebsbereit waren, bevor er sich dem Bildschirm zuwandte. Er löschte die unveränderten Fußballresultate. Der leere Bildschirm leuchtete blaßgrün. Georgij hatte in dem zweiten Drehsessel neben ihm Platz genommen. Der andere Wachposten hatte Stepanow in die Glaskabine begleitet, wo sie unter dem Schild *Rauchen verboten* qualmten.
Los, fang an! Trag dich mit dem Botschaftskode ein.
Er benützte das Kodewort, um Zugriff zum Hauptmenü zu erhalten, und wählte aus dem auf dem Bildschirm erscheinenden Menü das Stichwort Ausbildung. Wie Godwin gesagt hatte, bestand eine ständige On-line-Verbindung zwischen diesen Terminals und dem Moskauer Zentralcomputer, damit die gespeicherten Daten rasch zugänglich waren. Schließlich rechnete niemand damit, daß ein Unbefugter wie Hyde jemals an diese Tastatur gelangte ...
Hyde schrieb den ersten der Namen auf seiner Liste: Abalakin, I.P. Wenige Augenblicke später erschienen sein Ausbildungsgang und seine Qualifikationen auf dem Bildschirm. Hyde verglich die Angaben mit den ausgedruckten Informationen – Godwins eigener Zusammenstellung auf der Grundlage der SIS-Erkenntnisse über das hiesige Botschaftspersonal. Richtig. Er tippte den nächsten Namen: Aladko, I.A. Ein Wasserfall von Informationen. Richtig. Antipin, W.W. Richtig. Baranow, I.K. Richtig.
Georgij kaute sein Brot und raschelte mit der Zeitung. Hyde sah auf seine Armbanduhr, während auf dem Bildschirm Boykos mittelmäßige Qualifikationen erschienen. 23.21 Uhr. Er entschied sich dafür, die Informationen ausdrucken zu lassen, und der Drucker erschreckte Georgij, der eben abbeißen wollte. Hyde stand auf, beugte sich über den Drucker und verglich die Angaben mit denen auf dem Bildschirm. Boyko war nicht besonders hell, aber seine Qualifikationen wurden fehlerlos präsentiert. Chobotow, Dedow, Didenko, Fatajew. Richtig, richtig, richtig.
Der Wachposten faltete sein Butterbrotpapier pedantisch genau

zusammen. Hyde drehte sich nach ihm um. Aus der Zeitung starrten ihn die ernsten Gesichter von Parteifunktionären an.
«Tut mir leid, Georgij», sagte er, «aber das hier dürfen Sie nicht sehen. Nicht befugt, Kamerad. Ich muß die Ausdrucke sogar selbst in den Reißwolf stecken.» Hyde zuckte mit den Schultern. «Ich muß jetzt ihre dienstlichen Verwendungen prüfen. Tut mir leid.»
Georgij sah zu dem Leutnant hinüber, der in der Glaskabine hinter dem Schild *Rauchen verboten* seine zweite Zigarette angezündet hatte. Da der Rauch nicht in den Computerraum entweichen konnte, ignorierten sie das Verbotsschild. Hyde zögerte mit den Händen auf der Tastatur. Er mußte den Wechsel vornehmen, bevor Stepanow zurückkam, denn *er* war zur Überwachung befugt.
Bevor Stepanow, bevor Moskau ihn verdächtigte, bevor das Telefon klingelte ... *Los, los, mach schon!*
Georgij stand behäbig auf und wischte sich den Mund mit einem grauen Taschentuch ab. Er nickte, während er mit der Zungenspitze einen Rest Brot aus einer Zahnlücke beförderte. «Gut, ich hole den Leutnant», murmelte er heiser und schlenderte gemächlich davon.
Fünfzehn Meter.
Godwin hatte ihn ermahnt, jede sich bietende Gelegenheit zu ergreifen. Aber er durfte dabei keinen Fehler machen.
Jetzt?
Jetzt. Hyde starrte auf die kyrillische Tastatur und fand das fremdartige Alphabet sekundenlang verwirrend. Dann sah er plötzlich wieder klar: Er wußte, was jede einzelne Taste bedeutete. *Meine drei letzten Dienstorte in umgekehrter Reihenfolge und ohne Zwischenraum.* Hyde bildete sich ein, Petrunins Stimme zu hören, seine blutnassen Lippen an seiner Backe und seinem Ohr zu spüren. Er fühlte, daß ihm ein kalter Schauer über den Rücken lief.
Hyde löschte die Ausbildungsdaten. Auf dem Bildschirm erschien wieder das Menü: die Aufforderung, gespeicherte Informationen abzurufen. Für die Dienstlichen Verwendungen brauchte er das Kennwort, das Petrunin ihm verraten hatte – seinen Ariadnefaden ins Labyrinth. Er verlangte die Dienstlichen Verwendungen, und der Bildschirm forderte ihn

auf, die Kennwörter einzugeben, die ihn als Befugten auswiesen.
Hyde schrieb: WEISSENÄCHTE WEISSERBÄR WEISSRUSSE. –
FEHLER, antwortete der Bildschirm und verlangte das richtige Kodewort. Dreimal kannst du's versuchen, hatte Godwin gesagt – du hast nur drei Chancen. Dabei hörte er Petrunins Stimme, verdammt noch mal! Dieses schreckliche, haßerfüllte Flüstern. Haß, Zerstörungslust, Angst vor dem bevorstehenden eigenen Tod. Das Schwein hatte ihn belogen . . .!
Hyde sah rasch zu der Glaskabine hinüber, in der die Luft von Zigarettenrauch bläulich war. Georgij zeigte auf ihn, und Stepanow nickte. Dann begutachtete der Leutnant den restlichen Inhalt seines Kaffeebechers und seine erst zur Hälfte aufgerauchte Zigarette. Hyde, der in Schweiß gebadet war, winkte den beiden lässig zu.
Löschen . . . aufhören . . .
Petrunin hatte nicht gelogen.
Er schrieb: WEISSENÄCHTEWEISSERBÄRWEISSRUSSE – ohne Zwischenräume, genau wie das letzte geheime Kennwort, das zu den von Petrunin im Computer gespeicherten Informationen führen sollte!
FEHLER, stellte der Bildschirm unerbittlich fest. Hyde spürte seine Hände zittern. Er bildete sich ein, seine Körpertemperatur steige merklich an – ein außer Kontrolle geratener Kernreaktor, ein in Angst und Schrecken versetzter Organismus. Georgij, Stepanow – das Telefon . . . Moskau konnte ihn jetzt nicht unterbrechen; es mußte ihn weitermachen lassen . . .
Hyde konzentrierte sich und verzog sein Gesicht zu einer fast schmerzlichen Grimasse, während er sich über die Tastatur beugte, als wolle er sie beschwören. Petrunins Stimme flüsterte heisere, kaum verständliche Worte. Hyde hörte zu und schrieb dann wie in Trance:
WEISSENÄCHTEWEISSRUSSEWEISSERBÄR.
Das Kodewort verschwand. Hyde öffnete die Augen. PASSWORT KORREKT. Der Bildschirm fragte ihn, was er wissen wolle, welche Informationen er wünsche, welche Auskünfte er benötige.
Hyde schrieb Petrunins Namen, seinen Dienstgrad und seine

Vornamen. Danach gab er seine KGB-Personenkennziffer an. Er sah wieder zu der Glaskabine hinüber. Stepanow hatte sich noch nicht bewegt; er hob lediglich seinen Kaffeebecher an die Lippen. Rechts von Hyde erstreckte sich der Computerraum bis ins Vage – die Strecke, die er auf der Flucht überwinden mußte. Petrunins dienstliche Verwendungen erschienen stichwortartig zusammengefaßt auf dem Bildschirm. Hyde würdigte sie keines Blicks. Er kannte die drei letzten: London, Erste Hauptverwaltung in Moskau, Kabul.

Als der Computer das nächste Kennwort verlangte, tippte Hyde deshalb: KABULMOSKAULONDON.

Leer. Der Bildschirm blieb leer ...!

Hyde wußte – fast durch Telepathie oder Spiritualismus –, daß Petrunin als letzten Dienstort Kabul eingegeben hatte. Der Russe hätte eine früher eingegebene Paßwortsequenz notfalls sogar geändert, um Kabul einzubeziehen. O ja, das hätte er getan ...

Los, komm schon, *komm schon ...*

Während der Bildschirm leer blieb, spürte Hyde, daß die Umleitung funktionierte und der Computer den Tumor suchte, den Petrunin ihm eingepflanzt hatte. Er suchte, suchte, suchte – und wurde fündig!

Ein Gedicht. Keine Informationen, sondern ein vierzehnzeiliges russisches Gedicht, das wie ein sanfter grüner Wasserfall über den Bildschirm plätscherte. Normalerweise hätte es auf eine Störung schließen lassen, aber Petrunin hatte ihn davor gewarnt. Trotzdem mußte Hyde sich beherrschen, um nicht abzubrechen und zum Menü zurückzugehen, wie es jeder andere Benutzer, der zufällig auf Petrunins Geheimnis gestoßen wäre, getan hätte. Ein Gedicht, das jeden auf eine falsche Fährte locken mußte. Ein trauriger Abschied. Irgend etwas über Karriere und Liebe und die daraus entstehenden Konflikte. Petrunin in sentimentaler, von Selbstmitleid triefender Stimmung. Hyde hatte keinerlei Zweifel daran, daß ein jüngerer, weit jüngerer Petrunin dieses Gedicht geschrieben hatte. Eine einzelne Träne, die Landschaft, von der die Liebenden umgeben waren, und ein davongleitender Schwan. Hyde verzog das Gesicht.

Stepanow war aufgestanden und griff nach der Türklinke. Vierzehn Zeilen. *An Lara.* Hyde mußte sich beherrschen, um nicht abzubrechen. Aber Stepanow schien es keineswegs eilig zu haben. Das Gedicht verschwand. Hyde schaltete den Recorder ein. *Auf keinen Fall ausdrucken lassen!* hörte er Godwins warnende Stimme. Seine Hand zuckte von dem Drucker zurück, als sei das Gerät glühendheiß. Stepanow schloß die Glastür hinter sich; er kam langsam näher. Abbrechen ...

Nein! Noch nicht ...

Buchstaben. Wörter strömten hastig auf den Bildschirm, als würden sie nicht von Hyde, sondern von Petrunin selbst zur Eile angetrieben. Skandalgeschichten aus dem Politbüro. Familienskandale, Nepotismus, Sittenlosigkeit, Schmuck, Datschas, Pelze, Gelage ...

Stepanow lächelte freundlich, hatte offenbar keinen Verdacht geschöpft. Hyde wollte noch nicht abbrechen; sein Blick wanderte von dem Leutnant zum Telefon und wieder zum Bildschirm.

... Häuser, Geliebte, Bankkonten im Ausland, Liebhaber, Bestechung, Unterschlagung, Geld, Geld, Geld, Pädophilie ...

Es gab keine Abkürzung. *Träne* war irgendwo hinter diesem Wust an Informationen versteckt, aber Petrunin war gestorben, bevor er Hyde die Paßwörter für die Unterabteilungen des gespeicherten Materials hatte anvertrauen können. Die Skandalmeldungen kamen und gingen weiter, als handele es sich um Titelseiten der Regenbogenpresse. Peinliche Details über Mitglieder des Politbüros und des Zentralkomitees, Einzelheiten über laufende Auslandsoperationen der Ersten Hauptverwaltung, die Namen im Ausland tätiger Geheimagenten ... lauter nützliche, teilweise sehr wertvolle Informationen – aber Hyde wollte nur einen Namen, den Namen eines mit einem bestimmten Unternehmen in Verbindung stehenden Mannes.

Mit dem Unternehmen *Träne.*

Komm schon, komm schon – den Namen, den *Namen ...*

Bitte ...

Das Telefon klingelte. Hyde fuhr zusammen, als habe er einen elektrischen Schlag erhalten.

Paul Massinger sank kraftlos auf den Rand der großen gußeisernen Badewanne mit ihren auf Kugeln stehenden Prankenfüßen und starrte seine wieder blutende Beinverletzung an. Er atmete keuchend. Margaret, die ihn den Korridor entlang gestützt hatte, wirkte ausgepumpt. Ihr blondes Haar fiel ihr ins blasse, teilweise geschwollene Gesicht. Massinger hatte starke Schmerzen. Seine Hände umklammerten den Wannenrand, um seinen zitternden Oberkörper aufrechtzuhalten. Beach, der an der Tür stehengeblieben war, wirkte ehrlich besorgt. Er hielt seine Pistole in der Hand und schien wachsam zu sein – aber er war auch besorgt. Er hielt Massingers Schmerzen für unglücklich, sogar unnötig. Auch Aubrey war überrascht gewesen, als die Schußwunde plötzlich wieder aufgebrochen war. Aber der Alte war in tiefste Verzweiflung versunken. Er schien zu keiner Willensäußerung mehr imstande zu sein und konnte offenbar nicht einmal Bedauern oder auch nur Angst empfinden. Als ob er vor Verzweiflung leicht hypnotisiert sei.

«Kannst du . . . Margaret, hilf mir bitte, die Hose auszuziehen . . .», flüsterte Massinger heiser. Er brauchte nicht zu schauspielern. Sein Bein tat verdammt weh. Er sah auf seine Armbanduhr. 23.20 Uhr. Nicht mehr allzu viel Zeit; sie mußten sich beeilen . . .

Margaret trat auf ihn zu. «Kannst du dich ein bißchen hochstemmen, Paul? Wenn du dich auf die Arme und das andere Bein stützt . . .» Sie löste seinen Gürtel und machte sich behutsam daran, ihm die Hose auszuziehen, damit die Blutung zum Stehen gebracht und die Wunde versorgt werden konnte. Massinger spürte erneut die Tischkante, an der er sich die Verletzung absichtlich wieder aufgerissen hatte, und stöhnte schmerzlich.

Komm schon, Beach . . .! Der Mann bewegte sich unwillkürlich, als habe dieser stumme Befehl ihn erreicht. Komm schon . . .

Massinger ächzte laut. Margaret rief ängstlich seinen Namen. Beach trat näher heran, streckte die linke Hand aus, um Massinger zu stützen, ließ die rechte Hand mit der Pistole herabhängen . . .

Massingers Faust traf Beachs Kopf etwas zu hoch – über der Schläfe. Margaret warf sich gegen ihn und kippte ihn nach vorn über die Badewanne. Massinger griff nach der Pistole, berührte die Waffe, packte zu und hielt sie fest. Beachs Gesicht war vor Wut verzerrt. Er wehrte sich, schlug nach Massinger und traf dann Margaret, die zurückstolperte und gegen die Wand hinter ihr prallte. Ihr Haar fiel ihr ins Gesicht, und sie mußte es mit beiden Händen zurückstreichen, um wieder sehen zu können. Beach hatte sich auf Paul geworfen und beugte ihn nach hinten über die Wanne. Pauls Gesicht war vor Anstrengung und Schwäche blaß. Beach besaß die Oberhand, er war stärker ... aussichtslos ...

Was konnte sie tun? Margaret war sich ihrer geringen Körperkraft, ihres Mangels an Größe und Gewicht im Vergleich zu Beachs durchtrainierten Muskeln und Reaktionen bewußt. Er holte wieder aus. Seine Faust traf Pauls Kinn. Das ganze Gesicht ihres Mannes schien außer Form zu geraten.

Wasserkrug. Eine Schäfer- oder Jagdszene. Pferde, Menschen in Kostümen des 18. Jahrhunderts.

Wasserkrug und Waschschüssel standen auf einem Hocker im Bad – staubig, unbenützt. Margaret berührte den Henkel. Paul stöhnte ...

Sie packte den Henkel, trat schluchzend vor, schwang den Wasserkrug, der ihr plötzlich leichter, nicht mehr schwer genug erschien ...

Er zersplitterte an Beachs Schädel neben dem rechten Ohr. Der Mann ächzte laut, ließ Pauls Hemd los und sackte nach vorn in die leere Badewanne. Er blutete aus einer kleinen Schnittwunde, die sofort eine dünne rote Spur über das weiße Email zog. Sein schweres Atmen hatte Ähnlichkeit mit einem überraschten Protest.

Margaret beugte sich über den Wannenrand, als müsse sie sich übergeben. Sie rang keuchend nach Atem. Massinger entriß Beach die Pistole und entsicherte sie.

«Geh jetzt!» drängte er. «Du mußt gehen, Liebling – beeil dich!» Sie richtete sich auf und strich ihr Haar zurück. Ihr Gesicht war um die blauen Flecken herum kreidebleich, um Jahre gealtert. «Traust du's dir zu?» fragte er, und Margaret nickte sofort. «Gut, aber sei bitte vorsichtig! Falls sie ... solltest du am Telefon überrascht werden, darfst du bitte keine Dummheiten machen. Leg den Hörer auf und geh freiwillig mit. Versuch nicht, dich zu wehren ...» Margaret nickte erneut und

lächelte unsicher. Wie jemand, der die Intensivstation eines Krankenhauses verläßt und genau weiß, daß für den dort liegenden Angehörigen keine Hoffnung mehr besteht, aber trotzdem versucht, nicht ans Unvermeidliche zu denken oder sich an bessere Zeiten zu erinnern.
Sie beugte sich über Paul, küßte ihn auf die Wange, warf noch einen Blick auf Beach, der fast schnarchend in der Wanne lag, und verließ das Bad. Massinger hörte ihre sich rasch entfernenden Schritte, als flüchte dort jemand. Er starrte die locker in seiner Hand liegende Pistole – mehr Objekt als Waffe – und danach wieder Beach an.
Das letzte Aufgebot der Massingers. Er grinste, aber dann verzog er das Gesicht, weil sein Bein schmerzte. Und aus Sorge um Margaret. Ein dummer Versuch, sagte er sich. Ein dummer, gefährlicher Versuch ...
Ein Akt der Verzweiflung. Er machte sich schreckliche Sorgen um ihre Sicherheit. Die Pistole in seinen kraftlosen Fingern zitterte. Beach schnarchte. Im Haus schienen andere unterwegs zu sein. Sie alle bedrohten Margaret.
Margaret Massinger hastete die Korridore entlang und zuckte bei jedem Knarren eines Bodenbretts innerlich zusammen. Sie atmete hastig und flach, ihre Arme und Hände zitterten, und ihre Fingerspitzen waren so feucht, daß sie fürchtete, verräterische Spuren an den Wänden zu hinterlassen. Ihr Herz schlug wie rasend.
Ein rechtwinklig abzweigender Korridor. Sie hatte die geschlossenen Türen sorgfältig gezählt, während sie sich damit abgemüht hatte, Paul zu stützen und ins Bad zu bringen. Margaret öffnete die erste Tür vorsichtig, nur einen Spalt weit, tastete nach dem Lichtschalter und horchte ängstlich, ob das Zimmer wirklich leer war ...
Kein Telefon.
Die nächste Tür, das nächste Zimmer, Licht, wieder kein Telefon, nur Kisten und Bodendielen und ein leerer Tisch. Den Korridor entlang ins nächste Zimmer, dann ins übernächste; von Mal zu Mal aufgeregter, bei jeder geöffneten Tür, jedem eingeschalteten Licht erhitzter. Nach der fünften Tür eine Treppe, die ins Erdgeschoß des großen alten Hauses hinunterführte, das in Leopoldau in der Nähe des Wiener Gaswerks in

einem heruntergekommenen Industrieviertel gestrandet zu sein schien. Margaret hastete die Stufen hinab, blieb auf dem Treppenabsatz stehen, beugte sich übers Geländer und sah, daß die geräumige Diele, deren schwarz-weiße Fliesen halb unter einem staubigen alten Läufer verschwanden, menschenleer zu sein schien. Sie versuchte es mit dem ersten Raum.
Tür, Schalter, Licht – und ein Augenblick, in dem sie den Atem anhielten, weil sich ihr hier ein ganz anderes Bild bot. Teppich, Sessel, Schreibtisch . . . mit Telefon! Margaret schloß lautlos die Tür hinter sich. Die Vorhänge waren zugezogen, in einem Aschenbecher lagen Zigarettenstummel, und auf dem niedrigen Tischchen zwischen den Sesseln stand ein leeres Bierglas, an dem noch Schaum haftete. Dieses Zimmer war bis vor kurzem benützt worden – und stand vielleicht nur für wenige Augenblicke leer? Margaret trat rasch hinter den Schreibtisch, um die Tür im Auge behalten zu können. Im Schloß steckte leider kein Schlüssel. Sie nahm mit unsicherer Hand den Hörer ab, atmete auf, als das Freizeichen ertönte, und wählte hastig.
Während das Telefon klingelte, behielt Margaret die Tür im Auge. Sie hatte die Nummer von Guests Londoner Wohnung gewählt. Ihre einzige, verzweifelt kleine Chance: Sir William konnte inzwischen aus Washington zurückgekommen sein. Das Telefon klingelte weiter. Am anderen Ende meldete sich niemand. Der Zigarettengeruch war noch so stark, als sei das Zimmer erst unmittelbar vor ihrem Eintreten verlassen worden. Dann hörte das Klingeln auf.
«Bei Sir William Guest», meldete sich eine Stimme wie ein Butler in einem um die Jahrhundertwende spielenden Bühnenstück. Die *vertraute* Stimme, die *selbe* Stimme . . .
«Nein . . .!» rief Margaret unwillkürlich aus – ein Protest, der zu einem enttäuschten Ächzen wurde.
«Mrs. Massinger – Mrs. Massinger, Sie sind's doch, nicht wahr?» fragte die Stimme. «Verdammt noch mal, wie . . .?»
«O Gott, *nein* . . .!» jammerte Margaret.
«Sie sind . . . *wo sind Sie?*»
Margaret hatte den Kopf gehoben. Sie hörte die Frage nicht mehr, weil sie etwas gesehen hatte, an dem ihr Blick wie gebannt hing. Ihre ganze Aufmerksamkeit konzentrierte sich jetzt auf einen hoch in einer Zimmerecke montierten schwarzen

Kasten mit einem Objektivtubus. Eine Überwachungskamera wie in Geschäften und Supermärkten.
«Nein, nein . . .», murmelte sie. Ihr Mißerfolg bedrückte sie auch körperlich. Die Stimme an ihrem Ohr fragte, forderte und drohte, aber Margaret nahm sie kaum noch wahr. Sie starrte entnervt und wie hypnotisiert in die Kamera.
Sie legte den Telefonhörer gelassen und fast nonchalant auf, als Wilkes mit wütender, aber doch zuversichtlicher Miene hereingestürmt kam. Er durchquerte zielbewußt den Raum, holte aus und schlug Margaret mit dem Handrücken ins Gesicht. Sie fuhr zusammen, schrie auf und torkelte zurück. Er schlug erneut zu, so daß ihre Lippe aufplatzte und ihr Tränen aus den Augen schossen. Dann bekam er Margaret zu fassen, riß sie wie ein gewalttätiger Liebhaber an sich und drückte seine Lippen an ihr Ohr.
«Mit wem haben Sie gesprochen? *Mit wem? Mit wem?*»
Wilkes schüttelte sie. Margarets Körper war in seinem Griff willenlos schlaff. «Guest», murmelte sie.
«Was . . .?» Er hielt sie mit ausgestreckten Armen fest und schüttelte sie erneut. In seinen Augen stand jetzt ein ängstlicher Ausdruck. «Mit wem?»
«Guest!» antwortete Margaret schreiend. «Guest, Guest, Guest, *Guest!»* Sie spürte, daß ihre wachsende Hysterie ihr nützte. «Ich hab mit *Guest* gesprochen!»
Diesmal schlug Wilkes noch kräftiger zu. Sie stolperte zurück, klammerte sich an die nachgebenden Vorhänge und riß sie mit sich, als sie zu Boden ging. Ihr Gesicht brannte wie Feuer, und sie sah Sterne vor ihren geschlossenen Augen. Ohne es zu merken, stöhnte sie laut.
Margaret hörte, wie er eine lange Nummer wählte, wartete, eine Frage stellte und dann lachend etwas Beruhigendes sagte. Sekunden später wurde sie hochgezogen. Wilkes grinste jetzt.
«Kommen Sie, Lady – zurück in Ihre Suite im Ostflügel! Wo die verrückte Ehefrau immer eingesperrt ist!» Er schob sie vor sich her durchs Zimmer, durch die Tür und durch die Diele bis zur Treppe. «Wo ist er?»
«Im Bad», antwortete sie sofort – und außer Atem, weil Wilkes sie kräftig gegen die Wand gestoßen hatte, bevor er seine Frage gestellt hatte.

«Na, dann wollen wir ihn mal überraschen!»
Wilkes zerrte Margaret die Treppe hinauf, stieß sie den Korridor entlang, bog mit ihr um die Ecke und schob sie weiter vor sich her. «Im Bad in diesem Stock?» Sie nickte lediglich, und er stieß sie hastig weiter, als habe er irgendeinen starren Zeitplan einzuhalten. Er wirkte nicht einmal mehr bösartig, sondern schien es nur noch eilig zu haben.
Er klopfte an die Tür. «Massinger, halten Sie mich nicht überflüssig auf, Kumpel – ich hab Ihre Frau hier und lege sie um, falls Sie nicht friedlich rauskommen. Ich hab's eilig, verstanden?» Wilkes machte eine Pause. «Was ist los – glauben Sie mir etwa nicht?» Seine Hand, die Margarets Schulter umschloß, drückte sie schmerzhaft zusammen. Margaret schrie auf. «Haben Sie das gehört? Stark abgekürzte Verhandlungen, das gebe ich zu – aber ich habe sie hier.»
Die Tür wurde geöffnet. Pauls aschfahles Gesicht erschien in dem Spalt. Sobald er Margaret sah und die Situation erfaßte, trat er zurück und ließ die Tür weit offen. Beach saß auf dem Wannenrand und drückte ein durchgeblutetes Taschentuch gegen seine Platzwunde.
«Idiot!» knurrte Wilkes seinen Untergebenen von der Tür aus an. «Steh gefälligst auf und bring sie in ihr Zimmer zurück.» Er sah auf seine Uhr, während Massinger sich widerstandslos von der Pistole trennte. «Schnell . . .!» befahl Wilkes.
Zersplitterndes Glas. Eine Tür, die durch wuchtige Schläge demoliert wurde. Weitere Geräusche. Erneut klirrendes Glas. «He, was ist das gewesen?» fragte Wilkes, ohne eigentlich überrascht zu wirken. «Beach, sieh nach, was dort unten los ist . . . Beeilung, Mann! Ich kümmere mich inzwischen um unsere Freunde hier. *Schnell*, Mann!»
Beach hastete an ihm vorbei den Korridor entlang zur Treppe. Ein Schuß . . .? Wilkes grinste.
«Hat's angefangen?» fragte Massinger, der seine Frau fest an sich gedrückt hielt.
«Allerdings, Kumpel – jetzt hat's angefangen! Los, zurück in Ihr Zimmer! Die anderen rechnen damit, Sie dort zu finden. Etwas mehr Tempo, wenn ich bitten darf!»

Hyde drückte die Break-Taste. Der Bildschirm wurde schlagartig leer. Dann erschien wieder das Menü mit seinem Informationsangebot. Stepanows Schatten fiel über die Tastatur, als Hyde den Telefonhörer abnahm. Er schluckte trocken, weil seine Kehle wie ausgedörrt war. Stepanow blieb in der Nähe stehen, als gestatte er einem Kind ein kurzes Telefongespräch mit einem Freund. Der Leutnant blätterte in dem Stapel Endlosformulare: lässig, nur am Rande interessiert, behaglich.
«Ja?» fragte Hyde. *Nein . . .!* Der Bluff wirkt nur, wenn du *energischer*, ungeduldig auftrittst. Schließlich bist du unterbrochen worden. «Ja? Was gibt's schon wieder?»
«Ich . . . warum haben Sie die Dienstlichen Verwendungen verlangt, Genosse?» fragte die Stimme. «*Wie* sind Sie zu ihnen gekommen? Wessen Unterlagen haben Sie geprüft?»
«Warum? Was ist los, Genosse?» erkundigte Hyde sich mit unüberhörbarem Sarkasmus. Im Tonfall eines Überlegenen – wobei unklar blieb, ob seine Überlegenheit auf Dienstgrad, Herkunft oder Sicherheitsüberprüfung basierte.
«Sie haben mit Ausbildungsdaten angefangen und sind dann plötzlich zu . . .»
«Und Sie haben's für richtig gehalten, sich einzumischen! Hören Sie, Genosse, ich versuche festzustellen, ob diese Störung, die sich von selbst wieder verflüchtigt hat, irgendwelche Datensätze beschädigt hat. Soll ich das etwa schaffen, indem ich eine Liste mit den Namen unserer hiesigen Botschaftsangehörigen eingebe, ohne Querverweisen nachzugehen und Informationen aus anderen Speichern zum Vergleich heranzuziehen? Tun Sie mir einen Gefallen, ja? Stecken Sie Ihre neugierige Nase nicht in Dinge, die Sie nichts angehen – sonst läßt Ihr Oberst uns beide einen Kopf kürzer machen! Verstanden?»
Stepanow grinste belustigt, als Hyde zu ihm aufsah. Der Australier ergänzte seine Tirade dadurch, daß er theatralisch den Kopf in den Nacken warf.
«Aber Systemtests sind im allgemeinen . . .»
«Hören Sie, ich weiß, was Sie sagen wollen! Sie sind im allgemeinen oberflächlicher? Nicht zu tiefschürfend? Weniger mit sicherheitsrelevanten Daten befaßt? Ich bin dazu befugt. Sie auch? *Ich* teste das System, nicht Sie. Sie sind bloß der Operator. Morgen kriegen Sie das System wieder zurück und können

weiter damit spielen. Heute nacht gehört es mir. So, und jetzt verschwinden Sie, anstatt mich noch länger zu stören!»
«Ich ...» Der Unbekannte machte eine Pause. «Entschuldigen Sie, Genosse», sagte er dann. «Bitte machen Sie weiter.» Das Telefon klickte und summte dann. Der Operator in Moskau hatte aufgelegt – aber mit einem Floh im Ohr, wie Hydes Mutter gesagt hätte.
Hyde seufzte ungeduldig. Seine nervöse Spannung hatte sich verringert, seitdem sein Bluff gelungen war. Dadurch hatte er einen gewissen Aufschub gewonnen. Aber der Operator würde nachdenken, darüber reden, vielleicht den Oberst um Rat fragen ...
Was hatte Stepanow hier zu suchen? Warum mußte er hier herumlungern?
«Na, haben Sie was gefunden?» erkundigte der Leutnant sich freundlich, gesellig. «Kann ich Ihnen irgendwie behilflich sein?»
Hyde schüttelte den Kopf. «Da der Techniker keinen Defekt hat finden können, führe ich einen umfassenderen und gründlicheren Test durch, als Moskau vielleicht erwartet hat. Verdammte kleine Bürokraten in Laborkitteln!»
«Und bisher ist alles in Ordnung?»
«Richtig!» Hyde sah auf seine Armbanduhr. 23.26 Uhr. Zu lange, alles dauerte zu lange ... Hau *ab*, Stepanow! Verdammt noch mal, hau endlich ab ...
«Machen Sie nur weiter, Radtschenko – ich verspreche Ihnen, Sie nicht zu stören!» versicherte Stepanow ihm lächelnd. Er klammerte sich wie ein kleiner Junge an einen neuen, älteren Freund – der in diesem Fall gar nichts von ihm wissen wollte. Hau *ab*...!
In Moskau wußten sie genau, für welchen Datensatz er sich interessiert hatte. Sie wußten noch nicht, über wen oder was er sich informiert hatte, aber das würden sie irgendwann rauskriegen ... Sie würden seiner Anfrage nachspüren. Und sobald sie das getan hatten, würde das Telefon erneut klingeln, während der Bildschirm dunkel wurde, weil dieses Terminal abgeschaltet, von den Speichern des Zentralcomputers getrennt wurde.
Ihm blieben nur noch Minuten, wahrscheinlich sogar weniger Zeit. Sekunden. Und er mußte sich durch sämtliche Informationen Petrunins hindurcharbeiten, bis er auf den Namen Bab-

bington stieß, der dann aufgezeichnet werden mußte, damit er mit der Kassette verschwinden konnte ...

«Ja, schon gut. Sie brauchen hier nicht rumzustehen, wenn Sie nicht wollen ... mich macht's sowieso nervös, wenn dauernd jemand hinter mir steht.»

«Tut mir leid, aber das läßt sich nicht ändern. Ich hab keine Lust, meine Dienstpflichten zu verletzen, Radtschenko – auch wenn Sie ein netter Kerl sind.»

Hyde drehte sich nach dem Leutnant um. Er bildete sich ein, die verstreichenden Sekunden in seinen Körper eindringen zu spüren, als hinge er am Tropf der Zeit: ein Maß für seine Gefahr.

«Wie weit reicht Ihre Sicherheitsüberprüfung?»

«So tief graben Sie bestimmt nicht.»

«Warum nicht?»

«Weil *ich's* nicht kann – deshalb können Sie's erst recht nicht.» Stepanow schob seine Schirmmütze etwas weiter in den Nacken. Er lächelte noch immer.

«Will noch jemand Kaffee – Sie, Genosse Leutnant?» rief Georgij. Dann fügte er hinzu: «Genosse Radtschenko – Kaffee?»

Hyde begann unkontrollierbar zu zittern, als sei er von einem elektrischen Schlag getroffen worden. Er hatte versagt! Er hatte bereits ...

«He, was ist mit Ihnen?» fragte Stepanow. «Danke, nicht für mich, Georgij!» rief er dem Posten zu. «Aber Sie sehen aus, als bräuchten Sie einen Kaffee – oder was Stärkeres», sagte er zu Hyde. «Fühlen Sie sich nicht wohl?»

«Doch, doch! Hören Sie, lassen Sie mich einfach in Ruhe weiterarbeiten, ja?»

«Ich hindere Sie nicht daran ...»

«Sie sind nicht *befugt* ...!»

«Dann sind Sie's auch nicht! Jedenfalls zu nichts, was über einen Systemtest hinausgeht!» Stepanow machte ein finsteres Gesicht, kniff die Augen zusammen und starrte Hyde durchdringend an. «Was tun Sie hier eigentlich, Radtschenko?»

«Hören Sie, machen Sie keine Dummheiten, Stepanow!»

«Ich mache keine. Sind Sie so freundlich, mir Ihre tolle, riesengroße Sicherheitsberechtigung zu zeigen? Nur mal so zum Spaß ...»

Hyde zog die Pistole aus dem Hosenbund, ließ Stepanow in die Mündung blicken und achtete darauf, daß die Waffe hinter der Konsole unsichtbar blieb. Er hörte, wie die Tür hinter Georgij ins Schloß fiel – der blöde alte Kerl würde den Kaffee bringen, sobald er fertig war, selbst wenn ihn niemand verlangt hatte. Hyde war durch Freundlichkeit gefangen, durch Kameradschaft entnervt und bloßgestellt. Stepanow riß die Augen auf und schien sofort zu begreifen, daß er Hyde ausgeliefert war.

«Setzen Sie sich, Leutnant. Nehmen Sie bitte neben mir Platz.» Die Pistole bewegte sich: ein harmloses kleines Wackeln eines Spielzeugs. Stepanow nahm seine Mütze ab, als sei er zu einem Vorgesetzten bestellt, und setzte sich steif auf den Drehstuhl neben Hyde. «Nicht so verkrampft, Leutnant! Das ist viel zu auffällig!»

«Wer sind Sie? *Was* sind Sie?»

Hyde grinste. «Reden Sie keinen Unsinn!»

«Was soll das heißen?»

«Was ich hier tue, wollen Sie gar nicht wirklich sehen . . . ich erweise Ihnen sogar einen Gefallen . . .» Seine Stimme klang angestrengt, als er sich zur Seite drehte, um erneut Dienstliche Verwendungen aufzurufen. Die Paßwörter wurden verlangt. Hyde schrieb sie mit Unterbrechungen, weil er immer wieder zu Stepanow hinübersah. «Einen wirklichen Gefallen», fuhr er dann fort. «Am besten sehen Sie überhaupt nicht hin. Wenn Sie mitkriegen, was jetzt auf dem Bildschirm erscheint . . .» Das Gedicht. Eine Träne für Lara, wer immer diese Lara gewesen sein mochte, falls sie nicht nur in Petrunins Phantasie existiert hatte. « . . . sind Sie weder hier noch zu Hause sonderlich beliebt. Dann wäre Ihre Zukunft im Gegenteil ziemlich gefährdet . . . verstanden? Sehen Sie nicht hin, sonst sind Sie ein toter Mann!»

Stepanow wandte gehorsam den Blick ab, als Hyde eine unmißverständliche Bewegung mit der Pistole machte. Der Australier sah kurz auf den Bildschirm. Operationen der Ersten Hauptverwaltung in Westeuropa . . . eine Goldmine, aus der Hyde lediglich ein einziges Nugget wollte. Die auf dem Bildschirm erscheinenden Informationen wurden zugleich auf Magnetband gespeichert.

«Sie scheinen ziemlich Angst zu haben», stellte der Leutnant mit ruhiger, beherrschter Stimme fest.
«Ja, das habe ich!»
Hyde sah zu der Glaskabine hinüber. Georgijs Kaffee war offenbar fertig. Der Uniformierte stand über den Tisch gebeugt, rückte Kaffeebecher zurecht und hantierte mit der Zuckerdose.
Das Telefon klingelte. Stepanow fuhr zusammen, aber dann lächelte er sogar. Er drehte sich halb um.
«Keine Bewegung! Lassen Sie's einfach klingeln – *nicht* abheben!»

«I left my heart – in San Franciscooo . . .»
Wilkes nahm vor den in zwei Reihen zu je sechs Bildschirmen angeordneten zwölf Monitoren Platz. Er summte den angefangenen Song weiter, weil ihm der Text im Augenblick nicht einfiel. Sein Blick wanderte von Bildschirm zu Bildschirm: ein geduldiger, aufmerksamer, zufriedener Beobachter der Szenen, die ihm die überall in der alten Villa installierten Überwachungskameras zeigten. Das Haus war im Laufe der Jahre für Ausbildungs- und Vernehmungszwecke und für Lehrgänge über das richtige Verhalten bei Vernehmungen genutzt worden. Aber dann hatte seine nähere Umgebung sich durch Abrisse und Neubauten so stark verändert, daß die alte Villa zu auffällig geworden war, um viele ihrer einstigen Funktionen weiterhin erfüllen zu können.
« . . . little cable cars climb halfway to the stars . . .!» sang Wilkes laut weiter, als ihm eine einzelne Zeile des Songtexts einfiel. In Wien war früher mehr Betrieb gewesen; damals war dieses Haus voll genutzt worden und stets bis zur Grenze seiner Aufnahmefähigkeit belegt gewesen. Eine Frontstadt wie das Berlin der sechziger Jahre. Wilkes pfiff die Melodie durch die Zähne vor sich hin, während er weiter die Bildschirme beobachtete. Die zwischen Güterbahnhof und Gaswerk gestrandete alte Villa erfüllte diesmal wieder einige ihrer alten Funktionen.
«I left my heart – in San Franciscooooo . . .!»
Woronin und Babbington hatten diskutiert, sich geeinigt und ihre Entscheidung getroffen. Irrtümer und Mißverständnisse

waren ausgeschlossen. Die drei – jetzt sichtlich nervös und beunruhigt – befanden sich praktisch bereits auf dem Weg nach Moskau. Niemand würde die Massingers beim Verlassen des Flugzeugs sehen – wahrscheinlich würden ihre Bewacher sie in Overalls stecken und Plastiksäcke mit dem Müll der Bordküche tragen lassen –, aber Aubrey würde mit allen einem V.I.P. zustehenden Ehren empfangen werden. Und alle drei würden innerhalb einer Woche tot sein: die Massingers noch am Ankunftstag, Aubrey sobald sein Empfang den gewünschten Zweck erreicht hatte. Herzschlag. Besser als das mit Fernsehauftritten, Pressekonferenzen und dergleichen verbundene Risiko. Herzschlag.

Wilkes grinste. «I left my heart – in the Lubyanka . . .!» sang er aus voller Brust und fügte dann hinzu: «Dein letzter Fernsehauftritt, alter Junge.» Er beugte sich zu dem Monitor hinüber, der die drei Gefangenen zeigte. Der Lärm hatte Aubrey aufgeschreckt: Er wirkte jetzt nicht mehr so verblüfft und benommen. Wilkes glaubte zu sehen, wie die Zahnräder in seinem Kopf arbeiteten. Ja, der alte Knabe war wirklich gefährlich clever . . .

Auf einem anderen Bildschirm organisierte Beach die Verteidigung des ersten Stocks. Die Kameras hatten Mühe, die von ihm angeordnete Dunkelheit zu durchdringen; auf den blaugrau leuchtenden Bildschirmen erschienen nur vereinzelt Gesichter, Bewegungen und helle Hautflecken.

Da – im Erdgeschoß, im hinteren Korridor! Eine schwarzgekleidete Gestalt. Das Gesicht mit Ruß geschwärzt. Ein Angreifer, der Ernst machte. Die Kamera beobachtete, wie der Russe in geduckter Haltung an der Küche vorbei zur Diele schlich.

Wilkes beugte sich nach vorn, um nach einem Sprechfunkgerät zu greifen. Die dicke kurze Gummiwendelantenne federte vor und zurück, während er das Gerät in die Hand nahm und auf die mit den Russen vereinbarte Frequenz einstellte. Aus dem Lautsprecher drangen sofort flüsternde russische Stimmen. Einer der Monitoren – Wilkes bildete sich ein, dem Mann die Worte von den Lippen ablesen und eine Übereinstimmung von Gesicht und Stimme herstellen zu können – zeigte den an der Treppe zum ersten Stock kauernden, für dieses Unternehmen verantwortlichen KGB-Offizier, der seinen Leuten Befehle erteilte.

Wilkes summte weiter. Die Gefangenen drängten sich an der Tür zusammen, als könnten sie es nicht mehr erwarten, endlich abtransportiert zu werden. Beach bewegte sich: Er erschien auf dem Monitor der die Hintertreppe überwachenden Kamera; er schien zu ahnen, wo die Angreifer . . .

Die von den zwölf Bildschirmen ausgehende Spannung nahm Wilkes völlig gefangen. Der im Dachgeschoß des Hauses untergebrachte Sicherheitsraum um ihn herum war schallgedämmt und aseptisch; hier roch es leicht nach Ozon und statisch geladenem oder verbranntem Staub. Ein Bildschirm knisterte, als Wilkes mit der Fingerspitze darüberfuhr, als wolle er Beach ausstreichen.

Bevor mehrere rasch aufeinanderfolgende Schüsse und der Sturz einer Gestalt ins Dunkel eines Treppenhauses ihn in die Gegenwart zurückholten, bildete Wilkes sich ein, Wochenschauaufnahmen aus dem Vietnamkrieg ablaufen zu sehen. Dann blinzelte er, um diese Bilder zu verdrängen, während ein anderer Monitor seine Aufmerksamkeit auf sich zog. Die leblose Gestalt blieb, ohne einen Laut von sich zu geben, in einem dunklen Winkel liegen, in dem die Kamera sie nicht mehr erfassen konnte.

Dann schlich ein schwarzgekleideter Russe mit rußgeschwärztem Gesicht vorsichtig die Treppe hinauf – direkt auf die Kamera zu.

«S-waneee, S-waneee, how I lub yuh, how I lub yuh . . .!» grölte Wilkes mit breitem Grinsen auf dem Gesicht. Wer war da eben erschossen worden? Er wußte es nicht. Jedenfalls war einer erledigt, und die Russen waren über die Hintertreppe bereits in den ersten Stock vorgestoßen. Ein weiterer schwarzer Mann folgte dem ersten die Treppe hinauf. Seine Zähne blitzten weiß, als er flüsternd in sein Handfunkgerät sprach. Wilkes hörte seine Stimme wie atmosphärische Störungen, die eine Rundfunksendung überlagern.

Wilkes summte vor sich hin. Beach huschte über einen Bildschirm; zwei weitere Angehörige der Außenstelle Wien wurden auf einem anderen sichtbar: dicht aneinandergedrängt und in der Dunkelheit ängstlich wirkend. Russen bewegten sich in der

Diele, auf dem Absatz der Hintertreppe, im Korridor im ersten Stock ...
Um dort auf Gegenwehr zu stoßen. Wilkes setzte sich überrascht und verblüfft in seinem Drehsessel auf: der mitgehende, auch als Unbeteiligter von der Spannung erfaßte Augenzeuge eines Dramas. Schüsse, in Deckung gehende Gestalten, der aus Wilkes Funkgerät dringende Aufschrei eines verletzten Russen. Und wieder Schüsse. Zwei Bildschirme zeigten den Engpaß, die an beiden Enden des Korridors kauernden Gestalten – lediglich eine Treppe und einen Gang vom Zimmer der Gefangenen entfernt.
Weiter, weiter, jetzt nicht steckenbleiben! beschwor Wilkes die Russen. Er sah auf seine Armbanduhr. Drei Minuten, etwas über drei Minuten. Sein Anruf würde in der Botschaft genau registriert werden. Er mußte Parrish jetzt anrufen und ihm den Überfall melden. Dieser Anruf war der Grund – die Ausrede – dafür, daß er sich hier oben im Sicherheitsraum befand.
Und weil er Alarm auslösen wollte ...!
Wilkes beugte sich nach vorn, legte den Schalter um und hörte die Alarmglocken in allen Teilen des Hauses schrillen. Dann nahm er den Telefonhörer ab. Die Angreifer hatten Befehl, das Telefon nicht stillzulegen, obwohl sie genau wußten, wo das Kabel ins Haus kam. Die überzeugende Lüge, das eigentliche Täuschungsmanöver, durch das Aubrey als Sowjetagent «enttarnt» werden würde, begann mit diesem Telefongespräch.
Er wählte die Nummer. Schüsse im Lautsprecher des Funkgeräts, eine zusammenbrechende Gestalt. Damit waren zwei erledigt. Eine Salve, dann stürmte die schwarzgekleidete Gruppe, die sich in einer dunklen Ecke des Treppenhauses gesammelt hatte, die Treppe hinauf. Oben ergriff jemand die Flucht, um sich zu retten oder Hilfe zu holen.
Parrish meldete sich. Wilkes stieß das Kodewort für einen Überfall hervor, forderte kreischend Unterstützung an, bestätigte die zwecklosen Befehle seines Vorgesetzten, sah auf die Uhr und legte den Hörer auf. Dann spielte er seine passive Beobachterrolle vor den Bildschirmen weiter. Die Angreifer hielten jetzt den ganzen ersten Stock besetzt. Beach und seine Leute befanden sich auf dem Rückzug zu den Gefangenen und dem Sicherheitsraum.

Schneller, schneller ...
Durch seinen Anruf hatte Wilkes ein Zeitlimit für das Unternehmen festgesetzt – zu früh? Aber er hatte anrufen müssen. Eine Verzögerung hätte verdächtig gewirkt.
Wer war das ... Davies? Die Gestalt löste sich von ihrem Posten vor dem Raum mit den Gefangenen und näherte sich der Treppe, die herauf Beach und ein weiterer Mann sich zurückzogen. Einer, zwei, drei übrig – und Wilkes selbst: die komplette Mannschaft.
Mit Ausnahme der Bildschirme, die das Treppenhaus, den Korridor und die Gefangenen in ihrem Zimmer zeigten, waren jetzt alle Monitoren leer. Davies schien etwas zu rufen. Er bemühte sich offenbar, das Schrillen der Alarmglocke an der Wand über ihm zu überschreien. Dann zeigte ein weiterer Bildschirm zwei geduckt laufende Männer in Schwarz. Sie hasteten einen Korridor entlang ... welchen? ... richtig, *diesen* Korridor. Davies drehte sich bereits um, aber dann hatten sie erst ihn, danach die Türklinke des Raums mit den Gefangenen und schließlich Beach und den anderen Mann. Liske, nicht wahr? Liske. Umzingelt. Wütend, ängstlich, entwaffnet, mit gespreizten Armen und Beinen, während sie an der Wand lehnten, um abgetastet zu werden. Beach sah zu einer der Kameras auf und starrte Wilkes vom Bildschirm an. Er war sichtlich verwirrt und fragte sich offenbar, wo Wilkes blieb, warum er nicht heruntergekommen war ... Beach schüttelte den Kopf und lehnte sich niedergeschlagen an die Wand, während die Gefangenen an ihm vorbeigetrieben wurden. Aus dem Funkgerät drang ein ganzer Chor zufriedener, einander beglückwünschender, begeisterter Stimmen. Der Bluff war offenkundig, zu dick aufgetragen, leicht zu erkennen. Wilkes beobachtete, wie Aubrey und die Massingers sich über die einzelnen Bildschirme bewegten, bis sie das Haus verließen, vor dem jetzt Limousinen vorfuhren, um sie abzutransportieren.
Aubrey erschöpft, krank und blaß. Massinger aufgebracht, aber durch seine Beinverletzung außer Gefecht gesetzt. Seine Frau eingeschüchtert und schwach. Wilkes bildete sich sekundenlang ein, auf allen Monitoren ein schemenhaftes Nachleuchten zu sehen. Seine Phantasie füllte alle Bildschirme mit flimmernden Erinnerungen aus. Panzer auf dem Prager Wenzelsplatz und

den Moldaubrücken; Napalm in Vietnam; russische Mi-24 in Afghanistan. Schwarze Arme, die vor einem Hintergrund aus Zuckerrohrplantagen Kalaschnikows hochreckten. Militärparaden auf dem Roten Platz. Die schwachen, kompromißbereiten Gesichter von Präsidenten und Premierministern. Die wie aus Granit gehauenen sowjetischen Führer auf dem Leninmausoleum über den vorbeirasselnden Panzern und Raketen auf Selbstfahrlafetten.
Dann die strahlend hell beleuchtete Nacht. Vom Wind getriebene einzelne Schneeflocken. Aubrey und die beiden anderen in schwarze Limousinen geschoben und gestoßen. Die schwarzgekleideten Gestalten hatten es jetzt eilig. Im Scheinwerferlicht stiegen Qualmwolken aus den Auspuffen der Fahrzeuge, als ihre Motoren aufheulten.
Als sie abfuhren, kam die Nachricht.
«Okay, Wilkes», sagte eine Stimme, dann verstummte sein Funkgerät.
Vorbei. Wilkes starrte die Bildschirme an. Er beobachtete, wie Beach, Davies und Liske sich in Bewegung setzten und die Treppe hinunterpolterten. Schon fast Zeit, wieder zu ihnen zu stoßen.
«I left my heart . . .», begann er, aber der Song erstarb ihm auf den Lippen. Der Scherz war vorbei. Die Wagen hatten das Tor des Grundstücks passiert. Auf dem Monitor war in der Ferne undeutlich das Gaswerk zu erkennen.
Der Westen ist erledigt, hatte er sich schon vor vielen, vielen Jahren gesagt. *Erledigt, zu nichts mehr imstande, reine Zeitverschwendung.*
Er hatte dieser Erkenntnis entsprechend gehandelt; er hatte seine Entscheidungen darauf abgestellt und war damit zufrieden gewesen. Kein Grund zur Klage. Wilkes schaltete die Monitoren nacheinander ab. Diesmal blieben keine Netzhautbilder zurück. Nur Beach, Davies und Liske, die völlig konfus durcheinanderliefen – anstatt Liske zu versorgen, der offensichtlich verletzt war.
Das einzige, was ihm jemals mißfallen hatte, war die Tatsache, daß der KGB ihn *in- und auswendig* kannte. Die Russen hatten ihn vom ersten Augenblick an, in dem er ihnen seine Dienste angeboten hatte, hundertprozentig richtig eingeschätzt. Als

hätten sie stets damit gerechnet, daß er eines Tages zu ihnen stoßen würde ...

Für Siegertypen arbeiten. Für Männer, die brutal, nicht sentimental waren. Die Sieger.

Wilkes schüttelte den Kopf, während er zur Tür des Sicherheitsraums ging. Sie hatten ihn zu leicht verstanden, weil er ihnen zu ähnlich war. Er wollte nicht mehr daran denken.

«I left my he-aaart in San Fran-ciscooo ...», flüsterte er eindringlich und setzte dann eine besorgte und betroffene Miene auf, während er die Tür hinter sich abschloß.

Das Telefon hörte zu klingeln auf. Stepanow, der steif neben Hyde saß, schien unter der Wucht dieser Stille zusammenzuzucken. Hyde spürte, daß ihm der Schweiß ausbrach. Die Pistole in seiner linken Hand zitterte. Auf dem Bildschirm erschienen weitere Einzelheiten von Petrunins Rückversicherung, die der Recorder gleichlaufend aufzeichnete. Hyde besaß bereits mehr als genug Informationen, um sein eigenes Überleben sicherzustellen. Ein großartiger Coup ...

Verschwinde ...!

Wenn er Babbington nicht enttarnen konnte, hatte er überhaupt nichts in der Hand. Lediglich vergeudetes, gebrauchtes Magnetband. Er warf einen Blick auf den Bildschirm – noch immer aktuelle Unternehmen der Ersten Hauptverwaltung und speziell der für Afrika zuständigen Neunten Abteilung. So *gottverdammt* viele Informationen ...! Dabei gab es eine Möglichkeit, diesen Informationsfluß zu unterbrechen und die einzelnen Sektionen gezielt abzurufen – wenn man das für diese Abkürzung vorgesehene Paßwort kannte. Hyde starrte seine Pistole an, sah kurz zu Georgij hinüber, der sich fragte, warum niemand den Hörer abgenommen hatte, blickte wieder auf den Bildschirm und beobachtete dann Stepanow, der den Stilleschock überwunden zu haben schien. Der Leutnant schien insgeheim über Hydes Mißerfolg zu lächeln.

Stille. Die Abkürzung, *die verdammte Abkürzung* ...!

Der Operator in Moskau würde den Fall jetzt seinem Vorgesetzten, vielleicht auch gleich dem KGB-Obersten melden. Sobald sie Verdacht schöpften, konnten sie irgendwo anrufen –

irgendwo in dem Gebäudekomplex auf dem Hradschin. Hyde befand sich zwei Stockwerke tief unter dem dritten Burghof; er saß hier unten wie eine Ratte im Gully . . .

Die anderen konnten sämtliche Ausgänge blockieren, ohne daß er etwas davon ahnte, bevor er in einen Kugelhagel geriet.

Stepanow wollte sich nach ihm umdrehen, wollte anscheinend etwas sagen.

«Nicht hersehen . . .!» warnte Hyde ihn mit unsicherer Stimme.

Der Leutnant blieb sitzen und starrte wieder vor sich hin. Das Zittern in Hydes Stimme schien die Frage, die Stepanow hatte stellen wollen, vollständig und zufriedenstellend zu beantworten.

Der Australier sah zu Georgij hinüber, der mit zwei Kaffeebechern aus der etwa 15 Meter von ihnen entfernten Glaskabine trat. Ein Blick auf den Bildschirm zeigte Hyde weitere Informationen über KGB-Einsätze in Afrika. Noch zehn Meter – sobald Georgij sie erreichte, würde er die Pistole sehen und . . . und . . . und . . .

Hyde wollte nicht einmal über die Gewißheit nachdenken, daß er nicht zwei Männer und den Bildschirm kontrollieren konnte, während ihm die Zeit davonlief. Er konnte nicht einmal sich selbst unter Kontrolle halten . . .

Auf halber Strecke zu ihnen blieb Georgij plötzlich stehen und drehte sich halb um. Hinter ihm klingelte das Telefon in der Glaskabine. Georgij betrachtete nachdenklich die Kaffeebecher in seinen Händen, sah zu Hyde und Stepanow hinüber, zuckte mit den Schultern und machte auf dem Absatz kehrt. Stepanows nervöses Grinsen verschwand, um dann wiederzukehren, als ihm klar wurde, was dieser Anruf zu bedeuten haben und wer der Anrufer sein mußte. Die Moskauer Zentrale . . .

Erste Hauptverwaltung . . . Scheißzeug . . .

Georgij hatte die Glaskabine erreicht, öffnete die Tür und nahm den Telefonhörer ab.

«Jetzt dauert's nicht mehr lange», murmelte Stepanow übertrieben zuversichtlich.

«*Maul halten . . .!*»

Hyde beobachtete Georgij und drückte Stepanow dabei seine Pistole in die Rippen, um zu verhindern, daß der andere Dummheiten machte. Der Wachposten stand beinahe stramm;

seine freie Hand tastete unwillkürlich nach seinem offenen Hemdkragen. Die Moskauer Zentrale. Dann blickte Georgij zu ihnen hinüber, während er sprach: Er beschrieb die beiden Männer, die er sah, erläuterte ihr Verhalten, zeichnete ein Bild. Jetzt nickte er. Bald würde er Befehle erhalten ...

Abkürzung, Abkürzung, *Abkürzung. Herr, erleuchte mich ...*!

Und dann ...

Hyde nahm sich nicht einmal die Zeit, über seine Idee nachzudenken, denn er sah wieder Petrunin vor sich, der mit blutverkrusteten Lippen lächelte ...

Unterbrechung.

MENÜ.

Hyde tippte DIENSTLICHE VERWENDUNGEN, konnte dabei nur hoffen, daß der Bildschirm nicht plötzlich grau und leer sein würde, horchte angestrengt zu der Glaskabine hinüber, wartete darauf, daß ihre Tür geöffnet werden würde, und glaubte bereits die erste Frage zu hören, die der Wachposten an Stepanow richten würde.

Er beobachtete Stepanow und fühlte seinen starren, unbeweglichen und selbstbewußten Körper vor der Mündung der kurzläufigen vz.75.

WEISSENÄCHTEWEISSRUSSEWEISSERBÄR, schrieb er in fliegender Hast.

Die Zeile verschwand. Hyde gab Petrunins Namen, Dienstgrad und KGB-Nummer ein. Schweißtropfen fielen von seiner Stirn auf die Tasten und machten sie gefährlich glitschig, während er fast ohne Pause weiterschrieb:

KABULMOSKAULONDON.

Georgij hatte seine Pistole in der Hand! Stepanow beobachtete ihn und bemühte sich, ihm telepathisch den Befehl zu erteilen, sofort zu ihnen zu kommen. Der Hörer klapperte auf den Schreibtisch. Die Tür wurde aufgerissen, so daß sie gegen die Glaswand knallte. Georgij hatte es eilig ...

Gedicht für Lara. Träne für Lara.

Er tippte LARA.

Eine Träne für Lara.

TRÄNE stand in kyrillischer Schrift auf dem Bildschirm vor Hyde. *Träne.*

Er holte tief Luft, schluchzte beinahe und hatte das Gefühl, in der aseptischen, staubfreien Atmosphäre des Computerraums ersticken zu müssen. Georgij beeilte sich – der Telefonhörer lag neben dem Apparat: *Sehen Sie sofort nach, was dort vor sich geht, holen Sie Ihren Vorgesetzten ans Telefon, erstatten Sie schnellstens Meldung ...*

Hyde hob seine Pistole und stieß einen lauten Schrei aus. Georgij blieb stehen, hob instinktiv die Arme und zielte dabei mit seiner Waffe auf die Decke.

«Weg mit der Pistole!» befahl Hyde ihm schreiend. *«Auf den Boden setzen – aber dalli!»*

Georgij ließ sich so hastig im Schneidersitz niedersinken, daß er beinahe umgekippt wäre. Seine weggeworfene Pistole war mehrere Meter weit über den Teppichboden gerutscht und blieb für ihn unerreichbar liegen. Das Telefon auf der Computerkonsole begann zu klingeln. Hyde warf einen Blick auf den Bildschirm.

... auszuführen, sobald die äußeren Umstände ihm die Möglichkeit geben, eine unanfechtbare Position innerhalb der Hierarchie zu erreichen ...

Der Name, großer Gott, der *Name ...!*

... Einsatzbefehl erteilt. Der vorgeschlagene Zusammenschluß der Sicherheits- und Nachrichtendienste läßt beste Erfolgschancen für das Unternehmen innerhalb der folgenden zwölf Monate erwarten ...

Der Name ...!

... tendieren Regierungskreise dazu, die Zusammenlegung der Dienste zu befürworten ... der Vorsitzende des Geheimdienstausschusses dürfte günstige Voraussetzungen für die Beförderung unseres Agenten schaffen ... stellvertretender Vorsitzender Kapustin sollte von sich aus an die andere Seite herantreten ... schriftliche Unterlagen für den angeblichen Überläufer vorbereiten ...

Stepanow, Georgij, das Telefon. Lärm, Nervosität, Angst. Hyde hatte das Gefühl, außer Kontrolle zu geraten. Er war schwach; er saß in der Falle ...

Babbington.

Leerer Bildschirm.

Eine Illusion? Er berührte die graue Glasfläche und leitete ihre statische Ladung ab. Eine Illusion?

Babbington. Er hatte den Namen in dem Augenblick gesehen, in dem die Moskauer Zentrale den Bildschirm isoliert und dieses Terminal vom Hauptcomputer getrennt hatte. Das Telefon klingelte weiter. Babbington.

Er hatte sie in der Hand! Babbington und Wilkes und die anderen. Babbington war enttarnt . . .

In diesem Augenblick ergriff Stepanow die Initiative. Hydes Pistole war nicht mehr gegen seine Rippen gedrückt, und als seine anfängliche Betäubung abgeklungen war, hatte er diese Tatsache wahrgenommen – und nach der Waffe gegriffen, deren Lauf er jetzt in die Höhe drückte. Hyde wurde sekundenlang von hilfloser, lähmender Panik erfaßt. Er spürte Stepanows Atem heiß auf seinem Gesicht. Hydes Arme waren so kraftlos, daß er sich nicht wehren konnte.

Dann beugte er sich blitzartig nach vorn und traf das bereits triumphierend grinsende Gesicht des russischen Offiziers mit der Stirn. Er hörte ein Stöhnen und fühlte Knochen nachgeben. Dann traf seine rechte Faust Stepanows bereits blutende Nase. Der Offizier rutschte von seinem Sessel, kniete einen Augenblick wie betend auf dem Teppichboden, kippte dann seitlich um und blieb dann zusammengerollt liegen, als schlafe er. Georgijs Stiefel hatten ihn erreicht, bevor er stillag, aber der Wachposten erstarrte, als er sah, daß die Pistole wieder ungehindert auf ihn zielte. Hyde wischte sich die Nase am Ärmel seines Laborkittels ab und grinste nervös.

«Laß gut sein, Georgij», murmelte er. «Keine Dummheiten, verstanden?»

Er machte eine Bewegung mit der Pistole. Georgij wich gehorsam zurück und setzte sich wieder auf den Fußboden.

Hyde öffnete die Abdeckung des mitlaufenden Recorders und riß die Datenkassette heraus. Er hielt die aus klarem Plastikmaterial bestehende Kassette wie einen mühsam errungenen Siegespreis umklammert. Dann drehte er sich um und starrte den langen, hell beleuchteten Tunnel des äußeren Computerraums entlang. Zwei oder drei Gestalten in weißen Laborkitteln: ratlos und durch das Schrillen der Alarmglocken verwirrt.

Dann erschienen Uniformen am anderen Ende des langgestreckten Raums.

Er steckte die Kassette in die Tasche seines weißen Kittels. Als nächstes klappte er den Aktenkoffer auf, öffnete das in den Boden eingelassene Geheimfach und zog einen weißlichen

Metallstab heraus, der aus Aluminium zu bestehen schien und bei drei Zentimeter Durchmesser ungefähr zwanzig Zentimeter lang war. Hyde schob die Pistole in seinen Hosenbund, überzeugte sich davon, daß die Kassette in seiner Tasche steckte, und ging zur Tür des inneren Sicherheitsraums. Georgij blieb unbeweglich und schweigend sitzen.

Die Wachposten – drei Uniformierte – waren stehengeblieben. Da sie Hyde in einem weißen Laborkittel sahen, wirkten sie selbst aus dieser Entfernung beruhigt und unbesorgt. Einer von ihnen fragte bereits einen Operator aus, der auf Hyde und den abgetrennten Sicherheitsbereich zeigte.

Hyde setzte sich in Bewegung, ging langsam durch den Computerraum, blickte nach links und rechts – nicht zu lässig, denn schließlich schrillten die Alarmglocken und zeigten an, daß irgend etwas nicht in Ordnung war –, hielt nach einem auf Rollen laufenden Papiercontainer mit für den Reißwolf bestimmten Computerausdrucken Ausschau und suchte nach hoch in die Wand eingelassenen Sicherungskästen. Einer der Uniformierten hastete auf ihn zu – noch immer unsicher, noch nicht mißtrauisch. Hyde tastete nach dem Aluminiumstab in der Tasche seines Laborkittels, als sei er eine Nahkampfwaffe.

Container – ja. Voll – beinahe. Sicherungskasten – nein, nein ... ja ... Hyde umfaßte den Stab fester und klappte den kleinen, an einem Scharnier beweglichen Handgriff mit den Fingern auf. Der Wachposten war noch sechs, sieben Meter von ihm entfernt und verlangte bereits seinen Ausweis. Hyde lächelte beruhigend und tastete den Lauf der Handflammpatrone DM 34 mit den Fingern ab. Er berührte den Handgriff und den jetzt freiliegenden Abzug. Außer der tschechischen Pistole war sie die einzige Waffe, die Godwin ihm mit genauer Gebrauchsanweisung mitgegeben hatte – *nur im äußersten Notfall, Hyde.*

Hyde griff langsam in die andere Tasche seines Kittels und holte seine Papiere heraus. Hinter ihm riß Georgij die Tür auf und brüllte eine Warnung. Die beiden weiter entfernten Wachen starrten Hyde an, während sie begriffen, daß er ihr Ziel war. Der Uniformierte vor ihm schwenkte die Mündung seiner Maschinenpistole vz.61 Skorpion auf Hydes Magen zu. Der Australier zog die Handflammpatrone aus der Tasche und

feuerte sie über den Kopf des anderen hinweg auf den Sicherungskasten an der Wand ab.
Dunkelheit . . . Licht . . . gleißend helles Licht von der Wand, ein zischender Schauer 1300°C heißer Metalltropfen, entsetzte Aufschreie und vorübergehende Blindheit. Hyde rannte tief geduckt zwischen den Computerreihen auf die rauchgeschwärzte Wand zu, vor der die brennenden, geschmolzenen Überreste des Sicherungskastens, eine beschädigte Computerkonsole, aus der Funken sprühten, und die glühenden Metalltropfen des Brandsatzes einen lodernden Brandherd bildeten, der jedoch hinter dichten Rauchschwaden beinahe verschwand. Hyde kauerte mit abgewandtem Gesicht hinter einem der auf Rollen laufenden Papiercontainer und stieß ihn dann vor sich her. Der Container wurde rasch schneller. Kugeln surrten als Querschläger durch den Raum, nachdem sie seinen größer werdenden, zusammenschrumpfenden, über die Wand huschenden Schatten mehrmals durchlöchert hatten, bis Hyde den Container umkippte. Sein Inhalt – dicke Stapel von Computerausdrucken – ergoß sich über den Brandherd, wurde versengt, kräuselte sich und fing ebenfalls Feuer.
Ein Feuerstoß aus einer Skorpion hämmerte in die Wand über Hydes Kopf. Gipsstaub puderte sein Haar. Der Papierberg stand in hellen Flammen. Hinter dem Rauchschleier reichten orangerote Flammenzungen, die sich schlangengleich wanden, schon fast bis zur Decke hinauf. Hyde trat den Rückzug auf der gleichen Route wie zuvor an, huschte tief geduckt und mit schmerzendem Rücken davon und lief gelegentlich sogar auf allen vieren, um schneller voranzukommen und das Gleichgewicht zu bewahren. Er bewegte sich auf einem Zickzackkurs zwischen Computergehäusen und Konsolen hindurch. An einer Stelle klapperte ein Drucker wie ein wachsamer Vogel los, der die Verteidiger alarmiert. Der ganze Raum war voller langer, scharf umrissener, verschmelzender und sich wieder trennender Schatten. Die Beleuchtung war ausgefallen. Eine trübe Notbeleuchtung und die aus einigen Gehäusen sprühenden Funken waren die einzigen Lichtquellen. Die Wachen brüllten Unverständliches durcheinander.
Hyde sah sich um und beobachtete den kräftigen Kohlensäurestrahl, der aus einem Feuerlöscher kam, während aus einem

anderen nur ein dünner, wenig wirkungsvoller Schaumstrahl spritzte. Der Inhalt des gesamten Papiercontainers stand jetzt in hellen Flammen. Aus dem Sicherungskasten tropften geschmolzene Metallfragmente und liefen die rauchgeschwärzte Wand hinunter. Dunkle, ölige Rauchschwaden erfüllten den Raum und nahmen den durcheinanderlaufenden Russen die Sicht. Hyde wußte, daß ihm keine halbe Minute mehr blieb, bevor die Stahlschotten sie alle im Computerraum einsperrten. Die Klimaanlage mußte sich bereits automatisch ausgeschaltet haben. In 19 Sekunden ... nein, jetzt in 16 Sekunden, vielleicht noch früher ... würde der Raum mit einem inerten Gas vollgepumpt werden, das das Feuer ersticken würde. Und es würde ihn und die Wachen töten, weil es allen Sauerstoff aus dem Computerraum verdrängte. In wenigen Sekunden würden auch die Wachposten die Flucht ergreifen ...

Hyde orientierte sich kurz und hastete dann in Richtung Korridor weiter.

Wie alle Wachposten, Verstärkungen, Feuerwehrmänner, Zivilangestellten und Sicherheitsbeamten. Auch Stepanow und Georgij würden jetzt rennen und in verzweifelter Hast aus dem Computerraum flüchten, bevor die Stahlschotten herabrasselten und sie einsperrten ...

Er richtete sich auf. Die Rauchschwaden waren dunkler und eher dichter geworden. Hyde hatte erstmals richtige Atembeschwerden. Er hörte keuchendes Husten und den Befehl, die Brandbekämpfung einzustellen und den Raum zu verlassen. Eine hohe, ängstliche Stimme sprach von *Schotten*, von *Gas* ...

Hyde blickte an seinem Laborkittel herab – mit öligem Ruß beschmiert und an einigen Stellen angesengt – und tastete nach der Kassette in seiner Tasche. Dann stürzte er durch die Glastüren nach draußen, rollte wild und erschrocken mit den Augen und deutete mit ausgestrecktem Arm auf das Chaos hinter ihm. Kein Mensch ... niemand ...

Nein. Am anderen Ende stand ein Wachposten am Fuß der Treppe. *Sein* Wachposten. Über Hyde schrillten weiter die Alarmglocken: Ihr Schrillen erinnerte Hyde an einen aufgeschreckten Vogelschwarm, der den Korridor entlang davonstob. Sollte er sich nach links wenden, wo eine Treppe ins nächste Kellergeschoß hinunterführte?

Nein, nicht noch tiefer . . .
Hyde rannte auf den Uniformierten zu und brüllte dabei in panischer Angst: «Um Himmels willen, Mann, gibt's denn hier keine organisierte Brandbekämpfung . . .?»
Der junge Wachposten öffnete den Mund. Seine Maschinenpistole baumelte vor seiner Brust. Die Treppe war leer. Hyde verpaßte ihm einen Magenhaken, traf sein Kinn mit einer linken Geraden und ließ einen Handkantenschlag gegen die Halsseite folgen, als der Junge zu Boden ging. Ein Tritt genügte, um auch seine Beine um die Ecke zu befördern, so daß sie von der Treppe aus nicht mehr zu sehen waren. Die Maschinenpistole war einige Meter weit den Korridor entlanggeschlittert, aber Hyde wollte sie ohnehin nicht. Sie hätte seine Tarnung als harmloser Zivilist zerstört und einen Bluff unmöglich gemacht.
Hyde fühlte einen Adrenalinstoß in seinen Adern. Er spurtete die Treppe hinauf und nahm jeweils zwei Stufen auf einmal.
Oben wurde er mit Uniformen, weißen Kitteln, Anzügen, Feuerlöschern, Schußwaffen und einem Feuerwehrhelm konfrontiert. Langsam, langsam . . .
«Dort unten herrscht das reinste Chaos!» kreischte er. «Absolutes Chaos! *Beeilt* euch doch, verdammt noch mal!»
Er lehnte sich scheinbar kraftlos an die Wand, um die Gruppe vorbeizulassen. «Was ist mit dem Verstoß gegen die Sicherheitsbestimmungen?» knurrte ein Mann ihn an. «Zuerst ist Sicherheitsalarm gegeben worden!»
Hyde zuckte mit den Schultern. «Keine Ahnung . . . ich weiß nur, daß . . . der Sicherungskasten ist explodiert . . . überall Feuer . . .» Er hustete wirkungsvoll, ließ erschöpft den Kopf hängen und starrte den Unterleib des Mannes an, während er abwartete, ob Gewaltanwendung nötig sein würde.
«Wie viele sind noch drin? Schnell, Mann! Wie viele?»
«Schwer zu sagen . . . zwei, drei . . . Wachpersonal, keine Computerleute . . .»
Hyde hörte noch einen gebrüllten Hinweis auf ein Sicherheitstelefon; dann waren alle auf dem Weg zum Computerraum an ihm vorbei.
Er wandte sich ab und rannte weiter, bevor sie den bewußtlosen, offenbar niedergeschlagenen Wachposten am Fuß der Treppe entdeckten.

Eine kurze Reorientierung, abbiegen, geradeaus, nach rechts, die Treppe hinauf, hinauf ...
Suks Hand hielt ihn am Arm fest. Der Tscheche ließ erschrokken los und fuhr zurück, als Hyde sich mit erhobener Faust nach ihm umdrehte. Sie befanden sich in einem breiten Gang – genau wie auf dem Plan, den Suk aufgezeichnet hatte, damit der Australier sich ihn merken konnte. Hyde wußte, wo er war – und wie weit er noch bis zur frischen Luft auf dem dritten Burghof hatte ...
«Sie warten an der falschen Stelle, verdammt noch mal!» fauchte er Suk an. Undeutlich wahrgenommene Gestalten hasteten an ihnen vorbei. Hyde hörte Feuerwehren im Hof vorfahren. Ihre Scheinwerfer leuchteten und blendeten durch eines der Fenster. Wie nach ihm tastende Suchscheinwerfer.
«Ich bin hergekommen, weil ... Ich hab mir Sorgen gemacht, als Alarm ...»
«Wohin?»
«Kommen Sie!»

17

Eine Sendung für Moskau

Woronin beobachtete die drei, die wie Ausstellungsstücke auf den drei Stühlen auf der anderen Seite des Schreibtischs des Residenten aufgereiht waren. Er hatte Bajews Büro in der sowjetischen Botschaft mit lässiger Autorität für sich beschlagnahmt, weil er genau wußte, welch wichtige Rolle er im Mittelpunkt des Dramas zu spielen hatte. Er war mit seinen drei Gefangenen allein. Woronin beobachtete sie, wartete begierig auf Anzeichen von Streß und des Bewußtseins ihrer Niederlage und wußte genau, daß sie sich so deutlich wie die Windpocken oder Masern verratenden Flecken zeigen würden.
Aubrey hatte sein schütteres Haar gekämmt und sein Hemd

zugeknöpft. Er hatte seine schmale gestreifte Krawatte straff angezogen. Einer von Woronins Leuten hatte ihm seine Jacke zugeworfen, als Aubrey vor dem sicheren Haus in die Limousine gestoßen worden war. Woronin erinnerte sich befriedigt an diese verächtliche, endgültige Abschiedsgeste. Aubrey trug jetzt keine Jacke.

Massinger saß steif aufrecht und hielt das verletzte Bein vor sich ausgestreckt. Die etwas zu kleine Hose, die man ihm in der Jagdhütte gegeben hatte, bevor er in die alte Villa gebracht worden war, spannte sich über dem Verband; sie war an dieser Stelle mit gerinnendem Blut durchtränkt. Seine Frau sah mit ihrem zerzausten Haar und dem ruinierten Make-up schlampig und ältlich aus. Mit ihren blauen Flecken und den geschwollenen, aufgeplatzten Lippen wirkte sie auf den ersten Blick besiegt.

Woronin konstatierte befriedigt, daß die Massingers desorientiert, verängstigt und sich ihrer kurzen Lebenserwartung durchaus bewußt waren. Sie wußten, daß sie sehr bald sterben würden. Aber Aubrey, der ebenfalls zu der für Moskau bestimmten Sendung gehörte, enttäuschte ihn.

Er war müde, unrasiert, alt. Aber er wirkte nicht wie ein in die Falle geratener Geheimdienstoffizier, sondern eher wie ein eben aus dem Bett geholter Rentner. Woronin fühlte sich betrogen. Geheimkameras, Abhörmikrofone, gefälschte Film- und Tonaufnahmen, Beleuchtungsprobleme , Drehbücher und Schauspieler . . . Eine vollständige, komplizierte, bewundernswürdige Fälschung, nur um Aubrey eine Falle zu stellen. Woronin erinnerte sich an die verqualmten Räume, die endlos laufenden Tonbandgeräte, die surrenden Filmprojektoren. Er erinnerte sich an Aubrey vor *. . . vor den Affenkäfigen im Zoo von Helsinki . . .*

An diesem Tag, vor allem an diesem Tag hatten sie gespürt – das ganze Team hatte es gefühlt –, daß sie Aubrey jetzt in der Tasche hatten. Das war der Film, den sie den Franzosen zugespielt hatten, der überall im Westen gezeigt worden war. Damals hatten sie alle gewußt, daß Aubrey ihnen nicht mehr entkommen konnte . . .

Und trotzdem schien ihm das jetzt gelungen zu sein. Aubrey wirkte betäubt, erschöpft, gleichgültig.

Woronin schüttelte seine Enttäuschung ab und griff nach dem Telefonhörer. Sein Anruf war der Grund, weshalb er die drei in diesen Raum hatte bringen lassen, anstatt sie die Stunden bis zur Fahrt zum Flughafen Schwechat in den winzigen Einzelzellen im Keller verbringen zu lassen. Dieses Gespräch war eigentlich überflüssig, denn es bestätigte lediglich ihren Erfolg. Aber Woronin wollte, daß diese drei es mitbekamen. Er telefonierte vor allem, damit die Gefangenen es hörten.

Er sah auf seine Armbanduhr. 0.05 Uhr. Um 4 Uhr würden sie zum Flughafen gefahren werden. Aubrey mit einem gefälschten Diplomatenpaß – er mußte von Augenzeugen gesehen werden, die sich später erinnern würden, daß er freiwillig und ohne Gewaltanwendung an Bord gegangen war – und die beiden anderen als Diplomatengepäck. Ihr Abflug würde geheim bleiben – für immer.

Aubrey und seine Gefährten würden verschwinden. Die SIS-Außenstelle Wien befand sich in desolatem Zustand und zudem völlig unter Babbingtons Kontrolle. Es würde keine wirkungsvolle Fahndung, keine immerhin denkbaren Gegenmaßnahmen geben. Die Österreicher würden nichts mit der Sache zu tun haben wollen – außer daß sie in entsprechendem zeitlichen Abstand auf diplomatischem Wege ohne sonderlichen Nachdruck protestieren würden.

«Genosse stellvertretender Vorsitzender ...!» sagte Woronin laut, um Aubreys Aufmerksamkeit zu wecken. Der Alte schien sich tatsächlich auf ihn zu konzentrieren. Die Massingers waren wenig beeindruckt; ihre Aufmerksamkeitsspanne war anscheinend kurz wie bei Kindern. Aubrey zuckte kurz zusammen wie ein kleines Tier, das von einer eingepflanzten Elektrode einen elektrischen Schlag erhält. Dann schien auch seine Aufmerksamkeit wieder nachzulassen.

«Geschafft?» fragte Kapustin.

«Selbstverständlich, Genosse ...»

«Verluste?»

«Auf unserer Seite nur ein Mann.»

«Nur einer? Gut!»

«Wie lauten Ihre Befehle, Genosse stellvertretender Vorsitzender?» Paßte Aubrey überhaupt auf? Der Teufel sollte den Alten holen ... Woronin wurde das Gefühl nicht los, Aubrey habe

ihre Positionen irgendwie ins Gegenteil verkehrt und sei durch sein unaufmerksames Schweigen der eigentlich Überlegene geworden.
Aus Kapustins Antwort erriet Woronin, daß der stellvertretende Vorsitzende spürte, daß Aubrey ihr Gespräch mithören konnte. Die Stimme des Stellvertreters klang ungewöhnlich sanft und zufrieden, als er fragte: «Muß ich sie tatsächlich wiederholen, Woronin?» Aus Aubreys verkniffenem Gesicht sprach in diesem Augenblick offener Haß.
«Nein, Genosse stellvertretender Vorsitzender, das ist alles gewesen.»
«Dann leben Sie wohl ...» Kapustin konnte der Versuchung nicht widerstehen, spöttisch und triumphierend hinzuzufügen: «Auf Wiedersehen in Moskau, Sir Kenneth!» Aubrey hielt die Augen fast geschlossen, aber hinter seinen Lidern glitzerte es aufmerksam. Gut, gut – endlich!
Woronin schaltete den Tischlautsprecher aus und legte den Hörer auf. Dann lehnte er sich in seinen Sessel zurück und betrachtete die vor ihm aufgereihten Gesichter erneut. Woronin wirkte entspannt und zuversichtlich. Sie hatten Aubrey ins Herz getroffen. Er wußte, was gespielt wurde; er verstand, was ihn erwartete. Seine Unaufmerksamkeit war nur gespielt, sollte nur verdecken, was er in Wirklichkeit empfand. Er litt – ja, er litt wirklich! Solange daran kein Zweifel bestand, kümmerten die anderen Woronin nur wenig oder gar nicht.
Befriedigte ihn Aubreys Leiden?
Das konnte er nicht behaupten.
Weshalb nicht?
Woronin wußte, wer daran schuld war. Babbington. Er konnte den Kerl nicht ausstehen; er hatte ihn noch nie leiden können – und die vergangenen zwei Tage hatten diese Abneigung weiter verstärkt. Babbington war arrogant: ein arroganter Feudalherr, den man am liebsten mit einer Schußwaffe oder einem Knüppel erschreckt hätte, damit seine selbstbewußte Arroganz wie eine Seifenblase zerplatzte ...
Babbington war der Held des Tages. Ein Held der Sowjetunion. Sie würden ihm die Orden für später aufheben, wenn er schließlich heimkehrte. Widerlich! Woronin kam sich wie ein Kind vor, das von einer von Erwachsenen veranstalteten Feier

ausgeschlossen bleibt. Dies war Babbingtons großer Augenblick; alle Befriedigung, alle Erfolgserlebnisse gehörten ihm. Woronin und die anderen waren nicht viel mehr als Handlanger gewesen, die sich beeilt hatten, Babbingtons Anweisungen auszuführen. Die Babbingtons kostbares Leben gerettet hatten.
Aubrey beobachtete Woronin. Er sah seine Befriedigung abklingen und erriet den Grund dafür. Der andere war nur ein Rädchen, ein kleiner Teil von Babbingtons Maschine. Aubrey sah einen unzufriedenen jungen Mann mit blassem Teint und hellen, klugen Augen vor sich. Nicht modisch, sondern unelegant und wie ein kleiner Angestellter gekleidet – bis hin zu Hut und Wintermantel, die an dem Kleiderhaken neben der Tür hingen. Das Hemd und die Krawatte waren ebenso eintönig unelegant. Woronins aschblondes Haar war glatt, links gescheitelt und unvorteilhaft kurz.
Eine Ansammlung mittelmäßiger Aspekte. Trotzdem – dieser Eindruck war aus Aubreys Sicht unvermeidlich und ließ sich nicht verdrängen – hielt dieser mittelmäßige junge Mensch ihr aller Leben in seinen Händen. Und er würde sie alle liquidieren, sobald der Zeitpunkt dafür gekommen war.
Dann setzte Angst ein. Aubrey wußte, warum er sich Woronin gegenüber seine Aufmerksamkeit nicht hatte anmerken lassen. Die damit verbundene Anstrengung hatte ihn so sehr beschäftigt, daß er keine Zeit gehabt hatte, Angst zu empfinden. Aber nun schien sie mit eisiger Hand nach seinem Magen, seinem Herzen und seinen Lungen zu greifen, so daß er kaum noch Luft bekam.
Woronin lächelte gierig. Er sah alles. Er wußte, was Aubrey empfand, und wirkte befriedigt.

Die steile, gepflasterte Gasse führte vor Hyde bergab: menschenleer, nur durch den Wechsel zwischen Lichtkreisen um die Laternen herum und dunklen Schatten in den Intervallen belebt. Die Sgraffitofassade des Schwarzenbergpalais schien geisterhaft von innen heraus zu leuchten. Die übrigen Gebäude ragten dunkel und schweigend um den Platz herum auf: die Paläste, das Rathaus und die Schweizer Botschaft. Unmittelbar vor ihm beugten die aus Stein gehauenen Heiligen sich über

ihre Muttergottes. Hyde prallte zurück, als sei er gegen die Statuen oder eine Hauswand gerannt; er war außer Atem und desorientiert. Godwin war nicht da.
Ein Behinderter, der nicht rennen konnte, aber er war nicht da, war nicht da ...
Sein Herz und seine Lungen pumpten diesen Refrain. Godwin war nicht da ...
Er horchte nach Verfolgern und beobachtete die Schattentümpel und -nischen des Platzes daraufhin, ob sich in ihnen auf ihn Lauernde bewegten. Aber in Gedanken war er noch immer bei Godwins unerklärlichem Ausbleiben. Eine Routinebefragung, auf glattem Pflaster ausgerutscht und in ein Krankenhaus eingeliefert worden, zu kalt, als daß er sich vor die Tür gewagt hätte ... Hyde hatte ihn nicht als Fluchthelfer haben wollen, und Godwin hatte sich die Sache vielleicht nur anders überlegt.
Auf der Burg schrillten weiterhin unaufhörlich entfernte Alarmglocken. Die Wachen an den geschlossenen Toren des ersten Burghofs waren links von Hyde kaum zu erkennen, aber er spürte ihre erhöhte Wachsamkeit wie einen Duft in der Kälte. Hyde trat an die Mauer zurück und fuhr zusammen, als kalter behauener Stein seine Wange berührte. Er versuchte, die kleinen hervorgestoßenen Signale zu kontrollieren, die seine Atmung in der eisigen Nachtluft produzierte. Hyde begann zu frieren, als der Schweiß trocknete. In dem ihm nächsten Gebäude der Burg flammte Licht auf: Neonleuchten flackerten an, als trügen die Männer, die ihn suchten, brennende Fackeln von Raum zu Raum.
Die Wachposten kehrten ihm den Rücken zu, während sie durch die Gitterstäbe sahen: bereits neugierig, leicht verwirrt und gefährlich werdend. Autoscheinwerfer glitten über die Mauern des zweiten Burghofs und streiften den abgedeckten Brunnen.
Jetzt!
Licht über ihm in den Regierungsdienststellen des alten Erzbischöflichen Palais. Weitere Alarmglocken, lauteres Schrillen, als habe jemand ein Fenster geöffnet, um das Geräusch ins Freie zu lassen. Auch in der Schweizer Botschaft wurde jetzt Licht gemacht, was die Schatten, in denen Hyde sich verborgen hielt, weiter verkleinerte. Unterdessen mußte der Brand im

Computerraum gelöscht und als bloßes Ablenkungsmanöver erkannt worden sein. Seine Verfolger würden jetzt nur noch ein Ziel vor Augen haben und sich ausschließlich auf ihn konzentrieren. Sie wußten nicht, was er mitgenommen hatte, aber falls sie Godwin geschnappt hatten, würde er es ihnen schon bald verraten ...

Rennende Schritte; schwere Stiefel auf Kopfsteinpflaster.

Jetzt!

Hyde berührte den kalten Stein mit beiden Händen, als wolle er sich davon abstoßen, betrachtete das Pflaster vor seinen Füßen – und rannte.

Das Gittertor öffnete sich, und die Wachposten traten auf den vordersten Wagen zu. Das beobachtete Hyde, während er neben einer der geparkten schwarzen Limousinen vor dem Erzbischöflichen Palais kauerte, auf deren Lack sich sein Atem als Belag niederschlug. Knallende Stiefel, Stimmen, das Schrillen der Alarmglocken und aufgeregte Rufe, die sich fortpflanzten, als sei eine Vogelkolonie aufgeschreckt worden. Hyde verfolgte, wie der vorderste Wagen durchs Tor auf den Platz hinausschoß und bergauf in Richtung Kloster Strahov weiterraste. Ihm blieben nur noch Sekunden. Ein Offizier erteilte den Posten am Tor Befehle; irgend jemand rief etwas von einem Fenster im zweiten Stock aus. Eine Lautsprecherstimme begann die ganze Burg zu alarmieren. Nur noch Sekunden ...

Er hastete durch den letzten Lichtkreis, den letzten Schattentümpel. Ein Lastwagen mit einem auf der Ladefläche montierten starken Scheinwerfer kam auf den Platz gerollt und hielt mit quietschenden Bremsen. Der Scheinwerfer flammte sofort auf; sein Lichtfinger zuckte und sprang lautlos über den Platz und leuchtete die Fassaden der Gebäude ab.

Hyde duckte sich nach Atem ringend im Schatten zusammen. Er glitt aus, fand mühsam das Gleichgewicht wieder und fühlte kalten Stein unter seiner Hand. Im Schatten vor ihm schien ein Abhang zu liegen. Dort führte die Schloßstiege in die Stadt hinunter. Stimmen, Lautsprecher, der gleißende Lichtstrahl, Stiefel auf Kopfsteinpflaster, aufheulende Motoren.

Godwin ...?

Sein Wagen stand in der Nähe von Godwins Wohnung, verdammt noch mal.

Er starrte die Treppe hinab und klammerte sich sekundenlang an die Mauer, als fühle er sich schwindlig. Licht streifte ihn, und er zog die Schultern hoch, als laste es wie ein Gewicht auf ihm. Das Licht glitt weiter, aber irgend jemand brüllte einen Befehl, so daß es über Mauern und Kopfsteinpflaster hinweghuschend zu ihm zurückkam. Hyde wartete nicht ab, bis es ihn wieder erreichte. Er rannte los.

Hyde stolperte am Fuß der langen Treppe und mußte sich am Geländer festhalten, während ihn ein Hustenanfall schüttelte. Vor ihm eine enge Gasse, die auf eine hellere Straße hinauszuführen schien. Er zwang sich dazu, weiterzulaufen. Seine Schritte hallten über das Kopfsteinpflaster. Dann bog er auf den Kleinseitner Ring ab. Vor ihm ragte der Turm der St. Niklaskirche auf. Mehrere schwarze Dienstwagen standen vor dem Palais, in dem jetzt die Regionale Parteischule untergebracht war. Hyde überquerte den Platz, um in die Schatten in unmittelbarer Nähe der Kirche zu gelangen . . .

Schatten?

Plötzlich Licht, als sei er in einen Hinterhalt geraten. Hyde sah sich wild um, griff nach seiner Pistole und umklammerte die Kassette in seiner Tasche. Das Portal der St. Niklaskirche war geöffnet worden. Geräusche, Schritte und Stimmen. Zuhörer strömten aus der Kirche. In einem Schaukasten neben Hyde hing ein Plakat, das für diesen Abend ein Kirchenkonzert ankündigte.

Hyde hatte den Schwall Konzertbesucher hinter sich gelassen, und sein Schatten begann neben ihm herzutraben und glitt über die Südmauer der Kirche, als er in die Mostecká abbog. Er lief leicht und locker, in beinahe entspannter Stimmung. Ein Wagen, ein schmutziggrauer Wartburg, fuhr harmlos an ihm vorbei. Vor Hyde kamen Gäste aus einem Lokal, das eine Art Club zu sein schien – ja, laute Musik, ein Saxophon und Schlagzeug, die lautes Stimmengewirr übertönten, als Hyde an der ins Schloß fallenden Tür vorbeitrabte. Er wurde langsamer und sah sich um. Menschen in Wintermänteln, mit Hüten, Mützen und Schals. Gute Tarnung. Einige wenige Autos rollten in gemächlichem Tempo über das Kopfsteinpflaster, das ihre Achsen beanspruchte. Irgendwo in der Ferne heulten Sirenen, aber auf der Mostecká waren keine uniformierten Männer zu sehen. Hydes Verfolger waren durch die Konzertbesucher aufgehalten worden. Sie würden als erstes den Kleinseitner Ring absperren und Personenkontrollen durchführen müssen. Ihre Chancen, ihn noch einzuholen, verschlechterten sich mit jeder Sekunde. Hyde ging weiter, nicht zu rasch, ließ die Hände in den Manteltaschen und drückte sein Kinn tiefer in den Wollschal, um sein angestrengtes, keuchendes Luftholen zu tarnen. Vor ihm erstreckte sich die Karlsbrücke über die Moldau. Mit einer behandschuhten Hand hielt er die Kassette in seiner Manteltasche umklammert. *Träne . . .*

Er hatte's geschafft! Er hielt Babbington hier in seiner Hand. Alles: den gesamten Plan bis hin zu Babbingtons Namen. Der geschickt eingefädelte Betrug, die vorausgesagten Folgen, die exakt der Realität entsprachen, und der Doppelagent, der in Wirklichkeit Moskaus Mann war. Er hatte's geschafft! Dieses Bewußtsein verschlug ihm fast den Atem und ließ ihn triumphierend die Zähne fletschen.

Hyde hastete unter dem Bogen des Kleinseitner Brückenturms hindurch. Von der Moldau herauf wehte ein eisiger Wind, gegen den er sich möglichst klein machte. Die Lampen auf der Karlsbrücke leuchteten bläßlich durch den Schneeregen, der sie mit kalten Lichtringen umgab. Die schwarzen Statuen auf beiden Seiten der Brücke schienen sich über Hyde zu beugen und zu größerer Eile anzutreiben, als flüsterten sie ihm zu, daß ihm nicht mehr viel Zeit bleibe. Seine Hand umklammerte die Kassette noch krampfhafter. Da er jetzt greifbare Beweise in der Hand hatte, wurde ihm unwiderlegbar klar, daß Babbington keine Zeit verlieren würde. An Margaret Massinger dachte er kaum noch; ihr Schicksal ließ ihn kalt, obwohl er vermutete, daß sie unterdessen wie Aubrey und ihr Mann geschnappt worden war. Hyde konnte nur noch an sich selbst denken.

Minuten später hatte er den Altstädter Ring erreicht, war an der astronomischen Uhr des Altstädter Rathauses vorbeigeeilt und war im Schatten der Teynkirche verschwunden. Dann blieb er stehen, um die Situation auf der Celetná zu begutachten. Helle Neonbeleuchtung, schwacher Verkehr, wenige Fußgänger. Von seinem Platz aus konnte er den massiven Pulverturm am anderen Ende der Straße erkennen. Wo war Godwin? Hyde

sah, daß in seiner Wohnung kein Licht brannte. Vielleicht nach hinten hinaus, in der Küche . . .?
Aber Hyde wußte, daß Godwin nicht zu Hause war. Er zog die Schultern hoch, schlenderte die Straße entlang und versuchte zu erkennen, ob die Wohnung observiert wurde. Dabei war er ständig fluchtbereit, fühlte sich von der Celetná eingeengt und spürte das Gewicht der Straßen und Gassen, durch die er bereits gekommen war, wie das eines Netzes, das ihn auf allen Seiten einengte. Er war allein. Er konnte in keine westliche Botschaft gehen. Er hatte lediglich eine Kassette, sonst nichts. Niemand würde ihm glauben . . .
Hör auf damit!
Hyde erreichte den Skoda und ging an ihm vorbei weiter. Die Türen und Fenster schienen nicht aufgebrochen worden zu sein, aber er konnte die Fahrerseite des Wagens nicht überprüfen. Er blickte zu den dunklen Fenstern von Godwins Wohnung hinauf und prallte dabei fast mit einem jungen Mann zusammen, der sich sofort höflich entschuldigte. Hyde, der am ganzen Leib zitterte, murmelte etwas hinter dem weitergehenden jungen Mann her. Dann ging er selbst weiter.
Er überquerte die Strasse 100 Meter von Godwins Wohnung und 200 Meter von dem Skoda entfernt und ging in Richtung Altstädter Ring zurück. Danach kehrte Hyde um – die Türen und Fenster auf der Fahrerseite hatten unbeschädigt ausgesehen –, ging erneut in Richtung Pulverturm und kam dann zur Wohnung zurück. Er hatte nirgends geparkte Wagen mit wartenden Männern, offene Fenster oder zurückgezogene Vorhänge entdeckt. Mit einer Hand umklammerte er die Kassette, in der anderen hielt er Godwins zweiten Schlüssel. Hyde erreichte den Eingang, hatte ihn schon beinahe passiert und verschwand dann hastig in der dunklen Türnische. Er tastete nach dem Schloß und sperrte auf. Die Tür knarrte leise, als er sie aufstieß. Nach einem letzten Blick auf die Straße trat er rasch in den schmalen Hausflur und stieg die Treppe hinauf. Im ersten Stock blieb er kurz stehen, um zu horchen. Nichts; auch von der Straße drangen keine Geräusche herein. Wo steckte Godwin?
Hyde machte nochmals eine Pause, als er die Wohnungstür erreichte, steckte dann lautlos den Schlüssel ins Schloß, hielt

den Atem an, sperrte auf ... und stieß die Tür im selben Augenblick mit dem Fuß auf, war in geduckter Haltung mit einem Satz in der Diele und drückte sich dort mit der Pistole in den Händen an die Wand. Die Mündung der vz.75 zeigte vor seinem Gesicht zur Decke. Sein Daumen entsicherte die Waffe. Fünfzehn Schuß. Er hielt den Atem an, während er horchte.

Nichts. Hyde streckte eine Hand aus und schloß leise die Wohnungstür. Dann erreichte er mit wenigen Schritten die Tür zum Wohnzimmer. Er stieß sie mit schußbereit gehaltener Pistole auf. Der Raum war unbeleuchtet, leer. Hyde machte Licht. Ordentlich, aufgeräumt ... nicht durchwühlt, keine Anzeichen eines Kampfes. Wo steckte Godwin? Hyde warf einen raschen Blick in die übrigen Räume der Wohnung. In der Diele keine Krücken, kein am Garderobenhaken hängender Wintermantel. Das Bett unbenutzt, ein leerer Kaffeebecher im Ausguß in der Küche. Godwin hatte die Wohnung aus eigenem Antrieb verlassen – um rechtzeitig zu dem vereinbarten Treff am Hradschin zu kommen. Aber wo war er jetzt?

Und wer stellte ihm Fragen – und was antwortete Godwin darauf ...? Hydes Verstand blieb mit nervöser Unabänderlichkeit bei diesem Handlungsablauf. Irgend jemand war im Augenblick dabei, Godwin von hellen Scheinwerfern angestrahlt zu vernehmen ...

Er ging ins Wohnzimmer zurück und nahm den Telefonhörer ab. Er horchte nervös, aber das verräterische zweite Klicken blieb aus. Godwin sorgte dafür, daß sein Telefon frei von Wanzen blieb. Es war ebenso sicher wie die übrige Wohnung. Hyde legte seine Pistole vorsichtig neben den Apparat und ließ sich auf einer Sessellehne nieder, weil er spürte, daß seine Knie weich wurden und seine Waden vor Überanstrengung zu zittern begannen. Er wählte die ellenlange Nummer mit bebendem Zeigefinger. Wegen des offenen Küchenfensters wurde es in der Wohnung bereits kalt.

London. Sollte er erst den Wagen wegfahren, solange noch Gelegenheit dazu war? Hyde wählte die letzte Ziffer von Sir William Guests Londoner Nummer, die Mrs. Massinger ihm gegeben hatte, und dachte dabei wieder an den Skoda. Die Verbindung kam zustande; am anderen Ende klingelte es. Dreimal, viermal – los, komm schon! Sollte er den Wagen wegfahren? Fünfmal, sechsmal, siebenmal – warum meldest du dich nicht? Hyde überlegte wieder, ob es nicht besser wäre, erst den Wagen wegzufahren, aber er schien geradezu an den Sessel und das Telefon gefesselt zu sein. Dann ...

«Sir William ...!» stieß er hervor, bevor sein professionelles Mißtrauen ihn daran hinderte, mehr zu sagen. Erleichterung durchflutete ihn und machte ihn schwach und zittrig, obwohl er sich zugleich vornahm, kein Wort mehr zu sagen, bevor der Mann am anderen Ende sich einwandfrei identifiziert hatte.

«Wer sind Sie?»

Die Stimme ist zu jung ...!

«Geben Sie mir Sir William.»

«Wer sind Sie?» wiederholte der andere.

Erkannte er die Stimme? Oder kam ihm nur der Tonfall, der Akzent bekannt vor? Wer ...?

«Kann ich bitte Sir William sprechen?» fragte er nachdrücklich.

«Warum so aufgeregt, mein Lieber?» fragte die Stimme gedehnt. «Tut mir leid, aber Sir William ist noch nicht zurück ... wir erwarten ihn allerdings demnächst. Kann ich irgendwas ausrichten?»

«Wer sind Sie?» Seine freie Hand umklammerte die Kassette in seiner Tasche, als wolle er sie zerquetschen. Unter diesen Umständen jetzt wertlos ...

«Einer seiner Mitarbeiter. Er hat mich beauftragt, ihm einige Unterlagen aus der Wohnung zu holen ... Sie können wirklich von Glück sagen, daß Sie mich erwischt haben. Wer sind Sie? Von wo aus rufen Sie an ...?» Diese Fragen klangen betont gleichmütig, sie schienen lediglich aus Höflichkeit gestellt zu werden, aber Hyde spürte die Nervosität hinter dieser Fassade.

«Scheiße!» sagte er halblaut und knallte den Hörer auf die Gabel. Wer das gewesen war – einer von Babbingtons Leuten oder tatsächlich ein Mitarbeiter Guests –, spielte keine Rolle. Jedenfalls nicht Sir William ...

Wertlos. Hyde biß sich wütend auf einen Fingerknöchel, während er das Telefon anstarrte. Wertlos ...

Er war erschöpft und ausgepumpt. Er hatte das Beweismaterial in der Tasche – aber die anderen wußten es oder würden es bald wissen ... Babbington würde noch vor Tagesanbruch davon erfahren und sich dann beeilen, Aubrey und die Massingers auf den Weg zu bringen. Sobald Sir William zurückkam, würde Babbington bei ihm aufkreuzen, um ihm Aubreys Verschwinden zu erklären. Er hatte diesen Ablauf nur beschleunigt; er hatte die anderen dazu gezwungen, energisch zu handeln ...

Hyde saß mehrere Minuten lang unbeweglich und schweigend mit zurückgelegtem Kopf und krampfhaft geschlossenen Augen da.

Seine Hände umklammerten die Sessellehnen; sein Körper sackte auf der nachgebenden Sitzfläche zusammen.

Und er hatte sich auch selbst erledigt. Die anderen wußten, daß er hier war: Sie wußten, was er getan hatte, und würden verhindern, daß er das Land auf dem selben Weg wieder verließ. Wahrscheinlich würde er nicht einmal bis Preßburg kommen. Die anderen würden sämtliche Grenzübergänge sperren, um ihn an der Flucht zu hindern.

Er blieb weiter schweigend und unbeweglich sitzen. Es erschien ihm zwecklos, etwas zu tun, sich zu bewegen oder eine Entscheidung zu treffen. Ein Teil seines Ichs horchte automatisch nach draußen, wo nur selten ein Auto vorbeifuhr, und im Haus nach oben und unten. Normal. Alles ganz normal. Irgend jemand hörte in der Wohnung über ihm Radio, ging aus dem Wohnzimmer in die Küche und kehrte dann ins Wohnzimmer zurück. Hydes Puls beruhigte sich, seine Atmung wurde ebenfalls ruhiger.

Dann setzte er sich ruckartig im Sessel auf.

Zimmermann! Hyde starrte das Telefon an und sah dann auf seine Armbanduhr. Eine Viertelstunde, seitdem er die Wohnung betreten hatte. Eine *Viertelstunde* ...! Er war wütend auf sich selbst. Er mußte hier raus. Überleben. Weiteratmen, weiterleben. Die anderen würden ihn abknallen, nicht etwa nur festnehmen. Sie würden ihn unweigerlich umlegen ...

Zimmermann. *Rufen Sie mich an, falls irgendwas schiefgeht – ganz schiefgeht.* Der Deutsche hatte ihm seine Unterstützung in Krisensituationen angeboten. *Wenn Sie allein überfordert sind und nicht mehr rauskönnen ...*

Hyde horchte erneut. Alles normal. Er wählte in fiebernder Eile. Er wartete. War Zimmermann inzwischen auch geschnappt worden? Würde eine jüngere Stimme – aalglatt und gefährlich – den Anruf beantworten? Er wartete. Am anderen Ende wurde abgenommen.

«Zimmermann», meldete sich eine Männerstimme, die mit seiner Erinnerung übereinstimmte.

«Ich bin's – Hyde.»

«Was gibt's?» fragte Zimmermann sofort auf englisch. «Haben Sie Schwierigkeiten?»

«Hören Sie, mir bleibt vielleicht nicht mehr viel Zeit. Godwin ist verschwunden – er muß geschnappt worden sein. Und jetzt sind sie wahrscheinlich mir auf den Fersen.»

«Ja, ich verstehe. Aber Sie haben . . .»

«Ich habe alles! Der Computer hat sämtliche Informationen ausgespuckt. Alles . . . sogar Babbingtons Namen. Sogar seinen *Namen.* Ich kann das ganze komplizierte Täuschungsmanöver beweisen . . .»

«Können Sie mir diese Informationen irgendwie zukommen lassen?»

«Nein, sie sind auf Magnetband gespeichert – und der Post darf ich sie nicht anvertrauen, stimmt's? Hören Sie, Zimmermann, ich kann nicht auf dem gleichen Weg zurück. Die anderen liegen überall auf der Lauer. Haben Sie irgendeine Idee?»

Hyde spürte, daß seine linke Hand, mit der er den Hörer umklammerte, zu schmerzen begann. Er betrachtete die rechte Hand. Rosige, empfindliche neue Haut, die erst abheilte. Sie erschien ihm wie ein Beweis seiner Schwäche, seiner Verwundbarkeit. Während Hyde auf Antwort wartete, versuchte er, Zimmermann durch die Kraft seiner Gedanken dazu zu zwingen, einen Ausweg zu finden.

«Ja, Sie müssen dort raus», sagte der Deutsche schließlich. «Wissen die anderen, was Sie getan haben?»

«Ja. Ich wäre beinahe geschnappt worden.»

«Und Godwin haben sie natürlich hochgenommen . . . hmmm.» Zimmermann machte eine kurze Pause. «Uns bleibt verdammt wenig Zeit, Hyde. Ohne das Beweismaterial kann ich nichts unternehmen, können *wir* nichts unternehmen. Ich bin zunächst beurlaubt worden. Mein Verhalten soll demnächst untersucht werden. Ich soll mit niemandem sprechen. Aber ich kann Ihnen trotzdem helfen. In der kleinen Grenzstadt Mytina südlich von Eger . . . südlich von Cheb, wie man jetzt sagen

muß, lebt ein deutschstämmiger Klempner. Keine drei Autostunden von Prag entfernt. Haben Sie eine Straßenkarte?»
«Ja.»
«Mytina. Sie finden ihn unter folgender Adresse . . . wollen Sie mitschreiben?»
«Nein. Bitte weiter . . . Okay, das habe ich.»
«Dieser Langdorf hat schon mehrmals inoffiziell für uns gearbeitet. Es gibt andere Männer wie ihn, aber keiner davon wohnt in der Nähe von Prag und zugleich in unmittelbarer Grenznähe. Er tut nichts ohne Bezahlung. Außerdem müssen Sie ihm erklären, daß Sie seinen Namen von mir haben. Wie sieht's bei Ihnen mit Geld aus?»
«Godwin muß hier irgendwo die amtlicherseits ausgegebenen Krügerrand oder ein Bündel Schweizer Franken versteckt haben. Ich finde das Versteck bestimmt. Keine Angst, ich kann Langdorf bezahlen.»
«Dann fahren Sie bitte sofort los! Sie müssen die Grenze noch heute nacht überschreiten – vor Tagesanbruch. Ich erwarte Sie dort . . .» Dann folgte eine Pause, in der Zimmermann offenbar auf seine Uhr sah und seine Berechnungen anstellte. «Ja, ich kann bis Tagesanbruch dort sein. Bisher wissen nur sehr wenige Leute von meiner Beurlaubung . . . Ich warte dort auf Sie. Versuchen Sie unbedingt, über die Grenze zu gelangen, Mr. Hyde. Damit wäre uns allen geholfen.»
«Gut, ich gebe mir Mühe. Vielen Dank.»
Hyde legte den Hörer auf und rieb sich vorsichtig die linke Hand, in der er ihn gehalten hatte. Er horchte zur Straße hinaus, trat dann ans Fenster und öffnete den Vorhang einen Spalt weit. Nur wenige Autos und noch weniger Fußgänger, als sei es hier nicht üblich, nach Mitternacht noch auf der Straße zu sein. In einer dunklen Einfahrt war undeutlich ein Mann zu erkennen . . . nein, ungefährlich, denn er verabschiedete sich lediglich von seiner Freundin. Keine zu Überwachungszwecken zurückgezogenen Vorhänge, keine gedämpfte Beleuchtung. Hyde atmete tief ein und aus, so daß seine Atemfeuchtigkeit sich auf der kalten Fensterscheibe niederschlug. Er stieß die Atemluft wie eine getroffene Entscheidung aus.
Godwin mußte seine Krügerrand oder Schweizer Franken wie jeder andere im Ausland tätige SIS-Angehörige irgendwo ver-

steckt haben. Sein Notgroschen, mit dem er sich unter Umständen eine Möglichkeit zur Flucht erkaufen konnte. Nur im äußersten Notfall zu verwenden, wenn alle sonstigen Mittel erschöpft waren. Aber wo?
Hyde ließ sich auf Hände und Knie nieder, kroch die Außenwände des Wohnzimmers entlang und tastete dabei den Teppichboden wie ein Blinder ab, der etwas zu Boden Gefallenes sucht. Nichts. Er sah sich die Unterseite des Eßtisches an. Er tastete die Stühle unten ab, kippte die Sessel und das Sofa ... Godwin mußte das Geld so versteckt haben, daß auch ein Behinderter es leicht erreichen konnte, falls er es in größter Eile brauchte.
Hyde tastete die Vorhänge ab, ohne Verdickungen zu spüren oder etwas rascheln zu hören. Keine Vorhanggewichte, die Goldstücke hätten sein können. Die alte Anrichte ... Seine Finger strichen über die Rück- und Unterseiten der Schubladen, hoben die Uhr hoch und schoben das Tablett mit Godwins Whisky- und Ginflaschen zur Seite. Vielleicht weil er die Uhr in den Händen gehalten hatte, begann er einen Blick auf seine Armbanduhr zu werfen, sobald er einen neuen Gegenstand berührt, hochgehoben oder abgetastet hatte. Auf diese Weise unterteilte er seine Suche in kleiner werdende Intervalle.
Bad. Wasserbehälter schwarz und staubig, aber ansonsten – vom Wasser abgesehen – leer. Kein wasserdicht verpackter Umschlag. In der Dusche keine Möglichkeit, irgend etwas zu verstecken. Unterseite des Waschbeckens – 0.20 Uhr –, Kanten der abgetretenen Bädematte. Nichts.
Küche. Unterseiten der Wandregale, genau die richtige Höhe für den behinderten Godwin – 0.21 Uhr –, der Herd, der Treteimer, Staub, tote Fliegen und eine vertrocknete Spinne auf dem obersten Regalbrett. Plastikeimer, Mop und Putzmittel in einem Wandschrank; Konserven, darunter auch Katzenfutter für die magere schwarze Nachbarskatze, in dem Schrank daneben. Rückseite des Kühlschranks – 0.22, nein, 0.23 Uhr –, Tiefkühlfach des Kühlschranks, nur Eiswürfel und einige Scheiben Roastbeef in Frischhaltefolie.
Diele. Wäscheschrank. Hände, die zwischen zusammengelegte Bettlaken, Handtücher und Hemden glitten und das Bügelbrett abtasteten, als durchsuchten sie einen mit gespreizten Armen

und Beinen dastehenden Verdächtigen nach Waffen. Koffer im Schlafzimmer, oben auf dem Kleiderschrank. Schlafzimmer. 0.25 Uhr. Er übersah bestimmt Dinge, er konnte es sich nicht leisten, wirklich gründlich zu suchen, aber er brauchte trotzdem zu lange ...

Hyde mußte darauf vertrauen, daß Godwin noch länger aushalten würde, denn er wußte jetzt ganz sicher, daß die anderen ihn geschnappt hatten und inzwischen Verdacht geschöpft haben mußten. Irgendein STB-Angehöriger würde die Verbindung herstellen und Godwin nach ihm fragen ...

0.26 Uhr. Nichts in den Koffern oder ihrem Innenfutter. Nichts unter dem schmalen Bett, das an ein altmodisches Krankenhausbett erinnerte. Nichts in der Kommode, nichts hinter und unter den Schubladen. Teppich – Fehlanzeige. 0.27 Uhr. Obwohl es in der Wohnung eher kalt war, hatte Hyde Schweißperlen auf der Stirn. Er fühlte, wie sein Körper sich unter seinen Kleidungsstücken aufheizte. Er roch den Staub unter dem Bett und im Teppich. Vorhänge – nichts. Nichts, nichts, wieder nichts ...!

0.28 Uhr. Hyde war seit nunmehr 32 Minuten in Godwins Wohnung – über eine halbe Stunde. Er hatte bestimmt nur noch wenige Minuten Zeit. Godwin hatte bestimmt seine Adresse angeben müssen – sie war ohnehin aus seiner Akte bekannt –, und eine Polizei- oder STB-Streife mußte hierher in Marsch gesetzt worden sein: ein Routineauftrag im Paradies der Werktätigen. Sie würden garantiert hier aufkreuzen – und das schon bald. Sie waren bereits überfällig. Hyde schwitzte jetzt, daß ihm das Wasser in die Augen lief, und erschrak fast, als er sein keuchendes Atmen hörte. Die Belastung durch Nervenanspannung und Frustration war so groß wie bei seiner Flucht die Schloßstiege hinunter.

Das Geldversteck mußte leicht zu erreichen sein. 0.29 Uhr. Leicht zu erreichen. Godwin konnte nicht einmal mühelos niederknien, konnte auf keinen Stuhl steigen, um etwas herunterzuholen, und konnte kein schweres Möbelstück kippen oder auch nur zur Seite rücken, ohne umständliche, zeitraubende Vorbereitungen zu treffen. *Es mußte leicht zu erreichen sein ...!*

Unten auf der Celetná hielt ein Auto. Hyde hörte es durch die geschlossenen Vorhänge hindurch. Er hatte es im Unterbewußtsein wahrgenommen, während es vom Altstädter Ring heranrollte, aber er hatte sich bemüht, es zu ignorieren. Das war jetzt nicht mehr möglich. Er hörte, wie eine der Türen zugeknallt wurde, trat ans Fenster und öffnete den Vorhang einen Spalt weit. Zwei Männer in Uniform. Ein Streifenwagen. Polizei! Die beiden sahen sich um. Hyde schloß den Vorhang, als einer von ihnen den Kopf zu heben begann. Eine Funkstreife, die vorbeigeschickt worden war, um Godwins Wohnung zu überprüfen. 0.20 Uhr . . . nein, 0.30 Uhr. *Wo?* Er bildete sich ein, schwere Stiefel auf dem mit Schneematsch bedeckten Gehsteig zu hören. Aber keine weiteren Autos. Irgendwo in der Ferne ratterte eine Straßenbahn über Weichen. Wo . . . leicht . . . für Godwin leicht zu erreichen . . . wo?

Dann wußte er es plötzlich, als er die Klingel in der Wohnung unter sich hörte. Die beiden Polizeibeamten hatten ganz bewußt im Erdgeschoß geklingelt, um jemand, der sich möglicherweise in Godwins Wohnung aufhielt, auf diese Weise irrezuführen.

Godwin hatte aufgegeben. Hyde sah ihn vor sich, wie er in dem Prager Vorort an der Bushaltestelle gewartet hatte. Godwin hatte sich damit abgefunden, für den Rest seines Lebens als Krüppel zu vegetieren. Er hätte niemals damit gerechnet, daß ein Fluchtversuch gelingen könnte, und erst gar keinen unternommen. Godwin hätte in seiner Wohnung gesessen und darauf gewartet, daß sie kamen, um ihn abzuholen. Für ihn hätte es keine Flucht zur Grenze gegeben, denn Godwin hatte längst das Handtuch geworfen.

Hyde legte das alte Sofa auf den Rücken, als ringe er einen Eindringling nieder. Er tastete die Ränder des groben Sackleinens ab, mit dem die Unterseite bespannt war. Blut. Er hatte sich in einen Finger gestochen, aus dem ein Tropfen Blut quoll. Hyde steckte den Finger in den Mund und wußte, daß Godwin eine Nadel abgebrochen hatte, die für dieses grobe Material zu schwach gewesen war. Ihre abgebrochene Spitze war im Holzrahmen des Sofas steckengeblieben. Und die Naht war hier weniger sorgfältig ausgeführt: gröber und neuer. Godwin hatte das Geld wirklich vergraben, soweit das in einer Wohnung möglich war. Hyde riß die Bespannung auf, während draußen Stiefel die Treppe heraufpolterten. Seine Hand tastete zwischen

Roßhaar und Sprungfedern umher und bekam wie erwartet ein schmales Päckchen zu fassen. Er riß das braune Papier auf. Ein dickes Bündel Schweizer Banknoten, lauter große Scheine.
Die Klingel schrillte. Unmittelbar danach rief eine Stimme Godwins Namen – mit der englischen Anrede *Mister.* Die Polizeibeamten hatten Licht in der Wohnung gesehen; sie rechneten damit, dort jemand anzutreffen – vielleicht sogar ihn. Hyde richtete sich vor Erleichterung zitternd auf und steckte das Päckchen in die Innentasche seines Mantels. Er griff hastig nach der Pistole auf dem Couchtisch und verschwand in die Küche. Nachdrückliches Klopfen, dann die kurze, bedrohliche Pause, bevor die Tür aufgebrochen wurde. Hyde stieg in den Ausguß und übers Fensterbrett, während hinter ihm das Sicherheitsschloß aus der Tür riß, als die beiden Uniformierten sich dagegenwarfen. Seine Arme zitterten, während seine Hände den Fensterrahmen umklammerten. Er belastete die mit Rauhreif überzogenen Dachziegel probeweise mit einem Fuß, bevor er aufs Dach hinausstieg. Hinter ihm wurden Stimmen laut, aber die Rufe galten noch nicht ihm.
Hyde lief weit nach vorn gebeugt, beinahe, zusammengeklappt über das schräge Dach und versteckte sich hinter einem breiten Kamin. Der Wind peitschte ihm nassen Schnee ins Gesicht, und die Wolken am Nachthimmel reflektierten die Lichter der Großstadt. Stimmen am Fenster, ein kurzer Befehl, dann das Rauschen und Knacken eines Sprechfunkgeräts, als Unterstützung angefordert wurde. Stiefel polterten im Ausguß, auf dem Fensterbrett. Hyde richtete sich vorsichtig auf, um zwischen den Kaminaufsätzen hindurchsehen zu können.
Vorerst waren die Polizeibeamten nur zu zweit – bis sie Verstärkung erhielten. Er zog die Pistole aus dem Hosenbund, rutschte auf den Knien von dem Schornstein weg und sah das Gesicht eines Uniformierten in dem aus der Küche ins Freie fallenden Lichtschein. Hyde drückte ab, als der Mann den Mund öffnete. Der tschechische Polizeibeamte klappte zusammen, fiel auf den Rücken, schien sich noch im Tod mit den Händen festklammern zu wollen, rutschte dann übers Dach und verschwand. Hyde hörte den dumpfen Aufschlag, mit dem der Tote auf einen Schneehaufen in der Gasse hinter dem Gebäude

aufprallte. Er drückte erneut ab und sah den zweiten Uniformierten hastig in Deckung gehen.
Hyde hastete gebückt bis zur Dachrinne, um einen Blick in die Gasse zu werfen. Unter sich erkannte er große Schneehaufen – und auf einem davon eine dunkle Gestalt mit ausgebreiteten Armen und Beinen. Hyde schob sich auf dem Bauch liegend mit den Füßen voran über die Dachrinne, hing noch einen Augenblick an der nachgebenden Blechrinne und ließ dann los. Die Luft pfiff an ihm vorbei, seine Füße versanken im Schnee, und er rollte im nächsten Augenblick einen Schneehaufen hinunter. Dann rappelte er sich, nach Atem ringend, über und über mit Schnee bedeckt und vor Kälte mit den Zähnen klappernd, wieder hoch.
Fußknöchel. Ja, in Ordnung. Atmung normal werdend – er holte tief Luft, fühlte sie in seinen Lungen brennen, atmete aus.
Das Sprechfunkgerät des zweiten Polizeibeamten knackte und rauschte irgendwo über ihm, während es unverständliche Befehle übermittelte. Hyde hob den Kopf. Nichts. 0.33 Uhr. Er hatte das Zeitgefühl eines Langstreckenläufers, der in einem Stadion seine Runden dreht. Drei Minuten, seitdem er die Unterseite des Sofas aufgerissen hatte. Er lief an dem toten Polizeibeamten vorbei zum zum Ende der Gasse. Auf der Straße fuhr ein Auto vorbei und veranlaßte ihn dazu, sich in jähem Erschrecken gegen die Mauer zu drücken. Aber es rollte weiter. Hyde horchte angestrengt. In weiter Ferne war eine Sirene zu hören. Er sah um die Ecke und beobachtete die Haustür, die jedoch geschlossen blieb.
Hyde ging rasch die Straße entlang an dem Skoda vorbei und suchte die verlassene Celetná mit den Augen ab. Sogar das Liebespaar war verschwunden. Er überquerte die Straße, sperrte den Skoda auf und setzte sich ans Steuer. Die Vorhänge in Godwins Wohnzimmer schienen sich nicht bewegt zu haben. Der zweite Polizeibeamte wollte offenbar nichts riskieren, bevor Verstärkung gekommen war.
0.35 Uhr. Hyde ließ den Motor an. Er sprang beim zweiten Versuch an. Hyde verzog das Gesicht, warf einen Blick in den Rückspiegel, sah wieder nach vorn, fuhr an dem Streifenwagen vor Godwins Haus vorbei und bog dahinter von der Celetná in

eine enge Seitenstraße ab. Sekunden später hörte er hinter sich eine näherkommende Sirene, aber der Rückspiegel blieb leer. Hyde kurbelte das Fahrerfenster etwas herunter, weil die Scheiben durch seine Atemfeuchtigkeit beschlugen. Er bog zweimal nach links ab. Vor ihm ein breiter Boulevard mit in regelmäßigen Abständen aufgestellten hohen Straßenlaternen: der Wenzelsplatz. Fußgänger, Autos, Straßenbahnen. Hyde war dabei, anonym zu werden.
Während er die Schnellstraße nach Kladno, Karlovy Vary und – Cheb – seine Route nach Mytina – ansteuerte, begann er über Aubrey nachzudenken. Babbington mußte inzwischen erfahren haben, was in Prag passiert war; Babbington würde keinen Augenblick zögern, alles Belastungsmaterial und sämtliche Zeugen verschwinden zu lassen.
0.59 Uhr. Aubrey würde noch vor Tagesanbruch aus Wien verschwinden. Nach Osten unterwegs, vielleicht sogar schon tot wie die Massingers. 1.00 Uhr. Er konnte die drei nicht mehr retten.

«Wo sind sie, Woronin?»
Aubrey stellte diese Frage fast gegen seinen Willen. Das Gesicht des Russen wurde in der Mitte durch das auf seiner Netzhaut zurückgebliebene Bild der nackten Glühbirne über dem schmalen Feldbett überlagert, in die Aubrey gestarrt hatte. Aubrey drehte den Kopf zur Seite. Der von einem weißlich gelben Lichtkranz umgebene glühende Draht wanderte zur Seite und verließ Woronins Gesicht. Der sonst so blasse Teint des Russen war vor freudiger Erregung rosig angehaucht. Er stand an der Tür und beobachtete Aubrey.
«Sie werden auf den Transport zum Flughafen vorbereitet», antwortete Woronin.
«Wie?» krächzte Aubrey heiser. Seine Kehle war wie ausgedörrt. Er räusperte sich. «Wie wollen Sie die beiden an Bord schmuggeln?»
Woronin machte eine wegwerfende Handbewegung. «Dafür ist längst gesorgt – als Diplomatengepäck. So bekommt sie niemand zu sehen. Garantiert niemand!»
«Sie haben sie ermordet!» Irgend etwas drängte Aubrey zu die-

sem Ausruf: Trauer oder Entsetzen, ohne daß er sich darüber hätte Rechenschaft ablegen können.
Woronin schüttelte langsam den Kopf. «Nein, vorerst leben sie noch.»
Aubrey blickte zu Woronin auf und stieß hervor: «Müssen Sie sie liquidieren lassen, sobald sie in Moskau sind? *Muß* das unbedingt sein?» Aubrey erkannte seine Frage sofort als weiteren Versuch, sein schlechtes Gewissen zu beschwichtigen. Er wußte, daß er mit dieser Schuld würde leben müssen. Es würde *schrecklich* sein, nach ihrem Tod weiterleben zu müssen. Er schüttelte den Kopf.
«Sie sehen selbst, daß es keine andere Möglichkeit gibt», stellte Woronin fest. «Schließlich wissen die beiden alles. Aber ich garantiere Ihnen, daß es rasch und schmerzlos geht.»
«Wie tröstlich!» knurrte Aubrey zur Überraschung des Russen. «Und ich? Was wird aus mir?»
«Sie haben eine wichtige Aufgabe zu erfüllen – in Moskau.» Woronin grinste. Sein Teint war noch immer rosig angehaucht. Das helle Netzhautbild war inzwischen so schwach geworden, daß Aubrey das schmale, selbstbewußte Gesicht des jungen Mannes deutlich sehen konnte.
«Wissen Sie das bestimmt?» stieß Aubrey hörbar ängstlich hervor.
Der Russe nickte. «Natürlich.»
«Und was Babbington gesagt hat – seine Drohungen? Sie haben vor, mich zu verwenden, um ihn zu schützen, stimmt's?» Woronin nickte erneut. Aubrey verabscheute sich selbst, aber er *mußte* weitersprechen, als habe ihm jemand eine Dosis Pentathol injiziert. «Sie *brauchen* mich? Sie brauchen mich doch, nicht wahr?»
Seine Lippen zitterten. Er fuhr sich mit dem Handrücken darüber.
Woronin sah gleichgültig auf seine Uhr, bevor er antwortete: «Selbstverständlich, Sir Kenneth Aubrey. Sie werden dringend gebraucht.» Damit war ihr Gespräch zu Ende. Der Russe mußte aus irgendeinem Grund hereingekommen sein; jetzt schien er seinen Zweck erreicht zu haben.
«Kapustin . . .», begann Aubrey, ohne den angefangenen Satz zu Ende zu bringen. Die Angst hatte ihre überwältigende Wir-

kung auf ihn eingebüßt. Er richtete sich sogar auf einen Ellbogen gestützt auf. «Wann fahren wir ab?» fragte er mit gespielter Unbekümmertheit.

«Jetzt ist es Viertel nach drei. Wir fahren in einer halben Stunde zum Flughafen ab. Wünschen Sie Rasierzeug und heißes Wasser?»

Aubrey nickte. «Ja», sagte er tonlos. In einer halben Stunde ...!

«Ja», wiederholte er lauter.

«Gut, ich lasse Ihnen die Sachen bringen.» Woronin nickte, hätte beinahe die Hacken zusammengeschlagen und verließ die Zelle. Aubrey hörte, wie der Schlüssel sich im Schloß drehte. Er spürte, daß ihm der Schweiß ausbrach, obwohl der Raum eher kühl war. Er fühlte, daß seine Hände zu zittern begannen, und mußte gegen plötzlich einsetzende Übelkeit ankämpfen. Aubrey kämpfte gegen seine eigene Feigheit an und zwang sich dazu, seinem bevorstehenden Tod ins Auge zu blicken. Er hatte gräßliche Angst gehabt, während Woronin so vor ihm gestanden hatte: solche Angst, daß er mehrmals dicht davor gewesen war, den Russen um die Zusicherung zu bitten, daß er im Gegensatz zu den Massingers nichts zu befürchten habe, weil man ihn am Leben lassen werde. Gott sei Dank, daß er sich nicht soweit erniedrigt hatte ...!

Aubrey wischte sich den bereits kalten Schweiß von der Stirn. Er rieb sich seinen spärlich behaarten Kopf.

Und er faßte einen Entschluß.

Ja. Er würde es versuchen. Wenn sie ihn noch eine kurze Zeit leben ließen, um ihn für ihre Zwecke auszunützen, würde er versuchen, sich dagegen zu wehren ...

Er würde angesichts eines Meeres von fremden Gesichtern und im Blitzlichtgewitter der Fotografen versuchen, die Wahrheit ans Tageslicht zu bringen. Er würde sich bemühen, die chemischen Fesseln abzustreifen, die man ihm anlegen würde, und etwas zu sagen – irgendeinen winzigen Verdacht zu erregen, die Wahrheit zumindest anzudeuten, sie wenigstens bruchstückhaft zu verkünden ...! Er würde – wenn vielleicht auch nur für wenige Augenblicke – versuchen, wieder der Mann zu sein, der er einst gewesen war.

Er schuldete den Massingers mehr als nur das, aber dies war die

einzige Münze, in der er seine Schulden zu begleichen versuchen konnte.
Aubrey hörte näherkommende Schritte; dann wurde die Zellentür aufgesperrt. Seine Hände umfaßten einander und zitterten nicht mehr. Sie waren ganz ruhig geworden, als die Tür sich öffnete. Dampf. Eine Schale mit heißem Wasser. Ein Handtuch. Ein Anfang.

Hyde beobachtete, wie der Polizeibeamte aus dem Streifenwagen stieg und zu dem leeren Skoda hinüberschlenderte. Er war dabei gewesen, erneut Sir William Guests Privatnummer zu wählen, als der Streifenwagen in die Tag und Nacht geöffnete Tankstelle außerhalb von Karlovy Vary abgebogen war. Seine freie Hand berührte seinen Mantel und tastete die Taschen ab, um ihn zu beruhigen. Das Bündel Schweizer Franken. Pistole, Reservemagazine, Datenkassette. *Träne.* Die Straßenkarte lag noch im Wagen . . .
Eine Flucht zu Fuß war undenkbar. Bis nach Mytina waren es noch über 50 Kilometer.
Notfalls mußt du dir den Weg freischießen. Der Polizeibeamte hatte den Skoda erreicht. Er rieb mit dem Handballen über das Fahrerfenster, um einen Blick ins Wageninnere werfen zu können. In dem Streifenwagen flammte ein Feuerzeug auf. Hyde blieb in der Telefonzelle: unauffällig zur Seite gedreht, damit er den Skoda beobachten konnte.
Der Uniformierte richtete sich auf und ging zu seinem Wagen zurück. Abwarten, erst abwarten . . .
Sein Kollege stieg aus, reckte seinen vom Sitzen steifen Körper und bot dem Fahrer eine Zigarette an. Dann gingen die beiden auf das schwach beleuchtete Kassenhäuschen zu, in dem Hyde seine Tankrechnung bezahlt hatte. Er zwang sich dazu, die Nummer weiterzuwählen. Sobald es am anderen Ende klingelte, beobachtete Hyde wieder die beiden Polizeibeamten. 3.50 Uhr. Zwischen Telefonzelle und Kassenhäuschen gab es keine Deckung. Die beiden würden auf ihn zukommen; sie würden völlig ungeschützt sein, aber zugleich alle seine Bewegungen in der gläsernen Telefonzelle sehen können. Hyde mußte abwarten. Sobald sie sich bewegten, mußte er langsam,

ganz langsam und scheinbar unbekümmert auf den Skoda zugehen. Dann mußte er sich blitzartig umdrehen und sie erschießen. Er konnte mit zwei, vielleicht sogar drei Schüssen rechnen, bevor das Feuer erwidert wurde. Seine rechte Hand zuckte, als wolle sie bereits nach der Pistole greifen. Seine Finger trommelten gegen den Münzenbehälter des grauen Apparats. Spiegel ... Ja, wenn er sich lässig gegen den Apparat lehnte, konnte er in dem darüber angebrachten Spiegel das Kassenhäuschen beobachten. Das Telefon klingelte weiter. Die beiden Polizeibeamten sprachen mit dem Tankwart.

Hyde seufzte, wodurch der Spiegel beschlug. Er wischte ihn hastig wieder ab. Nein, die beiden hatten sich nicht bewegt; sie tranken mit dem Tankwart Kaffee. Ein nächtlicher Routinebesuch. Ihm blieb also noch etwas Zeit ...

Du mußt weiter! Am anderen Ende meldete sich niemand. Weiter!

Nicht mehr viel Zeit ...

Hyde war sich darüber im klaren, daß das Ende unmittelbar bevorstand. Die anderen hielten es nicht einmal mehr für nötig, Guests Telefon zu überwachen. Sie hatten ihren Plan in bezug auf Aubrey schon fast verwirklicht. Babbington war sich seiner Sache sicher.

Die Polizeibeamten rauchten, tranken Kaffee. Der Tankwart lehnte an seiner Kassentheke. Am besten verschwindest du, solange sie abgelenkt sind ...

Hyde löschte die gewählte Nummer und wählte sofort eine andere. Er mußte sich Klarheit verschaffen. Möglicherweise mußte er zwei Männer erschießen und die Flucht ergreifen. Aber zuvor mußte er wissen, woran er war. Hyde wählte die Nummer der SIS-Außenstelle Wien. Er hörte das Klingeln am anderen Ende. Drei Männer in einer geschlossenen kleinen Gruppe unter der schwachen Deckenbeleuchtung des Kassenhäuschens. Noch immer etwas Zeit.

«Ja?» fragte eine Hyde unbekannte Stimme.

«Hören Sie mir bitte zu!» stieß er hervor. «Hier spricht Hyde – wer sind Sie, verdammt noch mal?»

«Beach», antwortete der andere überrascht. «Was wollen Sie von uns? Mann, Sie haben vielleicht Nerven! Wie kommen Sie dazu, uns anzurufen, als sei nichts ...»

«Halten Sie die Klappe und hören Sie mir zu!» unterbrach Hyde ihn grob. «Ich hab keine Zeit für lange Erklärungen. Erzählen Sie mir bloß, was aus Aubrey geworden ist.»
«Mein Gott, seine *russischen Freunde* haben ihn, das ist aus ihm geworden!»
«Was . . .?»
«Heute nacht sind zwei gute Männer erschossen worden, Sie Schweinehund! *Zwei gute Männer!* Nur weil der Scheiß-KGB seinen Ball zurückhaben wollte. Haben Sie verstanden, Hyde? Seine Freunde sind gekommen und haben ihn zurückgeholt! Und sie haben dabei zwei meiner Kameraden erschossen!»
Großer Gott . . .
Zu knapp. Bereits zu spät . . .
«Hören Sie mir zu, Sie Schwachkopf! Der Mann, um den's hier geht, ist nicht Aubrey, sondern Babbington! *Babbington* ist Moskaus Mann!»
«Was soll das heißen? Sind Sie übergeschnappt, Hyde? Babbington hat Aubrey *geschnappt.* Er hat ihn uns zur Bewachung anvertraut – und wir haben versagt. Wir haben seine Befreiung nicht verhindern können, kapiert? Jetzt ist er auf dem Weg in Mütterchen Rußlands Arme, und ich bin froh, daß wir den Scheißkerl endlich los sind!»
Hyde spürte, daß jemand Beach den Hörer aus der Hand genommen – weggerissen? – hatte.
«Hyde?» fragte der andere nach kurzer Pause. Hyde erkannte Wilkes' Stimme. «Hier spricht Wilkes, Patrick.» Er sprach mit Beach, ohne die Sprechmuschel abzudecken: «Okay, Beach, ich übernehme die Sache. Du kannst inzwischen eine Portion Kaffee raufholen.»
«Wilkes – wo ist der Alte?»
«Wo steckst du, Hyde?» Wilkes' Stimme klang amüsiert, selbstsicher.
«Das spielt jetzt keine Rolle. Ich hab alles, Wilkes! Einfach alles! Sogar seinen *Namen.* Kleine Fische wie du sind natürlich nicht namentlich erwähnt worden.»
«Alles, was? Und du bist noch in der Tschechoslowakei? Da kommst du nicht mehr raus, alter Junge, das steht fest.»
Spiegel . . .!
Die Gruppe löste sich auf. Einer der Polizeibeamten hatte die

Hand an der Griffmuschel der Glastür und sprach halb umgedreht mit dem Tankwart. Zeit . . .
Keine Zeit mehr. Alles vorbei. Hyde knirschte hörbar mit den Zähnen, während er seine Wut zu beherrschen versuchte.
«Du weißt, was ich habe», sagte er, weil er voraussetzte, daß Babbington inzwischen von seinem Datendiebstahl unterrichtet war. Die anderen mußten Petrunins gespeicherte Informationen längst aufgespürt und abgerufen haben.
«Du spielst keine Rolle mehr, Hyde. Du bist erledigt. Dort kommst du nicht mehr raus.»
«Und dein Boß ist bereits nach London unterwegs, was? Damit er Guest bei dessen Rückkehr gleich brühwarm berichten kann, daß der Alte leider von seinen russischen Freunden befreit worden ist?»
«Richtig, er fliegt heute mit der ersten Morgenmaschine», bestätigte der andere. «Dein Kumpel Aubrey dürfte demnächst abfliegen. Bis er ankommt, ist's in Moskau schon Tag.» Wilkes lachte zufrieden in sich hinein.
Ein Polizeibeamter im Freien. Sein Kollege setzte sich die Mütze auf und folgte ihm. Der Tankwart hob grüßend die Hand. Hyde konnte den Skoda nicht mehr vor ihnen erreichen. Er mußte abwarten, bis sie näher herankamen . . .
«Und dann . . .?»
«Dann wird er vorgeführt, alter Junge. Eine große Pressekonferenz, bei der die ganze schlimme Geschichte ausgewalzt wird. Eine scheußliche Sache für den armen alten Kerl! In dieser Beziehung haben's der Yankee und seine Frau natürlich einfacher. Die beiden verschwinden nach der Ankunft spurlos.»
«Dafür muß Babbington büßen, Wilkes! Das schwöre ich dir! Und das gilt auch für dich. Wie lange das dauert, ist mir völlig gleichgültig – aber das zahle ich euch heim!»
Die Polizeibeamten hatten ihren Streifenwagen schon fast wieder erreicht. Einer stand mit in die Seiten gestemmten Armen da und beobachtete die Telefonzelle. Er hatte seine Schirmmütze weit aus der Stirn geschoben. Nach einem Blick zu dem geparkten Skoda hinüber betrachtete er erneut Hyde . . .
«Wenn du dich beeilst, kannst du ihn dir schnappen, bevor er um sieben nach London zurückfliegt», antwortete Wilkes

lachend. «Er sitzt natürlich in der Lounge für die Erste Klasse. Soll ich ihn anrufen, damit er weiß, daß du kommst?»

Abflug Wien-Schwechat um 7.00 Uhr; Ankunft in London-Heathrow um 9.30 Uhr. Hyde sah auf seine Armbanduhr, während er mit der freien Hand die Verbindung unterbrach. Trotzdem behielt er den Hörer in der Hand, um keinen Verdacht zu erwecken.

Der Motor des Streifenwagens sprang an; das Fahrzeug setzte sich in Bewegung, beschrieb einen weiten Bogen um die Zapfsäulen und kam auf Hyde zu. Seine freie Hand tastete nach dem Pistolengriff. Der Uniformierte auf dem Beifahrersitz starrte ihn an. Aber der Streifenwagen fuhr an der Telefonzelle vorbei. Hyde spürte den grauen Metallkasten an seinen Rippen, als er erleichtert zusammensackte. Die Schlußleuchten des Streifenwagens entfernten sich in Richtung Karlovy Vary, zeichneten die Kurven einer Steigung nach, fuhren über die Kuppe und verschwanden.

Hyde hängte den feuchten Hörer ein und stieß die beschlagene Glastür auf. Er war mit wenigen raschen Schritten bei dem Skoda, tastete in seiner Manteltasche nach den Schlüsseln, ließ sie fallen und fischte sie aus einer fast gefrierenden Pfütze, die mit einer in allen Regenbogenfarben schillernden Benzinschicht bedeckt war.

Er mußte erreichen, daß Babbington verhaftet wurde, sobald er in London das Flugzeug verließ. Das *mußte* zu erreichen sein. Wenn es ihm gelang, mit Guest zu sprechen, ihn zu überzeugen ...

Hyde riß die Autotür auf, setzte sich ans Steuer und ließ den Motor an. Die Windschutzscheibe beschlug augenblicklich. Er wischte sie ab, gab Gas und fuhr aus der Tankstelle auf die Straße hinaus.

Aubrey würde liquidiert werden. Das wußte er mit schrecklicher, zwingend logischer Gewißheit. Auch wenn Wilkes etwas anderes sagte oder glaubte, würde der KGB dieses Risiko scheuen. Die Sache konnte schiefgehen. Lieber nur ein paar Fotos, die ihn zeigten, wie er alt, müde und krank wirkend aus dem Flugzeug stieg, und dann ...

Herzschlag. Erlogen in der sowjetischen Presse, in Rundfunk

und Fernsehen. Postume Ordensverleihung. Eine viel sicherere Methode.
Hyde gab Gas. Die Lichter von Karlovy Vary lagen vor ihm, als er hügelabwärts auf das ehemalige Karlsbad zufuhr. 4.01 Uhr. Ihm blieben noch fünfeinhalb Stunden. Danach war Aubrey unrettbar verloren.

Aubrey war überraschend dankbar gewesen, als einer der Bewacher ihm seinen kleinen Koffer mit den Kleidungsstücken brachte, die Mrs. Grey ihm unmittelbar vor seiner Flucht aus London gekauft hatte. Etwas anziehen zu können, das paßte, nicht verknittert und vor allem sauber war, entzückte ihn förmlich. Es stärkte seine Entschlossenheit. Erst als er den Flughafen Schwechat erreichte, wurde ihm klar, daß diese äußere Erscheinung zu Babbingtons Gesamtplan gehörte.
Der österreichische Grenzpolizeibeamte ging die Reihe der vier Fahrzeuge entlang und warf jeweils einen kurzen Blick ins Wageninnere. Aubrey versuchte, sich in den Polstern kleinzumachen, aber der Mann neben ihm legte die Pistole aus der Hand, packte ihn am Arm und zog ihn nach vorn, so daß sein Gesicht im grellen Licht der Neonlampen über dem Tor deutlich zu sehen war. Ein kurzes Zögern des Uniformierten, der Aubrey nicht erkannte, ein Blick in den von Woronin vorgelegten falschen Diplomatenpaß und ein knappes Nicken, bevor der andere weiterging. Der Klammergriff um Aubreys Arm lockerte sich. Dafür spürte er sofort wieder die Pistolenmündung zwischen den Rippen.
Der Beamte würde sich an ihn erinnern. Ja, Kenneth Aubrey oder ein Mann, auf den seine Personenbeschreibung zutraf, war auf dem Flughafen Schwechat kontrolliert worden und hatte sich mit einem sowjetischen Diplomatenpaß ausgewiesen. Ja, ja, ja ...
Aubrey blickte an sich herab: dunkler Wintermantel, grauer Flanellanzug, dezent gemusterte Krawatte. Daran würde sich der Uniformierte erinnern, wie es die anderen beabsichtigten. Ein Mann, der einen gutgebügelten Anzug und ein frisches Hemd anhat und sich mit falschen Papieren ausweist, *muß* freiwillig mitgekommen sein. Auf dem Flughafen Scheremetjewo –

oder Domodedowo, Bykowo oder Wnukowo, je nachdem, welcher Moskauer Flughafen benützt wurde – würde er die Maschine in dem selben gutgebügelten Anzug und frischen Hemd verlassen und von lächelnden Männern umgeben sein, die später als KGB-Offiziere und seine «Befreier» identifiziert werden würden. Beweise für seine Perfidität.
Das Tor wurde geöffnet, und die Wagen rollten auf eine Reihe riesiger Hangars zu. Aus einer der Hallen ragte ein T-förmiges Heckleitwerk mit einem bekannten Emblem, das zu der kyrillischen Schrift über dem Hangar paßte. Aeroflot. Sie hielten neben einer zweistrahligen Tupolew Tu-134.
Das Hallentor schloß sich hinter ihnen. Aubrey bildete sich ein, es wie eine Kerkertür ins Schloß fallen zu hören. Damit war ihm der Fluchtweg abgeschnitten. Der Kastenwagen fuhr an den haltenden Limousinen vorbei zum anderen Ende des Hangars. Aubrey sah etwa ein Dutzend Männer: die meisten in Overalls, einer in Aeroflotuniform. So *leicht* – er war hilflos.
Der Fahrer öffnete die Wagentür und gab Aubrey ein Zeichen, er solle aussteigen. Er stemmte sich langsam aus der Limousine, blinzelte im Licht der hellen Deckenscheinwerfer, die durch Staubschleier zu leuchten schienen, und sah auf seine Armbanduhr, die sie ihm zurückgegeben hatten. 4.20 Uhr. Was hatte Kapustin gesagt . . .?
4.30 Uhr. Was war los, warum stand die Tu-134 noch im Hangar? Die linke Triebwerksabdeckung war hochgeklappt; auf einer hydraulischen Montagebühne am Heck standen Männer, die an dem Triebwerk arbeiteten. Ein Defekt . . .!
Woronin redete aufgeregt auf den Uniformierten ein. Paul Massinger und seine Frau wurden aus dem Laderaum des Kastenwagens geholt: ins Licht blinzelnd, halb benommen, ängstlich. Aubrey blickte zu Boden. Seine Hände zitterten in den Manteltaschen. Er hörte Werkzeug klirren und einen der russischen Flugzeugmechaniker herzhaft fluchen. Er sah zu den Männern auf, die am linken Hecktriebwerk arbeiteten.
Warum? War eine Rettung denkbar?
Woronin hatte sich von dem Mann in Aeroflotuniform – vermutlich der Pilot – abgewandt und kam auf Aubrey zu. Sein Gesichtsausdruck verriet, wie gereizt und wütend er war. «Ein

Triebwerksdefekt . . . ungefähr eine Stunde Verzögerung, vielleicht etwas mehr», verkündete er knapp.
«Ja, ich verstehe», antwortete Aubrey. «Das macht keinen großen Unterschied, finden Sie nicht auch?»
«Wenig Unterschied, das stimmt. Sir Andrew Babbington dürfte Ihnen kaum zu Hilfe kommen, glaube ich.» Woronins Verärgerung war bereits abgeklungen. «Sie gehen jetzt bitte an Bord der Maschine», forderte er Aubrey auf.
«In ein paar Minuten.»
Woronin machte ein finsteres Gesicht. «Gut, wie Sie wünschen», sagte er dann jedoch.
Aubrey ließ ihn stehen und ging auf das Ehepaar Massinger zu. Der Russe folgte ihm. Die Massingers hatten auf einem Schrankkoffer Platz genommen – vielleicht auf einem der Koffer, in denen sie zum Flughafen transportiert worden waren? – und saßen händchenhaltend, schweigend und sichtlich benommen da. Ihre Haltung schien eine Pose zu sein, die sie für ein gemeinsames Porträt eingenommen hatten. So möchten sie in der Erinnerung anderer fortleben, dachte Aubrey, dem sein Schuldbewußtsein den Hals zuzuschnüren schien.
Ein Blick über Woronins Schulter hinweg zeigte Aubrey, daß die Massingers ihn beobachteten. Auf ihren Gesichtern stand ein zufriedener, keineswegs ängstlicher Ausdruck, der ihn frösteln ließ. Er wünschte sich, er hätte einen Stock, auf den er sich hätte stützen können. Die Gesichter der Massingers ließen erkennen, daß sie sich durch ein gemeinsames Schicksal mit ihm verbunden fühlten: als Schicksalsgefährten. Aubrey war diese Vorstellung verhaßt.
Woronin nickte ihm steif und hastig zu. «Ich habe jetzt anderweitig zu tun. Sie können zu Ihren Freunden gehen.»
Jedesmal wenn es einen Geheimdienstskandal gab, wenn die westlichen Medien in großer Aufmachung über eine geheimdienstliche Affäre berichteten, würden sie den Film wieder zeigen. Sir Kenneth Aubrey, der aus diesem Flugzeug stieg.
Seine Heimkehr nach Moskau.

18

Der Richtplatz

Als das Mädchen ihm einen Teller mit einem dampfenden, kräftig gewürzten Eintopfgericht brachte, dessen Klöße wie kleine Felsblöcke zwischen Fleisch und Gemüse aufragten, fühlte Hyde sich geschlagen; alle noch verbliebene Energie und Willenskraft schienen sich verflüchtigt zu haben. Er hatte das Gefühl, nicht mehr die Kraft zu besitzen, um Langdorf überreden zu können. Die kleine, flachsblonde, schmalgesichtige, guterzogene Tochter des Mannes hatte ihn entwaffnet. Er schätzte ihr Alter auf elf oder zwölf Jahre. Sie hieß Martha – nach ihrer Mutter, wie Langdorf ihm erklärt hatte.

Langdorf war um seine eigene Sicherheit besorgt – vermutlich auch wegen seiner Tochter. «Für heute ist's schon zu spät», wiederholte er ständig. «Schon viel zu spät. Bis wir die Grenze erreicht hätten, wär's schon fast Tag. Ich kann Sie jetzt nicht führen.» Nach der zweiten oder dritten Weigerung hatte er hinzugefügt: «Aber Sie können hierbleiben, bis es wieder dunkel ist. Dann bringe ich Sie über die Grenze.»

«Sie müssen mich führen – gleich jetzt», verlangte Hyde sofort wieder. «Ich weiß, daß das riskant ist, aber ich muß bis Tagesanbruch über die Grenze!» Er tippte auf den Geldscheinstapel, weil er wußte, daß Langdorf vermutlich noch nie soviel Geld dafür geboten worden war, daß er jemand über die Grenze brachte. «Sie müssen mir helfen.» Die Hälfte von Godwins Geld lag auf dem Tisch; die andere Hälfte steckte in Hydes Manteltasche – mit der Pistole, die er vielleicht noch brauchen würde.

«Was ist eigentlich los mit Ihnen?» erkundigte er sich bewußt provozierend. «Geht's Ihnen etwa nicht nur ums Geld? Das hat Zimmermann jedenfalls behauptet.»

Martha nahm den leeren Teller zwischen Hydes aufgestützten Ellbogen weg. Ihr schmales, blasses Gesicht trug einen mißbilligenden Ausdruck, und Hyde schloß daraus, daß sie gut Englisch sprach. Vielleicht war sie aber auch nur in sämtliche Details solcher Verhandlungen eingeweiht. Darin mußte sie

Übung haben. Schließlich hatte sie das alles schon oft genug erlebt.
«Sie spricht Englisch», erklärte Langdorf ihm, zündete sich seine Pfeife an und ließ blauen Rauch zu der niedrigen Zimmerdecke aufsteigen. «Ich lasse ihr Privatunterricht geben. Das gehört mit zu ihrer Erziehung.» Martha lächelte ihrem Vater dankbar zu – so erschien es Hyde zumindest. Dieser Blickwechsel rührte ihn, denn er sprach von stillschweigender Zuneigung, wo Hyde sie vielleicht nicht vermutet hätte. «Richtig», fuhr der Klempner fort, der ihm in einem abgetragenen Schlafrock und Pantoffeln gegenübersaß. Unter dem langen wollenen Schlafrock waren die Hosenbeine eines gestreiften Flanellschlafanzugs sichtbar. «Ja – mir geht's nur ums Geld, wie Sie festgestellt haben.» Zur Decke aufsteigende bläuliche Rauchwolken signalisierten Zufriedenheit, sogar Überlegenheit. Langdorfs Gesichtsausdruck und seine entspannte Haltung am Tisch suggerierten, daß er nicht überrascht oder verblüfft werden konnte. Er kannte sich gut genug, um zu wissen, daß niemand ihn kränken oder anstacheln konnte.
Hyde war müde. Übermüdet. Hundemüde. Todmüde. 5.30 Uhr. Nur noch vier Stunden – und er befand sich weiterhin auf der falschen Seite einer stark gesicherten Grenze. Vielleicht war der Alte bereits nach Moskau abgeflogen . . .?
Langdorfs Miene war unbeweglich, ausdruckslos. Hyde wußte, daß seine eigene Müdigkeit dicht davor war, in Schicksalsergebenheit umzuschlagen. In wenigen Minuten würde der Gedanke an ein Bett für den Rest dieser Nacht und den größten Teil des bevorstehenden Tages unwiderstehlich werden . . .
Schliemann, dachte er, gab sich einen Ruck und versuchte halb benommen, die Bedeutung dieses Schlüsselworts zu erfassen, wie es Zweck seiner Ausbildung gewesen war. Schliemann. Das war das Schlüsselwort während ihrer Ausbildung gewesen, in der sie gelegentlich bis zur völligen Erschöpfung und sogar darüber hinaus angetrieben worden waren. Ein Schlüsselwort, das irgendein humanistisch Gebildeter ausgesucht haben mußte. Schliemann, der Entdecker der Ruinen Trojas. Wenn man ausgelaugt, zum Aufgeben bereit war und sich nur noch wünschte, endlich schlafen zu dürfen . . . Schlaf ist der letzte Ausweg, hatte man ihnen gepredigt. *Ihr* wollt unter keinen Umständen

schlafen. Macht's wie Schliemann! Grabt euch in eurem Inneren von Schicht zu Schicht tiefer, bis ihr auf eure brachliegenden Reserven stoßt.
Aus wie vielen Schichten hatten die Ruinen Trojas bestanden – einer in Jahrtausenden immer wieder am alten Ort neugebauten Stadt? Siebzehn, achtzehn, dreißig – unendlich viele ...
Mach dir das Schliemann-Prinzip zunutze. Gib nicht auf! Dort unten gibt's irgendwas, das du finden und gebrauchen kannst. *Schliemann.* Sieh zu, daß du irgendwelche Reserven mobilisierst *– aber schlaf nicht ein!*
Er stöhnte laut und hob den Kopf von seinen auf dem Tisch verschränkten Armen. Langdorf beobachtete ihn durch bläuliche Rauchschwaden hindurch. Aus der Küche drangen weiterhin Arbeitsgeräusche. Martha übte eifrig ihre spätere Rolle als perfekte Hausfrau ...
Er hatte gedöst, war beinahe eingeschlafen. *Schliemann.* Graben. *Graben.* Wach auf, benütze irgendwas – andere Leute, Zorn, Beleidigungen ... irgendwas. Nutze die Gegebenheiten für deine Zwecke.
«Was soll sie später mal werden?» fragte Hyde, indem er in die Küche hinausnickte. «Miss World?»
Er stützte sich auf die Ellbogen und beobachtete Langdorf. Der Klempner hatte die Pfeife aus dem Mund genommen. Seine vollen Lippen waren ärgerlich verzogen. Er kniff jetzt die Augen zusammen. Seine blasse Stirn mit dem zurückweichenden Haaransatz glänzte im Lampenlicht.
«Wie meinen Sie das?» fragte er mit einem nervösen Seitenblick zur Tür hinüber. Das Wohnzimmer, in dem sie saßen, entsprach wie die übrigen Räume der Wohnung, die Hyde bisher zu sehen bekommen hatte, dem unansehnlich grauen Block, der sie enthielt. Kahle Wände, Ofenheizung, dünner Teppich, schlechte Möbel. Dabei war Langdorf vermutlich der reichste Mann dieses Wohnblocks. Alles für seine Tochter ...
«Ich meine ... wofür brauchen Sie das Geld?»
Benützt alles, hatten sie gesagt. *Schliemann.* Grabt bis zum Erfolg.
Hyde war nervös und abgespannt, aber wieder hellwach. Er spürte einen unerwarteten Adrenalinschub. Er befand sich in einem Hoch. Was es ihn kosten würde, überlegte er sich im

Augenblick lieber nicht. Er brauchte Langdorfs Hilfe, um über die Grenze zu kommen. Er *mußte* über die Grenze.
Schliemann.
«Für sie», gab Langdorf nach längerem Schweigen zu. Der Pfeifenrauch diente ihm jetzt als Tarnung, hinter der er seinen Gesichtsausdruck verbergen konnte.
«Was wollen Sie für sie erreichen?» fragte Hyde weiter.
Martha kam aus der Küche herein. Sie schien zu ahnen, daß von ihr gesprochen wurde, denn sie blieb unschlüssig auf der Schwelle stehen und wischte sich ihre noch feuchten Hände an ihrer Schürze ab. Langdorf nahm ihre Anwesenheit wahr. Hyde spürte einen Vorteil. Er beugte sich nach vorn und flüsterte: «Was wollen Sie für sie erreichen? Wozu brauchen Sie das Geld, Langdorf?»
«Sie geht später in den Westen», antwortete der Mann beinahe zischend. «Ich habe dort entfernte Verwandte – in der Bundesrepublik. Sobald sie genug Geld hat, geht sie dorthin. Geld, Bildung, Cleverness – damit kann sie im Westen bestehen.»
«Ist das Ihr schwacher Punkt, Langdorf? Wieviel Geld brauchen Sie dafür? Wieviel haben Sie schon? Wieviel *wollen* Sie?» Hyde grinste über die Verwirrung des anderen, die sich deutlich auf seinem Gesicht abzeichnete. *Grabt nach Erfolg.* «Ich will etwas», stellte Hyde fest, «aber *Sie* wollen weit mehr. Wieviel? *Wieviel?*»
Aus Langdorfs Blick sprach Haß. Hydes Zynismus hatte ihn unvorbereitet getroffen. Keiner von ihnen respektierte überlieferte Wertvorstellungen; damit hatte Langdorf gerechnet, als er einem Übermüdeten, der offenbar ein Profi war, die Wohnungstür geöffnet hatte. Aber diesem Mann war *nichts* heilig . . . Hyde sah seinen fast ängstlichen Blick. «Los, los, deutscher Klempner, der von Höherem träumt, geben Sie mir wenigstens einen Hinweis! Erzählen Sie mir, wieviel Sie wollen.» Er blickte zu Martha hinüber, die von einem Gesicht zum anderen sah. «Ich erzähle Ihnen nicht, was ich alles durchgemacht habe, Langdorf, denn das würde Sie nicht interessieren. Sie interessieren sich nur für Geld. Das denken alle von Ihnen. Aber wieviel Geld?» Hyde sprach weiter, ohne sich von Langdorf unterbrechen zu lassen. «Was braucht sie im Westen, Langdorf? *Wieviel* braucht sie dort? Bestimmt nicht wenig. Und wie wird's ihr dort

ergehen, Langdorf? Sie wollen doch nicht, daß Martha . . .» Die Augen der Kleinen leuchteten, als sie ihren Namen hörte. Sie runzelte die Stirn, während sie sich anstrengte, sein rasches Englisch zu verstehen. « . . . später in einem muffigen Büro arbeiten muß, stimmt's?» Hyde war aufgestanden, stützte sich mit geballten Fäusten auf den Tisch und starrte auf den Klempner hinab, dessen Pfeife inzwischen beinahe ausgegangen war. «Sie braucht verdammt viel, wenn sie einen guten Start haben soll, Langdorf. Ist Ihnen das eigentlich klar?»
Er hatte ihn! Er hatte Langdorf in der Tasche. Eine weitere Sprosse auf der zu Babbington führenden Leiter.
Er hatte ihn.
«Ist Ihnen das eigentlich klar?» wiederholte der Australier halblaut. «Sie braucht *alles*, was Sie ihr mitgeben können – und noch mehr. *Mehr.* Sie wollen mehr? Wollen Sie das? Dann nehmen Sie's sich aus meiner Manteltasche – los, los, greifen Sie in die Innentasche und ziehen Sie die Zukunft Ihrer Tochter heraus!»
Langdorf legte seine Pfeife weg und stand auf. Martha trat sofort neben ihn und griff nach seiner abgearbeiteten Hand, die sich um ihre dünnen Finger schloß. Die Trauerränder unter seinen Fingernägeln hoben sich deutlich von ihrer weißen Haut ab. Dann steckte er die Hand nach Hydes Manteltasche aus.
«Die Pistole steckt auch darin», stellte Hyde fest, während er auf seinen Stuhl zurücksank.
Langdorf schien nichts gehört zu haben, aber Hyde sah seine Hand zurückzucken, als sie den Pistolengriff streifte. Dann zog die Hand das aufgerissene Päckchen aus der Manteltasche, und ein von Pfeifenrauch verfärbter Daumen blätterte die Geldscheine durch. Martha stand unschlüssig neben ihm.
«Dieses Geld hat sich jemand anders für Notfälle zurückgelegt, stimmt's?» fragte Langdorf mit einem Blick zu dem Australier hinüber. «Das ist nicht Ihr Geld.»
«Der andere braucht's jetzt nicht.»
«Martha, tu das Geld weg», forderte er seine Tochter auf, indem er den kleinen Stapel vom Tisch nahm und mit unter das Gummiband steckte, das um das Päckchen geschlungen war. Er gab die Schweizer Franken der Kleinen, die sie schweigend und mit ausdrucksloser Miene an sich nahm und hinaustrug. Langdorf folgte ihr. In einem Zimmer des schmalen Flurs ging das

Licht an. Hyde, der über seine eigene Neugier staunte, stand auf und trat in den Flur hinaus.
In ihrem Zimmer verschloß Martha das Geld in einer Stahlkassette, die sie in der untersten Schublade einer Kommode stehen hatte. Die Wände des kleinen Zimmers waren rosa gestrichen und von Wandlampen mit rosa Schirmen erhellt. Der ganze Raum schien nicht zu der übrigen Wohnung zu passen. Das Bett der Kleinen war mit einer flauschigen bunten Duvetinedecke abgedeckt. Auf beiden Seiten des Kopfkissens lagen Stofftiere, als warteten sie auf Martha. Ein japanisches Radio mit Kassettenrecorder ... ein deutsches tragbares Fernsehgerät ... ein Quarzwecker ... Langdorf drehte sich um und sah Hyde an der Tür stehen. Sein Gesicht war zunächst ärgerlich, als habe er einen Eindringling oder Spanner ertappt. Aber dann sah er sich im Zimmer seiner Tochter um und war erkennbar milder gestimmt. Irgend etwas in ihm wollte, daß Hyde alles sah, billigte und bewunderte. Der Australier nickte und bemühte sich, ihm zuzulächeln. Er hatte Langdorfs Traum gesehen. Seine Tochter wurde maßlos verwöhnt – oder auf das Leben im Westen vorbereitet. Hyde sah einen neuen, großen, teuren Puppenwagen und ein ganzes Regal mit Souvenirpuppen aus verschiedenen Ländern. Martha schloß die Schublade und blickte nervös lächelnd zu ihrem Vater auf. In diesem Augenblick wirkte sie wie seine nicht ganz freiwillige Komplizin.
«Geh jetzt ins Bett, Martha. Du bittest Frau Janovice von unten, dich mitzunehmen, wenn sie ihre Jungen in die Schule fährt, verstanden? Sag ihr, daß ich wegen eines Notfalls habe wegfahren müssen.» Die Kleine nickte. «Sei nicht unhöflich und vergiß nicht, dich zu bedanken. Und steh nicht zu spät auf ...»
Er küßte seine Tochter. Hyde beobachtete, wie sie ihre dünnen Arme um den Hals ihres Vaters schlang, und ging ins Wohnzimmer zurück. Er kam sich als Fremder, als Eindringling vor, aber seine nervöse Spannung wuchs zugleich wieder. Er ärgerte sich über die Verzögerung.
Hyde sah auf, als Langdorf ins Wohnzimmer zurückkam. Der andere wirkte ruhig, zufrieden, sein Gesicht jünger und weniger müde. Er griff nach seiner Pfeife, riß ein Streichholz an und paffte Rauch über den Tisch. Hyde war erleichtert. Der Mann war jetzt geschäftsmäßig, nicht mehr widerwillig.

Langdorf nahm die Pfeife aus dem Mund, um zu verkünden: «Sobald sie mit der Schule fertig ist, geht sie in den Westen. Bis dahin habe ich noch fünf, sechs Jahre Zeit. Sie ist wohlhabend, wenn ich sie eines Tages rüberbringe.»
«Das ist Ihr eigentliches Motiv, stimmt's?»
Der andere nickte. «Richtig, das ist der wahre Grund dafür. Sie haben mir soviel geboten, daß ich nicht ablehnen konnte. Damit ist alles gesagt.»
«Sie könnten jederzeit selbst in den Westen gehen. Arbeit gibt's überall.»
Langdorf schüttelte den Kopf und blies eine Rauchwolke an die Decke. «Kommunismus, Kapitalismus, Freiheit – wen kümmert das schon. Das System ist unerheblich, solange die Kasse stimmt, hmmm? Wie Sie sehen, bin ich ein Zyniker.» Er sah auf seine Uhr.
«Nicht ganz», antwortete Hyde.
«Ich wäre in den Westen gegangen, wenn wir zu dritt hätten gehen können. Aber jetzt . . . ach, ich würde drüben nicht reinpassen. Meine Familie lebt seit Generationen hier – weit länger als die Partei! Er tippte mit dem Pfeifenstiel auf die Landkarte. «So, jetzt passen Sie bitte gut auf. Uns bleibt wahrscheinlich keine zwei Stunden Zeit, wenn wir kein allzu großes Risiko eingehen wollen. Hier liegt Mytina. Wir fahren hier in die Berge bis zu der Stelle, wo dieser Weg in Grenznähe endet. Dort gibt's Stolperdrähte und Stacheldraht, nicht allzu viele Wachttürme, aber Hunde und gelegentlich Hubschrauber. Der Stacheldrahtzaun verläuft diesen Fluß entlang . . . sehen Sie?» Hyde nickte wortlos. «Ein reißender kleiner Fluß, eher ein breiter Bach. An dieser Stelle versuchen nicht viele, die Grenze zu überqueren – außer Einheimische, die sich hier auskennen. Die armen aus Prag, Brünn oder Pilsen flüchtenden Dissidenten würden niemals hierher kommen. Sie könnten nicht mal eine Wanderkarte dieses Gebiets kaufen, um sich eine geeignete Stelle auszusuchen!» Langdorf lachte in sich hinein. «Professor Zimmermann kennt diesen Übergang. Er wartet hier an der Straße nach Waldsassen.» Er stand auf. «Studieren Sie die Landkarte – und diese Fotos . . .» Langdorf legte Hyde einen Fächer aus Farbfotos hin. «Ich habe sie mit der japanischen Kamera gemacht, die ich meiner Tochter gekauft habe. Prägen

Sie sich das Gelände gut ein. Ich ziehe mich inzwischen an. Wir müssen sofort losfahren, sonst wird's hell, bevor wir an der Grenze sind.»

Die Tupolew Tu-134 fuhr auf die Rollbahn hinaus, um zum Start zu rollen. Babbington setzte das Fernglas ab und gab es Wilkes zurück, der in der Lounge im Obergeschoß des Schwechater Abfertigungsgebäudes neben ihm stand. Zwei weitere Mitarbeiter der SIS-Außenstelle Wien hatten einige Meter links und rechts von ihnen Posten bezogen. Ganz in der Nähe standen auch mehrere Wiener Polizeibeamte, die ebenfalls auf den Abflug der sowjetischen Maschine warteten.
Babbington sah auf seine Armbanduhr. 6.10 Uhr. Das defekte Triebwerk der Tu-134 war inzwischen repariert worden. Babbington erinnerte sich an sein eisiges Erschrecken, als er bei seiner Ankunft auf dem Flughafen von genau diesem Fenster aus hatte feststellen müssen, daß das Leitwerk der sowjetischen Verkehrsmaschine noch immer aus dem Aeroflothangar ragte. Und davor die Streifenwagen mit eingeschaltetem Blinklicht, das die geöffneten Hangartore und das Flugzeugheck beleuchtet hatte. Und die erregten Diskussionen zwischen Wiener Polizeibeamten und Flughafenpersonal auf der einen und dem vor dem Hangar deutlich auszumachenden Woronin auf der anderen Seite. Zuletzt hatte die Polizei aufgegeben. Das Verkehrsflugzeug besaß diplomatischen Status; die Maschine war sowjetisches Hoheitsgebiet. Die Polizeibeamten waren abgerückt, nachdem sie ihre Hilflosigkeit ausreichend demonstriert hatten. Ein hoher Beamter hatte Babbington mitgeteilt, Aubrey sei unterdessen eindeutig identifiziert: Er sei in einem Dienstwagen der sowjetischen Botschaft angekommen, habe sich mit gefälschten Papieren ausgewiesen und befinde sich jetzt an Bord der Tu-134. Babbington hatte den Verärgerten gespielt, der sich zuletzt ins Unvermeidliche fügt.
Aber der Schock, das Flugzeug bei seinem Eintreffen noch im Hangar zu sehen ...
Lediglich die hartnäckige Erinnerung an Hyde beeinträchtigte seine Befriedigung über seine eigene Kühnheit und seinen Wagemut. Hyde ...

Er hatte einen ausführlichen Bericht der sowjetischen Botschaft über die Ereignisse in Prag erhalten. Hyde hatte den Moskauer Zentralcomputer geplündert und sich Zugang zu Geheiminformationen verschafft, die Petrunin in ihm gespeichert hatte: Beweismaterial in bezug auf *Träne*, das Petrunin wie belastende Schriftstücke oder Fotos beiseitegeschafft hatte. Hyde verfügte über sämtliche Informationen – sogar über seinen Namen. Er mußte abgefangen werden. Wo, wie ...? Unterdessen war bekannt, daß Hyde mit einem Touristenvisum über Bratislava eingereist war. Dort warteten sie jetzt auf ihn – aber Hyde war zu clever, um zu versuchen, das Land auf der gleichen Route zu verlassen. Er mußte abgefangen werden. Bevor er zur Strecke gebracht worden war ...

«Wilkes!» knurrte er.

«Ja?» Babbington funkelte ihn an. «Ja, Sir?» fügte Wilkes weniger lässig hinzu.

«Kommen Sie, Wilkes.» Babbington führte ihn ungefähr zehn Meter weiter weg, bevor er sich an ihn wandte: «Sie müssen sich Hyde schnappen – und ihn beseitigen. Er kommt bestimmt nicht hierher zurück, weil er weiß, daß Aubrey nach Moskau unterwegs ist. Aber er wird versuchen, mit seiner Beute über die Grenze zu gelangen. Wissen Sie bestimmt, daß Godwin nicht mehr weiß, als er ausgesagt hat?»

Wilkes nickte. Er wußte, daß sie nicht belauscht werden konnten, aber er sprach trotzdem beinahe flüsternd. «Die anderen verstehen ihr Handwerk. Er hat ihnen alles erzählt, was er weiß. Was Hyde jetzt vorhat, ist ihm unbekannt; er weiß lediglich, daß Hyde alle seine Hoffnungen auf Guest setzt.»

«Guest ist der einzige, der in dieser Sache wirklich etwas unternehmen könnte. Aber *jeder* könnte Zweifel wecken – sogar Hyde, wenn er eine Zeitung oder Fernsehstation dazu brächte, seine Behauptungen zu verbreiten. Deshalb muß er zum Schweigen gebracht werden. Und», fügte er fast beiläufig hinzu, «Sie bitten unsere Freunde in Prag, Godwin verschwinden zu lassen. Er darf nicht wieder auftauchen.»

«Das ist einfach. Die Sache mit Hyde ist etwas schwieriger, Sir.»

Die Tu-134, deren Triebwerke jetzt aufheulten, erinnerte an einen an der Leine zurückgehaltenen Hund. Dann löste der

Pilot die Bremse: Das Flugzeug setzte sich ruckartig in Bewegung und raste über den Beton der Startbahn. Aeroflot. Aubrey war in Sicherheit. Babbington atmete auf.
«Was ist mit Zimmermann?» fragte er. «Haben Sie sich um ihn gekümmert?»
«Wir sind noch dabei. Er scheint nicht in Bonn zu sein. Keine Angst, wir finden ihn!»
«Möglicherweise flüchtet Hyde sich zu ihm . . . ja, das wäre gut möglich. Lassen Sie Zimmermann lückenlos beschatten, sobald Sie ihn aufgespürt haben. Vielleicht kreuzt Hyde bei ihm auf.»
«Wird gemacht.»
Die Tu-134 hatte die Abhebegeschwindigkeit erreicht. Babbington beobachtete sie gespannt. Der Lichtfleck des unter dem Rumpf angebrachten Zusammenstoßwarnlichts breitete sich aus und wurde schwächer, als der Rumpf angestellt wurde. Das Flugzeug reckte den Bug in die Luft, hob ab, stieg weiter . . .
Die Tupolew kletterte steil in den Himmel. Der gedämpfte Triebwerkslärm wurde leiser. Aubrey war endgültig unterwegs.
Babbingtons Tonfall klang sofort drohend.
«Jetzt hängt alles von Ihnen ab, Wilkes. Ich verlasse mich darauf, daß Sie mit unseren Freunden zusammenarbeiten. Spüren Sie Zimmermann auf – und vor allem Hyde. Ich kümmere mich inzwischen um Guest. Wenn ich ihm alles auseinandergesetzt habe, ist er garantiert zufrieden.»

«Ab hier wird marschiert», verkündete Langdorf und drehte sich am Lenkrad um.
Hyde streckte seine steifen, müden Beine aus. Die Fahrt im Laderaum des schmutzigen, nach Öl riechenden und mit Werkzeug vollgestopften Kastenwagens des Klempners war unbequem und anstrengend gewesen. Die harte Federung und die schlechten Wege, die Langdorf gefahren war, hatten ihn gemeinsam daran gehindert, wenigstens ein dringend benötigtes Nickerchen zu machen.
Hydes Antwort bestand lediglich aus einem Grunzen.
«Wie fühlen Sie sich?»
«Großartig.» Der Australier stieß die Hecktür auf und ließ sich aus dem Wagen rutschen. Die kalte, feuchte Luft roch nach

Fichtennadeln, und Hyde hatte das Gefühl, der Nebel hülle seinen ganzen Körper ein. Unter den dicht beisammenstehenden Bäumen war es noch stockfinster. Langdorf sperrte seinen Lieferwagen ab, den er weit unter die Bäume gefahren hatte. Auf dem mit einer nur leichten Schneeschicht überzogenen dichten Nadelteppich waren kaum Fahrspuren zu erkennen. Und der Wagen parkte weit genug von der Grenze entfernt, um nicht sofort Verdacht zu erregen.

Langdorf beleuchtete Hydes Gesicht mit seiner Taschenlampe und schaltete sie wieder aus. Er holte tief Luft.

«Gut, dann gehen wir los.»

Er wandte sich ab, verschwand unter den Bäumen und begann sofort den Aufstieg: selbstsicher, ohne zu zögern, auf vertrautem Boden. Hyde hüllte sich enger in seinen Mantel, um der feuchten Kälte zu entgehen, die ihn einhüllte und seine Schultern und Haare bereits mit Wassertröpfchen benetzte, und folgte Langdorf. Unter dem Schnee knisterten und knackten zerbrechende Zweige. Er tappte müde hinter dem Klempner her, konnte die Augen kaum offenhalten und hatte einen schweren Kopf. Seine eigene Bewegung hinderte ihn jetzt daran, den Schlaf zu finden, nach dem sein Körper sich sehnte. Dabei hatte er seit über 30 Stunden nicht mehr richtig geschlafen.

Hyde schrak zitternd auf, stolperte und knallte der Länge nach hin.

«He, was ...?» hörte er Langdorf flüstern, bevor der Mann zurückkam. Die Taschenlampe blitzte kurz auf. In der danach um so tieferen Dunkelheit ermahnte Langdorf ihn: «Sie müssen wachbleiben. Sie *müssen* versuchen, wachzubleiben.»

Hyde richtete sich auf den Knien auf. Langdorf zog ihn am Arm hoch, bis er wieder selbst stehen konnte.

«Entschuldigung ...»

«Kommen Sie, wir haben einen langen Aufstieg vor uns. Ungefähr eine halbe Stunde. Bald wird's hell. Schon sehr bald.»

«Das weiß ich selbst!» knurrte Hyde. «Mir fehlt nichts – ich bin nur verdammt müde. Weiter!»

Sein Nachtsehvermögen war zurückgekehrt. Er sah, daß Langdorf mit den Schultern zuckte, bevor er sich abwandte und wei-

terging. Hyde stapfte genau hinter ihm her. Die verschneiten Bäume über ihnen glichen tiefhängenden weißen Wolken.
Hyde erinnerte sich an die kurzen Feststellungen des anderen auf der Fahrt durch die Kleinstadt und hinaus aufs Land. Mehrere Streifenwagen ... einmal sogar ein Hubschrauber über ihnen ... eine Straßensperre mit Uniformierten, die seinen Lieferwagen erkannten und durchwinkten. Die Zeit arbeitete gegen sie. *Mehr Kontrollen als sonst, viel mehr...* Aber der Klempner war nirgends aufgehalten worden – nicht einmal an der Straßensperre. Alle Polizeibeamten schienen den Kastenwagen mit der Werbeaufschrift zu kennen.
Das ist der Vorteil, wenn man für Parteibonzen arbeitet, hatte Langdorf ihm lachend erklärt, während sie auf einer engen Straße von einem anderen Wagen überholt wurden. *Ihre deutschen Bäder und Schweizer Küchen sollen rasch installiert werden und auch funktionieren! Dafür sind die anderen Klempner nicht zu brauchen – mit denen muß sich der Rest der Bevölkerung rumärgern. Die Bonzen brauchen einen Mann wie mich... ich arbeite überall – in Marienbad, Karlsbad, Eger... Sie gestatten mir, ein Kapitalist zu sein. Ich arbeite für mich selbst – privates Unternehmertum, ja?*
Hyde wurde stolpernd wach, hielt sich an einem mächtigen Fichtenstamm aufrecht und beobachtete Langdorf, der einige Schritte vor ihm weiterging. Unterdessen konnte er die Umrisse des anderen deutlicher, nicht mehr so schemenhaft wie zuvor erkennen. Er sah aufs Leuchtzifferblatt seiner Armbanduhr. 7.20 Uhr. Die Zeit arbeitete gegen sie ... die Zeit lief ihnen davon ...
Er stapfte weiter.
... arbeitete für STB, Polizei, Parteibonzen, ihre Ehefrauen und Geliebten, hohe Offiziere, verdiente Sportler – die gesamte Elite. Alle halten mich für einen halben Ganoven, aber keiner ahnt, womit ich mich in Wirklichkeit strafbar mache. Ich kann Tag und Nacht unterwegs sein, ohne ...
«Still!» flüsterte Langdorf. Im ersten Augenblick glaubte Hyde, der Klempner spreche in seiner Erinnerung, aber dann packte die Hand des anderen seinen Arm. Hyde fand sich hinter einem Baumstamm kniend wieder.
«Was gibt's?»

«Ich hab was gehört – still!»
Hyde löste sich mühsam von den Erinnerungen, die ihn wachgehalten hatten. Er kauerte neben Langdorf. Die Hand des Mannes lag noch immer auf seinem Arm, und Hyde fühlte, wie stark sie zitterte. Das Gesicht des Klempners war jetzt nicht mehr nur ein weißer Fleck, sondern besaß erkennbare Züge; auch seine graue Windjacke und der blaue Monteuranzug waren jetzt deutlich zu erkennen.
«Wie weit . . .?» begann Hyde.
«Pst!» zischte Langdorf.
Ein Knacken . . .? Durch Fichtennadeln gedämpfte Schritte . . .? Hydes Sinneswahrnehmungen schienen stumpf, nur annähernd zutreffend zu sein. Er sah verschwommen und hörte schlechter als sonst. Schatten? Geräusche?
Das Knacken eines dürren Zweiges, das durch abgefallene braune Nadeln und Schnee gedämpft wurde. Ein leises Klirren von Metall auf Metall. Dann der abgeblendete Lichtstrahl einer Taschenlampe. Hyde zitterte vor Kälte und der Anstrengung, die es ihn kostete, unbeweglich zu bleiben. Langdorf neben ihm wirkte gespannt wie ein aufgezogenes Federwerk.
Eine Viermannstreife. Mit Gewehren bewaffnet, jeder der Männer mit leichtem Marschgepäck auf dem Rücken. Die vier marschierten hintereinander und überquerten den kaum sichtbaren Weg, den Langdorf und Hyde benützten. Als sie näherkamen, erkannte er ihre Uniformen: Grenzschutz. Sie marschierten in etwa zehn Meter Abstand an den Versteckten vorbei und entfernten sich langsam: routinemäßig wachsam und auf Tageslicht wartend, das ihnen ihre Aufgabe erleichtern würde.
«Ob sie den Lieferwagen finden?» fragte Hyde, als die vier verschwunden waren.
Langdorf schüttelte den Kopf. «Nein, das ist unwahrscheinlich – wenn wir uns beeilen.»
«Warum sind sie . . . sie sind informiert, stimmt's?»
«Ich weiß nicht, was . . .», begann der Klempner.
«Aber Sie vermuten etwas?»
Langdorf nickte. «Aus irgendeinem Grund ist dieser Grenzabschnitt heute morgen sehr gut gesichert. Das ist nicht normal.» Er schüttelte den Kopf. «Nicht normal», wiederholte er. Dann

stand er auf. «Kommen Sie!» flüsterte er. «Wir müssen uns beeilen!»
Hyde kam auf die Beine. Seine Müdigkeit war von ihm abgefallen wie eine Wolldecke, die er auf dem Waldboden zurückgelassen hatte. Seine Augen brannten, aber sein Körper war durch die unzähligen kleinen Schocks und das Prickeln nervöser Spannung wieder hellwach. Er beeilte sich, Langdorf zu folgen. Das Gelände stieg steiler an, Felsbrocken ragten unter Schnee und abgefallenen Nadeln hervor, und die sichtlich dünneren Baumstämme standen weiter voneinander entfernt. Die feuchte tiefhängende Wolke schien höhergestiegen zu sein.
Zehn Minuten später machte Langdorf ihm erneut ein Zeichen, er solle stehenbleiben. Sie hatten einen Waldrand erreicht. Der kurvenreiche Weg hatte eigentlich immer bergauf geführt, aber jetzt standen sie am Rande einer ebenfalls ansteigenden Grasfläche, einer Almwiese. Sie war auf allen Seiten von Bäumen umgeben, deren dichter grüner Wall nur durch die Schneise einer Forststraße durchbrochen wurde. Ein Wachtturm, der nicht für Ornithologen bestimmt war, ragte am anderen Ende der Wiese auf. Dahinter war undeutlich eine verschneite Bergflanke zu erkennen; auch die Wiese war geisterhaft weiß.
Auf der verschneiten Wiese drängten sich mehrere Hütten und Scheunen zusammen. In der weißen Stille war deutlich das Schnauben eines Tieres zu hören. Irgendwo in der Ferne sprang ein Automotor an. Am Wachtturm leuchteten Lichter, aber der bewegliche Suchscheinwerfer war nicht eingeschaltet.
«Der Stacheldrahtzaun an der Grenze verläuft auf der anderen Seite dieser Wiese den Fluß entlang», erklärte Langdorf Hyde. «Wir müssen bis dorthin unter den Bäumen bleiben. Der Fluß ist hier kaum mehr als ein breiter Bach. Der Stacheldraht befindet sich auf dem diesseitigen Ufer. Der Fluß biegt nach Westen ab und erreicht deutsches Gebiet. Dort gibt's keinen Stacheldraht mehr. Kommen Sie!»
Die beiden Männer umrundeten die Bergwiese rasch und wachsam. Nach weiteren sechs oder sieben Minuten hatte Langdorf, der dazu keine Geländeskizze mehr brauchte, einen schmalen Weg gefunden, der ursprünglich ein Wildwechsel gewesen sein mochte. Er hastete Hyde voraus, während die Wiese hinter ihnen zurückblieb. Das Gelände vor ihnen fiel ab und wurde

felsig, so daß Langdorfs genagelte Stiefel vor Hyde herrutschten und über Steine scharrten.
Als die Bäume lichter wurden, hörte Hyde Wasser rauschen. Felsen und Steine bedeckten den Uferstreifen eines schmalen, schäumenden Flusses, der rasch sein tiefer eingegrabenes Bett durchströmte. Langdorfs Hand hielt den Australier zurück. Auf dem hellen Kies mußte sich eine menschliche Gestalt sofort abzeichnen. Die Beobachtungsplattform des Wachtturms war zu erkennen. Auch der Stacheldraht auf der tschechischen Seite des Flusses war deutlich zu erkennen.
«Ist das Wasser tief?» fragte Hyde.
«Nein, hier nicht. Sie können durchwaten. Aber die Strömung ist stark. Sie müssen vorsichtig sein. Vorsicht wegen der Strömung!»
Vor dem allmählich heller werdenden Himmel ragte der Wachtturm wie der Förderturm eines Bergwerks auf. Zwischen Felsbrocken und großen Kieseln waren einzelne Schneeflecken zurückgeblieben. Auch die Stacheldrahtrollen waren teilweise verschneit.
«Muß ich den Draht durchschneiden?»
«Nein, Sie können darunter hindurchkriechen. Genau vor Ihnen befindet das Drahthindernis sich in schlechtem Zustand.»
«Ein Elektrozaun? Minen?»
«Nichts dergleichen. Dies ist eine billige Grenze.» Langdorf lachte in sich hinein, aber seine Nervosität machte sich in Stimme und Atmung stärker bemerkbar. Er hatte es eilig, zu verschwinden. «Hier verläßt man sich auf Streifen mit Hunden und auf den Wachtturm.»
Es war windstill. Keine Bewegung in den Bäumen oder den Büschen am Flußbett. Nur das Rauschen des Wassers. Und das lauter werdende Knattern von Hubschrauberrotoren. Hyde wartete.
Der Hubschrauber kam in Sicht: ein in nur etwa 50 Meter Höhe fliegendes schwarzes Insekt. Er folgte dem Flußlauf nach Norden und passierte den Wachtturm, von dem aus er angeblinkt wurde. Dann wurde das Geräusch leiser, als der Hubschrauber jenseits der Bäume die Bergwiese überflog.
«Sie müssen los!» drängte Langdorf den Australier. «Am besten überqueren Sie den Fluß gleich hier und folgen ihm dann

stromabwärts. Bis zu dieser Stelle, wo eine Straße in die Hügel führt.» Er zeigte Hyde die Stelle im Licht seiner Taschenlampe auf der Geländeskizze. «Hier führt eine Steinbrücke über den Fluß. Dort wartet Herr Professor Zimmermann – falls er gekommen ist.»

Hyde nickte wortlos. Das einzige Geräusch kam vom Fluß herüber. – Er sah auf seine Armbanduhr. 7.40 Uhr. In weniger als zwei Stunden würde Babbingtons Flugzeug in Heathrow landen. Dann saß Babbington wieder wie eine Spinne im Netz, gab Befehle, sorgte für Tarnung, ließ seine Überredungskunst spielen und verwischte die letzten Spuren. Hyde steckte die Kassette in die Innentasche seines kurzen Mantels. Langdorf hatte darauf bestanden, sie wie die Pistole in einer Plastiktüte zu verpacken. Er blickte zu dem anderen hinüber . . .

Geräusche. Nagelstiefel auf Steinen, das Aufblitzen von Taschenlampen. Langdorf schrak sofort hoch.

«Alles Gute!» knurrte er und stieß Hyde an, der neben ihm hockte.

Der Stoß war kräftig gewesen. Hyde rollte unter den Bäumen hervor, überschlug sich einmal und war im Augenblick desorientiert. Langdorf hatte genau gewußt, was er tat. Hyde würde die Grenzschutzstreife von ihm ablenken. Als der Australier sich aufrichtete, sah er Langdorf, der sich rasch und sicher bewegte, im Wald verschwinden. Unbeobachtet.

Ein Hund kläffte. Hyde bildete sich ein, deutlich zu hören, wie Waffen entsichert wurden und überrascht tief Luft geholt wurde. Der Hund bellte nochmals und knurrte dann. Er zerrte an seiner Leine. Danach begann er aufgeregter zu kläffen.

Sie kamen in ungefähr 50 Meter Entfernung unter den Bäumen hervor: zwei Uniformierte und ein Hund. Als Hyde zu dem Wachtturm aufblickte, sah er Gestalten vor den Lichtern vorbeilaufen; dann flammte der Suchscheinwerfer auf und bewegte sich über Büsche und Felsen ruckartig auf ihn zu. Er stand auf, während die Uniformierten ihm zuriefen, er solle stehenbleiben.

Hyde balancierte mit ausgebreiteten Armen über die Felsbrokken und Kieselsteine, um das Gleichgewicht zu bewahren. Hinter ihm fiel ein Schuß. Er zuckte zusammen. Der eine Warnschuß. Noch zehn Meter bis zum Stacheldraht. Gleich mußte der Hund . . .

Er ließ sich nach vorn fallen, rutschte auf dem Bauch weiter und schürfte sich die Handflächen auf. Die noch empfindliche Haut unter seinen dünnen Handschuhen brannte wie Feuer. Er spürte, daß er sich die Knie aufgeschlagen hatte. Die Stacheldrahtrolle war etwas nach oben gewölbt. Der Schnee fiel ab, als Hyde darunter hindurchkroch, so daß die Stacheln sichtbar wurden. Er schlängelte sich auf dem Bauch liegend voran. Zwei weitere Schüsse, die als Querschläger von Felsbrocken abprallten. Der Hund, der Hund ...

Schnell, schnell, *unter dem Draht hindurch ...!*

Der Hund heulte auf, als er freigelassen wurde. Hyde hörte ihn kommen. Seine schmerzende rechte Hand tastete nach der Manteltasche. Von den Drahtrollen, die sich über ihm bewegten, fiel Schnee auf ihn herab. Der Hund war ganz nahe ...

Hydes Hand berührte die Pistole in ihrem Plastikbeutel. Das Knurren des Hundes kam jetzt aus nächster Nähe. Laufende Schritte. Stimmen, die ihm befahlen, liegenzubleiben, keine Bewegung mehr zu machen. *Der heiße Atem des Hundes an seinem entblößten Knöchel, dessen war er sich ganz sicher ...!*

Endlich hatte er die Pistole fest in der Hand. Er versuchte, sich auf den Rücken zu drehen, aber ein herabhängendes Stück Stacheldraht hielt ihn am Mantel fest, so daß er sich nicht rühren konnte. Der auf dem Bauch herangekrochene Hund hob den Kopf und bekam ihn am Mantelsaum zu fassen. Der Stacheldraht und der an ihm zerrende Hund hielten Hyde fest. Die Männer waren noch 20 Meter entfernt und rannten weiter. Hyde verdrehte seinen Körper, verrenkte sich fast den Hals, lag auf der linken Seite, riß sich den Mantel über den Schultern auf und spürte, daß der Stacheldraht auch seine Haut zerfetzte. Er tastete unbeholfen nach dem Abzug unter dem dünnen Plastikmaterial, entsicherte die Waffe und drückte ab. Die Schüsse waren ohrenbetäubend laut. Als einer der beiden die Schulter des Hundes durchschlug, jaulte das Tier auf und ließ den Mantel los.

Hyde robbte vorwärts, ohne auf den Stacheldraht zu achten. Der Lichtfinger des Suchscheinwerfers erfaßte seine der Länge nach ausgestreckte Gestalt, glitt weiter und kam zurück. Er hielt Hyde fest. Sekunden später eröffnete ein MG das Feuer. Der laut jaulende Hund, der sich in seinem Schmerz im Stacheldraht verfangen hatte, verstummte nach einem letzten langanhaltenden Winseln. Die beiden Grenzwachen lagen außerhalb des Schußfelds flach auf dem Bauch. Steinsplitter flogen, Querschläger surrten davon. Hyde kam unter dem Stacheldraht hervor und stürzte sich nach vorn in den Fluß. Die Kälte lähmte ihn sofort und machte Beine und Unterkörper bis zur Taille gefühllos. Die Strömung riß ihn um, weil er zu kältestarr war, um sich weiterzubewegen. Der Schock war so groß, daß Hyde unwillkürlich aufschrie. Er schwamm, kreiselte, trieb mit der Strömung. Hinter ihm bestrich MG-Feuer die Wasserfläche, aber der Suchscheinwerfer hatte ihn verloren. Der Lichtfleck streifte ziellos von Ufer zu Ufer und beleuchtete die beiden Uniformierten, die sich auf den Knien aufgerichtet hatten und auf Hydes im Fluß tanzenden Kopf zu zielen versuchten. Er schluckte eiskaltes Wasser und bewegte protestierend die Arme, aber die Strömung riß ihn weiter. Seine Füße schleiften über das steinige Flußbett; sein linkes Bein schlug gegen einen Unterwasserfelsen, ohne daß er viel davon spürte – und dann verlor er den Boden unter den Füßen.

Und der Suchscheinwerfer leuchtete nicht mehr. Auch die Grenzwachen, die ihn am Ufer verfolgt hatten, waren verschwunden. Der Stacheldraht war gerade noch zu erkennen. Hyde prallte gegen einen Felsblock im Fluß, war aber zu sehr außer Atem und zu schwach, um sich an seiner naßglänzenden Oberfläche festzuhalten. Die Strömung riß ihn weiter mit sich fort. Die Flußufer rückten näher zusammen, wurden auf beiden Seiten höher. Sein ganzer Körper war gefühllos, zu gefühllos, gefährlich ...

Vor ihm ein weiterer Felsblock. Hyde versuchte, darauf zuzusteuern, ihn zu erreichen, konnte ihn jedoch nur flüchtig berühren, als er dran vorbeitrieb. Er sah alles nur mehr verschwommen und holte mit gewaltiger Anstrengung tief Luft. Hände, Füße, Beine und Leib gefühllos. Hyde versuchte zu stehen, berührte Felsen, wurde fortgerissen, berührte erneut Felsen, versuchte zu stehen, holte tief Luft und tauchte unter. Er umklammerte mit seinen gefühllosen Händen Felsen und zog sich zu ihnen hinüber, während seine Beine und sein Körper rechtwinklig abtrieben. Die Strömung zog ihn lang, ließ ihn wieder auftauchen. Drückte ihn gegen einen weiteren Felsen mit schleimiger, harter Oberfläche. Gegen noch einen und noch einen . . .

Hyde richtete sich in kauernder Haltung gegen die Strömung auf, die auf beiden Seiten eines im Fluß liegenden Felsens vorbeirauschte. Er kniete auf Steinen, ohne die Schmerzen in den Knien überhaupt wahrzunehmen: Sein Kopf war über Wasser! Er wartete noch einen Augenblick und stemmte sich dann hoch, um ans Ufer zu gelangen.

Er kroch aus dem eisigen Wasser: mit jagendem Herzen, nach Atem ringend, völlig entkräftet. Hyde wälzte sich auf den Rücken, hustete schwach und wartete darauf, daß sein Körper sich soweit erholte, daß er wenigstens die Kraft zum Atmen fand.

Dann sah er Zimmermanns Gesicht zwischen zwei anderen Gesichtern, die den tschechischen Grenzwachen hätten gehören können. Seine Hand tastete seine Brust ab. Konnte er die eingewickelte Kassette fühlen . . .? Konnte er sie ertasten? Hyde tastete schwach nach der Kassette. Zimmermann begriff, was er suchte, und kniete neben ihm nieder; er zog ihm die Kassette aus der Tasche und hielt sie hoch, damit Hyde sie sehen konnte. Der Australier nickte, was einen erneuten Hustenanfall auslöste. Er hatte begonnen, flach und schnell zu atmen. Um sich herum hörte er deutsche Laute. Er begriff nur mühsam, daß er es geschafft hatte, die Grenze zu überwinden.

«Packen Sie ihn gut ein», hörte er Zimmermann sagen. «Sorgen Sie dafür, daß er möglichst schnell wieder auf die Beine kommt.» Er klopfte Hyde anerkennend auf die Schulter. Hyde nahm diese Berührung kaum wahr. «Gut gemacht, Mr. Hyde!» lobte der Deutsche ihn. «Wir sind Ihnen von der Brücke aus flußaufwärts entgegengekommen, weil hier auffällig starke Aktivität geherrscht hat. Aber es war gut, daß Sie allein ans Ufer gelangt sind. Im Wasser hätten wir Sie vielleicht gar nicht gesehen.»

Wolldecken in mehreren Schichten, eine nach der anderen, bleischwer. Irgend jemand massierte seine Beine und Oberschenkel fast schmerzhaft kräftig. Dann kamen die Arme daran. Eine Hand hob seinen Kopf hoch. Cognac. Hyde mußte husten, so daß der größte Teil des Schlucks ihm übers Kinn in den Hemdkragen lief.

«Hören Sie . . .», begann Hyde.
«Sie dürfen jetzt nicht reden», unterbrach Zimmermann ihn. Hinter seinem Kopf begann der Morgenhimmel sich rosa zu färben. Hyde erkannte, daß die anderen Männer die Uniform des deutschen Bundesgrenzschutzes trugen. Er kämpfte gegen heftige Übelkeit an. Sein Puls wollte nicht langsamer werden. Seine Arme und Beine wurden noch immer massiert. Ein weiterer Schluck Cognac. Diesmal ging nichts daneben.
Hyde mußte husten. «Nicht viel Zeit . . .», murmelte er dann. «Muß mit London sprechen. Ich *muß*, Zimmermann!» Er zupfte am Ärmel des Deutschen.
Der Hubschrauber schwebte links von ihm jenseits des Flusses: in Baumhöhe, in Beobachtungsposition. Die uniformierten Deutschen sahen zu ihm hinüber.
Hyde hatte vor Kälte Kopfschmerzen, aber hinter seiner Stirn flitzten und blitzten so viele Ideen durcheinander, als habe er weit mehr Cognac getrunken. Um ganz sicherzugehen, schaltete der Hubschrauberpilot seinen Suchscheinwerfer ein und strahlte die kleine Gruppe am anderen Ufer etwa fünf Sekunden lang an. Danach erlosch der Scheinwerfer, und der Hubschrauber flog über die Bäume davon. Hyde verlor ihn aus den Augen.
Die anderen wußten Bescheid.
Zimmermann sagte bereits: « . . . den Verdacht, daß sie mich ab Nürnberg beschattet haben. Irgend jemand muß mich nach der Landung gesehen haben . . . Die andere Seite hat mich beschattet, um zu erfahren, wo Sie . . .»
Hyde packte Zimmermanns Ärmel, schüttelte ihn und stieß dabei hervor: «Ich muß dringend telefonieren! Wenn sie London warnen, verschwindet Babbington . . . sobald er landet! Verstanden? Wir müssen ihn aufhalten – wir brauchen Babbington, damit wir Aubrey retten können. Kein Tausch, kein . . . kein Aubrey. Verstehen Sie?»
Zimmermanns Miene verfinsterte sich. Er blickte zum Himmel auf, als versuche er, den unterdessen fortgeflogenen Hubschrauber zu finden.
«Ja», sagte er. «Ja, natürlich . . . natürlich!» Er stand auf. «Unsere Leute tragen Sie jetzt zum Auto.» Zimmermann fügte auf deutsch im Befehlston hinzu: «Heben Sie ihn zu zweit auf!

Wir müssen sofort nach Waldsassen zurück. Los, los, beeilen Sie sich!»

Aubrey sah auf seine Armbanduhr. 9.07 Uhr. Die geschlossene Schneedecke erinnerte ihn an ein gefrorenes weißes Meer, das gegen die Hügel um Moskau anbrandete. Die Stadt lag wie angeschwemmtes Treibgut vor ihm: Häuserzeilen und Türme, breite Boulevards, Wohnblöcke, reichgeschmückte winzige Kirchen und Paläste. Eisenbahnen, Schnellstraßen und vom Autobahnring ausstrahlende Autobahnen führten in alle Himmelsrichtungen; hatte man sie erst einmal bemerkt, verwandelte sich die Szenerie in ein dick verschneites Spinnennetz mit Moskau in der Mitte.

Die drei – Margaret Massinger wie ein Kind auf ihrem Sitz kniend und über die Rückenlehne nach hinten blickend – starrten aus den Fenstern der Tupolew Tu-134, während das Flugzeug langsam über der Stadt kreiste und Landeanweisungen abwartete. Die Landung werde sich etwas verzögern, hatte der Pilot ihnen über die Kabinenlautsprecher mitgeteilt. Wegen des starken Verkehrs auf dem südlichen internationalen Flughafen Domodedowo. Aubrey blickte auf. Margaret beobachtete ihn aufmerksam. Er versuchte zu lächeln, und sie nickte, als verstehe sie seine Absicht und die Mühe, die er damit hatte.

Die Stadt glitt unter der Tragfläche vorbei. Auf dem gewaltigen Autobahnring rollten winzige Fahrzeuge. Auch zwei in die Stadt fahrende Züge waren zu erkennen. Die Moskwa, die Leninberge, der Kreml.

Aubrey war vor dem Zweiten Weltkrieg zum letzten Mal in Moskau gewesen. Trotzdem hatte es so lange das gegnerische Machtzentrum dargestellt, daß ihm alle Einzelheiten vertraut waren. Er kannte die moderne Stadt – aber sie hatte bis zu diesem Tag lediglich in seiner Vorstellungskraft existiert.

Er lächelte vor sich hin. In den vergangenen 48 Jahren war Moskau für ihn so real und imaginär wie der Traum eines Kindes gewesen. Ein Ort im Märchen. Des Menschenfressers Schloß.

Und jetzt der Richtplatz. Das wußten sie alle drei. Die Massingers hatten bereits Monteuranzüge überziehen müssen, damit sie unerkannt von Bord geschmuggelt werden konnten, lange nachdem er das Flugzeug verlassen hatte, um von den versammelten Reportern umringt und identifiziert zu werden.

«Nur eine halbe Stunde, und die anderen *wissen Bescheid!*» jammerte Hyde beinahe.

Er war in eine gestreifte Wolldecke gehüllt und umklammerte mit beiden Händen einen Becher Kaffee, als versuche er, seine ständig zitternden Arme und Schultern dadurch zum Stillhalten zu zwingen. Sein ungekämmtes, verfilztes Haar war noch immer naß. Das einzige Geräusch in dem kleinen Raum war Hydes anhaltendes Zähneklappern.

Zimmermann stand in der Nähe der Tür des Büros, das ihnen der BGS-Kommandeur in Waldsassen zur Verfügung gestellt hatte. In Sir William Guests Londoner Wohnung meldete sich noch immer niemand. Die Wanduhr stand noch einen Augenblick auf 9.00 Uhr, dann sprang ihr Minutenzeiger weiter. In einer halben Stunde würde Babbington in Heathrow landen. Zimmermann war völlig Hydes Meinung. Sobald Babbington das Flugzeug verließ, würde er gewarnt werden; die Russen würden ihn rasch in ein Versteck bringen und außer Landes schmuggeln. Dann gab es keinen Austausch, keine Rückkehr Aubreys.

«Gibt's denn sonst niemand?» fragte er halblaut.

Hyde schüttelte heftig den Kopf. Die grüne Schreibunterlage vor ihm war mit Wassertropfen aus seinem Haar gesprenkelt. Er trank gierig einen Schluck Kaffee und fuhr sich mit dem Handrücken über den Mund.

«Nein, niemand.»

«Nicht mal ganz oben?»

Hyde sah ungläubig auf. «Ich soll wohl den Premierminister anrufen, was?» fragte er verächtlich. Dann schüttelte er bedächtig den Kopf. «Ich würde aufs Abstellgleis geschoben. Einer von Babbingtons Leuten . . . Ich würde niemand erreichen, der entscheidungsbefugt ist. Nein, Guest bleibt unsere einzige Hoffnung.»

Zimmermann trat rasch an den Schreibtisch, nahm den Hörer ab und gab knappe, präzise Anweisungen. Der BGS-Telefonist

in der Vermittlung versicherte ihm, er gebe sich alle Mühe. Zimmermann legte auf und sah zu Hyde hinüber.
«Ich habe veranlaßt, daß er die Nummer immer wieder wählt. Ununterbrochen.»
Hyde wollte eben antworten, als die Tür aufging. Auf dem Gesicht des BGS-Hauptmanns standen Zweifel, aber auch Verlegenheit. Sein Blick ließ erkennen, daß er sich getäuscht fühlte, und um seine Lippen stand ein bedrohlich steifer, rechtschaffener Zug. Er schloß die Tür hinter sich.
«Herr Professor Zimmermann», begann er förmlich, «ich muß Sie bitten, mit mir zu kommen.»
«Was ist los?» knurrte Zimmermann mit aufgebrachtem, verärgertem Blick. Hyde spürte, daß er die Situation bereits analysiert und völlig erfaßt hatte. «Das verstehe ich nicht, Herr Hauptmann!»
Der BGS-Offizier befand sich sofort im Nachteil, aber er gab nicht klein bei. «Sie haben mich und meine Leute getäuscht, Herr Professor. Hier geht's keineswegs um Sicherheitsbelange der Bundesrepublik. Sie sind im Augenblick . . .» Er machte eine verlegene Pause. «Sie sind nicht dienstlich hier, Herr Professor. Sie haben keinerlei amtliche Befugnisse.»
Hyde, der von einem Gesicht zum anderen sah, war sich darüber im klaren, daß irgend jemand Bonn sofort über Zimmermanns Aufenthaltsort und seine Absichten informiert hatte. Über die möglichen Konsequenzen wollte er lieber gar nicht nachdenken. Die augenblicklich drohende Gefahr war schlimm genug. Dieser Hauptmann konnte sie zur Untätigkeit verurteilen, indem er sie einfach daran hinderte, aus seiner Dienststelle zu telefonieren. Hyde zwang sich dazu, nichts zu sagen: Er schloß die Augen wie ein Kind, das mit etwas Beängstigendem oder Gefährlichen konfrontiert wird.
«Bitte, Herr Professor», fuhr der Hauptmann fort. «Glauben Sie mir, diese Geschichte ist mir ausgesprochen peinlich. Wenn Sie jetzt bitte mitkommen wollen . . .»
«Nein!» unterbrach Zimmermann ihn energisch und mit erhobener Stimme. «Ich denke nicht daran, diesen Raum zu verlassen! Ich komme nicht mit, Herr Hauptmann!»
Der schwarzhaarige Offizier mit dem runden Schädel verzog unwillig das Gesicht und blickte kurz zu Boden, als wolle er

sich durch Besinnung auf Dienstgrad und Befehlsgewalt wieder Mut machen. «Herr Professor, Sie . . .», begann er warnend.
«Herr Hauptmann, Sie sind für einen Grenzabschnitt von etwa fünfzig Kilometer Länge verantwortlich, nicht wahr?»
Der BGS-Hauptmann nickte erstaunt. «Ja, aber . . .»
«Gut. Sie haben geländegängige und gepanzerte Fahrzeuge zur Verfügung. Sie lassen Streifen fahren. Sie sind einer von zwanzigtausend.» Zimmermann machte eine Pause, bevor er mit beißendem Sarkasmus fortfuhr: «Aus den Reihen des Bundesgrenzschutzes, der Bundeswehr oder sogar der Reservisten der Territorialverteidigung könnte ich *auf der Stelle* zehn, fünfzig oder hundert Offiziere anfordern, die Ihre Aufgabe übernehmen könnten!» Der Hauptmann starrte ihn verblüfft an; sein Mund stand offen, er war im Gesicht rot angelaufen, und sein Blick zeigte, wie wütend er war. Zimmermann sprach hastig, aber auch betont überlegen weiter. Hyde bewunderte seine Leistung, während er zugleich einen sorgenvollen Blick auf die Uhr warf. «Verstehen Sie, was ich damit sagen will, Herr Hauptmann? Ist Ihnen das klar? Auf meiner Seite stehen nur ich und dieser Engländer – sonst niemand. Ich bin nicht zu ersetzen, und auch für ihn gibt's keinen Ersatz. Wir werden auch nicht ersetzt! Was verstehen Sie von wirklichen Sicherheitsbelangen? Von *unserer* Welt?» Er nickte zu Hyde hinüber. «Sie bekommen einen Anruf aus Bonn – von jemand, den Sie überhaupt nicht kennen – und beeilen sich, seine Anweisungen auszuführen? Glauben Sie denn, daß wir diesen Mann aus humanitären Gründen aus dem Wasser gezogen haben? Glauben Sie das wirklich? Ich schlage Ihnen vor, sich eine halbe Stunde Zeit zu nehmen und sich zu vergewissern, was Bonn wirklich will. Bis dahin lassen Sie uns hier in Ihrem Büro, in dem wir bewacht werden können, *und gestatten uns die Benützung des Telefons,* während wir Ihnen dafür versprechen, nicht zu fliehen!» Dieser letzte Satzteil klang spöttisch, überlegen.
Wie um zu beweisen, daß er tatsächlich Herr der Lage sei, nahm Zimmermann sofort hinter dem Schreibtisch des Hauptmanns Platz und lehnte sich scheinbar entspannt und behaglich in den Drehsessel des Offiziers zurück. Besatzungsrecht, dachte Hyde. 9.06 Uhr. Seine Zähne klapperten nicht mehr. Der vor

seinen Beinen stehende elektrische Heizstrahler gab jetzt spürbare Wärme ab. Er fühlte den letzten Schluck Kaffee warm in seinen Magen rinnen.
«Ich . . .», begann der Hauptmann mit hochrotem Gesicht und trotz seines Zorns berechnendem Blick.
«Ja, Herr Hauptmann?» fragte Zimmermann scharf. «Falls wir eine Gefahr für den Staat darstellen, haben Sie uns gut unter Kontrolle – praktisch schon verhaftet, finden Sie nicht auch?»
«Einverstanden! Ich lasse Sie hier bewachen, Herr Professor – und bin in zwanzig Minuten zurück. Dann werden Sie vorläufig festgenommen, bis ich weitere Anweisungen erhalte. Ihre Telefongespräche werden natürlich mitgehört.» Zimmermann zuckte scheinbar gleichgültig mit den Schultern, und der Offizier, der sich nicht anmerken lassen wollte, daß er sich darüber ärgerte, machte auf dem Absatz kehrt und stapfte hinaus. Sie hörten ihn im Vorzimmer Befehle kläffen. Draußen baute sich in diesem Augenblick demonstrativ ein Wachposten auf. Zimmermann schüttelte den Kopf. «Lächerlich! »
«Und was passiert in zwanzig Minuten?» erkundigte sich der Australier.
«Hmmm, dann könnte es . . . peinlich werden. Ich weiß nicht, womit wir rechnen müssen. Ich bekomme natürlich Schwierigkeiten mit meinem Ministerium. Ob weitere . . . nachdrücklichere Maßnahmen ergriffen werden, ist schwer zu sagen. Das hängt davon ab, wieviel Einfluß die anderen haben. Und wer wollte den beurteilen?»
9.11 Uhr. Noch 19 Minuten. Der KGB konnte Babbington sogar auf dem Vorfeld abholen. Los, *los,* meld dich endlich . . .!
«Verdammt noch mal!» explodierte Hyde und warf mit seinem leeren Kaffeebecher nach der Wanduhr. Der Becher verfehlte sie und zerschellte darunter an der Wand. Hyde, der wieder zu zittern begonnen hatte, zog die Wolldecke fester um seine Schultern. Aber seine Zähne klapperten eher vor Wut als vor Kälte. «*Du sollst dich melden, verdammt noch mal!*»
«Herr Professor?»
Zimmermann beugte sich über den Schreibtisch und drückte die Sprechtaste der Gegensprechanlage.
«Ja?»
«Ich habe den Teilnehmer in London erreicht. Ich habe ihm

Ihren Namen genannt, Herr Professor, und wollte nur fragen, ob Ihnen das . . .»

«Ja, ja – stellen Sie durch, Mann!»

Hyde hob den Kopf. Er zitterte am ganzen Leib. «Ist das . . .?» begann er.

Zimmermann klemmte den Hörer auf einen Tischlautsprecher und -verstärker, damit sie beide hören konnten, was Guest sagte, und mit ihm sprechen konnten, ohne sich jeweils den Hörer geben zu müssen.

«Sir William Guest? Spreche ich mit Sir William Guest?» erkundigte Zimmermann sich atemlos. Seine Stimme war vor Aufregung merkwürdig hoch.

«Wer sind Sie? Mein Telefon klingelt jetzt schon . . .» Zimmermanns Lippen stellten Hyde eine lautlose Frage nach der Identität dieser Stimme. Der Australier war auf seinem Stuhl zusammengesackt und hatte die Decke achtlos von den Schultern gleiten lassen. Er nickte. Seine Fäuste trommelten auf seine Oberschenkel. Das war Guest, das war Guest – so unmöglich es auch klingen mochte . . .

Zimmermann stellte sich Guest förmlich und höflich vor, um dann zu sagen: «Ich habe hier jemand, der mit Ihnen sprechen muß, Sir William – nur mit Ihnen. Es handelt sich um eine äußerst dringende Angelegenheit. Sie *müssen* sich anhören, was er zu sagen hat . . .» Zimmermanns Tonfall klang jetzt bittend. Er hatte seine Stimme kaum noch unter Kontrolle.

9.12 Uhr.

«Ja? Was hat das alles zu bedeuten, Herr Zimmermann? Ich verstehe natürlich *Sie*, aber nicht Ihre Geheimnistuerei. Ich bin erst vorhin von einem sehr anstrengenden Flug zurückgekommen; ich bin sehr müde und . . .»

«Halten Sie die Klappe und hören Sie mir zu!» rief Hyde dazwischen. Er beugte sich auf seinem Stuhl nach vorn, um dem Hörer näher zu sein. «Hier ist Hyde – Patrick Hyde. Ich will mit Ihnen über Aubrey sprechen. Passen Sie auf, es geht um . . .»

«Hyde!» plärrte Sir Williams Stimme aus dem Lautsprecher. «Hyde – wie können Sie's wagen . . .» Hyde grinste zu Zimmermann hinüber. Seine Zähne klapperten wieder, und sein Zittern schien unkontrollierbar geworden zu sein. Zimmermann erkannte, daß der Australier keinerlei Reserven mehr besaß, sondern sich mit letzter Kraft auf dieses Gespräch konzentrierte. Der Deutsche hielt sich bereit, die Kontrolle zu übernehmen. Hyde zog sich die Wolldecke um seine Schultern und krümmte sich zusammen. Diese Verringerung seines Körpervolumens schien ihm irgendwie zu helfen, als drücke er einen Schwamm in seinem Inneren aus, der noch einige letzte Tropfen Energie enthielt.

«Ich habe nicht die Absicht, mich mit Ihnen zu unterhalten, Hyde», fuhr Sir William fort. Seine Stimme klang jetzt wieder so befehlsgewohnt wie sonst. «Dafür gibt's den Dienstweg – und *Sie* sind *Persona non grata*, wie Ihnen bekannt sein dürfte.»

«Um Himmels willen . . .!»

«Sir William», warf Zimmermann ein, indem er Hyde ein Zeichen gab, den Mund zu halten. Der Australier starrte ihn aufgebracht an. Aber er gehorchte. «Sir William, die Zeit drängt – sogar sehr, wie Sie begreifen werden, sobald Sie gehört haben, was wir Ihnen zu berichten haben. Ich *bitte* Sie, uns zuzuhören.» Zimmermann sprach mit einem kriecherischen Unterton, der Hyde verhaßt war. Der Deutsche spielte die Rolle eines Untergebenen, der jedoch selbst eine gewisse Autorität und Stellung besitzt. «Ich muß darauf bestehen, daß Sie . . .», fuhr er fort.

«Was soll das alles, Herr Zimmermann? Welchen Grund haben Sie für diesen unerwarteten, von mir keineswegs verlangten Anruf?»

«Beweise!» rief Hyde aus. «Beweise dafür, daß Aubrey unschuldig ist – und daß Ihr Kumpel Babbington hinter Ihrem Rücken krumme Dinger gedreht hat! Er . . .»

«Hyde! Halten Sie den Mund!» knurrte Zimmermann. Er legte seinen Zeigefinger auf die Lippen und deutete dann auf sich. «Entschuldigung, Sir William. Mr. Hydes Loyalität steht wohl außer Frage, wie Sie . . .»

«Keineswegs, Herr Zimmermann! Ich weiß nicht, was für Märchen er Ihnen aufgetischt hat, aber Sie befinden sich leider in Gesellschaft eines Überläufers. Eines Verräters, wie ich bedauerlicherweise zugeben muß.»

«Entschuldigung, aber da bin ich anderer Meinung.»

«Wirklich? Trotz der Anschuldigungen, die er vorzubringen scheint? Sie glauben ihm doch nicht etwa?»
9.14 Uhr. Beide sahen gleichzeitig auf die Wanduhr, unter der ein Kaffeerest in Hydes Becher eine längliche braune Spur an der beigen Wand hinterlassen hatte.
«Dazu sehe ich mich leider gezwungen», antwortete Zimmermann betont respektvoll und überzeugt.
«Herr Zimmermann, ich bin wirklich sehr müde . . .»
«Bitte, Sir William! Sie sind jetzt einige Tage in Washington gewesen . . .»
«Ja?»
«Sie sind also nicht unbedingt auf dem laufenden – daß Sir Kenneth Aubrey sich in diesem Augenblick in der Sowjetunion befindet?»
Am anderen Ende herrschte zunächst Schweigen. «Diese Nachricht überrascht mich nicht», antwortete Guest dann. «Ich erhalte bestimmt bald einen genauen Bericht. Von Andrew Babbington.»
«Der steht innerhalb einer Stunde vor Ihrer Tür, Sportsfreund – mit seiner Version der Ereignisse! Darauf können Sie Gift nehmen!»
«Sir Andrew ist in Wien gewesen», berichtete Zimmermann weiter. «Aubrey ist von Ihren dortigen SIS-Leuten geschnappt worden . . .»
«Ah!»
«Aber er ist nicht lange bei ihnen gewesen. Sie haben *zugelassen*, daß er dem KGB in die Hände gefallen ist. Und die Russen haben ihn sofort nach Moskau abtransportiert. Dort müßte sein Flugzeug inzwischen gelandet sein.»
«Und?»
«Sir William, meiner Überzeugung nach schwebt Sir Kenneth in höchster Gefahr . . .»
«Bei seinen eigenen Leuten?» warf Guest betont sarkastisch ein.
«Nein – durch die Russen. Er gehört *nicht* zu ihnen.»
«Aber Andrew Babbington soll zu ihnen gehören? Lächerlich!»
«Hyde besitzt Beweise dafür, Sir William. Der Mann wird ausdrücklich genannt. Die ganze . . . Generalstabsplanung, wenn man so will, durch die Sir Kenneth als Sowjetagent hingestellt worden ist . . . Mr. Hyde hat ein Magnetband mit diesen Infor-

mationen mitgebracht. Er besitzt handfeste Beweise für Sir Andrew Babbingtons Verrat und den Versuch der Russen, Sir Kenneth zu diskreditieren und durch ihren eigenen Agenten zu ersetzen.»

«Ich habe Andrew Babbington selbst befördert», antwortete Guest. Das leise Klicken, mit dem der Minutenzeiger der Wanduhr vorsprang, war deutlich zu hören.

«Mein Gott, mir ist kalt», murmelte Hyde.

Zimmermann sah rasch von seinen Fingern auf. Hyde war leichenblaß; seine Backen zitterten, seine Lippen bewegten sich im Gleichtakt mit seinen klappernden Zähnen. Seine Hände, mit denen er die Kanten der Wolldecke vor seiner Brust zusammenhielt, waren blutlos und zitterten.

«Entschuldigen Sie, aber . . .»

«Lassen Sie mich ausreden, Sir William. Bitte, hören Sie mir zu . . .» Er senkte seine Stimme. 9.17 Uhr. «Ein Faktor scheint den zeitlichen Ablauf dieses Unternehmens beeinflußt zu haben: Ihre Unterstützung Sir Andrews. Der neue Sicherheits- und Geheimdienst, den Sie aus der Taufe gehoben haben . . .»

«Wollen Sie etwa behaupten, ich hätte den Sowjets in die Hände gearbeitet?»

«Nein, nein – bestimmt nicht. Babbington und seine Hintermänner haben lediglich die von Ihnen geschaffenen Umstände für ihre Zwecke genutzt. Der Plan für dieses Unternehmen ist schon vor einigen Jahren ausgearbeitet worden . . .»

«Und wie haben gerade *Sie* davon erfahren?»

Hyde ächzte leise – ob vor Kälte oder aus einer Art Verzweiflung heraus, konnte Zimmermann nicht beurteilen. Der Australier ließ den Kopf hängen. In seine Decke gehüllt wirkte er wie ein Flüchtling oder Gefangener, der sich selbst aufgegeben hat.

«Ich . . . das Beweismaterial liegt hier, Sir William. Bitte, glauben Sie mir, daß wir Beweise haben.»

«Aus einem *Computer*?»

«Sogar aus dem Moskauer Zentralcomputer. Alles . . .» Zimmermann seufzte. Er wußte nicht, wie er weitersprechen sollte. Es schien nichts Vernünftiges mehr zu sagen zu geben. Guest glaubte ihm nicht. 9.18 Uhr. Noch zwölf Minuten. Selbst wenn Guest ihm geglaubt hätte, hätte er nichts mehr unternehmen können!

«Hören Sie … Am besten wende ich mich zunächst an Ihr Ministerium in Bonn, Herr Zimmermann. Und ich höre mir wohl auch Andrew Babbingtons Bericht über diesen Fall an. Ich glaube Ihnen ehrlich gesagt kein Wort. Kein einziges Wort …»
«Um Himmels willen, halten Sie doch endlich die Klappe!» Hydes weit aufgerissene Augen glänzten wie im Fieber. Er zitterte unter seiner Wolldecke. «Wenn Sie noch eine gottverdammte Minute warten, Sportsfreund, haben Sie Aubrey auf dem Gewissen!»
«Reden Sie keinen Unsinn!»
«Und Sie bringen damit Ihr teures Patenkind um, Sportsfreund. Aubrey, Massinger und Massingers Frau – alle drei sitzen im Flugzeug nach Moskau!»
«Was …?»
«Verdammt noch mal, hören Sie eigentlich nie richtig zu?» kreischte Hyde beinahe. Die Sehnen und Adern an seinem Hals traten deutlich hervor, als er sich über den Schreibtisch beugte. «Ich habe gesagt, daß Massinger und seine Frau in diesem Scheißflugzeug nach Moskau sitzen! Babbington sorgt dafür, daß keiner übrigbleibt, der gegen ihn aussagen könnte! Er macht rein Schiff, Kamerad. *Die große Säuberung!* Kapiert? Sie sorgen dafür, daß er sie liquidiert – daß Margaret Massinger gemeinsam mit Aubrey ermordet wird!»
Er sank auf seinen Stuhl zurück und wäre beinahe damit umgekippt. Zimmermann wollte aufstehen, aber Hyde winkte ihm zu, er solle sitzenbleiben. Der wilde Ausdruck in seinen Augen wurde durch ein berechnendes Glitzern abgelöst. Seine Zähne klapperten, während er zu grinsen versuchte. Dann sagte Hyde: «Wie's weitergeht, hängt jetzt von dem aufgeblasenen alten Furzer ab!» Er sprach so laut, daß Guest ihn gehört haben mußte. «Wenn ihm sein Patenkind nicht völlig gleichgültig ist, muß er etwas unternehmen.»
In der Stille rückte der Minutenzeiger hörbar einen Strich vor. 9.20 Uhr.
Elf Sekunden später – sie hatten beide lautlos mitgezählt – sagte Guest: «Wenn ich annehme, natürlich nur annehme …» Er räusperte sich. «Ich muß annehmen, daß … » Wieder eine Pause. Sie hörten ihn hüsteln. «*Falls* … was schlagen Sie vor, Hyde? Zimmermann – was raten Sie mir?»

Hyde rückte seinen Stuhl näher an den Schreibtisch heran. Die Wolldecke rutschte ihm erneut von den Schultern. «Heathrow ... die Sonderabteilung muß sich Babbington schnappen und ihn festsetzen. Sie soll ihn nur verhaften – und auf einen Befreiungsversuch gefaßt sein!»
«Gut, aber ...»
«Setzen Sie *alle* Ihre Notvollmachten ein, damit Euston Tower und Cheltenham mit Dringlichkeitsstufe schwarz Funksprüche an unsere Moskauer Botschaft *und* die Zentrale Moskau absetzen. Das muß jetzt sein. Sie müssen versuchen, die Russen daran zu hindern, Aubrey von Bord zu schaffen. Wenn wir Babbington und die anderen Aubrey haben, gibt's nur eine Lösung: Sie müssen ihnen einen Tausch vorschlagen – ihren Mann gegen unseren. Verstanden?»
«Aber ...»
«Hören Sie, wenn die anderen darauf eingehen, haben Sie doch schon Ihren Beweis! Die Russen würden sich auf keinen Tauschhandel einlassen, wenn Babbington nicht ihr Mann wäre, stimmt's? Sobald sie in Wartestellung gehen, spielt's keine Rolle mehr, wie lange der Handel dauert!» knurrte Hyde. «Sie müssen nur dafür sorgen, daß die anderen erfahren, daß Sie Babbington haben. Die Russen *müssen* ihn zurückholen – die Moral ihrer sonstigen Agenten würde leiden, wenn sie *ihn* im Stich ließen. Das klappt bestimmt! Es funktioniert mit kleinen Fischen – warum nicht auch mit großen? Sie werden sehen, daß der Austausch akzeptiert wird!»
«Euston Tower kann ...?» begann Guest.
«Ja, ja – unsere Leute können jederzeit mit der Zentrale Moskau reden. Denken Sie daran: Dringlichkeitsstufe schwarz. Erteilen Sie einfach den Auftrag, dem KGB-Vorsitzenden mitzuteilen, daß Sie sein Lieblingsspielzeug haben. Vielleicht erstickt er daran!»
9.21 Uhr.
«Gut, aber ... das sind alles nur vorläufige Schritte. Angesichts der betroffenen Personen, der *weiteren* Betroffenen bin ich jedoch bereit, Ihren Vorschlägen entsprechend Maßnahmen zu ergreifen, um ...»
«Tun Sie's! Und wenn Sie schon dabei sind, können Sie dafür

sorgen, daß Godwin in Prag freigelassen wird. Falls der arme Kerl noch am Leben ist. Los, tun Sie's!»
Zimmermann sagte rasch und energisch: «Wir veranlassen, daß das Magnetband, der *unwiderlegbare Beweis,* sofort von einem Hubschrauber in unser Münchner Computerzentrum geflogen wird. Unser Computer setzt sich mit Ihrem im Century House in Verbindung – eine Stunde nach Sir Andrews Eintreffen in London haben Sie die Bestätigung für alles, was wir Ihnen mitgeteilt haben.»

Während Babbington die Passagiertreppe hinabstieg, sah er wie erwartet seinen Dienstwagen, einen schwarzen Mercedes, mit dem uniformierten Fahrer, der zugleich als Leibwächter fungierte und für Notfälle eine Unmenge von Fahrtricks beherrschte. Daneben stand Eldon in seinem militärisch wirkenden hellbraunen Trenchcoat als einer der einflußreichen neuen Stellvertreter Babbingtons in SAID. Er hatte sich neben der schwarzen Limousine aufgebaut und noch nicht auf die Neuankömmlinge zu reagieren begonnen.
Zwei weitere Limousinen. Fast ein Verkehrsstau. Einer der anderen Wagen – ein weiterer Mercedes – stand etwas näher und war schneller herangekommen. Das zweite Auto gehörte der ... Sonderabteilung. Darüber brauchte er nicht einmal nachzudenken. Zwei Regenmäntel, zwei Filzhüte. Karikaturen. Die Morgensonne spiegelte sich in der Glasfront des Terminals und beleuchtete die stolz emporgereckten Leitwerke von etwa einem Dutzend Verkehrsflugzeugen. Sie beschien auch die Fenster der drei Limousinen. Links, rechts, links, rechts – Bildmittelpunkt? Babbington war verunsichert.
Er wußte, daß es auf die nächsten Sekunden ankam. Danach konnte er den weiteren Gang der Dinge nicht mehr beeinflussen. Die beiden Männer der Sonderabteilung begannen ihren schwerfälligen Marsch über 30 Meter Vorfeld auf ihn zu. Eldon begann zu begreifen, was gespielt wurde, und gab dem Fahrer, der bereits nach seinem Schulterhalfter griff, mit der linken Hand ein Zeichen. Aber Eldon war verwirrt und zögerte, weil er die Männer der Spezialabteilung erkannte.
Und die Russen ... Babbington sah seinen Kontaktmann Oleg

in der Limousine. Eine Hand gab ihm ein Zeichen, die letzten Stufen hinunter und zur offenen Tür ihres Mercedes zu hasten. Ein junger Mann, dessen offener Mantel erkennen ließ, daß er einen gutgeschnittenen Anzug trug – und daß er ebenfalls bewaffnet war ...
Er glaubte einen Augenblick lang, daß *sie* ihn lieber erschießen würden, als ihn in die Hände der Sonderabteilung fallen zu lassen.
Babbington lief ein kalter Schauer über den Rücken. Hinter ihm drängten Fluggäste aus der Ersten Klasse die Treppe hinunter; ihr respektvolles Stillhalten wegen der Wagenauffahrt hatte nicht lange gedauert. Die kühle Morgenluft roch nach Kerosin. Sein Herz schlug wie rasend. Links, rechts, links, rechts – die verrückten Schwenks gingen weiter.
Eldon hob die Rechte zu einem verwirrten, sorgenvollen Willkommensgruß, der ebensogut die Verweigerung des Zutritts zu irgendeinem Club hätte sein können.
Hyde ...!
Seine Hände ballten sich zu nutzlosen Fäusten. Die Russen winkten verzweifelter. Er sah die Handbewegung des jungen Mannes, seine Bereitschaft, selbst einen Schußwechsel zu riskieren, um die Hauptperson dieser Szene, die Hauptperson des Unternehmens *Träne* zu retten ...
Die Männer der Sonderabteilung waren noch 15 Meter entfernt. Die Orden, die Lobeshymnen in der *Prawda* – und das bittere, niemals zu unterdrückende Gefühl, versagt zu haben. Die tägliche Erinnerung daran, daß seine Stellung, *sein* Rang eigentlich nur ein Witz war – wenn auch ein respektvoller Witz –, während ihre Uniformen wahre Macht und Autorität demonstrierten ...
Nun war ihm alles klar. Eldon hatte sich in Bewegung gesetzt: verwirrt, aber intuitiv erfassend, daß er gegen Babbington vorgehen mußte. Er und der Fahrer kamen auf den russischen Mercedes zu und versperrten ihm diesen Fluchtweg, wenn er nicht rannte ...
Rannte, rannte, renn, renn ...
Die beiden waren nur noch fünf Meter von ihm entfernt. *Und er stand bereits auf der untersten Stufe, als wolle er sie mit seiner Kapitulation begrüßen ...!*

«Sir Andrew Babbington?» begann einer von ihnen – fragend, höflich und endgültig. Seine Hand lag auf dem Geländer der Passagiertreppe. «Sir Andrew, ich muß Sie bitten, mit uns zu kommen ...»
Mehr hörte er nicht. Es hatte begonnen. Der junge russische Diplomat stieg bereits in seinen Mercedes. Eldon stand in der Nähe der Tür, als verabschiede er einen abfahrenden Gast; er wandte sein Gesicht Babbington zu, und die abnehmende Verwirrung in seinem Blick wich Entsetzen. Die beiden Beamten der Sonderabteilung – ihrem Alter nach leitende Beamte – blokkierten die Passagiertreppe, während die Fluggäste hinter Babbington herabdrängten und ihn zum Weitergehen zwingen wollten.
Auch der Fahrer hatte sich gegen ihn gewandt. Seine rechte Hand steckte auffällig in der Jacke, während er die weitere Entwicklung der Ereignisse abwartete. Sonderabteilung, Eldon, der Fahrer – bläulicher Rauch aus dem Auspuff des russischen Mercedes, der eben abfuhr – und, und, und ...
Hyde.
Babbington rang nach Atem. Einer der Polizeibeamten packte seinen Arm wie eine strenge Krankenschwester.
Er stolperte vorwärts und hatte sofort den zweiten Polizeibeamten links neben sich. Dann bewegte er sich auf ihren schwarzen Granada zu, ohne Widerstand zu leisten. Eldon ... er wandte sich von dem Ausdruck enttäuschter Verachtung auf Eldons Gesicht ab.

Es würde keine Worte geben. Blicke, Gesten, Eindrücke, unwiderlegbar klare Bilder – aber keine Worte. Kein gesprochenes Wort.
Kapustin war an Bord der Tupolew Tu-134 gestürmt, sobald die Maschine in der Nähe des Hauptgebäudes auf dem Flughafen Demodedowo zum Stehen gekommen war. In der scheinbar beengten Kabine der Ersten Klasse wirkte er riesig und energiegeladen. Und vor allem begeistert. Auf seinem breiten Gesicht zeichnete sich kaum verhehltes Vergnügen ab. Einen ähnlichen Ausdruck hatte sein Gesicht getragen, als er Aubrey wenige Augenblicke vor dessen Festnahme auf den

Wiener Belvedereterrassen vorgelogen hatte, er wolle wegen einer Frau doch nicht in den Westen kommen. Jetzt begriff Aubrey den Grund für dieses stille, zufriedene Lächeln. Der andere hatte seine Verhaftung vorausgesehen, wie er jetzt die endgültige Demütigung Aubreys und seinen darauffolgenden Tod voraussah. Kein Haß; das wäre unzulässig, nicht professionell gewesen. Aber eindeutig die Befriedigung einer Spinne, die in ihrem Netz ein Insekt gefangen hat.

Er hatte einen ironischen Willkommensgruß gemurmelt. Die sowjetischen Diplomaten waren von Bord gegangen. Durch sein Fenster sah Aubrey die zusammengetriebenen, aufgestellten Fotoreporter und Journalisten: das Publikum seiner Abschiedsvorstellung. Sobald sie in der Kabine allein waren, inspizierte Kapustin die Massingers, als überprüfe er Gepäckstücke, erteilte den bereits eingewiesenen Wachen unhörbare Befehle und sah nach draußen, ob alle Autos und Kameras in Position waren. Dann blieb er vor Aubrey stehen.

Wintermantel, der sich über seinem Bauch spannte. Nach Offiziersart in einer Hand gehaltene Handschuhe. Pelzmütze unter den Arm geklemmt. Wollschal um den Hals. Er wirkte monolithisch und unwiderstehlich, als er Aubrey ein Zeichen gab, er solle aufstehen.

Ein KGB-Offizier hielt Aubrey seinen Mantel hin, half ihm hinein. Aubrey drehte sich nach dem Ehepaar Massinger um. Paul hob die Hand und winkte ihm zum Abschied langsam und müde zu. Sein Gesicht war blaß und abgespannt, und er hatte den anderen Arm um Margarets Schultern gelegt. Aubrey konnte den Anblick dieser beiden Menschen nicht lange ertragen. In über 40 Dienstjahren war Aubrey nicht allzu häufig für den Tod von Amateuren – Außenstehenden – verantwortlich gewesen. Kaum jemals für den Tod eines Freundes. Jetzt war es soweit.

Kapustin war hinter ihm. Sprach er halblaut, flüsterte er etwas? Nein, aber er schob Aubrey sanft und bestimmt vor sich her zum Ausgang. Sonnenschein, eine lebhafte kleine Brise, weite Betonflächen zwischen Schneewällen, das Glitzern und Blenden hoher Fensterfronten. In und hinter diesem Glitzern Gesichter, die ihn beobachteten. Die Luft, die er einatmete,

erzeugte durch ihre Kälte einen Hustenreiz. Aubrey räusperte sich, als wolle er eine Rede halten ...
Eine Rede vor den am Fuß der Passagiertreppe in weitem Halbkreis aufgestellten Fotoreportern, Kameramännern und Journalisten. Hinter einer Absperrung lauerten Dutzende von Objektiven auf Aubrey. Wachposten, Absperrungen – der für ein Täuschungsmanöver unerläßliche Abstand. Er konnte ihnen nichts zurufen; sie hätten ihn nicht verstanden. Sie würden nur sehen, was sie nach Kapustins Willen sehen, aufzeichnen und glauben sollten. Danach würde er rasch in eine der bereitstehenden schwarzen Limousinen geschoben werden, um endgültig zu verschwinden.
Kapustin hielt ihn am Arm fest, damit Aubrey die ursprüngliche Pose beibehielt.
Dann schob er ihn weiter. Aubrey begann die Treppe hinabzusteigen. Das Klicken der Kameraverschlüsse wurde lauter, beinahe hysterisch. Es weidete sich an seinem Verrat, ließ sich begierig täuschen. Niemand erwartete, daß er lächelte – auch Kapustin war es vermutlich lieber, daß er finster in die Kameras starrte. Später würde man darin ein Anzeichen für Nervenbelastung und Krankheit sehen. Vorboten des nahen Todes. Immerhin würden Millionen von Zeitungslesern, die morgen diese Aufnahmen sahen, zu dem Schluß gelangen, er besitze vielleicht noch ein wenig Schamgefühl und habe deshalb auf ein Lächeln verzichtet.
Am Tag danach würden sie von seinem Tod lesen und sich sagen, insgesamt gesehen sei es wirklich nicht schade um ihn.
Jemand bewegte sich, kam von der Kolonne schwarzer Limousinen herüber, drängte sich rücksichtslos durch den Halbkreis aus Pressevertretern. Die Wachen bahnten einem Uniformierten den Weg. KGB. Ein Major. Im Laufschritt. Aubrey versuchte einen schrecklichen Augenblick lang seitlich auszuweichen, als sei der Rennende mit ihm zusammengeprallt oder habe die Absicht, es zu tun. In diesem Augenblick glaubte er, die Hast eines Attentäters – seines Mörder – zu erkennen.
Der Major kam die Passagiertreppe herauf. Die Wachen trieben die Fotoreporter und Journalisten von den wartenden Fahrzeugen weg, damit niemand mit Aubrey sprechen oder hören

konnte, was er vielleicht hervorstoßen würde. Die Kameras surrten und klickten weiter.
«Was gibt's?» erkundigte Kapustin sich ungehalten. Die ersten Worte, seitdem Aubrey in seinen Mantel geschlüpft war. Der Major sprudelte eine Meldung hervor. Aubrey drehte sich fast gemächlich, wie ein uralter, gebrechlicher Mann, nach diesem neuen Epizentrum um. Was der Major sagte, war schwer zu verstehen, als habe Aubrey sein Russisch vergessen.
Er konzentrierte sich statt dessen auf Kapustins Gesichtsausdruck. Er sah die Hände des Majors: Die behandschuhte Linke hielt den rechten Handschuh umfaßt und schlug mit ihm mehrmals kurz, aber nachdrücklich aufs Geländer der Passagiertreppe. Aubrey beobachtete Kapustins Gesichtsausdruck. Er blickte die Fensterreihe der Tu-134 entlang, ohne jedoch die Massingers zu sehen ...
Aubrey registrierte das Verhalten der übrigen KGB-Angehörigen neben der Wagenkolonne: eine niedergeschlagene, sichtbar enttäuschte, durcheinanderredende Gruppe. Er hörte das Klikken der Kameras schwächer werden, fast ersterben. Als er sich umdrehte, sah er die Stewardess in der Flugzeugtür plötzlich nicht mehr lächeln. Hinter ihr hatten sich zwei KGB-Leute aufgebaut.
Er drehte sich erneut um und sah Fensterfronten glitzern. Der Flughafen lag unter einer Schneedecke: weiße Flächen mit schmutziggrauen Rändern. Ein Verkehrsflugzeug setzte sich in Bewegung und rollte ständig schneller werdend die Startbahn entlang. Das Firmenzeichen einer westlichen Fluggesellschaft am Seitenleitwerk. Es stieg blau, weiß und rot in den Himmel auf. Air France ...
Er sah Kapustin, der ihn beobachtete. Und ahnte etwas.
Irgendwas, irgendwas, irgendwas ...
Vor seinen Augen drehte sich alles. Er hielt sich krampfhaft am Geländer fest und schwankte leicht. Die unbehandschuhte Rechte des Majors faßte instinktiv nach seinem Ellbogen, um ihn zu stützen. Diese Geste schien Kapustin erst richtig in Wut zu bringen.
«Hinein mit Ihnen!» knurrte er auf Englisch. «Los, 'rein – *zurück* ins Flugzeug!»
Aubrey hörte den Befehl Kapustins nicht, aber er befolgte ihn

mit nicht einmal unfreundlicher Hilfe des Majors. Er zog unnötigerweise den Kopf ein, als er wieder durch die Fluggasttür der Tu-134 trat. Sein Blick aus feuchten Augen suchte und fand sofort die Massingers. Ihre Gesichter starrten ihn über die Rückenlehnen ihrer Sitze hinweg ängstlich an.

Er lächelte. Hinter ihm tobte Kapustin. Babbington ...? Hyde ...?

Aubrey verstand nichts. Hinter seinem Rücken wurde nichts Verständliches gesprochen. Er begriff nur, daß sie gerettet waren. Margaret erwiderte sein Lächeln zögernd, was ihren geschwollenen, verfärbten Lippen schwerfiel. Paul grinste impulsiv. Vielleicht verstand er besser – er sprach Russisch. Das war nicht weiter wichtig. Aubrey nahm vorsichtig, mit weichen Knien auf einem der Sitze Platz. Die Massingers kamen auf ihn zu. Er mußte stillsitzen – nur einen Augenblick.

Die Zeit war unwichtig geworden. Es spielte keine Rolle mehr, wie lange die Verzögerung dauerte, wie lange sie einfach in der Maschine saßen, denn sie würde irgendwann betankt werden und die Startfreigabe für den Flug nach ... nach Wien erhalten. Ja, sie würden nach Wien zurückgebracht, nicht direkt nach London geflogen werden. Darauf würde er warten: einfach abwarten, bis das Flugzeug startete ...

Massingers Hand fiel immer wieder auf Aubreys Mantelärmel. Eine beruhigende, erleichterte Geste. Sie machte Aubrey schläfrig. Er fühlte sich sehr müde. Margaret saß ihm auf der anderen Seite des schmalen Ganges gegenüber; sie lächelte ihm mit Tränen in den Augen zu und machte beinahe ständig Schluckbewegungen, während sie versuchte, ihre emporquellenden Gefühle hinunterzuschlucken.

Aubrey nickte im Takt zu Massingers Hand, die seinen Arm tätschelte. Ja, sie waren gerettet.

HEYNE BÜCHER

TOP-THRILLER

Wer Spannung sagt, meint Heyne-Taschenbücher

01/6371 - DM 6,80

01/6240 - DM 9,80

01/6132 - DM 7,80

01/6210 - DM 7,80

01/6312 - DM 7,80

01/6408 - DM 7,80

01/6496 - DM 7,80

01/6570 - DM 7,80

HEYNE BÜCHER

John le Carré im Heyne-Taschenbuch

Perfekt konstruierte Thriller, spannend und mit äußerster Präzision erzählt.

Die Libelle
638 Seiten
01/6619 - DM 9,80

Der wachsame Träumer
474 Seiten
01/6679 - DM 9,80

Eine Art Held
608 Seiten
01/6565 - DM 9,80

Dame, König, As, Spion
400 Seiten
01/6785 - DM 7,80

Wilhelm Heyne Verlag München

HEYNE BÜCHER

ALISTAIR MACLEAN

Dramatisch, erregend, brillant. Die großen Erfolge des internationalen Bestseller-Autors.

01/5921 - DM 7,80

01/6515 - DM 6,80

01/6144 - DM 6,80

01/6592 - DM 5,80

01/6731 - DM 7,80

01/6772 - DM 6,80

01/6916 - DM 7,80

01/6931 - DM 7,80